瞿 林 东 文 集

第 4 卷

中国史学史纲

瞿林东 著

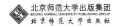

北京师范大学出版集团
BEIJING NORMAL UNIVERSITY PUBLISHING GROUP
北京师范大学出版社

序

本书自出版第一次印刷至今，已历时十年，前后印行了四次：1999 年 9 月、2000 年 6 月、2005 年 10 月由北京出版社印行三次；2002 年 9 月，由台湾五南图书出版股份有限公司印行了繁体字本。其间，内地和台湾一些高校历史系的同仁，选用本书作为中国史学史课程的教材或必读参考书。何兹全先生、吴江先生、仓修良教授、张恩和教授、许凌云教授、彭忠德教授以及几位中青年朋友，拨冗为本书写了十多篇评论，给予我许多赞扬和褒奖。我始终认为，所有这些，都是对我的鞭策和鼓励。

本书现由北京师范大学出版社出版。我在几位博士研究生和硕士研究生的协助下，再次对全书作了校阅，订正了引文中的脱漏和讹误，补充了几处注文，列出了参考文献。没有他们的帮助，我是很难在短时间内做到这一点的。

本书的这个新版，还有一个重要变化，即卷

末原有的两篇附录《中国史学：20世纪的遗产与21世纪的前景》、《百年史学断想》现已撤下，而代之以《第十章 史学的深刻变革——近百年来中国史学发展主要趋势》。对于这一变化，我想作一个简要的说明。

20世纪以来百余年的中国史学，是中国史学史上变革最为深刻、成就甚为巨大的时期，本书原以"附录"为殿，意在表明追求"通"的目标，是可以理解的，但从著述本身的内容之轻重、体例之严谨来看，似有未安。然而，若以一章或两章的篇帙试图阐明近百年来中国史学的变革、发展和成就，似亦难以作全面的概括和中肯的评价。依我个人的浅见，近百年来的中国史学，应有专门著作予以论述，庶可显示出其重大成就与前所未有的进步。显然，这有待于更加深入的研究和史学界同仁的共同努力。我之所以把第十章称之为"近百年来中国史学发展主要趋势"，一是使本书仍然具有"通"的追求，并使其在体例上与全书大致趋于一致；二是详述既不可能，略述"主要趋势"，既可表明中国史学的走向，也便于通过提出问题，表明这是一个广阔的研究空间。

我还注意到，对于近百年来的中国史学，不论是老一辈史学家，如顾颉刚、周予同、齐思和、白寿彝、吴泽、杨翼骧、尹达等，或撰述，或主编，都有重要的论著面世；还是中青年史学工作者，在近一二十年中，也有不少著作出版。这些论著，或从整体上涉及近百年来的中国史学的发展，或从某一个侧面阐述这个时期史学发展的面貌。对这些研究成果作进一步的梳理、研究和阐发，也是一个不小的工程，同样需要史学界同仁共同的努力。

十余年来，我本人在这方面也做了一点工作。一是协助河北教育出版社纂辑、出版了《二十世纪中国史学名著》丛书，收入了33位已故史学家的57种著作。二是主编了《20世纪中国史学研究系列》丛书，包含《20世纪中国史学发展分析》、《20世纪中国史学思潮与变革》、《20 世纪中国马克思主义史学与社会实践》、《20 世纪中国历史考证学研究》、《20 世纪中国史学名著提要》、《20 世纪中国史学重大问题论争》、《20 世纪中外史学交流》、《20 世纪中国史学论著要目》，凡八种。三是主编《20 世纪二十四史研究丛书》，凡十卷，由中国大百科全书出版社出版。四是选编《20 世纪中国学术文存》之一《中国史学史研究》，由湖北教育出版社出版。这几件工作，是帮助我认识近百年来中国史学之特殊重要性的原因之一。至于我本人所撰写的关于 20 世纪中国史学之零篇短简的结集《20 世纪中国史学散论》（安徽人民出版社 2008 年出版），我在《后记》中表明："我姑且把这本论集作为《中国史学史纲》的续篇，用以警醒自己在治学上不要止步和懈怠。"这仅仅是针对作者的研究和心志而言，对于近百年来中国史学的实际面貌来说，倘能道其万一而不诬，也就是作者之幸了。

值得重视的是，最近三十年来，史学界在中华民国史和中华人民共和国史的研究方面，都取得了突出的成就，这为研究近百年来的中国史学提供了可供参考的历史背景材料。史学同时代是有密切联系的，离开了一定的客观历史条件，史学上的一些重大问题也难得阐述清楚。反之，一定时代的史学，也必然会反作用于这个时代及其未来的走向。近来，我读到金冲及教授馈赠的四卷本《二十世纪中国史纲》，作者在全书最后写道："路是人一步一步走出来的。二十世纪中国的历史，就像一幅波澜壮阔、前后相续的漫长画卷。经过一百年惊涛骇浪中的艰苦跋涉，不管中间有过多少成功的欢乐和挫折的痛苦，中国人终于从愤怒和痛苦的二十世纪初走出来，重新掌握住自己的命运，步入充满阳光和希望的二十一世纪。没有一代又一代中国人在革命、建设、改革中的持续不懈的奋斗，便没有今天中国的一切。这是二十世纪一百年历史留给我们的珍贵遗产，是不容我们遗忘的。"（《二十世纪中国史纲》第四卷，1368～1369 页，社会科学文献出版社，2009）这是对 20 世纪历史也可以说是对近百年来的中国历史的极精辟的概括。那么，近百年来的中国史学"留给我们的珍贵遗产"又是什么呢？这是需要中国史学史研究者继续深入思考、认真研究的问题。

瞿林东

2009 年 10 月于北京师范大学

目 录

导 论

中国史学史作为近代以来中国史学的一个分支学科，从 20 世纪 20 年代至今，经过近百年的历程，已初步确立起来并不断地得到新的发展，在历史学领域中占有越来越突出的重要地位。

任何事物都有其发生、发展的历史，中国史学也是如此。所谓中国史学史，就是中国史学发生、发展的历史。

我们知道，有了人类就有了人类社会的历史；有了人类社会的历史和人类创造出来的文字以后，就有了关于人类社会历史的认识、记载与撰述的综合活动，这便是史学；有了史学的发展、积累和人们对这种发展、积累的认识，就有了史学史。显然，这是一个漫长的过程，也是一个由低级到高级、由简单到复杂的发展过程。在这个发展过程的不同阶段，人们对客观事物的主观认识是在变化的、发展的，进而对于这种认识的表述也是在变化的和发展的。考察这种变化和发展，在史学思想史的研究上是很重要的，在史学史的研究上也是有意义的。在本书的主要内容展开之前，这里将首先对史学史或中国史学史学科的一些理论问题以及作者感兴趣的一些问题，做简要的论述。

第一节　史学史意识的产生和发展

一、"史"的含义的演变：史官、史书、史事

　　研究和讲述中国史学史，处处都会碰到一个"史"字，而不同时期的"史"，含义并不一样。前人如梁启超并没有十分关注这个问题，而金毓黻撰《中国史学史》时，则对"史字之义"，详为考证，先后引证《说文》、江永、吴大澂、王国维诸说，又据《大戴礼记》及其注疏和黄以周之论，认为古代史官"左史"即是"内史"，"右史"即是"大史"，以证《汉书·艺文志》所说"左史记言，右史记事"之可信，并列出详细的《古代史官表》。① 其后刘节讲授中国史学史，专有《释史》一章，在金著的基础上进而对"史"的意义及简册制度的形成，做了考证，认为周代晚期，"出现正式的简册制度"；又据朱希祖说，认为中国古代史官分为两种，"一种是历史官之史，一种是书记官之史"②。他们的考证足以表明，"史"的古义是史官，且职掌范围很广。正如王国维所说："史为掌书之官，自古为要职。殷周以前，其官之尊卑虽不可知，然大小官名及职事之名，多由史出，则史之位尊地要可知矣。""史之本义，为持书之人，引申而为大官及庶官之称，又引申而为职事之称。其后三者各需专字，于是史、吏、事三字于小篆中截然有别：持书者谓之史，治人者谓之吏，职事者谓之事。此盖出于秦汉之际，而《诗》、《书》之文尚不甚区别。"③这两段话，已经把"史"的本义说得很清楚了。诸家考证，大抵不出其范围。

---

① 参见金毓黻：《中国史学史》，北京：商务印书馆，1999 年，第 14～18 页。
② 刘节：《中国史学史稿》，郑州：中州书画社，1982 年，第 10～14、25 页。
③ 王国维：《观堂集林》卷六《释史》，北京：中华书局，1959 年，第 269 页。

这里所要阐明的"史"的含义的演变，是在"史"为官称尤其是史官之称的基础上，人们又如何不断赋予它以史书(史籍)、史事、史学等含义的发展过程。白寿彝先生指出："从用以称史官的'史'，到用以称历史记载的'史'，不知要经过多少年代。"①这是从史学发展上明确提出了"史"的含义之演变的问题。本文将着重考察用以称作史书(史籍)的"史"和用以称作史事(客观历史运动)的"史"的由来。秦以前，"史"一般还是指史官。如《左传·襄公二十九年》记"史不绝书"，即指史官没有中断过记载之意。《论语》中有孔子所说"吾犹及史之阙文"以及后来孟子说的"其事则齐桓、晋文，其文则史"。所谓"史之阙文"、"其文则史"中的"史"也当是指史官。②

古人赋予"史"以史书的含义，是比较靠后的事情。"史记"一词的出现，可能是较早的对于史书的泛称，时在秦汉之际。《吕氏春秋·察传》记："子夏之晋，过卫，有读史记者曰：'晋师三豕涉河。'子夏曰：'非也，是己亥也。夫己与三相近，豕与亥相似。'至于晋而问之，则曰'晋师己亥涉河'也。"③这在古书传抄之误上是一个很有名的故事，也可能是最早出现的把"史"与"记"结合起来称作史书的例证之一。又如司马谈说："自获麟以来四百有余岁，而诸侯相兼，史记放绝。"④司马迁说到孔子作《春秋》和秦的文化政策，也一再称说"史记"，他写道："是以孔子明王道，干七十余君，莫能用，故西观周室，论史记旧闻"，"鲁君子左丘明……故因孔子史记具论其语，成《左氏春秋》"；"秦既得意，烧天下《诗》、《书》，诸侯史记尤甚，为其有所刺讥也"⑤。这里说的"史记"，即指史书而言。《汉书》所言

---

① 白寿彝：《中国史学史》第 1 册，上海：上海人民出版社，1986 年，第 6 页。
② 参见《论语》第十五《卫灵公》，杨伯峻译注，北京：中华书局，1980 年，第 167 页。《孟子》卷八《离娄下》，杨伯峻译注，北京：中华书局，1960 年，第 192 页。学术界也有以此二处之"史"为史书之说。
③ 《吕氏春秋·察传》，许维遹集释，北京：中华书局，2009 年，第 619 页。
④ 司马迁：《史记》卷一百三十《太史公自序》，北京：中华书局，2013 年，第 3973 页。
⑤ 司马迁：《史记》卷十四《十二诸侯年表》序、卷十五《六国年表》序，北京：中华书局，2013 年，第 641～642、830 页。

孔子"以鲁周公之国，礼文备物，史官有法，故与左丘明观其史记"①，"及孔子因鲁史记而作《春秋》"②，这里提到的"史记"也都是指史书而言。三国以后，以"史"称史书的情况多了起来。孙权自称："至统事以来，省三史、诸家兵书，自以为大有所益。"他还希望吕蒙"急读《孙子》、《六韬》、《左传》、《国语》及三史"。三国吴人留赞"好读兵书及三史"③、张温则撰有《三史略》④。西晋史家司马彪撰《续汉书·郡国志》，于序中说："今但录中兴以来郡县改异，及《春秋》、三史会同征伐地名，以为《郡国志》。"⑤"三史"，是指《史记》、《汉书》、《东观汉记》三部史书。到了晋人杜预撰《春秋左氏传序》时，文中所说的"史"、"史记"、"国史"、"旧史"等，多指史书而言，而且也确用了"史书"一词。他这样写道："其（按指国史——引者）发凡以言例，皆经国之常制，周公之垂法，史书之旧章；仲尼从而修之，以成一经之通体。"魏、晋以下，称"史"为史书之意或直接称说"史书"的也就逐渐多起来了。如南朝宋人范晔自称"本未关史书，政恒觉其不可解耳"⑥。他说的"史书"比杜预所说，视野上更开阔了。

古人赋予"史"以史事即客观历史的含义，是更加靠后的事情。当然，人们关于史事即客观历史的观念的产生却是很久远的，当在史官、史书产生之前的原始社会时期就已经存在了，这从人们在远古传说中所保存的若干古史踪影中可以得到证明。但是在史官、史书产生以后，人们对于史事在观念上的概括却经过了更长久的年代。

---

① 班固：《汉书》卷三十《艺文志》春秋家后序，北京：中华书局，1962年，第1715页。
② 班固：《汉书》卷六十二《司马迁传》后论，北京：中华书局，1962年，第2737页。
③ 参见陈寿：《三国志》卷五十四《吴书·吕蒙传》注引《江表传》，北京：中华书局，1959年，第1275页。陈寿：《三国志》卷六十四《吴书·孙峻传》注《吴书》所记留赞事，北京：中华书局，1959年，第1445页。
④ 参见魏微等：《隋书》卷三十三《经籍志二》杂史类，北京：中华书局，1973年，第961页。
⑤ 范晔：《后汉书》志第十九《郡国志》序，北京：中华书局，1965年，第3385页。
⑥ 范晔：《狱中与诸甥侄书》，《宋书》卷六十九《范晔传》，北京：中华书局，1974年，第1830页。

如果说"动则左史书之，言则右史书之"①，其"动"、"言"还只是所书当时之事的话，那么，"君子以多识前言往行以畜其德"②，"彰往而察来"③，"述往事，思来者"④，这里说的"前言往行"、"往事"以及统称的"往"，当指史事而言。这同孟子说的"其事则齐桓、晋文"中"事"，是同一含义。以至到司马迁那里，凡对于史事的称说，大多还没有采用与"史"字有关的概念，而是主要用了这样一些概念："余于是因《秦记》，踵《春秋》之后，起周元王，表六国时事"⑤，"仆窃不逊，近自托于无能之辞，网罗天下放失旧闻，考之行事，稽其成败兴坏之理"⑥。所谓"时事"、"行事"都是说的史事。东汉末年荀悦著《汉纪》，其所用语，仍无明显变化，他在此书前序中所说的"华夏之事"、"四夷之事"、"质之事实而不诬"、"虽云撰之者陋浅，而本末存焉尔"，其中"事"、"事实"、"本末"，无疑都是就史事说的；这同他在此书后序中说的"以综往事"、"综往昭来"中的所谓"往事"、"往"一样，其本义是相同的。总之，直到汉晋时期，还很少见到人们赋予"史"字以史事即客观历史的含义，而是用"事"、"时事"、"行事"、"往事"等概念以指史事。这种情况到了盛唐时期发生了明显的变化，一是以"史"为客观历史的观念逐渐明确起来了；二是以"史事"这个概念来泛指客观历史的情况也出现了。《隋书·经籍志》的作者在讲到《史记》、《汉书》、《东观汉记》、《三国志》相继问世后写道："自是世有著述，皆拟班、马，以为正史，作者尤广。一代之史，至数十家。"⑦联系上文所论诸家撰述由来，可知所谓"一代之史"是指一个朝代的史事即其客观历史过程。刘知幾在《史通·古今正史》中，

① 《礼记正义·玉藻》，《十三经注疏》，北京：中华书局，1980年，第1473～1474页。
② 《周易正义·大畜》，《十三经注疏》，北京：中华书局，1980年，第40页。
③ 《周易正义·系辞下》，《十三经注疏》，北京：中华书局，1980年，第89页。
④ 司马迁：《史记》卷一百三十《太史公自序》，北京：中华书局，2013年，第3978页。
⑤ 司马迁：《史记》卷十五《六国年表》序，北京：中华书局，2013年，第831页。
⑥ 班固：《汉书》卷六十二《司马迁传》，北京：中华书局，1962年，第2735页。
⑦ 魏徵等：《隋书》卷三十三《经籍志二》正史类小序，北京：中华书局，1973年，第957页。

依次叙述了历代史的撰述概况，如"世言汉中兴史者，唯范、袁二家而已"，"至晋受命，海内大同，著作陈寿乃集三国史"，"自是言晋史者，皆弃其旧本，竞从新撰者焉"，"由是世之言宋史者，以裴《略》为上，沈《书》次之"；以及"齐史"、"梁史"、"陈史"、"十六国史"、"元魏史"、"今世称魏史者，犹以收本为主"、"高齐史"、"今之言齐史者，唯王、李二家云"、"宇文周史"、"隋史"等。这里所说的某朝史、某代史，一般都是指它们所经历的历史过程；这里所说的某家为上、某书为主，无疑都是指的历史撰述。应当说，这在史学观念上是很大的进步。与此同时，人们也逐步把"史"与"事"结合起来而运用"史事"这个概念，以泛指客观历史或史书所记之事。唐高宗有简择史官的诏书，其中说道："如闻近日以来，但居此职，即知修撰，非唯编辑疏舛，亦恐漏泄史事。"①这里说的"史事"，其意已近于现今史学中所谓史事。

二、"史学"是什么？

关于"史"的含义的演变即从史官到史书、史事，是一个漫长的发展过程；这个过程，是同中国古代史学的进步和人们对史学认识的不断提高相联系的。这里，我们要进一步讲到"史学"这个概念的出现、使用及其意义。中国史学产生于先秦时期，至今有三千多年的历史，但人们关于"史学"这一概念的使用却要晚得多，大致说来，它始于东晋十六国，其内涵则显现于唐、宋而丰富于明、清，也有一个发展、变化的过程。

"史学"这一概念的较早提出，很可能始于东晋十六国时期的后赵石勒称王之年。史载：东晋太兴二年（319），石勒称赵王，"依春秋列国、汉初侯王每世称元，改称赵王元年。始建社稷，立宗庙，营东西宫。署从事中郎裴宪、参军傅畅、杜嘏并领经学祭酒，参军

---

① 宋敏求编：《唐大诏令集》卷八十一，北京：中华书局，2008年，第467页。

续咸、庾景为律学祭酒，任播、崔浚为史学祭酒"①。祭酒，本义指老者、长者，后转意为功高者，其后更进而转意为学官中的领头人物，如"汉置博士，至东京，凡十四人，而聪明有威重者一人为祭酒，谓之博士祭酒。……晋武帝咸宁四年，初立国子学，置国子祭酒一人"②。律学，即法律之学。晋制，设有律博士③；十六国时期之后秦，姚兴亦曾"立律学于长安"④。由此可见，石勒置经学祭酒、律学祭酒、史学祭酒，在政治上是一个很重要的举措；而"史学"立为官学之一，这在史学发展上也有重要意义。其后，南朝宋文帝元嘉十五年(438)，征雷次宗至京师，"开馆于鸡笼山，聚徒教授，置生百余人。会稽朱膺之、颖川庾蔚之并以儒学。时国子学未立，上留心艺术，使丹阳尹何尚之立玄学，太子率更令何承天立史学，司徒参军谢元立文学，凡四学并建"⑤。至宋明帝泰始六年(470)，"初置总明观祭酒一人，有玄、儒、文、史四科，科置学士各十人"⑥。从经、律、史到儒、玄、史、文，再到玄、儒、文、史，150 年间，史学始终作为官学的一个重要方面；尽管当时人们没有对"史学"的内涵做出明确的解说，但它对推动史学的发展无疑起到了积极的作用。这同后来隋唐之际《汉书》学的勃兴，唐初官修史书的繁盛，史学成为科举考试中的独立科目，都有密切的关系。中晚唐之际，殷侑鉴于本朝科举取士曾有"史科"名目，而"近日已来，史学都废，至于有身处班列，朝廷旧章昧而莫知，况乎前代之载焉能知之?"⑦于是他建议恢复史科考试，并在国子监提倡生徒攻读"三史"即《史

---

① 房玄龄等：《晋书》卷一百五《石勒载记下》，北京：中华书局，1974 年，第 2735 页。按：此处参考杨翼骧说，参见《中国史学史绪论》，《南开大学历史系建系七十五周年纪念文集》，天津：南开大学出版社，1998 年，第 273 页。

② 杜佑：《通典》卷二十七《职官九·国子监》，北京：中华书局，1988 年，第 763 页。

③ 参见房玄龄等：《晋书》卷二十四《职官志》，北京：中华书局，1974 年，第 737 页。

④ 房玄龄等：《晋书》卷一百十七《姚兴载记上》，北京：中华书局，1974 年，第 2980 页。

⑤ 沈约：《宋书》卷九十三《隐逸·雷次宗传》，北京：中华书局，1974 年，第 2293～2294 页。

⑥ 杜佑：《通典》卷二十四《职官九·国子监》，北京：中华书局，1988 年，第 764 页。

⑦ 董诰等编：《全唐文》卷七百五十七，北京：中华书局，1983 年，第 7855 页。

记》、《汉书》、《后汉书》。殷侑所说的"史学"，从表面上看是从科举考试方面提出来的，但他所说的有关史学的内容则是"历代史书，惩恶劝善，亚于六经，堪为代（世）教"，却又不仅仅是从科举考试出发的，而是着眼于史书本身的社会意义。史称，殷侑任谏议大夫，"论朝廷治乱得失，前后凡八十四通"①，这同他关注史学是有关系的。顾炎武引用南宋倪思的话，说是"举人轻视史学，今之论史者，独取汉唐混一之事，三国、六朝、五代，以为非盛世而耻谈之；然其进取之得失，守御之当否，筹策之疏密，区处兵民之方，形势成败之迹，俾加讨究，有补国家"②。倪思所言"史学"，不仅内容丰富而又有卓见，认为不论是统一时期的历史，还是分裂时期的历史，都有许多值得借鉴的经验教训。元初胡三省称"先君笃史学"，重视史注博洽、书法义例；故胡三省"史学不敢废"③，承先人教诲，作《资治通鉴注》。这里说的"史学"主要是指编纂学、文献学方面的内容，从而丰富了"史学"的内涵。此后，使用"史学"这个概念的人越来越多，也越来越有新意。元末明初陶宗仪撰《辍耕录》一书，其友人称其书说："上兼六经百氏之旨，下极稗官小史之谈，昔之所未考，今之所未闻；其采摭之博，侈于白帖；研核之精，拟于洪笔；论议抑扬，有伤今慨古之思；铺张盛美，为忠臣孝子之劝；文章制度，不辨而明；疑似根据，可览而悉。盖唐宋以来，专门史学之所未让；虽周室之藏，郯子之对，有不待环辙而后知，又岂抵掌谈笑以求贤于优孟者哉！"④他说的"专门史学"的含义，既包含了广泛的社会历史，又包含了专精的治学之道，是对于"史学"的极恢宏的理解。到了清代乾嘉时期，人们对"史学"的认识又有更大的发展。阮元认为："国

---

① 欧阳修、宋祁：《新唐书》卷一百六十四《殷侑传》，北京：中华书局，1975年，第5053页。

② 顾炎武：《日知录》卷十六《史学》，黄汝成集释，上海：上海古籍出版社，2006年，第958页。

③ 胡三省：《新注资治通鉴序》，《资治通鉴》卷首，北京：中华书局，1956年，第29页。

④ 陶宗仪：《南村辍耕录》叙，北京：中华书局，1959年，第3页。

初以来，诸儒或言道德，或言经术，或言史学，或言天学，或言地理，或言文字音韵，或言金石诗文，专精者固多，兼擅者尚少，唯嘉定钱辛楣先生能兼其成。"①阮元所说的"史学"，一是从不同的学问领域来看待，已带有学科分类思想的含义；二是就钱大昕的史学来看，认为他"于正史、杂史，无不寻讨，订千年未正之讹"。所谓"讹"既有史事之讹，也有编纂之讹，可见其研究领域异常辽阔。钱大昕同章学诚，是中国古代赋予"史学"以最丰富的内容和最深刻的含义的史家。

章学诚的《文史通义》一书以及其他许多著作，主要都是讨论史学问题。他直接论述"史学"的地方也很多，概括其要点主要有：第一，是关于"史学"的核心。他说："世士以博稽言史，则史考也；以文笔言史，则史选也；以故实言史，则史纂也；以议论言史，则史评也；以体裁言史，则史例也。唐宋至今，积学之士，不过史纂、史考、史例；能文之士，不过史选、史评。古人所为史学，则未之闻矣。"②他认为"史学"的本义或核心所在是"比事属辞"、"心知其意"。"比事"是叙事，"属辞"是体例，"意"是对史事的认识和撰史的目的。这才是"古人所为史学"。章学诚否定唐宋以下史家在"史学"上的成就显然不妥，但他对"史学"之本质的解释确是有创见的。第二，是关于史家在"史学"上的异趣。他说："吾于史学，盖有天授，自信发凡起例，多为后世开山，而人乃拟吾于刘知幾。不知刘言史法，吾言史意；刘议馆局纂修，吾议一家著述；截然两途，不相入也。"③所谓"史法"，主要指史书编纂；所谓"史意"，主要是指对史事的见解和撰史的目的。史法、史意很难截然分开，不过主要倾向还是可以分辨出来的。第三，是关于"史学"贵在"著述成家"、"义有

① 阮元：《十驾斋养新录》序，《十驾斋养新录》卷首，上海：上海书店出版社，2011年，第1页。

② 章学诚：《章氏遗书》补遗《上朱大司马论文》，《章学诚遗书》，北京：文物出版社，1985年，第612页。

③ 章学诚：《章氏遗书》卷九《家书二》，《章学诚遗书》，北京：文物出版社，1985年，第92页。

独断"。他说："吾于史学，贵其著述成家，不取方圆求备，有同类纂。"①他还反复称赞前人的通史之作"别具心裁"、"义有独断"②。这涉及史学评论的原则，即贵在有创造性。第四，是关于"史学"工作两大部门的区分。这是章学诚自谓在探讨史学问题上的重要收获，他在《与邵二云论修宋史书》中写道："近撰《书教》之篇，所见较前似有进境，与《方志三书》之议，同出新著，前已附致其文于足下矣。其以圆神、方智定史学之两大宗门，而撰述之书不可律以记注一成之法……"③所谓"圆神、方智定史学之两大宗门"即指"撰述"与"记注"的区别而言。其基本论点是："记注欲往事之不忘，撰述欲来者之兴起，故记注藏往似智，而撰述知来拟神也。藏往欲其赅备无遗，故体有一定而其德为方；知来欲其抉择去取，故例不拘常而其德为圆。"④这是章学诚直接论到"史学"这个范畴的很重要的论点。章学诚论"史学"，还有一些见解，在此不一一列举。

综上所述可以看出，自唐、宋学人从科举取士出发而论"史学"，到章学诚从认识论、方法论的不同角度论述"史学"，"史学"这个范畴的演变及其内涵的日益丰富，透视出中国古代史学有了多么巨大的发展。

三、史学史意识的产生和发展

最后，我们要简括地说明史学史意识的产生和发展，这更是讨论中国史学史研究对象时不可回避的问题。"史学史"这个概念被明

---

① 章学诚：《章氏遗书》卷九《家书三》，《章学诚遗书》，北京：文物出版社，1985年，第92页。
② 章学诚：《文史通义》卷四《释通》，叶瑛校注，北京：中华书局，1985年，第376页。
③ 章学诚：《章氏遗书》卷九《与邵二云论修宋史书》，《章学诚遗书》，北京：文物出版社，1985年，第81页。
④ 章学诚：《文史通义》卷一《书教下》，叶瑛校注，北京：中华书局，1985年，第49页。

确提出来，是 20 世纪 20 年代的事情，这要归功于梁启超。① 但中国史家（不限于史家）的史学史意识的产生和发展却由来已久，有漫长的历程和丰富的内涵。20 世纪 80 年代，曾经有过关于"中国史学史之史"的讨论，似未引起人们更多的重视，因而未曾深入展开讨论。其实，从中国史学史研究对象来考察的话，这是一次很有意义的讨论，它表明了中国史家的史学史意识的悠久、丰富和深刻。② 这里，我不来重复有关的论点，而是着重从史学史意识发展的轨迹所表现出来的若干特点，讲一点新的认识。

说到史学史意识的产生，从比较明确的意义上看，班彪当为前驱。他在续《太史公书》（《史记》）而作"后传"时，曾"斟酌前史而讥正得失"，所论从《诗》、《书》到国史，从《春秋》到《左氏传》和《国语》，从《世本》到《战国策》，从《楚汉春秋》到《太史公书》，他都讲到了，并由此得到这样的认识："今之所以知古，后之所以观前，圣人之耳目也。"③可以认为，班彪的史学史意识不仅是明确的，也是比较突出的。南朝刘勰作《文心雕龙·史传》，是史学史意识发展上的新进展。此篇前一部分简述了先秦、秦汉、三国两晋时期的历史撰述，后一部分讨论了历史撰述同政治的关系、史书体裁的创建与演变、撰史的"实录"精神和"信史"原则，以及史家的博识和文采，它包含了对史学之历史的追寻和对史学之内涵的分析。《隋书·经籍志二》以分类为基础，考察了历史撰述的源流与存佚，是史学史意识发展上的又一种重要的表现形式，对后世有深远的影响。盛唐时期的刘知幾在史学史意识上具有更加突出的自觉性，《史通》以"史"和"通"连用而名书，可以证明这一点。他说："史之称通，其来自久。"④可见，他是很看重这一点的。《史通》中的《史官建置》、《古今正史》、

① 参见梁启超：《中国历史研究法补编》，长沙：岳麓书社，2010 年，第 261～278 页。

② 参见杨翼骧《中国史学史绪论》一文，其中有专题论到"过去对于中国史学史的研究"。杨翼骧：《中国史学史绪论》，载《史学史研究》1985 年第 1 期。

③ 范晔：《后汉书》卷四十上《班彪传上》，北京：中华书局，1965 年，第 1326～1327 页。

④ 刘知幾：《史通》原序，浦起龙通释，上海：上海古籍出版社，2009 年，第 1 页。

《六家》、《二体》、《杂述》等篇，是互有联系的、颇具规模的史学史论著。《史官建置》于篇首称："盖史之建官，其来尚矣。"于篇末称："大抵自古史官，其沿革废置如此。"《古今正史》于篇末也说："大抵自古史臣撰录，其梗概如此。"这都是极明确的史学史意识的表述形式。《史通》的许多篇目是论述史书的体裁、体例，而这些论述也反映出作者之历史考察的意识与方法。晚唐人马植"以文学政事为时所知"①，时人刘轲有《与马植书》，称："自《史记》、班《汉》已来秉史笔者，予尽知其人矣。"于是依次列举言东汉、言国志者、言晋洛京史、言江左史者、言宋史、言齐史、言梁史、言陈史、言十六国史、言魏史、言北齐史、言后周史、言隋书、言皇家受命等，一目了然。② 从《隋书》志、刘知幾到刘轲，可以看到唐代学人的史学史意识的发展之清晰的轨迹。

宋代学人的史学史意识的发展又表现出新的特点，即在认识上的明确和撰述上的丰富。如北宋王钦若等编纂的《册府元龟》这部大类书，其卷五五四至卷五六二是为"国史部"，凡 9 卷 14 目，在分类的基础上，汇集历代修史的恒情及其异同的有关记载，而《国史部·总序》则是一篇关于历代修史制度的论纲。又如南宋高似孙撰《史略》一书，其自序称："太史公以来，载籍之作，大义粲然著矣。至于老蚀半瓦，着力汗青，何止间见层出，而善序事、善裁论，比良班、马者，固有荦荦可称。然书多失传，世固少接，被诸签目，往往莫详，况有窥津涯、涉闳奥者乎！乃为网罗散佚，稽辑见闻，采菁猎奇，或标一二，仍依刘向'七录'法，各汇其书而品其指意。"所谓刘向"七录"，疑是刘歆《七略》之误，此书凡 6 卷，卷一述《史记》与研究《史记》之书，卷二述《汉书》以下至《五代史》历代正史，卷三述《东观汉记》及各种编年体史书，卷四述史典、史表、史略、史钞、史评、史赞、史草、史例、史目以及通史、《通鉴》等，卷五述霸史、

---

① 刘昫等：《旧唐书》卷一百七十六《马植传》，北京：中华书局，1975 年，第 4565 页。
② 董诰等编：《全唐文》卷七百四十二，北京：中华书局，1983 年，第 7674～7676 页。

杂史等，卷六述《山海经》、《世本》、《水经》、《竹书》等。高似孙自称此书是仿刘氏校书而作，当属于历史文献学性质。然《史略》的书名表明，这是一本关于史学之要略的书；具体说来，它是一本以分类为基本体例的史学简史。① 稍早于高似孙的洪迈，虽未写出类似《史略》的专书，但他的史学史意识却是十分鲜明的。他写出了《历代史本末》的专篇，从诸侯国史、《春秋》、《左传》，到新旧唐、五代史，都有简括的叙述。其篇末写道："凡十七代，本末如此，稚儿数以为问，故详记之。"② 这种以答问形式反映出来的史学史意识，表明人们对于这个问题的思考更加自觉、更加深入了。洪迈还撰有《九朝国史》、《四朝史志》的专篇③，可视为较早的断代史学史论纲。宋代还有一些书评家如晁公武、陈振孙、叶适等，他们在各自的著作《郡斋读书志》、《直斋书录解题》、《习学记言序目》中对历代史书的评论，也都建立在对史学发展之认识的基础上。这种情况，在元、明、清三朝代有所出，至《四库全书总目》史部而成为一大总结。

清人在史学史意识发展上的显著特点是具有鲜明的理论色彩。在这一点上，他们继承并发展了刘知幾、郑樵的遗风。其可论列者甚多，而章学诚、赵翼尤为突出。章学诚论史学以理论分析见长，而他的理论分析往往是同史学史意识结合在一起的。他说"六经皆史"④，不仅仅是说明经史关系，也是在探索史学的源头。他阐述"三代以上之为史，与三代以下之为史"的异同，是要说记注与撰述的变化及其对史书

---

① 《史略》卷四有"史略"一目，与史表、史钞、史评并列。其所著录诸"略"，如《三史略》、《后汉略》、《魏略》等，均可视为某一方面的简史。据此，亦可说明《史略》一书的性质。

② 洪迈：《容斋随笔·容斋四笔》卷八，上海：上海古籍出版社，1978年，第711页。

③ 洪迈：《容斋随笔·容斋三笔》卷四、卷十三，上海：上海古籍出版社，1978年，第458、571页。

④ 章学诚：《文史通义》卷一《易教上》，叶瑛校注，北京：中华书局，1985年，第1页。

体裁演变的影响。① 他说中国史学上的"通史家风"，是为阐明"专门之业，别具心裁"的重要，认为"通史人文，上下千年"，本应"义例所通"②，"史家著述之道，岂可不求义意所归乎?"③这都是把史学的历史同史学的理论结合在一起阐述的。赵翼是一个有理论深度的考史学者，他的名作《廿二史札记》不仅是杰出的考史著作，而且在史学史意识的发展上也占有重要的位置。他自称："此编多就正史纪、传、表、志中参互勘校，其有抵牾处，自见辄摘出，以俟博雅君子订正焉。至古今风会之递变，政事之屡更，有关于治乱兴衰之故者，亦随所见附著之。"④后人由此概括此书"每史先考史法，次论史事"⑤。从今天的史学史研究来看，这是从对史书编纂历史的考察而兼及到对客观历史的考察与对史学社会作用的考察，是一种深层的史学史意识的反映。正如钱大昕评论此书所说："先生上下数千年，安危治忽之几，烛照数计，而持论斟酌时势，不蹈袭前人，亦不有心立异，于诸史审定曲直，不掩其失，而亦乐道其长。"这个评价，对今天的史学史研究也还是有启发的。值得注意的是，钱大昕还从北宋以前和北宋以后经与史的关系变化上，严厉地批评了重经轻史的倾向，指出："道学诸儒，讲求心性，惧门弟子之泛滥无所归也，则有诃读史为玩物丧志者，又有谓读史令人心粗者。此特有为言之，而空疏浅薄托以借口，由是说经者日多，治史者日少。彼之言曰，经精而史粗也，经正而史杂也。予谓经以明伦，虚灵玄妙之论，似精实非精也；经以致用，迂阔刻深之谈，似正实非正也。……若元、明言经者，非剿袭稗贩，则师心妄作，即幸而厕名甲部，亦徒供后人覆瓿

---

① 参见章学诚：《文史通义》卷一《书教上》，叶瑛校注，北京：中华书局，1985 年，第 30 页。

② 章学诚：《文史通义》卷四《释通》，叶瑛校注，北京：中华书局，1985 年，第 377 页。

③ 章学诚：《文史通义》卷五《申郑》，叶瑛校注，北京：中华书局，1985 年，第 464 页。

④ 赵翼：《廿二史札记》小引，王树民校证，北京：中华书局，1984 年，第 3 页。

⑤ 陈垣：《陈垣史源学杂文》前言引陈垣语，北京：人民出版社，1980 年，第 3 页。

而已，奚足尚哉！"①这一方面是从经与史的历史命运的不同考察了史学的社会地位，一方面则指出了重经轻史倾向的错误。钱大昕的这些话是嘉庆五年（1800）写的，40年后爆发了鸦片战争；在此后的半个多世纪里，经学的空疏进一步暴露出来，而史学则在救亡图强的民族大义的历史潮流中发挥着作用，经受着考验，一步一步地走向近代化。这个事实证明了钱大昕从经、史地位的升降来看待史学发展确是卓见。

20世纪初，即在钱大昕提出上述见解之后约一百年，梁启超发表了《新史学》，无情剖析"中国之旧史"，力倡建立"新史学"。这种要求变革史学的思想所反映出来的史学史意识在中国史学发展上具有划时代的意义。20多年后，梁启超作为中国史学上率先提出"史学史"是一种文化专史之观念的史家，就怎样研究和撰写"中国史学史"问题，发表了具体的、创造性的见解，从而为中国史学上之史学史意识的发展画上了一个句号，也为中国史学史的研究和撰述写下了开创性的一页。② 从世界范围来看，在此期间，已经有一些有分量的史学史著作先后问世，如德国历史学家佛特的《近代史学史》（1911）、英国历史学家古奇的《十九世纪历史学与历史学家》（1913）、意大利哲学家克罗齐的《历史学的理论和历史》（1915）、德国历史学家里特尔的《历史科学的发展》（1919）等。20世纪三四十年代，美国学者在这方面的研究和撰述也取得了突出的成就。③ 由此可见，具有丰富的史学遗产和深刻的史学史意识的中国史学，从20世纪初开始，在史学史的研究和撰述上已处在世界同行的后进地位了。

中国史学史作为中国历史学的一个极其重要的分支学科，从20世纪20年代起，开始了它的艰难的发展历程。

---

① 赵翼：《廿二史札记》钱大昕序，王树民校证，北京：中华书局，1984年，第885页。

② 参见梁启超：《中国历史研究法补编》分论三《文物的专史》之第四章中的"史学史的做法"一节，长沙：岳麓书社，2010年，第261～278页。

③ 参见［美］J. W. 汤普森：《历史著作史》中译本译者前言，谢德风译，北京：商务印书馆，1988年，第3页。［意］贝奈戴托·克罗齐：《历史学的理论和实际》中译本所收意大利文第一版序，傅任敢译，北京：商务印书馆，1982年，第3～4页。

第二节　史学史的性质和任务

一、史学史的性质

这里说的史学史的性质，是指史学史的本质特征而言，亦即是指它在学科上的属性。

20 世纪初，意大利哲学家克罗齐对史学史做了这样的界定，他认为：

> 史学史既不是文学史，也不是文化史、社会史、政治史、道德作为史等实际性质的历史，但它当然就是所有这些东西，因为历史具有不可分裂的统一性，虽则它的重点不在实际事实方面，而在史学思想方面，这才是它的固有的主题。①

克罗齐明确地指出：史学史"固有的主题"在于史学思想方面；它不包含史学自身的"实际性质的历史"，也就是说，它不包含史学自身的发展过程，至少它的重点不在这方面。克罗齐在另一个地方更简洁地指出："史学史是历史思想的历史"②。可见，他非常强调史学史在历史学的思想史方面的特点。通观克罗齐的《历史学的理论和实际》(亦曾作《历史学的理论和历史》)的第二编"史学史"，他正是按照历史思想史的模式勾画出了一幅欧洲"史学史"的图景。

克罗齐这样来界定史学史，是他作为哲学家来为史学史做出规

---

① ［意］贝奈戴托·克罗齐：《历史学的理论和实际》中译本，傅任敢译，北京：商务印书馆，1982 年，第 134 页。

② ［意］贝奈戴托·克罗齐：《历史学的理论和实际》中译本，傅任敢译，北京：商务印书馆，1982 年，第 136 页。此处作"历史思想"，前引文作"史学思想"，二者迥异。

范性说明的特点。他甚至把哲学史和史学史作为一对重合体看待，他说：

> 就历史家而论是无法区别其历史思想和哲学思想的，二者在叙述中是浑然一体的。但是，就哲学家而论，也无法保持这种差别，因为我们都知道，或者至少在说，每一个时期都有它所特有的哲学，那是那一时期的意识，因而是它的历史，至少是它的历史萌芽；或者照我们所已说过的说，哲学和历史是重合的。如果它们是重合的，那么，哲学史和史学史也就是重合的；这一方面不仅不能与另一方面相区别，甚至也不是从属另一方面的，因为它跟另一方面是一体。①

读了这一段话，就不难理解克罗齐为什么要强调"史学史是历史思想的历史"了。当然，克罗齐强调史学史应重视历史思想史方面的内容，确有其合理的因素，因为史学家不论是对历史的认识还是对史学自身的认识，都是史学史上的重要问题。但是，克罗齐把史学发展过程即所谓"实际性质的历史"排斥在史学史之外，其结果将是这样的局面："史学史"既不能说明自己的发展过程，又使对于历史思想或史学思想之历史的阐述失却"实际性质的历史"这一基础而变得难以理解。这样的"史学史"，是不健全的（至少是不完全的）史学史。

20 世纪 20 年代，当梁启超率先在中国学术界提出应写一部中国史学史时，他是把史学史同哲学史、自然科学史、社会科学史并列，统称为"学术思想史"而作为"文化专史"的一个部分。② 这就是说，史学史是"文化专史"中的"学术思想史"的一个方面。换言之，史学

---

① ［意］贝奈戴托·克罗齐：《历史学的理论和实际》中译本，傅任敢译，北京：商务印书馆，1982 年，第 140 页。

② 参见梁启超：《中国历史研究法补编》分论三之第四章，长沙：岳麓书社，2010 年，第 261～278 页。

史是属于学术思想史的范畴。但是，从梁启超对史学史的范围的认识来看，似乎史学史又并非限于学术思想方面。他认为："中国史学史，最少应对于下列各部分特别注意：一、史官；二、史家；三、史学的成立及发展；四、最近史学的趋势。梁启超对于中国史学史之范围的界定，并没有把学术思想置于重要地位，而是对史学之"实际性质的历史"给予更多的关注，这是他自己的说法不很一致的地方，也明显地不同于克罗齐的见解。同时，梁启超还认为："史学，若严格的分类，应是社会科学的一种。但在中国，史学的发达，比其他学问更利（厉）害，有如附庸蔚为大国，很有独立做史的资格。"从这一点出发，按照梁启超对"文化专史"的总体分类，史学史本应是"社会科学史"的一部分。不过，"社会科学史"同样也不能限制在"学术思想史"的范围内。看来，梁启超没有把学术史同学术思想史严格区别开来，故于史学史的性质未能有清晰的阐述。

不论是克罗齐强调"史学史是历史思想的历史"，还是梁启超提出史学史是"学术思想史"的一个分支，都没有中肯地指出史学史的性质。从今天的认识来看，对史学史的性质，即它在学科上的属性，我们可以这样认为：从史学作为社会科学的一个学科门类来看，史学史自应是社会科学史的一部分；从史学作为一个独立的、内涵丰富的学科来看，史学史自应是其范围内的一个分支学科。从学术史的观点来看，前者近于学术史的一个部分，是以史学的历史丰富学术史的内容；后者则近于分科学术史，是对史学自身发展的反思和前瞻。

二、史学史的任务

史学史的任务，是在人们的史学史意识的发展中逐步明确起来的。在中国史学史上，关于这方面的认识，有漫长而丰富的积累，如：

——班彪的"斟酌前史而讥正得失"，这是考察以往的史书。

——刘勰的《史传》追寻自"轩辕之世"而"至于晋代"的史学踪迹，

并论其作用，评其得失。

——《隋书·经籍志》对史书的详细分类、考察源流，开阔了人们对史学的视野。

——刘知幾详论"古今正史"与"杂述"，以及历代"史官建置"，这是考察了历史撰述的发展和史官制度的发展。

——高似孙的《史略》在对史书分类的基础上，"各汇其书而品其指意"，是一本有批评意识的史学简史。

——章学诚的考察史学，强调"史家著述之道，岂可不求义意所归"，突出了对历史思想和史学思想的重视。

——赵翼在考订史书的同时，十分关注"古今风会之递变，政事之屡更，有关治乱兴衰之故"的思考与辨析，高度重视史学与社会的关系等。

可见，古代史家所提出、所关注、所阐述的这些问题，已经把史学史的任务的蓝图描绘出来了。

当然，就中国史学来说，从自觉意识上提出史学史的任务，却是20世纪以来的事情。20世纪20年代，梁启超提出，中国史学史应把史官、史家、史学的成立及发展、最近史学的趋势，作为主要的研究任务。此后，中国史家不断有所探讨、发展。30年代，金毓黻著《中国史学史》，"依刘、章之义例，纬以梁氏之条目，粗加诠次，以为诵说之资"①。金著《中国史学史》，基本上是按梁启超所提出的几个方面撰写的。同时，金毓黻认为，史料的葺录、保存、考订、编次，以至传世行远，也是史学史所应包含的内容，故于书中"附为叙及"。金著的贡献，是把史学史的任务更加具体化了，对中国史学史的研究有突出的草创之功。50年代，刘节讲授中国史学史，认为史学史的任务是：

    史学史或史学概论一类书就是告诉我们如何学历史，

---

① 金毓黻：《中国史学史》导言，北京：商务印书馆，1999年，第1页。

要学些什么，学了以后有什么用处，我们为什么一定要学历史等等问题。史学概论只是重点介绍，重点说明，或发表自己的历史观点。史学史就不同了，要把历史编纂学的发展史写出来，要把历史家的历史哲学系统地介绍出来，而且还要把历史学在发展途中和其他学科的关系写出来，主要是写历史学的发展过程，把重点很突出地表彰一下。①

这是强调把"写历史学的发展过程"作为史学史的主要任务，而以历史编纂学、历史哲学、历史学与其他学科的关系作为重点。这就是说，史学史的任务首先要写出历史学"实际性质的历史"，同时也要写出"历史思想的历史"，而且还强调了史学史的目的是帮助人们认识史学的用处。这一认识，比起克罗齐来有明显的区别，比起梁启超来有很大的发展。

20世纪60年代，中国史学家关于史学史的任务曾经展开过热烈的讨论，提出了不少有益的见解，如白寿彝先生提出的阐明规律和总结成果的任务②，就是很有代表性的重要的见解。80年代，白寿彝先生在所著《中国史学史》第一册《叙篇》中，对"史学史的任务和范围"提出新的、系统的认识，他写道：

> 史学史，是指史学发展的客观过程。我们这部书，就是以中国史学史为对象，按照我们的理解，对于中国史学发展的过程及其规律的论述。按照这样的任务，本书论述的范围，包括中国史学本身的发展，中国史学在发展中跟其他学科的关系，中国史学在发展中所反映的时代特点，以及中国史学的各种成果在社会上的影响。③

①　刘节：《中国史学史稿》叙论，郑州：中州书画社，1982年，第1~2页。
②　参见白寿彝：《中国史学史研究任务的商榷》，《白寿彝史学论集》（下），北京：北京师范大学出版社，1994年，第595~598页。
③　白寿彝：《中国史学史》第1册，上海：上海人民出版社，1986年，第29页。

跟以前的认识相比，这里突出了史学的时代特点和史学成果的社会影响。对于史学的时代特点的强调，深化了关于史学发展过程的认识；对于史学成果的社会影响的强调，是把史学的社会作用作为重要问题加以考察。这两点，都是史学史的任务之核心的问题。

从以上这一简要的论述来看，自 20 世纪 20 年代以来，中国史家关于史学史的任务的探索，走过了漫长的道路，认识也在不断发展、深化。综合这一认识过程所得，并结合著者的认识，中国史学史的任务是：

——史学的发展过程及其阶段性特点（史学的时代特点或史学自身的阶段性特点）。

——史官、史家与史学成果及其特点。

——历史思想与史学思想。

——史学与社会的相互关系。

——史学发展与相关学术文化领域的关系。

——史学发展的规律性（历史的进步与社会生活的日趋复杂与史学内容的逐渐丰富的一致性，不同的历史观点、史学观点的矛盾斗争促进着史学的进步，求真与致用的对立统一，史家作为一个整体总是在历史进步和史学发展中不断完善着自己等）。

这里有必要说明的是，上面所提出的这些史学史的任务，是从理论上着眼的；因此，我们不能要求每一部史学史著作在事实上都应当实现这些任务，我们只能期待它们大致上或有所侧重地去实现这些任务。

第三节　中国历史上的史官制度和私人著史

一、史官制度的演变

中国古代史官建置甚早，这是中国素以史学发达著称于世的原因之一。据《周官》、《礼记》等书所记，三代所置史官名称甚多，有太史、小史、内史、外史、左史、右史之别。史官职责亦各有异：太史掌国之六典，小史掌邦国之志，内史掌书王命，外史掌书使乎四方，左史记言，右史记事。《礼记·曲礼上》还说："史载笔，士载言。"①所有这些不同的分工，说明史官对所记之事是有选择和有区别的。在最早的古代历史文献之一《尚书》中，有多处提到"册"与"典"。如《尚书·多士》："唯殷先人，有册有典。"册和典，当是两种官文书，有不同的性质和内容，不同形式的体制，其详情尚有待研究，它们同史官职掌是有关系的。《尚书》中还多处记载了"史"或"太史"的活动，如《金縢》称，"史乃册祝"；《顾命》称，"太史秉书，由宾阶隮，御王册命"；《立政》称，"周公若曰：太史、司寇苏公，式敬尔由狱，以长我王国。兹式有慎，以列用中罚"。② 史官在这里要参与册祝、秉笔、决狱等活动，在很大程度上还有一种神职的性质。史官的这种性质，一直延续到春秋时期。从确切的文献记载来看，周代的史伯是一位很有历史见识的史官。《国语·郑语》记他同郑桓公论"王室将卑，戎狄必昌"、诸侯迭兴的谈话，是先秦时期很有分量的政论和史论。周代还有一位史官叫史佚，也受到后人的推崇。

春秋时期，各诸侯国也都有自己的史官，这是同西周末年以后各诸侯国国史的撰写相关联的。《左传·昭公二年》记晋国韩宣子聘于鲁，"观书于大史氏，见《易》、《象》与《鲁春秋》曰：'周礼尽在鲁矣，吾乃今知周公之德与周之所以王也。'"③这说明史官又有保管历史文献的职责。春秋时期著名的史官，晋国有董狐、史墨，齐国有齐太史、南史氏，楚国有左史倚相。董狐以秉笔直书而被孔子称为"古之良史"，孔子盛赞其"书法不隐"的精神。齐太史和南史氏也是如同董狐一样的史官。左史倚相因"能道训典，以叙百物"，又"以朝

---

① 《礼记正义·曲礼上》，《十三经注疏》，北京：中华书局，1980年，第1250页。
② 见《尚书·金縢》、《尚书·立政》、《尚书·顾命》，王世舜译注，成都：四川人民出版社，1982年，第131、252~253、261页。
③ 《左传·昭公二年》，杨伯峻编著，北京：中华书局，1981年，第1226~1227页。

夕献善败"于楚君，使楚君"无忘先王之业"，而被誉为楚国一"宝"①。他是一位知识渊博、通晓治乱兴衰之理的史官。处在春秋末年的史墨是一位对历史变化有深刻认识的史官，他说过这样的名言："社稷无常奉，君臣无常位，自古以然。故《诗》曰：'高岸为谷，深谷为陵。三后之姓，于今为庶。'"②这些史官的思想和业绩，对中国史学的发展都有不小的影响。又如"君举必书"③这样的优良传统，也是在春秋时期逐步形成的。随着各诸侯国政权的下移，春秋晚期和战国时期的一些大夫和具有特殊身份的贵族，也有史臣的建置。如周舍是晋大夫赵简子的家臣，他的职责是"墨笔操牍，从君之过"④。晋大夫智伯有家臣名士苗，也是"以秉笔事君"⑤。秦、赵史官，又有御史之名。周赧王三十六年(公元前279)，秦王、赵王会于渑池。秦御史书曰："某年月日，秦王与赵王会饮，令赵王鼓瑟。"赵御史书曰："某年月日，秦王为赵王击缶。"⑥秦国还有太史令之职。史载，秦太史令胡毋敬以秦篆撰《博学》七章。⑦ 先秦史官，名称繁多，职掌亦甚广泛，由汉至唐，又有许多变化。

汉承秦制，至武帝时置太史令，以司马谈任其职。谈卒，其子司马迁继其任。司马父子，是为西汉著名史官。迁卒，知史务者皆出于他官，而太史不复掌史事，仅限于天文历法职掌范围。这是古代史官职责的一大变化。汉武帝置史官，除太史令外，似在宫中置女史之职，以记皇帝起居，故有《禁中起居注》；东汉因之。后世以"起居"作为史官的一种职掌和名称，与此有很大关系。东汉时，以他官掌史官之事，如班固以兰台令史之职撰述国史。三国魏明帝置

① 《国语》卷十八《楚语下》，韦昭注，上海：上海古籍出版社，1978年，第580页。
② 《左传·昭公三十二年》，杨伯峻编著，北京：中华书局，1981年，第1520页。
③ 《左传·庄公二十三年》，杨伯峻编著，北京：中华书局，1981年，第226页。
④ 韩婴：《韩诗外传》卷七，屈守元笺疏，成都：巴蜀书社，1996年，第612页。
⑤ 《国语》卷十五《晋语九》，韦昭注，上海：上海古籍出版社，1978年，第501页。
⑥ 司马迁：《史记》卷八十一《廉颇蔺相如列传》，北京：中华书局，2013年，第2946~2947页。
⑦ 参见班固：《汉书》卷三十《艺文志》小学类序，北京：中华书局，1962年，第1721页。

史官，称著作郎，隶属中书。晋时，改称大著作，专掌史任，并增设佐著作郎八人，隶属秘书。宋、齐以下，改佐著作郎为著作佐郎。齐、梁、陈又置修史学士（亦称撰史学士）之职。十六国、北朝，大多设有史职，或有专称，或杂取他官。其体制、名称，多源于魏、晋而有所损益。三国两晋南北朝时期，中国古代史学形成多途发展的趋势，而皇朝"正史"撰述尤为兴盛，故史官当中名家辈出，被誉为"史官之尤美，著作之妙选"①。其间，关于起居之职，魏、晋以著作兼掌。北齐、北周，著作、起居二职逐步分开。隋炀帝时以著作如外史，于内史省置起居舍人如内史。

唐代，因正式设立了史馆，史官制度乃趋于规范化。史馆以宰相为监修，称监修国史；修撰史事，以他官兼领，称兼修国史；专职修史者，称史馆修撰；亦有以卑品而有史才者参加撰史，称直史馆。著名政治家房玄龄、魏徵、朱敬则，著名史学家刘知幾、吴兢，著名文学家、思想家韩愈，著名诗人杜牧等，都先后参与史馆工作，并担任各种修史职务。自史馆设立而以宰相监修史事，由是著作局始罢史职，这是古代史官制度的又一重大变化。唐初，于门下省置起居郎，后又在中书省置起居舍人，分为左右，对立于殿，掌起居之事，故有时也曾称为左右史。其所撰起居注送交史馆，以备修史之用。

五代迄清，史官制度多因唐制而各有损益，其名称虽因代而异，而职掌略同。其中以宋、清两朝较为繁复。宋有国史院、实录院、起居院和日历所，各有史职。辽有国史院，金有国史院和记注院，元有翰林兼国史院，明以翰林院掌史事。清以翰林院掌国史、图籍管理与侍读等职，以国史馆、实录馆掌纂修事，以起居注衙门掌起居之事，其史职则多以他官兼任。

---

① 刘知幾：《史通》卷十一《史官建置》，浦起龙通释，上海：上海古籍出版社，2009年，第288页。

二、修史机构的发展

中国的史官制度，起源很早。相对来说，修史机构的出现，要晚一些；而专门的修史机构的出现就要更晚一些。据唐代史学家刘知幾的考察，曹魏以前，历代并无稳定的修史机构。他在讲到东汉的兰台和东观时这样写道：

> 汉氏中兴，明帝以班固为兰台令史，诏撰《光武本纪》及诸列传、载记。又杨子山为郡上计吏，献所作《哀牢传》，为帝所异，征诣兰台。斯则兰台之职，盖当时著述之所也。自章、和已后，图籍盛于东观。凡撰汉记，相继在乎其中，而都为著作，竟无他称。①

兰台和东观，都是皇家藏书处所，并非是明确的修史处所；只是为就近利用藏书的方便，所以兰台和东观才先后成了东汉时期的"著述之所"。

魏、晋时期，开始明确了职掌修史的机构。《晋书·职官志》简要地记载了这一情况：

> 著作郎，周左史之任也。汉东京图籍在东观，故使名儒著作东观，有其名，尚未有官。魏明帝太和中，诏置著作郎，于此始有其官，隶中书省。及晋受命，武帝以缪徵为中书著作郎。元康二年，诏曰："著作旧属中书，而秘书既典文籍，今改中书著作为秘书著作。"于是改隶秘书省。……著作郎一人，谓之大著作郎，专掌史任，又置佐

---

① 刘知幾：《史通》卷十一《史官建置》，浦起龙通释，上海：上海古籍出版社，2009年，第286页。

著作郎八人。著作郎始到职，必撰名臣传一人。①

从这里可以看出，在魏明帝时，中书省是职掌修史的机构；至晋惠帝元康二年(292)改由秘书省职掌修史事务。这就是说，3世纪初，中国有了负责修史的机构，而292年，确是一个值得纪念的年代。尽管中书省和秘书省都不是专门的修史机构②，但修史工作在封建王朝的组织系统中毕竟有了比较稳定的归属。这是中国史学上的一件大事。

东晋、南朝以及北魏、北齐，均沿袭这一制度。于沿袭中也有变化和发展。南朝改佐著作郎为著作佐郎，这是一个变化。著作郎除有专职者外，也可有兼职者，即"其有才堪撰述，学综文史，虽居他官，或兼领著作"③。这又是一个变化。南朝齐、梁、陈又设置修史学士(亦作撰史学士)，这是第三个变化。北齐有时把属于秘书省管辖的著作省(或作著作局)称为"史阁"或"史馆"，这是"史阁"、"史馆"名称最早的由来。北齐著名文人邢子才作诗赠史家魏收，有"冬夜直史馆"句可证。④ 这是第四个变化。上述情况，至隋及唐初没有大的变化。杜佑对于唐初以前修史机构及其演变做了这样的概括："自后汉以后，至于有隋，中间唯魏明太和中，史职隶中书，其余悉多隶秘书。大唐武德初，因隋旧制，史官属秘书省著作局。"⑤

秘书省属下的著作郎"专掌史任"，顾名思义，其重在著作，在撰述。中国古代的修史机构，主要指此而言。至于记录或记注的史职即起居之官的归属是：

---

① 房玄龄等：《晋书》卷二十四《职官志》，北京：中华书局，1974年，第735页。

② 《隋书·百官志中》记中书省、秘书省原先的职责是："中书省，管司王言，及司进御之音乐。""秘书省，典司经籍。"

③ 刘知幾：《史通》卷十一《史官建置》，浦起龙通释，上海：上海古籍出版社，2009年，第287页。

④ 参见李林甫等：《唐六典》卷九《史馆》，北京：中华书局，1992年，第281～282页。

⑤ 杜佑：《通典》卷二十一《职官三·史官》，北京：中华书局，1988年，第567～568页。

今起居，《周官》有左、右史，记其言、事，盖今起居之本。（原注："动则左史书之，言则右史书之。""左史记言，右史记事。"）汉武帝有《禁中起居注》，后汉马皇后撰《明帝起居注》，则汉《起居注》似在官中，为女史之任。又王莽时，置柱下五史，秩如御史，听事侍傍，记其言行，此又起居之职。自魏至晋，起居注则著作掌之。其后起居，皆近侍之臣录记也，录其言行与其勋伐，历代有其职而无其官。后魏始置其起居令史，每行幸宴会，则在御左右，记录帝言及宴宾客训答。后又别置修起居注二人，以他官领之。北齐有起居省。后周有外史，掌书王言及动作之事，以为国志，即起居之职。又有著作二人，掌缀国录，则起居注、著作之任，自此而分也。至隋初，以吏部散官及校书、正字有叙述之才者，掌起居之职，以纳言统之。至炀帝，以为古有内史、外史，今著作如外史矣，宜置起居官，以掌其内，乃于内史省置起居舍人二员，次内史舍人下。大唐贞观二年，省起居舍人，移其职于门下，置起居郎二人。①

这一段叙述，把唐初以前起居之职的由来、演进及其所属部门讲得清清楚楚。据此可知：第一，起居之职跟春秋时期史官之"君举必书"的职责有历史上的渊源，两汉时期，这种起居之职很可能只限于宫中，以女官担任。第二，自魏至晋，起居之职由著作担任，其后也有以近侍之臣担任的，始终是"有其职而无其官"。第三，历史上最早设起居之官的是北魏，最早设职掌起居机构即起居省的是北齐。第四，隋及唐初，起居之官或属内史省，或属门下省。而起居之官的名称也屡有改变：在北魏，称起居令史、修起居注；在隋，称起居舍人；在唐初，称起居郎。唐初以前的修史机构及其属官大抵如此。

---

① 杜佑：《通典》卷二十一《职官三》，北京：中华书局，1988 年，第 555～556 页。

中国古代修史机构的发展，唐初是一大变化。这个变化的标志是唐太宗贞观三年(629)，唐皇朝正式设立史馆于禁中。从此，史馆作为官方的主要修史机构，经历宋、辽、金、元、明、清等朝，有近 1300 年的历史。

《唐会要·史馆上·史馆移置》记唐代史馆的设立说："武德初，因隋旧制，隶秘书省著作局。贞观三年闰十二月，移史馆于门下省北，宰相监修，自是著作局始罢此职。及大明宫初成，置史馆于门下省之南。"①玄宗开元十五年(727)，史馆移于中书省北。曾"三为史臣"、亲历唐代史馆的刘知幾这样写道："暨皇家之建国也，乃别置史馆，通籍禁门。西京则与鸾渚为邻，东都则与凤池相接。馆宇华丽，酒肴丰厚，得厕其流者，实一时之美事。"②武则天称帝时，改门下省为鸾台、中书省为凤阁，故刘知幾有"鸾渚"、"凤池"之喻。通观刘知幾对史馆的看法，他的这些话，并非都是赞美之词，其中不无讥讽之意。但是，它也确实反映出了皇家对史馆的重视。

史馆建立后，为了使其能够及时地了解到各方面的重大事件，积累必要的文献，朝廷制定了诸司应送史馆事例，明确规定了应送项目及负责报送的部门，它们是：

——祥瑞。礼部每季具录送。

——天文祥异。太史每季并所占候祥验同报。

——蕃国朝贡。每使至，鸿胪勘问土地风俗、衣服贡献、道里远近，并其主名字报。

——蕃夷入寇及来降。表状，中书录状报；露布，兵部录报；军还日，军将具录陷破城堡、杀伤吏人、掠虏畜产，并报。

——改变音律及新造曲调。太常司具所由及乐词报。

——州县废置及孝义旌表。户部有即报。

——法令改变、断狱新义。刑部有即报。

---

① 王溥：《唐会要》卷六十三《史馆上》，北京：中华书局，1955 年，第 1089 页。
② 刘知幾：《史通》卷十一《史官建置》，浦起龙通释，上海：上海古籍出版社，2009 年，第 294 页。

——有年及饥，并水旱虫霜风雹，及地震、流水泛滥。户部及州县，每有即勘其年、月、日，及赈贷存恤同报。

——诸色封建。司府勘报；袭封者不在报限。

——京诸司长官及刺史都督［都］护、行军大总管、副总管除授。并录制词，文官吏部送，武官兵部送。

——刺史、县令善政异迹。有灼然者，本州录附考使送。

——硕学异能、高人逸士、义夫节妇。州县有此色，不限官品。勘知的实，每年录附考使送。

——京诸司长官薨卒。本司责由历状迹送。

——刺史都督都护及行军副大总管以下薨。本州本军责由历状，附便使送。

——公主百官定谥。考绩录行状、谥议同送。

——诸王来朝。宗正寺勘报。

凡"已上事，并依本条所由，有即勘报史馆，修入国史。如史官访知事由，堪入史者，虽不与前件色同，亦任直牒案；承牒之处，即依状勘，并限一月内报"①。

这些"事例"，涉及 16 个方面和朝廷及地方的各级军政部门。值得注意的是：对于报送的时间，一般都有明确的规定；对报送的内容，大多做了必要的提示。同时史官也有"访知事由"并斟酌"堪入史者"之权。可见，史馆修史，是在朝廷及地方军政部门的密切配合下进行的，并非只凭着几个史官翻书、操笔就可以"修史"的。当然，各个部门对于报送这些事例的规定是必须执行的，不能因为报送的机构是史馆而有所懈怠。只有这样，史馆的修史活动才能正常进行。否则，史馆有权上奏朝廷，提出申诉。史载：唐德宗"建中元年十一月二十八日，史馆奏：'前件事条，虽标格式，因循不举，日月已深。伏请申明旧制，各下本司。'从之。"②从这些情况可以看出，朝

① 王溥：《唐会要》卷六十三《史馆上》，北京：中华书局，1955 年，第 1090 页。
② 王溥：《唐会要》卷六十三《史馆上》，北京：中华书局，1955 年，第 1090 页。

廷对于修史机构和修史活动是非常重视的。

唐代史馆修史,还有两个重要的资料来源,一是起居注,一是时政记。《旧唐书·职官志》记载说:"史官掌修国史,不虚美,不隐恶,直书其事。凡天地日月之祥,山川封域之分,昭穆继代之序,礼乐师旅之事,诛赏废兴之政,皆本于起居注、时政记,以为实录,然后立编年之体,为褒贬焉。既终,藏之于府。"这指出了起居注、时政记在修国史中的重要。但这段话对唐代史馆修史活动及材料来源的表述并不全面。据上文所述,史馆修史的材料来源是很广泛的,不限于起居注和时政记,何况撰写时政记在唐代并未成为贯彻始终的制度。

关于起居注,唐人苏冕说:"贞观中,每日仗退后,太宗与宰臣参议政事,即令起居郎一人执简记录,由是贞观记注政事,称为毕备。及高宗朝会,端拱无言,有司唯奏辞见二事。其后许敬宗、李义府用权,恐史官直书其短,遂奏令随仗便出,不得备闻机务,因为故事。"①可见起居注的撰写,也是会受到人为因素的影响的。为了克服这种弊端,于是有人提出宰相撰写时政记的建议。史载:"长寿二年,修时政记。先是,永徽以后,左右史唯得对仗承旨,仗下后谋议,皆不闻。文昌左丞姚璹以为帝王谟训不可遂无纪述,若不宣自宰相,即史官疏远,无从得书。是日,遂表请仗下所言军国政要,即宰相一人撰录,号为'时政记'。"原注还说:"每月封送史馆。宰相之撰时政记,自璹始也。"②但是宰相撰时政记、每月送史馆的做法,并没有坚持下去。《新唐书·百官志二》已明确指出了这一点:"长寿中,宰相姚璹建议:仗下后,宰相一人录军国政要,为时政记,月送史馆。然率推美让善,事非其实。未几亦罢。"③到了唐宪宗时,连皇帝本人也不知时政记为何物了,可见这一制度的实行是很有限的。

有唐一代的史馆,在修史方面取得了突出的成就。第一,是修前

---

① 王溥:《唐会要》卷五十六《起居郎起居舍人》,北京:中华书局,1955 年,第 961 页。
② 王溥:《唐会要》卷六十三《史馆杂录上》,北京:中华书局,1955 年,第 1104 页。
③ 欧阳修、宋祁:《新唐书》卷四十七《百官志》,北京:中华书局,1975 年,第 1208 页。

代史。唐太宗时期，先后撰成了梁、陈、齐、周、隋五代史纪传和《晋书》；唐高宗时期，先后撰成了《五代史志》和《南史》、《北史》。今存《二十四史》，有 8 部成于唐初。第二，是修本朝实录，从高祖至武宗，历朝皇帝均有实录。第三，是修本朝国史。安史之乱以前的国史部分，先后经刘知幾、吴兢、韦述等著名史学家参与修撰，有很高的文献价值。以上这些，成了五代、北宋时期人们认识唐代历史、撰写唐代历史的主要依据，进而使今人得以再见唐代历史的辉煌。

唐代史馆修史也存在不少缺陷。刘知幾曾批评它有五个方面的不足：一是"藉以众功"，旷费时日；二是史料难求，不免阙略；三是学风不正，易生忌畏；四是监修者众，无所适从；五是指授不明，遵奉无准。① 刘知幾所批评的这些现象，在唐代史馆制度下不同程度地存在，但有的并不是在史馆的历史上都存在的。

当我们了解了唐代的修史机构以后，五代以下的修史机构就比较容易认识了。

五代在历史上存在的时间很短，但史馆修史制度并未荒废。后唐同光二年(924)，根据史馆的请求，朝廷重申"诸司送史馆事例"的要求。后晋天福六年(941)，诏命大臣修撰唐史，以宰相赵莹监修。后晋开运二年(945)六月，"史馆上新修前朝李氏书，纪、志、列传共二百二十卷，并目录一卷，都计二十帙。赐监修宰臣刘昫、修史官张昭远、直馆王伸等缯彩银器各有差"。这是第一部完整的《唐书》（即《旧唐书》）。此外，后唐、后汉、后周各朝史馆在修撰本朝实录、访求图书文献方面，亦各有作为。②

宋朝的修史机构，部门多，变化也多。其修史机构除史馆（后分为国史院、实录院）以外，还有起居院、日历所、会要所、玉牒所等。北宋神宗熙宁以前，置史馆，设修撰、直馆之职，近于唐制。

---

① 参见刘知幾：《史通》卷二十《忤时》，浦起龙通释，上海：上海古籍出版社，2009年，第 554～556 页。

② 参见王溥：《五代会要》卷十八"前代史"，上海：上海古籍出版社，1978 年，第298 页。

神宗元丰以后，实行新的官制，于秘书省置著作局，以著作郎、著作佐郎掌修日历，以秘书郎掌史馆，罢修撰、直馆之职。而秘书郎并非专职史官，这样的变化，实质上是削弱了修史机构的职能。直到南宋高宗绍兴年间，才重新恢复了史馆修撰、检讨等史职，但史馆仍属于秘书省管辖。这是宋代史馆不同于唐代史馆之处。[①] 宋高宗时期的史馆，负责修撰实录和国史。绍兴九年(1139)，为修《徽宗实录》，在史馆中设实录院。次年，因史馆未修正史，史馆并入实录院。绍兴二十八年(1158)，实录书成，诏修《三朝正史》，复置国史院，以宰臣监修。此后，实录院、国史院，各自屡有罢、复。至嘉泰二年(1202)国史院、实录院并置不废。[②]

北宋置起居院，负责修起居注，然而并无专官，以他官为同修起居注，或称修注。直至神宗熙宁四年(1071)，还是以谏官兼修注。元丰三年(1080)，推行新官制，改修注为起居郎(属门下省)、起居舍人(属中书省)，为专职侍立修注官，称"两史"。倘"两史"或缺而用资浅者，称"权侍立修注官"。起居注是史官日常侍立皇帝左右所记，定期交付著作局或史馆，以备修史之用。这一制度，沿用至南宋。[③]

日历所，"隶秘书省，以著作郎、著作佐郎掌之。以宰执时政记、左右史起居注所书会集修撰，为一代之典"。它先后属门下省编修院、秘书省国史院，又曾以国史院名归门下省，有修日历所、修国史日历所、国史日历所等名称。宋高宗绍兴十年(1140)，最终隶于秘书省。其主要职责，是修撰皇帝"宝训"。

会要所，隶秘书省，"以省官通任其事"。"并令国史日历官兼"，主要职责是编修《国朝会要》。

玉牒所，宋太宗至道元年(995)，"设局置官，诏以《皇宋玉牒》

---

① 参见洪迈：《容斋随笔》卷五"史馆玉牒所"，上海：上海古籍出版社，1978年，第71页。

② 参见脱脱等：《宋史》卷一百六十四《职官志四》，北京：中华书局，1977年，第3878～3879页。

③ 参见脱脱等：《宋史》卷一百六十一《职官志一》，北京：中华书局，1977年，第3786页。

为名，建玉牒殿"。玉牒即皇室谱，属于史书一类，唐代有图谱院，隶宗正寺，设修图谱官掌修皇室谱，有时也由史官修撰。宋代的玉牒所即由此而来，设修玉牒及类谱官，亦隶宗正寺。[①]

总的来看，宋代的修史机构，主要由起居院、日历所、实录院、国史院互相配合，其中起居院主要是记录，实录院、国史院主要是撰述，日历所则介于二者之间。会要所、玉牒所提供的资料，也是很重要的。宋代修史机构在分工方面比较细致，然在密切配合方面似未创造出十分引人注意的经验。而国史院在修撰国史方面，甚至还存在前后不相连贯的弊端。曾在南宋孝宗淳熙十二年（1185），奉命修史的洪迈在讲到北宋国史的修撰时说：

> 本朝国史凡三书，太祖、太宗、真宗曰《三朝》，仁宗、英宗曰《两朝》，神宗、哲宗、徽宗、钦宗曰《四朝》。虽各自纪事，至于诸志若天文、地理、五行之类，不免烦复。元丰中，《三朝》已就，《两朝》且成，神宗专以付曾巩使合之。……会以忧去，不克成。其后神、哲各自为一史，绍兴初，以其是非褒贬皆失实，废不用。淳熙乙巳，迈承乏修史，丙午之冬，成书进御，遂请合九朝为一，寿皇即以见属。尝奏云："臣所为区区有请者，盖以二百年间典章文物之盛，分见三书，仓促讨究，不相贯属。及累代臣僚，名声相继，当如前史以子系父之体，类聚归一。若夫制作之事，则已经先正名臣之手，是非褒贬，皆有据依，不容妄加笔削。乞以此奏下之史院，俾后来史官，知所以编缀之意，无或辄将成书擅行删改。"上曰："如有未稳处，改削无害。"迈既奉诏开院，亦修成三十余卷矣，而有永思攒宫才役，才归即去国，尤衮

---

① 参见脱脱等：《宋史》卷一百六十四《职官志四》，北京：中华书局，1977 年，第 3877 页。

以《高宗皇帝实录》为辞，请权罢史院，于是遂已。①

北宋部分的国史，是不同的史官分段所修，或"不免烦复"，或"不相贯属"的缺陷是必然存在的。神宗命曾巩合成五朝国史，曾巩便感到非常棘手，曾三上奏札，表明困难及打算采取的做法。曾巩提到的，有"文义曲折"不合体例的问题，有原稿"漏略"需要再次寻访史实的问题，有要求颁布禁中记录以备采撷的问题等。② 但曾巩还是感到不好着手，最终还是辞去了神宗皇帝的这一委任。③ "会以忧去"，是最符合曾巩的心理了。而要使九朝国史合而为一、贯串为一个整体，必然会碰到更多的困难，既有文献上的困难，更有评价上的困难。可见，北宋修史机构在修撰国史方面，是不同于唐代史馆的，后者始终是把国史作为一个整体来对待的，故修撰上保持着国史的连贯性。

辽、金两朝都是在文明发展进程落后于中原的发展程度的基础上建立起来的，但它们对修史也表现出了很大的热情，都建立了专门的修史机构。辽朝官制分北面官和南面官。其南面官采用唐制，设三省、六部、台、院、寺、监、诸卫、东宫之官。其于门下省之下置起居舍人院，设专官掌修起居注；又于翰林院之下置国史院，设史官掌修国史。④ 金朝官制，于天会四年（1126）建尚书省后，遂有三省之制。正隆元年（1156）罢中书、门下两省，仅置尚书省，自省而下有院、台、府、司、寺、局、署、所。其尚书省下之右司"兼带修起注官"，属下有各种译史多人。其国史院为独立的修史机构，设有各级史官（包括女真人、汉人和契丹人）掌修国史及《辽史》。⑤

---

① 洪迈：《容斋随笔·容斋三笔》卷四"九朝国史"，上海：上海古籍出版社，1978年，第458~459页。

② 参见曾巩：《曾巩集》卷三十一《史馆申请三道札子》，北京：中华书局，1984年，第461~462页。

③ 参见曾巩：《曾巩集》卷三十五《拟辞免修五朝国史状》，北京：中华书局，1984年，第502~503页。

④ 参见脱脱等：《辽史》卷四十七《百官志三》，北京：中华书局，1974年，第781~782页。

⑤ 参见脱脱等：《金史》卷五十五《百官志一》，北京：中华书局，1975年，第1218页。

辽、金两朝的修史机构在配合译书所翻译汉文史籍方面，在修国史及前朝史方面，都有不可忽视的作用。

元、明、清三朝是统一的皇朝，其修史机构都有宏大的气魄，具有逐步完备的趋势，在修史上做出了重大的成就。元、明、清三朝的主要修史机构，都与翰林院有一定的关系，这同辽朝的情况相类似。元朝设翰林兼国史院，置修撰、编修官等职，掌修史事宜。翰林兼国史院曾短时间"省并集贤院为翰林国史集贤院"，不久仍分立集贤院。① 明朝的修史机构则由翰林院兼掌，置各级史官负责修史。② 清入关前，修史机构系"内三院"（即内国史院、内秘书院、内弘文院）之一。康熙九年（1670），废内三院而设置内阁、翰林院，各司其事。翰林院下置国史馆、起居注馆，设各级史官，修实录、史、志、起居注。③ 在历代皇朝中，清朝的修史机构，一则继承历代典制而有所损益，二则因历史内容的丰富和史学本身的发展，故其修史机构亦日臻完善，呈现出严密而灵活的状况，既有常设的修史机构，又往往开设一些临时性的修史机构。④ 这是清代官修史书取得重大成就的原因之一，同它所建立的网络性的修史机构有密切关系。

综上所述，中国历史上的专职修史机构，十分明显地经历了建立时期（唐代）、发展时期（宋代）、完善时期（清代）几个阶段，这对史学的发展无疑会产生重大的影响。

三、私人著史的成就

从史学积累和发展来看，史官的职责包含两个大的方面，此即刘知幾所谓"为史之道，其流有二"：第一是"书事记言，出自当时之

① 参见宋濂等：《元史》卷八十七《百官志三》，北京：中华书局，1976 年，第 2189 页。
② 参见张廷玉等：《明史》卷七十三《职官志二》，北京：中华书局，1974 年，第 1786 页。
③ 参见赵尔巽等：《清史稿》卷一百一十五《职官志二》，北京：中华书局，1977 年，第 3311～3312 页。
④ 参见乔治忠：《清代官方史学研究》，台北：文津出版社，1994 年，第 5～6 页。

简"，第二是"勒成删定，归于后来之笔"。前者系"当时草创者，资乎博闻实录，若董狐、南史是也"；后者为"后来经始者，贵乎俊识通才，若班固、陈寿是也"。这两个方面，"论其事业，前后不同。然相须而成，其归一揆"①。中国史学在这两个方面的工作，尤其是前一个方面的工作，不少是出于历代史官之手，故官修史书占有重要的位置。但在这两个方面，尤其是在后一个方面做出杰出贡献的史家，有许多是不曾担任过史官职务的。换言之，史官当中固不乏优秀的史家，而优秀的史家则并非都是史官。因此要全面认识中国古代的史学，还必须充分认识到历代都有很多并非身为史官的史家所做出的杰出贡献。他们的业绩，有不少是历代史官所不及的。这样的史家，先秦以孔子为代表。自汉迄清，代有其人，举例说来，如荀悦、袁宏、裴松之、范晔、萧子显、李百药、杜佑、王溥、刘攽、刘恕、郑樵、胡三省、马端临、王圻、王世贞、李贽、陈邦瞻、黄宗羲、王夫之、顾炎武、谈迁、马骕、谷应泰、全祖望、章学诚、崔述等，皆非史官出身。他们的撰述，有许多都是中国古代史学上的第一流作品。还有一些史家，其撰述成果亦非在史官任上所得。至于数量繁多的杂史、杂传、野史、笔记、家史、谱牒，以及民族史、地方史、域外记述等，它们的作者，绝大部分亦非身为史官。这些史家，是庞大的中国史家群体的极重要的部分。

史家的私人撰述不仅数量多，成就也很大，在中国史学发展上占有重要的位置，如《汉纪》、《后汉纪》、《三国志注》、《后汉书》、《通典》、《唐会要》、《通志》、《资治通鉴新注》、《文献通考》、《续文献通考》、《弇山堂别集》、《藏书》、《续藏书》、《焚书》、《续焚书》、《明儒学案》、《宋元学案》、《读通鉴论》、《日知录》、《文史通义》、《考信录》等，不过是一部分代表性著作而已，其实际情形当远远超过这些。

---

① 刘知幾：《史通》卷十一《史官建置》，浦起龙通释，上海：上海古籍出版社，2009年，第301页。

这些史家成就的取得，有种种原因。出于皇命，这是一个重要原因。如荀悦撰《汉纪》，即因汉献帝"好典籍，常以班固《汉书》文繁难省，乃令荀悦依《左氏传》体以为《汉纪》三十篇"①。《汉纪》一书，开编年体皇朝史的先声。如裴松之注《三国志》，即是南朝宋文帝所命，于是"松之鸠集传记，广增异闻。既成奏之，上览之曰：'裴世期为不朽矣。'"②补史官之失，这又是一个重要原因。史官之职，常有任非其人、"罕因才授"的弊端，这就出现了"尸素之俦，盱衡延阁之上，立言之士，挥翰蓬茨之下"③的现象。这"蓬茨之下"的"立言之士"，即非史官身份的史家。唐人李肇撰《国史补》，即出于"虑史氏或阙则补之意"；李德裕撰《次柳氏旧闻》，意在"以备史官之阙"；林恩撰《补国史》，也是以"补"国史为目的。明清之际谈迁所撰《国榷》，是这方面的杰作。这种情况，在中国史学上是非常普遍的。史家发展史学的自觉意识，是又一个重要原因。如郑樵、马端临都推崇史学的"会通"之旨，前者继承了《史记》之纪传体通史的传统，写出了《通志》一书，其《通志·略》是对前人成果的重大发展；后者继承《通典》之典制体通史的传统，写出了《文献通考》一书，它在分门立目上也发展了前人的成果。又如章学诚继承了《史通》之史学批评的传统，写出了《文史通义》一书，在史学理论、方法论方面有许多创造性的发展。另外一个极重要的原因就是，史家的社会责任感和经世致用的撰述旨趣。从孔子作《春秋》、杜佑著《通典》、顾炎武纂《天下郡国利病书》和王夫之撰《读通鉴论》，这是贯穿于先秦至明清的一个优良传统。以上四个方面的原因，已可看出史家与政治及社会的相互关系，以及史学自身发展的要求和运动的规律，它是史学发展和成果积累的基本原因。

上述种种情况，有些在历代史官当中也是存在的。而在史学同政治的关系上，则表现得更为突出。还有一种情况，即具有史官身

---

① 范晔：《后汉书》卷六十二《荀悦传》，北京：中华书局，1965年，第2062页。

① 范晔：《后汉书》卷六十二《荀悦传》，北京：中华书局，1965年，第2062页。
② 李延寿：《南史》卷三十三《裴松之传》，北京：中华书局，1975年，第863页。
③ 魏徵等：《隋书》卷三十三《经籍志二》史部大序，北京：中华书局，1973年，第992页。

份的史家，其著述并非都是官修史书。例如《史记》、《汉书》、《后汉书》、《三国志》、《史通》、《贞观政要》、《资治通鉴》、《通鉴纪事本末》、《续资治通鉴长编》、《三朝北盟会编》、《建炎以来系年要录》等名作，仍属于史家私人撰述。

中国古代史官产生出中国最早的史家，而中国古代史家却并非都是史官。从广义上说，中国古代史家，既包括那些没有史官身份的史家，也包括那些具有史官身份（尤其是那些做出了成就的具有史官身份）的人。他们对中国史学的发展都有辉煌的贡献。刘知幾论史家的成就和影响之高低与异同时说："史之为务，厥途有三焉。何则？彰善贬恶，不避强御，若晋之董狐，齐之南史，此其上也。编次勒成，郁为不朽，若鲁之丘明，汉之子长，此其次也。高才博学，名重一时，若周之史佚，楚之倚相，此其下也。"①他把"史之为务"划分为三个层次，反映了他的史家价值观，即首先推重史家秉笔直书的精神，同时也看重史家的著述、思想、言论对当时和后世的影响。他说的这六个人中，相传左丘明是《左传》的作者，故可以同司马迁并提。他说的周之史佚，据说是周文王、武王时的太史尹佚。《国语·周语下》记晋国大夫叔向援引史佚的言论，即"动莫若敬，居莫若俭，德莫若让，事莫若恣"。这表明直到春秋时期，史佚还是一位很知名的史官。刘知幾从上述三个方面来评论史家的成就及其社会历史影响，这在中国古代史学的史家批评上还是第一次。其后，从理论上对史家进行评论，代有所出；而章学诚"以圆神、方智定史学之两大宗门"，以才识、记诵判定史家成就、得失，这些都具有史家批评之方法论的价值。

中国历史上有众多的史家，中国史学中有丰富的评论家的理论。三千多年来，中国史家紧步中国历史的足迹，记载了中国历史的进程，为人类文明的发展留下了一部辉煌的信史。

---

① 刘知幾：《史通》卷十《辨职》，浦起龙通释，上海：上海古籍出版社，2009年，第261页。

第四节　中国史书的特点

一、记述的连续性

悠久的史官制度、日益健全的修史机构和发达的私人著史，因此，中国拥有古老而众多的史籍。梁启超认为："中国传下来的书籍，若问那（哪）部分多，还是史部。中国和外国不同。外国史书固不少，但与全部书籍比较，不如中国。中国至少占十之七八。"①数量多，这是中国史书的一个明显的特点。此外，中国史书还有记述的连续性、内容的丰富性和形式的多样性这几个特点。

这里先说记述的连续性。

从现存的文字记载和历史典籍来看，甲骨文、金文、《尚书》、《春秋》、《左传》、《国语》、《战国策》以及《世本》、《竹书纪年》等，记述了先秦时期的中国历史；司马迁继承了这些成果，益以秦汉之际及汉初的历史撰述，还有实地考察所得，写出了宏伟的中国通史——《史记》；此后，或朝代史，或通史，或专史，或一方之史，或各种传记，其撰述从未间断，形成了连续不断的、有系统的、多层面的历史记载和历史撰述，成为世界史学上绝无仅有的壮举。这首先是中国历史连续性发展的产物，同时也是中国史家群体的贡献。

从史学的、文化的观点来看，这一记述的连续性之特点的形成，有多方面的原因。一是有史官制度和修史机构作为制度上的保证，已如上节所述。二是有众多史家的深刻的历史意识作为思想上的保证。司马谈的临终遗言表示：对于"汉兴，海内一统"的史事，"余为太史而弗论载，废天下之史文，余甚惧焉！"②他深为忧虑的，是"天下之史文"。司马迁继承父亲未竟之业，写出了《史记》。唐初，令狐

---

① 梁启超：《中国历史研究法补编》，长沙：岳麓书社，2010年，第263页。
② 司马迁：《史记》卷一百三十《太史公自序》，北京：中华书局，2013年，第2973页。

德棻向唐高祖李渊提出建议，认为"近代已来，多无正史"，"如至数十年后，恐事迹湮没"，"如文史不存，何以贻鉴今古？"他主张对于前代所缺之正史，一一修之。① 其后，在唐太宗时，史馆修成梁、陈、齐、周、隋"五代史"，并重修了《晋书》；唐高宗时，史馆修成《五代史志》，而史家李延寿撰成《南史》和《北史》。这成为史学上一大盛事。史书的一个重要作用在于"贻鉴今古"，唐初史家对此有深刻的共识。元世祖即位不久，大臣王鹗提出撰写辽、金两朝的历史，他认为："宁可亡人之国，不可亡人之史。若史馆不立，后世亦不知有今日。"②这就是说，撰写史书的重要性和必要性，不应因朝代的兴亡而有所改变。在这个思想的指导下，元顺帝时，史臣们写出了宋、辽、金三朝历史，把统一的多民族国家的历史撰述推进到一个新的阶段。像这样的鲜明的历史意识的事例，在中国史学上是屡见不鲜。尽管不同时期的史家提出问题的根据、方式有所不同，但贯穿其间的核心思想就是撰述历史的神圣性。对于这种神圣性的认识和实践，不仅在官修史书过程中表现得十分突出，而且在私人著史过程中也表现得同样鲜明。

二、内容的丰富性

历史的进步使社会生活呈现出日益纷繁复杂的趋势；在这个趋势中，人们对社会、对自然、对人在社会和自然中的位置的认识不断提高。人们这种实践和认识的历史进程，开阔了史学家的视野，从而丰富了历史撰述的内容。

先秦时期的史书，已经涉及政治、军事、民族、制度、地理、天文等内容；而《史记》则向人们展示出社会历史的丰富内容，历史

---

① 参见刘昫等：《旧唐书》卷七十三《令狐德棻传》，北京：中华书局，1975 年，第 2597 页。

② 苏天爵：《元朝名臣事略》卷十二《内翰王文康公》，北京：中华书局，1996 年，第 239 页。

进程，朝代兴衰，人物活动(上自天子、皇帝，下至工商业者各阶层人物的活动)，民族关系，典章制度，社会风习，朝廷与地方，内地与边区等，构成了一幅纷繁复杂的历史长卷。从此，历史撰述为自己开辟了广阔的道路。

魏晋南北朝时期，由于社会历史的发展经历着巨大的变动：政治上的分裂与统一的变动，各民族间的迁移和交往的变动，地主阶级内部构成的变动，意识形态领域经学传统地位的变动，以及区域经济、文化的发展，选官制度的特点，等等，使这一时期的史学呈多途发展的趋势。这一时期的历史撰述不仅数量剧增，而且它们的种类也在迅速发展。南朝梁人阮孝绪著目录书《七录》，其中"记传录"著录史书，分史书为十二部。[1] 唐初史家撰《隋书·经籍志》，其史部书分为十三类。盛唐时刘知幾著《史通》，把史书分为"正史"和"杂述"两个部分，而"杂述"又包含"十品"即十类。《隋书·经籍志》史部十三类是：正史、古史、杂史、霸史、起居注、旧事、职官、仪注、刑法、杂传、地理、谱系、簿录。《史通》在"正史"以外的"十品"是：偏记、小录、逸事、琐言、郡书、家史、别传、杂记、地理书、都邑簿。二者参照，除去名异而实同的部分，史书可以独立为类者，当有十五六类之多。

唐宋以下迄于明清，史书分类大致如此而又有所损益、变通，反映了史书内容的丰富，始终保持着长盛不衰的趋势。值得注意的是，如果从典制体史书的撰述来看，更可以看出历史撰述之内容不断丰富的趋势。如唐代史家杜佑著《通典》，分历代典章制度为9门；元初马端临著《文献通考》，则分历代典制为24门；明代中后期王圻著《续文献通考》，又分历代典制为30门。这一趋势，无疑是历史进步的产物，但这同史学家的思想、视野努力跟上这种进步也是有直接关系的。

中国史学是一座巨大的宝藏，这一方面表现为史书记事的源远

---

[1] 参见道宣：《广弘明集》卷三《七录序》，《弘明集·广弘明集》，上海：上海古籍出版社，1991年，第113~114页。

流长、连续不断；另一方面还表现为史书的内容的丰富、充实。此外，中国史书的多种表现形式，也为这一宝藏增添了许多光彩。

三、形式的多样性

史书体裁的多样性也是中国史书的一个特点。

史书体裁是史书的外部表现形式。在三千年的史学史上，中国史书体裁经历着辩证的发展过程。有一种年代久远的说法，左史记言，右史记事（一说右史记言，左史记事），言为《尚书》，事为《春秋》。这说明了史官的分工，也说明记言、记事是较早的历史记载形式。但言与事并不能截然分开，《尚书》中就包含了记事的成分；较晚出现的以记言为主的《国语》、《战国策》，也包含了不少记事的成分。中国史学上最先形成比较规范的表现形式的，是编年体史书《春秋》、《左传》，它们按年、时、月、日时间顺序记事。《左传》记事丰赡，不仅有精彩的记言，而且也有记一件事情的始末原委的，如僖公二十三年记晋公子重耳在外流亡 19 年的经历。晚出的编年体史书《汉纪》、《后汉纪》又使用"言行趣舍，各以类书"的方法，记载了许多历史人物；《资治通鉴》往往于历史人物的卒年之下，略述其生平事迹。可见，编年记事的史书，也记言，也记事件始末，也记人物，其间存在着互补和辩证的关系。

比起编年体史书，纪传体史书出现较晚。战国时期出现的《世本》是一种综合体的形式，它很可能是纪传体史书的前驱。司马迁的《史记》包含本纪、表、书、世家、列传五个部分，是记事件、制度、人物和历史进程的综合体史书，后人称为纪传体史书，这跟它记述了朝代更迭和大量的历史人物有关。纪传体史书扩大了史书记述的范围，同时也扩大了人们的历史视野，促进了人们对于历史面貌的整体性认识，是编年体史书所不及的。这是又一层辩证发展关系。

继《史记》之后，班固撰《汉书》，"自是世有著述，皆拟班、马，以为正史，作者尤广。一代之史，至数十家"①。纪传体史书的发展至唐初达到了全盛时期，二十四史中有八部史书撰于此时，可为明证。因此，刘知幾著《史通》总结史学发展时，开篇就从"六家"讲到"二体"，认为"班、荀二体，角力争先"，"后来作者，不出二途"，视班固《汉书》、荀悦《汉纪》为历史撰述的两种模式。刘知幾在详论"古今正史"的同时，又指出："偏记小说，自成一家，而能与正史参行，其所由来尚矣"，"爰及近古，斯道渐烦，史氏流别，殊途并骛"②。他总结了"史之杂名"，凡有"十品"，认为它们是对"正史"的补充，反映了他对于史书表现形式之辩证发展的朴素的辩证认识。

中唐时期，杜佑撰《通典》巨著，从会通和分门两个方面继承、发展了纪传体史书中的书志部分，写出了第一部结构严谨、规模宏大的典制体通史，从而突破了编年、纪传"二体"的格局。《通典》的巨大影响和众多续作，使典制体史书卓然而立，成为中国史书的又一种主要表现形式。《通典》从典章制度的制定、演变，探讨它对于为政得失、民族关系、社会进步、历史进程的影响，这是全面地突出了历史运动中主体与客体如何协调的问题，在历史认识上有重大意义。《史记》和《通典》都足以证明，史书体裁绝不仅仅是史家对于史书表现形式的选择，它也反映着史家对于历史的理解和认识。这也是中国史书体裁之辩证发展的一个方面。

晋唐之际数百年间，史学家们对编年、纪传二体孰优孰劣展开了激烈的争论，余波所及直至宋代。尊《春秋》、《左传》者，指摘司马迁改变了圣人为史之体，崇《史记》、《汉书》者，备言纪传体存在的必要。刘知幾《史通·二体》篇，分别指出编年、纪传二体的长短，结论是"考兹胜负，互有得失"，"欲废其一，固亦难矣"，在二体孰劣孰优上持公允的态度，但他没有从理论上回答导致这场争论的原

---

① 魏徵等：《隋书》卷三十三《经籍志二》正史类小序，北京：中华书局，1973年，第957页。

② 刘知幾：《史通》卷十《杂述》，浦起龙通释，上海：上海古籍出版社，2009年，第253页。

因。唐后期皇甫湜撰《编年纪传论》一文，从理论上对史书体裁的发展提出新的认识，他指出：

> 古史编年，至汉司马迁始更其制而为纪传，相承至今，无以移之。历代论者，以迁为率私意，荡古法，纪传烦漫，不如编年。予以为合圣人之经者，以心不以迹；得良史之体者，在适不在同。编年、纪传，系于时之所宜、才之所长耳，何常之有！故是非与众人同辩，善恶得圣人之中，不虚美，不隐恶，则为纪、为传、为编年，是皆良史矣。①

他认为编年、纪传二体都是在一定的社会条件下，史家发挥其专长创造出来的，因而史书体裁不是一成不变的。同时指出，衡量“良史”的标准是“是非与众人同辩，善恶得圣人之中，不虚美，不隐恶”；达到这个标准，不论在表现形式上是纪、是传、是编年，都应当予以肯定。皇甫湜认为，纪传体史书的出现，克服了编年体史书“多阙载，多逸文”的不足，有利于史书的“以备时之语言，而尽事之本末”，因而是合理的。他还批评有些论者在史书体裁上的一味“好古”的倾向，无裨于史学的发展。《编年纪传论》之论史书体裁比起刘知幾所论，一是突出了理论上的说明，二是包含了发展的观点，是古代史学上论史书体裁的大文章。文中提出“尽事之本末”的要求，对酝酿新的史书体裁的出现，是有思想上的启发的。

从《春秋》、《左传》作为编年体史书奠基著作问世后约三四百年，出现了纪传体史书的开创性著作《史记》；《史记》问世后约八九百年，有影响深远的典制体通史《通典》的诞生；关于编年、纪传二体的数百年的讨论而有《编年纪传论》的撰写，在《通典》与此论之后约三百余年，乃有宋代史家袁枢所撰《通鉴纪事本末》的面世。每一种新的史书体裁的产生，都经历了漫长的酝酿、发展过程，历史的发展，

---

① 李昉等编：《文苑英华》卷七百四十二，北京：中华书局，1966年，第3876页。

史学的发展，史家的创造性才能的发挥，交互影响，反映了中国史书体裁之辩证的发展过程。

编年体、纪传体、典制体、纪事本末体，是中国史书所采用的几种主要体裁。编年体，在《资治通鉴》问世后，有重大的发展；纪传体，在《汉书》问世后，历代正史都仿效《史》、《汉》，成为中国古代史学的主干；典制体，《通典》问世后，续作蜂起，乃有"三通"、"九通"、"十通"的形成；纪事本末体，自《通鉴纪事本末》问世后，出现了历朝纪事本末的撰写。此外，中国史书还有学案、表、图、史论、史评，而且也都有出色的成就。同时，各种不同的史书体裁在运用、发展中，存在着相互补充和综合的趋势，使各自变得更加合理，更加趋于完善。这些史书体裁，铸造了中国古代史书多姿多彩的表现形式，显示了中国史学的鲜明的民族特色。在当代史学发展中，它们仍保持着鲜活的生命力，具有历史撰述上的借鉴价值。

第五节　历史思想和史学思想

一、历史思想

把史学史看作是"历史思想的历史"，是一种片面的看法。但是，史学史应当把历史思想以至于历史思想史作为重要内容进行研究，则是毋庸置疑的。

所谓历史思想或历史观念，是指人们对客观历史运动的认识。在中国古代史学中蕴含着丰富的历史思想，其基本范畴与主要问题大致有：天命与人事的关系，人意、时势、事理的作用，这些是关于历史变动的原因及探求其中内在之"理"的思想；古与今的关系，循环与变化的关系，这些是关于历史与现实之联系，以及历史是否在变动中不断进化的问题；人君、将相和其他各种人物以及民众在历史变动中的作用，这是涉及杰出人物和人民群众之历史地位的评价问题；还有历史鉴戒思想和多民族同源共祖的思想等。社会存在决定着社会意识。中国史学上的历史思想的发展，是在中国历史发展的基础上演进的，它经历了非常复杂的发展过程。19 世纪后期，西方近代进化论的传入，使中国原有的历史思想发生了一次重大的变革。20 世纪初，马克思主义传入中国，中国史学在历史思想领域产生了革命性的变革。当然，这两次变革，都同中国固有的历史思想中的进步因素有直接的联系。

这里，我们将力图粗略地描绘出中国史学之历史思想发展的轨迹。"天"是先秦时期人们历史观念中的一个基本范畴，指的是至上之神。凡王朝兴亡、世间治乱以至人们的福祸寿夭，都由"天命"决定。这方面的记载，在先秦的官文书和王朝颂诗等文献中，俯拾即是。"天"，在相当长的时间里，被认为是人世间的主宰。"人"也是当时人们历史观念的一个重要范畴，不过最初不是指一般的人，而是指人君。《尚书·大诰》："天亦唯休于前宁人。"这里的"宁人"指周文王。此句意谓：上天只赞助我们的前辈文王。这是较早把"天"与"人"连在一起用以表示一种历史见解的，表明人是从属于天的。当时对一般的人只称作"民"。"民"更是受"天"的主宰，即所谓："天生烝民"①，"天亦哀于四方民"②。后来经过西周末年的社会动荡和春秋时期的诸侯争霸，人的作用被进一步肯定，"人"的含义扩大了。春秋末年和战国初年的私人历史撰述《春秋》与《左传》、《国语》，有很多地方是讲一般人的"人"了，也记载了一些人对"天命"的怀疑。《春秋》一书是中国史学上最早重视人事的著作，它认真地记载了政治上的得失成败。它记水、旱、虫、雨雹、雷电、霜雪、地震等，都是作为与人事有关的自然现象来看待的。这同孔子"不语怪、力、乱、神"③的思想是一致的。《春秋》在历史表述上，是先秦时期史籍中最早摆脱天、神羁绊的史书，这是它在

---

① 《毛诗正义·大雅·荡》，《十三经注疏》，北京：中华书局，1980 年，第 552 页。
② 《尚书·召诰》，王世舜译注，成都：四川人民出版社，1982 年，第 185 页。
③ 《论语》第七《述而》，杨伯峻译注，北京：中华书局，1980 年，第 72 页。

历史思想发展上的一个重大贡献。《左传》记周内史的话，说"吉凶由人"①，记郑国大夫子产的话，说"天道远，人道迩，非所及也，何以知之?"②《国语·周语下》记单襄公的话，说"吾非瞽史，焉知天道"。《左传》和《国语》都写出了大量的在历史活动中的人，写出了他们的活动、议论、风貌。这些都反映出它们在历史思想上的进步。战国以后，在历史思想领域，人们还未能完全摆脱"天命"史观的影响，有时甚至表现得很突出。但从发展趋势来看，"天命"受到怀疑，"人事"受到重视，已是历史思想发展中不可遏止的潮流。司马迁著《史记》，提出了"究天人之际"的重大课题，在历史撰述和历史思想发展上有划时代意义。他批评项羽兵败身死，"尚不觉寤而不自责，过矣。乃引'天亡我，非用兵之罪也'，岂不谬哉!"③司马迁在《伯夷列传》中，针对"天道无亲，常与善人"的说法，发表评论说："余甚惑焉，倘所谓天道，是耶非也?"④这表明司马迁在历史思想上是一位对"天命"史观大胆怀疑的史家。《史记》是中国史学上第一部真正把人作为历史中的主体来看待的伟大著作，它对历史变化的动因有许多朴素的唯物主义的解释。《史记》在历史思想上的唯物主义倾向，对后来的史学发展有重大的影响。在二十四史中，也有一些明显地宣扬"天命"的皇朝史，但它们毕竟都是着眼于写人在历史中的活动；其称说"天命"，固然有真诚的，但不少都是属于官样文章了。如同司马迁在历史撰述思想上提出了"究天人之际"的任务具有重要的意义一样，史学批评家刘知幾提出了清除"天命"史观在历史撰述中之不良影响的任务。他断然指出：自然界的种种变化，"此乃关诸天道，不复系乎人事"⑤。刘知幾并不是彻底否认"天道"，但他说的"天道"显然已包含了不少属于自然现象的因素。不论属于何种情况，他认为凡属于"天道"范围者，史家应取"不复系乎人事"

① 《左传·僖公十六年》，杨伯峻编著，北京：中华书局，1981年，第369页。
② 《左传·昭公十八年》，杨伯峻编著，北京：中华书局，1981年，第1395页。
③ 司马迁：《史记》卷七《项羽本纪》，北京：中华书局，2013年，第424页。
④ 司马迁：《史记》卷六十一《伯夷列传》，北京：中华书局，2013年，第2571页。
⑤ 刘知幾：《史通》卷三《书志》，浦起龙通释，上海：上海古籍出版社，2009年，第58页。

的态度。刘知幾从他的朴素唯物思想倾向出发，把"天道"、"人事"的关系作为历史编纂中的一个理论问题提出来，其意义显得更为重要。另一位史学批评家、思想家柳宗元(773—819)，继承和发展了荀子以来"天人相分"的学说，对"天"做了物质的阐释，从根本上否定了"天"是有意志的至上神，从而也就否定了"天命"史观。他指出："天地，大果蓏也；元气，大痈痔也；阴阳，大草木也。其乌能赏功而罚祸乎！功者自功，祸者自祸，欲望其赏罚者大谬。呼而怨，欲望其哀且仁者，愈大谬矣。"①自司马迁提出对"天道无亲，常与善人"的观念表示怀疑以后，到柳宗元的上述论点，可以说是逐步把作为至上神的"天"从人们的历史观念中驱除出去的过程，这在"天"与"人"及天人之际的关系之认识上，是一个重大的进展，是历史思想发展上又一个划时代的里程碑。

中国古代史学中，在探索"天命"与"人事"对于历史的关系时，随着对"天命"的怀疑和对"人事"的重视，便萌生了从人世间来寻求历史变动原因的思考。春秋时期的史官史墨说："社稷无常奉，君臣无常位，自古以然。故《诗》曰：'高岸为谷，深谷为陵。'三后之姓，于今为庶。"②史墨从丰富的历史知识中认识到，自古以来，掌管国家权力的人没有不变的，君与臣的位置没有不变的；他还用自然界的变化来证明自己的见解。史墨的这个认识，在当时来说，可谓石破天惊。他对历史和现实社会的变化有深刻的认识和感受，至于这种变化的原因，他只能以陵、谷的变迁来加以比附。司马迁著《史记》的主旨之一，是"通古今之变"，并且认为应当从"物盛则衰，时极而转"、"事势之流，相激使然"③等方面来看待社会、历史的变化。这是明确指出了社会历史的转化、变动，是人事和时势相互影响而造成的，故不足为怪。司马迁在《报任安书》中还说到，他著《史记》上起黄帝、下至当世，"考之行事，稽其成败兴坏之理"。这个

---

① 柳宗元：《柳河东集》卷十六《天说》，上海：上海人民出版社，1974 年，第 286 页。
② 《左传·昭公三十二年》，杨伯峻编著，北京：中华书局，1981 年，第 1519~1520 页。
③ 司马迁：《史记》卷三十《平准书》后论，北京：中华书局，2013 年，第 1730~1731 页。

"理"，即主要是指"事势之流，相激使然"的真相。柳宗元和王夫之发展了以往历史思想中关于"势"、"事势"的思想，柳宗元的《封建论》对"势"有精辟的阐述，王夫之则进而提出"理"即"物之固然，事之所以然也"①。王夫之所说的"理"不同于司马迁说的那些具体的道理，而是指事物自身发展的法则。要之，从"天命"到"人事"，从"事势"、"时势"到"物之固然，事之所以然"的"理"，这是古代史家关于历史变化动因的认识轨迹。从司马迁提出"稽其成败兴坏之理"到王夫之在《读通鉴论》叙论中提出"求顺于理"，经过漫长的认识过程，终于从具体的"理"升华到抽象的"理"，成为古代史学之历史思想中的宝贵遗产。

古代史家在探讨历史变化动因的过程中，还遇到一个长期为之困惑的问题，这就是人的作用究竟占有何种位置。关于这个问题的认识，大致经历了两个发展阶段。第一个阶段，是神与民的关系；第二个阶段，是"圣人"和"生人"的关系。《国语·郑语》记周代史伯引《泰誓》中的话说："民之所欲，天必从之。"②《左传·桓公六年》记季梁同随侯的对话中说道："夫民，神之主也。是以圣王先成民而后致力于神。"③这是很有意义的。但是，这里还是把作为人的"圣王"放在中心位置来看待的。这个思想在很长时间里占据统治地位。董仲舒的"天人感应"说，实质上也是以此为理论核心的。在对于秦废封建而立郡县之得失的千年聚讼中，有一派意见即认为封建是"先王"之意；秦废封建是违背了"先王"之意，因而招致速亡，如曹冏《六代论》、陆机《五等论》等，都是如此。对于这样一个重大历史变动的原因，许多史学家参与了论辩，在论辩中阐发了各自的历史思想。其中以李百药（565—648）、柳宗元分别写的两篇《封建论》最有影响，而柳文尤为知名。柳宗元以大量的历史实事为根据，说明封

---

① 王夫之：《张子正蒙注》卷五《至当》，北京：中华书局，1975 年，第 168 页。
② 《国语》卷十六《郑语》，上海：上海古籍出版社，1978 年，第 515 页。
③ 《左传·桓公六年》，杨伯峻编著，北京：中华书局，1981 年，第 111 页。

建"非圣人意也，势也"①。他说的"势"既有历史趋势之意，也有客观形势之意。同时，他还结合当时的政治形势，论证了郡县制之不可轻废。在柳宗元的论述中，包含了"圣人"因势制宜的思想，他并没有完全否认"圣人"的作用。柳宗元历史思想中还有一点是很重要的，即他更重视"生人之意"在历史变动中所起的作用。他明确指出，《贞符》一文是证明"唐家正德受命于生人之意"②。"受命于生人之意"，是作为"受命于天"的对立面提出来的。"生人"即"生民"，这不是一个含义清晰的概念，但从柳宗元也使用"黎人"即"黎民"的说法来看，"生人"是包含了普通民众在内的。柳宗元把自唐初以来唐太宗君臣反复强调的"君，舟也。民，水也。水所以载舟，亦所以覆舟"的古训理论化了。他对"生人之意"的肯定，是从隋唐之际的客观形势中概括出来的，其中包含着他朦胧地看到民众在历史变化中所发挥的重要作用。

关于人在历史变动中的作用，在中国古代历史思想中，主要的和基本的方面还是肯定帝王将相的作用，像柳宗元那样明确地肯定"生人之意"历史作用的毕竟是少数。不过，肯定帝王将相的作用，也有种种不同的情况。一种情况是把历史的或现实的治乱兴衰、得失成败完全归结于个人的作用，这在古代史书中有较多的反映。另一种情况是能够注意到统治集团中不同人才所发挥出来的群体作用。如由魏徵（580—643）执笔撰写的《隋书》史论，提出了这样一个见解："大厦云构，非一木之枝，帝王之功，非一士之略。长短殊用，大小异宜，楷桡栋梁，莫可弃也。"③这种见解，比之于把"帝王之功"完全归于一人一谋的论点，是很大的进步。还有一种情况是能够注意到一定时势、环境对人们的影响和作用。《隋书》史论在评论李圆通、来护儿等人时指出："圆通、护儿之辈，定和、铁杖之伦，皆一时之壮士，困于贫贱。当其抑郁未遇，亦安知其有鸿鹄之志哉！终能振

① 柳宗元：《柳河东集》卷三，上海：上海人民出版社，1974年，第44页。
② 柳宗元：《柳河东集》卷一，上海：上海人民出版社，1974年，第18页。
③ 魏徵等：《隋书》卷六十六后论，北京：中华书局，1973年，第1567页。

拔污泥之中，腾跃风云之上，符马革之恩，快平生之心，非遇其时，焉能至于此也！"①这三种情况的基本倾向，都认为历史是少数杰出人物创造的，都属于英雄史观；但其间的差别，也是很明显的，其中后两种观点在古代历史思想发展上有长久的传统和重要的价值。

在古代历史思想中，很早就有了关于对社会历史变化的认识。上文引史墨的言论，是很典型的例子。稍晚成书的《易·系辞》也说："神农氏没，黄帝、尧、舜氏作，通其变，使民不倦，神而化之，使民宜之。《易》，穷则变，变则通，通则久，是以自天祐之，吉无不利，黄帝、尧、舜，垂衣裳而天下治，盖取诸乾坤。"②这也是解释历史变化的典型论点，那么，历史变化是循着何种走向呢？大致有三种回答：一是前进，二是循环，三是倒退。在中国古代史学中，历史进化思想是主要的，历史循环论和历史倒退论在不同的历史时期也有不小的影响。战国末年，邹衍把五行说罩上神秘的外衣，提出了"五德终始"说。他认为历史是按照五行的原理循环转移的，每一个时代受五行中的某一行支配。一个时代的帝王将兴起时，天必显示祥兆，而这种祥兆符合于支配该时代的某一行的"德"。具体说来，历史是按照土、木、金、火、水五行循环。这种论点，承认历史是按照某种秩序在变化，但它曲解了历史变化的法则，认为历史只是在一定的范围内循环。这种论点在天人关系的认识上是主张"天人感应"的。战国末年至西汉时期，历史循环论有很大的影响。司马迁在《史记·历书》序中说："王者易姓受命，必慎始初，改正朔，易服色，推本天元，顺承厥意。"又说："三王之正若循环，穷则反本。"从这里不难看出"五德终始"说的影子。但是，司马迁毕竟是一位朴素的历史进化论者。这突出地表现在他对于秦皇朝之兴灭这样一个有重大争论的问题的看法上，他认为："秦取天下多暴，然世异变，成功大。传曰'法后王'，何也？以其近己而俗变相类，议卑而易行

---

①　魏徵等：《隋书》卷六十四后论，北京：中华书局，1973年，第1522页。
②　《周易正义·系辞下》，《十三经注疏》，北京：中华书局，1980年，第86～87页。

也。学者牵于所闻，见秦在帝位日浅，不察其终始，因举而笑之，不敢道，此与以耳食无异，悲夫！"①又如他对于分封和郡县的认识，都能从当时的客观形势加以分析，肯定汉代实行推恩之令，削弱诸侯，而置郡八九十，"形错诸侯间，犬牙相临，秉其阨塞地利，强本干，弱枝叶之势，尊卑明而万事各得其所矣"②。上述两件事，是西汉政治家、思想家、史学家都十分关注的重大历史问题和现实问题。司马迁以朴素的历史进化的观点阐述了自己的认识，不仅有历史认识的价值，也有现实的意义。朴素的历史进化思想还反映在史家对于"中华"、"夷狄"之相互关系的认识上。杜佑在《通典·边防典》序中写道："人之常情，非今是古，其朴质事少，信固可美，而鄙风弊俗，或亦有之。缅唯古之中华，多类今之夷狄：有居处巢穴焉，有葬无封树焉，有手团食焉，有祭立尸焉，聊陈一二，不能遍举。"③他还认为："古之人朴质，中华与夷狄同。"④他进而从地理环境的因素阐述了"中华"和"夷狄"在文明进程上出现的差别。所谓"夷夏之防"是中国历史长期存在的一个重大问题，杜佑从历史进化的观点来说明"中华"本也有一个不断发展的过程，而"夷狄"之所以落后于"中华"则是客观上的原因。中国是一个多民族国家，杜佑的这些认识，同司马迁看待秦汉之际的重大政治得失一样，具有历史认识的价值和现实的意义。王夫之也具有鲜明朴素的历史进化思想，这贯穿于他的《读通鉴论》一书中。他的总的认识是："以古之制，治古之天下，而未可概之今日者，君子不以立事；以今之宜，治今之天下，而非可必后日者，君子不以垂法。"⑤这是着重从古今制度上指出了人们应当随着历史的发展，提出相应的治理天下的措施。王夫之的

---

① 司马迁：《史记》卷十五《六国年表》序，北京：中华书局，2013 年，第 820 页。
② 司马迁：《史记》卷十七《汉兴以来诸侯王年表》序，北京：中华书局，2013 年，第 963 页。
③ 杜佑：《通典》卷一百八十五《边防典》序，北京：中华书局，1988 年，第 4979～4980 页。
④ 杜佑：《通典》卷四十八《礼典八》后议，北京：中华书局，1988 年，第 1355 页。
⑤ 王夫之：《读通鉴论》卷末"叙论四"，北京：中华书局，1975 年，第 2548～2549 页。

朴素的历史进化思想是针对邹衍、董仲舒的历史循环论而阐发的。在中国古代史学上，朴素历史进化思想的发展，往往又是在批判历史倒退论的斗争中前进的。《北齐书》作者李百药在柳宗元之前即撰有《封建论》一文，他针对曹冏和陆机主张恢复分封制的主张写道：以往"著述之家"，"多守常辙，莫不情忘今古，理蔽浇淳"；恢复分封制，无异于"以结绳之化，行虞夏之朝；用象刑之典，治刘（汉）曹（魏）之末"[①]。他认为历史是进化的，人们不能从已经进步的时代倒退回去。唐初，魏徵建议唐太宗于大乱之后实行教化政策。封德彝反对说："三代以后，人渐浇讹，故秦任法律，汉杂霸道，皆欲化而不能，岂能化而不欲？"魏徵反驳说："若言渐浇讹，不及纯朴，至今应悉为鬼魅，宁可复得而教化耶？"[②]魏徵后来协助房玄龄监修梁、陈、齐、周、隋"五代史"，并主编《隋书》，撰写了《隋书》史论及《梁书》、《陈书》、《北齐书》帝纪总论，对唐代史学发展有很大影响。他的朴素的历史进化思想同当时的政治思想斗争有密切的关系。在这个问题上，司马迁、李百药、魏徵、杜佑、柳宗元、王夫之等，都有共同之处。这是中国古代史学上朴素的历史进化思想发展中的一个特点。

自秦汉开始，中国已经发展成为统一的多民族国家，因此，对于民族关系的认识，也是中国古代史学历史思想中的一个重要方面。杜佑的"中华"、"夷狄"论，从朴素的历史进化思想方面反映了他的民族关系思想，而古代史家的民族关系思想还包含其他方面的内容。以《史》、《汉》创始的中国古代正史即二十四史中，几乎都涉及多民族的历史。秦汉统一以前，《尚书》、《诗经》，尤其是《春秋》、《左传》，也写到了先秦时期各族的关系。这反映出中国古代史家历来有重视民族关系史的优良传统。而关于民族关系问题则有种种不同的观点。从隋唐以后的历史撰述来看，重视民族间的历史联系以至阐

---

① 董诰等编：《全唐文》卷一百四十三，北京：中华书局，1983年，第1444～1446页。
② 吴兢：《贞观政要》卷一《政体》，上海：上海古籍出版社，1978年，第18页。

述多民族同源共祖的观点，是民族关系思想发展的重要趋势。西晋江统曾著《徙戎论》一文，借口遵"《春秋》之义"，即所谓"内诸夏而外夷狄"，对战国、秦汉、三国以来民族关系的发展做消极的评价，提出对内迁各族"皆可申谕发遣，还其本域，慰彼羁旅怀土之思，释我华夏纤介之忧"①，当时有人"服其深识"。但是，客观历史却从根本上否定了《徙戎论》的主张。随着两晋南北朝时期民族迁移、斗争、融合的发展，不仅"徙戎"的主张变得荒唐可笑，就是"华夷之辨"也逐渐为史家所反对。隋唐之际，李大师已不满于"南书谓北为'索虏'，北书指南为'岛夷'"的修史情况，提出"编年以备南北"的撰述思想。其子李延寿后来撰成《南史》、《北史》，就是执行他的遗命，"追终先志"的成果。② 唐高祖接受了令狐德棻（583—666）的建议，下达修撰梁、陈、魏、齐、周、隋六代史诏，诏书说："自有晋南徙，魏乘机运，周、隋禅代，历世相仍；梁氏称邦，跨据淮海，齐迁龟鼎，陈建宗祊，莫不自命正朔，绵历岁祀，各殊徽号，删定礼仪。至于发迹开基，受终告代，嘉谋善政，名臣奇士，立言著绩，无乏于时。"③这种以诏书形式对有关六个皇朝的评价，其中包括对于鲜卑族统治者建立的北魏、北周的评价，在称谓、措辞、历史地位等方面，都是做同样看待的，并且都要为它们撰写后来被称作正史的、反映其兴亡得失的一代之史。这在以往的史学中还不曾有过，它反映了唐初史学家和政治家在民族与民族关系思想上的重大发展。唐太宗时，史家们再次讨论修撰前朝史时，承认北齐魏收（506—572）所撰《魏书》和隋朝魏澹所撰《魏书》的正史地位，也具有这样的性质。唐修《晋书》，对江统的《徙戎论》不取附和态度，指出："'徙戎'之论，实乃经国远图。然运距中衰，陵替有渐，假其言见用，恐速祸招怨，无救于将颠也。"④这是不同意把西晋之亡归咎于"戎狄"

---

① 房玄龄等：《晋书》卷五十六《江统传》，北京：中华书局，1974年，第1534页。
② 参见李延寿：《北史》卷一百《序传》，北京：中华书局，1974年，第3343页。
③ 宋敏求编：《唐大诏令集》卷八十一，北京：中华书局，2008年，第466~467页。
④ 房玄龄等：《晋书》卷五十六后论，北京：中华书局，1974年，第1547页。

的说法。唐修《晋书》中以"载记"记十六国史事，虽不免仍有微词，但也有不少给予很高评价的地方。唐初史家在《隋书·经籍志》史部编目中，创立"霸史"一目，著录十六国史臣和其他史家所撰有关十六国史事的著作，列于正史、古史、杂史之后，居于起居注类之前。其后序称："自晋永嘉之乱，皇纲失驭，九州君长，据有中原者甚众。或推举正朔，或假名窃号，然其君臣忠义之节，经国字民之务，盖亦勤矣。"刘知幾在《史通·称谓》篇中指出："戎羯称制，各有国家，实同王者。"他批评晋人"党附君亲，嫉彼乱华，比诸群盗"的做法，是"苟徇私忿，忘夫至公，自非坦怀爱憎，无以定其得失"。所有这些，都反映了史家力图从历史事实上严肃地看待各民族历史的态度和思想，具有进步的意义。杜佑从地理环境的因素来说明"中华"和"夷狄"在发展上出现差别的原因，显然是不全面的。但他提出的理论上的认识，对于《徙戎论》所提出的戎狄"性气贪婪，凶悍不仁"一类的偏见，是有力的批驳，也是古代史家民族思想和民族关系思想的重大发展。在古代史学上，有关多民族同源共祖的思想起源很早。从《史记·五帝本纪》来看，这种思想在文字产生以前的传说时代就已经出现了。《史记·匈奴列传》还具体指出："匈奴，其先祖夏后氏之苗裔也。"《史记》以下，有关这方面的记载不绝于史。元末，史家撰辽、金、宋三史。其中《辽史·世表》序说："庖牺氏降，炎帝氏、黄帝氏子孙众多，王畿之封建有限，王政之布濩无穷，故君四方者，多二帝子孙，而自服土中者本同出也。考之宇文周之书①，辽本炎帝之后，而耶律俨（按系辽史官）称辽为轩辕后。俨志②晚出，盍从《周书》。"这综合了唐、辽、元三个皇朝史家的认识，而这三个皇朝的统治者分属汉、契丹、蒙古三个民族，其认识不超出炎、黄之外，故尤其鲜明地反映出多民族之历史文化认同的思想。元修辽、金、宋三史，最终决定采用"各与正统，各系其年号"的体制，亦颇

---

① 此指唐初所修《周书》。
② 此指耶律俨所撰《辽史》。

类似唐初修"六代史"之议和"五代史"之作。明代史家王圻撰《续文献通考》，上继马端临《文献通考》，起于南宋淳祐(1241—1252)，下讫于明朝万历(1573—1620)，并明确指出增写辽、金典章制度的必要。这都表明了古代史家在民族关系思想方面的发展和进步，从而也是在历史思想方面的发展和进步。

此外，关于对历史上各个时期的治乱兴衰原因的认识，对历史人物评价的理论和方法等，也是古代历史思想领域的重要方面。

中国古代史学的历史思想领域，包含着批判意识和理性传统。19世纪以后，这种固有的批判意识和理性传统同西方传入的近代进化论、马克思主义的唯物史观相结合，引起了中国史学在历史思想领域的两次巨大的变革。历史思想的发展，进入了新的阶段。

19世纪后期，西方进化论逐步传入中国，被一些思想家所接受，并使其同中国古代变易观点和朴素的进化观点结合起来，形成了历史变革思想。这是中国近代在历史观念上出现的新的变革，使中国史学在历史观念上具有了近代意义上的内涵和形式。

中国古代史家论"势"和"理"，包含了深刻的历史进化观点；他们论历史阶段、国家起源、郡县制优于分封制、"古之中华，多类今之夷狄"等一些重大历史问题时，也反映出了这种朴素的历史进化观点。这种朴素的历史进化观点，在理论形式上还没有比较系统的阐述；在具体运用上，就多数史家来说，还缺乏比较明确的自觉意识。当然，更重要的是受到历史进程本身的影响，故这种古代史学上的朴素的历史进化观点，不可能发展到如同产生于欧洲的那样的进化论。

19世纪产生于欧洲的进化论，是关于事物按照量的积累从简单到复杂、从低级到高级逐渐向前发展的理论，它包括宇宙无机物的进化、生物和社会的进化等自然历史过程。鸦片战争以后，西方一些来华的传教士和洋务企业的译书机构，对进化论有一些片段的介绍。中国思想家中，康有为、谭嗣同是较早受到进化论影响的人，而严复则是在介绍和阐述西方进化论方面最有贡献的人。康有为把古老的"公羊三世说"和《礼记·礼运》的"大同"、"小康"思想，同进化论结合起来，阐说他的具有资产阶级意识形态性质的历史进化理论，作为他主张变法、建立君主立宪制的理论基础。他在《论语注》中说："人类进化，皆有定位，自族制而部落，而成大统；由独人而渐立酋长，由酋长而正君臣，由君主而渐至立宪，由立宪而渐至共和"；"盖自据乱进为升平，升平进为太平。进化有渐，因革有由，验之万国，莫不同风"。他一方面强调"验之万国"，一方面认为"孔子之为《春秋》，张为三世"，就是推进化之礼而为之。他在《大同书》里又说："神明圣王孔子，早虑之忧之，故三统三世之法，据乱之后，易以升平、太平，小康之后，进以大同。"这就是康有为把中国"公羊三世说"和《礼记·礼运》同西方进化论结合起来而形成的进化思想。同时，康有为又在这种进化思想中注入《周易》的"变通"的思想，从而把它同变法维新结合起来，提出历史必变的观点。他说："易者，随时变易，穷则变，变则通"，"中国今日不变日新不可，稍变而不尽变不可，尽变而不兴农工商矿之学不可"。① 变，是时势之必然，是国家命运所必需，"能变则全，不变则亡，全变则强，小变仍亡"②。在这里，西方进化论被赋予了中国的形式，而中国变法维新则不仅从中国传统思想观念中找到历史根据，尤其是从西方进化论中找到了理论根据。

康有为的进化理论包含了许多弱点。他是以尊圣、附会的方法来宣扬历史进化论的。同时，他只主张渐变，所以他宣扬的历史进化论，反映在社会思想上只主张改良，反对革命。

从历史观念的变革及其理论价值来看，严复对西方进化论的介绍和阐述，具有更重要的意义。光绪二十一年(1895)，他在天津《直报》上发表《论世变之极》、《原强》、《救亡决论》、《辟韩》等文，宣传

① 康有为：《日本书目志序》，《晚清文选》，北京：中国人民大学出版社，2012年，第432页。

② 康有为：《上清帝第六书》，《康有为政论集》上册，北京：中华书局，1981年，第211页。

达尔文的进化论和斯宾塞进化哲学的基本观点，倡言变法、救亡、自强的主张。光绪二十四年（1898）他译述的《天演论》正式出版。《天演论》一书本是赫胥黎宣传达尔文主义的通俗读物。严复译述此书的主旨是"于自强保种之事，反复三致意焉"①。严复在《天演论》译述的按语里，推崇斯宾塞的《综合哲学体系》，宣传它的普遍进化理论。但严复深觉斯宾塞所谓"任天为治"的论点不妥，故译《天演论》以正其谬，强调了"物竞天择"、"优胜劣败"的原则。这同"自强保种"的社会目的，是密切关联的。严复所介绍和阐述的进化论思想，在19世纪末至20世纪初的中国思想界产生了巨大的影响。梁启超在讲到康有为、严复所倡言的进化论时，也只是停留在"循序而进"的阶段，同康有为一样，都带有庸俗进化论的性质。其后，资产阶级革命派和激进民主主义者才突破了这个局限。严复在他的著作中，还介绍了西方资产阶级的"天赋人权"的思想，把自黄宗羲、唐甄以来对君权的批判提高到更具有理性主义的程度。他在《辟韩》等文中激烈批驳君权神授的腐见而倡言民权思想，认为民是天下的"真主"。这些见解，在历史观念和史学批判上引发了对"君史"、"民史"的划分，即批判"君史"而倡言"民史"，也是历史观念变革中的一个重要标志。

在19世纪后期问世的中国史家撰写的外国著作中，尤其是在王韬的《法国志略》（1871年初撰，1890年重订）和黄遵宪的《日本国志》中，作者都以充分的历史事实阐述了资本主义制度在当时所取得的成就，都认为中国应当面对世界，改变故步自封的面貌，特别是日本明治维新的经验给人们这样的启示："颇悉穷变通久之理，乃信其政从西法，革故取新，卓然能自树立。"②这样的历史著作，事实上已包含着进化论的思想和历史变革的思想。

20世纪初，中国史学上出现了较早的按历史进化论的观点撰写的中国历史著作，这就是1904—1906年商务印书馆分三册出版的夏

---

① 严复：《译〈天演论〉自序》，《天演论》，北京：科学出版社，1971年，第8页。
② 黄遵宪：《日本杂事诗》自序，长沙：岳麓书社，1985年，第571页。

曾佑所著《最新中学中国历史教科书》，反映了历史撰述的新面貌。此书以章节编次，分上古、中古、近古三个历史阶段。上古以西周以前为传疑时代，春秋战国为化成时代，中古以秦汉为极盛时代，魏晋南北朝为中衰时代，隋以下未及卒述。这虽是一部未完成的中国历史著作，但它表明：中国史学在历史观念上和表现形式上，都进入了一个新的时代。

在 20 世纪的第二个 10 年期间，马克思主义的唯物史观开始传入中国，在中国思想界、理论界、学术界产生了巨大的影响。中国史学由此而逐渐产生了历史观念上的革命性变革。李大钊是这一革命性变革的先驱者。

1919 年，他撰文对唯物史观做了概括的阐述：

> 唯物史观也称历史的唯物主义。他在社会学上曾经，并且正在表现一种理想的运动，与前世纪初在生物学上发现过的运动，有些相类。在那个时候是用以说明各种形态学上的特征、关系的重要，志在得一个种的自然分类，与关于生物学上有机体生活现象更广的知识。这种运动既经指出那内部最深的构造，比外部明显的建造，如何重要，唯物史观就站起来反抗那些历史家与历史哲学家，把他们多年所推崇为非常重要的外部的社会构造，都列于第二的次序；而那久经历史家辈蔑视，认为卑微暧昧的现象的，历史的唯物论者却认为于研究这很复杂的社会生活全部的构造与进化，有莫大的价值。
>
> 历史的唯物论者观察社会现象，以经济现象为最重要，因为历史上物质的要件中，变化发达最甚的，算是经济现象。故经济的要件是历史上唯一的物质的要件。自己不能变化的，也不能使别的现象变化。其他一切非经济的物质的要件，如人种的要件、地理的要件等等，本来变化很少，因之及于社会现象的影响也很小，但于他那最少的变化范

围内，多少也能与人类社会的行程以影响。在原始未开时代的社会，人类所用的劳作工具，极其粗笨，几乎完全受制于自然。而在新发见的地方，向来没有什么意味的地理特征，也成了非常重大的条件。所以历史的唯物论者，于那些经济以外的一切物质的条件，也认他于人类社会有意义，有影响。不过因为他的影响甚微，而且随着人类的进化日益减退，结局只把他们看作经济的要件的支流罢了。因为这个缘故，有许多人主张改称唯物史观为经济史观。

……

唯物史观的要领，在认经济的构造对于其他社会学上的现象，是最重要的；要认经济现象的进路，是有不可抗性的。经济现象虽用他自己的模型，制定形成全社会的表面构造（如法律、政治、伦理，及种种理想上、精神上的现象都是），但这些构造中的那一个也不能影响他一点。受人类意思的影响，在他是永远不能的。就是人类的综合意思，也没有这么大的力量。就是法律他是人类的综合意思中最直接的表示，也只能受经济现象的影响，不能与丝毫的影响于经济现象。换言之，就是经济现象只能由他一面与其他社会现象以影响，而不能与其他社会现象发生相互的影响，或单受别的社会现象的影响。

在阐述了物质生活对于社会历史发展的决定性作用之后，李大钊又阐述了阶级斗争理论问题，认为这是马克思主义唯物史观的重要内容，他写道：

与他的唯物史观很有密切关系的，还有那阶级竞争说。

历史的唯物论者，既把种种社会现象不同的原因总约为经济的原因，更依社会学上竞争的法则，认许多组成历史明显的社会事实，只是那直接，间接，或多，或少，各殊异阶级间团体竞争所表现的结果。他们所以牵入这竞争中的缘故，全由于他们自己特殊经济上的动机。……我们看那马克思与昂格思的《共产者宣言》中"从来的历史都是阶级竞争的历史"的话，马克思在他的《经济学批评》序文中，也说"从来的历史尽是在阶级对立——固然在种种时代呈种种形式——中进行的"，就可以证明他的阶级竞争说，与他的唯物史观有密切关系了。

在此基础上，李大钊阐述唯物史观关于人民群众在历史上的作用，他在《唯物史观在现代史学上的价值》一文中写道：

> 唯物史观所取的方法，则全不同。他的目的，是为得到全部的真实，其及于人类精神的影响，亦全与用神学的方法所得的结果相反。这不是一种供权势阶级愚民的器具，乃是一种社会进化的研究。而社会一语，包含着全体人民，并他们获得生活的利便，与他们的制度和理想。这与特别事变、特别人物没有什么关系。一个个人，除去他与全体人民的关系以外，全不重要，就是此时，亦是全体人民是要紧的，他不过是附随的。生长与活动，只能在人民本身的性质中去寻，决不在他们以外的什么势力。最要紧的，是要寻出那个民族的人依以为生的方法，因为所有别的进步，都靠着那个民族生产衣食方法的进步与变动。[①]

李大钊这些论述，阐述了唯物史观关于经济基础、阶级斗争、人民群众在历史发展中的作用，是中国历史观念中前所未有的革命性变革。他的许多论著，还阐述了唯物史观的另一些重要论点。他对这

---

① 以上分别见李大钊：《李大钊史学论集》，石家庄：河北人民出版社，1984 年，第 6～8、15～16、148 页。

些基本观点和重要论点的阐述尽管在个别问题上还不很准确，但其本质和方向是确定无疑的。在李大钊之后，中国最早的一些马克思主义史家郭沫若、吕振羽、范文澜、翦伯赞、侯外庐等，则以唯物史观为指导，撰写出了中国最早的一批马克思主义的历史著作，创建了中国马克思主义史学。

二、史学思想

中国古代史学中也蕴含着丰富的史学思想，其基本范畴和主要问题是：史家的史德、史才、史学、史识，直书与曲笔，史之为用，史之为美，史学与经世，史学批评的理论与方法等。史学理论是关于史学本身的性质及其与社会的关系，史家之修养与批评的理论。它同史家对于客观历史的认识即历史思想有密切的联系，也有明显的区别。

中国古代史学历来讲求信史原则，即"《春秋》之义：信以传信，疑以传疑"①。这个原则反映在史官记事的要求上，就是"书法不隐"。春秋时期，晋国史官董狐因"书法不隐"而被孔子誉为"古之良史"。春秋时期形成"君举必书"的传统，也是信史原则在史官记事方面的要求。《左传·庄公二十三年》记鲁国曹刿的话说："君举必书。书而不法，后嗣何观？"②意谓国君所为倘不合乎法度，被史官记载下来，这叫后人怎么看待呢？北周史官柳虬说："古者人君立史官，非但记事而已，盖所以为监诫也。动则左史书之，言则右史书之，彰善瘅恶，以树风声。故南史抗节，表崔杼之罪；董狐书法，明赵盾之愆。是知直笔于朝，其来久矣。"③这是从信史原则发展到对史官直笔的理论说明，即一是"记事"以保存信史；二是"监诫"以"彰善瘅恶，以树风声"。这本是史学的目的，但史学如果没有秉笔直书作

---

① 《春秋穀梁传·桓公五年》，《十三经注疏》，北京：中华书局，1980 年，第 2374 页。
② 《左传·庄公二十三年》，杨伯峻编著，北京：中华书局，1981 年，第 226 页。
③ 令狐德棻等：《周书》卷三十八《柳虬传》，北京：中华书局，1971 年，第 681 页。

为前提，这两个目的都不能达到。刘知幾发展了柳虬的观点，在《史通》中分别写了《直书》篇和《曲笔》篇，进一步从理论上对直笔（直书）做了阐述。刘知幾的直笔论，从社会根源、史学工作和史家个人品质来分析直笔这个范畴的含义及其实践，是有理论价值和实践意义的。刘知幾的直笔论也有局限性。他说："史氏有事涉君亲，必言多隐讳，虽直道不足，而名教存焉。"①这显然同他所阐说的"史之为务"的宗旨相悖，也同他所批评的"谀言媚主"、"曲笔阿世"的现象相近。名教在他那里成了直笔的限度。中唐时期，柳宗元为批评韩愈写的《答刘秀才论史书》，写了《与韩愈论史官书》。柳宗元的这封信，从无神论的高度批评了韩愈说的"为史者，不有人祸则有天刑"的论点；又以史以"取信"后世的神圣职责阐明史家应坚守"直道"的必要性；还指出史家要有一种自觉的精神，不是要靠别人"督责迫蹙，然后为官守"的。柳宗元这封信中所提出的一些见解，把刘知幾的直笔论又从理论上推进了一步，他不仅仅是从个人的"秽迹"、"恶名"来看待直笔的作用，而是真正把直笔同史以取信后世的庄严事业直接联系起来。中国史学上的"董狐笔法"，经孔子首倡、刘知幾等人的发展，成为有丰富内涵的直笔论，其影响所及直至明清。

直笔是信史的基础，但仅有直笔还是不够。因为秉笔直书一般是对当时人记当时事提出的要求，而一部信史的完成往往不是当时人记当时事就能完成的，它需要后人的俊识通才方能完成。关于这一点，刘知幾曾有很精辟的论断："夫为史之道，其流有二。何者？书事记言，出自当时之简；勒成删定，归于后来之笔。然则当时草创者，资乎博闻实录，若董狐、南史是也；后来经始者，贵乎俊识通才，若班固、陈寿是也。必论其事业，前后不同。然相须而成，其归一揆。"②当时之简，属于草创，以博闻实录为贵，而实录是其核心。后来之

---

① 刘知幾：《史通》卷七《曲笔》，浦起龙通释，上海：上海古籍出版社，2009 年，第 182～183 页。

② 刘知幾：《史通》卷十一《史官建置》，浦起龙通释，上海：上海古籍出版社，2009 年，第 301 页。

笔，功在经始，以俊识通才为贵，而通识是其核心。二者相须而成，乃有信史。重实录，自应提倡直笔精神；尊通识，关键在于采撰艺术。故采撰论实为信史原则的又一要义。刘知幾说："自古探穴藏山之士，怀铅握椠之客，何尝不征求异说，采摭群言，然后能成一家。"①他举出《左传》、《史记》、《汉书》的作者不仅都广征博采，而且所征所采者都是"当代雅言，事无邪僻，故能取信一时，擅名千载"。刘知幾十分明确地指出了采撰同"取信"的联系，还列举了一系列在采撰上失误的事例，如"苟出异端，虚设新事"，"恢（诙）谐小说，或神鬼怪物"，"务多为美，聚博为功"，"矜其州里，夸其氏族"，"讹言难信，传闻多失"，还有"古今路阻，视听壤隔"，"泾渭一乱，莫之能辨"等。他的结论是："作者恶道听途说之违理，街谈巷议之损实"，"异辞疑事，学者宜善思之"。刘知幾的采撰论，一是指出史家必须"征求异说，采摭群言"，才有可能写出名作；二是这种征求、采摭工作必须谨慎对待各种文献和"异辞疑事"。总之，不博采不能成一家之言，不慎采则必然误入歧途。只有把博采同慎采结合起来，才能"取信一时，擅名千载"。在刘知幾看来，这种"后来之笔"在"俊识通才"上的要求，中心问题是鉴别文献的虚实和价值，是如何把握历史事实。采撰论提出的论点，在史学上有充分的根据。刘知幾举《左传》、《史记》、《汉书》为例，其中《史记》是最有代表性的。司马迁自谓："网罗天下放失旧闻，王迹所兴，原始察终，见盛观衰，论考之行事，略推三代，录秦汉，上记轩辕，下至于兹"，"以拾遗补艺，成一家之言，厥协《六经》异传，整齐百家杂语，藏之名山，副在京师"。② 司马迁的自序足可用以揭示刘知幾提出采撰论的史学渊源。采撰论的思想，或直接，或间接地为后人所继承与阐发。中晚唐时期，李肇撰《唐国史补》，他在序中阐明撰述宗旨时，把"纪事实"放在首要位置上。曾任史馆修撰的李翱作《百官行状奏》，

_____

① 刘知幾：《史通》卷五《采撰》，浦起龙通释，上海：上海古籍出版社，2009年，第106页。

② 司马迁：《史记》卷一百三十《太史公自序》，北京：中华书局，2013年，第3999页。

认为行状之作，"但指事说实，直载其词，则善恶功迹，皆据事足以自见矣"①。宋人吴缜给"事实"下了一个定义，即"有是事而如是书，斯谓事实"②。这些观点反映出史学家们在关于怎样看待历史事实方面所做的理论探索，从而丰富了采撰论的内涵。

直笔论和采撰论是信史原则的两大理论基石，其核心是求实与取信，在中国古代史学理论上占有重要位置。

功用论是中国古代史学理论的又一个重要方面。在中国古代，人们很早就认识到客观历史的鉴戒作用。《尚书·召诰》说："我不可不监于有夏，亦不可不监于有殷。"③《诗·大雅·荡》说："殷鉴不远，在夏后之世。"④都是说要以历史上的兴衰成败作为鉴戒。人们认识到史学的这种作用也很早，春秋时期楚国大夫申叔时教导太子说："教之春秋，而为之耸善而抑恶焉，以戒劝其心；教之世，而为之昭明德而废幽昏焉，以休惧其动；教之诗，而为之导广显德，以耀明其志；教之礼，使知上下之则；教之乐，以疏其秽而镇其浮；教之令，使访物官；教之语，使明其德，而知先王之务用明德于民也；教之故志，使知废兴者而戒惧焉；教之训典，使知族类，行比义焉。"⑤韦昭注曰："以天时纪人事，谓之春秋。""世，谓先王之世系也。""令，谓先王之官法、时令也。""语，治国之善语。""故志，谓所记前世成败之书。""训典，五帝之书。""春秋"，是春秋时期各国国史的统称。楚国国史，也称为"梼杌"。春秋、世、令、语、故志、训典，是几种不同内容和形式的历史记载。申叔时的话，包含了对于历史记载之功用的广泛认识。在史学兴起之初，人们就有这样的认识，说明史学对于政治、对于统治人物的个人修养，具有非常重要的作用。楚国史官左史倚相，就以其丰富的历史知识和见解在政

---

① 董诰等编：《全唐文》卷六百三十四，北京：中华书局，1983年，第6400页。
② 吴缜：《新唐书纠谬》序，丛书集成初编本，北京：中华书局，1985年，第1页。
③ 《尚书·召诰》，王世舜译注，成都：四川人民出版社，第185页。
④ 《毛诗正义·大雅·荡》，《十三经注疏》，北京：中华书局，1980年，第554页。
⑤ 《国语》卷十七《楚语上》，韦昭注，上海：上海古籍出版社，1978年，第528页。

治活动中发挥作用而著称于世。根据孟子和司马迁的说法，孔子是古代史学上第一位认识到历史撰述之社会功用的史家。孟子说："世衰道微，邪说暴行有作，臣弑其君者有之，子弑其父者有之。孔子惧，作《春秋》。"①司马迁在答壶遂所问"昔孔子何为而作《春秋》哉"时，引用了孔子的话："我欲载之空言，不如见之于行事之深切著明也。"从《春秋》记事所用的事例来看，他们的说法不是毫无根据的。汉初君臣是懂得历史撰述的政治功用的，刘邦命陆贾撰《新语》一书就是很突出的事例。司马迁更加明确地阐述了史学的政治功用和社会功用。这表现在以下几个方面。第一，他强调"《春秋》辨是非，故长于治人"的作用，指出："有国者不可以不知《春秋》，前有谗而弗见，后有贼而不知。为人臣者不可以不知《春秋》，守经事而不知其宜，遭变事而不知其权。"说明《春秋》中有丰富的历史经验可为借鉴。第二，他认为《诗》、《书》、《春秋》、《国语》等书都有"述往事，思来者"②的作用，这也是他著《史记》的主旨。第三，他把"稽其成败兴坏之理"③作为撰写历史的主要内容，把"成一家之言"作为自己撰述的志向，这是史学家第一次表明历史撰述具有重大社会价值的自觉意识和崇高信念。东汉以后至唐初，史家论史学功用者甚多，其中东汉末年荀悦所论比较有代表性。他在《汉纪》序中论《汉纪》的内容是："有法式焉，有鉴戒焉；有废乱焉，有持平焉；有兵略焉，有政化焉；有休祥焉，有灾异焉；有华夏之事焉，有四夷之事焉；有常道焉，有权变焉；有策谋焉，有诡说焉；有术艺焉，有文章焉。"这说明他对西汉史事有明确的分类。他又论《汉纪》的功用是："可以兴，可以治，可以动，可以静；可以言，可以行。惩恶而劝善，奖成而惧败。兹亦有国者之常训，典籍之渊林。"④这虽是就《汉纪》说

---

① 《孟子》卷六《滕文公下》，杨伯峻译注，北京：中华书局，1960年，第155页。
② 司马迁：《史记》卷一百三十《太史公自序》，北京：中华书局，2013年，第3975、3978、3999页。
③ 班固：《汉书》卷六十二《司马迁传》，北京：中华书局，1962年，第2735页。
④ 荀悦：《汉纪》序，《两汉纪》上，北京：中华书局，2002年，第2页。

的，但可以看出，荀悦对史学的功用有比较开阔的认识。当然，这里说的兴、治、动、静、言、行、惩恶劝善、奖成惧败，主要还是指的政治功用，但也不限于政治方面。盛唐时，刘知幾著《史通》，进一步丰富了功用论的内容。刘知幾的新贡献在于：首先，他阐述了史学为什么具有社会功用的问题。他指出："苟史官不绝，竹帛长存，则其人已亡，杳成空寂，而其事如在，皎同星汉。用使后之学者，坐披囊箧，而神交万古，不出户庭，而穷览千载，见贤而思齐，见不贤而内自省。"[①]这是从历史认识到古今联系上说明历史撰述的功用，而特别强调古代史官所起的作用。其次，他指出："史之为用，其利甚博，乃生人之急务，为国家之要道。"[②]把史学的功用提到"急务"和"要道"的重要性上来认识，这还是第一次。把"生人"与"国家"同史学的关系相提并论，以前也不曾有过。唐太宗曾经说过："大矣哉，盖史籍之为用也。"[③]这是一个政治家的卓识。刘知幾提出"史之为用"这个概念，在史学理论发展上是有特殊意义的。最后，刘知幾关于"史之为务，厥途有三"的论述，也包含着从理论上说明史学功用的几个方面。中唐以后，史学家经世致用思想有了明显的发展，从而进一步充实了功用论的内涵并使其具有鲜明的社会实用目的。杜佑《通典》自序说："所纂《通典》，实采群言，征诸人事，将施有政。"他强调历史撰述的主要目的是"详古今之要，酌时宜可行"[④]。李翰所作《通典》序，详论《通典》"经邦"、"致用"之旨，是阐述史学经世致用理论的大文章。杜佑的撰述旨趣，反映出他对史学的社会作用的认识有两点是不同于前人的。第一，他突破了在史书中主要从历史事件和历史人物方面总结治乱得失的模式，进而深入

---

① 刘知幾：《史通》卷十一《史官建置》，浦起龙通释，上海：上海古籍出版社，2009年，第280～281页。

② 刘知幾：《史通》卷十一《史官建置》，浦起龙通释，上海：上海古籍出版社，2009年，第281页。

③ 宋敏求编：《唐大诏令集》卷八十一，北京：中华书局，2008年，第467页。

④ 杜佑：《进〈理道要诀〉表》，《玉海》卷五十一，台北：大化书局，1978年，第1018页。

到从各种制度的兴革流变对历史上的治乱得失做全面的考察。事件、人物不能完全排除偶然的因素；而制度、政策则具有相对的稳定性。从这两个方面来认识史学的功用，是功用论的重大发展。第二，他突破了史家历来所强调的史学对于现实社会尤其是现实政治的鉴戒作用这一认识模式，提出了以史学"经邦"、"致用"、"将施有政"这一具有直接实践作用的认识模式。朱熹认为："杜佑可谓有志于世务者。"①其中道出了杜佑的史学经世思想的真谛。中国古代史学的经世思想，是史学功用论的新发展。在杜佑之后，经宋代司马光、郑樵，元代马端临，明代王圻，明清之际顾炎武、黄宗羲、王夫之、顾祖禹，直至清中叶龚自珍，都在这方面有理论上的建树。其中，王夫之的《读通鉴论·叙论四》对资、治、通、鉴之含义的阐释，从历史认识上进一步说明了史学何以有功用，何以可经世。他认为史学具有的功用是："鉴之者明，通之也广，资之也深，人自取之，而治身治世，肆应而不穷。"②王夫之的许多论述，多具有思辨的色彩，这是刘知幾当时所不可能达到的理论高度。中国古代史学之功用论的发展，至龚自珍提出"出乎史，入乎道，欲知道者，必先为史"③的命题而达到理论上的高峰。这个命题明快地表述了"史"与"道"的关系：道以史为基础，史以道为目的。无史无以言道，无道则史亦无用。这还可进一步理解为：史之为用，不应拘于一事一物，而应从明于道入手；道之为言，不应只是空论泛说，尤其是重大的道理，必先致力于史学才能获得。

　　史家修养论在古代史学理论中也占有重要的位置。在中国古代史学上，论史家修养的人很多，而所论基本范畴则源于孟子所概括的事、文、义。孟子说："王者之迹熄而《诗》亡，《诗》亡然后《春秋》作。晋之《乘》，楚之《梼杌》，鲁之《春秋》，一也：其事则齐桓、晋

---

① 《朱子语类》卷一百三十六，黎靖德编，北京：中华书局，1986年，第3250页。
② 王夫之：《读通鉴论》卷末"叙论四"，北京：中华书局，1975年，第2555页。
③ 龚自珍：《龚自珍全集》第一辑《尊史》，上海：上海人民出版社，1975年，第81页。

文，其文则史。孔子曰：'其义则丘窃取之矣。'"①他从历史的变化讲到春秋时期国史的发展，其中重点是论孔子所作的《春秋》。孟子认为，一般的国史所记之事不过是齐桓、晋文之类，其表述是记载历史的笔法，只有孔子的《春秋》继承了《诗》中所包含的大义。战国以后，史学上讨论史家修养或史学批评一般都要涉及史事、文采、见识这三个方面。大凡有成就的史家，不仅重视史事与文采，而尤其重视历史见识方面的修养。在这方面，《后汉书》作者范晔（398—445）有很强的自觉意识。他撰《后汉书》，于序、论上尤下功夫。他自谓："吾杂传论，皆有精意深旨，既有裁味，故约其词句。至于《循吏》从下及六夷诸序论，笔势纵放，实天下之奇作。其中合者，往往不减《过秦篇》。尝共比方班氏所作，非但不愧之而已。"又说："赞自是吾文之杰思，殆无一字空设，奇变不穷，同含异体，乃自不知所以称之。"②范晔对自己所撰的序、论、赞的评价，或扬之过高。但他的序与论，确是上乘之作，他强调"精意深旨"，正表明他对于历史见识方面修养的重视。他对"赞"的自我评价，说明他也十分重视文采。在史事的"整理"上，他认为与《汉书》相比"未必愧也"。他还重视史例，说："纪传例为举其大略耳，诸细意甚多。"从这些方面来看，范晔在史家的自我修养方面有很高的自觉性，也有很深的造诣，具有一定的代表性。可惜他的"纪传例"已不存，难以窥其全貌了。《文心雕龙》一书虽出于文学评论家刘勰之手笔，但其中的《史传》篇却是较早讨论史学理论的专文。《史传》篇涉及史学理论的几个方面，其文末赞语说："史肇轩黄，体备周、孔。世历斯编，善恶偕总。腾褒裁贬，万古魂动。辞宗丘明，直归南、董。"③这几句话可以依次概括为体、事、义、文、直五个方面。这五个方面，不是指

---

① 《孟子》卷八《离娄下》，杨伯峻译注，北京：中华书局，1960 年，第 192 页。

② 范晔：《狱中与诸甥侄书》，《宋书》卷六十九《范晔传》，北京：中华书局，1974 年，第 1830～1831 页。

③ 刘勰：《文心雕龙·史传》，周振甫注释，北京：人民文学出版社，1981 年，第 172 页。

一个史家说的，可以看作是对史学的综合评论，也可以看作是关于史家修养的综合性概括。

在唐代史学中，史家修养被作为一个明确的问题提出来。这方面的主要理论和著作主要有：《隋书·经籍志》史部大序、唐高宗《简择史官诏》、刘知幾论史家须有"三长"、柳宗元《与韩愈论史官书》等。《隋书·经籍志》史部大序说："夫史官者，必求博闻强识、疏通知远之士"，"是故前言往行，无不识也；天文地理，无不察也；人事之纪，无不达也"，"书美以彰善，记恶以垂戒，范围神化，昭明令德，穷圣人之至赜，详一代之亹亹"。① 其中"博闻强识"、"疏通知远"两句，分别出于《礼记》中的《曲礼》和《经解》两篇。《隋志》作者用这两句话作为对史家修养的总要求，可谓卓见。所谓"博闻强识"，主要是对史家在知识上的要求，包括广博的见闻和丰富的历史知识积累；所谓"疏通知远"，着重于对史家在历史知识运用上的要求，包括对以往历史经验的总结和对当前历史发展动向的见识。所谓"识也"、"察也"、"达也"，则是这两个方面要求的具体表现形式。所谓"书美"、"记恶"云云，是对史家在工作上和成果上的要求。《隋志》作者说的是古，然而寄托于今，反映出他们的史家修养观。唐高宗《简择史官诏》提出要求说："修撰国史，义在典实，自非操履贞白，业量该通，谠正有闻，方堪此任。"②其中所谓"业量该通"，概括了《隋志》说的"博闻强识，疏通知远"；所谓"操履贞白"、"谠正有闻"，是对史家在德行上的要求，否则不能确保国史的"典实"。后者正是这篇诏书在史家修养论上的价值所在，它明确地提出了史家不能不注重自身的德操修养。刘知幾的史家须有"三长"说，是在他答友人问中加以阐述的。《旧唐书·刘子玄传》记载："礼部尚书郑惟忠尝问子玄曰：'自古已来，文士多而史才少，何也？'对曰：'史才须有三长，世无其人，故史才少也。三长：谓才也，学也，识也。夫有学

---

① 魏徵等：《隋书》卷三十三《经籍志二》，北京：中华书局，1973年，第992页。
② 宋敏求编：《唐大诏令集》卷八十一，北京：中华书局，2008年，第467页。

而无才，亦犹有良田百顷，黄金满籝而使愚者营生，终不能致于货殖者矣。如有才而无学，亦犹思兼匠石，巧若公输，而家无楩楠斧斤，终不果成其宫室者矣。犹须好是正直，善恶必书，使骄主贼臣所以知惧，此则为虎傅翼，善无可加，所向无敌者矣。脱苟非其才，不可叨居史任。自复古已来，能应斯目者，罕见其人。'时人以为知言。"①刘知幾首次提出"史才须有三长"的说法，这是他在史家修养论上的理论贡献。他说的"学"，主要指丰富的历史知识；他说的"才"，主要指撰述能力；他说的"识"，包含器局和正直两个方面。才、学、识三个范畴的提出，其理论价值不只是在史家修养方面有了明确的目标和规范，它实际上是涵盖了古代史学理论的基本方面。史学理论中的直笔论、采撰论、功用论，以及史学批评论，都离不开才、学、识这些范畴。在刘知幾以后的千余年中，几乎所有的史家修养论者只能对其做某些引申和发挥，而无法重建另外的史学理论的基本范畴。同时，才、学、识之史家"三长"说的理论影响，还超出了史学的范围而波及于文学。清代诗歌评论家袁枚认为："作史三长：才、学、识缺一不可，余谓诗亦如之，而识最为先。非识，则才与学俱误用矣。"②可见史学之外，刘知幾亦有知音。刘知幾的史家"三长"说同他的直笔论一样，也有过于严峻之嫌。所谓"世无其人，故史才少也"，"能应斯目者，罕见其人"，不仅不符合中国古代史学的实际，也不符合他在《史通》中所首肯的一大批优秀史家。柳宗元《与韩愈论史官书》一文所强调的是史家的责任感和"直道"精神，自可视为史家修养论看待。

宋代以下，在史家修养论方面所可称道者，一是宋代曾巩，二是清代章学诚。曾巩曾任馆阁校勘、集贤校理、史馆修撰等职，参与过一些校正前史的工作，并为此撰写了有关序录，反映出他的史学见解。《南齐书目录序》是他在这方面的代表作。他的史家修养论

---

① 刘昫等：《旧唐书》卷一百二《刘子玄传》，北京：中华书局，1975年，第3173页。
② 袁枚：《随园诗话》卷三，北京：人民文学出版社，1982年，第87页。

的一个显著特点是把它同史学是否能真正发挥出其社会作用联系起来看待的。社会为什么需要史学？他认为："将以是非得失、兴坏理乱之故而为法戒，则必得其所托"，用今天的话来说，就是史学之种种成果乃是前人历史经验教训、可为后人借鉴的载体。这同刘知幾说的"史官不绝，竹帛长存"的道理是一样的。而曾巩的理论贡献在于他指出了这种载体可能会有负社会之所托的种种原因，即"然而所托不得其人则或失其意，或乱其实，或析理之不通，或设辞之不善，故虽有殊功韪德非常之迹，将暗而不章，郁而不发，而梼杌、嵬琐、奸回、凶慝之形，可幸而掩也"。他说的意、实、理、辞这几个方面的要求，前人都提到过，但像他这样做综合表述的，还不多见。曾巩进而从正面论到他对"良史"的见解，说："尝试论之，古之所谓良史者，其明必足以周万事之理，其道必足以适天下之用，其智必足以通难知之意，其文必足以发难显之情，然后其任可得而称也。"①这里他又提出明、道、智、文四个概念，可分别理解为为史之明、为史之道、为史之智、为史之文等几个方面的要求。这就是他的史家修养论的基本见解。结合刘知幾的才、学、识"三长"来看，曾巩说的意、理、智，都属于史识范围；实、明，当属于史学范围；辞、文含义相近，属于史才范围。他说的"道必足以适天下之用"，有超出才、学、识"三长"的地方，这是中唐以来史学经世思想发展的反映。因此，曾巩提出的"道必足以适天下之用"的命题，具有积极的社会意义和理论价值。曾巩的史家修养论是基于这样的认识提出的："盖史者所以明夫治天下之道也，故为之者亦必天下之材，然后其任可得而称也。"②他把"良史"提高到"天下之材"的高度上来认识和要求，从而超出了仅仅从史学范围来讨论史家修养问题，这也是有积极意义的。曾巩的史家修养论中包含有对史家品质上的要求，但他没有像前人那样提得明确。章学诚在史家修养论方面的贡献可以概

---

① 曾巩：《曾巩集》卷十一《南齐书目录序》，北京：中华书局，1984 年，第 187 页。
② 曾巩：《曾巩集》卷十一《南齐书目录序》，北京：中华书局，1984 年，第 188 页。

括为两点：一是他明确地提出了"史德"这个极重要的范畴，并对其做了比较深入的阐释；二是他对刘知幾提出的才、学、识"三长"说做了理论的说明。章学诚在《文史通义》中的《书教》、《文德》、《史德》、《妇学》、《与邵二云论修宋史书》等篇，多次论及才、学、识。他说："夫史有三长，才、学、识也。"[①]又说："夫才须学也，学贵识也。才而不学，是为小慧。小慧无识，是为不才。不才小慧之人，无所不至。"[②]表明他是肯定刘知幾的史家"三长"说的理论价值的。他还对才、学、识三者的关系做了辩证的说明，而尤其强调史识的重要。刘知幾只讲了才与学的关系，章学诚发展了他的观点，同时又指出："记诵以为学也，辞采以为才也，击断以为识也，非良史之才、学、识也。虽刘氏之所谓才、学、识，犹未足以尽其理也。"于是他进而提出："能具史识者，必知史德。德者何？谓著书者之心术也。"[③]显然，章学诚对刘知幾的"三长"多少有些误解。第一，刘知幾说的才、学、识并不限于记诵、辞采、击断，《史通》所论可为明证。第二，刘知幾论史识，强调"好是正直，善恶必书"，以及他的直笔论，都包含着对史家在德行上的要求，足见他并非不重史德。尽管如此，章学诚明确提出"史德"这个范畴，作为对才、学、识三个范畴的补充，仍然具有重要的理论价值和实践意义。他说史德是"著书者之心术"，那么"心术"又做何理解呢？章学诚解释说："盖欲为良史者，当慎辨于天人之际，尽其天而不益以人也。尽其天而不益以人，虽未能至，苟允知之，亦足以称著述者之心术矣。"他讲的"天"，就是历史的客观性，而"人"就是史家的主观性，所谓"尽其天而不益以人"，就是说不要用史家的主观好恶去影响历史的真实面貌。章学诚的看法还包含辩证的因素，这就是完全做到反映历史的

---

① 章学诚：《文史通义》卷三《文德》，叶瑛校注，北京：中华书局，1985 年，第 279 页。

② 章学诚：《文史通义》卷五《妇学》，叶瑛校注，北京：中华书局，1985 年，第 536 页。

③ 章学诚：《文史通义》卷三《史德》，叶瑛校注，北京：中华书局，1985 年，第 219 页。

真实即"尽其天"和完全做到排除史家的主观好恶即"不益以人"。这些要求都是极难达到的，但如若史家懂得这个道理并努力去做，也就称得上"著书者之心术"即具有史德了。那么有没有判断"心术"的标准呢？章学诚认为，"心术"是通过"文辞"表现出来的，因而由文辞可推知史家之心术，由心术而判断其德之高下。他进而又认为，"气"和"情"是审视辞的两个方面，"气昌而情挚，天下之至文"。而"气贵于平"，"情贵于正"，都在平时的修养，即"心术贵于养也"。如若"气失"，则宕，则激，则骄；"情失"，则流，则离，则偏。在这种情况下产生的文辞，"至于害义而违道，其人犹不自知"，故"心术不可不慎也"①。这是章学诚对史德、心术、文辞所做的哲学思考。刘知幾用列举实例的方法以揭示"正直"与"不直"的区别；章学诚是用推理的方法，从理性的高度来揭示"心术"之正与不正的区别，这显示出章学诚在理论上确有超出刘知幾的地方。但刘知幾论"正直"与"不直"时，是从社会根源讲起；章学诚分析心术则视为史家的内省功夫，在这一点上章学诚也有不及刘知幾的地方。章学诚同刘知幾有一个共同的地方，就是他也未能摆脱"名教"的桎梏。其《史德》篇以三分之一的文字来证明《离骚》与《史记》"皆不背于名教"，连《史记》中所可能反映出来的任何一点批判精神都加以否认，这不免又使他的"史德"论的理性之光多少带有一点暗淡的色彩。

中国古代史学理论还有一个重要方面，即史学批评论。史学批评反映了社会对史学的评价和要求，也是史学自身批判、继承、发展的一种机制，故史学批评论实为史学理论的重要方面之一。从史学初具雏形起，就有史学批评的萌生。孔子评论董狐、《左传》评论《春秋》是这一萌生的最早标志。孔子曾评论董狐书法。《左传》前后有两处评论《春秋》，一处是成公十四年："故君子曰：《春秋》之称，微而显，志而晦，婉而成章，尽而不汙，惩恶而劝善，非圣人谁能

---

① 章学诚：《文史通义》卷三《史德》，叶瑛校注，北京：中华书局，1985年，第220页。

修之?"①另一处是昭公三十一年："故曰,《春秋》之称微而显,婉而辨。上之人能使昭明,善人劝焉,淫人惧焉,是以君子贵之。"②这两处评论都包含三层意思,前两层意思是相近的,一是指出了《春秋》表述上的特点,二是指出了《春秋》的"惩恶劝善"的社会作用。第三层意思略有不同,前者是称道了《春秋》的作用,后者是说《春秋》受到了有社会身份的人们的重视。综观这两段话对《春秋》的评论,至少包含了四个方面的内容。由此可见,至晚在春秋末年至战国初年,史家已有了史学批评的意识。不过这种意识发展到自觉的阶段,当以司马迁的史学批评思想为标志。司马迁跟先秦史家不同之处,在于他是从史学发展的观点上来评论《春秋》和其他史籍的。他在《史记》的《三代世表》序、《十二诸侯年表》序、《匈奴列传》后论、《儒林列传》序、《太史公自序》以及《孔子世家》中,多次讲到《春秋》,论及《春秋》所记史事比《尚书》详细、《春秋》的内容和思想、它在史事处理上和文字表述上的特点、它对后世的巨大影响。他还庄严地表示要执行先人的遗言:"正《易传》,继《春秋》,本《诗》、《书》、《礼》、《乐》之际。"《春秋》是他在历史撰述方面追求的崇高目标。这种从史学发展上对于《春秋》的全面评论,反映出他的自觉的史学批评意识。在《史记》其他各篇的序及后论中对先秦其他史籍的评论,也同样反映出他的这种自觉的史学批评意识。此后,有刘向、刘歆父子校理群书,"条其篇目,撮其指意","剖判艺文,总百家之绪",于史籍多有评论。有班彪、班固父子因《史记》而著《汉书》,故对《史记》多有评论。二刘、二班在史学批评上对后世都有较大的影响。可以说从司马迁到班固,中国古代史学进步了。魏晋南北朝时期,史学脱离作为经学附庸的地位成为泱泱大国,史学批评也有明显的发展。其一,此时出现了评论历史专书的著作,如谯周《古史考》、刘宝《汉书驳议》、徐众《三国志评》,它们分别是关于《史记》、《汉书》、《三

---

① 《左传·成公十四年》,杨伯峻编著,北京:中华书局,1981年,第870页。
② 《左传·昭公三十一年》,杨伯峻编著,北京:中华书局,1981年,第1513页。

国志》的评论。其二，此时出现了一些史学评论的专篇，而以《文心雕龙》的《史传》最为知名。而当着史家能够像司马迁那样对以往的历史著作提出比较全面的评价、又写出了史学评论的专书，这是到盛唐刘知幾撰《史通》时才实现的。《史通》以史家、史书、史学功用、撰史原则、表述方法、史学评价标准等为研究对象，是一部系统的史学批评著作，也是中国古代史学在史学理论发展上走向成熟的里程碑。自两宋以下迄于明清，史学批评有了广泛的发展，史学家、史学批评家、历史文献学家关于史学批评的专书代有所出，其专文则不胜枚举，而《文史通义》则代表这方面的最高成就。史学批评论的基本范围和主要问题多与历史思想、史学理论相关联，但因其着眼于评论，故在提出问题和论述问题方面有其自身的要求和特点。举其要者，如直书，曲笔，这是评史家作史态度；采撰的得与失，这是评论如何对待历史文献和历史事实；史法，史意，这是关于历史撰述的形式、内容和思想的评论；天，人，天人之际，人意，时势，事理，这是涉及评论史家对于历史变动原因之认识的一些范畴；会通，断代，这是关于史家之两种历史视野的评论；史学中的审美意识，这是关于史书体裁、体例和文字表述艺术性的评论；心术，名教，这是关于史学批评的道德标准和礼法原则的两个基本范畴；事实，文采，褒贬，这是史学批评中一般经常遇到的几个范畴；此外，还有史家批评论的原则和方法，比较在史学批评中的作用，史学批评中的"知人论世"，史学批评辩证法则的运用，史学批评的误区，史学批评与史学发展等问题。史学批评是史学自身反省的理论和方法论，中国古代史学批评的发展及其在理论上的积累，是中国古代史学内在活力的一种表现。

在中国古代史学批评史上，《史通》和《文史通义》最享有盛名。刘知幾自谓："若《史通》之为书也，盖伤当时载笔之士，其义不纯。思欲辨其指归，殚其体统"；"夫其为义也，有与夺焉，有褒贬焉，有鉴诫焉，有讽刺焉。其为贯穿者深矣，其为网罗者密矣，其为商略者远矣，其为发明者多矣"。① 唯其如此，他希望"知音君子，时有观焉"。《史通》在当时就获得了知音，著名学者徐坚说："居史职者，宜置此书于座右。"②千年之后，章学诚论《史通》的命运和作用说："其卓识不磨，史家阴用其法；其论锋可畏，故人多阳毁其书。"③徐、章之论，说明了《史通》在当时和此后千余年中的作用。章学诚亦自称："拙撰《文史通义》，中间议论开辟，实有不得已而发挥，为千古史学辟其蓁芜。"④他希望"百年而后，能有许《通义》文辞与老杜歌诗同其沉郁，是仆身后之桓谭也"⑤。《文史通义》晚出，不像《史通》经历了千余年的史学检验。但章学诚所说"百年而后"云云，却被他言中。他死于嘉庆六年(1801)，而至 20 世纪初，《文史通义》不独为中国史坛所重，而且已跻身于世界史学名著之林。上述二例，足以证明史学批评对于史学发展的重要。

第六节　史学和社会

一、社会历史的演进与史学的发展

学习和研究史学史，归根到底是为了有助于人们认识社会历史的发展，增强对于社会历史的责任感，自觉地投身于社会历史前进的潮流。

史学与社会的关系，是我们认识史学的出发点，也是我们认识

---

① 刘知幾：《史通》卷十《自叙》，浦起龙通释，上海：上海古籍出版社，2009 年，第 271 页。

② 刘昫等：《旧唐书》卷一百二《刘子玄传》，北京：中华书局，1975 年，第 3171 页。

③ 章学诚：《章氏遗书》附录《与孙渊如观察论学十规》，《章学诚遗书》，北京：文物出版社，1985 年，第 639 页。

④ 章学诚：《章氏遗书》卷九《与汪龙庄书》，《章学诚遗书》，北京：文物出版社，1985 年，第 82 页。

⑤ 章学诚：《章氏遗书》补遗续《又与朱少白》，《章学诚遗书》，北京：文物出版社，1985 年，第 643 页。

史学的归宿。关于这个问题，中国古代史学家、思想家提出过不少真知灼见。

首先，从长时段的历史来看待社会的变化与史学发展的关系。孟子说："王者之迹熄而《诗》亡，《诗》亡然后《春秋》作。"①这话可以做这样的理解：周王的事业衰落了，《诗》也就没有了；《诗》没有了，代之而起的是《春秋》。孟子还说，《春秋》一类的书，写的是关于齐桓公、晋文公这些霸主的事。在孟子看来，周王室兴盛的时代，是《诗》的时代；周王室衰落了，霸主迭起的时代，便是《春秋》的时代了。这是指出了时代的变化及其特征，影响到《诗》之亡、《春秋》之兴。

那么，在孟子时代，《诗》意味着什么呢？从《孟子》一书来看，它讲到《诗》的地方有43处，大多为孟子所引用。其中，有的是借以阐发孟子的伦理思想、道德原则的，而比较多的征引都是为了说明历史，强调以历史为借鉴，进而表明孟子的政治主张、社会理想。以《孟子·梁惠王》为例，孟子见梁惠王，谈话刚开始，孟子就引用《诗·大雅·灵台》的诗句，用来说明如下的重要道理：

> 文王以民力为台、为沼，而民欢乐之，谓其台曰"灵台"，谓其沼曰"灵沼"，乐其有麋鹿鱼鳖。古之人与民偕乐，故能乐也。《汤誓》曰："时日害丧，予及女偕亡。"民欲与之偕亡，虽有台池鸟兽，岂能独乐哉？②

这是讽刺梁惠王"立于沼上，顾鸿雁麋鹿"以为乐的情景。

当齐宣王自称"寡人有疾，寡人好勇"时，孟子引用《诗·大雅·皇矣》说：

> 《诗》云："王赫斯怒，爰整其旅，以遏徂莒，以笃周

---

① 《孟子》卷八《离娄下》，杨伯峻译注，北京：中华书局，1960年，第192页。
② 《孟子》卷一《梁惠王上》，杨伯峻译注，北京：中华书局，1960年，第3页。

祜，以对于天下。"①

此文王之勇也。文王一怒而安天下之民。孟子还称赞"武王之勇"，说是"武王亦一怒而安天下之民"，同时又尖锐地指出："今王亦一怒而安天下之民，民唯恐王之不好勇也。"孟子从《诗》、《书》论到文王、武王之勇，是针对齐宣王所谓"寡人好勇"而说的，希望他不要成为"匹夫之勇"。当齐宣王又说"寡人有疾，寡人好货"时，孟子引用了《诗·大雅·公刘》的诗句，然后说："王如好货，与百姓同之，于王何有？"孟子还针对齐宣王的"寡人有疾，寡人好色"的说法，引用《诗·大雅·绵》的诗句，指出：古公亶父的时候，"内无怨女，外无旷夫"；"王如好色，与百姓同之，于王何有？"②

通观孟子同梁惠王、齐宣王的谈话，他引用《诗》来说明历史、引导现实，包含了西周历史上许多重要的人和事。由此我们可以体察到，孟子说的"王者之迹熄而《诗》亡"的深刻含义：这是一个时代的衰落，以及反映这个时代之历史的表现形式的衰落。

《国语·楚语上》记大夫申叔时论教导太子，其中谈到"教之诗，而为之导广显德，以耀明其志"。三国韦昭注云："导，开也。显德，谓若成汤、文、武、周、邵、僖公之属，诸诗所美者也。"③这是春秋时期人们的认识，它也揭示了诗同历史的关系。孔子对他的学生们强调说："小子何莫学夫诗？诗，可以兴，可以观，可以群，可以怨。迩之事父，远之事君；多识于鸟兽草木之名。"④在孔子看来，诗的内容是非常广泛、非常重要的。孟子处在孔子作《春秋》之后，他把《诗》与《春秋》联系起来考察、比较，因而更加强调了《诗》同历史的联系。清人章学诚继承、发展前人的认识，提出"六经皆史"的

---

① 《孟子》卷一《梁惠王下》，杨伯峻译注，北京：中华书局，1960年，第31页。
② 《孟子》卷一《梁惠王下》，杨伯峻译注，北京：中华书局，1960年，第37页。
③ 《国语》卷十七《楚语上》，韦昭注，上海：上海古籍出版社，1978年，第529页。
④ 《论语》第十七《阳货》，杨伯峻译注，北京：中华书局，1980年，第185页。

论点，认为"六经皆先王之政典也"①，其中关于《诗》的认识，当与孟子的见解有历史上的渊源。

其次，是从近期的历史发展来说明社会同史学的关系。这一点，司马迁的父亲司马谈有很明确的认识。他临终之前同司马迁的谈话，特别使他引为遗恨的是："今汉兴，海内一统，明主贤君忠臣死义之士，余为太史而弗论载，废天下之史文，余甚惧焉，汝其念哉！"②这几句话，前半部分讲的是社会的变化，后半部分讲的是应把这个变化记载下来，写成史文。简言之，司马谈所说的史文，就是反映"汉兴"的历史。这种把史书看作是社会历史的反映的思想，在中国史学上是很丰富的。

例如，唐高祖李渊在《命萧瑀等修六代史诏》中指出：

> 伏牺以降，周、秦斯及，两汉继绪，三国并命，迄于晋、宋，载笔备焉。
>
> 自有晋南徙，魏乘机运，周、隋禅代，历世相仍，梁氏称邦，跨据淮海，齐迁龟鼎，陈建宗祊；莫不自命正朔，绵历岁祀，各殊徽号，删定礼仪；至于发迹开基，受终告代，嘉谋善政，名臣奇士，立言著绩，无乏于时。然而简牍未修，纪传咸缺，炎凉已积，谣俗迁讹，余烈遗风，泯焉将坠。朕握图御宇，长世字民，方立典谟，永垂宪则；顾彼湮落，用深轸悼！③

这篇诏书，主要是说明撰写梁、陈、魏、齐、周、隋六代史的必要性和紧迫性。而它在说明这种必要性和紧迫性时，正是以这些朝代的历史为出发点。

---

① 章学诚：《文史通义》卷一《易教上》，叶瑛校注，北京：中华书局，1985 年，第 1 页。

② 司马迁：《史记》卷一百三十《太史公自序》，北京：中华书局，2013 年，第 3973 页。

③ 宋敏求编：《唐大诏令集》卷八十一，北京：中华书局，2008 年，第 466～467 页。

又如，元初大臣王鹗上书世祖忽必烈说：

> 自古帝王得失兴废，班班可考者，以有史在。我国家
> 以威武定四方，天戈所临，罔不臣属，皆太祖庙谟雄断所
> 致，若不乘时纪录，窃恐岁久渐至遗忘。金《实录》尚存，
> 善政颇多；辽史散逸，尤为未备。宁可亡人之国，不可亡
> 人之史。若史馆不立，后世亦不知有今日。①

这段话也是讲的修史的重要，其前提则是"我国家以威武定四方"的
历史。唐初先后写出梁、陈、北齐、北周、隋五代史和《晋书》、《南
史》、《北史》等八部正史，元末则写出《宋史》、《辽史》、《金史》，这
同他们对有关时期的客观历史的认识是分不开的。

再次，是从历史上的重大变动来说明社会同史学的关系。关于
这一点，《隋书·经籍志二》的"霸史"篇小序颇具代表性。它这样
写道：

> 自晋永嘉之乱，皇纲失驭，九州君长，据有中原者甚
> 众。或推奉正朔，或假名窃号，然其君臣忠义之节，经国
> 字民之务，盖亦勤矣。而当时臣子，亦各记录。后魏克平
> 诸国，据有嵩、华，始命司徒崔浩博采旧闻，缀述国史。
> 诸国记注，尽集秘阁。②

这里，作者指出了十六国的兴起、存亡这一重大事变，是"霸史"即
"诸国记注"出现的原因。所谓"霸史"，在当时人看来，是大不同于
"正史"的。但作为正史之一的唐修《晋书》，却在"载记"中大量吸收
了"霸史"的资料，可见十六国的兴起、存亡之影响史学的发展是多

---

① 苏天爵：《元朝名臣事略》卷十二《内翰王文康公》，北京：中华书局，1996年，
第239页。

② 魏徵等：《隋书》卷三十三《经籍志二》，北京：中华书局，1973年，第964页。

方面的。

最后，从一定历史时期的社会风习来看社会与史学的关系。一定历史时期的社会风习会影响到史学的发展，甚至会影响到这一时期的史学的特点。《隋书·经籍志二》谱系篇小序指出：

> 后魏迁洛，有八氏十姓，咸出帝族。又有三十六族，则诸国之从魏者；九十二姓，世为部落大人者，并为河南洛阳人。其中国士人，则第其门阀，有四海大姓、郡姓、州姓、县姓。及周太祖入关，诸姓子孙有功者，并令其为宗长，仍撰谱录，纪其所承。又以关内诸州，为其本望。……今录其见存者，以为谱系篇。①

贵本望而重谱系，是魏晋南北朝时期的社会风气；这种风气的盛行给史学以深刻的影响，那就是谱系之学的发展，并在《隋书·经籍志》史部十三类中占据一类。其遗风余韵，至唐盛世而未减。宋人郑樵指出：

> 自隋唐而上，官有簿状，家有谱系。官之选举，必由于簿状；家之婚姻，必由于谱系。历代并有图谱局，置郎、令史以掌之，仍用博通古今之儒知撰谱事。凡百官族姓之有家状者，则上之，官为考定详实，藏于秘阁，副在左户。若私书有滥，则纠之以官籍；官籍不及，则稽之以私书。此近古之制，以绳天下，使贵有常尊，贱有等威者也。所以人尚谱系之学，家藏谱系之书。自五季以来，取士不问家世，婚姻不问阀阅，故其书散佚而其学不传。②

---

① 魏徵等：《隋书》卷三十三《经籍志二》，北京：中华书局，1973年，第990页。
② 郑樵：《通志》卷二十五《氏族略》氏族序，北京：中华书局，1987年，第439页。

郑樵所指出的这一历史现象，包含了两种辩证关系：一是门阀风气与谱系之学的相互关系，一是社会风气之变化与史学现象之变化的相互关系。

总之，一定的社会条件必然影响到史学的发展、面貌、特点，这表现在许多方面。这里所列举的，是几个重要的方面。这一点，是我们认识社会与史学之关系的基本理论。只有把握了这个基本理论，我们才能够深入地揭示史学的社会作用。

二、史学的社会作用

如上所述，一定的社会条件创造了一定的史学。但是，史学对于社会的反映不是被动的，而是能动的。这就是说，史学既是一定的社会历史的反映，但它同时又反作用于一定的社会历史，这就是史学的社会作用。

史学的社会作用，在不同的历史时期，也会由于时代的特点与史学自身的特点而呈现出不同的表现形式，或在诸种表现形式中有一些表现形式更为突出。这里所说的，是史学的社会作用所固有的、一般的表现形式。它们是：

第一，史学与认识历史。人们可以通过多种途径认识历史，但通过史学认识历史无疑是最基本的也是最重要的途径。只有当人们真正认识了历史，才可能继承种种优秀历史遗产，为现实的历史运动提供借鉴、经验、智慧，开辟和创造新的未来。从这个意义上说，人们通过史学去认识历史，确乎是史学的社会作用中最根本的方面。关于这一点，春秋时期的人们在思想上已有深刻认识，在实践上也有许多体验。人们认识到通过学习"故志"即记载前世成败之书，可以知道历史上的"废兴"而引为"戒惧"①。孔子在回答学生所提的问题时曾说："殷因于夏礼，所损益，可知也；周因于殷礼，所损益，

---

① 《国语》卷十七《楚语上》，韦昭注，上海：上海古籍出版社，1978年，第528页。

可知也。"①他还说过："夏礼，吾能言之，杞不足征也；殷礼，吾能言之，宋不足征也。文献不足故也；足，则吾能征之矣。"②孔子的这两段话，充分说明了"文献"（包括历史记载和贤人）在帮助人们认识历史方面的重要意义。南朝人刘勰关于这个问题提出了概括性的认识，他指出："开辟草昧，岁纪绵邈，居今识古，其载籍乎！"③"开辟草昧"的荒远时代自然尚无文字记载，但在人类创造了文字以后，"居今识古，其载籍乎"却是毫无疑义的。其后，唐人刘知幾把这一认识进一步发挥了，他写道：假如"世无竹帛，时阙史官"，过去的人与事"但一从物化，坟土未干，则善恶不分，妍媸永灭矣"。反之，"苟史官不绝，竹帛长存，则其人已亡，杳成空寂，而其事如在，皎同星汉。用使后之学者，坐披囊箧，而神交万古，不出户庭，而穷览千载，见贤而思齐，见不贤而内自省"④。刘知幾从正反两个方面说明了"世无竹帛"与"竹帛长存"给予人们的认识带来的两种结果，并且特别强调了后人之所以能够"神交万古"、"穷览千载"，在时空上极大地开拓了自己的视野和心智的重要，很深刻地道出了史学的本质属性。杰出的政治家唐太宗从亲身的政治生涯中深切地认识到史学的重要，他在论到修史事宜的时候慨然说道：

> 不出岩廊，神交千祀之外；穆然旒纩，临眺九皇之表。是知右史序言，由斯不昧；左官铨事，历兹未远。发挥文字之本，通达书契之源：大矣哉，盖史籍之为用也。⑤

---

① 《论语》第二《为政》，杨伯峻译注，北京：中华书局，1980年，第21～22页。

② 《论语》第三《八佾》，杨伯峻译注，北京：中华书局，1980年，第26页。

③ 刘勰：《文心雕龙》第十六《史传》，周振甫注释，北京：人民文学出版社，1981年，第169页。

④ 刘知幾：《史通》卷十一《史官建置》，浦起龙通释，上海：上海古籍出版社，2009年，第280～281页。

⑤ 宋敏求编：《唐大诏令集》卷八十一，北京：中华书局，2008年，第467页。相传古代史官，左史记动，右史记言（《礼记·玉藻》），一说左史记言，右史记事（《汉书·艺文志》）。此诏书本《礼记》说。

唐太宗的"以古为镜，可以知兴替"①的历史观念和政治思想，同他对史学的上述本质属性的认识是密切联系的。

以上这些认识，包含了两种认识形式和价值取向。一种是着眼"居今识古"，即人们通过史学去认识历史；另一种是强调"思齐"和"内自省"，即客观历史通过史学而对后人产生启迪和教育作用。这两种认识形式和价值取向不是截然分开的，而是相互联系的：人们认识历史，是人们从历史中获得启迪、受到教育的基础，而人们从历史中获得启示、受到教育则是人们认识历史的重要目的之一。值得注意的是，在这两种认识形式和价值取向中，史学都处于关键的位置；离开了史学，这两种认识形式和价值取向是不可能被提出来的，即使提出来也是没有意义的。

总之，不论是认识历史，还是历史教育，都不能离开史学；历史知识、历史思想、历史经验、历史上的真善美等，主要是凭借着史学活动来记载、积累和传承的。人们的史学活动，是人们在精神领域的历史活动的一种形式，它因自身的性质和特点而在人们的历史活动中处于重要的位置。

第二，史学与社会进步。史学与社会进步的关系反映在许多方面，而以政治、文化、教育三个方面最为突出，也最为重要。在政治方面，又以政治决策、历史经验、忧患意识同史学的关系最为密切。

从政治决策看：《史记·商君列传》记商鞅同旧贵族关于是否变法的激烈辩论，其中商鞅的历史见解以及他运用这种见解来说明秦国变法的必要性和合理性，对于秦孝公毅然任用商鞅实行变法的政治决策，有重要的作用。汉初，汉高祖刘邦命陆贾"试为我著秦所以失天下，吾所以得之者何，及古成败之国"。后陆贾"乃粗述存亡之征，凡著十二篇"，刘邦命名曰《新语》②。《新语·无为》篇指出：

---

① 吴兢：《贞观政要》卷二《任贤》，上海：上海古籍出版社，1978年，第33页。

② 参见司马迁：《史记》卷九十七《郦生陆贾列传》，北京：中华书局，2013年，第3252页。

"秦非不欲为治，然失之者，乃举措暴政而用刑太极故也。"认为实行"宽舒"、"中和"之政是非常必要的。这是阐明了秦朝政策的失误，也是为汉初基本国策的确立提供了历史的和理论的根据。历史证明，汉初实行"与民休息"的政策是有成效的。唐初，李世民为秦王时，即时时同虞世南"共观经史"，"商略古今"，这对李世民即位后"贞观之治"局面的形成，在决策上是有所裨益的。《旧唐书·虞世南传》记：

> 太宗重其博识，每机务之隙，引之谈论，共观经史。世南虽容貌懦懦，若不胜衣，而志性抗烈，每论及古先帝王为政得失，必存规讽，多所补益。太宗尝谓侍臣曰："朕因暇日与虞世南商略古今，有一言之失，未尝不怅恨，其恳诚若此，朕用嘉焉。群臣皆若世南，天下何忧不理。"①

对于唐太宗来说，在"共观经史"、"商略古今"中得到的"多所补益"，自非一般问题，当是"帝王为政得失"的大事，且与"贞观之治"有极密切的关系。从比较广泛的范围来看，唐初统治集团的政治活动与史学活动也是有极其密切的关系的。唐初所修梁、陈、北齐、北周、隋"五代史"，多是大臣参与而由宰相监修。其中，尤其是《隋书》的史论，多由魏徵撰写，对于隋朝的兴亡原因及其与秦朝的比较，多有深思宏论。这些，对于"贞观之治"中的决策必也有深刻的影响。正像贞观十年（636）"五代史"修成时，唐太宗勉励史臣们所说的：

> 朕睹前代史书，彰善瘅恶，足为将来之戒。秦始皇奢淫无度，志存隐恶，焚书坑儒，用缄谈者之口。隋炀帝虽好文儒，尤疾学者，前世史籍，竟无所成，数代之事，殆将泯绝。朕意则不然，将欲览前王之得失，为在身之龟镜。

---

① 刘昫等：《旧唐书》卷七十二《虞世南传》，北京：中华书局，1975 年，第 2566 页。

公辈以数年之间勒成五代之史，深副朕怀，极可嘉尚！①

所谓"览前王之得失，为在身之龟镜"，这是从政治得失中得到的启示，也是从史学对于政治决策的作用中得到的启示，因而具有丰富的内涵。

从历史经验来看：史学的重要作用之一，是从对历史的记载、描述中，以各种不同的形式总结前人在历史活动中的经验教训；这些经验教训涉及社会生活的许多方面，上面说到的政治决策是一个重要方面，但历史经验的价值并不仅限于此，它有丰富的内涵和广泛的表现。如司马迁撰写《史记》的宗旨是："网罗天下放失旧闻，考之行事，稽其成败兴坏之理，凡百二十篇，亦欲以究天人之际，通古今之变，成一家之言。"②这里有历史的考察，也有哲学的思考，以及对于社会命运的关注。从司马迁在《史记》中以深刻的见解、翔实的资料、精彩的史笔总结秦汉之际的历史经验开始，以下各部"正史"都有所效法，其中往往亦不乏优秀之作，如《汉书》、《后汉书》、《三国志》、《隋书》、两《唐书》、《明史》等，在描述历史、总结经验这两个方面都有突出成就。又如同司马迁并称"两司马"的司马光，其所主编之《资治通鉴》的主旨是："专取关国家盛衰，系生民休戚，善可为法，恶可为戒者"入史，以便于"监前世之兴衰，考当今之得失"③。明清之际王夫之著《读通鉴论》，以其深邃的历史见解，阐述了历史上的种种经验教训，并对所谓"资"、"治"、"通"、"鉴"做了精辟的说明。④ 他所总结的"谀臣"是否得势、得宠与国之存亡的关系⑤，统治阶层是否看重"积聚"、"宝货"

---

① 王钦若等编：《册府元龟》卷五百五十四《国史部·恩奖》，周勋初等校订，南京：凤凰出版社，2006年，第6348页。

② 班固：《汉书》卷六十二《司马迁传》，北京：中华书局，1962年，第2735页。

③ 司马光：《资治通鉴》卷末《进书表》，北京：中华书局，1956年，第9608页。

④ 参见王夫之：《读通鉴论》卷末"叙论四"，北京：中华书局，1975年，第2552～2554页。

⑤ 参见王夫之：《读通鉴论》卷一"秦始皇"，卷十二"晋愍帝"，北京：中华书局，1975年，第7、880～881页。

与政治得失的关系①，"风教之兴废"与朝代兴亡的关系②等历史经验，都是极具启发性的通论。再如，唐代吴兢的《贞观政要》、宋代范祖禹的《唐鉴》、王夫之的《宋论》，以及自贾谊《过秦论》以下历代史学家、思想家所撰史论、政论，其真知灼见，不乏于时。所有这些，反映了中国史学所蕴含的历史智慧宝库的幽深博大。

从忧患意识来看：孟子在讲到治国、做人时指出："入则无法家拂士，出则无敌国外患者，国恒亡。然后知生于忧患而死于安乐也。"③忧患意识是中华民族的优秀品质之一。这个品质在史学上反映得十分突出，清人龚自珍做了很好的总结，他强调说："智者受三千年史氏之书，则能以良史之忧忧天下。"④这句话从一个重要方面概括了中国历史上"良史"的优秀品质。孔子、司马迁、杜佑、司马光、王夫之等这些古代大史家，无一不具有深刻的忧患意识。近代以来，如魏源、张穆、何秋涛、姚莹、王韬、夏燮、黄遵宪、梁启超、顾颉刚、陈寅恪、陈垣等，亦莫不若是；至于马克思主义史家郭沫若、范文澜、吕振羽、侯外庐、翦伯赞则更是如此。近代史家的忧患意识是近代救亡图强爱国主义思潮的突出表现之一。"良史之忧"的内在精神是自强不息、奋发进取，如同郭沫若所说，即使是"风雨如晦"之际，也正是"鸡鸣不已"之时。⑤许多事实证明：史学上的忧患意识对社会各阶层人们的思想影响，是推动社会进步的精神动力之一。

第三，史学与文化发展。史学是文化的一个方面；史学的发展不仅需要有一定的经济条件、政治条件，也需要有相应的文化条件。

---

① 参见王夫之：《读通鉴论》卷二"汉高帝"，卷十二"晋怀帝"，北京：中华书局，1975年，第19～21、860～861页。

② 参见王夫之：《读通鉴论》卷十七"梁武帝"，卷十九"隋文帝"，北京：中华书局，1975年，第1287～1290、1445～1449页。

③ 《孟子》卷十二《告子下》，杨伯峻译注，北京：中华书局，1960年，第298页。

④ 龚自珍：《龚自珍全集》第一辑《乙丙之际箸议第九》，上海：上海人民出版社，1975年，第7页。

⑤ 参见郭沫若：《中国古代社会研究》自序，《郭沫若全集·历史编》第1卷，北京：人民出版社，1982年，第10页。

但是，史学因其自身的特点，它也对文化的发展产生重大的作用。

首先，表现在史学与文化积累的关系上。从狭义的文化观念来看，史学的每一次进步，都为文化的发展增添了新的成果，从《汉书·艺文志》所著录的史书到《隋书·经籍志》史部所著录的史书，可以看到这种成果积累的趋势。然而，我们仅仅看到这一点是不够的。这是因为，从广义的文化观念来看，史学所反映的内容，无不与文化发展、文明演进相关；从这个意义上说，史学所反映的内容，已远远超出史学（作为狭义的文化之一部分的史学）的范围，而包括了经济、政治、军事、民族、民俗、科技、文化（狭义的文化）、教育，等等，并成为这些方面演进的记录和载体。举例来说，《隋书·经籍志》史部著录诸书，是史学对文化（狭义的文化）的丰富；而作为史学著作的《隋书》所记载的历史内容，却远远超出了史学自身的范围，使人们对隋代的文化（广义的文化）现象、文明进程有深入认识和研究的可能。可见，史学在文化积累方面肩负着双重任务。所谓积累，在文献资料、历史过程、思想遗产等各个领域，都是十分丰富的。

其次，表现在史学与大众文化发展的关系上。史学所提供的历史知识，所积累的文献资料和思想资料，对促进思想家的思考、文学家的诗文的创作、科学家的发明，都有重要的价值。从先秦诸子以下，不少思想家于历史知识的分析、运用中阐述着自己的思想；唐代以下，历代诗人的"咏史"成了他们诗歌创作的一个重要方面；科学家们（如天文学家、数学家、农学家等）利用科学史积累的资料撰述他们的鸿篇巨制等。这都可以看作是史学对较高层次文化发展的影响。同时，史学在更广阔的社会层面上对大众文化的发展的影响更为突出。史学对通俗文学的影响，从敦煌变文到宋元话本可以看得十分了然。变文取材于佛经故事、民间传说，也取材于历史传记。从王重民、王庆菽、向达、周一良、启功、曾毅公等先生合编的《敦煌变文集》（上、下集）①所见，前三卷所收 93 种变文均为历史

---

① 　王重民等：《敦煌变文集》，北京：人民文学出版社，1957 年。

故事，按有说有唱、有说无唱、对话体编次。这种以历史故事为内容的变文，有的直接取材于正史传记而铺张以民间传说，又益以唱词，连缀成篇，很是生动。如《伍子胥文》、《汉将王陵变》、《捉季布传文一卷》、《李陵变文》、《韩擒虎话本》等，都与有关正史传记有密切的关联。历史题材成为俗讲创作的一个重要内容。这种俗讲既有史实为依据，又有文学的创作成分，是史学与文学结合的产物。唐代讲唱变文一类的话本不限于寺院道观，民间也很流行，并为当时人民所喜爱。时人赵璘《因话录》和段安节《乐府杂录》都提到俗讲大师文淑的故事，说他讲唱时"其声宛扬，感动里人"，"听者填咽寺舍"。唐末诗人吉师老有《看蜀女转昭君变》诗一首，诗云："妖姬未著石榴裙，自道家连锦水渍。檀口解知千载事，清词堪叹九秋文。翠眉颦处楚边月，画卷开时塞外云。说尽绮罗当日恨，昭君传意向文君。"①诗里说的"清词堪叹九秋文"，指讲唱者持有的话本；"画卷开时塞外云"，指讲唱之际随时还有图画展开，以增添讲唱内容的形象色彩。这样的讲唱，在民间自然会受到欢迎。这首诗还证明，在唐代也有女讲唱者的表演，可以证明讲唱变文的普遍。宋元话本也正是因为有了这样的基础，才得以发展起来。②宋元话本，是说话人的本子。事实上，不论是说话人，还是话本，在唐代都已经出现了。安史之乱中，在官军恢复长安后，唐玄宗从四川回到长安，虽是做着太上皇，但政治上的失落感却使他异常抑郁。史载："太上皇移仗西内安置。每日上皇与高公亲看扫除庭院、芟薙草木。或讲经，论议，转变，说话，虽不近文律，终冀悦圣情。"③说话和转变（说唱变文）并列，足见说话已很流行。至于话本，上面说到的《韩擒虎话本》，有人也认为就是唐代的话本。话本与变文之间的联系，还可以

---

① 曹寅等编：《全唐诗》卷七百七十四，北京：中华书局，1960年，第8771页。

② 这里涉及的有关论点，参见王重民等：《敦煌变文集》引言，北京：人民文学出版社，1957年，第1～8页。

③ 郭湜：《高力士外传》，《开元天宝遗事十种》，上海：上海古籍出版社，1985年，第120页。

有一些其他的证明，这是一个很突出的例子。从史学对通俗文学的影响来看，话本与变文中都有关于历史题材的内容，这是它们相同的地方，但话本中历史题材的内容更丰富了，以至于有"讲史"（或称"演史"）的专称，这是它们不同的地方，说明了史学影响通俗文学趋势的加强。北宋京城中，以讲史著称的有孙宽、孙十五、曾无党、高恕、李孝详；也有以专讲一部话本出名的，如霍四究说《三分》（即《三国志》）、尹常卖说《五代史》①。苏轼《东坡志林》卷一记当时"说三国"的影响极为生动，他写道："王彭尝云，途巷小儿薄劣，其家所厌苦，辄与钱令听古话。至说三国者，闻刘玄德败，颦蹙有出涕者；闻曹操败，即喜唱快。"②可见关于三国的讲史，已真正深入到大众之中了。南宋时，讲史又有新发展，有人记载当时临安（今杭州）的讲史盛况说：

> 讲史书者，谓讲说《通鉴》、汉唐历代书史文传、兴废争战之事，有戴书生、周进士、张小娘子、宋小娘子、邱机山、徐宣教。又有王六大夫，元（原）系御前供话，为幕士请给，讲诸史俱通，于咸淳年间，敷演《复华篇》及《中兴名将传》，听者纷纷，盖讲得字真不俗，记问渊源甚广尔。③

在这段文字中，有几点是很值得注意的。一是讲史的范围扩大了，甚至带有一定的系统性，其取材多据《资治通鉴》，汉、唐史书，同时出现了像王六大夫这样"讲诸史俱通"的名家。二是《资治通鉴》成书于北宋，南宋时即为说话人所采用，说明它的社会影响是很大的；过去有一种说法，认为《资治通鉴》部帙太大，不能广泛流传，显然

① 孟元老：《东京梦华录》卷五《京瓦伎艺》，邓之诚注，北京：中华书局，1982年，第133页。

② 苏轼：《东坡志林》卷一《途巷小儿听说三国语》，北京：中华书局，1981年，第7页。

③ 吴自牧：《梦粱录》卷二十，丛书集成初编本，北京：中华书局，1985年，第194页。

是不完全符合事实的。三是讲史人和大众很关注本朝史事，所以《中兴名将传》能够赢得"听者纷纷"。四是讲史人中的女性占了相当的数量，以致出现了像张小娘子、宋小娘子这样有名的讲史艺人。从事讲史的说话人，多称作书生、进士、宣教，还有称作官人、万卷的，或许这都是大众送给他们的雅号以致反倒埋没了真实的姓名。总之，我们可以看到，当史学通过说话（讲史）人和社会大众结合起来的时候，显示出了生机勃勃的活力，从而产生了更加广泛的社会影响和社会作用。讲史在元代也很流行。元末杭州城里有个叫胡仲彬的人，兄妹都是"演说野史"的。① 同宋代一样，这时女性讲史也很活跃。明人杨维桢有《送朱女士桂英演史序》一文，记下了这位朱女士讲史的风采。朱桂英女士擅长于讲三国、五代故事，也能讲北宋末年故事，她能讲得"座客倾耳"②，足见其说话艺术甚高。胡仲彬兄妹原在杭州城讲史，朱桂英女士又是钱塘人，这或许可以说明元代讲史在一定程度上是继承了南宋临安讲史之盛的遗风吧。宋元时期的讲史话本又称平话（或称评话），它在长期的发展中逐渐形成了自己的系列，这跟变文中的历史故事多以单篇存在有所不同。今存元代刻本《全相平话》，当是平话系列的汇刻本，可惜现在所见到的只有 5 种了。它们是：《武王伐纣书（吕望兴周）》、《乐毅图齐七国春秋后集》、《秦并六国（秦始皇传）》、《前汉书续集（吕后斩韩信）》、《三国志》。③ 历史题材的变文和宋元话本的平话，或取材于历代正史，或采撷于稗官野史，它们所说的历史故事、兴废争战，都跟史学有一定的渊源，但变文和平话都不完全符合历史的真实，因为它们包含了许多民间传说和变文说唱者与讲史艺人的虚构、想象及创作。因此，历史题材的变文和平话，都是与历史著作有关的文学作品；变

① 参见陶宗仪：《南村辍耕录》卷二十七"胡仲彬聚众"，北京：中华书局，1959 年，第 343 页。
② 杨维桢：《东维子文集》卷六，四部丛刊初编本，上海：上海书店，1989 年，第 11 页。
③ 本节有关宋元讲史的部分阐述，参考了程毅中所著《宋元话本》一书，北京：中华书局，1964 年。

文说唱者和讲史艺人的活动，也都是跟史学活动有关的艺术活动。从这里，我们十分清晰地看到，史学在相当大的规模上促进着大众文化的发展。至于平话成为演义小说的前驱，许多历史故事被搬上了戏曲舞台，也都渗透着史学对大众文化发展的积极影响。

　　史学对蒙学读物发展的推动作用，是它促进大众文化发展的另一个重要方面。随着经济、文化的发展，中国封建社会自唐宋以下，涌现出一批蒙学读物。这类读物，一方面是"乡校俚儒教田夫牧子之所诵"①的教材，一方面也是市井百姓借以粗知历史文化知识的读本。唐人李翰所撰《蒙求》，通常被看作是较早的蒙学读物。该书采辑历史人物的言行、故事，编写成四言韵文，现存本共 2 484 字，621 句，读来朗朗上口，流传甚广。此后，有许多以"蒙求"命名的蒙学读物问世，成为大众文化中的一种普遍现象。在蒙学读物的发展中，史学起了积极的作用。今存传统蒙学读物数量不小，其中北宋王令所编《十七史蒙求》、南宋王应麟所编《三字经》、明代程登吉所编《幼学琼林》是三部影响较大的蒙学读物。《十七史蒙求》主要取材于"十七史"。"十七史"，是宋朝人对反映宋朝以前历代史事的正史的统称。然而此书在取材上，实已超出"十七史"的范围，还涉及《左传》、《国语》、谢承《后汉书》和《东观汉记》等。《十七史蒙求》的编写方法是："其间圣君、贤相、忠臣、义士、文人、武夫、孝子、烈妇功业事实，以类纂集，参为对偶，联以音韵……以资记诵，讨论。"②这同李翰《蒙求》在编写方法上大致相似，全书共 16 卷，比李翰《蒙求》丰富多了。所谓"参为对偶，联以音韵"，是每四字一句，揭示一则历史人物的故事，并使上下两句成对，便于阅读、记诵。《十七史蒙求》所做的启蒙教育，并不仅仅是历史知识，它包含了深刻的价值观教育。从全书来看，还多有关于历史观、伦理观、道德

---

　　① 欧阳修：《新五代史》卷五十五《刘岳传》，北京：中华书局，1974 年，第 632 页。旧说有认为此传中提到的《兔园册》系唐初虞世南所撰，恐系讹传，不取。参见拙著《唐代史学论稿》，北京：北京师范大学出版社，1989 年，第 104 页。

　　② 王令：《十七史蒙求》原序，长沙：岳麓书社，1986 年，第 1 页。

观方面的内容，它们都寓于具体的历史人物故事之中。

《三字经》相传为南宋著名学者王应麟编著，其流传之广、影响之大，又在《十七史蒙求》之上。它以三字韵文写成，明清学人不断有注释、增补，至1928年有近代著名学者章太炎《重订三字经》行于世。以清初王相《三字经训诂》计，《三字经》的原文只有1 128字，但它包含的内容却很丰富。晚清贺兴思《三字经注解备要》序说："世之欲观古今者，玩其词，习其义，天人性命之微，地理山水之奇，历代帝王之统绪，诸子百家之缘由，以及古圣昔贤由困而亨、自贱而贵，缕晰详明，了如指掌。"这当然是指他的注本说的，但于此也可看出他对《三字经》内容的概括即"一部袖里'通鉴纲目'"，是有其道理的。《三字经》从人性、教育讲起，然后依次讲到自然、社会、人伦、经籍、历史，最后讲历史人物发愤读书、终成大器的故事。关于历史，作者用了20句240字，概括了自传说中的"三皇"、"二帝"至元朝统一的历史进程。王应麟是南宋末年人，入元后生活了17年，他只能把历史写到这里为止。章太炎的重订本把这个问题写得更清晰了："凡正史，廿四部，益以清，成廿五。史虽繁，读有次：《史记》一，《汉书》二，《后汉》三，《国志》四，此四史，最精致。先四史，兼证经，参《通鉴》，约而精。历代事，全在兹，载治乱，知兴衰。读史者，考实录，通古今，若亲目。"①可见，史学所提供的历史知识和历史观点，尤其是历代治乱兴衰的来龙去脉，成为《三字经》的重要内容。《幼学琼林》是明代程登吉所编。"幼学"就是指"蒙学"；"琼林"，在唐代是内库之名，贮藏贡物，在宋代是皇苑之名，赐宴及第进士的场所，这里是借指丰富、重要之意。《幼学琼林》是关于中国历史文化常识的通俗读本，用对偶句子写成，每句不拘字数，而联句大致做到押韵，读来朗朗上口，饶有兴味。《幼学琼林》在流传中不断为后人所增补，现今所传最好的本子，是清代邹圣脉

---

① 章炳麟：《重订三字经》，《三字经·百家姓·千字文》，济南：齐鲁书社，2009年，第48～49页。

的增补本，凡4卷33目。卷一主要讲天地、朝廷，卷二主要讲伦理关系，卷三主要讲人事、器用，卷四主要讲学识、技艺。《幼学琼林》侧重取材于纪传体史书中的志和其他一些重要礼书（礼书也是史书的一部分）。这是因为，它以容纳最基本的、最常用的成语、掌故为编写的宗旨，故此书曾有《幼学须知》、《成语考》、《故事寻源》等异名。另外，它也有一些内容是取材于纪传体史书的纪、传的。如《文臣》、《武职》等目，都是讲历史人物的才干、品质及其在历史上的作为和影响的。当然，蒙学读本中所讲到的历史，有的是属于先民的传说；所做的历史评价，有的并不是很妥当的；所反映的历史观点，有的即使在当时也不是进步的观点。对于这些，似不必用对于历史著作的要求去要求它们。事物之间的关系是辩证的。我们在看到史学对蒙学读本发展的积极影响的时候，也应该注意到蒙学读本在普及历史知识方面所起到的积极作用。

史学的天地很广阔，大众文化的天地也很广阔，史学和大众文化的结合也必有广阔的天地。今天的史学，今天的大众文化，需要人们用新的眼光、新的高度来思考它们之间的辩证关系，促进它们的结合，这将是大有可为的。

最后，表现在史学与民族文化发展的关系上。中国自古以来是一个多民族国家，自秦汉以后更是一个不断发展的统一的多民族国家。因此，民族文化的发展在中华文化发展中占有重要地位。史学以其独特的形式推动着民族文化的发展。这主要表现在两个方面：第一个方面，史书对于多民族历史活动的记载成为历代"正史"的重要内容之一，从而对于多民族共同心理的形成起着潜移默化的、深刻的作用；第二个方面，史书对于西周、汉、唐这些盛大朝代的记载，既作为史学的形式又作为文化的形式影响着周边少数民族历史文化的发展。这种影响，一是反映在多民族活动的历史舞台上，二是反映在对多民族历史渊源的共识上，三是反映在各民族历史文化的相互吸收、融会上。从《春秋》、《左传》起，"诸华"与"诸夷"的历史，就成为古代史家记载的对象与范围。司马迁的《史记》更是把周边各族都写到了，从而描绘出一幅宏大的多民族活动的历史画卷。历史上尽管有所谓华夷之辨，但写多民族的历史确是中国史学的一个优良传统。《史记》以《五帝本纪》开篇，黄帝、炎帝成为中国文明史的源头，在《史记》以后的两千多年中，这一思想传统和历史影响始终没有中断，从十六国到辽、金，从近代民族意识的形成和发展到现今的"多元统一"的民族观、国家观，是一脉相承而又不断发展的。从《左传》记孔子"见于郯子而学之。既而告人曰：'天子失官，官学在四夷'"①，到辽、金、元统治者主持翻译汉文史书《贞观政要》、《资治通鉴》，推重"五经"、"十七史"，以及隋唐以下历朝皆尊《魏书》、《北齐书》、《周书》、《辽史》、《金史》等为"正史"，而清朝在修成《明史》的基础上总汇为"二十四史"，这是统一多民族国家历史演进的过程，也是多民族文化融汇、发展的过程，而史学则在这个过程中承担着重要的任务。

第四，史学与人生修养的关系。中国先民从很早的时候起，就重视通过学习历史来提高自己的德行、见识。"君子以多识前言往行以畜其德"②，当是对于这一传统的总结。春秋时期，楚国大夫申叔时论教导太子时，大多讲的是对于史书的学习，以增进太子的人生修养。③司马迁写《史记》，重视历史上那些"扶义俶傥，不令己失时，立功名于天下"的人；他推崇《春秋》，认为它"辩是非，故长于治人"④。可见，他是很自觉地意识到撰写历史同有益于人生修养的关系的。史学对于人生修养的重要，人们可以从不同的方面加以强调。上面讲的"畜德"，是基本的一条。此外，史学家还从治身、治世、明道几个方面说明史学之不可荒废。唐代刘知幾从史学与社会的关系这个角度出发，把史家写人物的问题提到理论上来认识。《史通·人物》篇开宗明义地指出："夫人之生也，有贤、不肖焉。若乃其恶可以诚

---

① 《左传·昭公十七年》，杨伯峻编著，北京：中华书局，1981年，第1389页。
② 《周易正义·大畜·象传》，《十三经注疏》，北京：中华书局，1980年，第40页。
③ 《国语》卷十七《楚语上》，韦昭注，上海：上海古籍出版社，1978年，第528页。
④ 司马迁：《史记》卷一百三十《太史公自序》，北京：中华书局，2013年，第3975页。

世，其善可以示后，而死之日名无得而闻焉，是谁之过欤？盖史官之责也。"①他的这几句话，至少表明了两点认识：第一点认识是，史家作史而写人物，必着眼于善恶突出者，因为他们可以起到"诫世"和"示后"的作用；第二点认识是，倘若有一些"恶可以诫世"、"善可以示后"的人，死后其名不为世所知，那就是史官的失职。前一点认识，是提出了史家写史当以什么样的人入史的标准；后一点认识，是指出了史家在写人的问题上所担负着的社会责任。刘知幾在本篇末写道："夫名刊史册，自古攸难；事列《春秋》，哲人所重。笔削之士，其慎之哉！"不论写人还是写事，都是史家应当慎而又慎的。

元代史家胡三省在《新注资治通鉴序》中写道："为人君而不知《通鉴》，则欲治而不知自治之源，恶乱而不知防乱之术；为人臣而不知《通鉴》，则上无以事君，下无以治民；为人子而不知《通鉴》，则谋身必至于辱先，作事不足以垂后。乃如用兵行师，创法立制，因不知迹古人之所得，鉴古人之所以失，则求胜而败，图利而害，此必然者也。"②他这里说的"自治"、"防乱"、"事君"、"治民"、"谋身"、"作事"，等等，也可以用修身和立事来概括，只是他对立事讲得更多一些；不过对于政治人物来说，所谓"事君"、"治民"本是一种政治修养，同样也是人生修养的一个方面。清初史家王夫之在解释《资治通鉴》的"通"的含义时说，"其曰'通'者，何也？君道在焉，国是在焉，民情在焉，边防在焉，臣谊在焉，臣节在焉，士之行己以无辱者在焉，学之守正而不陂者在焉。虽扼穷独处，而可以自淑，可以诲人，可以知道而乐，故曰'通'也"。③ 王夫之这里说的，可以视为是比较全面的人生修养了；如果也要用修身、立事来概括它们的话，那么所谓"君道"、"国是"、"民情"、"边防"当属于立事方面，而"臣谊"、"臣节"、"自淑"、"诲人"等当属于修身方面。在王夫之

---

① 刘知幾：《史通》卷八《人物》，浦起龙通释，上海：上海古籍出版社，2009 年，第 237 页。
② 胡三省：《新注资治通鉴序》，《资治通鉴》卷首，北京：中华书局，1956 年，第 28 页。
③ 王夫之：《读通鉴论》卷末"叙论四"，北京：中华书局，1975 年，第 2554 页。

看来，一部《资治通鉴》对于人生修养来说，确乎是非常重要的。可见，人们认为史学对于修身、治世的重要，是中国史学的一个优良的思想传统。中国史学还有一个优良的思想传统，即撰史、读史可以明"道"。胡三省曾经批评一种偏见，写道：

> 世之论者率曰："经以载道，史以记事，史与经不可同日语也。"夫道无不在，散于事为之间。因事之得失成败，可以知道之万世亡弊，史可少欤？①

胡三省不赞成只有"经"是"载道"的、"史"不过"记事"而已的说法，他认为"道"包含在"事"当中，通过史书所记史事反映出来的得失成败，可以认识到"道"是始终在发挥作用的。人们要认识"道"，是不能没有史学的。清代史论家龚自珍也认为："出乎史，入乎道，欲知道者，必先为史。"②胡三省、龚自珍用"道"这个古老的哲学范畴来说明史学所包含的认识价值，包含着更明确的从历史进程中认识其发展规律的观念。

总之，史学与人生修养的关系，以"畜德"为基础，以修身、治世、明道为目标，以有益于社会实践、历史进步为归宿。

第五，史学与历史教育。史学的社会作用，不论是在于人们认识历史方面、促进社会进步方面，还是在于推动文化发展方面、裨益人生修养方面，以及其他一些方面，都是史学对于人的作用的结果，都是通过人的认识的提高和人的社会实践来实现的。这是因为，"历史不过是追求着自己目的的人的活动而已"③。从这个意义上说，史学的社会作用，本质上是历史教育作用。关于这一点，中国史学

---

① 胡三省：《新注资治通鉴序》，《资治通鉴》卷首，北京：中华书局，1956 年，第 28 页。

② 龚自珍：《龚自珍全集》第一辑《尊史》，上海：上海人民出版社，1975 年，第 192 页。

③ 马克思、恩格斯：《神圣家族》，《马克思恩格斯全集》第 2 卷，北京：人民出版社，1957 年，第 118～119 页。

史已做了十分明确的回答，即自史学产生以来，人们就越来越自觉地认识到史学的社会作用的极其重要性，就越来越自觉地重视历史教育。学习、研究中国史学史，对于深入地、广泛地、有效地进行历史教育，具有重要的意义。首先，是认识中国历史，尤其是认识记述中国历史的重要典籍。客观历史已经逝去了，我们可以通过记述历史的重要典籍去认识它、理解它；懂得的历史典籍越多，对历史的认识、理解就会越深刻。古人已有"大矣哉，盖史籍之为用也"的认识；我们有唯物史观做指导，在分析和把握历史典籍上、在认识和理解历史上，还应当超过前人。认识中国历史并不是一件简单的事情，比如，它经历了怎样的发展历程，这个发展历程有些什么特点和优点；它在世界文明史上曾经有些什么作为，处于何种位置；它的民族精神是什么，这种民族精神是怎样形成的；它积累了哪些精神财富、历史智慧，这些精神财富、历史智慧的载体是什么，人们如何去开发、利用它们，等等。在这方面，丰富的中国史学遗产可以给予人们有益的、不可缺少的帮助。懂得中国历史，"这是中国发展的一个精神动力"①。史学对于历史教育的重要，其根本即在于此。其次，是认识历史教育的特点，以便更好地发挥历史教育的作用。中国史学历史悠久，典籍丰厚，内容繁富，形式多样，史笔优美；短篇小录者有之，鸿篇巨制者有之；成于官府者有之，撰于私家者有之；"方以智"、"圆而神"齐备，德、才、学、识各有所长者代有所出。这些优秀的史学遗产，使历史教育可以充分发挥它的特点和优点：一是由于历史著作的覆盖空间恢廓，可以使历史教育具有广泛的社会性，使社会公众都能受到这方面的教育和熏陶。二是由于历史著作的内容、形式、层次之结合得多姿多彩，可以使历史教育具有突出的适应性，使社会各阶层人物都能从与之相适应的历史著作中得到有益的启示和教益。三是由于历史著作中所蕴含的中

---

① 邓小平：《振兴中华民族》，《邓小平文选》第 3 卷，北京：人民出版社，1993 年，第 358 页。

华民族之民族精神的底蕴和众多杰出人物的人格魅力，以及各方面的经验和智慧，这就使历史教育具有巨大的吸引力和深刻的感染力。

刘知幾说："史之为用，其利甚博，乃生人之急务，为国家之要道。"①今天看来，这话仍然是对的。

---

① 刘知幾：《史通》卷十一《史官建置》，浦起龙通释，上海：上海古籍出版社，2009年，第281页。

第一章　史学的兴起——先秦史学

先秦时期（这里主要指商、西周至春秋战国时期），是中国史学从萌芽到初步形成的阶段，我们把它称作史学的兴起阶段。人类的历史活动是史学产生的客观基础，人类的历史记忆与历史意识的发展是史学产生的主观条件，人类创造出来文字并由此出现了文字记载是史学产生的具体途径。中国史学的萌芽和初步形成，也经历了这个普遍发展的道路，同时显示出自身的特色。

史学的源头可以追寻到古老的传说；传说反映了先民的历史记忆与历史意识的萌生，传说也保存了若干古史的踪影。中国的史学萌芽于官府，是"学在官府"的一个重要方面；"学在官府"的传统的突破，于是出现了私人撰史。中国史学在兴起时期的这个过程，是同中国奴隶制社会的发展及其开始走向解体相一致的。春秋末期的孔子是处在这个转变过程中的关键人物。孔子整理"六经"，是中国史学兴起中的大事，对中国史学后来的发展有深远的影响。战国时期多种史书的出现和历史观念的丰富，反映了那个时代政治、思想、文化的活跃和人们历史意识的发展。这些，直接成为新的历史时期史学发展所继承的积极成果。

第一节　史学的源头

一、反映人类最早的历史记忆与历史意识的传说

神话和传说反映了人类在跨入文明门槛以前的最早的历史记忆和原始的历史意识。

神话和传说产生于人类的野蛮时期的低级阶段。在这个时期，想象力，这个十分强烈地促进人类发展的伟大天赋，这时候已经开始创造出了还不是用文字来记载的远古的神话和传说的口述作品，并给予人类以强大的影响。人类的这种"伟大天赋"所创造出来的神话、传说，是当时人类精神生产的极其重要的部分，其历史价值之一是它们保存了人类先辈对于历史的记忆，这在野蛮时代的高级阶段表现得尤为突出。

神话和传说都产生于原始社会时期，因而有许多相同之处，而且都在一定程度上是某些重大历史事件的象征性反映，但它们之间还是有区别的。这个区别主要在于：神话所叙述的，是神或半神的人及其所行之事；传说所叙述的，是人（而这些人往往都具有奇才异能、为一般的人所不及的大智大勇），是古代先辈的祖先或古代英雄等及其所行之事。从历史学的观点来看，这一区别是十分重要的。它表明：从神话到传说，反映出人类从以神为主来解释自然和社会到以人为主（虽然在相当长的时期里仍不能完全摆脱"神"的影响）来解释自然和社会，从而反映出人类对于自身力量的朦胧意识和对于自身历史的最早的记忆。可见，古代传说包含着人类历史意识的萌芽。尽管过去和现在人们常常把传说也混称为神话，但在考察史学的源头时指出传说同神话的区别，无疑是十分必要的。

原始社会时期的传说与文明时期史学的兴起之间的关系，可以概括为：第一，传说，可以看作是最原始的"口述史"，先民对于历史的记忆和传播，是通过这种原始的"口述史"来实现的。这里说的传说是最原始的"口述史"，是指它所叙述的内容仍不能完全摆脱虚构的成分，但其中毕竟包含着不少真实的人物和事件；即使是虚构的部分，也并不是完全脱离历史的奇想。唯其如此，这种原始的"口述史"才区别于文明时代的史学而又同后者有一种历史的联系。第二，当文字产生以后，这些远古的传说被人们加工、整理和记载下来，乃成为史学家们研究、探索先民初始时期历史的重要资料。所谓"历史家可以从神话里找出历史来"，"在史学初发达的时候，神话就得了历史的解释"[①]，其实就是这个道理。此外，传说所反映出来的先民对于自然、社会和人及其相互关系的看法，传说所具有的"还不是用文字来记载的文学"之文学的特性，都在相当的程度上影响到文明时代史家的历史观点和史学发展。

二、传说中的古史踪影

中国远古时代产生的神话和传说能保存下来的，主要见于《左传》、《山海经》、《穆天子传》、《楚辞·天问》和成书稍晚的《淮南子》，在先秦的其他一些历史文献里也有关于这方面的零星记载。其中，有不少是神话，也有一些是传说或带有神话成分的传说。

从现存这些传说所反映的历史内容来看，主要是三个方面的事件和人物。第一个方面是关于氏族社会的生活和生产，第二个方面是关于同自然灾害进行斗争，第三个方面是关于部落首领和部落战争，而在每一个方面都突出了英雄人物的故事。

衣、食、住历来是人类社会生活中的重要方面，在这些方面的传说，有教会人们"构木为巢，以避群害"，改变穴居野处的有巢氏；

---

① 茅盾：《神话研究》，天津：百花文艺出版社，1981年，第10页。

有"钻燧取火，以化腥臊"，"教民熟食，养人利性"的燧人氏①。有巢氏、燧人氏都是受到人们崇敬的英雄或氏族。关于社会生产方面的传说，有教会人们"结绳而为罔罟，以佃以渔"的包牺氏（即伏羲氏）；包牺氏之后，有神农氏，"斫木为耜，揉木为耒，耒耨之利，以教天下"②。包牺氏和神农氏也都是受到人们崇敬的英雄或氏族。农耕是生产上的一大进步，所以关于神农氏的传说也就比较多，相传"神农因天之时，分地之利，制耒耜，教民农耕"③；"神农之世，男耕而食，妇织而衣"④，耕、织结合，衣、食得到了更多的保障；神农还"尝百草之滋味、水泉之甘苦"，"一日而遇七十毒"⑤。

洪水和干旱是自然灾害中对人们最为严重的威胁，所以远古传说中有不少关于治理洪水和抵御干旱的英雄的故事。在诸多治水英雄中，禹是备受崇敬的。禹的功业一直使后人感叹不已，春秋时期周天子的卿士刘定公说："微禹，吾其鱼乎！"⑥孔子也反复说："禹，吾无间然矣。"⑦相传，在尧的时候，出现了严重的干旱，"十日并出，焦禾稼，杀草木，而民无所食"，同时还有其他许多灾害。尧命羿为民除害，"上射十日"，解除干旱，"万民皆喜"⑧，治理洪水和抗御干旱，都同生活、生产有紧密的关系，所以关于禹和羿的故事自亦流传久远。

关于部落首领和部落战争的传说，一方面固然还包含着神话的色彩，另一方面也显示出同文明时期的历史之更密切的联系。如治

---

① 《韩非子·五蠹》，陈奇猷校注，上海：上海古籍出版社，2000年，第1085页。

② 《周易正义·系辞下》，《十三经注疏》，北京：中华书局，1980年，第86页。

③ 班固：《白虎通》卷二，陈立疏证，吴则虞点校，北京：中华书局，1994年，第51页。

④ 《商君书·画策》，蒋礼鸿锥指，北京：中华书局，1986年，第107页。

⑤ 《淮南子·修务训》，刘文典集解，冯逸、乔华点校，北京：中华书局，1989年，第630页。

⑥ 《左传·昭公元年》，杨伯峻编著，北京：中华书局，1981年，第1210页。

⑦ 《论语》第八《泰伯》，杨伯峻译注，北京：中华书局，1980年，第84页。

⑧ 《淮南子·本经训》，刘文典集解，冯逸、乔华点校，北京：中华书局，1989年，第254～255页。

水英雄禹，关于他的诞生有种种神奇的说法，有的说禹的母亲因吞吃了一种植物薏苡而生了禹；有的说他的母亲嬉于砥山，意若为人所感而孕；有的说禹本是天神，见洪水泛滥，乃化作一粒如珠的石子，其母汲水得石，爱而吞之，有娠，生禹；有的说禹父鲧死后其尸三年不腐，人剖其腹而禹乃生，等等，无不出于有趣的神话。但禹又是夏部落的首领，其子启建立了夏王朝，禹就是夏王朝始祖。商部落的首领契的诞生也有类似说法，所谓"天命玄鸟，降而生商"①，说是契母简狄行浴，见玄鸟堕其卵，取而吞之，因孕，生契。契因佐禹治水有功，封于商，成为商王朝的始祖。周部落的首领弃，相传其母姜原因践巨人足迹而孕，生弃。弃长成后，继承了烈山氏之子柱"能殖百谷百蔬"②的本领，被尧举为农师，被舜封于邰，号曰后稷，成为周王朝的始祖。尽管这些神话、传说带有神奇的色彩，但在治水和耕稼中会产生出来一些英雄人物并成为部落的首领却是符合那时的历史面貌的。部落之间或部落联盟之间也有战争。相传，尧、舜这样著名的部落首领都是黄帝的后人。黄帝是北方部落联盟中最善于指挥作战的英雄，他曾同同一部落联盟中的炎帝战于阪泉之野(阪泉，相传在今河北省怀来县)，三战而胜之；他又同东方部落联盟的首领蚩尤大战于涿鹿之野(涿鹿，相传在今河北省涿鹿县)，蚩尤战败被杀(《史记·五帝本纪》)。③ 黄帝不仅善战，而且是讨伐强暴，维护部落、部落联盟间的和睦关系的象征，成为一个时代的标志。

传说不可能把远古时代的历史都传述下来，而传述下来的部分在具体的事件和人物上又往往带着神话和传奇的成分，因而不能视为真实的历史。但是，传说所反映的远古时代人们的社会生活的诸

---

① 《毛诗正义·商颂·玄鸟》，《十三经注疏》，北京：中华书局，1980 年，第 622 页。

② 《国语》卷四《鲁语上》，韦昭注，上海：上海古籍出版社，1978 年，第 166 页。

③ 关于涿鹿之战，一说是："昔天之初，□作二后，乃设建典，命赤帝(按一说即炎帝)分正二卿，命蚩尤于宇少昊，以临四方，司□□上天末成之庆。蚩尤乃逐帝，争于涿鹿之河，九隅无遗。赤帝大慑，乃说于黄帝，执蚩尤，杀之于中冀。"《逸周书》卷六《尝麦》，《逸周书汇校集注》，上海：上海古籍出版社，1995 年，第 781～783 页。

多方面却是历史上存在过的：传说中的英雄人物，或是某一部落的代表，或是某一历史时代的象征，或是先民对于古代杰出人物的神化，等等，却也不是完全没有现实生活的依据而幻想出来的。因此，这些传说作为原始社会时期的"口述史"，无疑是反映出了那个时期的历史的踪影的。而传说这一初民历史记忆和历史意识萌芽的载体，在给予后人追寻历史踪迹的兴趣和发展历史意识方面的影响所产生的作用，同样具有重要的意义。从这两个方面来看，传说从原始的意义上为文明时代史学的产生准备了一定的条件。

中华文明是多民族的共同创造，不论是从远古传说所涉及的广袤的区域来看，还是从类似的传说曾在许多民族中传述来看，这一特点都是异常明显的。

第二节　史学萌芽于官府

一、目前所知中国最早的历史记载——甲骨文和金文

从目前确知的情况来看，中国最早的历史记载，当以殷商时期的甲骨文记载和西周时期的金文记载为标志。春秋末年经孔子整理、编纂的《尚书》中的一部分文章和《诗》中《雅》、《颂》的一部分诗篇，也是较早的历史记载，前者同甲骨文、金文的记载都是殷周时期王侯贵族的档案文书，后者是西周王室祭祀宴享时的颂诗。这是中国进入文明时期的重要记录。

一般说来，甲骨文记事简略，还不是有意识的历史记载。金文记事因同青铜器物相联系而包含着传世的明确意识，这跟甲骨文是有区别的。这些记载，都是当时人记当时事，一般不涉及对于过往历史的追述；同时，所记之事多以王侯贵族为对象。这两点，表明了它们作为官方文书的性质。甲骨文的记载反映了盘庚迁殷以后自武丁时期直至殷商灭亡王家的一些活动，内容涉及阶级状况、国家

制度、农事畜牧、年成丰歉、天文历法、战争田猎、神祖祭祀、王朝世系，等等。这些都是贞卜的某种结果和极简单的记事相结合，以示它们都是上帝的安排。金文是同殷周时期青铜器的发展相联系的，西周奴隶制的发展和青铜彝器的备受重视，推动了金文记载的进步。[1] 金文的记载已无贞卜的色彩而是单纯的人事的记录，以反映当时的王臣庆赏、贵族纠纷、财产关系为主，这是它同甲骨文记载的一个明显的区别。其中，在征伐、俘获、锡臣仆、锡土田、锡车马旗服彝器、锡金贝等史事的记载上，写得详细具体。如《大盂鼎》、《小盂鼎》的铭刻写出了战争规模之大和锡臣仆的数目之多，反映了当时劳动者的奴隶身份和俘获为奴隶的重要来源；《大盂鼎》的铭刻写出了王家锡克田多处，以及臣妾、器物等。有的彝器是直接受王命制作的，如《周公簋》铭文说："用册王令（命），作周公彝。"有的是记载周王对贵族纠纷的解决和处理的，如《㝬攸从鼎》铭文；有的还直接记载着周王的政治性讲话，如《毛公鼎》铭文。这说明金文作为官文书的作用更加突出了，这是它同甲骨文的又一个区别。金文不同于甲骨文的第三个地方，是它常于记载结末处有"其万年子子孙孙永宝用"的话，而这又多见于涉及财产关系的铭刻，似有作为历史凭证的含义，包含着明显的历史意识。还有，甲骨文记事，少的几个字，多的百余字；金文记事也有几个字的，但百字至数百字的占有相当大的分量。这是金文不同于甲骨文的第四个地方，反映了历史记载由简而繁的发展过程。

甲骨文和金文的记载虽只是当时人对当时事的记录，而无对于以往历史的追寻和叙述，但从中国史学的产生来看，却不失为最早的历史记载而具有重要的意义。第一，甲骨文和金文记事，有一些是包含了时间、地点、人物、活动（或事件）的，这是初步具备了历史记载在记事方面的要求。甲骨文如："癸亥卜黄贞，王旬，亡尤，

---

[1] 郭沫若对中国青铜器时代的断代可为佐证，他认为：中国的青铜器时代，"上起殷末，下逮秦、汉，有周一代正是青铜器时代的极盛期。"参见郭沫若：《中国古代社会研究》，《郭沫若全集·历史编》第1卷，北京：人民出版社，1982年，第252页。

在九月，征夷方，在雇。"①金文如："隹卅又二年三月初吉壬辰，王在周康宫，遟大室。鬲从以攸卫牧告于王曰……"②这后一种记事形式，在稍后的史学发展中得到了广泛的运用。第二，这些记载本身虽然不是对于历史的考察，但它们却为后人研究当时的社会情况提供了宝贵的文献资料。20世纪以来，人们根据二三十万片甲骨文资料（50年代以来又有西周时期甲骨文的发现）和二三千件金文资料，对于殷、周时期的生产状况、阶级状况、国家制度、王朝世系、意识形态等，都有相当深入的研究，对于揭示中华文明的发端，具有重要的意义。对中国古代社会研究做出了开创性科学成果的郭沫若在讲到关于殷、周彝器研究的价值时指出："这些古物正是目前研究中国古代史的绝好资料，特别是那些铭文，那所纪录的是当时社会的史实。这儿没有经过后人的窜改，也还没有甚么牵强附会的疏注的麻烦。我们可以短刀直入地便看定一个社会的真实相，而且还可借以判明以前的旧史料一多半都是虚伪。我们让这些青铜器来说出它们所创生的时代。"③第三，甲骨文中所记对于祖先的祭祀和世系的排列，金文中所记"子子孙孙永宝用"的观念，反映出进入文明时代以后人们自觉的历史记载意识的萌芽。甲骨文、金文的记载作为中国史学史上最早的历史记载而具有十分重要的史学价值。

二、中国最早的历史典册——《书》、《诗》和国史

殷商和西周时期的历史记载，除了有大量的甲骨文、金文以外，还有一些更加正式的官文书即王家的训诫、诰誓，以及关于王朝的颂诗。这些，在春秋末年经孔子整理，分别编纂为《书》和《诗》中的

---

① 罗振玉编：《殷虚书契前编》二．六．六，1913年。

② 《鬲攸从鼎》，《中华法学大辞典·法律史学卷》，北京：中国检察出版社，1999年，第227页。

③ 郭沫若：《中国古代社会研究》，《郭沫若全集·历史编》第1卷，北京：人民出版社，1982年，第251页。

《雅》、《颂》。

《书》本书于简册，难以保存，容易散失、错乱，兼之春秋战国时人往往又据旧说拟作，故孔子所整理编订的《书》，至战国时已难以窥其原貌。西汉时期又有今文《尚书》和古文《尚书》的流传；东晋更有人作伪，杜撰所谓"古文《尚书》"25篇，经历代学者考订，断定是伪书。今传今文《尚书》28篇是西汉编订的本子，为先秦时代文献无疑。其中少数为春秋战国时人所作，多数则是殷商、西周时期作品，具有重要的文献价值。如《盘庚》篇记载了商朝中期盘庚迁殷这一重大事件，反映出迁殷的原因、迁殷前后的社会思想状况和商王盘庚迁殷的决心及其对贵族们的反复告诫。《牧誓》篇记载了殷王的暴虐无道和周师的灭殷信念。《金縢》至《立政》诸篇，记载了西周初年武王、周公、成王时期政治统治的巩固和对东部地区的征服与开发。《顾命》篇写了成、康交替时的情况。《文侯之命》记平王东迁后事，当是春秋时人所作。这些记载，反映了殷商、西周时期的一些重大历史事件，从中可以看出当时的生产发展状况、政治统治状况、意识形态状况，等等。

西周时期的历史记载，在形式上跟《尚书·周书》相仿而又出于西周人之手者，还有《逸周书》中的一些篇章。《逸周书》，原称《周书》。《汉书·艺文志》著录"《周书》七十五篇"，并称它是"周史记"，颜师古注引刘向语说它是"周时诰誓号令也，盖孔子所论百篇之余也"。此虽非确论，但其中一些篇选为春秋、战国、西汉时人所征引，说明它至少包含着一部分西周时期的作品。现今流传的《逸周书》60篇，大半为西晋孔晁注本（占42篇），余为后人所羼。其中，《世俘解》、《克殷解》、《商誓解》等篇，可信为周初文字，其他多为后人拟作或伪托。《克殷解》具体地写出了牧野之战中帝辛（纣王）的结局，武王进入纣王住所的场面，以及后来举行的"革殷，受天明命"的庆祝大典和采取的封武庚、释箕子、迁九鼎、"振鹿台之钱，散巨桥之粟"、封比干之墓等重大措施。《世俘解》写武王伐纣及其属国的情况、当时俘获和狩猎的情况以及祭祀的情况。这些，是《尚书·周书》中所没有的。

《尚书》中的殷商、西周人记载和《逸周书》中的西周人的记载，是中国史学上最早的历史典册。殷、周之有典册，见于《尚书》者有多处记载。如《多士》："唯殷先人，有册有典，殷革夏命。"《梓材》："既用明德，后式典集。"《顾命》："命作册度。"《金縢》："纳册于金縢之匮中。"跟这种典册相关联的，中国史学上出现了最早的史职。如《金縢》："史乃册祝。"《顾命》："太史秉笔，由宾阶陟，御王册命。"《立政》："周公若曰：'太史！司寇苏公，式敬尔由狱，以长我王国。兹式有慎，以列用中罚。'"①从这些记载中，大致可以看出殷商、西周时期的典册的重要和史官的职责。当时的史官要参与种种盛大、庄严的礼仪，既执掌"册祝"这种神职，又执掌"册命"这种世务，还要秉笔记事。《尚书》中的殷商、西周人作品和《逸周书》中的西周人作品，正是这种典册制度和史官职掌相结合的产物。

如果说甲骨文和金文的历史记载是中国史学的胚胎的话，那么《尚书》中的《商书》和《周书》以及《逸周书》中的一些作品就是中国史学的萌芽了。后者同前者的不同，第一，是后者在记言、记事的形式上都有了一定的发展，记言可表神情，记事顾及首尾，这是前者所少见的。第二，是后者所记几乎都是王朝的重大事件，前者如金文也有记王朝大事的，但不如后者这样直接、这样集中。第三，是后者在记时上不如前者丰富，前者是即时所为，后者或口口相传，或逐步写完，时间也变得模糊起来。第四，这是最主要的一个不同点，即后者记事不仅有明确的历史意识，而且有明确的历史鉴戒思想。如《酒诰》写武王告诫康叔说，殷先哲王自成汤至于帝乙，上下"罔敢湎于酒"，故能昌盛；至纣王则"荒腆于酒"，"故天降丧于殷"。它还引用古人的话说："人无于水监（鉴），当于民监（鉴）。"意谓"荒腆于酒"，就会失去人心，要经常想到民心这面镜子。如《召诰》反复

---

① 分别见《尚书》各篇，王世舜译注，成都：四川人民出版社，1982 年，第 209、179、257、131、252～253、261 页。

讲到夏商兴废的历史，指出："我不可不监（鉴）于有夏，亦不可不监（鉴）于有殷。"《多士》讲殷商兴亡之故；《无逸》讲殷商统治者的勤与逸跟"享国"时间长短的关系，反复强调"不知稼穑之艰难"的危险，特别肯定了殷王中宗（太戊）、高宗（武丁）、祖甲和周文王的历史地位；《君奭》、《多方》、《立政》也都讲到了夏、商的历史教训。西周统治者和史官们重视前朝得失兴衰的历史经验及其对于现实的鉴戒作用的思想，对后来的史学有深远的影响。

西周时期的历史记载，与金文、《尚书·周书》、《逸周书》中的一些篇章同时存在的，还有史诗的创作。这就是《诗》中的《雅》、《颂》。《雅》分《大雅》、《小雅》，《颂》有《周颂》、《鲁颂》、《商颂》。除《鲁颂》、《商颂》为春秋时人创作外，其他都是西周人的作品。《大雅》是反映西周各个历史阶段的史诗。《生民》、《公刘》、《绵》、《皇矣》和《大明》5篇歌咏后稷、公刘、古公亶父建立基业、王季继续经营、文王伐密伐崇的胜利和武王伐纣的军容。如《大明》末二章写道：

> 殷商之旅，其会如林。
> 矢于牧野，维予侯兴。
> 上帝临女，无贰尔心！
> 牧野洋洋，檀车煌煌，驷騵彭彭。
> 维师尚父，时维鹰扬。
> 凉彼武王，肆伐大商，会朝清明。

另外，《下武》、《假乐》等篇是歌咏成、康以下"率由旧章"、"绳其祖武"的升平时期，《嵩高》、《江汉》等篇是歌咏宣王中兴，《桑柔》、《召旻》等篇是感叹、讽刺厉王和幽王时的衰败。从史学的观点来看，《大雅》是以诗歌的形式大致上反映了西周兴衰的历史过程。《雅》、《颂》中还有一些反映当时社会面貌的篇章。如《周颂》中的《思文》、《臣工》、《噫嘻》、《丰年》、《载芟》、《良耜》，《小雅》中的《楚茨》、《信南山》、《甫田》等都是咏农事的，从中还可以看出当时生产关系的若干方面。《大雅》中的《嵩高》、《韩奕》、《江汉》、《常武》,《小雅》中的《出车》、《六月》、《采芑》、《车攻》、《吉日》等都是歌咏封国、征伐、狩猎、习武的专篇,其中有的透露出伯、侯们受民、受疆土、筑城、立庙等封土建国的史实。《雅》、《颂》中也反映出一定的历史思想,有其不应忽视的地方,如《大雅·荡》说:"颠沛之揭,枝叶未有害,本实先拔。殷鉴不远,在夏后之世。"这种从根本上重视历史借鉴的思想同《尚书·周书》是一致的,对后来历史思想的发展有很大的影响。

《雅》、《颂》作为史诗,不仅有艺术夸张的地方,也包含着文明时代以前的传说成分。因此,从严格的历史记载的要求来说,它们只是"半历史"式的记载,不可作为本来意义上的历史记载看待。但是,在史学萌芽时期,当各种历史记载还很不完备的时候,史诗作为一种独立的创作形式(世界上拥有古老文明传统的民族或国家多曾经出现过这种创作形式)不仅在一定的程度上反映了历史的面貌,而且也可以同其他形式的历史记载(如《尚书·周书》、《逸周书》中的有关篇章以及金文)相互印证、相互补充,成为当时历史记载不可缺少的一部分。在多民族共同创造的中华文明史上,有些民族后来创作了规模宏大的史诗,成为研究这些民族历史发展和史学发展的重要文献。《雅》、《颂》和后来出现的各个民族的史诗,在中国史学发展上都具有自己的历史价值。同《雅》、《颂》并列在《诗》中的另一部分是《国风》,所收入的诗篇是按周王朝和一些诸侯国编次的。它们是周室东迁后的作品,多数出于民间歌谣,也有少量贵族作品,多以抒情为主,于喜怒哀乐中略见当时的社会生活和社会矛盾。但它们的时代已是国史诞生的时代了。

西周末年至春秋时期,中国史学上出现了最早的国史。所谓国史,即周王朝和它所分封的各诸侯国的正式的历史撰述。这种国史按年代顺序记事,是中国史学上编年体史书形成的最早阶段。国史的出现,有两个条件:一是社会经济、政治方面的条件,二是历史记载方面的条件。西周末年尤其是春秋时期，由于社会生产力的进步，周王朝所分封的一些诸侯国的社会经济有了相当的发展，生产关系也在逐步发生变化。周王朝的统治虽经宣王"中兴"，但终未阻止衰微的趋势；这种衰微的趋势在平王依靠诸侯国的帮助被迫东迁后更是愈益明显地向前发展，而各诸侯国之间的频繁的征战和各大国相继起而争霸，则成了这个时期政治上的特点。各诸侯国在经济和政治上的发展，是各诸侯国国史产生的重要历史条件。

国史产生的另一个条件，是殷商、西周以来历史记载的发展。从甲骨文记事所包含的几个方面（时间、地点、人物、事件）到金文记事中历史意识的萌芽，以及《尚书》、《逸周书》中有关篇章在记言、记事上的进一步丰富和历史鉴戒思想的滋生，还有《诗》中《雅》、《颂》这样具有音乐美的史诗的广泛流传和影响等因素，使国史的出现不仅成为必要的，而且成为可能的。这时期的国史是按年记事的编年史。从现在《国语·周语》还保存的一些史事来看，西周恭王、厉王时已有编年记事的端倪。它记恭王事，有"（密）康公不献（三女）。一年，王灭密"之语。记厉王虐而拒谏，"于是国莫敢出言，三年，乃流王于彘"。但这所说的"一年"、"三年"，主要还是指的时间间隔；不过这种时间间隔的概念，也只有在按年记事的情况下才可能产生出来。它记宣王事，已明显地看出按年记事的年代顺序了，如"三十二年，宣王伐鲁"，"三十九年，战于千亩，王师（按指宣王之师——引者）败绩于姜氏之戎"。这些迹象说明按年记事的国史的出现至迟当不晚于西周恭王、厉王、宣王时期。从后人所撰《春秋》、《左传》记春秋时期历史来看，春秋时期各国国史在记时上已形成了以事系日，以日系月，以月系时（春、夏、秋、冬），以时系年的规范；不记日月的国史也是有的，但不是当时史学发展的主流。

这时期的国史没有一部保存下来，这是非常可惜的。但从当时的人和战国时人以至司马迁《史记》的记载中、谈论中，我们大致可以窥见当时国史发展的一般情况。如《左传》记：

——曹刿谏曰："……君举必书，书而不法，后嗣何观？"①

　　——管仲曰："……夫诸侯之会，其德、刑、礼、义，无国不记。"②

　　——卫宁惠子疾，召悼子曰："吾得罪于君，悔而无及也。名藏在诸侯之策……"③

　　——晋侯使韩宣子来聘……观书于大史氏，见《易》、《象》与鲁春秋，曰："周礼尽在鲁矣，吾乃今知周公之德与周之所以王也。"④

　　这里，不仅可以看出鲁、齐、卫各国重视国史，而且从"无国不记"、"名藏在诸侯之策"的说法中，可知春秋时期国史发展盛况及其所记内容，而鲁国国史还更多地记载了西周初年的历史和西周的政治制度。又如《国语》记："羊舌肸习于春秋"⑤；"教之春秋，而为之耸善而抑恶焉，以戒劝其心"⑥；"史不失书，矇不失诵，以训御之"⑦。这是分别引用晋国司马侯、楚国申叔时和左史倚相的话，也都是说明国史在各诸侯国政治生活中的重要。

　　上文说的"鲁春秋"，以及这里说的"习于春秋"、"教之春秋"，是指不同的诸侯国说的，说明"春秋"是当时各国国史的统称。《墨子·明鬼下》有所谓"著在周之春秋"、"著在燕之春秋"、"著在宋之春秋"、"著在齐之春秋"的说法，据说墨子还讲过"吾见百国春秋"⑧的话，表

---

　　① 《左传·庄公二十三年》，杨伯峻编著，北京：中华书局，1981年，第226页。亦见《国语》卷四《鲁语上》，韦昭注，上海：上海古籍出版社，1978年，第153页。

　　② 《左传·僖公七年》，杨伯峻编著，北京：中华书局，1981年，第318页。

　　③ 《左传·襄公二十年》，杨伯峻编著，北京：中华书局，1981年，第1055页。

　　④ 《左传·昭公二年》，杨伯峻编著，北京：中华书局，1981年，第1226～1227页。

　　⑤ 《国语》卷十三《晋语七》，韦昭注，上海：上海古籍出版社，1978年，第445页。

　　⑥ 《国语》卷十七《楚语上》，韦昭注，上海：上海古籍出版社，1978年，第521页。

　　⑦ 《国语》卷十八《楚语上》，韦昭注，上海：上海古籍出版社，1978年，第558页。

　　⑧ 李德林：《答魏收书》，《隋书》卷四十二《李德林传》，北京：中华书局，1973年，第1197页。

明这种统称在战国时期还在继续沿用。但各国史书，有的也有专名，《孟子·离娄下》记孟子的话说："王者之迹熄而《诗》亡，《诗》亡然后《春秋》作。晋之《乘》，楚之《梼杌》，鲁之《春秋》，一也：其事则齐桓、晋文，其文则史。孔子曰：'其义则丘窃取之矣。'"①孟子的话不只是说明《乘》、《梼杌》、《春秋》都是各国之史，更重要的是它揭示了"王者之迹熄而《诗》亡，《诗》亡然后《春秋》作"这样一个时代变化在意识形态上的反映。孟子实际上是指出了国史的产生是同王室衰微、诸侯争霸的历史相联系的。他的这个见解是很深刻的。

从甲骨文、金文的历史记载，《尚书》中王朝文书的形成和积累，以及西周时期出现的关于王朝的史诗，直到西周末年至春秋时期产生和发展起来的编年体国史，这是中国史学从胚胎到萌芽的过程。经过这个漫长的过程，中国历史学业已初具雏形，其标志是：第一，开始形成了基本的历史记载形式，即按时间顺序记事。第二，初步认识到历史对于现实的鉴戒作用，这对后来人们认识史学的社会作用产生了很大的影响。第三，不论是周王朝，还是各诸侯国，都设置了史职。见于《左传》、《国语》等文献记载的著名的史官，在周有史佚、史伯、史角、史扁、史良、史豹、内史过、内史兴等；在晋有史狐（董狐）、史龟、史苏、史赵、史墨（史黯）等；在齐有太史兄弟三人、南史氏等；在楚有史皇、史老、左史倚相等；在虢有史嚣；在卫有史鱼（史鰌），等等。这些史官们虽然还未完全摆脱卜、祝一类的神职，但他们越来越加重了世俗的色彩了，所谓"秉笔事君"、"君举必书"、"诸侯之会"、"无国不记"等职责，促使他们更多地面向人事、面向世俗的社会变化。以上这些，都是围绕着王侯贵族的活动以及这种活动范围日渐扩大而发展起来的。从这个意义上说，史学萌芽于官府。在其后的发展中，它的这一"天性"的优势和弱点都有相当鲜明的反映。

在编年体国史产生和发展的同时，也还有其他形式的历史记载

---

① 《孟子》卷八《离娄下》，杨伯峻译注，北京：中华书局，1960年，第192页。

的存在。楚庄王时大夫申叔时论教导太子说："教之春秋，而为之耸善而抑恶焉，以戒劝其心；教之世，而为之昭明德而废幽昏焉，以休惧其动；教之诗，而为之导广显德，以耀明其志；教之礼，使知上下之则；教之乐，以疏其秽而镇其浮；教之令，使识物官；教之语，使明其德，而知先王之务用明德于民也；教之故志，使知兴废者而戒惧焉；教之训典，使知族类，行比义焉。"春秋，是国史，已如前说。诗、礼、乐，都与贵族的社会活动、行为规范有关。训典，是古老的历史文献。其他如世，是"先王之世系"；令，是"先王之官法、时令"；语，是"治国之善语"；故志，是"所记前世成败之书"①等，都是不同内容、不同形式的历史记载，当不为楚国所特有，这反映了中国史学萌芽时期生意盎然的景象。

春秋时期，一方面是历史记载朝着多种形式发展的趋势，另一方面是历史记载由王朝而公室、由公室而私家的发展趋势。《国语·晋语九》记晋卿智襄子（智伯）有家臣士茁对其语曰："臣以秉笔事君。"《史记·赵世家》记赵盾时有赵史援，韦昭注《国语》认为史黯为赵简子史，不是没有根据的。这两个趋势尤其是后一个趋势的发展，促进了私人历史撰述的出现，从而使史学有可能进入社会的更多的层面。

三、周公对历史经验的总结

在中国历史上，西周的建立是划时代的事件。西周时期的物质生产、制度建设、思想成就，对后世都有极深远的影响。文、武、周公被后世视为"圣人"，是同西周的兴盛相关联的。文王奠基，武王灭商，周公对西周的巩固和发展有重大贡献。从《尚书·周书》来看，周公摄政期间及其归政于成王之初，就当时所发生的一些重大

————————

① 《国语》卷十七《楚语上》，韦昭注，上海：上海古籍出版社，1978年，第528～529页。

事件而发布的诰文，一方面分析现实所面临的严峻形势，另一方面又总结历史经验教训，并把二者结合起来，阐述他本人与诰文训诫对象应当采取的正确的做法。

首先，周公结合一些重大政治事务，在发布诰文时强调总结历史经验的重要性。如康叔就封殷地之前，他训诫康叔说：由于文王"明德慎罚"，上天很高兴，"乃大命文王殪戎殷"，代替殷来管理它的臣民。周公说："予惟不可不监，告汝德之说于罚之行。"①我们不能不认真总结经验教训，我要告诫你怎样施行德政，怎样使用刑罚。周公最后指出：不要丢掉谨慎的作风，记住我的告诫，你和你的后人就能够世世代代地管理好殷的遗民。这是指出了"明德慎罚"是周之所以代殷的重要原因，也是一条重要的历史经验。在分析这些问题的过程中，强调了"不可不监"的原则。又如，周公归政于成王的那一年，便东行视察洛邑，同时有诰文之作。周公在讲述了营建洛邑的经过后，便讲到了有关总结夏、殷灭亡的教训的问题，指出："我不可不监于有夏，亦不可不监于有殷。……"②意思是说，我们不能不以夏为鉴戒，也不能不以殷为鉴戒。……他们不敬重德行，才早早地丧失了从上天那里接受的大命。现在成王承受了上天赐予的大命，我希望大家能够思考夏、殷两朝兴亡的原因，接受它们的教训，继承它们的功绩。周公最后说：希望大家都要有忧患之心，这样我们才能够说，我们接受上天的大命，能够像夏朝那样经历久远的年代，不至于经历像殷朝那样的年代。这里提出的"我不可不监于有夏，亦不可不监于有殷"的话，是历史上很有名的论点，反映了西周初年的政治家对历史经验的深刻认识。在周公看来，"天命"不是固定不变的，统治不是一劳永逸的，因此要有忧患之心；有了忧患之心，就能敬德；能够敬德，就能久安，即所谓"受天永命"。这同前面所说"明德慎罚"的思想是完全一致的。

---

① 参见《尚书·康诰》，王世舜译注，成都：四川人民出版社，1982年，第160页。
② 参见《尚书·召诰》，王世舜译注，成都：四川人民出版社，1982年，第188页。

其次，周公还就前朝一些具体的历史教训发布了诰文：

——关于"不腆于酒"。周公指出：我们西土之人不论上下都遵照文王的教导，"不腆于酒"，"故我至于今，克受殷之命"。殷朝的"先哲王"时，上上下下也不敢"崇饮"；后来就不行了，"荒腆于酒"，以至于"庶群自酒，腥闻在上，故天降丧于殷"。这是很严重的教训。如果现在你们发现有"群饮"的人，就不要放过他们，把他们押送到我这里来，我要杀掉他们。你们要听从我的教训，不要让你们治下的臣民"腆于酒"①。司马迁记商纣王"大聚乐戏于沙丘，以酒为池，悬肉为林，使男女倮，相逐其间，为长夜之饮"②。这样的天子，岂有不亡之理；而西周初年强调"不腆于酒"，自是一件大事。

——关于"罔厉杀人"，"勤用明德"。周公认为，要使周的统治"至于万年"，就应长期实行"保民"的政策。从这一政治见解出发，他强调要总结周人兴起时先王所实行的德教的历史经验。③

——关于"四方小大邦丧，罔非有辞于罚"。周公训诫那些不安分的殷朝遗民说，上天不会把大命赐给那些不施行德教的人。凡四方小国、大国的丧亡，都是因为自身有过错而招致丧亡这样严重的惩罚。为了阐明这个道理，周公讲述了"成汤革夏"的原因，是因为夏朝末年的统治者太放纵自己；又讲述了"自成汤至于帝乙"都能"明德恤祀"，把殷朝治理得很好，而帝乙以后诸王就变得骄奢淫逸，招致了丧亡的大祸。这里，周公是讲述了夏、殷、周的兴亡史及其经验教训。④

——关于"君子所其无逸"。周公告诫成王不要陷于淫逸，为此他举出殷朝的中宗、高宗、祖甲三王和周文王的榜样，认为他们是通达明智之君，应以他们的做法为鉴戒。⑤ 此外，关于用人问题，

---

① 《尚书·酒诰》，王世舜译注，成都：四川人民出版社，1982年，第172页。
② 司马迁：《史记》卷三《殷本纪》，北京：中华书局，2013年，第135页。
③ 参见《尚书·梓材》，王世舜译注，成都：四川人民出版社，1982年，第176~179页。
④ 参见《尚书·多士》，王世舜译注，成都：四川人民出版社，1982年，第205~211页。
⑤ 参见《尚书·无逸》，王世舜译注，成都：四川人民出版社，1982年，第214~221页。

周公举出夏桀、殷纣用人的错误和周文王、武王用人的成功，以此告诫成王要选用贤人来治理国家。① 关于善始慎终的问题，周公告诫周的贵族说，周朝已经建立起来，但是否能顺利发展、长久存在，这是我不敢预料的，要记住殷朝灭亡的祸，要时时想到天意和民心。② 周公还反复训诫殷的遗民，给他们分析夏、殷兴亡的历史原因和周兴起的依据，告诉他们其中有必然的道理，要他们懂得同周人和睦相处，否则是要受到惩罚的。③

通观周公的这些诰词，可以看出这是西周政治统治不断巩固、发展的过程，而举凡重大措施无不与总结历史经验教训相联系。可以这样说，周公从摄政起至还政于成王之初的若干年代，是中国历史上第一次深刻总结历史经验的年代，其思想成果对"成康之治"、西周的繁荣有直接的影响。孔子说："周监于二代，郁郁乎文哉！吾从周。"④可见这种影响之大之远。

周公对历史经验的总结以及与此相关的政治实践，突出地表明了早在三千多年前，西周的政治家所具有的深刻的历史意识，即对于历史与现实及未来之关系的政治敏感和卓越见解，为后人树立了崇高的榜样，在中国历史上产生了深远而巨大的影响。从政治统治上看，周公成为历代政治家所景仰的典范；从历史观念上看，历史鉴戒思想不仅是中国古代历史观的重要组成部分，而且也是中国古代政治观的重要组成部分；从史学发展上看，《尚书》(尤其是其中的《周书》)所蕴含的历史鉴戒思想，对于后世史家认识历史与现实的关系，进而认识史学与社会的关系，都有深刻而久远的启示。

---

① 参见《尚书·立政》，王世舜译注，成都：四川人民出版社，1982 年，第 244～253 页。

② 参见《尚书·君奭》，王世舜译注，成都：四川人民出版社，1982 年，第 223～231 页。

③ 参见《尚书·多方》，王世舜译注，成都：四川人民出版社，1982 年，第 233～242 页。

④ 《论语》第三《八佾》，杨伯峻译注，北京：中华书局，1980 年，第 28 页。

第三节 私人历史撰述的出现

一、孔子和《春秋》及《左传》和《国语》

春秋战国时期的历史大变动，反映在意识形态上，是学在官府格局的打破和百家争鸣局面的形成。在这个变化过程中，史学还不能成为一"家"，但它却开始突破王侯贵族的藩篱而同私人讲学和撰述结合起来。于是，中国史学上出现了最早的一批私人历史撰述，其中主要的是《春秋》、《左传》、《国语》，还有《竹书纪年》、《世本》、《战国策》。这是春秋末期至战国时代的事情。这时期，也还有官修史书的存在。在百家争鸣中，可以看到各"家"的历史观点的异同及其在实践上的运用，反映了史学的社会作用在较大的范围里被人们认识到了。

孔子所修编年体史书《春秋》，是中国史学上第一部私人撰述的历史著作。① 孔子是中国古代伟大的思想家和教育家，他因致力于历史文献的整理和修《春秋》而在中国史学史上占有重要的地位。"春秋"本是各国国史统称，司马迁亦谓之曰"史记"。孔子修《春秋》，是在春秋末期，故他得以"西观周室"文献，研讨诸国史记旧闻，博览备采，而以鲁国史事为中心撰成此书。《春秋》编年记事，上起鲁隐公元年（公元前722），下迄鲁哀公十四年（公元前481），历鲁国十二公，凡242年②，约18 000字③，大致写出了春秋时期（公元前770—前476）的重大历史事件。

---

① 孔子是否修《春秋》或作《春秋》，历来有不同的说法。今据《孟子·滕文公下》记"孔子惧，作《春秋》"；司马迁《史记》记孔子"西观周室，论史记旧闻。兴于鲁而次《春秋》"（《十二诸侯年表》序），"乃因史记作《春秋》"（《孔子世家》）等，孔子据旧史而修《春秋》是可信的。

② 今本《春秋》下迄哀公十六年，与《史记·孔子世家》所记不合，后二年当系后人所续。

③ 今传本《春秋》约为16 500余字，流传中脱漏1 400余字，参见杨伯峻编著：《春秋左传注》前言，北京：中华书局，1981年，第23页。

《春秋》作为中国现存最早的编年体史书，它的第一个特点是"属辞比事而不乱"，即缀辑文辞、排列史事都有一定的规范，全书井然有序。这说明《春秋》在编撰形式上的优点，一是讲究用词造句、连缀文辞，二是善于综合、排比史事。此前，尽管周王朝和不少诸侯国都有国史，且亦兼记他国史事，但毕竟都很有限。孔子在综合阅览、研讨各国旧史的基础上，按时间顺序把历史事件——排比起来，这对于人们从一个长时间里了解不同地区历史发展大势，提供了清晰的轮廓。

这在中国史学发展上还是第一次。如《左传·隐公三年》记：

> 三年春王二月，己巳，日有食之。
>
> 三月庚戌，天王崩。
>
> 夏四月辛卯，君氏(亦作尹氏)卒。
>
> 秋，武氏子来求赙。
>
> 八月庚辰，宋公和卒。
>
> 冬十有二月，齐侯、郑伯盟于石门。
>
> 癸未，葬宋穆公。①

这里记载了周王室的大事"天王崩"，天王即周平王；记载了周与鲁的联系"武氏子来求赙"，赙是助丧的财物；记载了齐、郑二国盟于石门和宋国国君去世与安葬之事；还记载了天文现象"日有食之"。这种按年代、四时、月、日记事的程序，初步创立了中国编年体史书的雏形，在史学发展上是有重要意义的。从上面引文还可看到，记人死亡，因身份不同，有的书为"崩"，有的书为"卒"，有的书为"薨"。此外，记军事行动，因双方或各方情况不同，而有伐、侵、入、战、围、取、救、执、溃、灭、败等种种书法。记杀人，因杀与被杀者的地位不同，有的书为"杀"，有的书为"弑"。类似这样一

---

① 《左传·隐公三年》，杨伯峻编著，北京：中华书局，1981年，第23～24页。

些在"属辞"上严谨有序的区别，其实是反映了撰者对有关历史事件、历史人物的不同认识和评价。

关于《春秋》在撰述上的成就，《左传》作者借"君子曰"给予这样的评价："《春秋》之称，微而显，志而晦，婉而成章，尽而不汙，惩恶而劝善，非圣人，谁能修之!"①说它言少意明，意义深远，表述婉转而又顺理成章，直言其事而无迂曲，能起到惩恶劝善的作用。这是把它的语言、内容、著述方法、社会作用都讲到了。司马迁说《春秋》"约其文辞而指博"②，也是从语言和含义上肯定了它的成就。

孔子修《春秋》的时代是社会大变动的时代。按照孟子的说法是："世衰道微，邪说暴行有作，臣弑其君者有之，子弑其父者有之。孔子惧，作《春秋》"；"孔子成《春秋》而乱臣贼子惧"③。司马迁也认为：《春秋》"约其辞文，去其烦重，以制义法，王道备，人事浃"④，"《春秋》之义行，则天下乱臣贼子惧焉"⑤。他们的看法，道出了《春秋》问世的时代特点，不过所谓"世衰道微"、"乱臣贼子"、王道人伦，等等，都是从旧制度、旧秩序的规范来说的罢了。尽管如此，《春秋》作为反映这一历史转折时期的第一部历史著作，无疑具有特殊的史学价值。

"属辞比事而不乱"，"约其辞文，去其烦重"，这是《春秋》的优点，指的是孔子对于诸多国史的纷繁头绪的爬梳、综合、排比，勾勒了一个时期的历史发展的轮廓。但它对于每一个具体的历史事件或事件中的有关人物，一般都没有写出它们的细节或他们的活动。这对于人们了解历史事实和把握历史面貌来说，是远远不够的。这一点，由晚出的《左传》一书弥补了。

《左传》也是一部编年体史书，所记上限与《春秋》同，下限至鲁

---

① 《左传·成公十四年》，杨伯峻编著，北京：中华书局，1981年，第870页。
② 司马迁：《史记》卷四十七《孔子世家》，北京：中华书局，2013年，第2340页。
③ 《孟子》卷六《滕文公下》，杨伯峻译注，北京：中华书局，1960年，第155页。
④ 司马迁：《史记》卷十四《十二诸侯年表》序，北京：中华书局，2013年，第642页。
⑤ 司马迁：《史记》卷四十七《孔子世家》，北京：中华书局，2013年，第2340页。

哀公二十七年，共 255 年史事，比《春秋》下推 13 年。《左传》是战国（公元前 475—前 221）早期问世的历史著作。关于它的作者，相传为孔子同时代的左丘明，也有人认为是子夏，是吴起，甚至有人说它是刘歆的伪作。这些说法都没有充分的根据。但从《左传》的纪年和书法来看，它的作者或受《春秋》一书的影响，或与鲁国有比较密切的关系。而《左传》在流传过程中，又曾为后人所增益（甚至有汉代经师的解经之语）和改编。从这个意义上说，今天所见《左传》一书的写定，并非出于一世之时、一人之手。故顾炎武认为："左氏之书，成之者非一人，录之者非一世，可谓富矣。"①"可谓富矣"，是说它包含的历史内容丰富。《左传》有 196 800 多字（一说 18 万字左右），篇幅为《春秋》的 10 倍。这两部书同为记述春秋时期历史的编年体史书，《春秋》简略，犹如事目编年；《左传》丰腴，记述了不少生动的历史过程和人物的活动。这是它们在详略上的一个明显的区别。

《左传》在编撰上对编年体有很大的发展，即在编年记事的总的格局中，也有集中记一件史事本末原委的，或集中写一个人物活动经历的。如隐公元年记郑伯克段于鄢一事，就从"初，郑武公娶于申"追叙起，写出了事情发展的全过程；僖公二十三年记晋公子重耳出亡的经历，是从僖公五年"晋人伐诸蒲城"事追叙起，写出了重耳近 20 年的流亡生活。这不仅丰富了编年体史书在记事、记人方面的容量，也有助于弥补事实经过、人物活动被年代割裂的不足，同时也增强了历史表述上的艺术性。

《左传》在历史表述上的艺术性，以写战争、写辞令尤为突出。如庄公十年记齐鲁长勺之战，写出了鲁君采纳曹刿的意见终于以弱胜强的过程，同时也揭示了政治与战争的密切关系。僖公二十二年记宋楚泓之战，先写宋襄公两次坐失战机以造成"宋师败绩"，接着写他为自己的错误指挥而辩解，说什么"君子不重伤，不禽（擒）二

---

① 顾炎武：《日知录》卷四"春秋阙疑之书"，黄汝成集释，上海：上海古籍出版社，2006 年，第 182 页。

毛"，不因险阻取胜，"不鼓不成列"①，末了写了子鱼对他的批评，这是从几个不同的角度昭示了宋襄公的愚蠢和固执。僖公二十八年记晋楚城濮之战，这是一次规模很大的战役。作者先写楚、晋双方对战争形势的估计，接着刻意写了晋文公派人稳住曹、卫二国，命晋军退避三舍以报出奔期间所受"楚君之惠"。最后，写战役本身：晋军以其下军、上军、中军分别与楚军之右师、左师、中军对垒，而首先以下军之一部进攻属于楚军右师的陈、蔡二军，"陈、蔡奔，楚右师溃"；又以下军之另一部引诱楚之中军，同时则以中军与上军夹击楚之左师，"楚左师溃"，于是楚军大败。这时，作者不仅写出了后发制人的战略思想，而且也写出了多种战术的具体运用，以至使人对作战场面有历历在目之感。此外，它记晋邲之战（宣公十二年）、记齐晋鞌之战（成公二年）、晋楚鄢陵之战（成公十六年），都写得有声有色。《左传》写战争，反映了春秋时期列国间战争频繁的历史特点。《左传》写辞令，往往也都是在列国政治交往中写出了它的重要。如襄公三十一年记郑国子产出使晋国，因不受礼遇而令人"尽坏其馆之垣而纳车马"后回答晋大夫士文伯批评的一篇讲话，委婉而不可屈，强硬而不失礼，不仅使晋国为之道歉，而且受到叔向的高度赞扬："辞之不可以已也如是夫！子产有辞，诸侯赖之，若之何其释辞也！"又如成公十三年记晋厉公使吕相绝秦之辞，更是一篇出色的外交辞令，它首先回顾了秦晋友好的历史，接着指出秦国破坏这种历史关系而"蔑死我君，寡我襄公，迭我殽地，奸绝我好，殄灭我费滑，离散我兄弟，挠乱我同盟，倾覆我国家"，最后以揭露秦国自称"唯利是视"和诸侯"痛心疾首"为殿。② 全篇义正词严，有不容反驳的气概，同子产委婉陈词相比，另具一种风格。《左传》写辞令，不限于华族列国贵族的交往，如襄公十四年记戎子驹支驳斥晋国范宣子的一段话，从历史讲到现实，最后是"赋《青蝇》而退"以明志。③

---

① 《左传·僖公二十二年》，杨伯峻编著，北京：中华书局，1981年，第392、398页。
② 《左传·成公十三年》，杨伯峻编著，北京：中华书局，1981年，第862～863页。
③ 《左传·襄公十四年》，杨伯峻编著，北京：中华书局，1981年，第1007页。

范宣子听了戎子驹支的一席话，"使即事于会，成恺悌也"。这都足以说明，《左传》作者写辞令，不是追求史文的绮丽，而是把握了辞令在这个时期政治生活中的主要作用这一历史特点。对此，孔子和《左传》作者都以郑国子产为例有明确的论述。

《左传》所反映的另一个历史特点，是这一时期民族交往的活跃和民族融合的进程。它大致记载了华族和华族以外各族，如东夷、南蛮、西戎、北狄的分布及其分支情况；记载了这些民族同华族各国（主要是齐、楚、秦、晋等国）在军事上的冲突，政治上的交往和联系，经济、文化上的交流和影响，以及广泛的互通婚姻等，展现出春秋时期各族关系的生机勃勃的局面。它记晋悼公时晋国与山戎（无终）的一段史事，颇具这方面的代表性：晋悼公五年（一说四年），"无终子嘉父使孟乐如晋，因魏庄子（按即魏绛——引者）纳虎豹之皮，以请和诸戎"。晋悼公的态度是："戎狄无亲而贪，不如伐之。"魏绛则持同意"请和"的主张，认为："和戎有五利焉：狄戎荐居，贵货易土，土可贾焉，一也；边鄙不耸，民狎其野，穑人成功，二也；狄戎事晋，四邻振动，诸侯威怀，三也；以德绥戎，师徒不勤，甲兵不顿，四也；鉴于后羿，而用德度，远至迩安，五也。君其图之！"晋悼公高兴地采纳了这个建议，"使魏绛盟诸戎。修民事，田以时"。八年之后，晋悼公以女乐歌钟赐魏绛说："子教寡人和诸戎狄以正诸华，八年之中，九合诸侯，请与子乐之。"又说："抑微子，寡人无以待戎，不能济河。夫赏，国之典也，藏在盟府，不可废也。子其受之！"[①]这不仅写出了魏绛在处理民族关系上的见识，也写出了晋国与诸戎的关系以及诸戎在当时政治、经济生活中的重要。《左传》作者重视民族关系的记载，在中国史学的民族史及民族关系史撰述上有开创的意义。

《国语》是跟《春秋》、《左传》同记春秋时期史事的又一部史书，但《国语》在编撰体裁上却不是编年记事，而是分国记言。《国语·楚

---

① 《左传·襄公十一年》，杨伯峻编著，北京：中华书局，1981年，第994页。

语上》有申叔时论教导太子的话："教之语，使明其德，而知先王之务用明德于民也。"韦注："语，治国之善语。"这说明春秋时期已有"语"一类体裁的史书，韦注说它是"治国之善语"，当得其大体。关于《国语》的作者，司马迁有"左丘失明，厥有《国语》"①的说法，意即《国语》为左丘明所撰，但此说并不可信。《国语》是战国早期私人历史撰述，是逐步汇集周与各诸侯国所录之"语"编纂起来的，恐非一人一时所能完成。

《国语》共 21 卷，按《周语》（3 卷）、《鲁语》（2 卷）、《齐语》（1 卷）、《晋语》（9 卷）、《郑语》（1 卷）、《楚语》（2 卷）、《吴语》（1 卷）、《越语》（2 卷）的顺序编次而成。这显然是以周王室为时代的标志、以各诸侯国与周王室的关系的亲疏为编次的指导思想。《国语》记事，上起西周祭公谏穆王征犬戎事，下迄晋国智氏之灭，首尾四百余年。但其所记西周史事，主要见于《周语上》里的几条，其余基本上是记春秋时期史事；其所记晋国智氏之灭当在周贞定王十六年，亦即晋哀公四年（公元前 453），这已是战国初年的事了。

《国语》记周王室和各诸侯国政治言论，以晋国最多，几乎占了全书半数；以郑国最少，仅载郑桓公为周王室司徒时与史伯论兴衰一事。而其所记各国事，起讫首尾又极悬殊。除《周语》记穆王至敬王十年（公元前 510）事外，其余部分：《鲁语》记曹刿论战至孔子诸事；《齐语》仅记桓公时事，至其称霸（公元前 660）而止；《晋语》记武公伐翼（公元前 709）至智氏之灭（公元前 453），上下限均超出《鲁语》；《郑语》实则仅记桓公三十三年（公元前 774）与史伯问对一事，当西周灭亡前三年；《楚语》记庄王至惠王间事，约当春秋中期至末期；《吴语》、《越语》所记，均起于吴之败越（公元前 494），前者止于越灭吴（公元前 473），后者止于范蠡隐退与勾践封范蠡地，事在春秋、战国之交。这说明《国语》取材的多途和不具备严谨的体例，因

---

① 司马迁：《史记》卷一百三十《太史公自序》，北京：中华书局，2013 年，第 3978 页。

而带有明显的资料汇编的性质。但《国语》作为以记言为主的史书，包含了不少很有价值的政治见解和历史见解，这使它在先秦的史书中具有鲜明的特点。如《周语》记邵公谏厉王弭谤，芮良夫论荣夷公专利，虢文公谏宣王不籍千亩，仲山父谏宣王料民，单穆公谏景王铸大钱与大钟；《鲁语》记曹刿论战，里革论君之过；《齐语》记管仲佐桓公为政诸言论；《郑语》记史伯为桓公论兴衰；《楚语》记申叔时论傅太子之道，王孙圉使晋论楚国之宝；《越语》记范蠡诸言论，等等，都是同政治得失、历史经验紧相关联的。《国语》全书以记言为主，但也有着意记述历史发展过程的部分。它记晋国史事，始于武公，而于献公时内乱、重耳出奔、文公称霸、悼公复霸、赵魏韩三家共灭智氏等重大史事记载甚详，且首尾连贯、脉络清晰，写出了晋国从春秋初年至战国初年共二百余年的历史进程。又如记齐桓公谋取霸业的历程，记吴越争霸中越之始灭于吴与吴之终灭于越，或层层深入，或曲折起伏，写出了一个诸侯国在一个阶段上或一个重大事件上的始末原委。像这样集中地写一国之史或一件史事的过程，是《左传》不能完全达到的，显示了《国语》在编撰上的长处。《国语》在历史思想上比较突出的一点，是善于指陈历史形势或对重大政治事件做出历史的总结。如《郑语》记史伯之论"王室将卑"、"周衰其将至矣"后，作者只用了几句话，就把史伯谈话后的历史形势清晰地勾画出来：幽王之乱，平王东迁，秦、晋、齐、楚代兴。这就一下子囊括了春秋时期二百余年史事。《齐语》卷末和《晋语四》卷末，分别写了齐桓公"伯功立"、晋文公"于是乎遂伯"，都是对于历史经验的总结：前者总结了齐桓公外结诸侯、内修政理以及在用人方面的成功经验；后者总结了晋文公如何采取正确的措施使民知义、知信、知礼以达到可"用"的经验。这些指陈形势、总结经验的文字，当是《国语》作者在纂辑各国之"语"时撰写的，因而它们更为直接地反映了本书作者的历史思想。

《春秋》、《左传》、《国语》这三部书都是记载春秋时期历史的著作。自战国中期起，由于私人讲学之盛和"百家争鸣"局面开始形成，还出现了一些关于春秋时期的口述史：有《春秋公羊传》、《春秋穀梁传》、《春秋邹氏传》、《春秋夹氏传》，都是解释《春秋》的。① 其中前两种经后人在汉代写定，流传至今，后两种失传。后世儒学一派人物，把《左传》、《公羊传》、《穀梁传》统称《春秋》三传，把《国语》称作《春秋外传》。其实，《左传》和《国语》都是独立的史书，并非为解释《春秋》而作。《公羊传》和《穀梁传》虽是解释《春秋》的口述史，但在对于历史事实的阐述上，尤其在历史思想上，还是有一定价值的。此外，这时期还有以春秋史事为内容的通俗读物，是历史教育的一种初级讲义。近年出土的汉代帛书《春秋事语》，就是这类作品的写定本或传抄本。②

二、《竹书纪年》、《世本》和《战国策》

对春秋时期史事的撰写及口述流传，是战国时期历史学的重要成就，其中尤以《左传》最为突出。战国时期历史学其他方面的成就，一是开始注意到对历史做贯通的考察，二是对于当代历史巨变的关注。前者如《竹书纪年》和《世本》，后者如《战国策》和《战国纵横家书》。

《竹书纪年》是战国后期魏国人所撰写的一部编年体史书，是现今所知中国史学上最早的具有通史性质的著作。但这样一部重要著作，自战国后期作为魏襄王的随葬品埋入地下，至西晋初年出土，历时570余年，却不为世人所知。它是司马迁所不曾见到的重要史书之一。

《竹书纪年》的出土，据《晋书·武帝纪》载：咸宁五年（279）冬十月，"汲郡人不准（不准，人名——引者）掘魏襄王冢，得竹简小篆古

---

① 《汉书》卷三十《艺文志》于六艺类《春秋》家后序称："《春秋》所贬损大人当世君臣，有威权势力，其事实皆形于传，是以隐其书而不宣，所以免时难也。及末世（按：指周之末世，系战国中期——引者）口说流行，故有《公羊》、《穀梁》、《邹》、《夹》之《传》。四家之中，《公羊》、《穀梁》立于学官，邹氏无师，夹氏未有书。"《汉书》卷三十《艺文志》，北京：中华书局，1962年，第1715页。

② 参见《马王堆汉墓出土帛书〈春秋事语〉释文》，载《文物》1977年第1期。

书十余万言，藏于秘府"。① 这十余万言的古书竹简装成数十车送至京师，经束皙、荀勖、和峤、杜预等人整理、研究，得文献75篇（内中7篇简书折坏，不识名题），改写成当时流行的隶书文字。其中，《纪年》12篇②，被认为是最有价值的历史文献。

《竹书纪年》原称《纪年》，亦称《古书纪年》③、《汲冢纪年》④。北魏郦道元注《水经》征引此书时使《纪年》与"竹书"连用，于是乃有《竹书纪年》之称。所记内容，起自夏、商、周，迄于战国后期。于西周、春秋、战国，不分记各诸侯国事，独记晋国（起自殇叔：公元前784—前781），韩、赵、魏三家分晋后又独记魏国，至魏襄王（哀王）二十年（公元前299）而止，称襄王为"今王"。此书记事，自庄伯十一年后用夏正，编年相次，文意近似《春秋》。据此，前人多认为它是魏国史书，并可由此推见"古者国史策书之常"⑤。但此书既可用于随葬，说明它不一定是正式的国史，而是魏国史官的私人撰述。

《竹书纪年》开编年记事之通史的先河，是中国史学史上的开创性成果之一。同时，它对于订正其被埋没期间所问世的有关古史著作，有重要的价值。研究过此书的学者如杜预、束皙、司马彪等，对此都十分重视。《晋书·束皙传》举例说："其中经传大异，则云：夏年多殷；益干启位，启杀之；太甲杀伊尹；文丁杀季历；自周受命至穆王百年，非穆王寿百岁也；幽王既亡，有共伯和者摄行天子事，非二相共和也。"⑥《晋书·司马彪传》记："初，谯周以司马迁

---

① 咸宁五年，《晋书·束皙传》作太康二年，《隋书·经籍志》作太康元年，均不取。雷学淇《竹书纪年考证》认为：咸宁五年是出土之年，太康元年是上于帝京之年，太康二年是命官校整之年，可备一说。

② 《晋书·束皙传》作13篇，与下文总数不合，据《隋书·经籍志》著录，当为12篇，此亦与《束皙传》所记总数相符。两《唐志》均作14卷，亦误。又，《隋志》记总数为87篇，今据《束皙传》所记。

③ 杜预：《春秋左氏传后序》，《全上古三代秦汉三国六朝文·全晋文》卷四十三，北京：中华书局，1958年，第1703页。

④ 房玄龄等：《晋书》卷八十二《司马彪传》，北京：中华书局，1974年，第2042页。

⑤ 参见杜预：《春秋左氏传后序》、《晋书·束皙传》、《隋书·经籍志二》古史类小序。

⑥ 房玄龄等：《晋书》卷五十一《束皙传》，北京：中华书局，1974年，第1432页。

《史记》书周秦以上，或采俗语百家之言，不专据正经，（谯）周于是作《古史考》二十五篇，皆凭旧典，以纠迁之谬误。彪复以周为未尽善也，条《古史考》中凡百二十二事为不当，多据《汲冢纪年》之义，亦行于世。"①它的重要性，由此可见一斑。

南宋以后，《竹书纪年》一书亡佚不存，于是辑佚本渐出，内中以朱右曾辑录、王国维辑校的《古本竹书纪年辑校》较好，得佚文428条，为学者所重视。

《世本》也是通史性质的著作，久佚。《汉书·艺文志》著录："《世本》十五篇。古史官记黄帝以来讫春秋时诸侯、大夫。"但从今存《世本》佚文来看，这书下限已写到战国之末的秦王政、魏景湣（愍）王午、赵王迁，并称赵王迁为"今王"②，说明它是一部从传说中的黄帝一直写到战国末年的通史。《隋书·经籍志二》谱系类云："汉初，得《世本》，叙黄帝已（以）来祖世所出。"这是完全把《世本》当作世系之书看待。但从《世本》的内容及表现形式来看，它并非只是记"祖世所出"的世系之书。现在我们对于《世本》原先的结构，已难以尽知，从后世诸家征引来看，它有"帝系"，有"本纪"，有"世家"，有"传"，有"谱"，有"氏姓"；有"居"，记都邑宫室；有"作"，记器物制作发明、典章制度创制。③可见《世本》是包含了多方面内容和多方面体裁的通史著作。尽管这还处在创制的起始阶段，不可能是很丰富的和很完备的，但其撰述思想和编撰格局，却显示出先秦史学至此开始出现了一种走向综合的发展趋势。这是前所未有的。

关于《世本》的作者，《汉书·艺文志》说是"古史官"，这是很笼统的说法。今按《世本》佚文称赵王迁为"今王"，而对与赵王迁同时的燕王喜、秦王政、魏景湣王午等则均不称"今王"。这一细微的差别，虽还不能肯定《世本》出于赵国史官之手，但却至少为这种判断提供了思

---

① 房玄龄等：《晋书》卷八十二《司马彪传》，北京：中华书局，1974年，第2142页。
② 分别见《史记·秦始皇本纪》索隐引、《史记·魏世家》索隐引、《史记·赵世家》集解引。赵王迁元年为公元前235年，距秦之统一仅14年。
③ 参见茆泮林辑：《世本》序，北京：中华书局，1985年，第1页。

考的线索。《国语·楚语上》记申叔时论教导太子的话，其中有"教之世，而为之昭明德而废幽昏焉，以休惧其动"的说法。韦注云："世，谓先王之世系也。"但从学习"世"可以起到"昭明德而废幽昏"的作用，其内容当不限于"先王之世系"。楚国的"世"和《世本》是不是近似的著作，还没有证据可以说明，不过这倒证明了春秋、战国时期的一些诸侯国拥有《世本》或"世"这样的史书。从《世本》内容的广泛性来看，非史官不得及此，但又超出了史官的职守范围。准此，《世本》一书可大致认定是赵国史官的私人撰述，而其中包含了对前人历史撰述的综合。

《世本》在唐初已佚三分之二；南宋时其书不传。清代学人有种种辑本行世，而以雷学淇、茆泮林两种辑本比较严谨。近年有《世本八种》印行，集清人《世本》辑佚之大成。

《竹书纪年》和《世本》二书虽仅存部分佚文，但它们作为先秦史家撰述通史的一种尝试，在中国史学的发展上是值得重视的。同这种追寻历史踪迹的兴趣相对应的，是对于现实社会巨大变动的关注，《战国策》和《战国纵横家书》正是从一个极其重要的方面反映出当时人们的这种既是现实的又是历史的激情。

《战国策》是一部很特殊的史书，它的主要内容是记战国时期各国说客辩士的策谋权变及政治、军事大事和各国关系。这书为战国时人所撰，亦非出于一时一人之手，而于战国末年初步裒辑成编，后经西汉刘向重新整理编次，厘为 33 篇，定名为《战国策》。今存《战国策》33 卷（含 497 章），与刘向校订后总数相符。其编次是：东周 1 卷，西周 1 卷，秦 5 卷，齐 6 卷，楚 4 卷，赵 4 卷，魏 4 卷，韩 3 卷，燕 3 卷，宋、卫 1 卷，中山 1 卷。这个编次是根据南宋姚宏注本排定的，是否与刘向校订本完全相符，已不可尽知。[①]

刘向在《战国策》叙录中，对这部书的整理经过、主要内容、时代特点和历史价值都有扼要的说明。他指出，这书原系皇家中秘所

---

① 参见《战国策》点校本"重版说明"及"标点说明"，上海：上海古籍出版社，1985 年。

藏，"错乱相糅莒"，原名或曰《国策》，或曰《国事》，或曰《短长》，或曰《事语》，或曰《脩书》。他以国为别，以时相次，除去重复，写成定本；认为这是"战国时游士辅所用之国，为之筴（策）谋，宜为《战国策》。其事继春秋以后，讫楚、汉之起，二百四十五年间之事"。从刘向的观点来看，他是把秦统一后的一段历史也划入战国了。但本书所记最晚之事，是《齐策》中记齐王建朝秦后的齐人之歌和《燕策》中记燕灭之后的高渐离事，还不及"楚、汉之起"。

关于《战国策》的时代特点，刘向认为：战国之时，"贪饕无耻，竞进无厌，国异政教，各自制断。上无天子，下无方伯，力功争强，胜者为右。兵革不休，诈伪并起。当此之时，虽有道德，不得施谋；有设之强，负阻而恃固；连与交质，重约结誓，以守其国。故孟子、孙卿儒术之士弃捐于世，而游说权谋之徒见贵于俗"。上述所谓《国策》、《国事》、《短长》、《事语》、《长书》、《脩书》种种策谋长短之说，就是这个时代特点的反映。刘向以"战国策"名书，一表明了历史时代，二表明了书的内容，应当说是恰如其分的。刘向还对这部书的历史价值提出看法，认为："战国之时，君德浅薄，为之谋策者，不得不因势而为资，据时而为□。故其谋，扶急持倾为一切之权，虽不可以临国教化，兵革救急之势也：皆高才秀士，度时君之所能行，出奇策异智，转危为安，运亡为存，亦可喜，皆可观。"[1]这是从具体的历史特点和当时政治、军事斗争的实际需要以及安危存亡之所系，肯定了本书的历史价值。从今天的观点来看，刘向所论，可谓得其大体。如果说《左传》是反映春秋时期历史面貌的重要史书，那么《战国策》就是反映战国时期历史特点的重要文献。

《战国策》也是以记言为主的著作，比起《国语》来，它更善于把记言跟生动的叙事结合起来；《战国策》在写辞令方面的成就，也有超出《左传》的地方。如《秦策一》记苏秦以连横说秦惠王事，既写了苏秦关

---

[1]　刘向集录：《战国策笺证》卷首《刘向书录》，范祥雍笺证，范邦瑾协校，上海：上海古籍出版社，2006年，第1～3页。下引此书，不一一作注。

于"并诸侯，吞天下，称帝而治"的说词，也写了他"说秦王，书十上而说不行"的遭遇，以及后来以合纵说赵王被采纳所产生的影响与其自身所受的殊荣，从历史大事到世态人情都写到了。如《赵策二》记赵武灵王"胡服骑射以教百姓"事，主要是写赵武灵王同肥义的对话，写公子成、赵文、赵造反对胡服骑射的言论和赵武灵王对这些言论的驳斥，但也写出了胡服骑射这一措施制定的过程及其推行之初的艰难。《战国策》写辞令，善于铺陈形势，阐述利害，意在打动和说服对方，这跟《左传》写辞令多意在申辩，在气势上有很大的不同。如《秦策一》记司马错与张仪为伐蜀、伐韩事争论于秦惠王前，最后是司马错分析伐蜀"是我一举而名实两附"、伐韩"而未必利也，又有不义之名"的得失利弊打动了秦惠王，起兵伐蜀，"蜀既属，秦益强富厚，轻诸侯"。《赵策三》记：秦出兵围赵都邯郸，魏安僖王出兵救赵而畏秦不进，并派将军辛垣衍至赵通过平原君建议赵王尊秦为帝，以换取秦的退兵。当平原君犹豫未决之时，说士齐人鲁仲连通过平原君会见辛垣衍，反复陈说"梁（按魏亦称梁）未睹秦称帝之害故也，使梁睹秦称帝之害，则必助赵矣"的道理，终于打动了对方，"于是，辛垣衍起，再拜谢曰：'始以先生为庸人，吾乃今日而知先生为天下之士也。吾请去，不敢复言帝秦。'秦将闻之，为却军五十里。"这些，都把辩士的说词写得有声有色，有一种滔滔不可挽回的气势。

《战国策》在叙事上富于变化。有的写得委婉屈曲，于末了处方见事情的结果，如《齐策四》记冯谖客孟尝君事；有的着意烘托气氛，在极度紧张的环境中反而写出了人物心态的平衡、安详，如《赵策四》记触龙说赵太后事。《战国策》有比较多的篇幅记战国"四公子"即齐国孟尝君、赵国平原君、魏国信陵君、楚国春申君的政治活动，并着意写他们的好士、养士以及这些游客、说士在政治活动中的作用，生动地反映出战国时代社会风气的特点。《战国策》中所记人物，比起《左传》来，涉及更广泛的阶层，这是战国较之春秋，历史在发生更加剧烈变动的一种反映。

1973年，长沙马王堆三号汉墓出土一部类似《战国策》的帛书，未标书名，经整理，凡 27 章，11 000 多字，定名为《战国纵横家书》。据考订，第 27 章《麛皮对邯郸君》所记之事在公元前 354 年，在本书中为最早年代。第 25 章《李园谓辛梧》为秦王政十二年（公元前 235）事，第 26 章《见田倓于梁南》为秦王政二十二年（公元前 225）事，是本书中年代最晚的。由此推知，此书编集当在秦统一前后，而汉初帛书抄本可能写于高祖后期或惠帝之时，上距此书编集时间只有 20 年左右。至于这书的编辑者，有的论者认为很可能是秦之零陵守信。[①]

《战国纵横家书》在内容上不及《战国策》丰富，所涉及史事的时间限于战国中后期，也不及后者那样囊括整个战国时代，但它仍有很高的价值。第一，它多为第一手原始资料，因而更真切地反映出战国中后期的重大史事和社会特点。第二，它的 27 章中有 17 章不见于《战国策》，因而可据此补充或订正后人对于战国史事的记载。关于这本书的性质，有人说是《战国策》的前身，有人说是战国纵横家言的一种选本，但从前引刘向所撰叙录来看，说它是刘向定名为《战国策》的别本当更为贴切。

战国时期还有多种撰述，对于反映这一时期的历史进程和史学发展也是很重要的。如《山海经》博取资料，记载山川、道里、物产、风俗、帝王世系、历史人物、奇禽异兽、神话、传说，保存了相当多的可信的很古老的历史资料。如《尧典》和《禹贡》（它们是《尚书》里的两篇）所表现出来的辽阔的地域和"九族既睦，平章百姓"，"九州攸同"、"声教讫于四海"的思想，当是现实历史发展趋向的反映。如礼书《仪礼》和《周官礼》，关于对古代社会贵族阶层重大活动的记述，关于当时人们对于理想社会秩序的描述，都保存了丰富的社会史资料。还有诸子著作中所包含的丰富的历史思想，以及对于历史知识的运用等。这些，都可以从史学史的兴起上反映出它们的文献价值和思想价值。

---

① 唐兰：《司马迁所没有见过的珍贵史料——长沙马王堆帛书〈战国纵横家书〉》，《战国纵横家书》附录，北京：文物出版社，1976 年，第 123～126 页。

第四节　历史观念的丰富和史学兴起的标志

一、历史观念的丰富

随着历史的进步，人们的认识活动逐步活跃起来。在这个基础上，人们的历史意识不断加强，对历史的认识和解释产生了越来越浓厚的兴趣，出现了各种各样的历史观念。这些历史观念虽然都带着古朴和粗糙的特点，但却显得十分丰富，显示出史学兴起阶段的生气。

这个时期出现的不同的历史观念，就其在历史认识的性质上看，有进步的，也有保守的，有正确的，也有错误的，它们都是人们在认识历史过程中的产物。从这个意义上说，它们的出现，都有其必然性和合理性。而每一种历史观念，也都毫无例外地要在历史进程中不断受到检验，在人们的社会实践认识活动中不断受到检验。

这个时期的历史观念的发展，有一个基本的趋势，即人们已经逐步从"天命"决定人事的巨大阴霾下走出来，立足于人事审视社会现象和自身命运。这是十分艰难的过程，但这个过程一经开始，便不可遏止。

这个时期的历史观念的发展，以《左传》、《国语》所反映的春秋时期人们的历史观念以及孔子的历史观念为中介，上接殷、周时代的"天命"观念，下启战国时代各种历史观念的纷纷提出，显示出清晰的发展脉络。

战国时期的"百家争鸣"，其中包含着历史观念的"争鸣"①。在各种历史观念中，所涉及的问题主要有两个方面：一方面是怎样看

---

① 参见白寿彝：《中国史学史》第 1 册，上海：上海人民出版社，1986 年，第 301～322 页。

待历史的变化，另一方面是怎样看待历史变化的动因。

关于前一个方面的问题，主要有这样几种历史观念：

——复古史观。《老子》书所宣扬的"小国寡民"思想，是这种历史观念的代表。它认为："执古之道，以语今之有。能知古始，是谓道已。"①"小国寡民"就是这种"执古之道"的具体表现：

> 小国寡人，使有什伯之器而不用，使人重死而不远徙。虽有舟舆，无所乘之；虽有甲兵，无所陈之；使民复结绳而用之。甘其食，美其服，安其居，乐其俗；邻国相望，鸡犬之声相闻，民至老死，不相往来。②

这种对一切物质生产、发明创造都表示漠视，要求人们都回到野蛮、愚昧的状态中去的观点，是典型的历史复古论。在秦国是否要实行变法的辩论中，杜挚所坚持的"法古无过，循礼无邪"③，本质上也是这种复古史观。从发展趋势来看，这种历史观念，在战国时代是越来越不得人心了。

——循环史观。此即通常所说的历史循环论。

历史循环论是战国时期的阴阳家提出来的。阴阳家接过了西周末年、春秋时期出现的阴阳五行说的形式，灌注了唯心主义的神秘的内容，把朴素的唯物主义的四时、五行说，蜕变为唯心主义的五德终始说。阴阳家的著作大多佚失，《汉书·艺文志》著录了战国晚期这一学派的有关论著目录，而《吕氏春秋·应同》则保留了比较完整的五德终始说的内容，可以引为例证。④ 其文曰：

---

① 《老子·十四章》，朱谦之校释，北京：中华书局，1984 年，第 55～56 页。
② 《老子·八十章》，朱谦之校释，北京：中华书局，1984 年，第 307～309 页。
③ 《商君书·更法》，蒋礼鸿锥指，北京：中华书局，1986 年，第 4 页。
④ 参见侯外庐主编：《中国思想史纲》上册，北京：中国青年出版社，1980 年，第 111 页。

凡帝王者之将兴也，天必先见祥乎下民。黄帝之时，天先见大螾大蝼，黄帝曰："土气胜！"土气胜，故其色尚黄，其事则土。及禹之时，天先见草木秋冬不杀，禹曰："木气胜！"木气胜，故其色尚青，其事则木。及汤之时，天先见金刃生于水，汤曰："金气胜！"金气胜，故其色尚白，其事则金。及文王之时，天先见火，赤鸟衔丹书集于周社，文王曰："火气胜！"火气胜，故其色尚赤，其事则火。代火者必将水，天且先见水气胜，水气胜，故其色尚黑，其事则水。[1]

按照这个理论，每一个朝代的兴起，上天都将发出预告，而受命的帝王将按这一预告来判断与这一朝代的"德"，即土、木、金、火、水五德中的相应位置。而五德循环，终而复始，一个一个的朝代就这样兴亡更迭。

这种历史循环论的观念，预言了合于"水"德者将要代周而起，统一中国，故在七雄并争的历史条件下，受到各国统治者的重视。据司马迁记载：阴阳家的代表人物邹衍，"睹有国者益淫侈，不能尚德，若《大雅》整之于身，施及黎庶矣。乃深观阴阳消息而作怪迂之变，《终始》、《大圣》之篇十余万言。其语闳大不经，必先验小物，推而大之，至于无垠。先序今以上至黄帝，学者所共术，大并世盛衰，因载其机祥度制，推而远之，至天地未生，窈冥不可考而原也。……称引天地剖判以来，五德转移，治各有宜，而符应若兹"。"是以邹子重于齐。适梁，惠王郊迎，执宾主之礼。适赵，平原君侧行撇席。如燕，昭王拥彗先驱，请列弟子之座而受业，筑碣石宫，身亲往师之。作《主运》。其游诸侯见尊礼如此，岂与仲尼菜色陈蔡，孟轲困于齐梁同乎哉！"司马迁对邹衍及五德终始说的评价有两点很值得注意。第一，认为这种理论"闳大不经"，难以凭信。第二，认

---

[1] 《吕氏春秋·有始览》，许维遹集释，北京：中华书局，2009年，第284页。

为邹衍受到诸侯的尊敬是不正常的，这与孔、孟不为诸侯所重形成了明显的历史反差。

——变易史观与朴素进化论。复古史观和循环史观并不否认历史的变化，但前者反对进步，主张回到蒙昧时代去；后者则认为历史的变化不过是循环往复，终而复始，不承认历史的进步。在诸种历史观念中，变易史观与朴素进化论，是最具有时代精神和进步意义的历史观念。孔子是看到历史变化同时也看到历史进步的思想家和史学家，他说："殷因于夏礼，所损益，可知也；周因于殷礼，所损益，可知也。"① 又说："周监于二代，郁郁乎文哉！吾从周。"② 商鞅从政治的角度阐述历史变化的观点，指出，"三代不同礼而王，五霸不同法而霸"，前人只是"各当时而立法，因事而制礼"，可见，"治世不一道，便国不必法古"。因为历史在变，人们的"立法"、"制礼"也都要因"时"、因"事"而变。商鞅的历史观念，对他在秦国实行变法起了至关重要的作用。孟子在讲到远古历史时，也是看到历史的变化和进步的，他依次讲到尧、舜、禹、后稷、契等所做出的努力，对社会进步起到了积极作用。③

《周易·系辞》包含丰富的变易思想，对古代变易史观的发展有很大的影响。它提出：

> 神农氏没，黄帝、尧、舜氏作，通其变，使民不倦，神而化之，使民宜之。《易》穷则变，变则通，通则久，是以自天祐之，吉无不利，黄帝、尧、舜，垂衣裳而天下治，盖取诸乾坤。④

---

① 《论语》第二《为政》，杨伯峻译注，北京：中华书局，1980年，第21～22页。
② 《论语》第三《八佾》，杨伯峻译注，北京：中华书局，1980年，第28页。
③ 参见《孟子》卷五《滕文公上》，杨伯峻译注，北京：中华书局，1960年，第124～126页。
④ 《周易正义·系辞下》，《十三经注疏》，北京：中华书局，1980年，第86～87页。

尽管这里讲到了"天",讲到了取法"乾"、"坤"二卦,有些神秘色彩,但这里主要在讲历史,讲历史上的古今变化法则,即穷、变、通、久的道理。这段话在历史观念的发展上之所以重要,是因为它明确地指出了:第一,由于时代的递进,要求人们改变旧的文物制度,使人民不因拘守旧制而感到倦怠;第二,这种变化是在潜移默化中实现的,人民便于适应;第三,《易经》所总结的就是这个道理,事物发展到极致的程度,就要变化,变化才能通达,通达才能继续进步、保持长久。这几点含义,可以说是"通古今之变"思想的渊源。

所谓穷、变、通、久的思想传统,"变"和"通"是其核心。《周易·系辞上》对其反复解释:"阖户谓之坤,辟户谓之乾;一阖一辟谓之变,往来不穷谓之通"①;"化而裁之谓之变,推而行之谓之通"。从这里我们可以看出,所谓"变"、"通",都是在运动中进行或实现的。它反复称说,"刚柔相推而生变化","刚柔相推,变在其中矣"②,这就是《易经》的"以动者尚其变"的精神。它又进而解释"变通"和"通变"的含义:"广大配天地,变通配四时","法象莫大乎天地,变通莫大乎四时";"通变之谓事"③。总起来说,"变通"、"通变"是跟天时、人事相关联。而"变通"也正是包含有因时而变的意思,即"变通者,趣时者也"④。这同"观乎天文,以察时变;观乎人文,以化成天下"⑤的意思是一致的。《易传》讲穷变通久,讲变通、通变、变化的思想,十分丰富,对中国古代历史观念的发展,产生了深远而积极的影响。

对历史的变化与进步的认识,进而促进了人们对历史进程之划分阶段的朦胧认识。这些认识虽然是简略的、粗糙的和带有猜测性的,但它们毕竟反映出了人们对社会历史之演进本身具有阶段性区

---

① 《周易正义·系辞上》,《十三经注疏》,北京:中华书局,1980年,第70页。
② 《周易正义·系辞下》,《十三经注疏》,北京:中华书局,1980年,第73、76页。
③ 《周易正义·系辞上》,《十三经注疏》,北京:中华书局,1980年,第66页。
④ 《周易正义·系辞下》,《十三经注疏》,北京:中华书局,1980年,第73页。
⑤ 《周易正义·贲卦·象传》,《十三经注疏》,北京:中华书局,1980年,第37页。

别的见解，这对于人们历史观念的发展无疑是重要的。

在先秦、秦汉间的历史文献中，有关历史进程的朦胧认识的言论甚多，而所论的中心问题亦多殊异，但都或多或少反映出了对历史进程之阶段的见解。《韩非子·五蠹》说：

> 上古之世，人民少而禽兽众，人民不胜禽兽虫蛇。有圣人作，构木为巢以避群害，而民悦之，使王天下，号之曰有巢氏。民食果蓏蚌蛤，腥臊恶臭而伤害腹胃，民多疾病。有圣人作，钻燧取火以化腥臊，而民说之，使王天下，号之曰燧人氏。中古之世，天下大水，而鲧、禹决渎。近古之世，桀、纣暴乱，而汤、武征伐。……然则今有美尧、舜、汤、武、禹之道于当今之世者，必为新圣笑矣。①

这里所说到的，有"上古之世"，有"中古之世"，有"近古之世"，有"当今之世"，而在每一个历史阶段，都发生了一些重大的事情，都有"圣人"应运而生，为民众做了好事，受到民众的爱戴。"当今之世"也会出现"圣人"的，称为"新圣"。历史就是这样演进的。这种把历史划分为上古、中古、近古、当今几个阶段，而每一个阶段又都包含着不同的内容和见解，是对于历史进程的极重要的认识。有阶段，也有进步，这在当时是难得的历史见解。

《礼记·礼运》说：

> 大道之行也，天下为公，选贤与（举）能，讲信修睦。故人不独亲其亲，不独子其子；使老有所终，壮有所用，幼有所长，矜寡孤独废疾者皆有所养。男有分，女有归。货，恶其弃于地也，不必藏于己；力，恶其不出于身也，不必为己。是故谋闭而不兴，盗窃乱贼而不作，故外户而

---

① 《韩非子·五蠹》，陈奇猷校注，上海：上海古籍出版社，2000年，第1085页。

不闭。是谓"大同"。

> 今大道既隐，天下为家，各亲其亲，各子其子，货力为己。大人世及以为礼，城郭沟池以为固，礼义以为纪：以正君臣，以笃父子，以睦兄弟，以和夫妇，以设制度，以立田里，以贤勇智，以功为己。故谋用是作，而兵由此起；禹、汤、文、武、成王、周公，由此其选也。此六君子者，未有不谨于礼者也，以著其义，以考其信，著有过，刑仁讲让，示民有常；如有不由此者，在势者去，众以为殃。是谓"小康"。

这里说的"大同"、"小康"的区别，比起上引"上古"、"中古"、"近古"之间的变化，要具体得多了。"大同"、"小康"所描述的，本是人类文明发展的两个有本质区别的历史阶段："大同"是人类进入文明阶段以前的状况；"小康"是人类进入文明阶段以后的状况。大致说来，这里所描述的两个阶段，是家庭、私有制和国家产生之前和产生之后的两种有本质上差别的社会状况。这种朦胧的认识，包含着真理的成分。

关于历史进程的初步认识，还见于先秦、秦汉间的许多其他历史文献，有的本书下面还会讲到。从上面的论列来看，在中国早期历史观念中，思想家、史学家们提出了许多有意义的见解。其意义在于：第一，从大多数有关的见解来看，认为社会历史存在着从蛮荒到开化、从无"礼"到有"礼"、从"无君"到立其行君道者的发展过程，这是社会不断进步的过程，其中包含着朴素的历史进化观点。第二，"上古"、"中古"、"近古"、"今世"等概念的提出，说明人们在认识和解释历史的过程中，包含着朴素的历史分期的观念；这个观念超乎于传说人物和朝代兴亡之上，把历史作为一个可以划分阶段的整体来看待，尽管它是朦胧的，表现为萌芽状态的，但它确实是被人们提出来了。

中国史学上的许多历史观念，都可以从先秦时期找到它们的萌芽，它们最早的发展形态。这里所讲到的，只是其中几个比较突出的方面。

关于后一个方面的问题，即怎样看待历史变化的动因。对此，当人们摆脱"天命"史观后，主要有两种历史观念：

——圣王史观。这在本质上是英雄史观，古代史学家、思想家多受到这种历史观念的影响。在这个时期，墨子的思想是有代表性的。①

> 故昔者三代圣王禹汤文武方为政乎天下之时，曰："必务举孝子而劝之事亲，尊贤良之人而教之为善。"是故出政施教，赏善罚暴，且以为若此，则天下之乱也，将属可得而治也，社稷之危也，将属可得而定也。若以为不然，昔桀之所乱汤治之，纣之所乱武王治之。当此之时，世不渝而民不易，上变政而民改俗。存乎桀纣而天下乱，存乎汤武而天下治。天下之治也，汤武之力也。天下之乱也，桀纣之罪也。②

这是把社会的"治"，都归结到"圣王"的身上，于是墨子的"尚贤"思想不禁又黯然失色了。

——重民史观。春秋时期，重民思想已经滋生，看到了民众在重大的政治、军事活动中的作用。战国时期，这种历史观念有了进一步发展。孟子和荀子是这方面的代表。孟子认为："民为贵，社稷次之，君为轻。是故得乎丘民而为天子，得乎天子为诸侯，得乎诸侯为大夫。"③"民为贵"的思想是孟子"仁政"学说的基础。他的这种重民史观，在先秦时代实在是光彩夺目。在孟子之后，荀子进而指

---

① 参见白寿彝：《中国史学史》第 1 册，上海：上海人民出版社，1986 年，第 304 页。

② 《墨子·非命下》，吴毓江校注，孙启治点校，北京：中华书局，1993 年，第 423 页。

③ 《孟子》卷十四《尽心下》，杨伯峻译注，北京：中华书局，1960 年，第 324 页。

出："善生养人"、"善斑治人"、"善显没人"、"善藩饰人"，谓之"四统"。"四统者俱而天下归之"，"四统者亡而天下去之"[①]。这是充分肯定了民众在治乱得失中的关键作用。

二、史学兴起的标志

中国史学经过漫长的胚胎、萌芽、生长时期，终于勃然兴起了。这个兴起的标志，大致可以概括如下：

第一，在对历史的认识上，人们初步完成了从历史是神的安排到历史是人的活动这一认识的过程。由于夏、商、周王朝的更迭、盛衰，人们对神和天表示怀疑了，而对人事有更多的重视，这在《左传》中有相当明确的反映；而《战国策》和《战国纵横家书》中，十分明显地表现出人们所关注的是土地、人口、物产、权变、谋略、暴力等。随着历史的发展，人们对历史的认识也发展了。尽管天命史观还会继续起作用，但它已无法逆转人们对历史认识的这个发展趋势。这是先秦时期人们在对历史的认识上所迈出的有重大意义的一步。与此相关联的，是产生了历史变化和进化的观点，这种观点同历史不变与今不如古相对立而成为战国时期变法活动的理论根据之一。

第二，在对史学的认识上，人们初步提出对它的社会功能的一些见解，即以史为鉴的见解，"多识前言往行以畜其德"的见解，"疏通知远"（通过了解历史而认识历史前途）的见解，并在运用历史知识于政治活动和学术活动方面积累了一定的经验和成果。这样，史学活动也就最终摆脱了神职的羁绊而真正成为世俗社会的活动；与此同时，它也从王侯宫廷扩大到更广泛的社会阶层。

第三，在史学成果的社会表现形态上，已初步出现了多种体裁的历史撰述，其中编年体史书和记言体史书已获得相当的成就，纪

---

① 《荀子·君道》，王先谦集解，沈啸寰、王星贤点校，北京：中华书局，1988年，第237页。

事本末体和纪传体以及典制体也都出现了萌芽的形态，还出现了历表、谱牒、地图，等等。多种体裁之综合运用的初步尝试也开始出现了。有的史书在文字表述上已有较高的成就。

第四，在对待史学活动的认识上，"书法无隐"的精神受到高度的赞扬，产生了深远的影响；"君举必书"和对于重大史事的记载已成为制度；修撰国史，受到普遍的重视；博采古今，综合诸家，这一史学发展的新的趋向已显露端倪。

第二章　正史的创立——秦汉史学

　　秦汉时期（公元前 221—220），中国历史之最突出的特点，是中央集权的统一的多民族国家的建立。"海内一统"，是秦汉时期人们最关注、最重视的历史问题和现实问题，它影响着那个时期人们社会生活的各个方面。史学在"海内一统"的条件下，在先秦史学积累的基础上，有了划时代的发展。作为通史巨著的《史记》的出现，和作为朝代史巨著的《汉书》的出现，把反映中华民族历史面貌和反映皇朝历史面貌结合起来，形成了前所未有的史学规模。《史记》、《汉书》被后世列为历代"正史"之首，有深厚的历史根源和深远的历史影响，以至于可以这样认为：这个时期的史学的宏伟成就，就是"正史"的创建。

　　在"正史"创建的基础上，《东观汉记》和《汉纪》也各有价值。

　　这个时期的史学，在内容上和撰述形式上，取得了多方面的成就。

第一节 政治大一统造就了新的史学

一、政治统一和意识形态

秦王政二十六年(公元前221),秦灭六国,结束了战国纷争的局面。嬴政建帝号,称始皇帝,废分封,立郡县,创立专制主义中央集权,实现了全国政治统一。这是中国历史发展上的极为重大的变化。秦祚虽短,然两汉继起,垂四百年,其政治统一局面,实创于秦而成于汉。秦汉的政治统一,对中华民族的形成,对中华文明的发展,产生了深远的历史影响。

这种政治统一给予意识形态的影响是多方面的,其中最重要的是推动了大一统思想的形成和发展。

中国古代的大一统思想在先秦时代已经产生了。① 西周人的观念是:"溥天之下,莫非王土;率土之滨,莫非王臣。"②孔子是极力主张用周礼来维护这个一统的政治格局的,所以他说:"周监于二代,郁郁乎文哉! 吾从周。"③孔子思想的最重要的继承者孟子,处在战国纷争的历史时代,更具有明确的一统的主张。如《孟子·梁惠王上》记:"孟子见梁襄王,出,语人曰:'望之不似人君,就之而不见所畏焉。卒然问曰:天下恶乎定? 吾对曰:定于一。'"这里,问对双方都是针对当时各国纷争的局面说的,所以"定于一"是强调政治上的一统。后来荀子提出"一天下,财万物"④的论点,似乎就不限于政治上的一统而包含更丰富的内容了。诚然,先秦时期的一统思

---

① 参见杨向奎:《大一统与儒家思想》一书中的第一、第二、第三章,北京:中国友谊出版公司,1989年。

② 《毛诗正义·小雅·北山》,《十三经注疏》,北京:中华书局,1980年,第463页。

③ 《论语》第三《八佾》,杨伯峻译注,北京:中华书局,1980年,第28页。

④ 《荀子·非十二子》,王先谦集解,沈啸寰、王星贤点校,北京:中华书局,1988年,第97页。

想，从根本上看，是要一统于周和周的礼乐制度，这是显而易见的。如在先秦时期为口述史，而在汉初写成定本的《春秋公羊传》，就把这个思想表述得十分清楚。《公羊传》隐公元年记："元年者何？君之始年也。春者何？岁之始也。王者孰谓？谓文王也。曷为先言王而后言正月？王正月也。何言乎王正月？大一统也。"它在解释《春秋经》所记"元年春王正月"这句话时，首次提出了"大一统"的概念，在政治上和意识形态上对后世都有很大的影响。① 但《公羊传》的"大一统"终归还是要一统于周，其文公十三年记："然则周公之鲁乎？曰：不之鲁也。封鲁公以为周公主，然则周公曷为不之鲁，欲天下之一乎周也。"从当时的历史形势来看，希望天下一统于周或周礼，都是不现实的，"《公羊传》在政治思想上的矛盾，正是战国时期社会矛盾在意识形态上的反映。……它的大一统思想，是一种羞羞答答的思想"②。

战国末年，随着统一趋势的日渐明朗，意识形态领域中大一统思想有了进一步发展。秦灭六国前不久，相国吕不韦以秦之强，延揽士人，"乃使其客人人著所闻，集论以为八览、六论、十二纪，二十余万言，以为备天地万物古今之事，号曰《吕氏春秋》"③。《吕氏春秋》的撰写与先秦诸子之书有一个明显的不同，它是聚众人所著，"集论"而成，旨在"备天地万物古今之事"。以往人们多称其为"杂家"，其实，它是伴随着政治上统一趋势而出现的意识形态上综合百家的反映。它的一统思想在书中多有明确的表述，如"听群众人议以治国，国危无日矣。何以知其然也？老聃贵柔，孔子贵仁，墨翟贵廉，关尹贵清，子列子贵虚，陈骈贵齐，阳生贵己，孙膑贵势，王廖贵先，儿良贵后"。指出"一耳"、"一心"、"一众"、"一力"的重

---

① 有的研究者忽略这一点，而在"王者孰谓"上反复辩诘，固然有一定的道理，但忽略"大一统"思想的价值，似为未妥。参见傅隶朴：《春秋三传比义》，北京：中国友谊出版公司，1984 年，第 4 页。

② 参见白寿彝：《中国史学史》第 1 册，上海：上海人民出版社，1986 年，第 217～220 页。

③ 司马迁：《史记》卷八十五《吕不韦列传》，北京：中华书局，2013 年，第 3030 页。

要，"故一则治，异则乱；一则安，异则危"①。又说："王者执一，而为万物正。军必有将，所以一之也；国必有君，所以一之也；天下必有天子，所以一之也；天子必执一，所以抟之也。一则治，两则乱。"②可见，《吕氏春秋》的一统思想，是从政治统一的需要出发，提出了思想统一的要求，用"执一"、"不二"结束先秦百家群议。不久，秦始皇在政治上实现了大一统，获得了空前的成功。但是，秦始皇用"焚书坑儒"的办法来推行思想上的大一统却是错误的，这成了秦皇朝遭致速亡的原因之一。

西汉的继起，才真正巩固了政治上的大一统，而意识形态领域中的大一统思想也在这一时期最终形成并确立起来。意识形态领域中的这一发展过程，主要反映在刘安（公元前 179—前 122）主纂的《淮南鸿烈》（亦称《淮南子》）和董仲舒撰写的《春秋繁露》二书中。《淮南鸿烈》适应汉初"与民休息"、"清静无为"政策的需要，以崇尚道家的面貌出现，实则杂糅先秦道、儒、法、阴阳等诸家思想，使之归于一统。它开宗明义地写道："夫道者，覆天载地，廓四方，柝八极；高不可际，深不可测，包裹天地，禀授无形……故植之而塞于天地，横之而弥于四海，施之无穷而无所朝夕；舒之冥于六合，卷之不盈于一握。约而能张，幽而能明，弱而能强，柔而能刚：横四维而含阴阳，纮宇宙而章三光。"③在它看来，道无所不在，无所不能，变化无穷，以生万物；道家的理论真是至高、至深、至广。但是，它又反复讨论"阴阳之气"、"天时"、"地利"、"君人之事"、"战胜攻取之术"、"经古今之道，治伦理之序，总万方之指"，等等。是以自谓："故著书二十篇，则天地之理穷矣，人间之事接矣，帝王之道备矣。""若刘氏之书，观天地之象，通古今之事，权事而立制，度

---

① 《吕氏春秋·不二》，许维遹集释，北京：中华书局，2009 年，第 468 页。
② 《吕氏春秋·执一》，许维遹集释，北京：中华书局，2009 年，第 469 页。
③ 《淮南子·原道训》，刘文典集解，冯逸、乔华点校，北京：中华书局，1989 年，第 1 页。

形而施宜。"①这清楚地表明，《淮南鸿烈》以道家统一先秦百家的主旨，以适应当时的政治统一和基本国策。

值得注意的是，试图以崇尚道家而同时兼容先秦百家进而达到统一思想目的的，并不限于《淮南鸿烈》。著名史学家司马迁的父亲司马谈（？—前110）也曾做过大致相同的努力。他在《论六家之要指》一文中开篇就说："《易大传》：'天下一致而百虑，同归而殊途。'夫阴阳、儒、墨、名、法、道德，此务为治者也。直所从言之异路，有省不省耳。"这是借《易大传》的论点，以说明先秦诸家思想对于"为治"都是有用的，其区别只是在于"有省不省耳"。这同《淮南鸿烈》自称"非循一迹之路，守一隅之指"的气势是一脉相承的。他在分别论述阴阳、儒、墨、名、法诸家短长之后说："道家使人精神专一，动合无形，赡足万物。其为术也，因阴阳之大顺，采儒、墨之善，撮名、法之要，与时迁移，应物变化。立俗施事，无所不宜。指约而易操，事少而功多。"又说："道家无为。又曰无不为。其实易行，其辞难知"，"故能究万物之情"，"故能为万物主"。在司马谈看来，道家确实是很高明的。他的可贵之处，是对阴阳等诸家做了具体分析，并按自己的见解予以扬弃。这使人们更清晰地看到：此时，先秦百家互相渗透、趋向统一的发展形势。

刘安和司马谈都是汉武帝统治时期（公元前140—前87）的人，其时，西汉皇朝在政治上的大一统已发展到空前的程度，它在思想上的大一统则是由当时著名的思想家董仲舒（约公元前179—约前104②）最终完成的。董仲舒以治《春秋公羊传》名于世，司马迁称他："故汉兴至于五世之间，唯董仲舒名为明于《春秋》，其传公羊氏也。"③董仲舒在汉武帝时以贤良对策，阐发《春秋公羊传》的思想，

---

① 以上均见《淮南子·要略》，刘文典集解，冯逸、乔华点校，北京：中华书局，1989年，第700、711页。

② 关于董仲舒的生卒年，说法不一。一说，其约生于公元前198年，约卒于公元前106年。

③ 司马迁：《史记》卷一百二十一《儒林列传》，北京：中华书局，2013年，第3773页。

"武帝览其对而异焉",故董仲舒乃得连上三策。他在第三篇对策中指出:"《春秋》大一统者,天地之常经,古今之通谊也。今师异道,人异论,百家殊方,指意不同,是以上亡以持一统;法制数变,下不知所守。臣愚以为诸不在六艺之科孔子之术者,皆绝其道,勿使并进。邪辟之说灭息,然后统纪可一而法度可明,民知所从矣。"①董仲舒根据当时的政治统治和意识形态的情势,发挥了《春秋公羊传》的大一统思想,提出以"六艺之科孔子之术"来巩固政治上的一统和实现思想上的一统。董仲舒所阐发的大一统思想,集中反映在他所著的《春秋繁露》一书中。他反复论述的主旨是:社会是一统的,天人是一统的,而天子(人君)则是天人一统的中介。其大一统的具体模式是:"以人随君,以君随天。"②或者换一种说法:"天子受命于天,诸侯受命于天子,子受命于父,臣妾受命于君,妻受命于夫。诸所受命者,其尊皆天也,虽谓受命于天亦可。"③质而言之,就是:"天子受命于天,天下受命于天子。"④秦始皇是中国封建社会里的第一个皇帝,但他并没有建立起这一套大一统的理论。汉武帝虽然也对《淮南鸿烈》表示欣赏⑤,但他还是接受了董仲舒的以"孔子之术"为核心、以天人合一为理论根据的大一统思想。这对汉武帝和董仲舒来说,都不是偶然的。《汉书·董仲舒传》记:"自武帝初立,魏其、武安侯为相而隆儒矣。及仲舒对册,推明孔氏,抑黜百家。立学校之官,州郡举茂材孝廉,皆自仲舒发之。"至此,在秦汉皇朝政治一统的基础上,也形成了思想一统的局面。这是当时的大事件,

① 班固:《汉书》卷五十六《董仲舒传》,北京:中华书局,1962年,第2523页。

② 董仲舒:《春秋繁露》第二《玉杯》,苏舆义证,北京:中华书局,1992年,第31页。

③ 董仲舒:《春秋繁露》第七十《顺命》,苏舆义证,北京:中华书局,1992年,第413页。

④ 董仲舒:《春秋繁露》第四十一《为人者天》,苏舆义证,北京:中华书局,1992年,第319页。

⑤ 《汉书·淮南王安传》:"初,安入朝,献所作《内篇》,新出,上爱秘之。"按:《内篇》即《内书》21篇,亦即后人所称《淮南鸿烈》。

也是中国历史上的大事件，影响巨大而深远。①

秦汉时期的史学，就是在这个历史背景下发展着的。

二、政治统治和历史经验

秦汉皇朝在建立之初，都面临着如何巩固统治的问题，从而也面临着如何总结历史经验的问题。由于它们在这些问题上采取了不同的态度和做法，在很大程度上影响到这个时期史学的发展，甚至也影响到它们自身的巩固与否。

秦始皇完成统一事业之后，在总结历史经验上有一个重要的成功之处，就是认识到"天下共苦战斗不休，以有侯王"，所以他采纳了李斯的建议，不为封国而为郡县。此后五六年间，秦始皇巡游各地，所到之处，刻石记功，不再讨论历史经验了。秦始皇三十四年（公元前213），由于博士齐人淳于越对仆射周青臣的批评，竟酿成了"非秦记皆烧之"的史学悲剧，而且兼及《诗》、《书》、百家语。这些，都被认为是"天下书不中用者"②。次年，又坑诸生460余人。于是，无人再敢道及秦国以外的历史。秦始皇用这种粗暴的办法干预史学，并没有真正达到统一思想的目的，却给史学的发展造成了灾难。

刘邦建立西汉以后，起初也不曾想到总结历史经验的重要。但他很快接受了陆贾的建议，"乃谓陆生曰：'试为我著秦所以失天下，吾所以得之者何，及古成败之国。'陆生乃粗述存亡之征，凡著十二篇。每奏一篇，高帝未尝不称善，左右呼'万岁'，号其书曰《新语》"③。可以想见，刘邦君臣为巩固政治统治而如此重视总结历史

---

① 参见杨向奎：《大一统与儒家思想》第四章，北京：中国友谊出版公司，1989年；周桂钿：《董学探微》第十三章，北京：北京师范大学出版社，1989年。

② 以上均见司马迁：《史记》卷六《秦始皇本纪》，北京：中华书局，2013年，第285~373页。

③ 司马迁：《史记》卷九十七《郦生陆贾列传》，北京：中华书局，2013年，第3252页。

经验，这在当时是何等庄严、深沉而又富有生气的场面！《新语》的主要内容，是向刘邦阐述了这样一个历史经验：对于天下，"居马上得之，宁可以马上治之乎？且汤、武逆取而以顺守之，文武并用，长久之术也。昔者吴王夫差、智伯极武而亡；秦任刑法不变，卒灭赵氏。向使秦已并天下，行仁义、法先圣，陛下安得而有之？"①它强调古今的联系、历史与现实的联系，认为："善言古者，合之于今。能述远者考之于近。故说事者上陈五帝之功，而思之于身，下列桀、纣之败，而戒之于己。"②它在很多地方讲到秦朝灭亡的教训，如"秦始皇设刑罚，为车裂之诛，以敛奸邪；筑长城于戎境，以备胡、越；征大吞小，威震天下；将帅横行，以服外国。蒙恬讨乱于外，李斯治法于内，事逾烦，天下逾乱；法逾滋，而天下逾炽；兵马益设，而敌人逾多。秦非不欲为治，然失之者，乃举措太众、刑罚太极故也。"③它还批评秦朝统治者的"骄奢靡丽"之风，认为应从中总结出这样的经验："民奢应之以俭，骄淫者统之以理"，这就是孔子说的"移风易俗"④。它认为秦朝"以赵高、李斯为杖，故有倾仆跌伤之祸"，这是"所任非也"⑤，等等。《新语》作为汉初统治者总结历史经验的政论和史论，对当时和后世有很大的影响。

汉文帝时期的贾谊（公元前200—前168），和汉文帝、汉景帝时期的晁错（？—前154），都是继陆贾之后的西汉著名政论家，而且都有论著传世⑥。贾、晁的思想渊源，前人分别归于儒法两家，但他们所发表的政论和史论，大致上都是跟陆贾一脉相承的。贾谊的著作中，有许多总结秦何以亡、思考汉如何兴的名篇，前者如《过秦论》，后

① 司马迁：《史记》卷九十七《郦生陆贾列传》，北京：中华书局，2013年，第3252页。
② 《新语·术事》，王利器校注，北京：中华书局，1986年，第37页。
③ 《新语·无为》，王利器校注，北京：中华书局，1986年，第62页。
④ 《新语·无为》，王利器校注，北京：中华书局，1986年，第67页。
⑤ 《新语·辅政》，王利器校注，北京：中华书局，1986年，第51页。
⑥ 贾谊著有《新书》56篇，"新编诸子集成"录有今人的点校本。晁错撰述，后辑为《晁错》31篇；亦作《朝氏新书》3卷，唐初已不存（分别见《汉书·艺文志》法家类、《隋书·经籍志三》法家类），今仅存《举贤良对策》等8篇佚文，散见于《汉书》的《晁错传》、《食货志》、《荆燕吴传》。

者如《治安策》。贾谊认为，秦亡的历史教训，归结起来就是"不知守成之数，得之之术也"①。他在《过秦论》中反复阐述了这个道理。他指出，秦之所以能够"灭周祀，并海内，兼诸侯，南面称帝，以四海养。天下之士，斐然向风"，是由于这样一个客观形势造成的："近古之无王者久矣。周室卑微，五霸既灭，令不行于天下。是以诸侯力政，强凌弱，众暴寡，兵革不休，士民罢弊。"这就是说，秦的统一是有它的合理性的。而当"秦南面而王天下"，"元元之民冀得安其性命，莫不虚心而仰上"之时，如能认真总结历史经验，"论上世之事，并殷、周之迹，以制御其政"，那就未必会很快出现"倾危之患"。但是，秦却"其道不易，其政不改"，仍然推行它在统一战争中的那些政策，"故其亡可立而待也"。这就叫作"取与守不同术也"，或谓之"攻守之异势也"②。贾谊的这些见解，跟陆贾说的"以逆取而以顺守之，文武并用，长久之术也"，是相通的，反映了他们在这个重大历史经验上的共识。

贾谊从总结历史经验中提出关于兴汉的建议，涉及许多方面。其中，有两条是至关重要的。第一，是关于刘姓诸王的封国问题。他从汉初异姓诸侯王封国的历史教训中，总结出这样一个认识："窃迹前事，大抵强者先反。"因此，"欲天下之治安，天子之无忧，莫如众建诸侯而少其力。力少则易使以义，国小则无邪心"③。第二，是关于"以侈靡相竞"的世风问题。贾谊认为，秦国在发展过程中，"功成求得矣，终不知反（返）廉愧之节、仁义之厚"，以致酿成"众掩寡，智欺愚，勇威怯，壮凌衰"的社会风气；汉兴以后，"其遗风余俗，犹尚未改。今世以侈靡相竞，而上亡制度，弃礼谊，捐廉耻，日甚，可谓月异而岁不同矣"。因此，他提出皇帝本人要亲自过问"移风易

---

① 贾谊：《新书·时变》，阎振益、钟夏校注，北京：中华书局，2000年，第98页。
② 贾谊：《新书·过秦论》，阎振益、钟夏校注，北京：中华书局，2000年，第1～3页。
③ 班固：《汉书》卷四十八《贾谊传》，北京：中华书局，1962年，第2237页。

俗，使天下回心而向道"①的事情。这跟上文提到的陆贾所说"奢侈者则应之以俭，骄淫者则统之以理"的主张，又是一脉相承的。所不同的是，贾谊所处的时代，世风"侈靡"的严重性更为突出罢了："以出伦逾等相骄，以富过其事相竞！"②史家班固说："追观孝文玄默躬行以移风俗，谊之所陈略施行矣。"③其实，不仅仅是移风易俗方面，在"众建诸侯而少其力"方面，汉文帝也采纳了贾谊的建议。

晁错总结历史经验的言论，在他的少量佚文中还可以看到一些，其中以《举贤良对策》和《守边劝农疏》最具代表性。在《举贤良对策》中，晁错根据汉文帝诏策提出的问题：关于"明于国家大体"，他"以古之五帝明之"；关于"通于人事终始"，他"以古之三王明之"；关于"直言极谏"，他"以五伯之臣明之"；关于"吏之不平，政之不宣，民之不宁"，他"以秦事明之"。关于"秦事"，他首先分析了秦之所以"能兼六国，立为天子"的原因，继而又剖析其"末途之衰"的根源和表现："任不肖而信谗贼；宫室过度，奢欲亡极，民力罢尽，赋敛不节；矜奋自贤，群臣恐谀，骄溢纵恣，不顾患祸；妄赏以随喜意，妄诛以快怒心，法令烦惨，刑罚暴酷，轻绝人命，身自射杀，天下寒心，莫安其处。奸邪之吏，乘其乱法，以成其威，狱官主断，生杀自恣。上下瓦解，各自为制。"④这是从秦皇朝最高统治集团的倒行逆施造成了"天下寒心"，讲到"奸邪之吏"又乘机胡作非为酿成"上下瓦解"的局面，进而讲到"绝秦之迹，除其乱法"的重要。值得注意的是，晁错对诏策中提出的诸问题，都是以史"明之"；而对于"五帝"、"三王"、"五伯之臣"，是作为正面的历史经验提出来的，对于"秦事"则着重强调了它的历史教训。这是意味深长的。晁错关于"守边备塞，劝农力本"的建议，也是在总结秦时"戍者死于边，输者偾

① 班固：《汉书》卷四十八《贾谊传》，北京：中华书局，1962年，第2244～2245页。
② 贾谊：《新书·时变》，阎振益、钟夏校注，北京：中华书局，2000年，第97页。
③ 班固：《汉书》卷四十八《贾谊传》赞，北京：中华书局，1962年，第2265页。
④ 班固：《汉书》第四十九《晁错传》，北京：中华书局，1962年，第2296页。

于道"①的历史教训的基础上提出来的。

汉初统治者和一些思想家对历史经验的总结，在当时政治统治中产生了积极的作用，对后世史学家也有很大的影响。司马迁说："余读陆生（按：指陆贾——引者）《新语》书十二篇，固当世之辩士。"②班固引用刘向的话说："贾谊言三代与秦治乱之意，其论甚美，通达国体，虽古之伊、管未能远过也。使时见用，功化必盛。"③司马迁说晁错是"不顾其身，为国家树长画"④的人，班固也称赞晁错"锐于为国远虑"⑤。这里，刘向论贾谊的话，是极有代表性的看法，他道出了当时"言三代与秦治乱之意"，确是意识形态领域中的一个重大课题。

政治上的统一促进了意识形态的重大变化，为着巩固这种政治统治而重视于总结历史经验，这两个因素对秦汉史学尤其是汉代史学产生了极其深刻的影响，成为推动史学家们创造新的史学的思想动因和政治动因。司马谈、司马迁父子和班彪、班固父子的史学活动，都是在这种动因的支配下展开的。

司马谈临终前跟其子司马迁有一段诀别之言："太史公执迁手而泣曰：'……自获麟以来四百有余岁，而诸侯相兼，史记放绝。今汉兴，海内一统，明主贤君忠臣死义之士，余为太史而弗论载，废天下之史文，余甚惧焉，汝其念哉！'迁俯首流涕曰：'小子不敏，请悉论先人所次旧闻，弗敢阙。'"显然，在这里，司马谈是强调了"海内一统"和"明主贤君忠臣死义之士"。后来，司马迁在回答别人的问难、申述自己的作史志向时也说："汉兴以来，至明天子，获符瑞，封禅，改正朔，易服色，受命于穆清，泽流罔极，海外殊俗，重译款塞，请来献见者不可胜道。臣下百官力诵圣德，犹不能宣尽其意。

① 班固：《汉书》卷四十九《晁错传》，北京：中华书局，1962年，第2283页。
② 司马迁：《史记》卷九十七《郦生陆贾列传》后论，北京：中华书局，2013年，第3259页。
③ 班固：《汉书》卷四十八《贾谊传》赞，北京：中华书局，1962年，第2265页。
④ 司马迁：《史记》卷一百三十《太史公自序》，北京：中华书局，2013年，第3995页。
⑤ 班固：《汉书》卷四十九《袁盎晁错传》赞，北京：中华书局，1962年，第2303页。

且士贤能而不用，有国者之耻；主上明圣而德不布闻，有司之过也。且余尝掌其官，废明圣盛德不载，灭功臣世家贤大夫之业不述，堕先人所言，罪莫大焉。"①这些话表明了他是多么看重"汉兴以来"的历史，也显示出他作史的决心是不可动摇的。

班氏父子的史学活动在政治目的上，同司马氏父子并无本质的区别。但是，前者对于汉史的重视，着重点并不在于总结历史经验，而是力图提出一种理论，以证明汉皇朝存在的合理性和稳固性。所以班彪著《王命论》，论证所谓"刘氏承尧之祚"、"唐据火德，而汉绍之"，宣扬"神器有命，不可以智力求也"。班彪在本文中指出刘邦成功的原因有五条，前三者分别是"帝尧之苗裔"、"体貌多奇异"、"神武有征应"，看来都当归于"神器有命"方面。班固继承了《王命论》的思想，以"汉绍尧运，以建帝业"、"皇矣汉祖，纂尧之绪，实天生德，聪明神武"②为宗旨，而奠定了他的史学活动的基础。

司马氏父子和班氏父子的史学活动，是政治大一统这一新的历史条件下的产物；他们开创了空前的史学规模，在中国史学发展上建立起两座丰碑：《史记》和《汉书》。

第二节　《史记》——中国史学的奠基石

一、司马迁撰《史记》

时代造就了司马迁和他的辉煌的史学事业，司马迁本身也具备了致力于这一事业的主观条件。

司马迁（公元前145或前135—约前90③），字子长，左冯翊夏阳（今陕西韩城）人。他生于史官世家，父亲司马谈（？—前110）在汉武

---

① 司马迁：《史记》卷一百三十《太史公自序》，北京：中华书局，2013年，第3973页。
② 班固：《汉书》卷一百下《叙传》，北京：中华书局，1962年，第4235～4236页。
③ 关于司马迁的生卒年问题，历史学界有多种说法，迄无定论，作者姑取此说。

帝建元、元鼎年间（公元前 140—前 111）任太史令。司马迁幼时"耕牧河山之阳"，从事轻微的体力劳动。10 岁开始诵读"古文"，即指先秦时期人们用当时的字体书写的历史文献。他的启蒙老师，想必就是他的父亲司马谈。这种家学渊源对他后来的治学道路有极深刻的影响。司马迁随父亲到了长安以后，曾经向著名学者孔安国请教关于古文《尚书》的疑问，又随经学大师董仲舒学习《春秋》公羊学。董仲舒的学术思想对他后来的治学道路也有深刻的影响。

司马迁生活在富庶、强盛的汉武帝时代，20 岁上他开始进行广泛的漫游和考察活动："南游江、淮，上会稽，探禹穴，窥九疑，浮于沅、湘；北涉汶、泗，讲业齐、鲁之都，观孔子之遗风，乡射邹、峄；厄困鄱、薛、彭城，过梁、楚以归。"①这次漫游和考察所得，是他后来撰述活动的很重要的准备。接着他被任为郎中，奉命到过巴、蜀以南，以及邛、笮、昆明等地。这对他了解那里的风土、人情、历史，无疑也是十分重要的。元封元年（公元前 110），汉武帝封泰山，司马谈以太史公职而不得从行，愤懑而死。临终之前，以史事嘱司马迁。司马迁决心完成先人未竟事业，这成了他终生的志向。三年后，他被任为太史令，从而有机会遍读皇家藏书，为撰史工作做了文献上的准备。汉武帝太初元年（公元前 104），司马迁参与制定的"太初历"完成。此后，他即着手于一生中最辉煌的事业：撰述《史记》。

然而，历史所赋予司马迁的，并不都是可以昂首阔步的坦途。汉武帝天汉三年（公元前 98），他因李陵事的牵连而受腐刑。这是司马迁一生中最大的转折。在这严重打击并"为乡党戮笑、污辱先人"的奇耻大辱面前，司马迁以周文王、孔子、屈原、左丘明、孙膑、吕不韦、韩非等前哲为榜样，认为他们留下的著作是："大抵贤圣发愤之所为作也。此人皆意有所郁结，不得通其道也，故述往事，思

---

① 司马迁：《史记》卷一百三十《太史公自序》，北京：中华书局，2013 年，第 3970～3971 页。

来者。"①这位伟大的史学家正是从历史中汲取了力量，不顾流俗所讥，决心把撰述《史记》的工作继续下去。正像他后来在致故人任安书中所说："所以隐忍苟活，函粪土之中而不辞者，恨私心有所不尽，鄙没世而文采不表于后也。"②他在忍辱负重中，终于撰成了《史记》这一历史巨著！

时代造就了司马迁；司马迁也以自己的才华、鉴识和毅力所凝结的成果，回报了他所处的那个时代。

《史记》，原名《太史公书》，间亦有称为《太史公记》、《太史公》、《太史记》者，至东汉末年荀悦《汉纪》、颖容《春秋释例》乃直称《太史公书》为《史记》③，由此相沿至今。《史记》共130篇，52.65万字，司马迁意在使其"藏之名山，副在京师，俟后世圣人君子"④。汉宣帝时，司马迁外孙杨恽"祖述其书"，《史记》乃公开面世。其时已有少量缺篇，为后人褚少孙等所补，虽不无缺憾，然亦无损全书风貌。

二、开创纪传体通史的恢宏气象

《史记》是中国史学上第一部纪传体通史，开创了纪传体通史的恢宏气象，对纪传体史书的发展以至整个史学的发展，都有深刻而长久的影响。

《史记》是一部通史，它"述历黄帝以来至太初而讫"⑤。司马迁写通史，为什么从黄帝开始？他在《史记·五帝本纪》（下引《史记》或文中夹注，只记篇名）后论中对此有明确的阐述，其要义是：《尚书》只是从尧讲起，而"百家"记黄帝事又不正确可信，就连荐绅先生也难说得清楚。孔子所传的《宰予问五帝德》和《帝系姓》这两篇重要的

---

① 司马迁：《史记》卷一百三十《太史公自序》，北京：中华书局，2013年，第3978页。
② 班固：《汉书》卷六十二《司马迁传》，北京：中华书局，1962年，第2733页。
③ 参见程金造：《史记名称解》，《史记管窥》，西安：陕西人民出版社，1985年，第36~40页。
④ 司马迁：《史记》卷一百三十《太史公自序》，北京：中华书局，2013年，第3999页。
⑤ 司马迁：《史记》卷一百三十《太史公自序》，北京：中华书局，2013年，第4001页。

文献，儒生们也不传习了。我根据《春秋》（疑为《春秋左氏传》之误）和《国语》所阐发、印证《五帝德》、《帝系姓》一些明证，说明后者的记载并不是虚构的。我选择其中最正确的记载，著为专篇，作为本书的起始。——司马迁的这些论述是很重要的。他实际上回答了中国历史应当从什么时候写起这个重大问题，这是他的卓识所在。

在司马迁看来，中国历史从黄帝写起，这不仅有文献上的根据，有民间传说的参考，而且寄寓着史家本人对于历史的深厚的感情。司马迁笔下的黄帝时代是："天下有不顺者，黄帝从而征之，平者去之，披山通道，未尝宁居"；"时播百谷草木，淳化鸟兽虫蛾，旁罗日月星辰水波土石金玉，劳动心力耳目，节用水火材物"[①]，等等。这个时代，象征着力量、智慧、勤劳、统一。

《史记》以黄帝开篇，这是意味深长的，其历史影响历时愈久而愈强烈。

《史记》下限"至太初而讫"。汉武帝太初元年（公元前104），下距司马迁逝世只有十几年，说明《史记》是一部记述从远古贯穿到作者所处时代的历史进程的通史。那么，司马迁为什么要断至"太初"呢？因为这一年西汉皇朝在历法上实行了大的改革，即颁行新历《太初历》，乃改元封七年为太初元年。《太初历》是我国历史上第一部比较完整的历法，也是我国历法史上第一次大改革。司马迁是《太初历》的制定者之一，深知此事的重要，故在《史记》中屡屡提到它。如"……五年而当太初元年，十一月甲子朔旦冬至，天历始改，建于明堂，诸神受纪"；"五家之文怫异，唯《太初》之无论"[②]，意谓黄帝、颛顼、夏、殷、周五历皆有误差，只有《太初历》最为准确，在《史记·历书》中他还比较详细地记述了改历的经过。

司马迁以《太初历》的颁行为《史记》下限，反映了他对历法与社

---

① 司马迁：《史记》卷一《五帝本纪》，北京：中华书局，2013年，第4、7页。
② 司马迁：《史记》卷一百三十《太史公自序》，北京：中华书局，2013年，第3973、3984页。

会生活之密切关系的深刻认识。因此，他着意指出："今上……乃以太初之元改正朔，易服色，封太山，定宗庙百官之仪，以为典常，垂之于后。"①这在西汉社会生活中无疑是一个重要的变化，足见司马迁以"太初"为《史记》下限，又不仅仅是从历法改革着眼的。

要之，《史记》之作为通史，它首先在断限上反映出司马迁对于历史的严肃态度和深刻见解。后人往往根据《史记》记事间或也有晚于太初者，乃将《史记》下限断于汉武帝天汉年间甚至更晚的时间②，这是未察司马迁的深意而混淆了个别史事的记载与全书断限之间的区别所致。

司马迁的卓识，还表现在他创造了纪传体形式，用以表述丰富、生动的历史内容。这是一种综合体，它包含五个部分：

——本纪，12篇，有五帝、夏、殷、周、秦、始皇、项羽、高祖、吕后、文、景、今上。用司马迁的话说，这是"网罗天下放失旧闻，王迹所兴，原始察终，见盛观衰，论考之行事，略推三代，录秦汉，上记轩辕，下至于兹"③。这是全书表述历史进程的总纲，意在"原始察终，见盛观衰"，阐述兴亡大势。

——表，10篇，有世表、年表、月表，自三代讫于太初，意在解决"并时异世，年差不明"④的问题，即对于头绪纷繁的历史事件而明载其发生之年月。

——书，8篇，有礼、乐、律、历、天官、河渠、封禅、平准，涉及礼乐制度、历法、天文、地理、重大祭祀、经济财政等社会生活以及人与自然的关系之诸多方面，意在明其"损益"、"改易"之迹，"承敝通变"之状。

——世家，30篇，意在记述那些作为王朝或皇朝的"辅拂股肱之

---

① 司马迁：《史记》卷二十三《礼书》序，北京：中华书局，2013年，第1369页。

② 班固《汉书·司马迁传》赞："司马迁据《左氏》、《国语》，采《世本》、《战国策》，述《楚汉春秋》，接其后事，讫于天汉。"后司马贞《史记索引》、张守节《史记正义》亦从此说。

③ 司马迁：《史记》卷一百三十《太史公自序》，北京：中华书局，2013年，第3999页。

④ 司马迁：《史记》卷一百三十《太史公自序》，北京：中华书局，2013年，第3999页。

臣"的"忠信行道，以奉主上"①的史事，重在写地方和朝廷的关系及其变化。

——列传，70 篇，是为古往今来，能够"扶义俶傥，不令己失时，立功名于天下"②的各种历史人物立传，写出了各个阶层、各个行业代表人物的形形色色的心态和面貌。

历史上人们称《史记》是纪传体史书，是强调了本纪和列传的重要性。其实，作为全书的组成部分，表、书、世家都有纪、传不能代替的独立的价值。因此，准确地说，《史记》是综合体史书。《史记》所包含的五个部分的体例，都可以从先秦史学中见其踪迹；然后世学人往往拘泥于辩难某体源于某书，故多穿凿附会之见，且又常顾其名而失其实。按照司马迁自己的说法是：他任太史令后，"䌷史记石室金匮之书"，博览群籍；"于是汉兴……百年之间，天下遗文古事靡不毕集太史公。太史公仍父子相继纂其职"；在此基础上撰成的《太史公书》，具有"厥协《六经》异传，整齐百家杂语"③的特点。"厥协"、"整齐"，是在对文献做全面考察基础上的综合运用。④《史记》五体或五体中的任何一体，从内容到名称，似都不会是源于某一部书或某几部书，它是在先秦、汉初文献积累上的再创造。司马迁自谓《史记》"成一家之言"，这是很重要的一个方面。司马迁在历史编纂上的再创造，一是对他所借鉴、采用的每一种编纂形式，都有新的发展，使其特点更鲜明、作用更突出，从而具有独立存在的价值并产生深远的影响；五体之中，纪、表、书、传尤为明显。二是以五体互相配合，综为一书，以揭示历史演进过程中的丰富性、复杂性和生动性，从而在时间上、空间上和人事活动上极大地开阔了人们认识历史的视野。唯其如此，司马迁的《史记》所开创的纪传体

---

① 司马迁：《史记》卷一百三十《太史公自序》，北京：中华书局，2013 年，第 3999 页。

② 司马迁：《史记》卷一百三十《太史公自序》，北京：中华书局，2013 年，第 3999 页。

③ 司马迁：《史记》卷一百三十《太史公自序》，北京：中华书局，2013 年，第 3973、3998 页。

④ 参见《史记》各篇后论（即"太史公曰"），司马迁往往于"余读"某书、"余观"某书中，道出其所参考的种种文献。

通史的恢宏气象，是前无古人的。

司马迁的这种创造精神，反映了他对历史的深刻理解和整体认识，以及表述这种理解和认识的杰出才能。这在中国古代史学发展上是一次伟大的飞跃。近人梁启超在论到《史记》的创造性时，有一点是很重要的，即《史记》的"历史之整个的观念"。他认为："从前的史，或属于一件事的关系文书——如《尚书》；或属于各地方的记载——如《国语》、《战国策》；或属于一时代的记载——如《春秋》及《左传》。《史记》则举其时所及知之人类全体自有文化以来数千年之总活动冶为一炉。自此始认识历史为整个浑一的，为永久相续的。非至秦汉统一后，且文化发展至相当程度，则此观念不能发生。而太史公实应运而生。《史记》实为中国通史之创始者。"①梁启超的这个看法，是很有见地的。

《史记》作为古代史家对中国历史之比较全面的或整体的认识的标志，为中国史学大厦的建造奠定了基石。

三、"其言秦汉，详矣！"

班固指出："司马迁据《左氏》、《国语》，采《世本》、《战国策》，述《楚汉春秋》，接其后事，讫于天汉。其言秦汉，详矣！"在班固看来，《史记》关于黄帝至春秋时事据《世本》，春秋时事据《左传》、《国语》，战国时事据《战国策》，楚汉之际事据《楚汉春秋》，汉初以来讫于汉事为司马迁自撰，故谓之"接其后事"。这当然只是一个大概的说法，司马迁所据、所采的历史文献远不止于班固所举的这些。不过，班固所说"其言秦汉，详矣"，无疑是很重要的看法，说明班固读《史记》是有时代感的。

如前所述，《史记》是一部通史，是一部关于古代社会的经济、

---

① 梁启超：《要籍解题及其读法》，《饮冰室合集》第六册专集七十二，北京：中华书局，1989年，第19～20页。

政治、军事、民族、思想、文化、社会风貌和各阶层人物群像的百科全书。但从《史记》的着力所在和精彩之笔来看，从司马迁所处的时代条件和他所意识到的历史责任来看，《史记》最重要的历史价值在于它详尽地、深刻地、生动地写出秦和西汉前期的历史，特别是总结了秦汉之际的历史经验。这是司马迁奉献给当时的和后来的人们的一笔巨大精神财富，蕴含丰富的历史智慧。

司马迁着力写秦汉史，总结秦汉之际的历史经验，从比较开阔的视野来看，上起秦国的兴起，下迄汉武帝时期的强盛，内容非常丰富。概括起来，主要是这样几个问题：

——原先落后的秦国为什么能够击败东方六国，完成统一大业？统一后的秦皇朝为什么又招致速亡？

——楚汉战争中，为什么力量强大的项羽终于遭到失败，力量弱小的刘邦反而获得成功？

——汉初统治者为巩固统治，恢复、发展经济，制定了什么样的国策？

——处于极盛时期的汉武帝统治面临着什么新的问题？

这些问题，是战国中期以来至西汉前期大约二百七八十年间的重大历史问题，也是司马迁所处时代的近现代史上的重大问题，有的则是属于他那个时候的当代问题。司马迁不愧是伟大的史学家，他以严肃的态度、深邃的思想、卓越的见识和神奇的史笔回答了这些问题，使《史记》一书具有历史感与时代感相统一的神韵和气息。

关于秦的兴起与速亡问题，司马迁只是简略而含蓄地写道："自缪公以来，稍蚕食诸侯，竟成始皇。始皇自以为功过五帝、地广三王，而羞与俦。"[1]这两句话极概括地指出了秦国发展、强大的过程，秦始皇完成统一大业后的宏大的、超越前人的政治抱负，也隐约地揭示了他蔑视历史、目空一切的政治品质。这是司马迁对《秦本纪》和《秦始皇本纪》所记史事的总结。而对于秦的兴亡这一重大历史问

---

[1]　司马迁：《史记》卷六《秦始皇本纪》后论，北京：中华书局，2013 年，第 345 页。

题的分析，他是照录了贾谊的《过秦论》用以说明的，并说"善哉乎贾生推言之也"，表明对贾谊《过秦论》的赞同和欣赏。这是司马迁的历史评论的一种独特的形式，它不仅贯穿着认识上的历史联系，而且也增强了对于历史经验之判断的说服力。

关于楚汉战争项败而刘胜的结局，司马迁在《项羽本纪》和《高祖本纪》中着意揭示了它的原因。司马迁一方面写出了项羽"将五诸侯灭秦，分裂天下，而封诸侯，政由羽出，号为'霸王'，位虽不终，近古以来未尝有也"的业绩；另一方面又批评他不懂谋略，"放逐义帝而自立"，迷信武力，"自矜功伐，奋其私智而不师古，谓霸王之业，欲以力征经营天下，五年卒亡其国，身死东城，尚不觉悟而不自责，过矣。乃引'天亡我，非用兵之罪也'，岂不谬哉！"①从轰轰烈烈走向失败，然至死尚不知何以失败，这真是英雄的双重悲剧。而与此相对照的恰是刘邦的喜剧。刘邦在楚汉战争中善于用人，注重罗织人心，废秦苛法，安定民众，司马迁说他"承敝易变，使人不倦，得天统矣"②。"承敝易变，使人不倦"和"欲以力征经营天下"，这就道出了楚汉战争结局的主要原因。

"承敝易变，使人不倦"实际上已开汉初国策之端倪，接着，司马迁写了陆贾提出的"以逆取而以顺守之"和贾谊说的"取与守不同术"的见解，写了惠帝、吕后时"君臣俱欲休息乎无为"③和文帝的种种节俭"以示敦朴，为天下先"、"专务以德化民，是以海内殷富，兴于礼义"④，等等。这些都说明司马迁是从秦的酷法役民到汉的"清静"、"无为"、"与民休息"这一国策的变化，来总结汉初统治者是如何巩固统治和发展社会经济的。

汉武帝时是西汉的极盛时期，这在《史记》中有不少记载。但是，司马迁虽身处其世，却没有陶醉于对盛世的讴歌。他以一个冷静的、

---

① 司马迁：《史记》卷七《项羽本纪》后论，北京：中华书局，2013年，第424页。
② 司马迁：《史记》卷八《高祖本纪》后论，北京：中华书局，2013年，第490页。
③ 司马迁：《史记》卷九《吕太后本纪》后论，北京：中华书局，2013年，第515页。
④ 司马迁：《史记》卷十《孝文本纪》，北京：中华书局，2013年，第541～542页。

负责任的史学家的眼光，看到了盛世背后的社会问题。如他在《封禅书》里说："余从巡祭天地诸神名山川而封禅焉。入寿宫侍祠神语，究观方士祠官之意，于是退而论次自古以来用事于鬼神者，具见其表里。后有君子，得以览焉。"《封禅书》主要落笔在对汉武帝笃信神仙、受方士愚弄的揭露和讽刺上。跟这种笃信神仙上的奢靡相对应的，人事中的奢侈也在迅速发展："当此之时，网疏而民富，役财骄溢，或至兼并豪党之徒，以武断于乡曲。宗室有士公卿大夫以下，争于奢侈，室庐舆服僭于上，无限度。物盛而衰，固其变也。"[1]西汉的历史表明，司马迁所揭示的社会变化大致是不错的。

自西汉建立至太初年间约百年的史事，在《史记》的本纪、表、世家、列传中占半数以上，八书中亦是汉事居多，足见司马迁对本朝史的研究用力之勤。

四、历史思想——关于天人关系和古今变化的理论

司马迁撰《史记》，是有明确的历史思想做指导的。他在《报任安书》中，只用了几句话就把这个指导思想做了概括，这就是："网罗天下放失旧闻，考之行事，稽其成败兴坏之理，凡百三十篇，亦欲以究天人之际，通古今之变，成一家之言。"[2]其中，"究天人之际，通古今之变"即探究天人关系、疏通古今变化的主旨，集中地反映出司马迁历史哲学的精髓。

在汉武帝时代，关于天人关系和古今关系，是思想界关注的大问题。经学大师公孙弘（公元前200—前121）认为，当时的诏书律令都能"明天人分际，通古今之义"[3]。汉武帝举贤良册问中也有"善言天者必有征于人，善言古者必有验于今"的话，也是说的天人关系和

---

① 司马迁：《史记》卷三十《平准书》，北京：中华书局，2013年，第1706页。

② 班固：《汉书》卷六十二《司马迁传》，北京：中华书局，1962年，第2735页。

③ 司马迁：《史记》卷一百二十一《儒林列传》序，北京：中华书局，2013年，第3763页。

古今关系；至于董仲舒的以贤良对策，则是阐述"天人之征，古今之道"①的大文章，具有广泛的影响。但他们所宣扬的是要"迹之于古，返之于天"，在历史观上是保守的、唯心的。司马迁的历史哲学是与此相对立的。

司马迁讲的"究天人之际"，首先，强调天人相分，即认为天道与人事是不相干的。《伯夷列传》就最明显地反映了这个认识，他以伯夷、叔齐和颜渊为例，对"天道无亲，常与善人"的说法进行批评，说："天之施善人，其何如哉？"到了近世，"操行不轨，专犯忌讳"的人，"终身逸乐，富厚累世不绝"；反之，公正发愤的人"而遇灾祸者，不可胜数也"。由此，司马迁深沉地写道："余甚惑焉，傥所谓天道，是邪非邪？"又如上文讲到，司马迁对项羽英雄一世但从不自察，临死之前还一再说"此天之亡我，非战之罪也"，取严肃的批判态度，说是"岂不谬哉！"这都是不承认天道可以干预人事。这跟董仲舒宣扬的"天人感应"说是相对立的。其次，司马迁对当时盛行的封禅祭祀、祈求神仙的活动的虚妄，予以深刻的揭露。他批评汉武帝："今上封禅，其后十二岁而还，遍于五岳、四渎矣。而方士之候祠神人，入海求蓬莱，终无有验。……天子益怠厌方士之怪迂语矣，然羁縻不绝，冀遇其真。"由于天子的欲罢不能，所以"自此之后，方士言神祠者弥众，然其效可睹矣"②。这就大大毒害了社会风气。"然其效可睹矣"这句话，是多么强烈的讽刺！最后，司马迁刻意写出了人事在历史发展中的重要作用。他在《太史公自序》里说，三十世家，是要写出"辅拂股肱之臣"的"忠信行道，以奉主上"；七十列传，是要写出那些"扶义俶傥，不令己失时，立功名于天下"的人们的活动。在中国史学发展上，这是第一次把人的活动放到如此重要的历史位置上来看待。司马迁的这一意识，在他写秦汉史事时尤为突出。他评价陈胜说："陈胜虽已死，其所置遣侯王将相竟亡秦，由涉首事也。"③他赞扬刘敬

---

① 班固：《汉书》卷五十六《董仲舒传》，北京：中华书局，1962 年，第 2515 页。
② 司马迁：《史记》卷二十八《封禅书》，北京：中华书局，2013 年，第 1676～1677 页。
③ 司马迁：《史记》卷四十八《陈涉世家》，北京：中华书局，2013 年，第 2364 页。

"脱挽辂一说"，献定都关中之策，"建万世之安"①。称赞陈平在汉初"常出奇计，救纷纠之难，振国家之患"，后又在诸吕之乱中"定宗庙，以荣名终，称贤相"，"非知谋孰能当此者乎？"②这是强调了智谋的作用。与此相关的是，他评论晁错、主父偃在对待刘姓诸王问题上的得失时指出："安危之机，岂不以谋哉？"③认为："君子用而小人退"，这是"国之将兴"的征兆，而"贤人隐，乱臣贵"则是"国之将亡"的迹象。进而指出："甚矣，'安危在出令，存亡在所任'，诚哉是言也！"④这是把如何用人看作是国家安危存亡之所系。他还指出：要使国家强盛太平，"唯在择任将相哉！唯在择任将相哉！"⑤

总的来看，司马迁的"究天人之际"在主流上是倾向唯物的，这在当时的思想领域和政治领域都是进步的，在中国古代朴素的唯物史观发展上占有重要的位置。当然，《史记》一书并没有完全摆脱"天命"论的窠臼和"天人感应"说的影响。如他在讲到刘邦建立汉皇朝时说："岂非天命哉，岂非天命哉！非大圣孰能当此受命而帝者乎？"⑥又如他一方面指出"星气之书，多杂禨祥，不经"⑦，是不可凭信的。一方面又说日、月、孛星、云、风的变化"其与政事俯仰，最近天人之符。此五者，天之感动"⑧。这样，就又把天道和人事扯到一起了。这是司马迁在天人关系理论上的局限，但它在《史记》全书中并不占有支配的地位。

司马迁的"通古今之变"的思想具有丰富的内容。首先，他对历史演进的过程提出了比较完整的看法。这个看法，从《太史公自序》

① 司马迁：《史记》卷九十九《刘敬叔孙通列传》后论，北京：中华书局，2013 年，第 3283 页。

② 司马迁：《史记》卷五十六《陈丞相世家》后论，北京：中华书局，2013 年，第 2491 页。

③ 司马迁：《史记》卷十一《孝景本纪》后论，北京：中华书局，2013 年，第 564 页。

④ 司马迁：《史记》卷五十《楚元王世家》后论，北京：中华书局，2013 年，第 2403 页。

⑤ 司马迁：《史记》卷一百十《匈奴列传》后论，北京：中华书局，2013 年，第 3504 页。

⑥ 司马迁：《史记》卷十六《秦楚之际月表》序，北京：中华书局，2013 年，第 916 页。

⑦ 司马迁：《史记》卷一百三十《太史公自序》，北京：中华书局，2013 年，第 3984 页。

⑧ 司马迁：《史记》卷二十七《天官书》后论，北京：中华书局，2013 年，第 1603 页。

中的《五帝本纪》至《高祖本纪》的序目、《三代世表》至《秦楚之际月表》的序目可以略见其大概，而从《三代世表》至《秦楚之际月表》的四篇序中则可以更清楚地看出司马迁对于历史进程的把握。五帝、三代是两个大的历史时代①，但它们的历史太久远了，无法"论次其年月"，司马迁"于是以《五帝系谍》、《尚书》集世纪黄帝以来讫共和为《世表》"②。这是以"三代"统称"五帝、三代之记"。接着《三代世表》的是《十二诸侯年表》，年代是"自共和讫孔子"，历史特点是"挟王室之义，以讨伐会盟主，政由五伯，诸侯恣行"，也就是"诸侯专政"，"五霸更盛衰"③。再下面是《六国年表》，起周元王（公元前 475）、讫秦二世（公元前 207），"凡二百七十年"，历史特点是"陪臣执政"，"海内争于战功"，"务在强兵并敌，谋诈用而纵横短长之说起"④。《秦楚之际月表》起秦二世元年（公元前 209）七月，中经"西楚主伯，项籍始，为天下主命"（公元前 206），至汉高祖五年（公元前 202）后九月止，首尾八年。故司马迁写道："太史公读秦楚之际，曰：初作难，发于陈涉；虐戾灭秦，自项氏；拨乱诛暴，平定海内，卒践帝祚，成于汉家。"⑤"八年之间，天下三嬗，事繁变众，故详著《秦楚之际月表》。"⑥这四通表不仅在时间上首尾相衔，贯穿古今，而且它们的序文也都勾勒了各个历史时代的特点，反映出司马迁对于历史进程的卓越见解。其次，是贯穿着历史变化与历史进化的观点。司马迁的历史哲学不仅仅在于"通古今"，还要在"通古今"的基础上阐述历史的变化，以及从历史变化中指出历史的进化。他的这种见解，不仅在本纪和诸表中有明确的表述，而在"八书"中贯彻得尤为突出。

---

① 司马迁：《史记》卷一《五帝本纪》后论："太史公曰：'学者多称五帝，尚矣。'"司马迁认为那是久远的古代了。

② 司马迁：《史记》卷十三《三代世表》序，北京：中华书局，2013 年，第 618 页。

③ 司马迁：《史记》卷十四《十二诸侯年表》序及卷一百三十《太史公自序》，北京：中华书局，2013 年，第 641、3981 页。

④ 司马迁：《史记》卷十五《六国年表》序，北京：中华书局，2013 年，第 829 页。

⑤ 司马迁：《史记》卷十六《秦楚之际月表》序，北京：中华书局，2013 年，第 915 页。

⑥ 司马迁：《史记》卷十六《秦楚之际月表》序："五年之间，号令三嬗。"今从《自序》。

《太史公自序》关于"八书"的序目说："礼因人质为之节文，略协古今之变"，认为礼本身就是适应古今形势变化而制定的；"乐者，所以移风易俗也。……比乐书以述来古，作《乐书》"，考察自古以来乐的兴废；太公望、孙武子、吴起、王子成甫等对古代兵书《司马法》"能绍而明之，切近世，极人变"；"维币之行，以通农商；其极则玩巧，并兼兹殖，争于机利，去本趋末。作《平准书》"。这些，都是以贯通古今变化为撰述的主旨。《史记》"八书"虽有缺文，但从《历书》、《天官书》、《封禅书》中，还是可以看出他的这个思想在具体撰述上的体现。在考察古今变化时，司马迁是充分肯定历史是在进化的。他在《六国年表》序中写道："秦取天下多暴，然世异变，成功大。传曰'法后王'，何也？以其近己俗变相类，议卑而易行也。学者牵于所闻，见秦在帝位日浅，不察其始终，因举而笑之，不敢道，此与以耳食无异。悲夫！"司马迁在许多地方批评秦的苛法役民，但他从历史进化的观点出发，还是充分肯定秦朝在历史上的重大作用。他还说："居今之世，志古之道，所以自镜也，未必尽同。帝王者各殊礼而异务，要以成功为统纪，岂可绲乎？"①这是指出以古为镜的必要和混同古今的不可取，也是在强调历史的变化和进化。司马迁肯定"汉兴，承敝易变，使人不倦，得天统矣"②，称赞萧何"因民之疾秦法，顺流与之更始"③，也都是基于他的这一历史哲学的。最后，提出了"物盛则衰，时极而转"的历史命题。《太史公自序》在讲到撰述"本纪"时，提出对于历代帝王业绩要"原始察终，见盛观衰"，即推究其何以始，详察其何以终；于其极盛时看到它日渐衰落的迹象。这里讲的"见盛观衰"，主要是指政治形势说的。司马迁通过对历史上经济现象的考察，又提出这样的认识："农工商交易之路通，而龟

---

① 司马迁：《史记》卷十八《高祖功臣侯者年表》序，北京：中华书局，2013 年，第1044 页。

② 司马迁：《史记》卷八《高祖本纪》后论，北京：中华书局，2013 年，第 490 页。

③ 司马迁：《史记》卷五十三《萧相国世家》后论，北京：中华书局，2013 年，第 2438 页。

贝金钱刀布之弊兴焉。……《书》道唐虞之际，《诗》述殷周之世，安宁则长庠序，先本绌末，以礼义防于利；事变多故而亦反是。是以物盛则衰，时极而转，一质一文，终始之变也。"①这是从教化、礼义和物质财富的关系提出了"物盛则衰，时极而转"的命题。在《平准书》里，司马迁还从当代社会所积累的巨大财富中看到了法制的破坏、社会矛盾的严重和世风的败坏。于此，他并不奇怪："物盛而衰，固其变也。"可见，司马迁的"物盛则衰，时极而转"的历史命题，在他看来是一个普遍的原则。要之，司马迁的"通古今之变"的思想，包含着朴素的发展观点和辩证观点；这个朴素的辩证观点不仅可以从"物盛则衰"、"见盛观衰"看出来，更可以从"时极而转"看出来。在司马迁的历史哲学中，历史总在变化：要么由盛变衰，要么由衰转盛。他就是用这样的历史哲学去观察历史，"考之行事，稽其成败兴坏之理"。

司马迁"通古今之变"的思想，是对先秦时期的"神农氏没，黄帝、尧、舜氏作，通其变，使民不倦，神而化之，使民宜之。《易》穷则变，变则通，通则久"②这一思想的继承、丰富和发展，而跟当代董仲舒宣扬的"王者有改制之名，亡（无）变道之实"，"道之大原出于天，天不变，道亦不变"③的思想相对立。尽管司马迁在古今关系的理论上还带有历史循环论的痕迹④，但他所建立的"通古今之变"的思想体系之基本倾向则是历史进化的观点。

司马迁"究天人之际，通古今之变"的历史哲学，是中国古代历史理论发展的新阶段。

《史记》在历史表述的美学要求上有十分出色的成就。鲁迅在《汉文学史纲要》一书中论道："武帝时文人，赋莫若司马相如，文莫若司马

---

① 司马迁：《史记》卷三十《平准书》后论，北京：中华书局，2013 年，第 1730～1731 页。

② 《周易正义·系辞下》，《十三经注疏》，北京：中华书局，1980 年，第 86 页。

③ 班固：《汉书》卷五十六《董仲舒传》，北京：中华书局，1962 年，第 2518～2519 页。

④ 如《史记》卷八《高祖本纪》后论："三王之道若循环，终而复始。"《史记》卷二十六《历书》序："三王之正若循环，穷则反本。"但这不是《史记》思想的主流。

迁。"《史记》"固不失为史家之绝唱，无韵之《离骚》矣。唯不拘于史法，不囿于字句，发于情，肆于心而为文，故能如茅坤所言：'读游侠即欲轻生，读屈原、贾谊传即欲流涕，读庄周、鲁仲连传即欲遗世，读李广传即欲立斗，读石建传即欲俯躬，读信陵、平原君即欲养士'也"①。《史记》在这方面的成就，不限于写了栩栩如生的众多历史人物，还在于写战争、写历史场面，都使人有身临其境之感。如《淮阴侯列传》写韩信破赵之战，《李将军列传》写西汉名将李广对匈奴的战事，《项羽本纪》写"鸿门宴"的场面，《刘敬叔孙通列传》写叔孙通制定朝仪前后刘邦朝廷上场面的变化等，都给人们以历史审美的享受。《史记》在历史文学上的这些成就，继承、发展了先秦《左传》等书的传统，为后来历史撰述树立了楷模，影响所及，直至于今。

五、司马迁的史学思想

司马迁作为中国古代史学的奠基者，不仅在于他具有深刻的历史思想，还在于他具有丰富的史学思想。

司马迁的史学思想之突出的地方，首先，是他的史学发展意识。所谓史学发展意识，它不只是涉及有关史学的某些方面的认识，而且极为看重史学是史学家们不应为之中断的、具有连续性的神圣事业。他在《史记·太史公自序》中郑重地写道：

> 先人有言："自周公卒五百岁而有孔子。孔子卒后至于今五百岁，有能绍明世，正《易传》，继《春秋》，本《诗》、《书》、《礼》、《乐》之际？"意在斯乎！意在斯乎！小子何敢让焉。②

---

① 鲁迅：《汉文学史纲要》，《鲁迅全集》第 9 卷，北京：人民文学出版社，2005 年，第 435 页。

② 司马迁：《史记》卷一百三十《太史公自序》，北京：中华书局，2013 年，第 3974 页。

"小子何敢让焉"，这是把"绍明世"、"继《春秋》"的工作同周公、孔子的事业联系起来，还有什么比这更重要的呢？在司马迁看来，"《春秋》辨是非，故长于治人"；"《春秋》以道义"，"拨乱世反之正，莫近于《春秋》。《春秋》文成数万，其指数千。万物之散聚皆在《春秋》"。可见，所谓"继《春秋》"，确乎是神圣的事业。司马迁自觉的史学发展意识，可谓鲜明而又强烈，是先秦时期史学中不曾有过的。司马迁的史学发展意识，转化为伟大的史学成果《史记》，作为"一家之言"卓然自立。司马迁说的"成一家之言"，不仅仅是指《史记》说的，而且也是指"史家"说的。战国时期有诸子百家而"史记放绝"，司马迁要改变这种状况，他要使历史撰述也成为一"家"。这在史学发展上，是一件具有划时代意义的事情。

其次，是他对史学的社会作用有深刻的认识。他指出：

居今之世，志古之道，所以自镜也，未必尽同。帝王者各殊礼而异务，要以成功为统纪，岂可绲乎？[1]

这段话的大意是：现今的人们，认识古人的行事，目的是为了给自己做一面镜子以为借鉴，而不必去完全模仿古人的做法。不同时期的帝王大凡都有各自的礼法制度及重要事务，归根到底都是以获得成功为总的目标，既不可把它们混同起来，更不可以把古今混同起来。这是对于史学之社会作用的极精辟的说明。历史上人们的做法和经验，不可照样搬用；不同时期的人们都是根据自己所面临的问题，为了获得成功而各有不同的做法。人们之所以要考察和认识历史，是为"自镜"，为了有更多的借鉴，增添成功的因素。司马迁一方面肯定历史有"自镜"的价值，另一方面又反对混同古今而模仿历史。他既肯定了史学对于社会的积极作用，又反对把这种作用做庸

---

① 司马迁：《史记》卷十八《高祖功臣侯者年表》序，北京：中华书局，2013 年，第 1044 页。

俗化的理解。两千多年前，司马迁提出的这一认识，具有重要理论价值和社会意义。

再次，司马迁十分重视对历史撰述宗旨的阐说，显示出一位伟大史家的深刻和诚实。司马迁撰写《史记》的宗旨，可以用几个不同的层次来说明。其最高的层次，是"究天人之际，通古今之变，成一家之言"；其中间的层次，是关于本纪、表、书、世家、列传五个部分各自的总的撰述目标，如本纪是要说明"王迹所兴，原始察终，见盛观衰"，表是要表明"并时异世，年差不明"的复杂的历史事实，书是阐述典章制度的"承敝通变"，世家是表彰"辅拂股肱之臣"，列传是写社会各阶层中那些"扶义俶傥，不令己失时，立功名于天下"的人；其基础的层次，是对《史记》全书 130 篇中每一篇都交代其撰述思想上的考虑。①这是一个十分严密的思想逻辑体系；同时，它也表明，司马迁既能够严肃地面对历史，又能够真挚地面向后人。司马迁这样明确而细致地阐述自己的撰述宗旨，是《史记》得以成为一部伟大著作的原因之一，也是司马迁在千百年之后仍能获得众多读者理解和仰慕的原因之一。在这一点上，《汉书》从形式上模仿了《史记》，而思想境界上则未可企及。自《汉书》以后，这个传统几乎就没有人再来继承了。

最后，司马迁强调对于历史文献的认真辨析，提倡"好学深思，心知其意"的治史态度。关于这一点，他在《史记·五帝本纪》后论中有十分明确的阐述，其文曰：

> 学者多称五帝，尚矣。然《尚书》独载尧以来；而百家言黄帝，其文不雅驯，荐绅先生难言之。孔子所传《宰予问五帝德》及《帝系姓》，儒者或不传。余尝西至空桐，北过涿鹿，东渐于海，南浮江淮矣，至长老皆各往往称黄帝、尧、舜之处，风教固殊焉，总之不离古文者近是。予观《春秋》、《国语》，其发明《五帝德》、《帝系姓》章矣，顾弟弗深考，

---

① 司马迁：《史记》卷一百三十《太史公自序》，北京：中华书局，2013 年，第 3999 页。

其所表见皆不虚。书缺有间矣，其轶乃时时见于他说。非
好学深思，心知其意，固难为浅见寡闻道也。余并论次，
择其言尤雅者，故著为本纪书首。①

对于"百家言黄帝，其文不雅驯"，司马迁是持审慎态度的，这是一
方面；另一方面，他从实地考察中发现，《五帝德》、《帝系姓》"其所
表见皆不虚"。有了这样的辨析、印证，他才"择其言尤雅者，故著
为本纪书首"。由辨析、印证到抉择，是很繁难的过程，他认为只有
"好学深思，心知其意"的人，才能够懂得这些。司马迁在《史记》中，
有不少地方都反映出他的这一思想，如《三代世表》序写道：

五帝、三代之记，尚矣。自殷以前诸侯不可得而谱，
周以来乃颇可著。孔子因史文次《春秋》，纪元年，正时日
月，盖其详哉。至于序《尚书》则略，无年月；或颇有，然
多阙，不可录。故疑则传疑，盖其慎也。
余读《谍记》，黄帝以来皆有年数。稽其历谱谍终始五
德之传，古文咸不同，乖异。夫子之弗论次其年月，岂虚
哉！于是以《五帝系谍》、《尚书》集世纪黄帝以来讫共和为
《世表》。②

在这里，前一段话里肯定孔子"疑则传疑，盖其慎也"的治学态度，
后一段话里说他本人不据"年数"而作"世表"的缘由，而这两段话的
精神则是相通的。他如《匈奴列传》后论、《大宛列传》后论等，也从
不同的方面反映出司马迁的慎于辨析历史文献的思想。《史记》被后
人誉为"其文直，其事核，不虚美，不隐恶，故谓之实录"，是同司
马迁的这一思想密不可分的。

---

① 司马迁：《史记》卷一《五帝本纪》后记，北京：中华书局，2013 年，第 53 页。
② 司马迁：《史记》卷十三《三代世表》序记，北京：中华书局，2013 年，第 618 页。

第三节 《汉书》——"正史"格局的形成

一、班固和第一部宏伟的皇朝史

自西汉宣帝时《史记》面世后，乃渐次受到人们的重视，除元帝、成帝年间有褚少孙补写《史记》缺篇外，西汉、东汉之际，续作者蜂起，以补《史记》所记武帝太初以后史事。他们是刘向、刘歆、冯商、卫衡、扬雄、史岑、梁审、肆仁、晋冯、段肃、金丹、冯衍、韦融、萧奋、刘恂等（见刘知幾《史通·古今正史》）。由此亦可见《史记》作为中国史学之奠基石的重要地位。

东汉光武帝建武年间，班彪也"继采前史遗事，傍贯异闻"，作《太史公书》"后篇"数十篇①，是众多《史记》续作中最有成绩的。其子班固也就是在这个基础上开始撰述《汉书》的。班彪"才高而好述作，遂专心史籍之间"，而又"家有赐书，内足于财"②，这是他能够撰《太史公书》后篇的条件。他在所撰后篇的"略论"中，简述了史学的历史，从思想、文献处理和体例、文字表述等方面评论了《史记》，最后写道："今此《后篇》，慎核其事，整齐其文，不列世家，唯纪、传而已。"建武三十年（54），班彪卒于官，其所撰"后篇"亦成未竟之稿。前述班彪的《王命论》以及这篇"略论"，也就是班固撰述《汉书》的基本的指导思想。

班固（32—92），字孟坚，东汉扶风安陵（今陕西咸阳东北）人。后史称他"博贯载籍，九流百家之言，无不穷究，所学无常师，不为

---

① 《后汉书·班彪传》、《史通·古今正史》作"后传"，据《班彪传》所载班彪"略论"，当作"后篇"；《古今正史》谓 65 篇，不知所据，不取。以下同引《后汉书·班彪传》者，不另注。

② 班固：《汉书》卷一百上《叙传上》，北京：中华书局，1962 年，第 4205 页。以下同引《汉书·叙传上》者，不另注。

章句，举大义而已"。这跟他有良好的家学传统是分不开的。父死，乃归乡里，"以彪所续前史未详，乃潜精研思，欲就其业"。后有人上书明帝，告他"私改作国史"，乃被系京兆狱。其弟班超诣阙上书，为之申辩。明帝亦得班固所撰史草，重其才，任命他为兰台令史，与陈宗、尹敏、孟异共撰成《世祖本纪》。永平五年(62)，任校书郎，典校皇家藏书。此时，他又撰功臣、平林、新市、公孙述等有关新莽末年、东汉初年史事，凡列传、载记28篇。其自谓"永平中为郎，典校秘书，专笃志于博学，以著述为业"。当指此而言。于是，明帝乃命其"终成前所著书"。班固撰写《汉书》的事业由此正式被皇家认可，积二十余年，至章帝建初年间，大致完成全书。

《汉书》在编撰上有三个特点：

第一，以西汉皇朝兴衰为断限，突出了皇朝史的地位。班固和他的父亲班彪，以五德终始说为依据，反复申言"刘氏承尧之祚"，"唐据火德，而汉绍之"，"汉绍尧运，以建帝业"。这种思想，在政治上都是为了突出刘汉皇朝的历史地位。但班彪撰《太史公书》后篇时，意在续司马迁书，似无另行断限之意。而在班固这里，尊汉思想在历史撰述上便具体化了。他明确表明不赞成司马迁用写通史的办法，把汉皇朝的历史"编于百王之末，厕于秦、项之列"；他要仿效"尧舜之盛，必有典谟之篇，然后扬名于后世，冠德于百王"，使汉史具有独立的地位，流传后世。因此，《汉书》的断限，"起元高祖，终于孝平、王莽之诛"，包括西汉一代史事；新莽的出现，只是"遭汉中微"的一个历史插曲，同秦朝一样，"同归殊途"。班固以"书"名汉史，显然是有仿效《尚书》之意；他希望《汉书》对于汉朝来说，也是一种"巍巍乎其有成功，焕乎其有文章也"的关系。这是秦汉大一统以来，皇朝意识不断增强在历史撰述上的突出的反映。

第二，撰述重点为武帝太初以后史事。班彪"略论"说："[司马]迁之所记，从汉元至武以绝，则其功也。"他撰"后篇"，就是补写武帝以后史事。班固《汉书·叙传》说："太初以后，阙而不录，故探纂前记，缀辑所闻，以述《汉书》，起元高祖，终于孝平、王莽之诛，十有二世，二百三十年。"从汉朝建立至武帝太初，约百年的史事，班固认为《史记》所言"详矣"，这跟上引班彪语是一致的。可见，班氏父子都是把撰述的重点放在武帝以后的史事方面。具体说来，《汉书》续作了武帝太初以后约130年的史事，这是班氏父子的贡献，而尤其是班固的贡献。班固的贡献还在于，他对《史记》所记武帝太初以前的汉史也有所补充、调整，说明他对《史记》的汉史部分并不是简单地移用，而是按照《汉书》的统一要求进行处理的。

第三，内容恢宏，结构严谨。班固自谓，他对高帝、惠帝、高后（即吕后）、文、景、武、昭、宣、元、成、哀、平12世230年历史，"综其行事，旁贯《五经》，上下洽通，为春秋考纪、表、志、传，凡百篇"。这几句话，概括了《汉书》的内容、结构和思想。在内容上，它包含了西汉皇朝的全部史事，首尾完整，始末清晰。在结构上，它分纪、表、志、传四个部分，不再另立世家。纪、表，叙历史大事和历史进程；志，述典章制度；传，写各种人物兼及少数民族的历史。所谓"综其行事，旁贯《五经》，上下洽通"，这12个字很有分量，反映了班固在撰述上的思想和要求。颜师古注谓："固所撰诸表序及志，经典之义在于是也。"这是很有见地的。不过，班固的上述思想和要求，并不仅见于诸表序及志，而是贯穿于全书之中。《汉书》12纪、8表、10志、70传，凡百篇。后人作注时，因感有的篇帙过大，乃析为子篇，故今存《汉书》120卷，实系百篇之数析出。①

和帝永元初，班固与大将军窦宪关系密切。永元四年（92），窦宪失势，班固受到牵连，免官，被系入狱，死狱中，时年61岁。而所撰《汉书》，尚有八表与《天文志》未及终篇。其妹班昭（即曹大家）"博学高才"，和帝命她"就东观藏书阁踵而成之"②，又命其同郡人马续"继昭成之"。可见，《汉书》——中国史学上第一部宏伟的皇朝

---

① 参见《汉书》中华书局点校本的"出版说明"。
② 范晔：《后汉书》卷八十四《列女传》，北京：中华书局，1965年，第2784～2785页。

史——的最后成书，已是汉和帝永元年间了，上距班彪撰《太史公书》后篇已历四五十年之久。

唐代史学评论家刘知幾评论《汉书》说："如《汉书》者，究西都之首末，穷刘氏之废兴，包举一代，撰成一书，言皆精练，事甚该密，故学者寻讨，易为其功。自尔迄今，无改斯道。"①自司马迁撰纪传体通史，至班固的"包举一代，撰成一书"，即从《史记》到《汉书》这两部反映大一统政治局面的历史巨著的问世，中国封建王朝历史撰述的主要形式即"正史"的格局从此确立下来。刘知幾说的"自尔迄今，无改斯道"，不仅是对前六百余年的史学的总结，也是对后千余年的史学的预见。

二、"上下洽通，详而有体"

《汉书》不仅在内容上"包举一代"，而且在体例上也有新的创造，从而扩大了记事的范围，使客观历史有可能得到更多方面、更多层次的反映。班固说他撰《汉书》是"综其行事，旁贯《五经》，上下洽通"，就是要使这种反映具有一种恢宏的气象。而《汉书》无疑是达到了这个目标的。后代史家范晔评论《汉书》说："若［班］固之序事，不激诡，不抑抗，赡而不秽，详而有体，使读之者亹亹而不厌，信哉其能成名也。"②班固作史，不以主观好恶而抑扬、进退，内容丰富而不冗杂，记事详尽而且得体，使人读来兴致盎然而无倦怠之感。这是从史家书法、历史内容、史书体例和文字表述上对《汉书》的高度评价。班固说的"上下洽通"和范晔说的"详而有体"，概括了《汉书》在历史撰述上的特色和成就。

"上下洽通"，这是在内容上和思想上的要求；"详而有体"，这是在材料处理和表现形式方面的要求。这两者是互相依存、相得益彰的：

---

① 刘知幾：《史通》卷一《六家》，浦起龙通释，上海：上海古籍出版社，2009年，第20～21页。

② 范晔：《后汉书》卷四十下《班彪传下》后论，北京：中华书局，1965年，第1386页。

"上下洽通"只有通过"详而有体"才能表现出来，"详而有体"如果离开了"上下洽通"也就成了空话。《汉书》二者兼得，故成为一代杰作。

上文引刘知幾评论《汉书》，说它"究西都（西都，指长安，这里是代指西汉——引者）之首末，穷刘氏之废兴，包举一代，撰成一书"，又说它"言皆精练，事甚该密"。这是极概括的说法。具体说来，《汉书》在"上下洽通、详而有体"方面的成就，一是反映在全书内容的贯通和博洽及其外部表现形式上，一是反映在全书各部分内容之相互关系的逻辑思想上。

《汉书》在内容上的贯通和博洽以及与之相应的体例，在纪、表、志、传中均有反映，而以表、志最为突出。作为皇朝史，《汉书》纪、传在反映历史联系上，也存在承上启下的问题。《高帝纪·赞》反复引证前人的话，用以证明"汉承尧运，德祚已盛"即所谓"得天统矣"，这显然是为了说明承其上之所由来。而《平帝纪·赞》所说"孝平之世，政自莽出"，"至乎变异见于上，民怨于下，莽亦不能文也"，这是一方面指出"政自莽出"，一方面指出王莽无法文饰"变异"与"民怨"，下启汉代中兴之所由来。不过，"政自莽出"局面的形成，尤其是十几年王莽新朝政权的存在，却是帝纪中无法表述的。班固是借助于传来弥补的。《汉书》除《叙传》以外的最后三篇传，反映出作者在这个问题上的深思熟虑。它们是《外戚传》、《元后传》和《王莽传》，这是有内在联系的三篇传记。王莽以外戚身份终于"篡汉"，这在汉皇朝历史上自然是非同小可的事情。所以班固写了一篇很长的《外戚传》，"序自汉兴，终于孝平"，指出："外戚后庭色宠著闻二十有余人"，但只有文、景、武帝太后及邛成后四人"保位全家"；另有三人因"夭折不辜"，故其家"依托旧恩，不敢纵恣，是以能全"；而"其余大者夷灭，小者放流"。班固最后说："鉴兹行事，变亦备矣。"做这种考察，讲这样的话，都是寓有深意的。《元后传》是班彪所撰，班固置于《外戚传》与《王莽传》之间，是因元帝皇后王氏系王莽之姑，她经历元、成、哀、平四世"为天下母"，六十余年中，王家势力膨胀，"五将十侯，卒成新都"；她虽以"汉家老寡妇"自居，不愿以国玺授王莽，但又无力挽回现状。班氏父子把她看作是这个重大转变中的悲剧人物。《王莽传》是全书中篇帙最大的传记，但它实则是纪的体例，开始用汉纪年，而后用新莽纪年，以此表述两汉之际的一段历史；其后论指出："自书传所载乱臣贼子无道之人，考其祸败，未有如莽之甚者也"，"圣王之驱除云尔！"这就交代了"光武中兴"之所由来。班固在如何表述西汉历史之承上启下问题上，可谓用心良苦。这在班固看来，当是"上下洽通"的一个重要方面。

《汉书》表、志所显示的贯通与博洽及其表现形式比纪、传更为突出，也是《汉书》成就最大之处。如《汉书》八表对《史记》有关汉代诸表既有继承，又有许多发展。其新创之《外戚恩泽侯表》，是《外戚传》的姊妹篇，它揭示西汉诸后家援引古例而获封侯，以致势力"渐广博矣"，从而违背汉初"无功不侯"的法度，造成外戚在西汉皇朝政治生活中的非常作用。其所增《百官公卿表》，同《史记》的《汉兴以来将相名臣年表》有很大不同，是职官制度与职官年表的合璧，也属于《汉书》的新创；其中官制部分，开后代"正史"百官志或职官志的先河。《汉书》还首创《古今人表》，所列人物，按时代先后和九个等级入表，上起伏羲，下至陈胜、吴广，以接汉代人物。班固认为，凡"著在篇籍"的人物，都"归乎显善昭恶，劝戒后人"，所以他乃"究极经传，继世相次，总备古今之略要"①。显然，班固意在以此弥补皇朝史的局限，而所以以人为表者，目的在于"显善昭恶，劝戒后人"，这从"九等之序"看得十分清楚。这表篇帙不大，但非"究极经传"而不可得，足见班固用力之勤，博洽之功。故清代大史学评论家章学诚盛赞此表，说它是"大有关系之作，史家必当奉为不祧之宗"②。又如《汉书》十志，包含律历、礼乐、刑法、食货、郊祀、天文、五行、地理、沟洫、艺文。它们对《史记》八书有继承，有许多发展和新的创造。其中，刑法、五行、地理、艺文诸志为《汉书》所创。《刑

---

① 班固：《汉书》卷二十《古今人表》序，北京：中华书局，1962年，第861页。

② 章学诚：《章学诚遗书》补遗《又与史余村》，《章学诚遗书》，北京：文物出版社，1985年，第614页。

法志》意在说明"刑罚不可废于国",反映出西汉皇朝统治不断加强国家职能的进程。《五行志》是十志中分量最重的,它以大量篇幅记载天象、吉凶,以证"天人之道";但它也记载了许多有意义的自然现象,具有科学史的价值。《地理志》记述了大一统国家的疆域规模和地理沿革,其序云:"先王之迹既远,地名又数改易,是以采获旧闻,考迹《诗》、《书》,推山川,以缀《禹贡》、《周官》、《春秋》,下及战国、秦、汉焉。"这是班固的力作之一。《艺文志》是学术史的专篇,记载了汉皇朝对历史文献的搜集、整理、校勘、研究的成果以及汉代学者在撰述上的成就,反映出秦、汉两个封建统一皇朝在意识形态领域所采取的不同的政策及其不同的后果。这是班固吸收前人刘向、刘歆成果而作,但他把它写入反映皇朝历史的史书,不啻为历史撰述上的卓识。所有这些,对后代"正史"的发展都有深远的影响。《汉书》十志中不少是贯通古今的,如刑法、食货、地理、沟洫、艺文五志,是涉及封建国家的经济基础、上层建筑和意识形态等领域的,都贯通古今;其他如郊祀、五行二志,亦如此。它们不仅多为后史所仿效,有的还是专史发展的滥觞。

《汉书》各部分内容之相互关系的逻辑结构,是在更高的层次上显示出它的"上下洽通、详而有体"。班固在《汉书·叙传》的结末时写道:"凡《汉书》,叙帝皇,列官司,建侯王。准天地,统阴阳,阐元极,步三光。分州域,物土疆,穷人理,该万方。纬《六经》,缀道纲,总百氏,赞篇章。函雅故,通古今,正文字,唯学林。"[①]这一段话,概括地反映了《汉书》的主要内容和逻辑思想。大致说来,这个逻辑思想是:以皇帝、百官、侯王及有关政治设施为中心,以天地、阴阳变化为准绳,以地域、经济生活、人事为依托,以《六经》为纲统率百家学术以备典籍文章。这个逻辑思想反映出班固对于历史的考察和表述,有一个自成体系的看法;尽管这个看法跟客观历史的逻辑还存在很大的距离,但它毕竟从较高的层次上显示出班

---

① 班固:《汉书》卷一百下《叙传下》后记,北京:中华书局,1962 年,第 4271 页。

固"上下洽通"的撰述思想和"详而有体"的表述形式。上引最后几句话还显示了班固对《汉书》的社会作用和史学价值的自信。

三、皇朝意识和正宗思想

这是班固在历史观上两个突出的特点。这同他所处的时代有关，与此相联系的是同他的家学传袭有关。

班固所处的时代，从历史发展的长时段来看，跟司马迁所处的时代在总的趋势上是相同的，即大一统的封建王朝还处在巩固和发展的时期，封建社会还处在上升时期。但若从具体的历史条件来看，班固又与司马迁有所不同，这主要表现在：第一，班固接近于王莽代汉、新莽末年农民起义和社会变动以及东汉皇朝的建立这些重大历史转折，汉皇朝的长治久安的神话近乎破灭。只是因为偶然性在历史发展中所起的作用，使刘氏宗室刘秀在这个社会变动中重建了汉皇朝，这种神话便又得到了存在的根据。这对当时的思想界自有很大的影响。第二，班固撰《汉书》期间，即汉章帝建初四年(79)，章帝诏命"将、大夫、博士、议郎、郎官及诸生、诸儒会白虎观，讲议《五经》同异"，章帝"亲称制临决"，并令当时担任玄武司马之职的班固"撰集其事"，为《白虎议奏》(亦称《白虎通德论》，后人称《白虎通》)。[①] 这是继西汉宣帝甘露三年(公元前 51)"诏诸儒讲《五经》同异……上亲称制临决"[②]之后，又一次"欲使诸儒共正经义"、统一思想的活动，而且由皇帝本人出面裁决，使讨论的结果具有钦定的即最高权威的性质。《白虎议奏》标志着东汉经学与神学的结合，而从西汉末年以来流行的谶讳迷信思想亦得到皇家正式承认而法典化。班固作为撰集者，足见其在此事中所处地位的重要。班固受家学传袭的影响，主要是其父班彪所撰的《王命论》，他在《汉书·叙传》中收录了此文，证明他对此文是非常重视的。班固

---

① 参见范晔：《后汉书》卷三《章帝纪》，北京：中华书局，1965 年，第 137～138 页。范晔：《后汉书》卷四十下《班彪传下》，北京：中华书局，1965 年，第 1373 页。

② 班固：《汉书》卷八《宣帝纪》，北京：中华书局，1962 年，第 272 页。

后来作的《典引篇》，可以看作是《王命论》的续篇。

班固的皇朝意识，突出地表现在他非常自觉地歌颂汉皇朝的功业和它存在的合理性。他的《汉书》固然如此，而所撰《两都赋》、《典引篇》亦复如此，且更富于浓墨重彩。如他在《汉书·高帝纪·赞》中，为了证明"汉绍尧运，以建帝业"具有历史的根据，首先引证春秋时晋史官蔡墨的话说：陶唐氏既衰，其后有刘累，范氏其后也。接着引证晋大夫范宣子的话说："祖自虞以上为陶唐氏。"同时指出："范氏为晋士师，鲁文公世奔秦，后归于晋，其处者为刘氏。"最后引证刘向和周市的话，说是战国时刘氏居于魏；魏灭，迁大梁，居于丰，"丰公"即"太上皇父"。于是班固说："由是推之，汉承尧运，德祚已盛。"于是，班彪在《王命论》中说的"刘氏承尧之祚，氏族之世，著于《春秋》。唐据火德，而汉绍之"这些话，便都从历史上得到"证明"了。在这里，五德终始说已不是哲学的形式而是历史的形式了。《汉书·异姓诸侯王表》序又说："汉亡（无）尺土之阶，繇一剑之任，五载而成帝业。书传所记，未尝有焉。"其《两都赋》更进而说道："夫大汉之开原也，奋布衣以登皇极，繇数期而创万世，盖六籍所不能谈，前圣靡得而言焉。"[1]在他看来，汉皇朝的功业，是《六经》不曾论到、前圣无法预料。其《典引篇》的中心论旨是"述叙汉德"；认为汉家之德"将绯万嗣"，"久而愈新，用而不竭，汪汪乎丕天之大律，其畴能亘之哉？唐哉皇哉，皇哉唐哉！"[2]只有尧有这样伟大的德啊，只有汉有这样辉煌的德啊！从历史的观点来看，西汉乃至东汉封建王朝所成就的事业，的确是空前的，确实是《六经》未曾道、"前圣"无预见的事业。在这个意义上，班固的这些赞美之辞，自有一定的道理，显示出他的进步的历史见识。但是，他的这些赞美之辞，一是掺杂了对于历史的附会，二是夸大到"创万世"、"绯万嗣"的地步，三是为了赞汉而美尧，都言过其实，损害了他的历史见识。

---

① 范晔：《后汉书》卷四十下《班彪传下》，北京：中华书局，1965 年，第 1359 页。
② 范晔：《后汉书》卷四十下《班彪传下》，北京：中华书局，1965 年，第 1385 页。

班固的正宗思想跟他的皇朝意识有密切的联系，其主要表现，一是对"天命"的着力渲染，一是对历史联系采取回避态度，二者形成鲜明的对照。班彪 20 岁那年，恰值王莽之败，东汉光武帝刘秀即位于冀州。他针对隗嚣"纵横之事复起于今"的说法，著《王命论》申言："世俗见高祖兴于布衣，不达其故，以为适遭暴乱，得奋其剑，游说之士至比天下于逐鹿，幸捷而得之，不知神器有命，不可以智力求也。悲夫！此世所以多乱臣贼子者也。"这是说刘邦和刘秀都是因得"天命"而致帝位的。这个思想成了班固反复阐说的主旨。认为汉高祖"纂尧之绪，实天生德"，"应天顺民"，"龚行天罚"①，其定都长安，是"天人合应，以发皇明"；认为"王莽作逆"之时，"下民号而上愬，上帝怀而降鉴，致命于圣皇"②。"圣皇"即光武帝，也是"受命于天"的。班固《典引篇》进而论道："天乃归功元首，以授汉刘"；"高（祖）、光（武）二圣"，"以膺当天之正统"；"匪尧不兴"，"匪汉不弘"。这都是在"论证"天命、唐尧、汉刘的相承关系。与此相联系的是，班固在《汉书》的《天文志》、《五行志》等篇中，还有许多关于"天人感应"的论说。要之，班固的正宗思想，是着力说明汉皇朝得"天之正统"，进而说明皇权和神权的一致性。这是把董仲舒的"天人感应"的神学思想历史化了，不独为当时统治者所需要，而且为以后历代封建统治者所推崇，并对史学的发展产生了很大的影响。魏晋以降，"《汉书》学"成为史学中的显学，这是一个重要原因。

班固的这种正宗思想，使他在历史编纂上对于历史的联系不得不采取回避的态度。他对新莽政权历史的处理，就是一个明显的表现。再一个突出的例证，是在许多论述中不承认秦皇朝的历史功绩，在具体的历史表述上淡化项羽的历史作用，以贯彻"汉绍尧运"的主旨。在这里，史家思想同客观历史的矛盾，通史与皇朝史在编纂上的差异，都暴露得清清楚楚。班彪、班固父子都批评《史记》"是非颇谬于圣人，

---

① 班固：《汉书》卷一百下《叙传下》，北京：中华书局，1962 年，第 4236 页。
② 范晔：《后汉书》卷四十下《班彪传下》，北京：中华书局，1965 年，第 1360 页。

论大道则先黄老而后《六经》，序游侠则退处士而进奸雄，述货殖则崇势利而羞贱贫，此其所蔽也"①。这个批评，恰恰是从又一个方面反映出他们的正宗思想，以及《汉书》同《史记》在社会思想上的异趣。

尽管如此，由于《汉书》创造了反映一代皇朝史事的历史撰述形式，使之"上下洽通、详而有体"，由于班固的自觉的皇朝意识和鲜明的正宗思想反映了封建王朝统治者的政治需要，班固《汉书》乃成为历代纪传体皇朝史的楷模，成为中国封建社会史学的骨干——"正史"格局形成的标志。

第四节 《东观汉记》和《汉纪》

一、《东观汉记》——最早的东汉史

在"正史"创建的过程中，《东观汉记》和《汉纪》二书，各有其特点和地位。

《东观汉记》原名《汉记》，因主要撰于皇家藏书处东观，后人乃称为《东观汉记》。这书是纪传体东汉皇朝史，含纪、表、志、传、载记五个部分。原书143卷，记事起自光武，讫于灵帝，为东汉时人所撰之本朝史巨著。唐宋以后，逐渐散佚，自元以下，几无完篇传世。清代，有康熙时人姚之骃辑佚本《东观汉记》8卷，乾隆时四库全书馆馆臣辑佚本《东观汉记》24卷。今人吴树平在此基础上，披览群籍，增益佚文，标明由来，详为校注，厘为22卷，含纪3卷，表、志各1卷，传15卷，载记1卷，散句1卷，是目前较好的辑本。此书原题刘珍等撰。据刘知幾《史通·古今正史》考察，此书撰述滥觞于汉明帝时班固等人撰《世祖本纪》及列传、载记28篇；安帝永宁年间，刘珍等奉诏撰"中兴"以下史事，自建武至永初，

---

① 班固：《汉书》卷六十二《司马迁传》赞，北京：中华书局，1962年，第2737～2738页。

奠定了此书的规模；桓帝元嘉元年(151)，又命边韶等人续补，号曰《汉记》；灵帝嘉平年间至献帝时，马日磾、蔡邕、杨彪等再次撰补。首尾凡130年左右乃成，是为东汉一朝几代史学家连续撰述的成果。

《东观汉记》在体裁上不同于《史记》、《汉书》的地方，是有"载记"一目，记王常、刘盆子、樊崇、吕母、隗嚣、王元、公孙述、延岑、田戎等事。这些人，或为"群盗"，或为"叛臣"，故以"载记"记之。《东观汉记》原有志10篇，多出于蔡邕之手，今仅知律历、礼、乐、郊祀、天文、地理、朝会、车服篇，而朝会、车服二志是其新创。①《东观汉记》的"载记"和志目，对后来纪传体史书的撰写，有一定的影响。

《东观汉记》辑本尚存"序"即史论若干首。《史通·论赞》说："《春秋左氏传》每有发论，假'君子'以称之。二传云'公羊子'、'穀梁子'，《史记》云'太史公'。班固曰赞，荀悦曰论，《东观》曰序，谢承曰序，陈寿曰评，王隐曰议，何法盛曰述，扬雄曰撰，刘昞曰奏，袁宏、裴子野自显姓名，皇甫谧、葛洪列其所号。史官所撰，通称史臣。其名万殊，其义一揆。必取便于时者，则总归论赞焉。"这是关于史论的多种名称，而《东观汉记》的"序"，也是其中一种。现存《东观汉记》的几首序，其思想与表述，没有什么特色。如汉章帝纪后序是这样写的："孝乎唯孝，友于兄弟，圣之至要也。乾乾夕惕，寅畏皇天，帝王之上行也。明德慎罚，汤、文所务也。密静天下，容于小大，高宗之极致也。肃宗兼兹四德，以继祖考。臣下百僚，力诵圣德，纪述明诏，不能辨章，岂敢空言增广，以累日月之光。"②这样的史论，无异于官样文章。又如吴汉传，现存佚文，颇多事迹，然其后序冗长而苍白，无实质的评论。③《东观汉记》的史

---

① 参见吴树平：《东观汉记校注》序，郑州：中州古籍出版社，1987年，第4页。
② 参见吴树平：《东观汉记校注》卷二，郑州：中州古籍出版社，1987年，第79页。
③ 参见吴树平：《东观汉记校注》卷十，郑州：中州古籍出版社，1987年，第333～336页。

186 ｜ 瞿林东文集 第四卷

论，也有署为"太史官曰"的①，这是它续撰多次、经历众人之手的缘故。

从总的方面看，《东观汉记》因出于东汉史家之手，故在记述东汉历史方面，保存了丰富的史实，这是其后的各种东汉史所不能替代的。魏、晋间，《汉记》与《史记》、《汉书》被称为"三史"②，颇为时人所重(见《三国志·吴书·吕蒙传》裴注引《江表传》)，同时也是诸家纪传体东汉史的始祖，其所创"载记"之例则为唐修《晋书》仿效，足见它具有不可忽视的社会影响和史学价值。《四库全书总目提要》谓《东观汉记》"虽残珪断璧，零落不完，而古泽斑斓，罔非瑰宝"，这个评价是有道理的。

二、《汉纪》——最早的编年体皇朝史

《汉纪》30卷，这是一部编年体西汉皇朝史，也是我国史学上最早的编年体皇朝史。它流传至今，有广泛的影响。

《汉纪》著者荀悦(148—209)，字仲豫，东汉末年颍川颍阴(今河南许昌)人。献帝时官至侍中。《后汉书·荀淑传》载：献帝"好典籍，常以班固《汉书》文繁难省，乃令悦依《左氏传》体以为《汉纪》三十篇"，"辞约事详，论辨多美"。《汉纪》记事起于刘邦之兴，讫于王莽之败，而以班彪著《王命论》、班固撰《汉书》事为殿，以明本书主旨及其之所由来。荀悦在《汉纪》卷一开宗明义说明撰述此书的原则和方法是："谨约撰旧书，通而叙之，总为帝纪，列其年月，比其时事，撮要举凡，存其大体。"③他又在书末指出："于是乃作考旧，通连体要，以述《汉纪》。"④这里着重交代了两点：一是改纪传体为编

---

① 参见吴树平：《东观汉记校注》卷十，郑州：中州古籍出版社，1987年，第347页。
② 三国时，吴太子太傅张温撰《三史略》29卷，至唐初仍行于世。参见魏徵等：《隋书》卷三十三《经籍志二》杂史类，北京：中华书局，1973年，第961页。
③ 荀悦：《汉纪》卷一《高祖皇帝纪》，《两汉纪》上，北京：中华书局，2002年，第1页。
④ 荀悦：《汉纪》卷三十《孝平皇帝纪》，《两汉纪》上，北京：中华书局，2002年，第547页。

年体（"列其年月，比其时事"），一是综合凝练（"撮要举凡，存其大体"）。其总的要求是"通而叙之"、"通连体要"，"以副本书"。荀悦也提出了自己的历史编纂思想，认为："夫立典有五志焉：一曰达道义，二曰彰法式，三曰通古今，四曰著功勋，五曰表贤能。于是天人之际、事物之宜粲然显著，罔不能备矣。"①这表明，荀悦《汉纪》一方面是忠实于班固《汉书》的思想，如取材的严谨，全文引用《汉书》帝纪赞语，尤其是在书末全部照录了班彪的《王命论》，等等。另一方面，荀悦也在编撰中阐发了自己的历史见解，这突出地反映在他为《汉纪》撰写的三十多首史论（即"荀悦曰"）中。荀悦说的"达道义"，是以儒家"三纲"为核心的，认为"仁义之大体在于三纲六纪"，"施之当时则为道德，垂之后世则为典经"②。他说的"彰法式"，是要维护汉皇朝的成规，中心是维护皇权。如认为汉废分封之制"以为县治民"，本是为"强干弱枝，一统于上，使权柄不分于下也"，可是现今"州牧号为万里，总郡国，威尊势重"，这是"近于战国之迹，而无治民之实"③。他说的"通古今"，一个重要的方面是着意考察西汉皇朝政治统治的得失。他在《元帝纪下》中论述了"自汉兴以来至于兹，祖宗之治迹可得而观也"的见解，历数高祖、文帝、武帝、宣帝、元帝几朝朝政的利弊，进而阐发了教化和刑法的关系是"通于天人之理，达于变化之数，故能达于道"，"然后用于正矣"。他还提出了"六主"、"六臣"的看法，"六主"是王主、治主、存主、衰主、危主、亡主，"六臣"是王臣、良臣、直臣、具臣、嬖臣、佞臣；认为"六主之有轻重，六臣之有简易，其存亡成败之机在于是矣，可不尽而深览乎！"④这显然是暗示君臣们各自"对号入座"，在汉献帝被挟

---

① 荀悦：《汉纪》卷一《高祖皇帝纪》，《两汉纪》上，北京：中华书局，2002 年，第 1 页。
② 荀悦：《汉纪》卷二十五《孝成皇帝纪二》，《两汉纪》上，北京：中华书局，2002 年，第 437 页。
③ 荀悦：《汉纪》卷二十八《孝哀皇帝纪上》，《两汉纪》上，北京：中华书局，2002 年，第 492 页。
④ 荀悦：《汉纪》卷十六《孝昭皇帝纪》，《两汉纪》上，北京：中华书局，2002 年，第 289 页。

至许昌的当时，发如此议论是要有相当的胆识的。荀悦结合秦汉之际历史，分析"立策决胜之术"有三条：形、势、情。认为："形者，言其大体得失之数也；势者，言其临时之宜也，进退之机也；情者，言其心志可否之意也。"①这是把客观形势同人的心理、志向结合起来考察"立策决胜之术"，是看到了主客观因素对历史活动的影响。荀悦强调用人的重要，他甚至公然批评为史家歌颂的汉文帝在这方面的失误，认为："以孝文之明也，本朝之治，百僚之贤。而贾谊见逐，张释之十年不见省用，冯唐白首屈于郎署，岂不惜哉！夫以绛侯（周勃）之忠，功存社稷，而犹见疑，岂不痛乎！"②，等等。从荀悦的这些史论来看，它们有两个共同的特点。第一，表明作者对于政治统治和历史经验之密切关系的十分重视；第二，表明作者对于历史的见解具有鲜明的时代性。因此，荀悦的史论不同于班固史论的空泛说教，而上承司马迁史论的"稽其成败兴坏之理"的遗风。范晔称颂《汉纪》"辞约事详，论辨多美"，应是中肯的评价。

　　荀悦在历史观上没有摆脱"天人感应"的窠臼，认为："三光精气变异，此皆阴阳之精也，其本在地而上发于天也。政失于此则变见于彼，由影之象形、响之应声。是以明王见之而悟，敕身正己，省其咎，谢其过，则祸除而福生，自然之应也。"荀悦《汉纪》记了不少人事，上面所举的史论大多也是关于人事的，但他论说"事物之性"有"三势"和"天人之道"时，却又把天人完全混为一谈："天地人物之理莫不同之，凡三势之数深不可识，故君子尽心力焉以任天命。"③可见，在对历史做具体的考察时，荀悦是抛开"天命"的。但是一回到理论上来，他又津津乐道于"天命"了。这是他在历史思想上的矛盾。荀悦还撰有《申鉴》5篇，早于《汉纪》成书，然其思想跟《汉纪》史

---

①　荀悦：《汉纪》卷二《高祖皇帝纪二》，《两汉纪》上，北京：中华书局，2002年，第26页。

②　荀悦：《汉纪》卷八《孝文皇帝纪下》，《两汉纪》上，北京：中华书局，2002年，第119页。

③　荀悦：《汉纪》卷六《高后纪》，《两汉纪》上，北京：中华书局，2002年，第86页。

论是一脉相承的。《申鉴》今有传本。

正像《汉纪》在内容上主要取材于《汉书》，而在史论上有超出《汉书》的地方一样；《汉纪》在体裁上效法《左传》，而在体例上比《左传》更加严整。《左传》由编年体国史而来，其主要任务是排比年月，扩大记事范围。这两点它都做到了。《汉纪》内容袭《汉书》而体裁仿《左传》，这就在编纂上给它提出了新的问题：怎样在按年月排比史事时，容纳比较重要的历史人物的传记和典章制度的知识。荀悦出色地解决了这个问题，即采用连类列举的方法，在有关的史事之下记载与之有重要联系的人物和制度，这不仅使体例更加严谨，也扩大了编年体史书记事的范围，从而使编年体史书发展到比较成熟的阶段。正是在这个意义上，刘知幾论史书二体，极力推崇《汉书》、《汉纪》，认为："班、荀二体，角力争先，欲废其一，固亦难矣。"①

荀悦在《汉纪》书末总论《汉纪》一书时写道："《易》称：'多识前言往行以畜其德。'《诗》云：'古训是式。'中兴已（以）前，一时之事，明主贤臣，规模法则，得失之轨，亦足以鉴矣！"这是说明以编年体的形式撰述了一代皇朝史事及其主旨所在。

《汉纪》——中国史学上第一部编年体皇朝史之要义即在于此。难怪四百年后的唐太宗赞许说："此书叙致既明，论议深博，极为治之体，尽君臣之义。"他还以此书赠大臣李大亮，命其"公事之闲"，"宜加寻阅"②。司马光《资治通鉴》西汉部分，采录《汉纪》文颇多，又选荀悦史论8首入书。其对后世影响若此。

第五节　史学的多方面成就

《史记》、《汉书》是秦汉时期史学的最高成就，也是中国古代史

---

①　刘知幾：《史通》卷二《二体》，浦起龙通释，上海：上海古籍出版社，2009年，第26页。

②　刘昫等：《旧唐书》卷六十二《李大亮传》，北京：中华书局，1975年，第2388页。

学上的巍巍双峰。其流泽所布，历尽中国封建社会史学而未竭；其精华所在，直到今天仍有可资借鉴的价值。它们早已成为世界性的史学名著。

除《史》、《汉》以外，秦汉时期的史学还有其他许多方面的成就。其中比较重要的有：

——《吕氏春秋》和《淮南鸿烈》(《淮南子》)。① 《汉书·艺文志》将其列于"杂家"，认为："杂家者流，盖出于议官。兼儒、墨，合名、法，知国体之有此，见王治之无不贯，此其所长也。"这说明它们讨论的内容，表面看来驳杂，但其主旨却很明确，即"国体"和"王治"。它们都是大一统历史局面形成、发展中的精神产品。关于这两部书的性质，刘知幾早有评论，认为它们"多以叙事为宗，举而论之，抑亦史之杂也"②。在他看来，它们也是"史氏流别"之一。刘知幾的看法是对的，而从今天的眼光来看则尤其如此。因为这两部书汇集了从而也保存了极其丰富的古代历史文化知识：神话传说、旧史佚文、前人遗语，以及科学史和思想史上的珍贵资料。在这里，历史知识不是以系统表述的形式出现，而是作为社会运用的形式出现或历史思想的形式出现。这是史学发展中的一个重要方面，先秦、秦汉的史学在这方面都各有成就。史家称说吕不韦主持著《吕氏春秋》"以为备天地万物古今之事"③；而刘安向汉武帝"献所作《内篇》④新出，上爱秘之"⑤，"其书牢笼天地，博极古今，上自太公，下至

---

① 《吕氏春秋》成书于秦王政亲政以后、秦统一六国之前，从时间上划分，应属于先秦时期著作。但从其内容和思想来看，则反映了统一趋势中秦国所处地位的政治需要，又与《淮南鸿烈》为同类之书，故置此简论之，《淮南鸿烈》面世在汉武帝建元年间(公元前140—前135)。

② 刘知幾：《史通》卷十《杂述》，浦起龙通释，上海：上海古籍出版社，2009年，第257页。

③ 司马迁：《史记》卷八十五《吕不韦列传》，北京：中华书局，2013年，第3030页。

④ 《汉书·艺文志》著录：《淮南内》21篇，《淮南外》33篇。此所谓《内篇》，即今《淮南鸿烈》21卷。

⑤ 班固：《汉书》卷四十四《淮南王安传》，北京：中华书局，1962年，第1741页。

商鞅"①等，皆不无道理。

——《楚汉春秋》9 篇，西汉初陆贾撰。班彪《太史公书》"后篇"略论说："汉兴定天下，太中大夫陆贾记录时功，作《楚汉春秋》九篇。"这是当时记述楚、汉间史事唯一的一部著作，是那时的当代史。司马迁《史记》述楚、汉间事"专据此书"，唯个别史事略有不同。② 故原书虽佚，尚可从《史记》中见其梗概。陆贾思想，已如前述。其所著《新语》12 篇也是当时很有影响的史论和政论，在推动汉初统治者总结历史经验、制定基本国策方面有重要的作用。

——贾谊、晁错所撰史论，"皆有益军国，足贻劝戒"③，是以历史知识和历史见解运用于政治决策的佳作，已如上述。

——《盐铁论》60 篇，后人合为 10 卷。西汉宣帝时人桓宽撰。本书以汉昭帝始元六年(公元前 81)的"盐铁会议"为内容，记述了丞相车千秋、御史大夫桑弘羊和各郡国应诏之贤良文学士就盐铁、酒榷、均输等经济政策所进行的激烈辩论。全书以双方论难的形式写成，行文流畅、优美，历来被认为是优美的文学作品。然通观其辩难之所及，不独为当时的经济、政治、军事、民族诸政策，更包含了广泛的历史内容，时代涉及上古、周秦，人物论到商鞅、晁错等，且认识多抵牾，评价颇殊异。因此，它在很大的程度上是一部历史评论著作。桓宽，《汉书》无传，其事迹略见于《汉书》卷六十六赞语。班固说他撰此书，"亦欲以究治乱，成一家之法焉"④。这两句话对《盐铁论》的思想和形式做了很好的概括。

——《别录》和《七略》。西汉成帝时，刘向(约公元前 77—前 6)受诏校理皇家所藏经传、诸子、诗赋等书，任宏、尹咸、李柱国分

① 刘知幾：《史通》卷十《自叙》，浦起龙通释，上海：上海古籍出版社，2009 年，第 270 页。

② 参见刘知幾：《史通》卷十六《杂说上》，浦起龙通释，上海：上海古籍出版社，2009 年，第 438 页。

③ 刘知幾：《史通》卷十七《杂说中》，浦起龙通释，上海：上海古籍出版社，2009 年，第 469 页。

④ 班固：《汉书》卷六十六《公孙贺传》赞，北京：中华书局，1962 年，第 2903 页。

校兵书、数术、方技。每校理一书完毕，刘向都"条其篇目，撮其指意，录而奏之"。向死，哀帝复命向子歆继其事。刘歆乃将其父所录别集成编，号为《别录》。他又在此基础上"集六艺群书，种别为《七略》"，即《辑略》、《六艺略》、《诸子略》、《诗赋略》、《兵书略》、《术数略》、《方技略》。① 《别录》和《七略》的产生，是中国文献学史上的大事，它们奠定了中国古代文献学的基础。《别录》多已散佚，从今存的遗篇中，还可以窥见刘向校书的方法和治学风貌。《七略》作为古代第一部完备的学术史著作，经班固"删其要"编为《汉书·艺文志》，而存其大体，流传至今。

——《风俗通义》31 卷②，今存 10 卷③，东汉末年应劭撰。其自序称："谓之《风俗通义》，言通于流俗之过谬，而事该之于义理也"，"为政之要，辩正风俗，其最上也"④，今存 10 卷为皇霸、正失、愆礼、过誉、十反、声音、穷通、祀典、怪神、山泽 10 目，以记述历代风俗礼仪为中心，上至考察古代历史，下至评论时人流品，旁及音乐、地理、怪异传闻等。卷各有序，卷内列目，又颇多按语，考其由来，论其是非，阐发作者主旨，即论正风俗，以明义理，起"移风易俗"——厚民风而正国俗的作用。这是应劭的卓识。范晔称其书"以辩物类名号，释时俗嫌疑。文虽不典，后世服其洽闻"，"虽云小道，亦有可观者焉"，话虽不错，似未明其深意。应劭生活于汉灵帝、献帝年间，官至泰山太守，还著有《汉官礼仪故事》、《中汉辑序》等书，又集解《汉书》，皆传于时。⑤ 其《风俗通义》为中国古代第一部内容丰富的风俗史专书，在史学上有重要的价值。

---

① 参见班固：《汉书》卷三十《艺文志》序及卷三十六《楚元王传》，北京：中华书局，1962 年，第 1701、1967 页。

② 参见魏徵等：《隋书》卷三十四《经籍志三》杂家类，北京：中华书局，1973 年，第 1006 页。

③ 今存 10 卷，以王利器《风俗通义校注》本为善，北京：中华书局，1981 年。

④ 应劭：《风俗通义序》，《风俗通义校注》，王利器校注，北京：中华书局，1981 年，第 4、8 页。

⑤ 范晔：《后汉书》卷四十八《应奉传》及其后论，北京：中华书局，1965 年，第 1614、1622 页。

秦汉时期史学的成就，见于《汉书·艺文志》的《春秋》类所著录的，还有《奏事》20篇（原注："秦时大臣奏事，及刻石名山文也。"），《汉著记》190卷（颜师古注："若今之起居注。"），《汉大年纪》5篇等。见于《隋书·经籍志》史部著录的，还有《吴越春秋》12卷，赵晔撰，书今存10卷①；有《汉灵、献二帝纪》3卷（原注："汉侍中刘芳撰，残缺。梁有6卷"）；有《汉皇德纪》30卷（原注："汉有道征士侯瑾撰。起光武，至冲帝"）等。清人姚振宗《〈汉书·艺文志〉拾补》考证，两汉时还有秦人所撰《秦记》流传；清人钱大昕撰《补续汉书艺文志》、侯康撰《补后汉书艺文志》等，对秦汉史著颇有罗列，虽嫌烦琐，且未尽合理，但钩稽排比之功不可没。对于这些，不一一列举。

综上可以看出，秦汉时期在史学方面的巨大成就：有通史，有皇朝史，有学术史，有风俗史，有历史评论，有起居注，等等。此外，王符（约85—162）所著《潜夫论·志氏姓》篇和应劭所著《风俗通义·姓氏》篇②，开姓氏之学的先河。更重要的是，桓谭（约公元前20—56）、王充（27—约97）、王符、仲长统（180—220）等唯物思想家相继而出，他们对"天人感应"、谶纬神学的抨击，在秦汉时期历史思想的发展上有重大的社会意义和理论价值。所有这些，表明了中国古代史学在大约440年的大一统历史形势下，已经摆脱了先秦时代开始兴起时的幼稚面貌，变得雍容雅步了。

---

① 赵晔，字长君，会稽山阴（今浙江绍兴）人，其主要活动约在东汉初建武年间，所撰《吴越春秋》，记春秋末年吴越两国争霸事，原为12卷，今存10卷。今有多种点校、译注本。

② 已佚，有辑文，参见应劭：《风俗通义校注》，王利器校注，北京：中华书局，1981年，第495页。

第三章　史学的多途发展
——魏晋南北朝史学

魏晋南北朝时期(220—589)，"海内一统"的政治局面，先后被三国鼎立和南朝、北朝对峙所代替，朝代更迭频仍，统治阶级中占主导地位的阶层发生新的变化，各族之间在错综的矛盾斗争中走向新的组合与融合，意识形态领域呈现出种种思潮相互论难的复杂局面。所有这些，都反映出这是一个变动的历史时代，同秦汉时期的大一统政治格局形成了鲜明的对照，并直接影响着这个时期的史学，从而出现了史学多途发展的趋势。

第一节　史学多途发展的面貌

魏晋南北朝时期史学发展的总的特点，是史学的多途发展。其具体的表现是史风大盛，史家辈出，史书数量剧增而种类繁多。这是秦汉时期的史学所不能比拟的。

史风之盛和史家辈出，一方面是这时期各个皇朝对修史的重视，史官制度有相应的发展，造就了众多的史家；另一方面是这时期历史的急剧变动，使私家撰史蔚为风气，自也涌现出一批"在野"的史家。《隋书·经籍志》史部后序说："尸素之俦，盱衡延阁之上，立言之士，挥翰蓬茨之下。"①可见，在史官任非其才时，这种"在野"史家的地位就更为突出了。

刘知幾《史通·史官建置》篇在讲到魏晋南朝史官建置时说："其有才堪撰述，学综文史，虽居他官，或兼领著作。亦有虽为秘书监，而仍领著作郎者。"当时的大著作、佐著作郎或著作佐郎，都是"专掌史任"的。他举出曹魏、西晋的华峤、陈寿、陆机、束皙，东晋的王隐、虞预、干宝、孙盛，南朝宋的徐爰、苏宝生，南朝梁的沈约、裴子野等，都是"史官之尤美，著作之妙选也"。齐、梁、陈三朝又设修史学士，刘陟、谢昊、顾野王、许善心等，都任此职。刘知幾以魏晋南朝为考察的主线索，但也论到三国时蜀、吴二国及十六国的史官建置。他论北朝及隋史官，于北魏提到崔浩、高闾；于北齐、北周、隋则谓"如魏收之擅名河朔，柳虬之独步关右，王劭、魏澹展效于开皇之朝，诸葛颖、刘炫宣功于大业之世，亦各一时也"②。这只是举其大概，实际情况尚不止于此。至于私家撰史而成绩突出者，如魏之鱼豢、西晋之王铨、南朝齐之臧荣绪、南朝梁之吴均、北魏之崔鸿等皆是。

魏晋南北朝时期史书数量的剧增和种类的繁多，可以从《隋书·经籍志》同《汉书·艺文志》所著录的史书的比较中得其大体。《汉书·艺文志》撰成于1世纪末，它以史书附于《春秋》家之后，凡12种，552篇。《隋书·经籍志》撰成于唐高宗显庆元年（656），上距班固去世之年（92）凡564年。其中，前120余年是为东汉，后60余年是为隋与唐初，中间370年左右是为魏晋南北朝。《隋书·经籍志》

---

① 魏徵等：《隋书》卷三十三《经籍志二》，北京：中华书局，1972年，第992页。

② 刘知幾：《史通》卷十一《史官建置》，浦起龙通释，上海：上海古籍出版社，2009年，第287~288、293页。

以四部分类，其史部后序称："班固以《史记》附《春秋》，今开其事类，凡十三种，别为史部。"它继承了前人的四部分类法，而在对史书的内容区分上又比阮孝绪《七录》不仅多出一种，而且更加严谨。这 13 种史书是：正史、古史、杂史、霸史、起居注、旧事、职官、仪注、刑法、杂传、地理、谱系、簿录，总共 817 部，13 264 卷；通计亡书，合 874 部，16 558 卷①。这些书，除极少数是东汉、隋朝的史家所撰外，绝大部分产生于魏晋南北朝时期。它们约占《隋书·经籍志》所录四部书种数的五分之一弱，卷数的三分之一强。

总之，可以这样认为：中国史学从兴起以后，曾一度附属于经学；司马迁倡导"成一家之言"，对强调和提高史学家的自觉意识有很大的积极作用；而史学之真正成为泱泱大国，则是在这个时期形成的。

这个时期史学的多途发展，集中表现出史学家对史学内容认识的开阔和撰述的热忱。如：于"正史"，自西晋以下，"世有著述，皆拟班、马，以为正史，作者尤广。一代之史，至数十家"。于杂史，自东汉末年，"灵、献之世，天下大乱，史官失其常守。博达之士，愍其废绝，各记闻见，以备遗亡。是后群才景慕，作者甚众"。于杂传，自曹魏始，"因其事类，相继而作者甚众，名目转广"。于谱系，"晋世，挚虞作《族姓昭穆记》十卷，齐、梁之间，其书转广"，等等。这些都是"史官之事"或"史之职也"②。

综观刘知幾《史通》的《六家》、《杂述》、《古今正史》等篇，亦可说明这一时期史学的多途发展。其《杂述》篇云："偏记小说，自成一家。而能与正史参行，其所由来尚矣。""爰及近古，斯道渐烦。史氏

----

① 魏徵等：《隋书》卷三十三《经籍志二》史部大序，北京：中华书局，1973 年，第 992 页。据清人姚振宗《〈隋书·经籍志〉考证》统计，实在著录 803 部，附著亡书 64 部，合计 867 部。

② 魏徵等：《隋书》卷三十三《经籍志二》诸小序，北京：中华书局，1973 年，第 957、962、982、990 页。

流别，殊途并骛。"①他说的"近古"，指的是两汉魏晋南北朝；从其所举之书来看，则主要出自魏晋南北朝。刘知幾把"史氏流别"概括为 10 种：

一曰"偏纪"，如王韶之《晋安帝纪》、姚最《梁昭后略》，是"权记当时，不终一代"。

二曰"小录"，如戴逵《竹林七贤论》、王粲《汉末英雄记》、萧世诚（梁元帝）《怀旧志》、卢思道《知己传》，是"独举所知，编为短部"。

三曰"逸事"，如葛洪《西京杂记》、顾协《琐语》、谢绰《拾遗》，是补国史之遗逸。

四曰"琐言"，如刘义庆《世说新语》、裴启《语林》、孔思尚《宋齐语录》、阳玠松《谈薮》，此乃"街谈巷议，时有可观"。

五曰"郡书"，如周斐《汝南先贤传》、陈寿《益部耆旧传》、虞预《会稽典录》，记"人物所生，载光郡国"。

六曰"家史"，如殷敬《殷氏家传》、《孙氏谱记》（无撰人名）、陆景献《吴郡陆氏宗系谱》，记"高门华胄，奕世载德"。

七曰"别传"，如赵采《忠臣传》、徐广《孝子传》，记"百行殊途，而同归于善"者。

八曰"杂记"，如祖台之《志怪》、干宝《搜神记》、刘义庆《幽明录》、刘敬叔《异苑》，这是"求其怪物，有广异闻"。

九曰"地理书"，如盛弘之《荆州记》、常璩《华阳国志》、辛氏《三秦》、罗含《湘中山水记》，记一方之物产、风俗。

十曰"都邑簿"，潘岳《关中记》、陆机《洛阳记》、《建康宫殿》（撰人无考），此记"帝王桑梓"，"书其轨则"，"龟镜将来"。

在这 10 类"史之流别"中，刘知幾共列举 40 种书作为论证之例，上面举出的 32 种都是魏晋南北朝时期的作品。这是从一个重要的方面反映出此时史学的多途发展的生动面貌。

---

① 刘知幾：《史通》卷十《杂述》，浦起龙通释，上海：上海古籍出版社，2009 年，第 253 页。

此外，南朝梁太子萧统编纂《文选》，专立"史论"一目。其序称：
"至于记事之史，系年之书，所以褒贬是非，纪别异同，方之篇翰，
亦已不同。若其赞论之综辑辞采，序述之错比文华，事出于沉思，
义归乎翰藻，故与夫篇什，杂而集之。"①《文选·史论》除收班固《汉
书·公孙弘传·赞》一首外，其余所收录者则为干宝、范晔、沈约等
之论赞。《文选》是诗文总集，但"史论"以专题出现，这还是第一次，
说明史论在这个时期也有了相当的发展。值得注意的是，这个时期
在史注方面，也涌现出一批名家，如杜预《春秋左氏经传集解》、裴
骃《史记集解》、晋灼《汉书集注》、臣瓒《汉书音义》、裴松之《三国志
注》、刘昭《后汉书注》、刘孝标《世说新语注》。其自注者如羊衒之
《洛阳伽蓝记》，亦颇知名。史论和史注的受到重视，亦为此时史学
之多途发展的两个重要方面。

总之，魏晋南北朝时期，史学视野开阔，撰述多途，除记一代
皇朝之史外，在民族史、地方史、家族史、人物传、域外史、史论、
史注等许多方面，都有丰硕的成果，显示出史学多途发展的盎然生
机。而南朝梁人刘勰撰《文心雕龙》，其《史传》篇是讨论史学发展的
专文，预示了史学工作即将进入一个更加自觉的历史时期。

第二节　"正史"撰述的发展

一、撰写皇朝史的高潮

自《史记》奠定了纪传体史书的基础，《汉书》开皇朝史撰述的先
声，继而又有《东观汉记》和《汉纪》的行世，于是后世史家极重皇朝
史的撰写。魏晋南北朝时期，由于封建政权的割据和频繁更迭，出
现了大批的皇朝，虽兴替匆匆，然皆各修其史。这是这一时期史家

---

① 萧统编：《文选》序，北京：中华书局，1977 年，第 2 页。

撰写皇朝史出现高潮之史学上的和历史上的原因。这个高潮的具体表现就是上文所说到的"世有著述，皆拟班、马，以为正史，作者尤广。一代之史，至数十家"。所谓"正史"，《隋书·经籍志》一般仅限于《史记》和历代纪传体皇朝史范围；刘知幾《史通·古今正史》篇则自《史记》、《汉书》以下，不论纪传、编年，凡记一代皇朝之史，皆称"正史"。此处为叙述方便，取《史通》之意，但以"皇朝史"作为概括。

关于东汉史撰述。经东汉数代史家努力撰写的《东观汉记》，是东汉史的最早撰述，但它是一部没有最终完成的著作。三国以下，撰东汉史者，史家蜂起。在吴，有谢承《后汉书》130卷；在晋，有薛莹《后汉记》100卷，司马彪《续汉书》83卷，华峤《汉后书》97卷，谢沉《后汉书》120卷，张莹《后汉南记》55卷，袁山松《后汉书》100卷；在南朝，有宋刘义庆《后汉书》58卷、范晔《后汉书》90卷（今本有10篇子卷，合100卷），有梁萧子显《后汉书》100卷。这11种是纪传体东汉史。还有两种编年体东汉史，一是晋袁宏《后汉纪》30卷，一是晋张璠《后汉纪》30卷。以上13种东汉史，大多遗佚，今存的只有范晔《后汉书》、司马彪《续汉书》中的八志30卷和袁宏《后汉纪》。清人姚之骃、孙志祖、王谟、章宗源、黄奭、汪文台、王仁俊等致力于已亡诸家东汉史的辑佚工作，以汪文台《七家后汉书》辑本最有价值。[①] 今人西北大学周天游在前人的基础上，再做爬梳，重加整理，撰成《八家后汉书辑注》，于"七家"之外增补张莹《后汉南记》一家，书末附录八家后汉书著者传略、历代著录、评论、诸家辑本序跋及索引，颇可参考。[②]

关于三国史撰述。最早当是三国史家所撰之本国史，在魏，有鱼豢《魏略》50卷；在蜀，有王崇《蜀书》；在吴，有韦昭《吴书》55卷（纪传体）。其后，有晋朝史家所撰各国史，其中魏史有王沉《魏书》

[①] 《七家后汉书》所辑佚文，包含谢承、薛莹、司马彪、华峤、谢沉、袁山松、张璠七家。附失名氏后汉书1卷，凡21卷。有周天游点校本，石家庄：河北人民出版社，1987年。

[②] 《八家后汉书辑注》，周天游辑注，上海：上海古籍出版社，1986年。

44 卷（纪传体）、孙盛《魏氏春秋》20 卷（编年体）、阴澹《魏纪》12 卷（编年体）、孔衍《汉魏春秋》9 卷（编年体）、梁祚《魏国统》20 卷；蜀史有王隐《蜀记》7 卷、谯周《蜀本纪》、习凿齿《汉晋阳秋》；吴史有张勃《吴录》30 卷、环济《吴纪》9 卷。而以三国为一史者，则有晋陈寿《三国志》。以上，共 14 种。自《三国志》出，诸家三国史尽废，以致散佚无存。南朝宋人裴松之兼采众书，作《三国志注》，保存了丰富的三国史事，为世所重，乃与本书共存，流传至今。

关于晋史撰述。魏晋南北朝时期，所谓"一代之史，至数十家"者，以晋史撰述为最。今可考者，共有 23 种，出于晋人所撰 12 种，出于南朝宋、齐、梁三朝史家所撰 11 种。其中纪传体 12 种，它们是：晋王隐《晋书》93 卷、虞预《晋书》44 卷、朱凤《晋书》14 卷、谢沉《晋书》（卷帙不详）、何法盛《晋中兴书》78 卷、谢灵运《晋书》36 卷，齐臧荣绪《晋书》110 卷，梁萧子云《晋书》102 卷、萧子显《晋史草》30 卷、郑忠《晋书》7 卷、沈约《晋书》111 卷、庾铣《东晋新书》7 卷。另外 11 种是编年体，它们是：晋陆机《晋纪》4 卷、干宝《晋纪》23 卷、曹嘉之《晋纪》10 卷、习凿齿《汉晋春秋》47 卷、邓粲《晋纪》11 卷、孙盛《晋阳秋》32 卷、宋刘谦之《晋纪》23 卷、王韶之《晋纪》10 卷、徐广《晋纪》45 卷、檀道鸾《续晋阳秋》20 卷、郭季产《续晋纪》5 卷。上述 23 种晋史存在两个明显的问题：一是其中有些属于未完成稿，如谢灵运、萧子显、沈约、庾铣等所撰；二是其中绝大多数所记皆非晋代全史，或只记西晋，或仅述东晋，或兼记两晋而又不及其终。臧荣绪《晋书》是比较完整的晋史，但又未能包含与东晋并存的十六国史。其后，唐初重修《晋书》而诸家晋史皆废而不传，这同它们本身存在的缺陷是相关的。清人汤球、黄奭致力于已亡诸晋史的辑佚工作，颇有成绩。今有南开大学乔治忠采汤、黄二人所辑佚文中之编年体部分，合为《众家编年体晋史》一册，并作校注，刊行于世，足可参考。①

关于十六国史撰述。《隋书·经籍志》史部"霸史"篇后序说："自

---

① 汤球、黄奭辑：《众家编年体晋史》，乔治忠校注，天津：天津古籍出版社，1989年。收编年体晋史 12 种（比上文所举多出裴松之《晋纪》1 种），晋起居注 2 种，不明著者之晋纪遗文 1 种，凡 15 种。

晋永嘉之乱，皇纲失驭，九州君长，据有中原者甚众。或推奉正朔，或假名窃号，然其君臣忠义之节，经国字民之务，盖亦勤矣。而当时臣子，亦各记录。"这里主要就是指十六国史撰述。唐初史家从正统观念出发，认为十六国君主"推奉正朔"、"假名窃号"，故将其史列为"霸史"。然其余诸语，所论还是中肯的。刘知幾《史通·古今正史》篇，仍以十六国史入"正史"，这是他的卓识。从今天的观点来看，十六国史撰述，无疑当是这个历史时期的"正史"撰述的一部分。十六国史多数是当时人及北朝人所作，少数为东晋南朝人所撰，清代及近人所考，大致相近，今列下表[1]，以明其梗概：

书　名	卷　数	著　者	所记史事
汉赵记	10	（前赵）和苞	记前赵刘氏事
赵　书	10	（燕）田融	记后赵石勒事
二石传	2	（赵）王度	
汉之书	10	（晋）常璩	记蜀李氏事（亦称《蜀书》）
燕　记		（燕）杜辅	记前燕事
燕　书	21	（燕）范亨	记前燕慕容隽事
后燕书	30	（后燕）董统	
燕　书		（后燕）封懿	
南燕录	5	（南燕）张诠	记慕容德事
南燕录	6	（南燕）王景晖	记慕容德事
南燕书	7	游览先生	
燕　志	10	（北魏）高闾	记北燕冯跋事
秦　书	8	何仲熙	记前秦苻健事
秦　记	11	（宋）裴景仁	
秦　记	10	（北魏）姚和都	记后秦姚氏事

---

① 参见王仲荦：《魏晋南北朝史》下册，上海：上海人民出版社，1980 年，第 892～893 页。

书　名	卷数	著　者	所记史事
凉　记	8	（燕）张谘	记前凉张轨事
凉国春秋	50	（凉）索绥	记前凉张氏事
凉　记	12	（凉）刘庆	记前凉张氏事
凉　书	10	（凉）刘昺	记前凉张轨事
西河记	2	（晋）喻归	记前凉张重华事
凉　记	10	（凉）段龟龙	记后凉吕光事
凉　书	10	（北魏）高道让	记北凉沮渠氏事
凉　书	10	（北魏）宗钦	记北凉沮渠蒙逊事
拓跋凉录	10		记南凉秃发氏事
敦煌实录	10	（凉）刘昺	记西凉李氏事
夏国书		（夏）赵思群	记夏赫连氏事
十六国春秋	100	（北魏）崔鸿	通记十六国事
三十国春秋	21	（梁）萧方等	记晋为主，附刘渊以下 29 国
战国春秋	20	（北齐）李概	记十六国事

　　以上凡 29 种，多分记十六国各朝史事，通记十六国史事者以崔鸿《十六国春秋》最为知名。《魏书·崔光传》、《北史·崔光传》所附崔鸿传，记其撰述经过甚详。刘知幾评其书曰："考核众家，辨其同异，除烦补阙，错综纲纪，易其国书曰'录'，主纪曰'传'，都为之《十六国春秋》。"①由此可见，《十六国春秋》是反映十六国史事的一部总结性著作。唐修《晋书》中的"载记"，多参考其书。自宋以后，十六国诸史皆散失无存。清人汤球有《十六国春秋辑补》，庶可窥其一斑。关于南朝史撰述。南朝宋、齐、梁、陈朝代短促，但史家修史之风盛行，除撰有相当数量的东汉、晋史外，于当代史亦颇多著述。于宋史，有宋的徐爰《宋书》65 卷、佚名《宋书》61 卷，齐的孙严

---

① 刘知幾：《史通》卷十二《古今正史》，浦起龙通释，上海：上海古籍出版社，2009年，第 335 页。

《宋书》65 卷，梁的沈约《宋书》100 卷，以上为纪传体；编年体宋史有齐王智深《宋纪》30 卷，梁裴子野《宋略》20 卷、王琰《宋春秋》20卷。于齐史，则多撰于梁朝，有萧子显《齐书》60 卷、刘陟《齐纪》10卷、沈约《齐纪》20 卷、江淹《齐史》13 卷，以上为纪传体；编年体齐史有吴均《齐春秋》30 卷、王逸《齐典》5 卷，以及齐人熊襄《齐典》10卷。于梁史，有梁谢昊《梁书》100 卷，陈许亨《梁史》53 卷，北周萧欣《梁史》100 卷，以上为纪传体；编年体梁史有梁萧韶《梁太清纪》10卷，北周刘璠、陈何之元《梁典》30 卷。于陈史，有纪传体 3 种，都是陈人所撰，它们是陆琼《陈书》42 卷、顾野王《陈书》3 卷、傅绰《陈书》3 卷。以上宋、齐史各 7 种，梁史 5 种，陈史 3 种，共 22 种；今存者，仅沈约《宋书》、萧子显《齐书》（后人称《南齐书》）2 种，其余尽散佚，有的则还可从其他文献中略见其佚文。

关于北朝史撰述。北朝历北魏、东魏、西魏、北齐、北周五朝，其关于这一时期的历史撰述，经历了坎坷的道路，故修史之风不及南朝为盛。北魏初年，邓渊等受命著《国记》，得十余卷，"编年次事，体例未成"，乃中辍。太武帝拓跋焘时，命崔浩（？ —450）等撰成《国书》30 卷。后又命崔浩、高允、张伟等"续成前纪"，"至于损益褒贬，折中润色，浩所总焉"。崔浩应是北魏史撰述的创始人。他接受著作令史闵湛、郗标的建议，以《国书》刊石写之，以示行路，从而因"尽述国事，备而不典"获罪，于太平真君十一年（450）受诛；"清河崔氏无远近，范阳卢氏、太原郭氏、河东柳氏，皆浩之姻亲，尽夷其族"，崔浩监秘书事，故"其秘书郎吏已下尽死"，"同作死者百二十八人"①。这就是后史常说到的"崔浩国史案"。孝文帝时，乃命李彪、崔光等撰纪传体北魏史而未果。史称："光撰魏史，徒有卷目，初未考正，阙略尤多，每云：'此史会非我世所成，但须记录时事，以待后

---

① 以上见魏收：《魏书》卷三十五《崔浩传》，北京：中华书局，1974 年，第 815、824、826 页。刘知幾：《史通》卷十二《古今正史》，浦起龙通释，上海：上海古籍出版社，2009 年，第 338 页。

人．'"①以后，北魏皇朝关于本朝史的撰述便无太大举动。直至北齐天保时，魏收等撰成纪传体《魏书》130卷，才有比较完整的北魏史问世，并流传至今。这个时期的北朝史撰述，还有北齐崔子发撰写的编年体《齐纪》30卷，已佚。这同当时的南朝史撰述比起来，实在显得过分寥落。这也是魏晋南北朝时期的皇朝史撰述高潮中的一个例外。

这个时期，同皇朝史撰述相关联的，还有历朝起居注的撰写。《隋书·经籍志》史部起居注类小序说："起居注者，录纪人君言行动止之事。"它萌发于两汉而盛行于两晋南北朝。《隋书·经籍志》著录的44部起居注有41部是两晋南北朝所出。其中，《晋起居注》多达317卷（原注：梁有322卷），《后魏起居注》为336卷。由于起居注"皆近侍之臣所录"，自是撰述皇朝史的重要依据之一。隋唐以后，"实录"为盛，起居注的重要性就减弱了。从这个意义上说，起居注的盛行，也是魏晋南北朝时期皇朝史撰述高潮的一部分。尽管它们都已散佚，但它们在史学发展上的作用是应当肯定的。

魏晋南北朝时期撰述皇朝史的高潮，一方面表明史学在封建社会意识形态领域中的作用更加重要了；另一方面也表明史学所反映出来的历史文化传统，即使在分裂割据时期，仍然是联结人们思想的纽带，不论是人们对于《史记》、《汉书》的推崇，还是对于《春秋》、《左传》和《汉纪》的仰慕，都有力地证明了这一点。

二、《续汉书》八志、《后汉纪》和《后汉书》

这是魏晋南北朝时期诸家东汉史中流传至今的三种著作。

《续汉书》，西晋司马彪（？—约306）撰。司马彪，字绍统，在晋武帝泰始年间（265—274）任秘书郎，后转秘书丞。他认为："汉氏中兴，讫于建安，忠臣义士亦以昭著，而时无良史，记述烦杂……安、顺以下，亡缺者多。"于是他"讨论众书，缀其所闻，起于世祖，终于

---

① 李延寿：《北史》卷四十四《崔光传》，北京：中华书局，1974年，第1626页。

孝献，编年二百，录世十二，通综上下，旁贯庶事，为纪、志、传凡八十篇①，号曰《续汉书》"②。这是一部完整的东汉史著作，后纪、传散佚，仅存八志：《律历志》3 篇，《礼仪志》3 篇，《祭祀志》3 篇，《天文志》3 篇，《五行志》6 篇，《郡国志》5 篇，《百官志》5 篇，《舆服志》2 篇，凡 30 篇。③ 从内容上看，百官、舆服二志，是《史》、《汉》所没有的。然《舆服志》的撰写，东汉末年董巴、蔡邕已有创议，《百官志》则取资于皇家"故簿"。至于郡国志，谢承《后汉书》已立为志目，实由《汉书·地理志》而来。尽管如此，《续汉书》八志还是被誉为"王教之要，国典之源，粲然略备，可得而知矣"④。

《续汉书》八志在撰述思想上有三个特点。第一，是注重考察典章制度的变化。如其《郡国志》序称："《汉书·地理志》记天下郡县本末，及山川奇异，风俗所由，至矣。今但录中兴以来郡县改异，及《春秋》、'三史'会同征伐地名，以为《郡国志》。"⑤一是注意到东汉以来的变化，二是注意到读史的需要。其《百官志》序称："班固著《百官公卿表》，记汉承秦置官本末，讫于王莽，差有条贯；然皆孝武奢广之事，又职分未悉。世祖节约之制，宜为常宪，故依其官簿，粗注职分，以为《百官志》。"⑥这是指出了《百官公卿表》重在记"置官本末"，而《百官志》重在记百官"职分"，即职务禄位与责任范围，说明"表"与"志"的不同，而后者更详于官制的变化。其《舆服志》因是首创，故不独仅记东汉，而是通记"上古以来"车服制度的演变，"以观古今损益之义"。

第二，是强调了以"君威"、"臣仪"、"上下有序"为核心的"顺礼"等级秩序。司马彪认为："夫威仪，所以与君臣、序六亲也。若

① 《隋书·经籍志》作 83 卷；《新唐书·艺文志》作 83 卷，录 1 卷。
② 房玄龄等：《晋书》卷八十二《司马彪传》，北京：中华书局，1974 年，第 2142 页。
③ 分八志为 30 篇，系南朝梁人刘昭所为。
④ 刘昭：《后汉书注补志》序，《后汉书》书末，北京：中华书局，1965 年，第 1 页。
⑤ 范晔：《后汉书》志第十九《郡国志》，北京：中华书局，1965 年，第 3385 页。《后汉书》中，志三十卷为司马彪所撰，下不另注。
⑥ 范晔：《后汉书》志第二十四《百官志》，北京：中华书局，1965 年，第 3555 页。

君亡君之威，臣亡臣之仪，上替下陵，此谓大乱。大乱作，则群生受其殃，可不慎哉！故记施行威仪，以为《礼仪志》。"①这个思想，在很大程度上是从东汉末年的历史中总结出来的。他还认为："故礼尊［尊］贵贵，不得相逾，所以为礼也。非其人不得服其服，所以顺礼也。顺则上下有序，德薄者退，德盛者缛。"②这显然是适应正在形成的门阀制度的需要，故"顺礼"是带有鲜明的时代特点的。

第三，是推崇"务从节约"的政治作风。司马彪批评汉武帝在官制上"多所改作，然而奢广，民用匮乏"；推崇东汉光武帝的"中兴"，说他"务从节约，并官省职，费减亿计，所以补复残缺，及身未改，而四海从风，中国安乐者也"③。他批评秦始皇、汉武帝的大规模封禅活动，违背"天道质诚"，认为："帝王所以能大显于后者，实在其德加于民，不闻其在封矣。"④

《续汉书》八志在撰述思想上是把对历史的考察和现实的需要结合起来了，这反映出当时史家的一个共同的思想趋向。

南朝梁人刘昭注范晔《后汉书》，惜其诸志未成，"乃借旧志，注以补之"。⑤唐太宗有《咏司马彪〈续汉志〉》诗，其中四句是："前史殚妙词，后昆沉雅思。书言扬盛迹，补阙兴洪志。"⑥这都反映出后人对《续汉书》八志的评价。

司马彪还著有《九州春秋》10卷，记东汉末年事；又据《汲冢纪年》，列举谯周"《古史考》中凡百二十二事为不当"，均散佚。司马彪的史学思想的核心是"教世"。他说："先王立史官以书时事，载善恶以为沮劝，撮教世之要也。"⑦《续汉书》八志可以说是很鲜明地表现了他的这个史学主张。

① 范晔：《后汉书》志第四《礼仪志》序，北京：中华书局，1965年，第3101页。
② 范晔：《后汉书》志第二十九《舆服志》序，北京：中华书局，1965年，第3640页。
③ 范晔：《后汉书》志第二十四《百官志》序，北京：中华书局，1965年，第3555页。
④ 范晔：《后汉书》志第九《祭祀志》后论，北京：中华书局，1965年，第3205页。
⑤ 刘昭：《后汉书注补志》序，《后汉书》书末，北京：中华书局，1965年，第2页。
⑥ 曹寅等编：《全唐诗》卷一，北京：中华书局，1960年，第10页。
⑦ 房玄龄等：《晋书》卷八十二《司马彪传》，北京：中华书局，1974年，第2141页。

《后汉纪》30卷，编年体东汉史，东晋袁宏（328—376）撰。袁宏，字彦伯，善作咏史诗，以寄其风情。任大司马桓温府记室，"专综书记"。为人"强正亮直，虽被温礼遇，至于辩论，每不阿屈，故荣任不至"[①]。

袁宏对西晋陈寿所撰《三国志》甚推重，他自称："余以暇日常览《国志》，考其君臣，比其行事，虽道谢先代，亦异世一时也。"本着这样的认识，他撰了一篇《三国名臣颂》，借评论三国名臣抒发对于历史的见解。他认为："百姓不能自牧，故立君以治之；明君不能独治，则为臣以佐之。"[②]他把君臣关系视为致治的关键，而维系君臣关系的核心便是"名教"。这个思想，也突出地反映在他的《后汉纪》一书中。

袁宏与司马彪的卒年，相距70年左右。故袁宏生活的年代，已有多种东汉史著述行世。他说到撰《后汉纪》的起因和经过是："予尝读后汉书，烦秽杂乱，睡而不能竟也。聊以暇日，撰集为《后汉纪》。……前史阙略，多不次叙，错谬同异，谁使正之？经营八年，疲而不能定。"袁宏撰集时参考、"缀会"的诸家东汉史有：《东观汉记》、谢承《后汉书》、司马彪《续汉书》、华峤《汉后书》、谢沉《后汉书》等。其中司马彪、华峤二家，《文心雕龙·史传》、《史通·古今正史》均有好评，似不应斥为"烦秽杂乱"者。至于"前史阙略"、"错谬同异"，诸史相比，当是可能的。袁宏的撰述兴趣在编年而不在纪传，所以他在参阅前史的基础上，又吸收了起居注、名臣奏、诸郡耆旧先贤传等文献，仿荀悦《汉纪》撰集此书。历时八年，最后以张璠《后汉纪》补东汉末年事，全书乃成，其记事，起于"王莽篡汉"，终于"魏以河内之山阳，封汉帝为山阳公"；正式纪年，起于更始元年（23），终于建安二十五年（220）。全书各以8卷记光武事和灵、献事，篇幅占全书一半以上。内容上的这种轻重详略安排，反映了作者着意于写出东汉皇朝的兴起和衰亡。

---

① 房玄龄等：《晋书》卷九十二《文苑传》，北京：中华书局，1974年，第2391、2398页。

② 房玄龄等：《晋书》卷九十二《文苑传》，北京：中华书局，1974年，第2392～2393页。

《后汉纪》在编撰方法上除具有编年记事的基本要求外，还有自身的特点，这就是它吸收了传记体记人的优点，以容纳众多的人物的言行。具体说来，就是在记事的同时，把与此事有关的、时间相近的一些人物连带着写出，或把一人发生于不同时间但可表明此人基本面貌的言行集中写出，此即袁宏称作"言行趣舍，各以类书"的方法。如卷一写王莽末年的社会动乱和刘秀政治活动的开始，就连带写出 20 多个与此有关的人物。又如卷三十记建安十三年（208）八月"壬子，太中大夫孔融下狱诛，妻子皆弃市"一事，接着便集中写出孔融的身世和一生中几件大事，说他"年十三丧父，哀慕毁瘠，杖而后起，州里称其至孝"；说他为北海太守时，"崇学校庠序，举贤贡士，表显耆儒"，"其礼贤如此"。全书皆类此。这是在编年体史书中把记事和写人结合起来，事因人而丰满，人依事而益显。这是袁宏对编年体史书在编撰方法上的发展。

袁宏的"言行趣舍，各以类书"的编撰方法，写出了众多人物，目的是借以"观其名迹，想见其人"，为贯彻其"通古今而笃名教"的撰述思想服务。对于前人撰述，袁宏尤其推崇荀悦，说他"才智经纶，足为嘉史，所述当世，大得治功已矣"，但又说他"名教之本，帝王高义，韫而未叙"。故袁宏"因前代遗事，略举义教所归，庶以弘敷王道、前史之阙"①。可见《后汉纪》之突出名教思想，正是袁宏主旨所在。袁宏对名教的本质做了这样的说明："夫君臣父子，名教之本也。然则名教之作，何为者也？盖准天地之性，求之自然之理，拟议以制其名，因循以弘其教，辩物成器，以通天下之务者也。"他进而认为："天地，无穷之道；父子，不易之体。夫以无穷之天地，不易之父子，故尊卑永固而不逾，名教大定而不乱，置之六舍，充塞宙宇，自今及古，其名不去者也。"②这就是说，名教的核心是君臣、父子关系，这种关系是天地、自然所决定的，是无穷的、不变

---

① 以上均见袁宏：《后汉纪》序，《两汉纪》下，北京：中华书局，2002 年，第 1 页。

② 袁宏：《后汉纪》卷二十六《孝献皇帝纪》，《两汉纪》下，北京：中华书局，2002年，第 509 页。

的，人们都应当恪守这种关系。而名教的根本作用是"以统群生"，故其与治乱盛衰有极大关系。① 而这种作用，一是通过"风化"发挥出来，即"立君之道"要本于"有仁有义"，弘扬"崇长推仁"的"自然之理"，倡导"出乎情性"的"爱敬忠信"之风，从而使人们"服膺名教"②。二是要有制度的约束，"王者之兴，必先制礼，损益随时，然后风教从焉"③。这就把名教同风化、礼法结合起来了。但是，恪守名教的人也是有区别的："称诚而动，心理为心，此情存乎名教者也。内不忘己以为身，此利名教者也。情［存］于名教者少，故道深于千载；利名教者众，故道显于当年。"④袁宏并没有把名教完全理想化，所谓"利名教者众"的看法，说明他还是讲求实际的。袁宏一生生活在东晋统治集团内部矛盾、斗争日益积累和发展的年代，他借撰述东汉史来阐发名教思想，是有他的一番深意的。

《后汉纪》作为编年体东汉史，是一部成功的历史著作。往前，它追踪荀悦《汉纪》。《史通·六家》篇说："为纪传者则规模班、马，创编年者则议拟荀、袁。"⑤往后，它无愧范晔《后汉书》，故"世言汉中兴史者，唯范、袁二家而已"⑥。

范晔(398—445)字蔚宗，南朝宋顺阳(今河南淅川东)人。善文章，精音乐，宋文帝时以才学为用，官至太子詹事。他撰《后汉书》始于宦途中元嘉九年(432)左迁宣城太守之时。元嘉二十二年(445)，被人告发与谋立大将军彭城王刘义康为帝一案有牵连，以谋反罪入

---

① 参见袁宏：《后汉纪》卷三十《孝献皇帝纪》，《两汉纪》下，北京：中华书局，2002年，第589页。

② 袁宏：《后汉纪》卷三《光武皇帝纪》、卷二十二《孝桓皇帝纪》，《两汉纪》下，北京：中华书局，2002年，第39～40、432～434页。

③ 袁宏：《后汉纪》卷十二《孝章皇帝纪》，《两汉纪》下，北京：中华书局，2002年，第257页。

④ 袁宏：《后汉纪》卷二十三《孝桓皇帝纪》，《两汉纪》下，北京：中华书局，2002年，第448页。

⑤ 刘知幾：《史通》卷一《六家》，浦起龙通释，上海：上海古籍出版社，2009年，第15页。

⑥ 刘知幾：《史通》卷十二《古今正史》，浦起龙通释，上海：上海古籍出版社，2009年，第318页。

狱，被杀，时年 48 岁。其时，上距司马彪之卒约 140 年、袁宏之卒约 70 年。范晔在狱中作《与诸甥侄书》，阐说了他的为人、治学和撰写《后汉书》的一些重要情况，是一篇具有自序性质的文献，故《宋书·范晔传》全文收录了它。范晔治学，重在"至于所通解处，皆自得之于胸怀"。认为"文患其事尽于形，情急于藻，义牵其旨，韵移其意"；主张"情志所托，故当以意为主，以文传意"①。他的治学态度和为文主张，在《后汉书》中得到相当程度的实践。他撰《后汉书》的全部计划，是要写成纪 10 卷、志 10 卷、传 80 卷，合为 100 卷。但他只完成了纪、传部分的 90 卷就被捕入狱了，没有完成志的撰述。

范晔自己说："本未关史书，政恒觉其不可解耳。既造《后汉》，转得统绪。"②后人说他是"不得志，乃删众家后汉书为一家之作"。又说他撰述中"至于屈伸荣辱之际，未尝不致意焉"③。这可能考虑到他身为庶子和宦途播迁的境遇，但范晔所谓"政恒觉其不可解"的话，似不必限于从个人境遇上去理解。范晔所提出的问题，还是在于从历史上去寻求关于现实政治中存在问题的答案。范晔撰《后汉书》时，至少有 10 种汉晋史家所著后汉史作为参考。范晔自称，他的《后汉书》虽"博赡"不及班固《汉书》，但"整理未必愧也"；而其"杂传论，皆有精意深旨"，"至于《循吏》以下及《六夷》诸序论，笔势纵放，实天下之奇作。其中合者，往往不减《过秦》篇。尝共比方班氏所作，非但不愧之而已"。可见，范晔虽是据众家后汉史撰《后汉书》，而他的撰述目标却是以"最有高名"的《汉书》为参照的。他对于材料的整理之功和对于史事的评论精深，是《后汉书》的两个特点。

范晔删削众家后汉史，在材料整理上博采诸家。《后汉书》中提到的有《东观汉记》和华峤《汉后书》，范晔称为"前史"。还有许多是

① 沈约：《宋书》卷六十九《范晔传》，北京：中华书局，1974 年，第 1830 页。

② 沈约：《宋书》卷六十九《范晔传》，北京：中华书局，1974 年，第 1830 页。下引本传，不另注。

③ 李延寿：《南史》卷三十三《范泰传》，北京：中华书局，1975 年，第 849 页。

他没有提到的。如其《党锢传》，可能来自司马彪《续汉书·党锢传》；其循吏、酷吏、宦者、儒林、文苑、独行、方术、逸民、列女等类传可能来自谢承《后汉书》之同名的类传；其"六夷"传，包括东夷、南蛮、西羌、西域、南匈奴、乌桓鲜卑等，可能是分别参考了谢承、司马彪、华峤三家后汉史中有关的传。而范晔在整理材料中对历史人物传记的编次上，则更多地受到袁宏《后汉纪》"言行趣舍，各以类书"的方法的影响。其于同卷人物，往往"不拘时代，而各就其人之生平以类相从"：有的以"治行卓著"，有的以"深于经学"，有的以"著书恬于荣利"，有的以"和光取容，人品相似"，有的以"立功绝域"，有的以"仗节能直谏"，有的以"明于天文"等。① 总之，范晔对众家东汉史的"整理"之功，是更便于反映出东汉时期各类人物的事迹和风貌。

范晔的历史评论，是《后汉书》的精华所在。

第一，他对东汉时期的大治乱得失问题，提出了自己的看法。他论王莽、东汉之际的形势说："传称'盛德必百世祀'，孔子曰'宽则得众'。夫能得众心，则百世不忘矣。观更始之际，刘氏之遗恩余烈，英雄岂能抗之哉！然则知高祖、孝文之宽仁，结于人心深矣。"②从历史的形势来看，范晔所论未必中肯。但是，他提出了"得众心"、"结于人心深矣"对于政治上的成功的极端重要性，无疑是深刻的见解。他论"中兴之业，诚艰难也"，认为光武"闭玉门以谢西域之质，卑词币以礼匈奴之使"③是明智之举。范晔尤其称道光武对"中兴二十八将"的安排，认为光武吸取西汉初年分封异姓诸侯王的教训，"鉴前事之违，存矫枉之志"，仅以少数功臣"与参国议，分均休咎，其余并优以宽科，完其封禄，莫不终以功名延庆于后"，也是

---

① 参见赵翼：《廿二史札记》卷四"《后汉书》编次订正"，王树民校证，北京：中华书局，1984年，第80页。赵翼认为，《后汉书》的"不拘时代"、"以类相从"是受了《史记》、《汉书》的影响，自有一定道理。但作为晚出的东汉史，它无疑受到《后汉纪》之"言行趣舍，各以类书"更多的影响。

② 范晔：《后汉书》卷十二，北京：中华书局，1965年，第508～509页。

③ 范晔：《后汉书》卷十八，北京：中华书局，1965年，第697页。

明智之举。论末总结说:"崇恩偏授,易启私溺之失,至公均被,必广招贤之路,意者不其然乎!"①这是把不同的政策上升到理论认识的高度了。范晔在《皇后纪》序论中,还指出了东汉"皇统屡绝,权归女主,外立者四帝,临朝者六后,莫不定策帷帘,委事父兄,贪孩童以久其政,抑明贤以专其威。任重道悠,利深祸速"②的弊端。在《宦者列传》的序和论中,范晔一方面分析宦官和外戚勾结的原因;另一方面又分析了宦官得势的种种不同情况,以及造成"纲纪大乱"、"败国蠹政"、"忠贤所以智屈,社稷故其为墟"③的严重后果。凡此,都是着眼于政治得失所做的历史评论。

第二,范晔的人才论具有深刻的认识价值。他认为一是政策得法,即"知能任使","士得用情";一是各方面人才得尽其用,即"英能承风,俊乂咸事"。根据这一认识,他对顺帝时的人才辈出,赞叹不已,而对桓帝时的人才政策则"可为恨哉"④。

第三,范晔的历史评论还表明了他在历史观上的朴素唯物倾向。他批评佛教"好大不经,奇谲无已","故通人多惑焉"⑤。他批评种种方术"斯道隐远,玄奥难原,故圣人不语怪神,罕言性命";方术怪诞之论"纯盗虚名,无益于用",不过是有人"希之以成名"的工具罢了。⑥他对武帝"颇好方术",光武"尤信谶言",桓帝"修华盖之饰",都采取批评的态度。⑦ 他极少讲"天命",即使讲到了,也是采取保留的态度。他说:"天命符验,可得而见,未可得而言也。然大致受大福者,归于信顺乎!"⑧他是把顺乎天、信乎人结合在一起来看待的。这虽多少带有一点折中的色彩,但范晔总的思想倾向不是折中的,

---

① 范晔:《后汉书》卷二十二,北京:中华书局,1965年,第787~788页。
② 范晔:《后汉书》卷十上,北京:中华书局,1965年,第401页。
③ 范晔:《后汉书》卷七十八,北京:中华书局,1965年,第2510、2538页。
④ 范晔:《后汉书》卷六十一,北京:中华书局,1965年,第2042~2043页。
⑤ 范晔:《后汉书》卷八十八,北京:中华书局,1965年,第2932页。
⑥ 范晔:《后汉书》卷八十二上,北京:中华书局,1965年,第2703、2725页。
⑦ 范晔:《后汉书》卷八十二上,北京:中华书局,1965年,第2705页。范晔:《后汉书》卷八十八,北京:中华书局,1965年,第2932页。
⑧ 范晔:《后汉书》卷七十五,北京:中华书局,1965年,第2444页。

所以直到临死前还说:"天下决无佛鬼!"①

第四,范晔的历史评论,显示出他对东汉时期学术史的兴趣和见解。如他论道术,一方面说它"有补于时,后人所当取鉴";另一方面指出"然而其敝好巫,故君子不以专心焉"②。他论经学,指出"及东京,学者亦各名家。而守文之徒,滞固所禀,异端纷纭,互相诡激,遂令经有数家,家有数说,章句多者或乃百余万言,学徒劳而少功,后生疑而莫正",批评经学的烦琐、误人;同时指出"郑玄括囊大典,网罗众家,删裁繁诬,刊改漏失,自是学者略知所归"③的成绩。他论史学,肯定"司马迁、班固父子,其言史官载籍之作,大义粲然著矣。""迁文直而事核,固文赡而事详。若固之序事,不激诡,不抑抗,赡而不秽,详而有体,使读之者亹亹而不厌,信哉其能成名也",对迁、固做了比较,并给予班固很高的评价。但不同意班固对司马迁的批评,认为班书"论议常排死节,否正直,而不叙杀身成仁之为美,则轻仁义,贱守节愈矣"④。这个评论在史学史上有很大的影响。他论应奉、应劭父子说:"应氏七世才闻,而奉、劭采章为盛。及撰著篇籍,甄纪异知,虽云小道,亦有可观者焉。"⑤他把王充、王符、仲长统三位唯物思想家合传,说王充《论衡》"释物类同异,正时俗嫌疑",王符《潜夫论》"指讦时短,讨谪物情,足以观见当时风政",说仲长统所著《理乱篇》、《损益篇》、《法诫篇》都"有益政者"⑥。范晔对蔡邕之死,深寄同情,引郑玄的话说"汉世之事,谁与正之!"其论则称:"执政(按指王允——引者)乃追怨子长谤书流后,放此为戮,未或闻之典刑。"⑦至于《儒林列传》序,不啻是一篇东汉经学史概要,而其后论一方面肯定了经学对东汉史风的影

① 沈约:《宋书》卷六十九《范晔传》,北京:中华书局,1974年,第1829页。
② 范晔:《后汉书》卷三十下,北京:中华书局,1965年,第1085页。
③ 范晔:《后汉书》卷三十五,北京:中华书局,1965年,第1212~1213页。
④ 范晔:《后汉书》卷四十下,北京:中华书局,1965年,第1386页。
⑤ 范晔:《后汉书》卷四十八,北京:中华书局,1965年,第1622页。
⑥ 范晔:《后汉书》卷四十九,北京:中华书局,1965年,第1629~1630、1646页。
⑦ 范晔:《后汉书》卷六十下,北京:中华书局,1965年,第2006~2007页。

响，一方面又是对走向末路的东汉经学的尖锐批评，反映出他对经学所持的一贯的批判精神。

《后汉书·儒林列传》写的是东汉时期经学家们的传记，按《易》、《书》、《诗》、《礼》、《春秋》经传分类，各类依时间为序，一一为传。各类起始均上接《汉书》所载经生，记其源流；结末处则补叙本传以外经学大事，以备互见，以明终始，读来一目了然，可谓一部简明有序的东汉经学史。

在传首，范晔作长篇序论。一是写出了"光武中兴，爱好经术，未及下车，而先访儒雅，采求阙文，补缀漏逸"的文化政策及实际措施；写出了"先是四方学士多怀协图书，遁逃林薮。自是莫不抱负坟策，云会京师"的盛况。到了汉明帝时，学子众多，"匈奴亦遣子入学。济济乎，洋洋乎，盛于永平矣!"二是概述了东汉时期儒者之风的几度盛衰，直至汉灵帝熹平四年(175)，还"诏诸儒正定《五经》，刊于石碑……树之学门，使天下咸取则焉"①。

于传末，范晔又作后论，指出：

> 自光武中年以后，干戈稍戢，专事经学，自是其风世笃焉。……
>
> 自桓、灵之间，君道秕僻，朝纲日陵，国隙屡启，自中智以下，靡不审其崩离；而权强之臣，息其窥盗之谋，豪俊之夫，屈于鄙生之议者，人诵先王言也，下畏逆顺执也。至如张温、皇甫嵩之徒，功定天下之半，声驰四海之表，俯仰顾眄，则天业可移，犹鞠躬昏主之下，狼狈折札之命，散成兵，就绳约，而无悔心。暨乎剥桡自极，人神数尽，然后群英承其运，世德终其祚。迹衰敝之所由致，而能多历年所者，斯岂非学之效乎?②

---

① 范晔：《后汉书》卷七十九上，北京：中华书局，1965 年，第 2545～2547 页。
② 范晔：《后汉书》卷七十九下，北京：中华书局，1965 年，第 2588～2590 页。

在范晔看来，早在桓帝、灵帝的时候，东汉朝纲已是一片衰败景象，随时都有"崩离"的可能；而"权强之臣"、"豪俊之夫"终不敢冒天下之大不韪者，正是光武"中年以后"，"专事经学"，"其风世笃"所致。这是《后汉书·儒林传》所要阐明的基本思想。从今天的认识来看，范晔的这篇史论，是说明了主导的意识形态、良好的社会风气对于维系政治统治的重要。

从《后汉书·儒林传》来看，它所反映的内容，不只是东汉学术史的一部分，也是东汉政治史的一部分。不论是从学术史来看，还是从政治史来看，有一点是共同的，即东汉儒士们的精神追求都有比较明确的目标，其修身、自律的自觉性都比较高。刘昆的"少习容礼"，杨政的"笃于义"，孙期的"事母至孝"，欧阳歙的"恭谦好礼让"，高诩的"以信行清操知名"，伏恭的"性孝，事所继母甚谨"，杜抚的"沉静乐道，举动必以礼"，召驯（字伯春）的"以志义闻，乡里号之曰'德行恂恂召伯春'"，甄宇的"清静少欲"，楼望的"操节清白，有称乡闾"，何休的"雅有心思"，服虔的"以清苦建志"，许慎的"性淳笃"，等等，都表现出了做人的规范。这是一种人格的力量；而当这种人格的力量通过讲学、从政广泛地发挥作用时，便会影响到一个时代的社会风气。范晔史识的高明之处，是他一方面看到了东汉经学发展中的弊端，一方面又指出了经学发展对社会的影响。他认为，东汉经学的发达，包含有两个突出的缺陷。一是死守门户之见："分争王庭，树朋私里，繁其章条，穿求崖穴，以合一家之说。"二是陷于迂腐刻板："书理无二，义归有宗，而硕学之徒，莫之或徙，故通人鄙其固焉……且观成名高第，终能远至者，盖亦寡焉，而迂滞若是矣。"这两个弊端，其实是互为因果，其发展到极点，便是东汉经学的末路。对此，历代学人多有批评。

第五，类传史论的特色。《后汉书》的其他类传如党锢、循吏、酷吏、文苑、独行、逸民、列女以及"六夷"等传的序、论，如范晔所说，都写得"笔势纵放"，颇多精彩之处。《循吏列传》序概述了东汉一朝循吏简史，认为光武时期与章帝、和帝以后，是循吏辈出、屡屡不绝的两个时期。而循吏的特点是"仁义笃诚，使人不欺"，"可以感物而行化"，做到"明发奸伏，吏端禁止"，"移变边俗"，等等。范晔着重指出了循吏的出现，其最重要的原因是最高统治者的政治风范，故序文用了近一半的篇幅称赞光武帝的"勤约之风，行于上下。数引公卿郎将，列于禁坐。广求民瘼，观纳风谣。故能内外匪懈，百姓宽息。自临宰邦邑者，竞能其官"。他充分肯定了这种垂范作用对于循吏政治的重要影响。《循吏列传》后赞进而指出了循吏政治的社会作用是："推忠以及，众瘼自蠲。一夫得情，千室鸣弦。"作为史学家，范晔对循吏表示出"怀我风爱，永载遗贤"的崇敬之意，表达了他的一种社会理想。同循吏相对的是酷吏。《酷吏列传》的序、赞表明范晔对酷吏政治的朴素辩证认识。他一方面认为酷吏的出现是政治统治中不可避免的，酷吏的特点是"肆情刚烈，成其不桡之威"。他们敢于"揣挫强执，摧勒公卿"的执法精神"亦为壮也"，故能"厌快众愤"。但毕竟手段严酷，"末暴虽胜，崇本或略"。这个评价自然不如对循吏的称颂，但范晔也没有完全否定酷吏的作用，认为前者是本，后者是末，这是为政之中的本末关系。

《后汉书·宦者列传》序，也可视为一篇宦官小史，而以论东汉为详。从历史上看，范晔认为，宦人中"其能者"可有功于国，"其敝也"则为国之祸。西汉时的宦人，"勤心纳忠，有所补益"者有之，"以佞险自进"、"损秽帝德"者有之。东汉时期，宦官权重，以至于"手握王爵，口含天宪"，"举动回山海，呼吸变霜露"，"汉之纲纪大乱矣"。范晔在后论中还分析了宦人的权力是历朝历代逐渐滋长起来的，其危害终于发展到"忠贤所以智屈，社稷故其为墟"的地步，"今迹其所以，亦岂一朝一夕哉！"应当说，这是一篇极为深刻的宦官参与政事的历史经验教训的总结。但历代皇朝体制又决定了它无法割去自身肌体上的这个赘瘤，以致一再重复宦人掌权而造成"纲纪大乱"、"社稷为墟"的政治悲剧。《后汉书·儒林列传》的序与论，是范晔史论之佳作中的突出者，历来为论者所重，已如上述。以上《循吏》、《酷吏》、《宦者》、《儒林》四传的序、论，都反映了范晔对政治统治、国家兴衰的关注，反映了他的积极的、进步的社会历史观和历史人物评价标准。范晔对于历史人物的看法是取兼容态度的，并不持偏激之见。他推崇忠义、进取的人生，但也承认"性尚分流，为否异适"[①]的历史现象，故作《独行列传》。他的这个认识，在《后汉书·逸民列传》序中阐述得十分明确，他认为，种种隐逸之人"或隐居以求其志，或回避以全其道，或静己以镇其躁，或去危以图其安，或垢俗以动其概，或疵物以激其清。然观其甘心畎亩之中，憔悴江海之上，岂必亲鱼鸟乐林草哉，亦云性分所至而已"。可见他对于社会中之所以会出现"逸民"，以及"逸民"的不同心理与目的，是很理解的。同时，他也指出政治状况、"帝德"的盛衰，直接影响到"逸民"的多寡去留；他希望的是一种"举逸民天下归心"的社会局面。《后汉书》"六夷"传的序、论，分别论述周边各民族、各地区同三代、秦汉的关系，而尤着意其与东汉联系的密切。他写道："自中兴之后，四夷来宾，虽时有乖畔，而使驿不绝，故国俗风土，可得略记。东夷率皆土著，喜饮酒歌舞，或冠弁衣锦，器用俎豆。所谓中国失礼，求之四夷者也。凡蛮、夷、戎、狄总名四夷者，犹公、侯、伯、子、男皆号诸侯云。"[②]尽管范晔于"六夷"传的序论及传文中，对各族仍难免有不恰当的评论，然上引这段话所确定的基本看法，反映出了他对各族关系的认识，可以说是继承了司马迁的思想传统。《后汉书·循吏列传》以下各传诸序、论，有一个共同的特点，即纵向论历史演变，横向评得失利害，以陈述史事为目的，以总结经验为归宿，有吞吐古今之志，无矫揉造作之意，此即其"笔势纵放"之由来。

范晔的史论，言深意远，用词典雅，笔势纵放，在史学上是不多见的。

魏晋南北朝时期，注史之风极盛。范晔《后汉书》行世后约五六十年，南朝梁人刘昭即为其作注。昭伯父彤曾集众家晋史注干宝《晋

---

① 范晔：《后汉书》卷八十一《独行列传》序，北京：中华书局，1965年，第2665页。
② 范晔：《后汉书》卷八十五《东夷列传》序，北京：中华书局，1965年，第2810页。

纪》，可见刘昭"集后汉同异以注范书"，本有家学影响。刘昭惜《后汉书》诸志未成，又据范晔"遗书自序，应遍作诸志"的计划，乃移司马彪《续汉书》志"注以补之"，合为130卷①，"世称博悉"②。但二书仍系单行，直至宋真宗乾兴元年(1022)以后，范书马志方合刻行世，流传至今，成为《二十四史》中的优秀著作之一。

三、《三国志》和《三国志注》

《三国志》是唯一保存至今同时又是兼记魏、蜀、吴三国史事的优秀著作，这是中国史学上的一大幸事。著者陈寿(233—297)，字承祚，西晋巴西安汉(今四川南充北)人。早年师事著名学者谯周，在蜀国官至散骑黄门侍郎，入晋任著作郎、治书侍御史。太康元年(280)西晋灭吴后，陈寿开始撰《三国志》，约经10年，撰成全书65卷，"时人称其善叙事，有良史之才"；司空张华"深善之，谓寿曰：'当以晋书相付耳。'"③陈寿撰《三国志》与司马彪撰《续汉书》大致同时，但他比司马彪早卒约10年。他们是西晋最有成就的两位史家。

《三国志》记事，起于东汉灵帝光和末年(184)黄巾起义，讫于西晋灭吴(280)，不仅仅限于三国时期的史事，故与《后汉书》在内容上颇有交叉。从《三国志》看陈寿的史才，首先是他对三国时期的历史有一个认识上的全局考虑和编撰上的恰当处置。三国鼎立局面的形成，三国之间和战的展开，以及蜀灭于魏、魏之为晋所取代和吴灭于晋的斗争结局，都是在纷乱复杂中从容不迫地叙述出来的。在编撰的体例上，陈寿以魏主为帝纪，总揽三国全局史事；以蜀、吴二主史事传名而纪实，既与全书协调，又显示出鼎立三分的格局。这种体例上的统一和

---

① 范晔《后汉书》90卷，连同子卷为100卷；《续汉书》志由刘昭厘为30卷，故合为130卷。

② 姚思廉：《梁书》卷四十九《文学传上》，北京：中华书局，1973年，第692页。刘昭：《后汉书注补志》序，《后汉书》书末，北京：中华书局，1965年，第2页。

③ 房玄龄等：《晋书》卷八十二《陈寿传》，北京：中华书局，1974年，第2137页。

区别，也反映在著者对三国创立者的称谓上：对曹操，在《魏书》中称太祖（曹操迎献帝至许昌后称公、魏公、魏王），在《蜀书》、《吴书》中称曹公；对刘备，在《蜀书》中称先主，在《魏书》、《吴书》中均称名；对孙权，在全书中一概称名。此外，在纪年上，著者虽在魏、蜀、吴三书中各以本国年号纪年，但也注意到以魏国纪年贯串三书，如记蜀后主刘禅继位、改元时书曰"是岁魏黄初四年也"①，记孙亮即位、改元时书曰"是岁，于魏嘉平四年也"②。这些都表明陈寿对于三国史事的总揽全局的器识和在表述上的精心安排。他以一部纪传体史书兼记同时存在的三个皇朝的历史，这是"正史"撰述中的新创造。

　　陈寿的史才，还在于他善于通过委婉、隐晦的表述方法以贯彻史家的实录精神。他先后作为蜀臣和蜀之敌国魏的取代者晋的史臣，对于汉与曹氏的关系、蜀魏关系、魏与司马氏的关系，在正统观念极盛的历史条件下，都是在历史撰述中很难处理的大问题，但陈寿却于曲折中写出真情。如他写曹操"将迎天子，诸将或疑，荀彧、程昱劝之，乃遣曹洪将兵西迎"③，写得很含蓄；而在《魏书·荀彧传》中，就荀彧的话说出了"奉迎天子都许"的政治目的，即效法晋文公纳周襄王、汉高祖为义帝缟素的故事。《魏书·文帝纪》写曹操死，曹丕嗣位为丞相、魏王，"改建安二十五年为延康元年"④，暗示了曹丕急于称帝的迫切心情。又如在《蜀书》中称先主、后主，以及对诸葛亮治蜀的高度评价，以寄托对于故国的情怀。而关于魏晋禅代事，《魏书·三少帝纪》中只写了"如汉魏故事"，但在《曹爽传》和《夏侯尚传》中却揭示曹氏政权向司马氏政权过渡中的尖锐斗争。在这些重大历史问题的记述上，《三国志》不失为一部信史。但由于陈寿承袭了晋人王沉《魏书》的若干记载，故对魏晋间事于晋难免有所回护，

　　① 陈寿：《三国志》卷三十三《蜀书·后主传》，北京：中华书局，1959 年，第 893 页。
　　② 陈寿：《三国志》卷四十八《吴书·三嗣主传》，北京：中华书局，1959 年，第 1151 页。
　　③ 陈寿：《三国志》卷一《魏书·武帝纪》，北京：中华书局，1959 年，第 13 页。
　　④ 陈寿：《三国志》卷二《魏书·文帝纪》，北京：中华书局，1959 年，第 57 页。

这是《三国志》的缺点，但不是它的主流。

陈寿的史才还突出表现在叙事简洁。全书以《魏书》30 卷叙魏事兼叙三国时期历史全貌，以《蜀书》15 卷、《吴书》20 卷分叙蜀、吴史事兼三国之间的复杂关系，而无冗杂之感，反映出陈寿对史事取舍的谨慎和文字表述的凝练。有人评论《三国志》"练核事情，每下一字一句，极有斤两"①。这个评论是中肯的。如上述记魏晋禅代事只写"如汉魏故事"五个字。如写曹操、刘备心态："曹公从容谓先主曰：'今天下英雄，唯使君与操耳。本初（按袁绍字本初——引者）之徒，不足数也。'先主方食，失匕箸。"②写袁绍的浅薄和曹操的深谋："袁绍与韩馥谋立幽州牧刘虞为帝，太祖拒之。绍又尝得一玉印，于太祖坐中举向其肘，太祖由是笑而恶焉。"献帝都许昌。以曹操为大将军、袁绍为太尉，"绍耻班在公下，不肯受。公乃固辞，以大将军让绍"③。这两件事，寥寥几笔，把人物的气质高下、风貌各异写得淋漓尽致。陈寿还善于通过写人物的对话指陈形势、论辩是非，如以荀彧同曹操的对话分析了曹操与袁绍双方的形势，以王粲同曹操的对话分析了曹操、袁绍、刘表三方的形势，以诸葛亮同刘备的对话估量了形势的发展和刘备应采取的对策，以王肃同魏明帝关于《史记》的论辩说明"隐切在孝武，而不在于史迁"④，等等，都写得十分精彩、凝练。

陈寿在撰述旨趣上推重"清流雅望"之士、"宝身全家"之行的士族风气，所以他对制定"九品官人法"的陈群赞美备至，对太原晋阳王昶长达千余字的戒子侄书全文收录。它的起首几句是："夫人为子之道，莫大于宝身全行，以显父母。此三者人知其善，而或危身破家，陷于灭亡之祸者，何也？由所祖习非其道也。夫孝敬仁义，百

---

① 刘熙载：《艺概》卷一，上海：上海古籍出版社，1978 年，第 18 页。
② 陈寿：《三国志》卷三十二《蜀书·先主传》，北京：中华书局，1959 年，第 875 页。
③ 陈寿：《三国志》卷一《魏书·武帝纪》，北京：中华书局，1959 年，第 8、14 页。
④ 陈寿：《三国志》卷十三《魏书·锺繇华歆王朗传》，北京：中华书局，1959 年，第 418 页。

行之首，行之而立，身之本也。孝敬则宗族安之，仁义则乡党重之，此行成于内，名著于外者矣。"①陈寿的这种旨趣为时人所称赞，认为他的《三国志》"辞多劝诫，明乎得失，有益风化"②。陈寿的"有益风化"跟司马彪强调"顺礼"、袁宏提倡"名教"有相通之处，只是前者更着重自身和家族的利益罢了。陈寿的史论在这方面表现得很突出。魏晋南北朝时期门阀士族重礼法、门风、名教，这是有长久的历史根源的。陈寿在历史观上有浓厚的神秘色彩和天命思想，他用符瑞图谶、预言童谣来渲染魏、蜀、吴三国君主的称帝，用"天禄永终，历数在晋"③来说明晋之代魏的合理性，他断言"神明不可虚要，天命不可妄冀，必然之验也"④。这种推重"清流雅望"和宣扬天人感应的政治观点和历史观点，是陈寿史学中的消极因素，也在一定程度上局限了《三国志》的史学价值。陈寿还撰有《益部耆旧传》10 篇；《古国志》50 篇，被誉为"品藻典雅"；又编订诸葛亮言论行事为《诸葛氏集》24 篇，凡 14 000 余字。这些，都散佚了。

《华阳国志·后贤志》记陈寿早年"治《尚书》、《三传》，锐精《史》、《汉》。聪警敏识，属文富艳"。这对他后来的史学成就至关重要。晋荀勖、张华称陈寿史才"以班固、史迁不足方也"⑤。南宋叶适说："陈寿笔高处逼司马迁；方之班固，但少文义缘饰尔，要终胜固也。"⑥这些评价未免过分拔高了《三国志》。清人李慈铭评论陈寿说："承祚固称良史，然其意务简洁，故裁制有余，文采不足。当时人物，不减秦汉之际，乃子长作《史记》，声色百倍，承祚此书，暗

---

① 陈寿：《三国志》卷二十七《魏书·徐胡二王传》，北京：中华书局，1959 年，第 744 页。

② 房玄龄等：《晋书》卷八十二《陈寿传》，北京：中华书局，1974 年，第 2138 页。

③ 陈寿：《三国志》卷四《魏书·三少帝纪》，北京：中华书局，1959 年，第 154 页。

④ 陈寿：《三国志》卷三十一《蜀书·刘二牧传》，北京：中华书局，1959 年，第 870 页。

⑤ 常璩：《华阳国志》卷十一《后贤志》，刘琳校注，成都：巴蜀书社，1984 年，第 849 页。

⑥ 叶适：《习学记言序目》卷二十八，北京：中华书局，1977 年，第 405 页。

然无华，范蔚宗《后汉书》较为胜矣。"①以三史相较，大抵如是。后人以《史记》、《汉书》、《后汉书》、《三国志》合称"四史"，认为是《二十四史》中的代表性著作，这充分肯定了《三国志》在史学上的地位。

《三国志》只有纪、传而无书志，这个缺憾只有留待后人弥补了。

陈寿死后 132 年，南朝宋人裴松之于元嘉六年(429)作成《三国志注》。裴松之在《上〈三国志注〉表》中说，他是奉诏"采三国异同以注陈寿《三国志》"的，说明皇家对《三国志》的重视。裴松之认为《三国志》"铨叙可观，事多审正。诚游览之苑囿，近世之嘉史。然失在于略，时有所脱漏"。因此，他作注的主旨是"务在周悉。上搜旧闻，傍摭遗逸"。所注内容主要在四个方面，一是"以补其阙"；二是"以备异闻"；三是"以惩其妄"；四是"有所论辩"。《四库全书总目提要》对裴注"综其大致，约有六端"，事实上都没有超出这四个方面。《三国志注》奏上后，宋文帝称善："此为不朽矣。"裴松之注《三国志》，目的在"鸠集传记，增广异闻"，主要是史事上的补阙、存异、惩妄。据清人赵翼统计，裴注所引据书有 50 余种，并皆注出书名②，近人王仲荦考证其引据书应是 210 种③，足见裴松之注书用功之勤。《四库全书总目提要》认为：裴注"网罗繁富，凡六朝旧籍今所不传者，尚一一见其厓略。又多首尾完具……故考证之家，取材不竭，转相引据者，反多于陈寿本书焉"④。这说明《三国志注》在历史文献学上有重要的价值。裴松之注史的方法，反映了魏晋南北朝时期史注发展的一个重要趋向。早在东汉末年，应劭就有《汉书》集解。后西晋杜预作《春秋左氏经传

---

① 李慈铭：《越缦堂日记》"咸丰己未二月初三日"，扬州：广陵书社，2004 年，第 917 页。

② 赵翼：《廿二史札记》卷六"裴松之《三国志注》"，王树民校证，北京：中华书局，1984 年，第 132 页。

③ 王仲荦：《魏晋南北朝史》下册，上海：上海人民出版社，1980 年，第 889 页。

④ 永瑢等：《四库全书总目》卷四十五《史部·正史类一》，北京：中华书局，1965 年，第 404 页。

集解》，北魏郦道元撰《水经注》，都是以搜集丰富的文献作注为特色。裴松之之子骃撰《史记集解》，也是"采经传百家并先儒之说"①而成。其后，刘昭伯父彤集众家晋书注干宝《晋纪》，刘昭集后汉同异以注范晔《后汉书》等，都反映出这一时期史注发展上的风格。裴注称得上是这种风格的代表，这是它在史学史上的价值。

裴注所引魏晋人著作，今已十不存一，因此格外为学术界所重视。其注文历来被认为多过陈寿本书数倍。现经研究者细致统计，《三国志》正文为36万多字，裴注为32万多字，正文比注文多出4万余字。② 宋人叶适批评有人提出重修《三国志》的论点，认为裴注所载"皆寿书之弃余也"③，固然偏颇；但今人也有提出裴注价值远在原书之上的说法，亦属失当。《三国志》作为反映三国时期的历史著作，是裴注无法代替的；裴注也正因有《三国志》的存在作为比较才更显出其价值的重要。这可谓离则两伤，合则双美。

四、《宋书》、《南齐书》和《魏书》

这个时期撰述的，而且流传至今的还有关于南北朝的三部皇朝史，此即沈约撰的《宋书》、萧子显撰的《南齐书》和魏收撰的《魏书》。《宋书》、《南齐书》记述了南朝宋、齐皇朝的史事，包含的年代约占南朝历史的半数；《魏书》记述了北朝北魏和东魏两个皇朝的史事，包含的年代约占北朝历史的四分之三。它们的著者是在范晔之后南北朝时期很有成就的史家。

沈约(441—513)，字休文，南朝吴兴武康(今浙江德清县西)人，历仕宋、齐、梁三朝，史家一般称他是梁朝人。沈约出身门

---

① 裴骃：《史记集解》序，《史记》卷末，北京：中华书局，2013 年，第 4010 页。
② 参见王廷洽及崔曙庭文，载《上海师院学报》1983 年第 4 期、《古籍整理研究学刊》(东北师范大学)1985 年第 3 期、《华中师范大学学报》1990 年第 2 期。
③ 叶适：《习学记言序目》卷二十八，北京：中华书局，1977 年，第 405 页。

阀士族，时人有所谓"江东之豪，莫强周、沈"①的说法，足见其家族地位的显赫。沈约在宋泰始初年 20 多岁时开始撰《晋书》，至齐永明六年(488)得 120 卷②，自称"条流虽举，而采掇未周"③。齐建元四年奉诏撰国史，为《齐纪》20 卷。梁天监年间，撰《高祖纪》(《梁武纪》)14 卷。沈约一生，于晋、宋、齐、梁四朝史均有撰述，所存者仅《宋书》。

沈约奉诏撰《宋书》，是在齐永明五年(487)春天，次年二月即表上《宋书》纪、传 70 卷。所记起于东晋安帝义熙之初，终于宋顺帝升明三年(479)，包括东晋末年及刘宋一代史事。这是沈约撰述《宋书》的第一阶段。这一阶段成书之快，主要是编辑前人的撰述成果。早在宋文帝时，天文学家何承天以著作郎身份撰国史，起草了纪、传和《天文》、《律历》等志，人物列传则写到宋武帝时期的一些功臣。其后，又有山谦之、苏宝生相继撰述。宋孝武帝大明六年(462)，徐爱续作宋史，在前人撰述的基础上，写成国史 65 卷，上起东晋末年，下讫大明时期。沈约对于《宋书》纪、传的撰述，一是补叙了宋前废帝永光以后十余年史事，二是确定了"立传之方"，对晋宋之际的人物列传有所取舍。沈约撰述《宋书》的第二个阶段，是写成八志 30 卷。他在《自序》中只是说到"所撰诸志，须成续上"。从《宋书》志避梁武帝及其父的名讳来看，它的撰成很可能是在梁武帝时期了。八志中，《天文》、《律历》、《五行》、《州郡》是在前人旧稿基础上写成；《礼》、《乐》、《符瑞》、《百官》出于沈约新撰。

《宋书》在反映时代特点方面是很突出的。第一，在列传中创立了家传的形式。以往"正史"列传，很少附记传主后人、亲属；而《宋书》改变此例，开以子孙之传附父祖之传的先声。如《宋书》卷四十二

---

① 房玄龄等：《晋书》卷五十八《周处传》附《周札传》，北京：中华书局，1974 年，第 1575 页。

② 《梁书·沈约传》记为 110 卷，今从《自序》。

③ 沈约：《宋书》卷一百《自序》，北京：中华书局，1974 年，第 2466 页。下引《自序》不另注。

《刘穆之传》，后面就附有"长子虑之"、"虑之子邕"、"穆之中子式之"、"式之子瑀"、"穆之少子贞之"、"穆之女婿蔡祐"等人的传；卷七十七《沈庆之传》，后面附有"子文叔"、"庆之弟劭之"、"庆之兄子僧荣"、"僧荣子怀明"、"庆之从弟法系"等传。这种家传式的列传，在《宋书》里是不少的。这是魏晋南北朝时期门阀地主居于统治地位，社会风气崇尚家族史和谱系之学在历史编撰上的反映。第二，在类传中首创《孝义传》。标榜"孝行"、"孝廉"，这反映了魏晋统治者提倡"以孝治天下"的遗风犹存。《孝义传》序及后论说："夫仁义者，合君亲之至理，实忠孝之所资"，"汉世士务治身，故忠孝成俗"，但《宋书》撇开了忠而大讲其孝，说明了它自身的矛盾。它又说："若夫孝立闺庭，忠被史策，多发沟畎之中，非出衣簪之下。以此而言声教。不亦卿大夫之耻乎。"①这也透露出在门阀地主中提倡忠、孝的虚伪性。第三，创《索虏传》以记北魏及南北战争、通好、和议、互市的史事，正像《魏书·岛夷传》记南朝史事和南北关系一样。这是南北分裂的政治局面在史学上的反映。《索虏传》后论从历史、政治、军事、地理等几个方面，分析了南北局面的形成，反映了史学家对于这一重大现实问题的重视。

《宋书》的志在文字的分量上几乎占了全书的一半，而在价值上更有超出本书纪、传之处，是司马彪《续汉书》八志之后的重要著作。第一，八志中的《律历》、《礼》、《天文》、《五行》、《州郡》等志，都是从曹魏讲起，是《宋书》志的创始者何承天"以续马彪《汉志》"②的主旨；《乐》从秦汉讲起，《符瑞》叙自上古，《百官》通叙秦汉魏晋至宋官制沿革流变。何承天、沈约撰志中的这种接续前史、贯通古今的思想，体现了中国史学的优良传统。《宋书》志仰包曹魏、囊括两晋，弥补了陈寿《三国志》无志的缺憾和当时诸家晋史尚无定本的不足，在史学上有不可低估的成就。刘知幾《史通·断限》篇批评它失

---

① 沈约：《宋书》卷九十一《孝义传》，北京：中华书局，1974年，第2241、2258~2259页。

② 沈约：《宋书》卷十一《志序》，北京：中华书局，1974年，第205页。

于断限，是未察撰者深意。对此，《四库全书总目提要》已持不同看法，近人余嘉锡进而指出这是"史家之良规"，"理固宜然"①。第二，《宋书》志之首有一篇《志序》，概述志的源流和本书各志的缘起，也反映了6世纪初中国史家对于制度史研究之重要性的一些理论认识，是一篇难得的作品。如它指出："汉兴，接秦坑儒之后，典坟残缺，著生硕老，常以亡逸为虑。刘歆《七略》、固之《艺文》，盖为此也。"又说："漳、滏、郑、白之饶，沟渠沾溉之利，皆民命所祖，国以为天，《沟洫》立志，亦其宜也。"这都是很有意义的见解。第三，《宋书》诸志中有许多具有科学价值和历史价值的记载，如《律历志》详细记载了杨伟的景初历、何承天的元嘉历、祖冲之的大明历以及他与戴法兴的长篇论难，是我国历法史上的重要文献。《乐志》以乐随世改的撰述思想，叙述歌舞乐器的缘起和演变，同时汇集了汉魏晋宋的一些乐章、歌词、舞曲，具有独创风格，为前史乐志所不及。《州郡志》记载了汉魏以来区域建置的变动，尤其写出了东晋以来北方人口南迁和侨置郡县的具体情况，是一篇反映人口变动和区域变动的重要地理文献，等等。《宋书》的志都写得丰满而有序，在"正史"的志中颇具特色。

《宋书》最突出的特点，是宣扬天命、佛教、预言。它记载了诵《观音经》千遍即可免灾的故事。②《符瑞志》鼓吹"有受命之符，天人之应"，《天文志》、《五行志》多有此类记载。这反映了沈约的神秘主义的唯心史观。《梁书》本传记他建议萧衍行禅代之事的话："天文人事，表革运之征，永元以来，尤为彰著。谶云'行中水，作天子'，此又历然在记。"由此可见，神秘主义的唯心史观的主要目的，是为统治者的统治编织神圣的外衣。在这一点上，《宋书》更甚于《三国志》而愈益衬托出《后汉书》的光辉。

沈约同时代人中有不少史学家，《齐书》撰者萧子显是其中留下

---

① 余嘉锡：《四库提要辨证》卷三"宋书"，北京：中华书局，1980年，第146页。
② 参见沈约：《宋书》卷七十六《王玄谟传》，北京：中华书局，1974年，第1974页。

了著作的一位史学家。

萧子显（约 489—537），字景阳，南朝南兰陵（今江苏武进西北）人，是齐高帝萧道成的孙子。他十几岁时，萧齐被萧梁所取代。梁武帝萧衍的父亲萧顺之是萧道成的族弟，萧子显是比萧衍晚一辈的人，但他们很早就分支了。但在梁朝，萧子显以自己的才华、风度和谈吐的出众，始终受到梁武帝的礼遇和信任，官至吏部尚书，后出为吴兴太守。子显善为诗赋，颇好辞藻。沈约读了他的《鸿序赋》，盛赞它是："可谓得明道之高致，盖《幽通》之流也。"这是说他有班固之才。梁武帝读了他的诗也说"可谓才子"。但萧子显的主要成就还在于史学。他一生写了五部史书：《后汉书》100 卷，《晋史草》30 卷，《齐书》60 卷，《普通北伐记》5 卷，《贵俭传》30 卷。他同沈约一样，很重视东汉以来的历史。这些著述除《齐书》外都散佚了。

萧子显撰《齐书》是得到梁武帝的同意的。据刘知幾说，他撰《齐书》是在天监年间（502—519），也就是在萧子显三十一二岁以前。后人为区别萧子显《齐书》和唐初李百药《齐书》，称前者为《南齐书》、后者为《北齐书》。萧子显撰《南齐书》，可以参考的文献资料还是不少的。早在齐明帝时，檀超和江淹奉诏修本朝史，他们制定了齐史的体例，但没有完成修撰工作。此外，还有熊襄的《齐纪》、吴均的《齐春秋》和江淹的《齐史》十志。萧子显的撰述，在体例上"本［檀］超、［江］淹之旧而小变之"①，在内容上兼采诸家成果，著成《南齐书》60 卷。它包括帝纪 8 卷，除追叙萧道成在刘宋末年的政治活动外，主要记萧齐皇朝（479—502）的 23 年间的史事。志 8 篇 11 卷，或上承刘宋，或起自萧齐，断限明快，但内容单薄。列传 40 卷，改前史循吏、良吏为《良政传》，佞幸、恩幸为《幸臣传》，文苑为《文学传》，隐逸为《高逸传》；而以《魏虏传》记北魏史事，这在性质上同于《宋书·索虏传》。另有《序录》1 卷，已佚。全书今存 59 卷。萧子显

---

① 赵翼：《廿二史札记》卷九"齐书旧本"，王树民校证，北京：中华书局，1984 年，第 188 页。

作为齐的宗室、梁的宠臣，所以他在《南齐书》中一方面要为萧道成回护，另一方面又要替萧衍掩饰。他写宋、齐之际的历史，当然不能直接写出萧道成的篡夺之事，只能闪烁其词，微露痕迹；他写齐、梁之际的历史，则用很多篇幅揭露齐主恶迹，以说明萧衍代齐的合理。这是他作为齐之子孙、梁之臣子的"苦心"，也反映出他在史学上的局限。

《南齐书》部帙不大，包含的年代又很短，竟然也撰有八志，确乎难得，这包含了江淹首创之功。其中，《礼》、《乐》、《州郡》、《百官》、《舆服》等略述萧齐一代典章制度和民俗风情，颇多参考。而《天文》、《祥瑞》、《五行》等则竭力宣扬天人感应和星占、谶语、梦寐的灵验，甚至不惜编造出崔灵运"梦天帝谓己曰：'萧道成是我第十九子，我去年已授其天子位'"[1]这样的谎言，来证明齐之代宋实属天意。这使《南齐书》在历史观上带着浓厚的唯心主义色彩。

《南齐书》的一些列传的写法，显示了萧子显在历史表述上的才华。如：他于《褚渊传》，先写褚渊在宋明帝时受到信任，而在宋明帝临死，则写他也参与"谋废立"，违背宋明帝的旨意；于《王晏传》，先叙其与齐高帝、齐武帝的密切关系，继而写其在齐武帝死后也参与"谋废立"的事；于《萧谌传》，先说其受到齐武帝、郁林王的信赖，后写其在协助齐明帝夺取郁林王皇位的政变中竟然领兵充当前驱；于《萧坦之传》，先烘托其受到郁林王的特殊信任，以至"得入内见皇后"，后写他成了废郁林王而拥立明帝的关键人物；等等。萧子显在写这些事件和人物时，都不直接发表议论，而是通过前后史事的对比来揭示人物的品格。清代史家赵翼评论说："此数传皆同一用意，不著一议，而其人品自见，亦良史也。"[2]但在神秘思想的笼罩之下，萧子显的史才不免给人一种苍白的印象。

萧子显和沈约在他们撰写的史书中都着力宣扬神秘思想，一方

---

① 萧子显：《南齐书》卷十八《祥瑞志》，北京：中华书局，1972年，第353页。

② 赵翼：《廿二史札记》卷九"齐书书法用意处"，王树民校证，北京：中华书局，1984年，第190页。

面固然有"天人感应"思想的历史影响,另一方面也跟梁武帝时佛教大盛的社会影响有直接关系。梁武帝是南朝统治者佞佛的突出代表,他广建僧寺,甚至"曾设斋会,自以身施同泰寺为奴,其朝臣三表不许,于是内外百官共敛珍宝而赎之"①。臣下奏表上书都称他"皇帝菩萨"。正当大江南北被僧寺香烟弥漫在神秘的迷雾之时,生活在齐、梁之际的无神论思想家范缜(约450—约510),于天监六年(507)发表了不朽的《神灭论》,向佛教经论挑战,从而震动了显贵和佛坛。梁武帝为此下诏,令大僧正法云出面邀集朝贵、宗亲及名僧64人,与范缜辩难,企图使范缜屈服。但范缜"辩摧众口,日服千人"②,始终没有在理论上退却,并表示决不"卖论取官"。在这场对范缜的"围剿"中,沈约先后写了《答释法云书难范缜〈神灭论〉》、《神不灭论》、《难范缜〈神灭论〉》等文③,申言"神本不灭,久所服膺,神灭之谈,良用骇惕"。当时萧子显未与是役,但他在28年后即大同元年(535),以酣畅的笔墨、陶醉的心情写出了《御讲摩诃般若经序》的长文,歌颂梁武帝讲经的盛况:"长筵亘陛,冠冕千群,充堂溢溜,僧侣山积,对别殿而重肩,环高廊而接坐,锥立不容,荆刺无地。承法雨之通润,悦甘露而忘归;如百川之赴巨海,类众星之仰日月。"④自皇太子、王侯以下,听讲的中外僧俗竟达30多万人。沈、萧的神秘思想和唯心史观,都可以从这里得到更进一步的说明。

萧子显死后17年,即梁元帝承圣三年,北齐文宣帝天保五年(554),北齐魏收撰成《魏书》。萧子显死年,魏收32岁,他们是不同皇朝的同时代人。

---

① 魏收:《魏书》卷九十八《萧衍传》"齐书书法用意处",北京:中华书局,1974年,第2187页。

② 僧佑辑:《弘明集》卷九,《弘明集·广弘明集》,上海:上海古籍出版社,1991年,第55页。

③ 参见严可均校辑:《全上古三代秦汉三国六朝文·全梁文》卷二十八、二十九,北京:中华书局,1958年,第3113~3122页。

④ 严可均校辑:《全上古三代秦汉三国六朝文·全梁文》卷二十三,北京:中华书局,1958年,第3085~3086页。

魏收（505—572），字伯起，小字佛助，下曲阳（今河北晋州西）人，历仕北魏、东魏、北齐三朝。他出使过梁朝，也接待过梁朝派到东魏的使臣徐陵。[①] 他与温子升、邢子才齐誉，"世号三才"。魏收在北魏末年节闵帝普泰元年（531）就被委以"修国史"的重任，这时他才26岁。东魏时，他担任过一些重要官职，但始终兼任史职。北齐天保二年（551），他正式受命撰述魏史，这距他开始接触有关魏史的工作已有20年的历史了。文宣帝高洋对他说："好直笔，我终不作魏太武诛史官。"[②]高洋这个人在历史上似无多少可称道处，但他能说出这样的话，亦属难得。高洋之父高欢当年左右东魏朝政时，也对魏收说过："我后世身名在卿手，勿谓我不知。"这说明高欢、高洋父子看重历史撰述，也说明魏收在他们心目中的分量。

魏收撰《魏书》，可以直接继承、借鉴的文献主要是：北魏初年邓渊所撰《代记》十余卷（太祖拓跋珪时）；崔浩编年体《国书》（一称《国记》，太武帝拓跋焘时）；李彪改编年体为纪、表、志、传综合体国史，未成书（孝文帝时）；邢峦、崔鸿、王遵业等撰孝文帝以下三朝起居注（宣武帝、孝明帝时）；元晖业撰的《辨宗室录》30卷（北魏末年）；其余就是当时还能见到的有关谱牒、家传等。魏收与房延祐、辛元植、刁柔、裴昂之、高孝幹等"博总斟酌"，历时三年余，撰成《魏书》131卷：帝纪14卷、列传96卷，于天保五年（554）三月表上；十志20卷，例目1卷，于同年十一月表上。例目已佚，今存130卷。参与撰写十志的除魏收外，还有辛元植、刁柔、高孝幹、綦母怀文。魏收在表上十志时指出："其史三十五例，二十五序，九十四论，前后二表一启焉。"例目已佚，其史例亦不可知。25序，俱存，见于《皇后传》、诸类传及十志。94论，今存93论[③]，以《尔朱荣传》

---

① 参见李百药：《北齐书》卷三十七《魏收传》，北京：中华书局，1972年，第487页。姚思廉：《陈书》卷二十六《徐陵传》，北京：中华书局，1972年，第326页。
② 李百药：《北齐书》卷三十七《魏收传》，北京：中华书局，1972年，第487页。
③ 中华书局点校本《魏书》，在卷八十八、卷九十二、卷九十三、卷九十四之后，均有"史臣曰"，并注明"阙"。其中或有讹误，注以备考。

后论文字最多。二表皆佚，今仅存《前上十志启》，编于诸志之首。上述例、序、论、表、启，"皆独出于收"①。

《魏书》最重要的成就，在于它是我国封建社会历代"正史"中第一部以少数民族上层集团为统治者的封建王朝史。十六国时期，曾经出现了许多记述北方各个割据皇朝史事的专书，但不论是皇朝本身的规模还是有关历史撰述的规模，都无法与北魏及《魏书》相比拟。《魏书》记述了我国北方鲜卑族拓跋部从 4 世纪后期至 6 世纪中期（即北魏道武帝至东魏孝静帝）的历史，内容包括它的发展兴盛、统一北方、走向封建化和门阀化的过程，以及北魏早期与东晋的关系和北魏、东魏与南朝宋、齐、梁三朝的关系的发展。这使它在"正史"中具有非常明显的特色。从中国历史发展来看，《魏书》不仅是西晋末年以来我国北方各少数民族历史进程的生动记录，而且是这个时期我国民族融合新发展的历史总结。

《魏书》在编撰上是经过精心设计的。如以《序纪》追叙拓跋氏的远祖上至 20 余代的史事，虽未可尽信，但大致阐述了拓跋氏的历史渊源。如它称东晋皇朝的"僭"，是说明北魏是正统皇朝；称宋、齐、梁为"岛夷"，是说明北魏是中原先进文化的继承者。前者是从政治上着眼的，后者是从文化传统上考虑的，二者有不同的含义。还有，它在诸志中或追叙两汉魏晋沿革，或引两汉魏晋制度为依据，也是为了表明北魏在典章制度上与先前这些皇朝的连贯性，等等。《魏书》在反映南北朝时期的历史特点方面也很突出：它的列传具有比《宋书》更为突出的家传色彩，有的传竟列举五六十人之多。新增《官氏志》和《释老志》，前者首叙官制、后叙姓族，是反映北魏统治封建化、门阀化的重要文献；后者主要叙述了佛教在中国传播的过程，详细记载了它在北魏的兴衰史。重姓族，崇佛教，这是当时南北朝共同的社会风尚和历史特点。魏收在《前上十志启》中说，这两篇志是"魏代之急"、"当今之重"，说明他在反映这种风尚和特点方面的自觉性。

---

① 李延寿：《北史》卷五十六《魏收传》，北京：中华书局，1974 年，第 2031 页。

魏收在历史观上有同沈约、萧子显相似之处。《魏书·序纪》记拓跋氏先人诘汾与"天女"相媾而得子，是为"神元皇帝"。其后论又说："帝王之兴也，必有积德累功博利，道协幽显，方契神祇之心。"《太祖纪》又载，献明贺皇后"梦日出室内，寤而见光自牖属天，歘然有感"，孕而生太祖道武皇帝，并把此事同"明年有榆生于埋胞之坎，后遂成林"相比附以示祥瑞。这是以神话传说和自然现象来编织"天命"的理论。《释老志》固然是一篇很有价值的历史文献，但也宣扬了非佛致祸和道家预言的灵验。这些都是《魏书》中的消极因素。

《魏书》撰成后，曾经在北齐统治集团中引起激烈的争论。有人说它"可谓博物宏才，有大功于魏室"，"此谓不刊之书，传之万古"。也有人说它"遗其家世职位"，或是"其家不见记载"，甚至还有人说它记事"妄有非毁"，是一部"秽史"。[①] 北齐皇帝高洋、高演、高湛都相继过问此事，十几年中魏收两次奉命修改《魏书》，所改仅限于个别门阀人物的先世。足见这场纷争，不过是因《魏书》宣扬门阀而又未尽如门阀之意而引起的，以此把它诬为"秽史"，是没有道理的。唐初以后，又有人说《魏书》"党齐毁魏"，记东魏、北齐间史事存在曲笔，用以加重"秽史"的口实。这就过分夸大了《魏书》的曲笔，是不足取的。事实上，唐初史学家们在讨论修撰前朝史时，已承认了《魏书》的"正史"地位，说它"已为详备"。李延寿在《北史·魏收传》后论中，一方面批评了魏收对《魏书》纠纷在人事上处置的失当；另一方面又充分肯定了《魏书》的历史地位，说它"追踪班、马，婉而有则，繁而不芜，持论序言，钩深致远"。隋唐时期，重撰元魏史者甚多，但千载而下，诸家尽亡而《魏书》独存，说明它确是一部有价值的皇朝史。

第三节　地方史、民族史和关于域外情况的记述

地方史和民族史撰述，以及关于中外交通和域外情况的记述，

---

① 李百药：《北齐书》卷三十七《魏收传》，北京：中华书局，1972年，第489页。

是魏晋南北朝时期史学之多途发展的几个重要方面。

中国史学上关于地方史志的撰述起源很早，至迟在两汉时已有了很多撰述。班固撰《汉书·地理志》时，就曾经使用过当时地方志的材料。[①] 魏晋南北朝时，地方史志的撰述有了很大的发展。刘知幾《史通·杂述》论郡书说："汝、颖奇士，江、汉英灵，人物所生，载光郡国。故乡人学者，编而记之。"又论地理书说："九州土宇，万国山川，物产殊宜，风化异俗，如各志其本国，足以明此一方。"前者以人物为主，侧重记社会；后者以地理为主，侧重记自然、风俗。它们的共同点是记一方之史。《隋书·经籍志》杂传类著录，自《蜀文翁学堂像题记》以上，大多属于刘知幾说的郡书；地理类著录诸书，比刘知幾说的地理书要广泛得多。

今存《华阳国志》是这个时期最有代表性的地方史著述。《隋书·经籍志》把它列入"霸史"类，《史通》卷十《杂述》把它归于地理书；其实，它兼记一方的历史、地理、人物，涉及民族、风俗、物产，是一部内容丰富的地方史。"华阳"之名取自《禹贡》说的"华阳黑水惟梁州"；《华阳国志》因所记为《禹贡》九州之一梁州地区的历史，故采古义而名之。著者常璩，字道将，生卒年不详。他出生于晋蜀郡江原，成汉李势时官散骑常侍，掌著作；入晋，为桓温参军。据今人考证，常璩撰成《华阳国志》当在东晋穆帝永和四年(348)至永和十年(354)之间。[②]《隋书·经籍志》"霸史"类还著录有他的《汉之书》10 卷，当撰于成汉时期，入晋秘阁后改称《蜀李书》。

《华阳国志》12 卷：卷一至卷四，是《巴志》、《汉中志》、《蜀志》、《南中志》，记梁、益、宁三州的历史概况，以地理建置、自然状况为中心，详述各州郡的山川、交通、风土、物产、民俗、族姓、吏治、文化以及同秦汉、三国、两晋历代皇朝的密切关系。每卷之下都有"总叙"，然后分叙各郡，总共为 33 郡。卷五至卷九，分别是

---

① 参见史念海、曹尔琴：《方志刍议》，杭州：浙江人民出版社，1986 年，第 21 页。
② 参见常璩：《华阳国志》，刘琳校注，成都：巴蜀书社，1984 年，前言第 2 页。

《公孙述刘二牧志》，记公孙述、刘焉、刘璋事；《刘先主志》、《刘后主志》，记刘备、刘禅事；《大同志》，记三州在西晋时期的史事，起于魏之破蜀，迄于晋愍帝建兴元年（313）三州大部为李雄所据；《李特雄期寿势志》，记"李氏自起事至亡"，六世 42 年史事，迄于晋穆帝永和三年（347）。这几卷，是关于三州自东汉末年至东晋初年的编年史；用汉、蜀汉、两晋纪年而黜李氏纪年，仅记其建元、改元事。卷十（上、中、下）至卷十一，是《先贤士女总赞》（上、中、下）和《后贤志》，前者记蜀郡、巴郡、广汉、犍为、汉中、梓潼诸士女 300 余人，皆晋以前人物，后者记两晋时期三州人物 20 人。卷十二是《序志并士女目录》。《目录》所收凡 401 人，其中有大约三分之一不见于卷十和卷十一所记；《序志》略仿《史记·太史公自序》和《汉书·叙传》，阐述了撰述旨趣、所据文献和各卷目录提要，但未叙述著者家世，这可能跟他先事李氏、后为晋臣的经历有关。

《华阳国志》在编撰上有自成体系的格局，它把三州地区的历史面貌、政治变迁、不同时期的人物传记由远而近、由广而微地编纂成一书，集中记述了东晋初年以前梁、益、宁三州（包括今四川、云南、贵州三省以及甘肃、陕西、湖北三省部分地区）的历史，堪为这个时期地方史撰述中的杰作。常璩撰《华阳国志》的旨趣，既有史学上的考虑，也有政治上的考虑。他在《序志》中开宗明义地说："巴、蜀厥初开国，载在书籍，或因文纬，或见史记，久远隐没，实多疏略。"他称道陈寿撰的《益部耆旧传》，但认为它"三州土地，不复悉载"。又说《汉书·地理志》"颇言山水"，但"历代转久、郡县分建，地名改易，于以居然辨物知方，犹未详备"。又说"李氏据蜀，兵连战结，三州倾坠，生民歼尽"，"桑梓之域，旷为长野"，"惧益遐弃，城陴靡闻"，担心家乡的历史遭到湮没的命运。所以他说自己是"方资腐帛于颠墙之下，求余光于灰尘之中，劚灭者多。故虽有所阙，犹愈于遗忘焉"。这些，都是从史学上着眼的。从政治上考虑，他是要以本书证明："夫恃险凭危，不阶历数，而能传国垂世，所未有也。故公孙、刘氏以败于前，而诸李踵之覆亡于后。天人之际，存亡之术，可以为永鉴也。"因此，他撰本书的目的是"所以防狂狡，杜奸萌，以崇《春秋》贬绝之道也；而显贤能，著治乱，亦以为奖劝也"①。总之，浓郁的桑梓情感和明确的政治说教交织成他的撰述旨趣。

常璩撰《华阳国志》有三个方面的资料来源：一是皇朝史，如《汉书》、《东观汉记》、《汉纪》、《三国志》；二是有关巴、蜀、南中的地方史志，如谯周《三巴记》、陈寿《益部耆旧传》、魏宏《南中八郡志》等；三是作者本人考察搜集的资料，其中当包括他撰写《汉之书》（《蜀李书》）时所积累的资料。此外，他也参考了《史记》和先秦文献。《华阳国志》在编撰体例上受《史记》、《汉书》影响最大：前四卷脱胎于《汉书·地理志》，但在局部叙述上要比前者来得丰富；中间五卷，仿照《史》、《汉》本纪和荀悦《汉纪》；"先贤"、"后贤"叙人物，形同纪传体史书的列传，"先贤"赞语效法《汉书》的"赞曰"；末卷，《序志》已如上述，《士女目录》可能是受到《汉书·古今人表》的启发。这反映出了常璩在历史编撰上的良好修养。常璩在历史观上是矛盾的。一方面，他批评世俗流传，说是"蜀王蚕丛之间周回三千岁"的谬说，指出："太素资始，有生必死；死，终物也。自古以来，未闻死者能更生当世；或遇有之，则为怪异，子所不言，况能为帝王乎？"这是多么明朗的唯物思想和无神论倾向！但他接着又说："帝王者统天理物，必居土中，德膺命运"，"天命不可以诈诡而邀，神器不可以侥幸而取也"②。这虽是对于割据称雄的批评，但他却是以"天命"做武器，就显得苍白无力了。《华阳国志》各卷都有后论，称为"撰曰"，雕琢字句而内容空泛，反映出常璩在历史思想上的贫乏。刘知幾称赞它"详审"而能"传诸不朽，见美来裔"③，指出了《华阳国志》在历

---

① 常璩：《华阳国志》卷十二《序志》，刘琳校注，成都：巴蜀书社，1984年，第901～902页。

② 常璩：《华阳国志》卷十二《序志》，刘琳校注，成都：巴蜀书社，1984年，第896、901页。

③ 刘知幾：《史通》卷十《杂述》，浦起龙通释，上海：上海古籍出版社，2009年，第256页。

史编撰上的成就。隋唐以下，史家修史，多有参据，也足以证明它的成就在史学上的价值。

魏晋南北朝时期出现的地方史很多，但存者寥寥，且又真伪难辨，残缺不全，唯《华阳国志》历 1600 余年独放异彩，使今人阅后可以想见我国古代西南地区文明发展的进程。如果把它作为地区文明发展在历史撰述上的标志看待的话，我们亦可由它推想已佚之众多地方史所记述当时我国各个地区文明发展的盛况。而值得注意的是，同地方史撰述发展相关联的，是民族史撰述的发展。中国史学上关于民族史撰述的专篇，始于司马迁的《史记》，它把环绕中原的民族，尽可能地展开一幅极为广阔而又井然有序的画卷。它写了《匈奴列传》、《南越尉佗列传》、《东越列传》、《朝鲜列传》、《西南夷列传》、《大宛列传》。按地区分别写出北方、南方、东南、东北、西南、西北的民族历史。把这六个专篇合起来，可以说是一部相当完整的民族史，其中有些记载是超越当时和今日国境范围的。① 这在民族史撰述上具有开创的意义。其后，《汉书》、《东观汉记》、谢承的《后汉书》、司马彪的《续汉书》、华峤的《汉后书》、陈寿的《三国志》都有记述民族史的专篇，随着民族内部和民族之间的重新组合，专篇内容也不断有所变化。范晔《后汉书》比较晚出，它在继承、综合前史的基础上，写出了魏晋南北朝时期"正史"撰述中最有分量的民族史专篇，可以同《史记》、《汉书》的有关专篇相衔接。

这一时期的史家还写出了许多当代民族史著作，但它们多是以皇朝或"国史"的形式出现的。崔鸿的《十六国春秋》和魏收的《魏书》是其中最有代表性的，可惜前者已散亡，只有节本和辑佚本流传，已不可窥其全貌了。《魏书》在这方面的成就已如上述，但它在民族史记述上还有一个特点，就是它还记述了拓跋部以外的鲜卑族的历史，记述了鲜卑族以外的其他各族的历史，涉及东北、西北、西域、北方许

---

① 参见白寿彝：《中国通史》第 1 卷《导论》，上海：上海人民出版社，2013 年，第 5～6 页。

多民族，显示出在民族史记述上的开阔的视野。它在反映这个时期北部中国诸民族的重新组合和融合方面，是具有总结性的著作。

魏晋南北朝时期史家的民族史记述，还包含在大量的地方史撰述和地理书撰述中。如上面讲到的《华阳国志》，它关于西南民族史的记述很丰富。在卷一至卷四中，它不但记载了30多个少数民族或部落的名称和分布，而且对其中一些主要的部族或部落如巴（尤其是其中的"板楯蛮"）、蜀、氐、羌、叟、濮、夜郎、哀牢等的历史、传说、风俗及其同汉族皇朝的关系，做了较多的叙述，有很多记载是其他史籍中所未见的。还有一些记载，如果对其做深入的研究，可能对说明有的民族的族源、迁徙历史，提供有价值的线索和根据。①《隋书·经籍志》地理类后序引《周官》之意，说："夏官职方，掌天下之图地，辨四夷八蛮九貉五戎六狄之人，与其财用九谷六畜之数，周知利害，辨九州之国，使同其贯。"这是强调了地理书中关于民族情况的记载。又说到晋挚虞所著《畿服经》170卷，"其州郡及县分野封略事业，国邑山陵水泉，乡亭城道里土田，民物风俗，先贤旧好，靡不具悉"；"齐时，陆澄聚一百六十家之说，依其前后远近，编而为部，谓之《地理书》。任昉又增陆澄之书八十四家，谓之《地记》。陈时，顾野王抄撰众家之言，作《舆地志》"。这几部大书都已佚亡，但从上述记载中，可以得知它们是包含了不少民族史方面的记述的。此外，如周处的《风土记》、盛弘之的《荆州记》、谯周的《三巴记》、常宽的《蜀志》（《蜀后志》）等，虽多言一方，但也具有相同的性质。

前面讲到，"正史"中的民族史专篇，有的已超越当时或今日国境的范围。这就涉及对当时或今日域外情况的记述了。其中，有的是很有价值的记载，如《三国志·魏书》的"倭人"传，约2 000字，是关于日本古代史的重要资料，迄今为中外学者所重视。② 值得注意的是，魏晋南北朝时期关于中外交通和域外情况的记述，

① 参见常璩：《华阳国志》，刘琳校注，成都：巴蜀书社，1984年，前言第7页。
② 参见周一良：《〈三国志〉解题》，载《史学史研究》1989年第4期。

是跟佛教盛行和大量的中国僧人西行"求法"有关。据《高僧传》、《续高僧传》、《出三藏记集》记载，从西晋始建到刘宋灭亡的200年间，西行求法的僧人日益增多。其中得以生还的僧人往往把自己的经历记载下来，成为这个时期很重要的关于中外交通和域外情况的记述。如东晋元兴三年(404)，僧人智猛、昙纂等15人离长安，经西域、越葱岭，至罽宾(今克什米尔)、迦维罗卫(今尼泊尔南境)、华氏城(今印度巴连弗)等地。宋元嘉元年(424)智猛、昙纂返回凉州。智猛先在凉州译经，后入蜀写出《游行外国传》。《隋书·经籍志》地理类有著录，惜其书早佚。又如著名僧人法显(约337—约422)，所撰《佛国记》，是我国现存最早的有关中外交通的记录，它记述了印度、巴基斯坦、尼泊尔、斯里兰卡等国的历史、宗教，以及中国同这些国家的交通情况，成为世界文明史上的宝贵文献。其后，南朝梁时僧人慧皎著《高僧传》，据《佛国记》的内容写成《释法显传》收入本书。沈约撰《宋书·夷蛮传》，记"师子国"、"天竺迦毗黎国"等与宋的交往，记"倭国"与宋的交往，等等，反映了中国与外域联系的发展，但其所记比起《佛国记》和《三国志·魏书》倭人传来说，就不免显得单薄了。

由于佛教的兴盛，魏晋南北朝时期以及隋唐时期，不断出现一些佛教史书，在史学中占有一定的位置。这一点，本书下面还会陆续讲到的。

第四节　家史、谱牒和别传

家史、谱牒和各种名目的别传的大量涌现出来，是魏晋南北朝史学之多途发展的另外几个重要方面。它们同上一节所论列的几个方面，都是这个时期社会历史的特点在史学上的突出反映。地方史的发展，一方面是政治上不统一和区域经济、文化发展的表现，另一方面也是门阀地主注重郡望的表现。民族史的发展，固然同地方史的发展相关联，但更重要的则是民族关系的重新组合和大规模融合所促成的。关于域外情况和中外交通记述的增多，在很大程度上是佛教兴盛所推动的。家史、谱牒和别传的发展，都是门阀的政治要求和意识形态在史学上的表现形式。

刘知幾《史通·杂述》篇说："高门华胄，奕世载德，才子承家，思显父母。由是纪其先烈，贻厥后来，若扬雄《家谍》、殷敬《世传》、《孙氏谱记》、《陆宗系历》。此之谓家史者也。"[①]这里，刘知幾道出了家史的性质，它主要出自"高门华胄"，它的作用是"思显父母"、"贻厥后来"。但他举出的扬、殷、孙、陆四例，是把家史同谱牒合而论之的。《隋书·经籍志》以家史入"杂传"类（因家史多以"家传"为名），而以"谱系"自为一类。今从《隋志》，分而论之。

《隋书·经籍志》杂传类自《李氏家传》以下，至《何氏家传》止，共著录家史 29 种，多为两晋南北朝人所撰，如《王朗王肃家传》、《太原王氏家传》、江祚《江氏家传》、裴松之《裴氏家传》、曹毗《曹氏家传》、范汪《范氏家传》、纪友《纪氏家纪》、明粲《明氏世录》、王褒《王氏江左世家传》，等等。南朝梁人刘孝标《世说新语注》引用家传 8 种，其中《荀氏家传》、《袁氏家传》、《李氏家传》、《谢车骑家传》、《顾恺之家传》等 5 种《隋书》未著录。[②] 这 34 种家史，基本上都已不存，其中少数几种在《世说新语注》中也只存片言只语。但是如前文所说，《宋书》和《魏书》的列传，往往以子孙附于父祖而传，一传多至三四十人以至五六十人，从中不难窥见这种家传的形式。

《隋志》在家传中还著录了明岌《明氏家训》一种，说明"家传"、"家训"有内在的联系。《明氏家训》所记内容，已不可详论。便从今存北齐颜之推所撰《颜氏家训》来看，"家传"重在讲家族历史，"家训"重在讲家门风教。炫耀家史和重视家风，对于每一个具体的"高门华胄"来说，正是"纪其先烈，贻厥后来"两个相互配合的方面。颜之推在《颜氏家训·序致》篇开宗明义地写道："吾今所以复为此者，

---

① 刘知幾：《史通》卷十《杂述》，浦起龙通释，上海：上海古籍出版社，2009 年，第 254 页。

② 参见叶德辉：《世说新语注引用书目》，世说新语思贤讲舍光绪十七年刻本，1891 年。

非敢轨物范世也，业以整齐门内，提撕子孙。未同言而信，信其所亲；同命而行，行其所服。""吾家风教，素为整密。……故留此二十篇，以为汝曹后车耳。"①颜之推长期生活在南朝，后入北齐，从他的这些话中，可以看出当时南北门阀地主所以如此重视家史撰述的社会原因，以及这些家史撰述又怎样反转过来影响当时的社会风气。

家史的另一种表现形式是家谱，它是谱牒的基本构成因素。但谱牒之书往往并不限于一门一姓，有一方之谱，也有全国性或一个皇朝统治范围内的总谱。这是谱牒同家史的一个区别。它们的另一个区别，是家史都撰自私门，而有影响的一方之谱和全国总谱多出于官修。《隋书·经籍志》谱系类著录的谱牒之书，有帝谱、百家谱、州谱、家谱共 41 种，是属于这个时期所具有的特定意义的谱牒之书，其实际上的数量自然比这要大得多。仅《世说新语注》引用谱书 46 种，就有 43 种不见于《隋志》著录，可见佚亡的或失于著录的数量之大，从而可以推见魏晋南北朝谱牒撰述之盛。

谱牒撰述之盛导致了谱学的产生和发展。东晋南朝谱学有两大支脉，一是贾氏谱学，一是王氏谱学，而后者源于前者。贾氏谱学的奠基者是东晋贾弼之。萧子显《南齐书·文学·贾渊传》记："先是谱学未有名家，渊祖弼之广集百氏谱记，专心治业。"晋孝武帝太元年间(376—396)，贾弼之在朝廷的支持下"撰定缮写"成书，并经其子匪之、孙渊"三世传学"。此书包括"十八州士族谱，合百帙七百余卷，该究精悉，当世莫比"。这就是《姓系簿状》一书，是为东晋南朝谱学之渊薮。刘宋时，王弘、刘湛"并好其书"。弘为太保，"日对千客，不犯一人之讳"；湛为选曹，始撰《百家谱》"以助铨序"②。萧齐时，王俭重新抄次《百家谱》，而贾渊与之"参怀撰定"；贾渊亦自撰《氏族要状》15 篇及《人名书》。其后，贾渊之子执撰《姓氏英贤》100篇和《百家谱》；贾执之孙冠，承其家学，亦有撰述：这都是王氏之

---

① 颜之推：《颜氏家训·序致》，王利器集解，北京：中华书局，1993 年，第 1、4 页。

② 李延寿：《南史》卷五十九《王僧孺传》，北京：中华书局，1975 年，第 1462 页。

学兴起以后的事了。① 贾氏谱学大抵如此。王氏谱学兴于梁武帝时。尚书令沈约指出：东晋咸和（326—334）至刘宋初年，晋籍精详，"位宦高卑，皆可依案"；后来由于晋籍遭到篡改，使"昨日卑细，今日便成士流"。他认为，"宋、齐二代，士庶不分，杂役减阙，职由于此"。梁武帝乃以王僧孺知撰谱事，改定《百家谱》。王僧孺的改定工作是："通范阳张等九族以代雁门解等九姓。其东南诸族别为一部，不在百家之数"，撰成《百家谱》30卷。他还集《十八州谱》710卷，撰《百家谱集抄》15卷、《东南谱集抄》10卷。②

谱牒撰述之盛和谱学的兴起，有深刻的社会原因："魏氏立九品，置中正，尊世胄，卑寒士，权归右姓已。其州大中正、主簿，郡中正、功曹，皆取著姓士族为之，以定门胄，品藻人物。晋、宋因之，始尚姓已。然其别贵贱，分士庶，不可易也。于时有司选举，必稽谱籍，而考其真伪。故官有世胄，谱有世官，贾氏、王氏谱学出焉。"③这表明，凡"品藻人物"、"有司选举"、划分士庶，都以谱牒为据；而谱牒又须"考其真伪"，故有谱学之兴。此外，门阀士族之间的联姻，也往往要互相考察谱牒，以保证门当户对。这两个方面结合起来，就是："官有簿状，家有谱系；官之选举必由于簿状，家之婚姻必由于谱系。"④这种社会现象一直持续到唐代，也成为史学发展中的一种特殊表现形式。而"品藻人物"世风的盛行，又促进了种种别传撰写的发展。

按刘知幾的说法，别传是以"类聚区分"的形式出现的。《隋书·经籍志》杂传类著录中的高士、逸士、逸民、高隐、高僧、止足、孝子、孝德、孝友、忠臣、良吏、名士、文士、列士、童子、知己、列女、美妇等传，都属于别传。但别传也不限于"类聚区分"、多人

---

① 参见欧阳修、宋祁：《新唐书》卷一百九十九《儒学中·柳冲传》，北京：中华书局，1975年，第5679页。

② 李延寿：《南史》卷五十九《王僧孺传》，北京：中华书局，1975年，第1462页。

③ 欧阳修、宋祁：《新唐书》卷一百九十九《儒学中·柳冲传》，北京：中华书局，1975年，第5677页。

④ 郑樵：《通志》卷二十五《氏族略》氏族序，北京：中华书局，1987年，第439页。

合作，也有单个人的传记称为别传的。《世说新语注》引用个人别传八十余种（均为《隋志》未曾著录）。前者更多地反映出当时的以"名教"观念为中心的社会道德观念，后者则反映出门阀士族人物的言论行迹，它们都是这个时代的特点在史学上的表现，但也说明史学正在逐步走向社会的深层。

第五节　历史思想的特点

一、辩兴亡

史学的多途发展，在历史思想领域也明显地反映出来。这个时期的历史思想突出地反映了时代的特点：因朝代更迭的频繁而促使人们的兴亡之辩，因佛教的盛行而引起人们的神灭、神不灭的论难，因取士制度的需要而推动人们对品评人物的关注。这些，都在一定的程度上，对当时的史学产生影响。

朝代兴亡，始终是政治家、思想家、史学家关注的重大问题。从《尚书·周书》中，我们可以看到周公是十分关注兴亡的，他的一些诰命，都离不开兴亡这个主题。春秋时期，有一种流行之说："国将兴，听于民；将亡，听于神。"[1]可见国之兴亡是当时人们十分关注的一个普遍问题。战国时期，"百家争鸣"，治乱、兴亡是各家学说都要触到的问题。西汉初年，刘邦君臣从现实到历史，对兴亡成败有广泛而深刻的讨论。汉初君臣的讨论通过《史记》、《汉书》的叙述，对后世产生了深远的影响。

魏晋南北朝时期，面对政治动荡，社会矛盾尖锐，朝代骤兴骤亡的现实，兴亡问题再次为人们所关注。三国时期魏人曹冏著《六代论》，论夏、殷、周、秦、汉的历史经验教训，分析曹魏面临的现实

---

[1]　《左传·庄公三十二年》，杨伯峻编著，北京：中华书局，1981年，第252页。

问题，指出：

> 观五代之存亡，而不用其长策；睹前车之倾覆，而不
> 改其辙迹。子弟王空虚之地，君有不使之民；宗室窜于闾
> 阎，不闻邦国之政。权均匹夫，势齐凡庶，内无深根不拔
> 之固，外无盘（磐）石宗盟之助，非所以安社稷、为万代之
> 业也。

作为魏的宗室，曹冏已预感到曹爽、齐王芳将面临"疾风卒至"、"天
下有变"的局面。

曹冏的政治敏感性是很突出的，但他的历史见识却并不高明。
他论"五代之存亡"，是着眼于维护分封制。在他看来，夏、殷、周
三代历史长久，是得力于分封制；秦朝二世而亡，是亡在郡县制。
他认为：

> 昔夏、殷、周之历世数十，而秦二世而亡，何则？三
> 代之君与天下共其民，故天下同其忧；秦王独制其民，故
> 倾危而莫救。夫与人共其乐者，人必忧其忧；与人同其安
> 者，人必拯其危。先王知独治之不能久也，故与人共治之；
> 知独守之不能固也，故与人共守之。

曹冏是完全把分封制的实行视为"先王"的预见，而秦的"二世而亡"
正是违背了先王的制度。这种认识的迂阔，同汉初晁错、贾谊等人
的见解比起来，如天壤之别。

此外，曹冏是这样分析汉代的存亡的，他说：

> 汉鉴秦之失，封植子弟。及诸吕擅权，图危刘氏，而
> 天下所以不能倾动，百姓所以不易心者，徒以诸侯强大，
> 盘（磐）石胶固：东牟朱虚，授命于内；齐代吴楚，作卫于

外故也。向使高祖踵亡秦之法，忽先王之制，则天下已传，非刘氏有也。然高祖封建，地过古制，大者跨州兼域，小者连城数十，上下无别，权侔京室，故有吴楚七国之患。[1]

曹冏一方面认为"诸侯强大"是汉之所以不亡的原因；另一方面他又认为"高祖封建，地过古制"是吴楚七国之患的根源，至于这二者之间是否存在着难以调和的矛盾，曹冏则未予深论。他试图引用贾谊的话来证明自己论点的正确，而贾谊所论恰恰是不赞成"诸侯强大"而要削弱诸侯的势力的。

在曹冏之后，有西晋陆机的《辩亡论》两篇，写出了三国孙吴政权兴亡的历史。作者作为吴国的遗民和名将陆逊的后人，对吴国之亡深致惋惜之情，但他也指出了：

> 吴之兴也，参而由焉，孙卿所谓"合其参"者也；及其亡也，恃险而已，又孙卿所谓"舍其参"者也。夫四州之萌，非无众也；大江之南，非乏俊也；山川之险，易守也；劲利之器，易用也；先王之策，易循也。功不兴而祸遘者，何哉？所以用之者失也。

这里说的"合其参"、"舍其参"，是指天时、地利、人和这三个因素对于政治兴亡的关系。

陆机满怀深情地回顾了孙权时期吴国的强盛，他甚至带有几分偏见地估量三国的形势，认为："昔三方之王也，魏人据中夏，汉氏有岷益，吴制荆扬而奄交广。曹氏虽功济诸华，虐亦深矣，其民怨矣。刘公因险以饰智，功已薄矣，其俗陋矣。夫吴，桓王基之以武，太祖或之以德，聪明叡达，懿度弘远矣。"[2]这种估量缺乏史识，显

---

[1]　萧统编：《文选》卷五十二《六代论》，北京：中华书局，1977年，第721～723页。

[2]　萧统编：《文选》卷五十三《辩亡论下》，北京：中华书局，1977年，第731页。

而易见。但陆机此论的可取之处，是看到了"合其参"和"舍其参"的不同，即孙权时的政治与孙皓时的政治的极大反差。对于陆机来说，这种对比是有切肤之痛的，故于《辩亡论》中再三致意。

曹冏、陆机关于兴亡的讨论，虽各有自己的见解，但他们都是主张分封制的。上引《六代论》认为，秦及两汉之亡，都是废封国、立郡县所致。陆机还撰有《五等论》，认为："五等之制，始于黄唐；郡县之治，创自秦汉。得失成败，备在典谟。""夫先王知帝业至重，天下至旷。旷不可以遍制，重不可以独任。任重必于借力，制旷终乎因人。故设官分职，所以轻其任也；并建五长，所以弘其制也。于是乎立其封疆之典，财（裁）其亲疏之宜，使万国相维，以成盘（磐）石之固；宗庶杂居，而定维城之业。""降及亡秦，弃道任术……颠沛之衅，实由孤立"；"汉矫秦枉，大启侯王……是盖过正之灾，而非建侯之累也"。这些认识，同曹冏的《六代论》所说，如出一辙，其核心思想，是极言秦、汉不尊古制之弊，认为分封制是"治"的保证，郡县制是"乱"的根源："五等之君，为己思治；郡县之长，为利图物。"①

曹冏、陆机所论，不论是由兴亡而论及分封、郡县得失，还是由分封、郡县得失而论及兴亡成败，都关系到怎样看待殷、周、秦、汉的历史，也都关系到怎样看待三国时期各国的政治得失问题。这些，既是重大的历史问题，也是重大的现实问题，不仅带有连贯的特点，而且具有根本的性质。他们的历史认识，在理论上的倾向是保守的，但他们提出的问题是很重要的，对推进人们关于这些问题的进一步思考和认识，还是有一定的作用的。

二、论神灭

魏晋南北朝时期，佛教大为发展，影响到政治、经济、社会生活、思想文化。

---

① 萧统编：《文选》卷五十四《五等论》，北京：中华书局，1977年，第742~746页。

针对佛教的盛行和有神论思想的泛滥，南朝齐、梁之际的无神论思想家范缜著《神灭论》予以驳斥。他指出："神即形也，形即神也，是以形存则神存，形谢则神灭也。""形者神之质，神者形之用，是则形称其质，神言其用，形之与神，不得相异也。"此论一出，"朝野喧哗"。齐竟陵王萧子良发动僧俗名流数十人与之辩难而终不能屈，于是"子良使王融谓之曰：'神灭既自非理，而卿坚执之，恐伤名教。以卿之大美，何患不至中书郎，而故乖刺为此，可便毁弃之。'缜大笑曰：'使范缜卖论取官，已至令仆矣，何但中书郎耶。'"①在有碍"名教"的压力和高官显位的诱惑面前，范缜显示出了在理论上的坚定信念。有神无神，有佛无佛，是当时思想领域的大论争。在这个论争中，史学家也是壁垒分明的。略早于范缜的范晔，"常谓死者神灭，欲著《无鬼论》"，认为"天下决无佛鬼"②。而与范缜同时的沈约，在梁武帝发动"王公朝贵"撰文围攻范缜时，连续写出了《答释法云书难范缜〈神灭论〉》、《神不灭论》、《难范缜〈神灭论〉》等文，这种思想上的分野，也反映在他们所撰的史书当中。

如范晔在《后汉书》的史论中，就表明了他在历史观上的朴素唯物论倾向。他批评佛教"好大不经，奇谲无已"，"故通人多惑焉"③。他批评种种方术"斯道隐远，玄奥难原，故圣人不语怪神，罕言性命"；方术怪诞之论"纯盗虚名，无益于用"，不过是有人"希之以成名"的工具罢了。他对武帝"颇好方术"，光武"尤信谶言"，桓帝"修华盖之饰"，都采取批评的态度。④ 他在《光武帝纪》后论中引卜者王长语，举方士夏贺良上言，望气者苏伯阿语，以及道士西门君惠、李守等人的预言，以证明"其王者受命，信有符乎"，这在《后

---

① 姚思廉：《梁书》卷四十八《儒林·范缜传》，北京：中华书局，1973 年，第 665~666 页。李延寿：《南史》卷五十七《范云传》附《范缜传》，北京：中华书局，1975 年，第 1421~1422 页。

② 沈约：《宋书》卷六十九《范晔传》，北京：中华书局，1974 年，第 1829 页。

③ 范晔：《后汉书》卷八十八《西域传》后论，北京：中华书局，1965 年，第 2932 页。

④ 范晔：《后汉书》卷八十二上、卷八十二下《方术列传》序及后论，北京：中华书局，1965 年，第 2703、2705、2725 页。

汉书》史论中是极特殊的一例，自然不值得称道。他极少讲"天命"，即使讲到了，也是采取保留的态度。他说："天命符验，可得而见，未可得而言也。然大致受大福者，归于信顺乎！"①他是把顺乎天、信乎人结合在一起来看待的。这虽多少带有一点折中的色彩，但范晔的思想倾向不是折中的，所以直到临死前还说："天下决无佛鬼！"

沈约所撰《宋书》，则是另一种倾向。其所立"符瑞"一志，开后世之先。尤为甚者，《宋书·符瑞志上》，从太昊、炎帝、黄帝、尧、舜、禹、汤、文、武、汉高祖、文帝、景帝、武帝、昭帝、元帝，直至东汉诸帝、三国君主、南朝刘宋诸帝等，或出生，或登位，都有祥瑞出现，全篇笼罩着浓厚的神秘气氛，是一篇十足的神话。如书中引用他人"天文祥瑞"，有"鬼在山，禾女运，王天下"的话，于是"魏王受汉禅"。这是曹魏代汉之事。又如同篇记："冀州有沙门法称将死，语其弟子普严曰：'嵩皇神告我云，江东有刘将军，是汉家苗裔，当受天命。吾以三十二璧，镇金一饼，与将军为信。三十二璧者，刘氏卜世之数也。'普严以告同学法义。法义以十三年七月，于嵩高庙石坛下得玉璧三十二枚，黄金一饼。"此事已属怪诞，而沈约在篇末进而发论说："史臣谨按，冀州道人法称所云玉璧三十二枚，宋氏卜世之数者，盖卜年之数也。谓卜世者，谬其言耳。三十二者，二三十，则六十矣。宋氏受命至于禅齐，凡六十年云。"②沈约把本已荒诞的事加以发挥，加上数字上的任意附会，"三十二"，可以说成"二三十"，"二三十"可以说成"六十"，与宋祚相符，进而证明法称预见的正确。由此更可以看出范晔"天下决无佛鬼"的信念和范缜"神灭"思想的历史价值。对此，范缜本人是有明确的认识的。他对于"知此神灭，有何利用邪"这个问题的回答，反映出了他对于佛教盛行的忧虑和对于社会关注的热

① 范晔：《后汉书》卷七十五后论，北京：中华书局，1965年，第2444页。
② 沈约：《宋书》卷二十七《符瑞志上》，北京：中华书局，1974年，第786页。

情，他说：

> 浮屠害政，桑门蠹俗，风惊雾起，驰荡不休，吾哀其弊，思拯其溺。夫竭财以赴僧，破产以趋佛，而不恤亲戚，不怜穷匮者何？良由厚我之情深，济物之意浅。是以圭撮涉于贫友，吝情动于颜色；千钟委于富僧，欢意畅于容发。……又惑以茫昧之言，惧以阿鼻之苦，诱以虚诞之辞，欣以兜率之乐。故舍逢掖，袭横衣，废俎豆，列瓶钵，家家弃其亲爱，人人绝其嗣续。致使兵挫于行间，吏空于官府，粟罄于情游，货殚于泥木。所以奸宄弗胜，颂声尚拥，惟此之故，其流莫已，其病无限。若陶甄禀于自然，森罗均于独化，忽焉自有，恍尔而无，来也不御，去也不追，乘夫天理，各安其性。小人甘其垄亩，君子保其恬素，耕而食，食不可穷也，蚕而衣，衣不可尽也，下有余以奉其上，上无为以待其下，可以全生，可以匡国，可以霸君，用此道也。[①]

范缜的这些话，深刻地反映出了这位无神论思想家的社会思想和历史思想，他常希望人们能够摆脱对于佛和神的种种"茫昧之言"，过着平静的世俗生活，于己于国，都有好处。

当然，范晔的无神论思想和范缜的《神灭论》，以及他们为此而进行的勇敢的斗争，远不足以阻止佛教的发展，但他们的思想价值，却光耀千秋。

三、评人物

品评人物，是魏晋南北朝时期社会风气的重要特点之一。这固

---

① 姚思廉：《梁书》卷四十八《儒林·范缜传》，北京：中华书局，1973 年，第 670 页。

然同东汉末年"月旦评"的遗风有关，而更重要的原因则是当时"九品官人法"的需要。一方面是"名节"、"家风"的提倡；另一方面是选官任使的要求。这两点，使人们格外看重品评人物，也推动了品评人物理论的发展。

所谓"月旦评"，就是品评人物。东汉末年的许劭与其从兄许靖"俱有高名，好共核论乡党人物，每月辄更其品题，故汝南俗有'月旦评'焉"。一时间，人们以能得到好的品题为荣。"曹操微时，常卑辞厚礼，求为己目。劭鄙其人而不肯对，操乃伺隙胁劭，劭不得已，曰：'君，清平之奸贼，乱世之英雄。'操大悦而去。"①"月旦评"的标准是名节与人伦，故曹操得到这样的品题。但曹操对此则极为满意，因为他正处在"乱世"。后曹操起兵，势力渐大，控制献帝，于建安十五年（210）下"唯才是举"之令：

> 自古受命及中兴之君，曷尝不得贤人君子与之共治天下者乎！及其得贤也，曾不出闾巷，岂幸相遇哉？上之人求之耳。今天下尚未定，此特求贤之急时也。……若必廉士而后可用，则齐桓其何以霸世！今天下得无有被褐怀玉而钓于渭滨者乎？又得无盗嫂受金而未遇无知者乎？二三子其佐我明扬仄陋，唯才是举，吾得而用之。②

曹操"唯才是举"的选拔人才的政策，直接影响到品评人物的传统准则。建安二十年（215），曹丕根据陈群的建议，实行"九品官人法"，贯彻"唯才是举"的原则，把"才"分为九等，按等选用。其后，司马懿控制曹魏，以各州世族为大中正选拔人才，以门第为高下，此即"九品中正制"。可见，魏晋南北朝虽重品评人物，而其品评的标准并不是一成不变的。

---

① 范晔：《后汉书》卷六十八《许劭传》，北京：中华书局，1965 年，第 2234 页。
② 陈寿：《三国志》卷一《魏书·武帝纪》，北京：中华书局，1959 年，第 32 页。

尽管如此,从史学的观点来看,品评人物的风气,仍然促进了历史思想的发展,丰富了人们认识历史人物的理论。这方面的代表性著作,一是三国时魏人刘邵所著《人物志》①,一是前面已经论述到的范晔《后汉书》的人物评论。

刘邵是三国魏初人,曾"受诏集五经群书,以类相从,作《皇览》",又与人合作作《新律》18篇,著有《律略论》,还"受诏作《都官考课》",《法论》、《人物志》是他的代表作。刘邵谙于典制,精于考课,深于品评人物,时人这样称赞他:

> 深忠笃思,体周于数,凡所错综,源流弘远,是以群才大小,咸取所同而斟酌焉。故性实之士服其平和良正,清静之人慕其玄虚退让,文学之士嘉其推步详密,法理之士明其分数精比,意思之士知其沉深笃固,文章之士爱其著论属辞,制度之士贵其化略较要,策谋之士赞其明思通微,凡此诸论,皆取适己所长而举其支流者也。②

刘邵这方面的才识,被认为是"非世俗所常有"的。他所处的时代,以及他本人的经历和才识,是他能够写出《人物志》一书的几个重要原因。

《人物志》3卷12篇:卷上包括九征、体别、流业、材理,卷中有材能、利害、接识、英雄、八观,卷下含七缪、效难、释争。《人物志》的主旨是:"辩性质而准之中庸,甄材品以程其职任。"③《人物志》品评人物的理论基础,是以先秦朴素唯物思想的五行说与人体的自然本质骨、筋、气、肌、血相配,然后再与五常即仁、义、礼、智、信相结合,作为判断人物才性的根据。这是认为人的才性出于

① 刘邵,《三国志》作刘劭,今从《隋书·经籍志》及《人物志》所署。
② 陈寿:《三国志》卷二十一《魏书·刘劭传》,北京:中华书局,1959年,第619页。
③ 郑旻:《重刻人物志跋》,《〈人物志〉评注》附录,王玫评注,北京:红旗出版社,1996年,第209页。

自然。《人物志》把人才分为三大类，即兼德、兼材、偏材，认为中庸是最高的品评准则，只有"兼德"才符合这一准则。其开篇《九征》即具体论述了人物才性的九种表现，并由此划分出人物才性的高下区分，这就是：

> 性之所尽，九质之征也。然则平陂之质在于神。明暗之实在于精。勇怯之势在于筋。强弱之植在于骨。躁静之决在于气。惨怿之情在于色。衰正之形在于仪。态度之动在于容。缓急之状在于言。

> 其为人也，质素平澹，中睿外朗，筋劲植固，声清色怿，仪正容直，则九征皆至，则纯粹之德也。九征有违，则偏杂之材也。三度不同，其德异称。故偏至之材，以材自名。兼材之人，以德为目。兼德之人，更为美号。是故兼德而至，谓之中庸。中庸也者，圣人之目也。具体而微，谓之德行。德行也者，大雅之称也。一至谓之偏材。偏材，小雅之质也。一征谓之依似。依似，乱德之类也。一至一违，谓之间杂。间杂，无恒之人也。无恒、依似，皆风人末流；末流之质，不可胜论，是以略而不概也。①

由五行而五常，由九征而三度，由三度而推崇中庸，这是《人物志》品评人物之理论的基本脉络。此外，它还以中庸为准则，剖析了 12 种偏材的特点（《体别》）；指出材能无大小之分，而关键在于用其宜，分析了材与能的区别（《材能》）；辨析了英与雄的两种素质的特征，认为"聪明秀出谓之英，胆力过人谓之雄"，只有"兼有英、雄"，才能"成大业"（《英雄》）；讨论了鉴定人物才性的具体方法（《八观》）；指出了品评人物的七种误区（《七缪》）；分析了知人之难与荐人之难

---

① 刘邵：《人物志》卷上《九征》，王玫评注，北京：红旗出版社，1996 年，第 17～19 页。

的种种原因，等等。

《人物志》是一部品评人物的理论著作，一般不结合具体的历史人物进行，只有个别的篇章（如《流业》）采取了列举人物的表述方法。其学术思想渊源，兼有儒、道、名、法诸家①，刘知幾论此书说："五常异禀，百行殊执，能有兼偏，知有长短。苟随才而任使，则片善不遗，必求备而后用，则举世莫可，故刘邵《人物志》生焉。"②这几句话，概括地指出了《人物志》的基本理论和撰述目的。《人物志》对于史学的密切关系，是它第一次从理论上系统地分析了历史活动中的主体在才性上的种种差异，以及认识这种差异的社会实践意义。《人物志》或许受到《汉书·古今人表》启发，但它在理论上的认识已远远超出了后者。明人郑旻说它："三代而下，善评人品者，莫或能逾之矣。"③宋人阮逸称它："王者得之为知人之龟鉴，士君子得之为治性修身之檠栝，其效不为小矣。"④

《人物志》强调人的才性出于自然，具有朴素的唯物思想，但书中对于人的后天培养的作用，在社会生活中会发生变化等问题，所论甚少，确如刘邵所言："人物之理，妙不可得而穷已。"⑤

《隋书·经籍志三》著录《人物志》于名家类，其文曰："《人物志》三卷，刘邵撰。"原注："梁有《士纬新书》十卷，姚信撰，又《姚氏新书》二卷，与《士纬》相似；《九州人士论》一卷，魏司空卢毓撰；《通古人论》一卷。亡。"于此可见，关于品评人物的理论，在魏晋南朝，已成风气。又《颜氏家训·名实》开篇写道：

---

① 参见钱穆《略述刘邵〈人物志〉》、汤用彤《读〈人物志〉》，《〈人物志〉评注》附录，王玫评注，北京：红旗出版社，1996年，第217页。

② 刘知幾：《史通》卷十《自叙》，浦起龙通释，上海：上海古籍出版社，2009年，第270页。

③ 郑旻：《重刻人物志跋》，《〈人物志〉评注》附录，王玫评注，北京：红旗出版社，1996年，第209页。

④ 参见刘邵：《〈人物志〉评注》阮逸序，王玫评注，北京：红旗出版社，1996年，第2页。

⑤ 刘邵：《人物志》卷下《七缪》，王玫评注，北京：红旗出版社，1996年，第160页。

名之与实，犹形之与影也。德艺周厚，则名必善焉；容色姝丽，则影必美焉。今不修身而求令名于世者，犹貌甚恶而责妍影于镜也。上士忘名，中士立名，下士窃名。忘名者，体道合德，享鬼神之福祐，非所以求名也；立名者，修身慎行，惧荣观之不显，非所以让名也；窃名者，厚貌深奸，干浮华之虚称，非所以得名也。

这里是在讲"家训"，而且仅限于"名实"，但也可看出作者颜之推品评人物的旨趣。通观全书，其意甚明。于此可见，北朝在品评人物的理论认识上，也有所作为。

第四章　史学在发展中的转折与创新
——隋唐五代史学

　　魏晋南北朝时期，史学经历了多途发展的历程。隋唐五代时期(581—960)，史学在继续发展中出现了新的转折。第一个转折，是私人修史一度受到限制，皇家加强了对修史的控制，并设立了专门的修史机构——史馆，完善了相应的史官制度，官修史书成绩斐然。第二个转折，是史学在思想文化领域中逐步摆脱经学的羁绊而卓然自立的地位得到了社会的承认，这反映在文献整理和科举考试方面尤为突出。第三个转折，是出现了对史学活动进行总结的专书，史学批评趋于成熟，标志着史学的发展进入了更加自觉的阶段。第四个转折，是在编年体史书和纪传体史书长期发展的基础上，出现了典制体史书这一新的表现形式，表明制度史的撰述受到史学家的重视，从而丰富了史学的内涵，扩大了历史撰述的领域。还有一个转折，是通史撰述出现了复兴的趋势和历史笔记开始发展起来。史学发展中的这些新的转折，从不同的方面反映出这个时期的历史特点和史学特点，反映出了历史思想的进一步发展和史家自觉意识的增强，对后来的史学发展产生了很大的影响。

第一节 官修史书的成就

一、历史意识的增强和史馆的设立

隋朝与唐朝，统治集团的历史意识进一步增强了，这在历史撰述和历史思想上都有明显的表现。隋文帝在撰史方面首先过问的一件事情，就是"以魏收所撰书，褒贬失实，平绘为《中兴书》，事不伦序"，命魏澹"别成魏史"。而魏澹所撰《魏书》"以西魏为真，东魏为伪"，隋文帝"览而善之"①。这是通过改撰魏史，为西魏、北周争得合理地位，而最终是为隋朝争得合理地位。隋文帝在撰史方面过问的另一件事情，是在开皇十三年(593)下了一道诏书："人间有撰集国史、臧否人物者，皆令禁绝。"②这表明皇家垄断"撰集国史、臧否人物"的决心，魏晋南北朝以来私人修史的势头受到了扼制。这是中央集权的重建和强化在修史工作上最直接的反映。

"《汉书》学"的兴盛，从另一个方面反映出隋朝统治者历史意识的强化。梁、陈以来，《汉书》地位日显，而"《史记》传者甚微"。隋统一后，发扬了南朝这个传统，"《汉书》学"走向高潮，成了"国学"。同时，刘臻"精于《两汉书》，时人称为'汉圣'"③。杨汪受业于刘臻，刘臻反而说"吾弗如也"。杨汪后为国子祭酒，炀帝"令百僚就学，与汪讲论，天下通儒硕学多萃焉，论难锋起，皆不能屈"④，为一时之

① 魏徵等：《隋书》卷五十八《魏澹传》，北京：中华书局，1973年，第1417、1419页。
② 魏徵等：《隋书》卷二《高祖纪下》，北京：中华书局，1973年，第38页。
③ 魏徵等：《隋书》卷七十六《文学·刘臻传》，北京：中华书局，1973年，第1731页。
④ 魏徵等：《隋书》卷五十六《杨汪传》，北京：中华书局，1973年，第1394页。

盛举。但隋朝"《汉书》学"的泰斗，还要推萧该、包恺二人。史称：大业年间，"于时《汉书》学者，以萧、包二人为宗匠。聚徒教授，著录者数千人"。他们关于《汉书》的著作，"为当时所贵"，"甚为贵游所礼"①。像这样的盛况，在经学史、佛学史上并不鲜见，在史学史上却是空前的。《汉书》因具有皇朝史典范的性质而有此殊荣，而"《汉书》学"出现如此盛况，自是统治集团提倡的结果。正统观念、垄断修史、推崇《汉书》，这种历史意识的强化，都反映了政治统治上的要求。在这方面，唐初统治者比隋朝统治者要高明得多。

武德五年（622），唐高祖根据令狐德棻的建议，诏修梁、陈、魏、齐、周、隋六代史。诏书指出：史官的职责是"考论得失、究尽变通"，史学应起到"裁成义类，惩恶劝善，多识前古，贻鉴将来"的作用。魏、齐、周、隋、梁、陈六代都"自命正朔"，"至于发迹开基，受终告代，嘉谋善政，名臣奇士，立言著绩，无乏于时"；然诸史未备，令人惋惜。诏书对撰述六代史提出了总的要求："务加详核，博采旧闻，义在不刊，书法无隐。"②这道诏书，反映出了唐高祖的政治家气度：他是激烈的政治斗争的胜利者，但他并没有去指斥前朝的错误，而是充分肯定它们的历史地位。他重视周、隋的历史，但也没有排斥梁、陈。诏书显示出对于史学工作有一种开阔的视野，这对唐代史学的发展有很大的影响。这次修史工作没有取得具体成果，但它却为唐初修撰前代史确定了宏大的规模。

贞观三年（629），唐太宗复命诸大臣撰写梁、陈、齐、周、隋五代史，以房玄龄、魏徵"总监诸代史"，以令狐德棻主修周史并"总知类会梁、陈、齐、隋诸史"③。这是武德年间修史工作的继续，经众议，北魏史已有魏收《魏书》和魏澹《魏书》二家，"已为详备，遂不复

---

① 魏徵等：《隋书》卷七十五《儒林·萧该传》，北京：中华书局，1973 年，第 1716 页。

② 刘昫等：《旧唐书》卷七十三《令狐德棻传》，北京：中华书局，1975 年，第 2598 页。据宋敏求编：《唐大诏令集》卷八十一于文字略有订正，北京：中华书局，2008 年，第 466～467 页。

③ 刘昫等：《旧唐书》卷七十三《令狐德棻传》，北京：中华书局，1975 年，第 2598 页。

修"。为实现这次修史任务，这一年，唐太宗对修史机构做了重大改革，正式设立史馆，并"移史馆于禁中"，"自是著作郎始罢史职"①。宰相负责监修，后称监修国史，成为定制。修撰史事，以他官兼领，称兼修国史；或以卑品而有史才者任之，称直史馆；凡专职修史者，称史馆修撰。此后，历代修史机构大致袭用此制。古代修史工作绵延不断，史馆起了重要作用。

贞观十年(636)，五代史同时修成。唐太宗十分高兴，他勉励史臣们说：

> 朕睹前代史书，彰善瘅恶，足为将来之戒。秦始皇奢淫无度，志存隐恶，焚书坑儒，用缄谈者之口。隋炀帝虽好文儒，尤疾学者，前世史籍，竟无所成，数代之事，殆将泯绝。朕意则不然，将欲览前王之得失，为在身之龟镜。公辈以数年之间勒成五代之史，深副朕怀，极可嘉尚！②

这一段话，阐述了唐太宗对史学的社会功用的认识，尤其是史学与政治关系的认识，阐述了唐初统治者在对待史学的态度上跟秦、隋皇朝的区别。隋、唐统治集团在历史意识强化方面是一致的，在对待修史工作的具体政策上却并不相同，这从一个侧面反映出了他们在文化政策上的得失。贞观年间，唐太宗还诏修《五代史志》、重撰《晋书》；史家李延寿秉承家学，着手撰写《南史》、《北史》。至唐高宗时，这些撰述都已完成，显示出官修书书的重大成就。

二、五代史纪传和《五代史志》

唐太宗贞观十年撰成的"五代史"包括：

---

① 刘昫等：《旧唐书》卷四十三《职官志二》，北京：中华书局，1975年，第1852页。
② 王钦若等编：《册府元龟》卷五百五十四《国史部·恩奖》，周勋初等校订，南京：凤凰出版社，2006年，第6348页。

——《梁书》56卷：帝纪6卷，列传50卷。姚思廉（557—637）撰。

——《陈书》36卷：帝纪6卷，列传30卷。姚思廉撰。

——《齐书》50卷：帝纪8卷，列传42卷。李百药（565—648）撰。后人为区别于萧子显《齐书》，称之为《北齐书》。

——《周书》50卷：帝纪8卷，列传42卷。令狐德棻（583—666）、岑文本（594—644）、崔仁师撰，其史论多出于岑文本之手。

——《隋书》55卷：帝纪5卷，列传50卷。魏徵（580—643）、颜师古（581—645）、孔颖达（574—648）等撰，其史论皆魏徵所作。魏徵还撰写了梁、陈、齐三史帝纪总论。

五代史各在不同程度上继承了前人成果，姚思廉、李百药都有家学传承，《周书》《隋书》具有更明确的官史性质。在诸史作者中，大致说来，魏徵长于史论，姚、李长于史文，令狐德棻长于史例。五代史在南北关系的处理上，大致采取了同等看待的态度，这跟《宋书》《南齐书》称北朝为"索虏"，《魏书》称南朝为"岛夷"，是一个很大的变化，反映了在政治统一的条件下政治家和史学家对南北朝历史的新认识。五代史虽各自独立，但对所记历史内容也有一个全局的安排。梁朝、陈朝与少数民族及外域的联系，《梁书》专立《诸夷传》叙述，《陈书》则散见于纪、传之中；在这个问题的处理上，《北齐书》同《陈书》相似，《周书》跟《梁书》相同。《梁书》所记"海南诸国"，《周书》所记突厥、稽胡，都是极重要的历史内容。梁、陈、齐三史都有魏徵撰写的总论，反映出对前代史评价上的总的考虑。

五代史在编次上讲究以类相从的方法，除各类传外，其他列传也有不少是略按"义类"、"类会"编次的。因各朝年代短促，年代与"类会"之间的关系便于安排，容易做到眉目清晰。不过，五代史在表述上却出现了明显的程式化的趋向。它们的帝纪，于朝代更替之际，详载新朝"受命"的各种诏策、玺书，讳恶溢美。它们的列传，必首列传主姓名、郡望，祖、父官职，继而依次叙述幼年生活、性格、相貌、风度，历任官阶，行事、文章，有的最后还写出饰终诏书、封赠、谥号、子孙官职、著述名称。像《史记》、《汉书》、《后汉书》、《三国志》中那种气势恢宏的帝纪，生动激越的列传，已难得见到。在门阀意识支配下，纪传体史书逐渐失去原来的活力。从局部来看，五代史中也有少数写得精彩的片断。《梁书》的《韦叡传》写合肥之役和邵阳之役，《康绚传》写堰淮之役，《昌义之传》写钟离之守，《周书》的《韦孝宽传》记玉壁之守，《王罴传》记荆州之守、华州之镇，都写得有声有色，是五代史中少见的佳作。

五代史的历史思想，从它们的史论中反映得最为鲜明。其成就以《隋书》史论价值最高，《周书》、《梁书》次之，《陈书》、《北齐书》又次之。《隋书》史论自觉地总结隋朝得失存亡之故，在重大政治问题上为唐皇朝统治提供历史借鉴。它深刻地分析了"高祖之所由兴，而炀帝之所以灭"的原因，在于"安民"和"虐民"的区别。它从历史比较中得到一个重要结论："隋之得失存亡，大较与秦相类。"这是很有启发性的历史见解。它指出了隋朝之亡"起自高祖，成于炀帝"的发展过程，包含了朴素辩证思想的成分。①《循吏传》后论提出的"所居而化，所去见思"，可以看作是对各级官吏"立身从政"的要求；《隋书》卷六十六后论提出的"大厦云构，非一木之枝，帝王之功，非一士之略。长短殊用，大小异宜，楶梲栋梁，莫可弃也"的人才思想，都具有历史认识和现实借鉴的价值。魏徵所写的这些史论，同他为梁、陈、齐三史所写的总论一样，都贯串着阐述得失存亡之故的思想，这使他在唐初的政治家中具有比别人更突出的历史感。

五代史记述了梁、陈相继，齐、周并立，以及隋朝统一南北、由兴而亡的历史，有不可忽视的历史价值。有些记载还具有文献方面的价值。《梁书·范缜传》记载了范缜的长文《神灭论》，《北齐书·杜弼传》记述了邢邵同杜弼"共论名理"、在形神关系上的论难，是思想史上极有价值的文献。《周书》卷三十八附记柱国大将军、大将军元欣等13

① 参见魏徵等：《隋书》卷七十后论及卷二《高祖纪下》、卷四《炀帝纪下》后论，北京：中华书局，1973年，第1636、56页。

人名单，是军事制度史方面的重要资料。《陈书·何之元传》载何之元《梁典·序》；《隋书·李德林传》载李德林与魏收论史书起源的往还书信，《魏澹传》载《魏书》义例，《许善心传》载许善心《梁史·序传》，《裴矩传》载裴矩《西域图记》序等，是有关史学史的重要文献。

五代史只有纪、传而没有志。贞观十七年（643），唐太宗诏褚遂良监修《五代史志》，当时亦称"《隋书》十志"（李延寿《北史·序传》）。永徽元年（650），高宗复命令狐德棻监修。首尾 14 年，至显庆元年（656）成书，由长孙无忌奏进。参与撰述的有于志宁、李淳风、韦安仁、李延寿等。《五代史志》包括 10 篇共 30 卷，其志目、卷帙编次如下表：

志　目	礼　仪	音　乐	律　历	天　文	五　行	食　货	刑　法	百　官	地　理	经　籍
卷　帙	7	3	3	3	2	1	1	3	3	4

《五代史志》综叙梁、陈、齐、周、隋五朝典章制度，与"五代史"纪传相配合。当时亦称《隋志》，故叙隋朝典制独不称朝代名而详记其年号。在史学发展上，《五代史志》是自《史记》八书、《汉书》十志以来最重要的史志著作。首先，它综合并囊括了除前史符瑞志以外的全部内容，是"正史"书志撰述以来的一次总结性成果。其次，它反映出撰述者对于天道、人事在认识上的逻辑发展。《五代史志》前五志，即礼仪、音乐、律历、天文、五行，是以天道为中心，讲尊天敬神、天人感应，强调天礼、地礼、人礼，"所以弥纶天地，经纬阴阳，辨幽赜而洞几深，通百神而节万事"[①]。这是为君权神授和现实的上下长幼之序制造理论根据和神秘的纱幕。这五志中也包含许多社会史内容和科学史资料，但都笼罩上一层神秘主义的色彩。跟这个认识体系相对应的是它的后五志，即食货、刑法、百官、地理、经籍等志，它们以人事为中心，记述了五个朝代的经济制度、法律制度、官吏制度、区域建置和唐初皇家所藏隋朝以前历代典籍存亡及学术流变。这是按经济、政治、文化的逻辑建立起来的又一

---

① 魏徵等：《隋书》卷六《礼仪志一》，北京：中华书局，1973 年，第 105 页。

个认识体系。这个认识体系虽然还不能完全摆脱"天道"的影响,但在具体阐述上已经把天道撇在一边而着重于人事的分析了。这种还不得不讲天道,但把天道和人事分开来看待的历史认识,在历史观上是一个很大的进步。这跟五代史中的帝纪多载"受命"诏策,而在有关列传中则写出政权更迭的残酷真相,实有异曲同工之妙。最后,《五代史志》中的《经籍志》,是以目录书出现的学术史专篇,它精练地概括了唐初以前的文化典籍和学术流变,是继刘向、刘歆之后一次更大规模的历史文献整理之总结性成果。它按经、史、子、集四部分类著录历代文献,以道、佛作为附录,这就奠定了古代文献分类的基础,影响所及,直至明清。它以史书居四部第二位,下分正史、古史、杂史、霸史、起居注、旧事、职官、仪注、刑法、杂传、地理、谱系、簿录 13 类,从文献分类上确立了史书的独立性和部类的区分,在史学史上有重大的意义,至宋、元、明、清而未有根本性质的变化。《经籍志》著录四部书,一般包含书名、卷帙,作者所处朝代、职官、姓名,本书存亡情况。其所著录书,"大凡经传存亡及道、佛,六千五百二十部,五万六千八百八十一卷"。《经籍志》有总序 1 篇,四部、道、佛大序 6 篇,四部各类小序 40 篇,道、佛小序 1 篇,共有序文 48 篇。它们结为一个整体,综论学术源流,是《汉书·艺文志》之作为学术史萌芽的新发展。序文阐述了文献与社会的关系、学术流变、学风得失,以及各具体部类的发展轮廓,撮其精要,论其短长,大致都写得清晰、精练。其史部大序写道:

> 夫史官者,必求博闻强识、疏通知远之士,使居其位,百官众职,咸所贰焉。是故前言往行,无不识也;天文地理,无不察也;人事之纪,无不达也。内掌八柄,以诏王治,外执六典,以逆官政。书美以彰善,记恶以垂戒,范围神化,昭明令德,穷圣人之至赜,详一代之臺臺。[1]

---

[1] 魏徵等:《隋书》卷三十三《经籍志二》,北京:中华书局,1973 年,第 992 页。

这是对史家修养和史学功用的很高的要求。序文中有不少独立的见解，为后世历代学术思想研究者所重视。

《五代史志》的各志，尤其是它的后五志，从不同的方面和范围反映了社会的风貌和时代的特点，其中于经济、地理、历法、乐舞等方面，都提供了重要的新材料，反映出文明发展的新进程。《五代史志》在撰述思想上不只是有兼容南北的明确要求，而且有上承两汉的自觉意识，显示出来一种细致爬梳和宏大气度相结合的格局。《五代史志》的多方面成就，是"正史"书志发展的新阶段，也为独立的典制体史书的问世，提供了思想上和撰述上的条件。

三、新修《晋书》和《南史》、《北史》

贞观二十年(646)，唐太宗下达《修晋书诏》，"令修国史所更撰《晋书》"。诏书称赞了《史》、《汉》以下至"五代史"历代正史，但对唐以前多种晋史都不满意。两晋南朝时期出现了 26 种晋史著述，至唐初尚存 18 种。这些书，只有一两种兼具两晋史事，大多不是完全意义上的晋史。《修晋书诏》批评它们或者"烦而寡要"，或者"劳而少功"，或者"滋味同于画饼"、"涓滴埋于涧流"；有的"不预于中兴"，有的"莫通于创业"，有的只是"略记帝王"，有的仅仅"才编载记"[1]。历来对唐太宗诏令重修晋史有种种说法，其实主要原因在诏书中已讲得十分清楚了："虽存记注，而才非良史，事亏实录。"

重修《晋书》以房玄龄、褚遂良为监修，参与撰述的有许敬宗、令狐德棻、敬播、李淳风、李延寿等 21 人。令狐德棻被参撰者"推为首"，他和敬播在制定《晋书》体例上起了重要作用。新修《晋书》以南朝齐人臧荣绪(415—488)所撰《晋书》为蓝本，采诸家晋史及晋人文集予以补充，重新撰定。刘知幾特别强调它"采正典与杂说数十余

---

① 宋敏求编：《唐大诏令集》卷八十一，北京：中华书局，2008 年，第 467 页。

部，兼引伪史十六国书"①。这反映了新修《晋书》在所取文献上和内容上的特点。贞观二十二年（648），新修《晋书》撰成，包括帝纪 10卷、志 20 卷、列传 70 卷、载记 30 卷，叙例、目录各 1 卷。叙、目已佚，今存 130 卷。据宋人称，因唐太宗为宣、武二帝纪及陆机、王羲之二传写了后论，故全书曾总题为"御撰"。

《晋书》记事，起于泰始元年（265），迄于元熙二年（420），含西晋 4 帝、东晋 11 帝共 156 年史事，并追叙晋室先世司马懿、司马师、司马昭在东汉末年和曹魏时期的活动，还包括了大致跟东晋同时存在的北方十六国史事。《晋书》对于这样纷繁的历史格局，都能从容地表述出来，显示了唐初史家的组织力量和创造才能。《晋书》的成就，首先在于它写出了两晋历史的全貌，弥补了以往诸家晋史的缺憾。因其"参考诸家，甚为详洽"②，在内容上也很充实。因此，《晋书》问世后，"自是言晋史者，皆弃其旧本，竞从新撰者焉"③。《晋书》的成就还突出地表现在它对民族关系在历史撰述上的处理。它继承了《东观汉记》所用的"载记"体例，创造性地以其记十六国君臣事迹、国之兴废，并着眼于僭伪，不再渲染华夷。这跟南北朝史家撰史互以对方之史为"传"且以"索虏"、"岛夷"相称，不仅有表述上的区别，更有认识上的发展：它同"五代史"在处理南北关系上是一致的，反映了隋唐统一后"天下一家"的思想。载记中颇有写得精彩的篇章。关于石勒的两卷，写他斩祖逖部下降者继而送首于祖逖，写他"与乡老齿坐欢饮，语及平生"，写他"常令儒生读史书而听之"及所发论议，写他在宴请高句丽使者筵席上对汉高、韩、彭、光武、曹操、司马懿父子的评价及自认"当在二刘之间"的谈话，都写得酣畅淋漓。关于苻坚的两卷，写他登龙门、游霸陵而与臣下论前人得

---

① 刘知幾：《史通》卷十二《古今正史》，浦起龙通释，上海：上海古籍出版社，2009年，第 325 页。
② 刘昫等：《旧唐书》卷六十六《房玄龄传》，北京：中华书局，1975 年，第 2403 页。
③ 刘知幾：《史通》卷十二《古今正史》，浦起龙通释，上海：上海古籍出版社，2009年，第 325 页。

失，写他劝课农桑、兴修水利，写他广修学官、亲临太学，写他淝水之败、长安之失，都极有声色。

《晋书》的 10 篇志是天文、地理、律历、礼、乐、职官、舆服、食货、五行、刑法，写出了两晋的典章制度。天文、律历写得充实、有序，是《五代史志》中天文、律历二志的姊妹篇。《地理志》的总叙写出了历代地理建置的沿革流变，也写出历代封国、州郡的等级、宽狭，以及户口增减情况，是一篇很有价值的地理总论。它的正文两卷详载两晋州、郡、县的建置，每州有小序一篇，述其由来及所统郡、县、户之数。其他各志，也都写得井然有序。郑樵说："本末兼明，惟《晋志》可以无憾。"①这是对《晋书》志这个特点的肯定。

《晋书》同"五代史"比较起来，据事直书是其优点，不像后者那样采取纪、传不同处置的写法，这跟晋史距唐年代久远有关。但它"好采诡谬碎事，以广异闻"②，是其缺点。总的来看，如宋人叶适所说：《晋书》"叙事虽烦猥无刊剪之功，然成败得失之际，十亦得七八。史臣语陋，无一可采，然予夺亦不差"③。从主要方面来看，这个评论大致是公允的。《晋书》撰成后，唐太宗"以其书赐皇太子及新罗使者各一部"④。次年，唐太宗就去世了。但他在《修晋书诏》中说的"大矣哉，盖史籍之为用也"，却是中国史学史上永久的名言。

《晋书》成书后 11 年即唐高宗显庆四年（659），李延寿秉承家学撰成《南史》、《北史》二书。李延寿，字遐龄，出于陇西李氏，世居相州（今河南安阳）。其父李大师（570—628），字君威，"少有著述之志，常以宋、齐、梁、陈、魏、齐、周、隋南北分隔，南书谓北为'索虏'，北书指南为'岛夷'。又各以其本国周悉，书别国并不能备，

① 郑樵：《通志》卷六十五《艺文略三·史类五》正史类，北京：中华书局，1987 年，第 772 页。
② 刘昫等：《旧唐书》卷六十六《房玄龄传》，北京：中华书局，1975 年，第 2463 页。
③ 叶适：《习学记言序目》卷三十《晋书二·总论》，北京：中华书局，1977 年，第 439 页。
④ 王溥：《唐会要》卷六十三《史馆上·修前代史》，北京：中华书局，1955 年，第 1092 页。

亦往往失实。常欲改正，将拟《吴越春秋》，编年以备南北"①。李大师在唐初做了一些撰述上的准备，不久就去世了，临终以为没齿之恨。李延寿决心续承父业，利用史馆提供的条件，经过多年的准备，以宋、齐、梁、陈、魏、齐、周、隋八代正史为依据，参考杂史1 000余卷，用16年工夫撰成南、北二史。南、北二史经令狐德棻订正后上奏高宗，高宗为之写序，序文已佚。《南史》，起宋永初元年(420)，讫陈祯明三年(589)，包括宋、齐、梁、陈四代170年史事，编为本纪10卷、列传70卷，合计80卷。《北史》，起魏登国元年(386)，迄隋义宁二年(618)，包括魏、齐、周、隋四代233年史事，编为本纪12卷、列传88卷，合计100卷。两书共180卷。李延寿在上书表中说它们是"以拟司马迁《史记》"而作。

李延寿撰《南史》、《北史》，在撰述思想上继承了李大师的主旨：在具体撰述上并未采取"编年以备南北"的形式，而有所变通。第一，他是"抄录"和"连缀"旧史，"除其冗长，捃其菁华"，这是一个隐括和改编的过程。第二，他"鸠聚遗逸，以广异闻"，博采正史所没有的杂史资料以充实旧史，这跟新修《晋书》有相似之处。第三，是"编次别代，共为部秩"，即以宋、齐、梁、陈四代之史为《南史》，魏、齐、周、隋四代之史为《北史》。李延寿删削旧史，得失两存，要做具体分析；所补遗逸，也有当与不当之分。对此，后人见仁见智，多有聚讼。从今天的认识来看，李大师、李延寿父子从隋唐统一的局面出发，重新看待南北朝的历史，试图改变以往历史撰述中不尽符合历史实际的设想和做法，是《南史》、《北史》的主要撰述思想。在这一点上，《南史》、《北史》具有突出的特点，是值得称道的。首先，二史以南北对峙代替了以往史书中的华夷对立，故于八代皇朝均立本纪，这跟"五代史"的思想是一致的；但二史通叙南朝史和北朝史，带有纠正南北朝时期所出"正史"的目的，故仍有特殊的意义。其次，二史纠正了八书中的不少曲笔，更多地写出了历史的真相，

---

① 李延寿：《北史》卷一百《序传》，北京：中华书局，1974年，第3343页。

于"禅代"背后的权谋和杀机，显贵的聚敛和懦弱，以及对权臣的种种溢美，都有相当的揭露，或做改写与删削。

《南史》、《北史》因部帙紧凑、文字简约而广泛流传。司马光评论二史说："李延寿之书亦近世之佳史也。虽于机祥诙嘲小事无所不载，然叙事简径，比于南北正史，无烦冗芜秽之辞。窃谓陈寿之后，唯延寿可以亚之也。"①《新唐书》称赞二史说："其书颇有条理，删落酿辞，过本书远甚。"②清人赵翼赞同此说，认为二史"删去芜词，专叙实事，大概较原书事多而文省，洵称良史"③。钱大昕不同意此说，认为二史"删省旧文，往往失当"，所补者亦"未可尽信"④。以上两说，各有道理。以简约和条理论，前说为是；以精当论，则后说中肯。二史和八书的长短得失，本是相比较而存在，相衬托而益彰。

从纪传体史书的发展来看，《南史》、《北史》的出现，固然有反映时代要求的积极方面，即在统一局面下重新认识南北朝的历史。这是《南史》、《北史》的思想精髓。但是，它们只是集旧史而成，马、班、陈、范的创造性的历史撰述思想已难得在二史中表现出来，纪传体史书的生命力已呈现出走向衰竭的状态。五代以下，有两《唐书》、两《五代史》、《宋史》、《辽史》、《金史》、《元史》、《明史》的继出，都未能重振纪传体史书的雄风。还有一点，也限制了《南史》、《北史》不可能有重大的创造，这就是它们带着深刻的门阀意识的烙印。二史的列传，有不少反映出门阀地主之"家传"的特色。李延寿旨趣在此，二史的成就自亦有限。史学的发展面临着新的转折。

---

① 马端临：《文献通考》卷一百九十二《经籍考十九》，北京：中华书局，2011 年，第 1627 页。

② 欧阳修、宋祁：《新唐书》卷一百二《令狐德棻传》附《李延寿传》，北京：中华书局，1975 年，第 3986 页。

③ 赵翼：《陔余丛考》卷八"南北史原委"，北京：中华书局，1963 年，第 147 页。

④ 钱大昕：《廿二史考异》卷三十五至卷四十，上海：上海古籍出版社，2004 年，第 564～652 页。

四、国史、谱牒和礼书

隋唐皇朝都重视修撰国史，谱牒和礼书的修撰在唐代受到突出的重视。国史、谱牒和礼书，是隋唐时期官修史书的重要组成部分。

《隋书·经籍志》杂史类著录隋秘书监王劭所撰未完成稿《隋书》60 卷①，起居注类著录《隋开皇起居注》60 卷，以及王胄等所修《大业起居注》②，是后人所知隋朝国史撰述的全部著作。这些书，早已散佚。隋朝的国史修撰无所建树，唐太宗和唐初史臣都有所批评。《隋书·王劭传》批评王劭"在著作，将二十年，专典国史，撰《隋书》80 卷。多录口敕，又采迂怪不经之语及委巷之言，以类相从，为其题目，辞义繁杂，无足称者，遂使隋代文武名臣列将善恶之迹埋没无闻"③。唐太宗批评隋炀帝"虽好文儒，尤疾学者"④。隋朝国史修撰的失误有多方面的原因，这给唐初提供了教训和启示。

唐朝建立之初，一方面大力修撰前代史，另一方面重视国史的撰述。据《唐会要》卷六十三、六十四关于史馆的记载，有"史馆移置"、"诸司应送史馆事例"、"修前代史"、"修国史"、"在外修史"、"修史官"、"史馆杂录"诸项，涉及史学的许多方面，内容丰富。仅其"修国史"一项，所记起于贞观十七年（643），止于大顺二年（891），足见唐朝统治者和唐代史家对于国史的重视。唐朝国史撰述包括起居注、实录、国史三个方面。起居注是按"君举必书"的古义，史官所记皇帝的言行录。《新唐书·褚遂良传》谓："今之起居，古左右史

---

① 《隋书·王劭传》、《史通·古今正史》、《新唐书·艺文志》正史类均作 80 卷。

② 刘知幾：《史通》卷十二《古今正史》，浦起龙通释，上海：上海古籍出版社，2009 年，第 344 页。

③ 魏徵等：《隋书》卷六十九《王劭传》，北京：中华书局，1973 年，第 1609 页。

④ 王钦若等编：《册府元龟》卷五百五十四《国史部·恩奖》，周勋初等校订，南京：凤凰出版社，2006 年，第 6438 页。

也，善恶必记，戒人主不为非法。"①实录是编年体史书的一种特殊形式，专记每一皇帝在位时的国家大事。国史是根据起居注、实录和其他许多方面的资料撰成的纪传体皇朝史，它跟先秦时期西周和各诸侯国的国史是有区别的。唐朝的国史撰述，以修撰实录成绩最为突出。据《新唐书·艺文志》起居注类著录，唐代只有温大雅《大唐创业起居注》3卷、《开元起居注》3 682卷两种；而实录则自《高祖实录》至《武宗实录》，共25部。为前朝皇帝撰写实录，在唐朝形成传统，此后成为定制，直至明清。《新唐书·艺文志》正史类著录，唐代史家所撰国史有：长孙无忌、令狐德棻等撰《武德贞观两朝史》80卷，吴兢撰《唐书》100卷，吴兢、韦述、柳芳、令狐峘、于休烈等撰《唐书》130卷，亦作《国史》106卷、113卷。这是在不同时期、经过许多史家撰写、续作的不同稿本。唐代的实录和国史，为后人撰写唐代历史留下了极宝贵的第一手资料。其中流传至今的，只有《大唐创业起居注》和韩愈等所撰《顺宗实录》了。它们也是中国史学史上现存最早的起居注和实录。

唐代跟魏晋南北朝时期一样，是门阀地主占统治地位的时代。重视谱牒和礼书，是这个时代在上层建筑和意识形态方面的两个特点。唐代谱牒之学承魏晋南北朝之余绪，亦曾盛行一时，谱学家代有其人，官私谱牒屡有制作，成为唐代史学上的重要现象。私家撰述，姑且不论。官修谱牒，其荦荦大者有：《氏族志》100卷，唐太宗时高士廉、岑文本等撰。《姓氏录》200卷，唐高宗时孔志约、杨仁卿等撰。《姓族系录》200卷，唐玄宗时柳冲、陆蒙先、徐坚、刘知幾等撰。这是盛唐时最重要的3部全国总谱。其后还有：《百家类例》10卷，唐肃宗时贾至撰。《元和姓纂》10卷，唐宪宗时林宝撰。《皇室永泰谱》（一作《永泰新谱》、《皇室新谱》）20卷，唐代宗时柳芳撰。《续皇室永泰谱》10卷，唐文宗时柳璟撰。《皇唐玉牒》110卷，唐文宗时

———————————
① 欧阳修、宋祁：《新唐书》卷一百五《褚遂良传》，北京：中华书局，1975年，第4025页。

李衢、林宝撰。这些书，尚存的仅《元和姓纂》。唐代重谱牒，郑樵有中肯的论断："自隋、唐而上，官有簿状，家有谱系，官之选举必由于簿状，家之婚姻必由于谱系。……此近古之制，以绳天下，使贵有常尊，贱有等威者也。所以人尚谱系之学，家藏谱系之书。"① 可以认为，谱牒之学在唐代的兴衰，反映出唐代门阀政治的命运和社会风气的演变。

礼书的撰述是同谱牒撰述相辅而行的。唐太宗时，长孙无忌、房玄龄、魏徵等撰《大唐仪礼》（即《贞观礼》）130 篇，分吉、宾、军、嘉、凶、国恤 6 个部分。高宗时，以《贞观礼》"节文未尽，重加修撰"，成《永徽五礼》（显庆年间奏上，亦称《显庆礼》）130 卷，删去国恤，存五礼。于是，贞观、显庆二礼并行。唐玄宗时，张说奏称："今之五礼仪注，已两度增修，颇有不同，或未折衷。请学士等更讨论古今，删改行用。"萧嵩、王仲丘等乃撰成《大唐开元礼》150 卷。这是盛唐时期的三部重要礼书，大史学家杜佑说："于戏！百代之损益，三变而著明，酌乎文质，悬诸日月，可谓盛矣。"② 可见，这在当时是何等重大的事件！唐代史家对于礼的认识，具有神圣的性质："礼经三百，威仪三千，皆所以弘宣天意，雕刻人理"、"礼亦愆家"③；"至于增辉风俗，广树堤防，非礼威严，亦何以尚！"④ 这是以"天意"的名义来"雕刻人理"、"增辉风俗"；而这"人理"、"风俗"的核心则是"贵贱之异"、"尊卑之殊"的等级秩序（《通典》卷五十九"男女婚嫁年几议"）。盛唐时期的三部礼书与三部谱牒可谓相得益彰，它们大致同时产生出来，亦非偶然巧合。唐玄宗开元以后，正像谱牒之学开始衰落一样，礼书撰述也日渐失去其本来的意义。中唐时期，虽有王泾撰《郊祀录》10 卷，韦公肃撰《礼阁新仪》30 卷，王彦威撰《曲台新礼》30 卷、《续曲台礼》30 卷，但从实质上看，这已是礼之

---

① 郑樵：《通志》卷二十五《氏族略》序，北京：中华书局，1987 年，第 439 页。
② 杜佑：《通典》卷四十一《礼一》序，北京：中华书局，1988 年，第 1122 页。
③ 房玄龄等：《晋书》卷十九《礼志》序，北京：中华书局，1974 年，第 579 页。
④ 魏徵等：《隋书》卷六《礼仪志一》序，北京：中华书局，1973 年，第 106 页。

本身和礼之撰述的强弩之末了。欧阳修评论中唐以后的这些礼书说："呜呼，考其文记，可谓备矣，以之施于贞观、开元之间，亦可谓盛矣，而不能至三代之隆者，具其文而意不在焉，此所谓'礼乐为虚名'也哉！"[①]谱牒和礼书的这种命运，从一个侧面反映出了时代的变化。

隋唐皇朝时期，主要是唐皇朝时期，官修史书曾一度显示出人才上的优势、文献上的优势和组织工作上的优势，从而取得了令人瞩目的成绩，在中国史学上占有重要的位置。在后起的历代皇朝中，官修史书也还发挥着一定的作用，但它的创造性终究是很有限的。史学的创造性发展，在很大程度上是由具有"自得之学"的私家撰述来推动的。这是中国古代史学发展中的一个基本规律。

第二节 《史通》——划时代的史学批评著作

一、刘知幾的史学批评意识和《史通》的主要内容

盛唐时期，杰出的史学批评家刘知幾写出了《史通》一书。这是中国古代史学上一部划时代的史学批评著作。《史通》的问世，标志着中国史学进入到一个更高的自觉阶段，是史学思想发展和史学理论建设的新转折。

刘知幾（661—721），字子玄，唐徐州彭城（今江苏徐州）人。他于高宗永隆元年（680）举进士而入仕，武则天长安二年（702）开始担任史官，撰起居注。历任著作佐郎、左史、著作郎、秘书少监、太子左庶子、左散骑常侍等职，并兼修国史。长安三年，与朱敬则等撰《唐书》80卷；中宗神龙时（705—707），与徐坚等撰《武后实录》；玄宗开元二

---

① 欧阳修、宋祁：《新唐书》卷十一《礼乐志》序，北京：中华书局，1975年，第309页。

年(714)，与柳冲等撰《姓族系录》200 卷；开元四年，又与吴兢撰成《睿宗实录》20 卷，重修《则天实录》30 卷、《中宗实录》20 卷。其间，他因不满于武则天和唐中宗时史馆修史的紊乱和监修贵臣们对修史工作的横加干涉，曾在中宗景龙二年(708)毅然辞去史职，"退而私撰《史通》，以见其志"。他的私人撰述还有《刘氏谱考》3 卷、《刘氏家史》15 卷和一些诗文。《史通》是他的代表作，流传至今；《史通》传本以清人浦起龙《史通通释》流传最广。今人赵吕甫作《史通新校注》，反映了《史通》研究的最新成果。刘知幾的其他撰述，多已不存。

刘知幾的史学批评意识，得力于他在史学上的修养。他自称："自小观书，喜谈名理，其所悟者，皆得之襟腑，非由染习。……其有暗合于古人者，盖不可胜纪。始知流俗之士，难与之言。凡有异同，蓄诸方寸。"[1]这说明他在史学批评上有多年的积累。他的史学批评意识，还受启示于当时修史工作的实践，这也是他撰写《史通》的直接动因。他深沉地写道：

> 既朝廷有知意者，遂以载笔见推。由是三为史臣，再入东观。每唯皇家受命，多历年所，史官所编，粗惟纪录。至于纪、传及志，则皆未有其书。……凡所著述，尝欲行其旧议。而当时同作诸士及监修贵臣，每与其凿枘相违，龃龉难入。故其所载削，皆与俗浮沉。虽自谓依违苟从，然犹大为史官所嫉。嗟乎！虽任当其职，而吾道不行；见用于时，而美志不遂。郁怏孤愤，无以寄怀。必寝而不言，嘿而无述，又恐没世之后，谁知予者。故退而私撰《史通》，以见其志。

这里，最重要的一句话是"凡所著述，尝欲行其旧议"。所谓"旧议"，

---

① 刘知幾：《史通》卷十《自叙》，浦起龙通释，上海：上海古籍出版社，2009 年，第 268 页。

即他多年积累的对于以往历史撰述的一些"得之襟腑"的独到见解。他试图按照这些见解，撰写包含纪、传、志的唐史。但他的这个希望屡屡受挫。刘知幾是一个有远大抱负的史家，他的志向是"其于史传也，尝欲自班、马以降"，以至唐初史家所撰诸正史，"莫不因其旧义，普加厘革"。当时史馆，对于他实现这样的目标，是不可超越的阻力，他终于发出了"吾道不行"、"美志不遂"的感叹！这就更加促使他决心把批评的意识变成批评的行动。他上书监修国史萧至忠等，备言国史之修面临着"五不可"：史官泛滥，簿籍难见，权门干预，十羊九牧，坐变炎凉，以致"头白可期，而汗青无日"①。可见此时的史馆跟太宗、高宗时相比，实有天壤之别。刘知幾感叹之余，愤然辞去史职，写出了千古名作《史通》。

《史通》20卷，包括内篇10卷39篇，外篇10卷13篇，合52篇。其中内篇的《体统》、《纰缪》、《弛张》3篇亡于北宋以前，全书今存49篇。内篇是全书的主要部分，着重阐述了史书的体裁、体例、史料采集、表述要求和撰史原则，而以评论纪传体史书体例为主。外篇论述史官制度、正史源流，杂评史家、史著得失，并略申作者对于历史的见解。

《史通》以《六家》、《二体》开篇，从史书的内容和形式阐述了史学的起源；以《史官建置》、《古今正史》勾勒了史学发展大势，以《杂述》概括了史学的多途发展。这5篇，是对史学发展之历史的清理。它的《载言》、《本纪》、《世家》、《列传》、《表历》、《书志》、《论赞》、《序例》、《题目》、《断限》、《编次》、《称谓》、《序传》等篇，是关于史书表现形式的理论，而以论纪传体史书的结构、体例为主。它的《采撰》、《载文》、《补注》、《因习》、《邑里》、《言语》、《浮词》、《叙事》、《核才》、《烦省》等篇，是关于史书编撰方法和文字表述要求的理论。它的《品藻》、《直书》、《曲笔》、《鉴识》、《探赜》、《模拟》、

---

① 刘知幾：《史通》卷二十《忤时》，浦起龙通释，上海：上海古籍出版社，2009年，第555页。

《书事》、《人物》等篇，是关于历史认识和撰述原则的理论。《辨职》、《自叙》、《忤时》3篇，是阐说作者的经历、撰述旨趣和对史学社会功用的认识。《点烦》是对《叙事》的补充。外篇中的其余各篇，杂评前史得失，是列举更多的实例以证上述各方面的理论。

刘知幾撰述《史通》的目的，是"伤当时载笔之士，其义不纯。思欲辨其指归，殚其体统"①。他是志在总结历史撰述中的得失利弊，通过历史的回顾和理论的分析，提高史家的认识，推动史学的发展。他自称此书"商榷史篇，下笔不休"②，"多讥往哲，喜述前非"③。这两句话，概括《史通》全书的精髓在于史学批评。

二、《史通》的史学批评理论

《史通》对于历史撰述所做的历史回顾和理论分析，贯串着一条史学批评的主线。从《史通》各篇的编次和涉及的问题来看，它的史学批评理论是有自身的逻辑体系的。这个体系可以概括为：体裁、体例，编撰方法，表述要求，撰述原则，史书内容，史学功用。这几个方面，可以看作是《史通》的史学批评的几个大范畴，而在每一个范畴中还有一些比较具体的原则和标准。现对其次第略作变通，并简述其理论要点。

——关于史书内容。这是史家对客观历史的认识和概括，用刘知幾的话说，就是"记言之所网罗，书事之所总括"。《史通·书事》篇引用荀悦和干宝的论点并加以概括："昔荀悦有云：'立典有五志焉：一曰达道义，二曰彰法式，三曰通古今，四曰著功勋，五曰表贤能。'干宝之释五志也：'体国经野之言则书之，用兵征伐之权则书

---

① 刘知幾：《史通》卷十《自叙》，浦起龙通释，上海：上海古籍出版社，2009年，第271页。

② 刘知幾：《史通》原序，浦起龙通释，上海：上海古籍出版社，2009年，第1页。

③ 刘知幾：《史通》卷十《自叙》，浦起龙通释，上海：上海古籍出版社，2009年，第271页。

之，忠臣烈士孝子贞妇之节则书之，文诰专对之辞则书之，才力技艺殊异则书之。'于是采二家之所议，征五志之所取，盖记言之所网罗，书事之所总括，粗得于兹矣。"①荀悦所谓"五志"重在表达撰述思想和撰述的社会目的；干宝的解释则偏重于撰述内容。刘知幾没有明确指出他们的同异，但他"采二家之所议"，说明他是看到了其中的差别的。他说史书内容"粗得于兹"，表明他并不认为他们所说就已经全面了。所以刘知幾接着上文继续写道："然必谓故无遗恨，犹恐未尽者乎？今更广以三科，用增前目：一曰叙沿革，二曰明罪恶，三曰旌怪异。何者？礼仪用舍，节文升降则书之；君臣邪僻，国家丧乱则书之；幽明感应，祸福萌兆则书之。于是以此三科，考诸五志，则史氏所载，庶几无阙。求诸笔削，何莫由斯？"②这里补充的"三科"，除"旌怪异"外，其余两科，一是关于典章制度的沿革，一是关于国家盛衰存亡之故，都是历史的重要内容，显示出刘知幾的卓识。这里的问题不只是在于刘知幾对史书的内容提出更广泛的认识，还在于他提出了"记言之所网罗，书事之所总括"这个理论上的命题，这实际上是触及史家主观意识同客观历史存在之关系这个重要问题了。据此，他批评前史有"四烦"，即有关记载符瑞、常朝、虚衔、家牒多有不当，提出了"记事之体，欲简而且详，疏而不漏"的史学批评标准。

——关于撰述方法。在这个问题上，刘知幾尤其强调史家应谨慎地对待采撰。所谓"采撰"，核心是史家要严肃地审查和采辑文献。刘勰《文心雕龙·史传》篇曾批评一种史学现象："俗皆爱奇，莫顾实理，传闻而欲伟其事，录远而欲详其迹"，致使史书出现"诬矫"、不实。《史通·采撰》篇进而指出："史文有阙，其来尚矣"，只有"博雅君子"才能"补其遗逸"，故应慎于对待"史文有阙"的问题。同时又指

---

① 刘知幾：《史通》卷八《书事》，浦起龙通释，上海：上海古籍出版社，2009 年，第 212～213 页。

② 刘知幾：《史通》卷八《书事》，浦起龙通释，上海：上海古籍出版社，2009 年，第 213 页。

出：自古以来，"征求异说，采摭群言，然后能成一家，传诸不朽"，是优秀史家必经之途。左丘明"博"而"洽闻"，司马迁、班固"雅"能"取信"，正是他们采撰的成功之处，这里，包含着刘知幾对于采撰的辩证认识。

刘知幾认为，自魏晋南北朝以来，史籍繁复，文献渐多，好处是"寸有所长，实广见闻"；流弊是"苟出异端，虚益新事"。他举出嵇康《高士传》"好聚七国寓言"、皇甫谧《帝王纪》（即《帝王世纪》）"多采《六经》图谶"，又列举实例批评范晔《后汉书》"朱紫不别"、沈约《宋书》"好诬先代"、魏收《魏书》"党附北朝，尤苦南国"、唐修《晋书》以"诙谐小辩"与"神鬼怪物"入史。这是从一些具体问题上指出了采撰中的流弊。他进而概括采撰失误的三个方面原因。其一是"郡国之记，谱谍之书，务欲矜其州里，夸其氏族"。这是狭隘的地方观念和门阀观念的反映，史家未能"明其真伪"而"定为实录"。其二是轻信"讹言"与"传闻"，以致事同说异，"是非无定"。其三是没有注意到时间因素的影响，"古今路阻，视听壤隔，而谈者或以前为后，或以有为无，泾、渭一乱，莫之能辨。而后来穿凿，喜出异同，不凭国史，别讯流俗"。这几方面，是从地域的因素、门阀的因素、传闻异说的因素和时间的因素，阐明史家应当慎于采撰。刘知幾的结论是："作者恶道听途说之违理，街谈巷议之损实"；"异辞疑事，学者宜善思之"。这几句话，可以归结为一种忠告：摒弃"违理"之说、"损实"之议，而"善思"于"异辞疑事"①。

《史通·杂述》篇进一步申述了刘知幾关于采撰理论的辩证认识，颇值得玩味。他在称赞"五传"、"三史"之后写道：

> 刍荛之言，明王必择；葑菲之体，诗人不弃。故学者
> 有博闻旧事，多识其物，若不窥别录，不讨异书，专治周、

---

① 刘知幾：《史通》卷五《采撰》，浦起龙通释，上海：上海古籍出版社，2009年，第107～109页。

孔之章句，直守迁、固之纪传，亦何能自至于此乎？且夫
子有云：“多闻，择其善者而从之”，“知之次也”。苟如是，
则书有非圣，言多不经，学者博闻，盖在择之而已。①

这种对待采辑文献的辩证认识，是刘知幾史学批评理论极光彩的
部分。

——关于体裁、体例。《史通》因善言史书体例而历来备受推崇。
它是把体例作为史学批评的一个重大问题来看的。《序例》篇一字千
钧地写道：“夫史之有例，犹国之有法。国无法，则上下靡定；史无
例，则是非莫准。”刘知幾认为，体例不只是形式问题，对于史书体
例、结构的选择和处置，也跟史家对撰述内容的取舍和思想见解有
关，故体例跟“是非”是有关系的。他推崇《春秋》“始发凡例”，《左
传》“科条一辨”；称赞干宝《晋纪》“远述丘明，重立凡例”，范晔《后
汉书》“纪传例”的“理切而多功”，萧子显《齐书·序例》“义甚优
长”②。两晋、南北朝、隋及唐初，史家重体例是一种学术风气，杜
预、袁宏、沈约、李德林、魏收、魏澹、令狐德棻、敬播等也都是
精于史书体例的。

刘知幾关于史书体例之理论的新贡献，在于他从以往全部史学
发展中，总结出来关于史书体例的理论体系。首先，他提出了从总
体上把握史书外部形态的特点及相互间的区别的理论。《史通·六
家》篇说：“古往今来，质文递变，诸史之作，不恒厥体。权而为论，
其流有六……今略陈其义，列之于后。”③所谓“诸史之作，不恒厥
体”，是从变化的观点来看史书的“体”的。“六家”，指《尚书》、《春
秋》、《左传》、《国语》、《史记》、《汉书》。这是综合了体裁和内容两

---

① 刘知幾：《史通》卷十《杂述》，浦起龙通释，上海：上海古籍出版社，2009 年，
第 257 页。

② 刘知幾：《史通》卷四《序例》，浦起龙通释，上海：上海古籍出版社地，2009 年，
第 81 页。

③ 刘知幾：《史通》卷一《六家》，浦起龙通释，上海：上海古籍出版社，2009 年，
第 1 页。

个方面提出来的。《二体》篇紧接着说："既而丘明传《春秋》，子长著《史记》，载笔之体，于斯备矣。"①这里讲的"体"就不包括史书内容而只是指它的外部形态了，即编年体和纪传体两种史书体裁。《六家》、《二体》、《杂述》所论"自成一家"的 10 种"偏记小说"，构成了《史通》在宏观方面的史书体例理论。而其所论编年、纪传两种体裁的"长"与"短"得失两存的认识，在中国史学上有长久的影响。

其次，他对纪传体史书的内部结构做了理论上的概括，阐述了各种体例在一部史书中所处的位置及相互间的关系。这在《本纪》、《世家》、《列传》、《表历》、《书志》、《论赞》、《序例》等篇，都论之甚详。这是自《史》、《汉》以来，对"正史"体例所做的最全面的总结。在这些论述中，刘知幾批评前史，有许多中肯的见解，也提出了一些新的设想。《论赞》篇批评说："每卷立论，其烦已多，而嗣论以赞，为黩弥甚。"②《书志》提出增立都邑志、氏族志、方物志。《载言》篇提出"宜于表志之外，更立一书"，"题为'制册［书］'、'章表书'"③，以保存重要的文献。这都是很有价值的见解。在这个方面，刘知幾对前史的批评，也有一些并非妥帖的论点。《表历》篇认为，以表为文，"载诸史传，未见其宜"④；《本纪》篇批评司马迁以项羽入"本纪"；《世家》篇批评《史记·陈涉世家》为不当；《书志》篇批评前史书志"皆未得其最"。这曾引起后人的争论，不过这并不是刘知幾论纪传体史书体例的主流。

最后，他从理论上对史书各部分体例提出了明确的要求，这方面的论述在《史通》中有很多，不一一备举。

---

① 刘知幾：《史通》卷二《二体》，浦起龙通释，上海：上海古籍出版社，2009 年，第 24 页。

② 刘知幾：《史通》卷四《论赞》，浦起龙通释，上海：上海古籍出版社，2009 年，第 77 页。

③ 刘知幾：《史通》卷二《载言》，浦起龙通释，上海：上海古籍出版社，2009 年，第 31 页。

④ 刘知幾：《史通》卷三《表历》，浦起龙通释，上海：上海古籍出版社，2009 年，第 48 页。

——关于文字表述。《史通·叙事》篇说："夫史之称美者，以叙事为先。"刘知幾推崇《春秋》的"属词比事之言"、《尚书》的"疏通知远之旨"，进而把"意指深奥，诂训成义，微显阐幽，婉而成章"作为叙事的"师范"和"规模"。这是他关于文字表述的总论。在具体原则上，刘知幾提出："夫国史之美者，以叙事为工，而叙事之工者，以简要为主。"简要的标准是："文约而事丰，此述作之尤美者也。"①可以认为，这是刘知幾从史学审美意识来看待史书的文字表述，进而看待史文的简要原则。换言之。"美"、"工"、"简要"这 3 个概念的含义，反映出他对史文的美学要求。他还指出，贯彻简要原则的方法是多样的："有直纪其才行者，有唯书其事迹者，有因言语而可知者，有假论赞而自见者。"简要也不是玄妙的，它应当是从"省句"、"省字"做起。

从审美意识来看待史书的文字表述，还有更深一层的含义，这就是"用晦之道"。"晦"与"显"，是存在优劣不同、层次差别的。刘知幾指出："显也者，繁词缛说，理尽于篇中。"人们读后，思想上没有波澜、涟漪。"晦也者，省字约文，事溢于句外"，人们读后回味无尽，追寻不已。他的结论是："晦之将显，优劣不同，较可知矣。"关于"用晦"的具体要求，刘知幾说："夫能略小存大，举重明轻，一言而巨细咸该，片语而洪纤靡漏，此皆用晦之道也。"他称赞《史》、《汉》以前的史书，"言虽简略，理皆要害，故能疏而不遗，俭而无阙。譬如用奇兵者，持一当百，能全克敌之功也"。他批评西晋以下直至唐初的史家，"才乏俊颖，思多昏滞，费词既甚，叙事才周，亦犹售铁钱者，以两当一，方成贸迁之价也"。刘知幾用"持一当百"、"以两当一"②两个生动的比喻，表明了史书文字表述的高下优劣之分这个严肃的史学批评问题。

① 刘知幾：《史通》卷六《叙事》，浦起龙通释，上海：上海古籍出版社，2009 年，第 152～156 页。

② 刘知幾：《史通》卷六《叙事》，浦起龙通释，上海：上海古籍出版社，2009 年，第 161～163 页。

刘知幾的史文审美要求还有一个重要方面，即史书记述"当时口语"应"从实而书"、不失"天然"，反对"妄益文彩"、"华而失实"。他嘲笑有的史家"怯书今语，勇效昔言"之不可取，提倡"事皆不谬，言必近真"①的叙事之风。刘知幾关于史文文采的辩证思想是：一方面强调"史之为务，必藉于文"，要重视史文的文采；另一方面反对"虚加练饰，轻事雕彩"、"体兼赋颂，词类俳优"的文风，以避免走上"文非文，史非史"②的歧路。

——关于撰述原则。刘知幾的史学批评理论在这方面具有非常鲜明的特色，他提出了"直书"和"曲笔"两个范畴，用以区分史家撰述心态、品格和社会效果的迥异。《史通》的《直书》、《曲笔》两篇，首先从人的"邪正有别，曲直不同"，探讨"直书"与"曲笔"产生的社会根源，这是很有见地的。它的不足之处，是以所谓"君子之德"和"小人之道"来解释"直书"与"曲笔"的对立。其次是从史学的历史考察上可以看出："古来唯闻以直笔见诛，不闻以曲词获罪。"这是揭示了曲笔终究不能根绝的历史原因。再次是从史家本人的品行各异，以致出现"直书"、"曲笔"的分途：有的是"烈士徇名，壮夫重气，宁为兰摧玉折，不作瓦砾长存"，故能"仗气直书，不避强御"，"肆情奋笔，无所阿容"。有的或"曲笔阿时"、"谀言媚主"，或"假人之美，藉为私惠"，或"诬人之恶，持报己仇"。这些情况的出现，也还有社会的原因，皇朝的更替，政权的对峙，等级的界限，民族的隔阂，都可能成为"直书"与"曲笔"分道的缘由。

直书同曲笔的对立之所以成为史家的撰述原则，是因为它从根本上决定着史书的价值和命运。刘知幾反复指出，直书产生"实录"，其社会影响是"令贼臣逆子惧"；曲笔制造"诬书"，其社会影响是"使忠臣义士羞"。他从这种史学自身的价值观和史学的社会价值观出

---

① 刘知幾：《史通》卷六《言语》，浦起龙通释，上海：上海古籍出版社，2009 年，第 139～140、142 页。

② 参见刘知幾：《史通》卷六《叙事》，浦起龙通释，上海：上海古籍出版社，2009 年，第 167 页。

发，热情地赞颂历史上那些"直书其事"、"务在审实"、"无所阿容"的史家，说他们的"遗芳余烈，人到于今称之"；他激烈地批评那些制造"谀言"、"谤议"、"妄说"、"曲词"的人，认为他们所作"安可言于史邪？"这里，他把史家应当遵循的撰述原则已做了清晰的阐述。

刘知幾从历史、社会和自身 20 年的史官经历中，深知"世途之多隘"、"实录之难遇"，"欲求实录，不亦难乎"，而"史之不直，代有其书"。尽管如此，他还是坚持认为："盖史之为用也，记功司过，彰善瘅恶，得失一朝，荣辱千载。苟违斯法，岂曰能官。"至于统治集团中足以导致曲笔滋生的种种根源，他希望"有国家者所宜惩革也"。这反映出他对于史家坚持直书的撰述原则的真诚信念。

——关于史学功用。《史通》在很多地方讲到史学功用问题，讲得比较集中的是《辨职》篇，还有《直书》、《曲笔》、《自叙》、《史官建置》等篇。刘知幾在这方面的史学批评思想，反映出来他对于历史、史学、社会相互间的关系有比前人更深刻的见解。《史官建置》篇说：

> 苟史官不绝，竹帛长存，则其人已亡，杳成空寂，而其事如在，皎同星汉。用使后之学者，坐披囊箧，而神交万古，不出户庭，而穷览千载，见贤而思齐，见不贤而内自省。若乃《春秋》成而逆子惧，南史至而贼臣书，其记事载言也则如彼，其劝善惩恶也又如此。由斯而言，则史之为用，其利甚博，乃生人之急务，为国家之要道。有国有家者，其可缺之哉！①

清人浦起龙《史通通释》在这段话的后面释曰："末总括其功用。"这是很准确的诠释。

在上引这段话中，刘知幾提出了两个问题，一是史家和史书的

---

① 刘知幾：《史通》卷十一《史官建置》，浦起龙通释，上海：上海古籍出版社，第280~281 页。

关系，二是史书和社会的关系。前一个问题是说明因有"史官不绝"，才有"竹帛长存"，这是史家的历史贡献。后一个问题是阐述史学为什么有"用"、有"利"，是"急务"和"要道"。刘知幾认为，因"竹帛长存"，则人亡而事在。这是说明史书可以储存过往的历史。后人通过学习、研究史书，可以"神交万古"、"穷览千载"，从中受到教育和启示，产生"内省"和"思齐"的愿望与行动。正因为这样，史学便包含着极广泛的社会功用，成为"生人（民）之急务"、"国家之要道"。从今天的认识来看，刘知幾实际上是阐述了客观历史活动通过史家的记载，转化成作为精神财富的"竹帛"即史书；这种作为精神财富的史书经后人的学习和研究，能够唤起、启迪人们的"内省"与"思齐"的要求，从而使精神财富又转化成现实历史活动中的一个重要物质力量。在刘知幾以前，有不少史学家、思想家、政治家都讲到过史学的社会作用，但像刘知幾这样从理论上进行阐述的还不曾有过。刘知幾强调史学的教育作用（即唤起人们的"内省"与"思齐"意识），是他论史学功用的鲜明特色。

从史学批评的角度来看，刘知幾是从三个层次上分析了史学功用的不同情况。《史通·辨职》篇说：

> 史之为务，厥途有三焉。何则？彰善贬恶，不避强御，若晋之董狐，齐之南史，此其上也。编次勒成，郁为不朽，若鲁之丘明，汉之子长，此其次也。高才博学，名重一时，若周之史佚，楚之倚相，此其下也。苟三者并阙，复何为者哉？[①]

这里讲的"史之为务"同上文讲的"史之为用"是同一个含义。这里所说的"上也"、"次也"、"下也"，是提出了对史家及其所尽职责产生

---

① 刘知幾：《史通》卷十《辨职》，浦起龙通释，上海：上海古籍出版社，2009 年，第 261～262 页。

的社会作用和历史作用的评价标准。"彰善贬恶，不避强御"是一种崇高的献身精神；"编次勒成，郁为不朽"是以传世之作产生长久的历史影响；"高才博学，名重一时"，是史家在其所处的时代发挥了积极作用。三者虽有差别，但都符合"史职求真"的标准；如果"三者并阙"，则无以言"史职"。这里，反映出了刘知幾的史学功用思想，也反映出了他的史家价值观。

《史通》一书所具有的史学批评理论体系，在刘知幾所处的时代是空前的；就是在其身后千余年的史学发展中，亦不曾因岁月流逝而冲刷了它的影响。与刘知幾同时代的著名学者徐坚评价《史通》说："居史职者，宜置此书于座右。"①这个评价，就是在今天似也不为过时。

三、刘知幾的"史才三长"说

《史通》的史学批评理论，是围绕着历史撰述和史学功用的一些重要方面展开的。关于这些问题的讨论，大多不能脱离对史家的评价。这是《史通》作为史学批评著作的鲜明特色。但是，它关于史家的许多评论，一般都是结合历史撰述的某个具体问题提出来的。把许多具体的史家凝聚成一个抽象的史家，并对其做总体性评论，这是刘知幾史学批评理论的另一个重要方面。这一理论，是他在回答友人所问时阐述的，文不载于《史通》，而见于《旧唐书》本传：

> 礼部尚书郑惟忠尝问子玄曰："自古已来，文士多而史才少，何也？"
>
> 对曰："史才须有三长，世无其人，故史才少也。三长：谓才也，学也，识也。夫有学而无才，亦犹有良田百顷，黄金满簏，而使愚者营生，终不能致于货殖者矣。如

① 刘昫等：《旧唐书》卷一百二《刘子玄传》，北京：中华书局，1975年，第3171页。

有才而无学，亦犹思兼匠石，巧若公输，而家无楩楠斧斤，终不果成其宫室者矣。犹须好是正直，善恶必书，使骄主贼臣，所以知惧，此则为虎傅翼，善无可加，所向无敌者矣。脱苟非其才，不可叨居史任。自敻古已来，能应斯目者，罕见其人。"

时人以为知言。①

刘知幾明确地指出，只有具备才、学、识"三长"的人，方可成为"史才"。这是他的史家素养论的核心，也是他提出的史家素养的最高标准。

从上述引文中刘知幾所做的比喻和说明来看，他说的"才"，主要是指掌握文献的能力，运用体裁、体例的能力和文字表述的能力，上文所说的编撰方法、体裁体例、文字表述大致属于这个方面。他说的"学"，是指各方面的知识，主要是文献知识，也包括社会知识以至自然知识，上文所说的史书内容、编撰方法、史学功用都与此有关。他说的"识"，是指史家的器局和胆识，上文所说的撰述原则、史书内容、编撰方法、史学功用都反映出这种器局和胆识。刘知幾对于史家胆识格外强调，其最高标准是"好是正直，善恶必书"，认为这是"善无可加，所向无敌"的境界。在《史通》中，他以大量的篇幅阐述史书的体裁、体例和文字表述，也多次讲到善恶必书的问题，而其含义之深、口气之重都超过前者。《直书》篇说："史之为务，申以劝诫，树之风声。其有贼臣逆子，淫君乱主，苟直书其事，不掩其瑕，则秽迹彰于一朝，恶名被于千载。言之若是，吁可畏乎！"②《曲笔》篇说："史之为用也，记功司过，彰善瘅恶，得失一朝，荣辱

① 刘昫等：《旧唐书》卷一百二《刘子玄传》，北京：中华书局，1975年，第3173页。
② 刘知幾：《史通》卷七《直书》，浦起龙通释，上海：上海古籍出版社，2009年，第179页。

千载。苟违斯法，岂曰能官。"①《惑经》篇批评《春秋》有多处"未谕"，如说："爱而知其丑，憎而知其善，善恶必书，斯为实录。观夫子修《春秋》也，多为贤者讳。……苟书法其如是也，岂不使为人君者，靡惮宪章，虽玷白圭，无惭良史也乎？"像这样的论述，《史通》中还有多处，它们都可以用来说明刘知幾为什么如此强调"好是正直，善恶必书"。在他看来，史学的主要功用在此，史书的历史价值在此，史家的基本素养亦在此。他认为，学者跟良史的区别也就在这里，即所谓"君子以博闻多识为工，良史以实录直书为贵"②。他也主张史家应当博闻多识，但仅做到这一点是不能成为良史的。

在刘知幾以前，不少史家对史书的事、文、义、体分别有过一些论述，也有许多真知灼见，而刘知幾超出前人之处，一是明确地提出了才、学、识这 3 个史学理论范畴；二是阐述了三者之间的联系；三是把才、学、识作为一个整体看待并确定为史家素养的最高标准。刘知幾本人并未明言《史通》与"史才三长"论之间的内在联系，但通观《史通》全书，它的大部分篇目所论，都可以按照才、学、识这 3 个范畴去划分。从这个意义上说，《史通》一书也可以看作是关于评论史家素养的著作。

刘知幾提出的"史才三长"论，把史家素养问题提到了更加自觉的理论认识高度，对促进史家自身修养和史学进步都有积极的作用，在中国史学批评史上有重要的理论价值。其影响所及则又超出史学范围，清代诗歌评论家袁枚认为："作史三长：才、学、识，缺一不可，余谓诗亦如之，而识最为先。非识，则才与学俱误用矣。"③史学评论家章学诚著《文史通义》，其中不少篇目论及"史才三长"，而以《史德》篇最为精到，从而发展了刘知幾关于史

---

① 刘知幾：《史通》卷七《曲笔》，浦起龙通释，上海：上海古籍出版社，2009 年，第 185 页。

② 刘知幾：《史通》卷十四《惑经》，浦起龙通释，上海：上海古籍出版社，2009 年，第 374、381 页。

③ 袁枚：《随园诗话》卷三，北京：人民文学出版社，1982 年，第 87 页。

家素养的理论。

刘知幾的史学批评理论也存在着明显的时代局限性，这集中地表现为他极力提倡的直书精神和他始终维护的"名教"的观念的矛盾。《史通·曲笔》篇说："史氏有事涉君亲，必言多隐讳，虽直道不足，而名教存焉。"①《惑经》篇说："夫臣子所书，君父是党，虽事乖正直，而理合名教。"②这样一来，他就为"实录直书"在理论的彻底性上打了折扣。即使是在阐扬直书原则时，他也有强烈的"激扬名教"的意识。隋唐时期还是门阀观念极重的时代，刘知幾这样杰出的史学批评家，以及在他之后的大史学家杜佑，在思想上和著作上都不可能完全不带着时代的印记。

第三节 《通典》——第一部宏伟的典章制度史

一、杜佑的政治生涯和《通典》的史学价值

刘知幾在《史通·二体》篇中说："班（固）、荀（悦）二体，角力争先，欲废其一，固亦难矣。后来作者，不出二途。"③这话，在他当时对于总结以往史书编纂来说，大致是不错的；若是用于对史书编纂的前瞻，则并不妥帖。中唐时期，杜佑所著《通典》的问世，便改变了古代历史编撰的格局，从而突破了刘知幾的理论概括，成为史学发展的又一个重大转折。

杜佑（735—812），字君卿，唐京兆万年（今陕西西安）人，出身于名门。唐谚云："城南韦杜，去天尺五。"杜佑之孙杜牧诗云："大

---

① 刘知幾：《史通》卷七《曲笔》，浦起龙通释，上海：上海古籍出版社，2009年，第182～183页。

② 刘知幾：《史通》卷十四《惑经》，浦起龙通释，上海：上海古籍出版社，2009年，第377页。

③ 刘知幾：《史通》卷二《二体》，浦起龙通释，上海：上海古籍出版社，2009年，第26页。

明帝宫阙，杜曲我池塘。"①这都说明杜佑家族地位的显赫。杜佑不足 20 岁，以"荫补"入仕，至 78 岁致仕，近 60 年宦途，历玄、肃、代、德、顺、宪六朝。其间，他以任淮南节度使的时间最长，首尾 14 年；以生命的最后 10 年历任三朝宰相的职位最高。杜佑从大历元年（766）开始撰写《通典》，至贞元十七年（801）成书，历时 36 年，成此巨制。唐宪宗在批准其请求致仕的诏书中称他："岩廊上才，邦国茂器，蕴经通之识，履温厚之姿，宽裕本乎性情，谋猷彰乎事业。博闻强学，知历代沿革之宜；为政惠人，审群黎利病之要。"②这是对他的器局、政绩、人品、学识都做了评价。杜佑是通晓史学的政治家，又是精于政治的史学家，他同时在这两个领域里都获得有重大历史影响的成就，在中华文明史上是罕见的。《通典》也在很大程度上反映出这种双重价值。

《通典》200 卷，分食货、选举、职官、礼、乐、兵、刑、州郡、边防九门。每门之下分若干子目，子目之下更有细目。全书条分缕析，结构严谨，浑然一体。《通典》以历代典章制度的历史演变、得失兴革为撰述的中心，兼记与此有关的言论。其记事上起黄帝，下迄唐玄宗天宝末年，个别地方延至德宗贞元年间，距成书上奏只相隔数年。其所据文献，主要是《五经》、群史以及历代士人的文集、撰述、论议。《通典》创造了综合性的典制体通史形式，奠定了独立的制度史撰述的基础，扩大了历史研究和撰述的领域。

《通典》在内容和体裁上最显著的特点，是以制度分门立目，"每事以类相从，举其始终，历代沿革废置及当时群士论议得失，靡不条载，附之于事"③。在《通典》以前，重要的史书体裁有编年体和纪传体。编年体史书按年、月、日记事，以时间为脉络。纪传体史书实为纪、传、志、表的综合，而以替大量的历史人物立传为主体。

① 杜牧：《樊川文集》卷一《冬至日寄小侄阿宜诗》，上海：上海古籍出版社，1978年，第 10 页。
② 刘昫等：《旧唐书》卷一百四十七《杜佑传》，北京：中华书局，1975 年，第 3981 页。
③ 李翰：《通典序》，《通典》，北京：中华书局，1988 年，第 2 页。

《通典》创立了以典章制度为中心，分门立目、以类相从、叙其始终的典制体。这是在编年体、纪传体之后发展起来的又一种重要的史书体裁。在杜佑开始撰《通典》之前20多年，刘知幾之子刘秩于开元末年"采经史百家之言，取《周礼》六官所职，撰分门书35卷，号曰《政典》"①。这书在"分门"上，对《通典》撰述有一定的启发。但若追本溯源，《通典》之作则是"统前史之书志，而撰述取法乎《官礼》"②，"正史"的书志和《周礼》对《通典》的撰述有更多的启示。不过《通典》的分门立目，既不模仿《周官礼》，也不因袭"正史"的书志。同后者相比，它有两个明显的变化，一是不列律历、天文、五行、祥瑞、舆服、艺文（经籍）方面的内容；二是增加了选举、甲兵、边防三个门类，反映出作者对于人才选拔、用兵之道和民族关系的重视。

《通典》除分门立目外，还有两个特点，一是讲求会通，二是重视论议。《通典》以"典"跟"通"相连，表明了作者的会通之旨。马端临评论《通典》，说它"肇自上古，以至唐之天宝，凡历代因革之故，粲然可考"③。章学诚称它是"以典故为纪纲"的通史，是"史部之通"达于"极盛"的唐宋时期的最早著作（《文史通义·释通》）。这都是说的《通典》在会通方面的特点和成就。《通典》重视论议，包括它详载历代"群士论议得失"，也包括作者对史事所做的许多评论。《通典》的论议，主要目的在于讨论历代典章制度的因革得失，但它在记言、记事的结合上也有新的创造。章学诚举《通典·礼典》为例，指出：凡"博士经生，折中详议"，"入于正文则繁复难胜，削而去之，则事理未备。杜氏并为采辑其文，附著《礼门》之后，凡二十余卷，可谓穷天地之际，而通古今之变者矣。……斯并记言、记事之穷，别有变通之法，后之君子所宜参取者也"④。还有一种形式，是在同卷正

---

① 刘昫等：《旧唐书》卷一百四十七《杜佑传》，北京：中华书局，1975年，第3982页。

② 章学诚：《文史通义》卷四《释通》，叶瑛校注，北京：中华书局，1985年，第300页。

③ 马端临：《文献通考》序，北京：中华书局，1986年，第3页。

④ 章学诚：《文史通义》卷一《书教中》，叶瑛校注，北京：中华书局，1985年，第373页。

文之中，叙典章制度与记"群士论议"杂而有之。第三种形式，是把"群士论议"附注于有关正文之下。这反映出了作者对"群士论议"的轻重和处置是有所区别的。《通典》中杜佑自撰的论议，有叙、论、说、议、评、按等名目，大多直接反映作者的历史见解，它们在本书中的价值比"群士论议"更为重要。其中，"说"、"议"、"评"也各有不同的含义①，表明了作者在对待历史评论方面的认真和严谨。

要之，《通典》以分门囊括制度，以会通贯穿古今，以论议指陈得失，开拓了历史撰述的新领域，奠定了中国典制体史书发展的宏伟基础。

二、关于社会结构认识的新发展

在《通典》一书中，杜佑最重要的思想成果之一，是他对社会结构的新认识。在这方面，他超过了以前的史家，是当时人们对社会历史认识所能达到的高峰。杜佑的这个认识，集中反映在他写的《通典》自序中：

> 夫理道之先在乎行教化，教化之本在乎足衣食。《易》称聚人曰财。《洪范》八政，一曰食，二曰货。《管子》曰："仓廪实知礼节，衣食足知荣辱。"夫子曰："既富而教。"斯之谓矣。夫行教化在乎设职官，设职官在乎审官才，审官才在乎精选举，制礼以端其俗，立乐以和其心，此先哲王致治之大方也。故职官设然后兴礼乐焉，教化隳然后用刑罚焉，列州郡俾分领焉，置边防遏戎敌焉。是以食货为之首，选举次之，职官又次之，礼又次之，乐又次之，刑又次之，州郡又次之，边防末之。或览之者庶知篇第之旨也。

---

① 《通典》卷四十二自注云："凡有经典文字其理深奥者，则于其后说之以发明，皆云'说曰'，凡义有先儒各执其理，并有通据而未明者，则议之，皆云'议曰'。凡先儒各执其义，所引据理有优劣者，则评之，皆云'评曰'。他皆同此。"

在"刑又次之"之下，杜佑自注说"大刑用甲兵"，表明了"兵"与"刑"的关系。① 杜佑的这篇序文，用大笔清晰地勾画出了当时封建社会的经济、政治结构和与之相适应的思想观念以及它们的相互关系。他认为，"理道"的逻辑思路和实施的具体步骤是：从重视"教化"出发而达到"致治"的目的，应首先以"食货"为基础；在这个基础上制定出选举制度、职官制度、礼乐制度、兵刑措施。礼、乐、兵、刑是职官的几个重要职能，州郡、边防是这些职能在地域上的具体实施。根据这个认识，杜佑把作为"将施有政"的《通典》，从内容编次上规定了其逻辑体系，即首先论述经济制度，然后依次论述选举、职官、礼、乐制度，以及用兵之道和刑罚设施，最后论述地方政权的建置和边防的重要。从今天的观点来看，食货是经济基础；选举、职官、礼、乐、兵、刑是讲上层建筑。其中礼、乐的核心是阐述社会的等级秩序和等级观念，既是上层建筑，又是意识形态，是"教化"的主要内容，与兵、刑相辅而行，此即所谓"教化隳然后用刑罚焉"。据此，大致可以认为：《通典》的内容和编次，是把封建的经济基础、上层建筑、意识形态依次论述到了。

还应当指出的是，杜佑把食货置于《通典》各门之首，然后分别论述上层建筑的一些重要方面，这一认识和表述历史的方法，可以说是在根本上体现了历史和逻辑的一致。他的这一认识和表述历史的理论根据来自《易》、《尚书·洪范》、《管子》和孔子的有关言论。这些言论前人也曾征引过，杜佑的高明之处是把它们汇集起来作为首先必须研究社会经济制度的理论根据，这是他继承前人而又超出前人的地方。杜佑以"食货为之首"的撰述思想，自然受到历代"正史"中的《食货志》的影响，是历代史家之历史认识发展的必然结果；同时，它又是现实历史的必然产物，是当时时代精神的反映。自"安史之乱"后，整顿经济和改善财政是人们关注的大事。在肃、代、德、顺、宪、穆、敬、

---

① 《通典》初撰时，兵、刑合为一门，全书称为八门；定稿进呈时，兵、刑各为一门，全书称为九门。

文、武等朝的八九十年间，探索经济问题的学者相继于世。比杜佑略早或大体跟杜佑同时的有刘晏、杨炎、陆贽、齐抗，比杜佑稍晚的有韩愈、李翱、白居易、杨于陵、李珏等。[①] 其间，一些经济改革活动的进行和经济思想的提出，都是当时现实历史的产物。"以食货为之首"所包含的丰富思想，正是一个卓越的史学家在历史著作中回答了现实所提出的问题。《食货典》共 12 卷，依次叙述土地制度、乡村基层组织、赋税制度、户口盛衰以及货币流通、交通运输、工商业和价格关系。杜佑对于社会经济结构的这种逻辑认识，在他以前的史家中并不多见。

《通典·食货典》以下各门所叙内容，也反映出杜佑对社会结构的认识。在他看来，其余的八门中，职官是最重要的。所谓"行教化在乎设职官"，就是着重强调这一点。"选举"是为了保证职官的素质，"礼乐"是职官的教化职能，"兵刑"是职官的暴力职能，此即所谓"职官设然后兴礼乐焉，教化隳然后用刑罚焉，列州郡俾分领焉，置边防遏戎敌焉"。这里，显然有三个层次，一是选举、职官，二是礼、乐、兵、刑，三是州郡、边防，而职官居于核心地位。这清楚地表明了杜佑对封建国家政权结构及其职能的认识。这种逻辑认识，在他以前的史家中也是没有先例的。

总之，杜佑对封建社会结构的认识，不论其自觉程度如何，是体现了他对社会历史的认识之逻辑和历史的一致性的。他之所以能够获得超出前人的成就，从主要的或基本的方面来说，是中国封建社会的经济、政治制度经过将近一千年的发展已臻于完备，史学家有可能进行系统地总结。此外，前人的思想资料、时代要求的启迪、他本人的学识和器局，也都是不可缺少的条件。不过杜佑把"礼乐"作为教化的基本内容，这反映了门阀时代的特点，也反映了他本人在历史认识上的历史局限性。

---

① 参见胡寄窗：《中国经济思想史》中册，上海：上海人民出版社，1963 年，第 450 页。

三、经邦致用的史学思想的成熟

经邦、致用，是杜佑史学思想的核心。同以前的历史著作比起来，《通典》具有更明确的经世致用的目的。杜佑在《通典》自序中首先落笔说："佑少尝读书，而性且蒙固，不达术数之艺，不好章句之学。所纂《通典》，实采群言，征诸人事，将施有政。"像他这样由史家本人明确地表示，把历史撰述同"将施有政"直接结合起来的，在以往的史家中同样是不曾有过的。从唐代史家对史学之社会功用的认识来说，这可以看作是对刘知幾的"史之为用，其利甚博，乃生人之急务，为国家之要道"的史学思想在历史撰述实践上的发展。

杜佑的经邦、致用的史学思想有三个鲜明的特点。第一个特点，是具有勇敢的批判精神。他在《献〈通典〉表》中写道：

> 夫《孝经》、《尚书》、《毛诗》、《周易》、《三传》，皆父子君臣之要道，十伦五教之宏纲，如日月之下临，天地之大德，百王是式，终古攸遵。然多记言，罕存法制，愚管窥测，莫达高深，辄肆荒虚，诚为亿度。每念懵学，莫探政经，略观历代众贤著论，多陈紊失之弊，或阙匡拯之方。[①]

在这里，杜佑以婉转的口气指出儒家经典中有许多空泛的言论而"罕存法制"；同时，又直接批评"历代众贤"，说他们大多局限于指陈"紊失之弊"，很少有"匡拯之方"。从他的这种批判精神中，更可以看清楚他为什么"不达术数之艺，不好章句之学"了。

第二个特点，是重实际，讲功效，把对历史的认识转化为现实的实践。杜佑撰《通典》是着眼于现实而关注于"理道"。他主张"理道不录空言"，必然认真探讨"礼法刑政"，进而研究"政理"的具体措施。贞元

---

① 刘昫等：《旧唐书》卷一百四十七《杜佑传》，北京：中华书局，1975 年，第 3983 页。

十九年（803），杜佑入朝为相的第一件事，就是辑录《通典》要点，另成《理道要诀》33篇，编为10卷，上奏德宗，重申"详古今之要，酌时宜可行"之旨。①《理道要诀》是《通典》的简本，从前者的书名可以看出《通典》的主旨实在于"理道"的"要诀"，在于历史认识之转化为现实的实践。为《通典》作序的李翰自谓"颇详旨趣"，他在序中强调指出："今《通典》之作，昭昭乎其警学者之群迷欤！以为君子致用，在乎经邦，经邦在乎立事，立事在乎师古，师古在乎随时。必参古今之宜，穷始终之要，始可以度其古，终可以行于今，问而辨之，端如贯珠，举而行之，审如中鹄。夫然，故施于文学，可为通儒，施于政事，可建皇极。"这一段话，把《通典》意在"经邦"、"致用"的主旨阐述得十分透辟。"师古"的目的不是复古，而是"随时"；"随时"是为了"立事"，以达到"经邦"的最高目标。这就是《通典》"将施有政"的"致用"之旨。李翰认为，这是那些刻意于"文章之事，记问之学"的一般著作无法比拟的。

　　第三个特点，是把握了社会的症结、反映了时代的要求。杜佑"经邦"、"致用"史学思想是时代的产物，也是时代潮流的反映。杜佑青年时代经历的"安史之乱"所造成的唐皇朝政治力量的削弱和财政收入的困难，极深刻地影响着他的思想、学风和撰述旨趣。这在《通典》中有突出的反映。他在讲到"历代盛衰户口"时列举了一些统计数字，以衬托"盛衰"之变：天宝十四载（755），"管户总八百九十一万四千七百九，管口总五千二百九十一万九千三百九，此国家之极盛也"。杜佑在注文中补充说："自天宝十四年至乾元三年（即755—760——引者），损户总五百九十八万二千五百八十四，不课户损二百三十九万一千九百九，课户损三百五十九万六百七十五；损口总三千五百九十二万八千七百二十三，不课口损三千七十一万三百一，课口损五百二十一万八千四百三十二。户至大历中（即杜佑撰写《通典》之初——引者），唯有百三十万户。建中初，命黜陟使往诸

① 参见杜佑：《进〈理道要诀〉表》、《理道要诀》序，《玉海》卷五十一，台北：大化书局，1978年，第1018页。

道按比户口，约都得土户百八十余万，客户百三十余万。"①杜佑列举这些数字，是以事实说明"安史之乱"后唐皇朝面临的财政危机。建中初年，杜佑上《省官议》，内中写道："当开元、天宝中，四方无虞，编户九百余万，帑藏丰溢，虽有浮费，不足为忧。今黎苗青，天下户百三十万，陛下诏使者按比，才得三百万，比天宝三分之一，就中浮寄又五分之二，赋者已耗，而食之者如旧，安可不革？"②他在文中还批驳了一些阻碍"省官"的言论，这些都表明，"安史之乱"前后社会的变化，是杜佑经世致用史学思想的社会根源。他的许多见解，既是政治家对历史的卓识，也是史学家对现实的洞察。

中唐时期，国势衰弱，社会动荡，这种客观情势把一批有识之士推到了历史潮流的前头。杰出的政治家、军事家、理财家、思想家、文学家和诗人，如陆贽、李吉甫、裴度、郭子仪、李晟、李愬、刘晏、杨炎、韩愈、柳宗元、刘禹锡、杜甫、白居易等，都是杜佑的同时代人。他们的言论、行事、著作和作品，大多反映了时代的特点和要求，在思想上有相通之处。史称：刘晏理财"富其国而不劳于民"③。陆贽"以天下事为己任"，而其"经国成务之要，激切仗义之心"④，对当时和后世都有很大影响。柳宗元、刘禹锡是王叔文改革的参加者，他们的政论、史论贯串着"意欲施之事实，以辅时及物为道"⑤。韩愈主持修撰的《顺宗实录》，揭露了德宗朝时期的一些政治腐败现象。白居易则明确提出"文章合为时而著，歌诗合为事而作"⑥的主张。后人称赞李吉甫行事"皆切时政之本务"，其著作"悉经世之学"⑦。杜佑无愧于他的这些同时代的优秀人物，是站在历史潮流前头思考

---

① 杜佑：《通典》卷七《食货七》，北京：中华书局，1988年，第153页。
② 欧阳修、宋祁：《新唐书》卷一百六十六《杜佑传》，北京：中华书局，1975年，第5086～5087页。
③ 刘昫等：《旧唐书》卷一百二十三《刘晏传》，北京：中华书局，1975年，第3523页。
④ 刘昫等：《旧唐书》卷一百三十九《陆贽传》，北京：中华书局，1975年，第3818页。
⑤ 柳宗元：《柳河东集》卷三十一《答吴武陵论〈非国语〉书》，上海：上海人民出版社，1974年，第508页。
⑥ 白居易：《白居易集》卷四十五《与元九书》，北京：中华书局，1979年，第962页。
⑦ 孙星衍：《元和郡县图志》序，北京，中华书局，1983年，第1107页。

问题的杰出的政治家和史学家。他的"以富国安人之术为己任"的政治胸襟和《通典》的经世致用思想，证明他是这个历史潮流中的先驱之一。故"其书大传于时"，"大为士君子所称"①，绝非偶然。

杜佑"将施有政"的撰述宗旨，《通典》"经邦"、"致用"的社会目的，充分证明：中国史学之具有自觉的和明确的经世致用意识，当自杜佑始，当以《通典》为里程碑。

四、朴素的历史进化思想和传统门阀观念的冲突

杜佑继承了史学史、思想史上的朴素的历史进化思想，同时也提出了一些新的见解，丰富和发展了中国史学上的历史进化思想。杜佑的历史进化思想，一是反对"非今是古"，从人口、地理等物质因素分析历史进化的"势"和"理"；二是主张"变通"和"适时"，以顺应历史进步的趋势。杜佑对于秦、汉、隋、唐以来的政治形势，着重从郡县、封国的利弊，分析它们的得失，论证历史的进步趋势。他在《职官典·王侯总叙》中写道：

> 天生烝人，树君司牧。人既庶焉，牧之理得，人既寡焉，牧之理失。庶则安所致，寡则危所由。汉、隋、大唐，海内统一，人户滋殖，三代莫俦。若以为人而置君，欲求既庶，诚宜政在列郡，然则主祀或促矣。若以为君而生人，不病既寡，诚宜政在列国，然则主祀可永矣。主祀虽永乃人鲜，主祀虽促则人繁。建国利一宗，列郡利万姓，损益之理，较然可知。

在这一段文字的分析中，他从人口庶寡、政治的安危以及"利万姓"和"利一宗"三个方面，论证了"列郡"代替"建国"的进步性。杜佑还

---

① 刘昫等：《旧唐书》卷一百四十七《杜佑传》，北京：中华书局，1975 年，第 3982 页。

辩证地指出："立法作程，未有不弊之者，固在度其为患之长短耳。"而历史已经证明："政在列国也"，"其患也长"；"政在列郡也"，"其患也短"。自南朝以下，"建侯日削，欲行古道，势莫能遵"①。这个认识，跟稍后柳宗元所撰《封建论》的思想是一致的。杜佑在《兵典·兵序》中，又从政治、军事上的得失，进一步肯定了秦、汉以来"罢侯置守"，"以为强干弱枝之势"，"诚得其宜"。同时又指出，"强干弱枝之势"的破坏造成了玄宗后期的社会动乱，是"地逼则势疑，力侔则乱起，事理不得不然也"②。这样，杜佑一方面指出了发展趋势的不可逆转，另一方面又看到了具体形势的变化也会影响到总的趋势和进程，其中包含着朴素的辩证思想。

杜佑反对"非今是古"的思想，在对待民族问题和人才问题上，也表现得很突出。他在讲到"三代"的"立尸义"时，分析了"中华"与"夷狄"在礼俗上的同源和后来的变化，认为："古之人朴质，中华与夷狄同，有祭立尸焉，有以人殉葬焉，有茹毛饮血焉，有巢居穴处焉，有不封不树焉，有手抟食焉，有同姓婚娶焉，有不讳名焉。中华地中而气正，人性和而才惠，继生圣哲，渐革鄙风。今四夷诸国，地偏气犷，则多仍旧。"③杜佑从地理条件不同来说明中华与夷狄在礼俗文明发展进程上产生差别的原因，虽不尽全面，却是很有意义的见解。他批评前人的复古论调，并从社会心理上解释产生这种非今是古思想的原因，指出："昔贤有言曰：'失道而后德，失德而后仁，失仁而后义，失义而后礼，诚谓削厚为薄，散醇为醨。'又曰：'古者人至老死不相往来，不交不争，自求自足。'盖嫉时浇巧，美往昔敦淳，务以激励勉其慕向也。"④他从社会心理考察，认为："人之常情，非今是古。"但他根据丰富的历史事实，明确指出："古之中华，

---

① 杜佑：《通典》卷三十一《职官·王侯总叙》，北京：中华书局，1988年，第849页。

② 杜佑：《通典》卷一百四十八，北京：中华书局，1988年，第3779页。

③ 杜佑：《通典》卷四十八《礼八·立尸义》，北京：中华书局，1988年，第1355页。

④ 杜佑：《通典》卷一百八十五《边防一·边防序》，北京：中华书局，1988年，第4979页。

多类今之夷狄。"这不仅坚持了历史进化思想，也是对上述错误的社会心理和复古论调的有力批评。关于人才问题，杜佑认为："非今人多不肖，古人多材能，在施政立本，使之然也。"他主张通过"务勤其教"达到培养人才的目的；"若不敦其教，欲求多贤，亦不可及已"①。这是强调教育对于培养人才的重要，批评了非今是古的人才观。

杜佑的历史进化思想，还表现在他具有鲜明的"变通"和"适时"的历史见识。他不赞成前人所谓"子产铸刑书，而叔向责之；赵鞅铸刑鼎，而仲尼讥之"的旧说，称颂子产"观时之宜，设救之术，外抗大国，内安疲甿"的政绩，认为把孔子批评"乱制"看作是他反对"法度"本身不过是一种"臆说"②。杜佑再次批评"滞儒常情，非今是古"的陈词滥调，而肯定"秦始皇荡平九国，宇内一家……所以尊君抑臣，列置郡县，易于临统，便俗适时"的历史贡献。③ 他的这种"观时之宜"、"便俗适时"的思想，在《通典》中有多处反映："随时立制，遇弊变通，不必因循，重难改作"④；"弊而思变"⑤；"随时拯弊，因物利用"⑥。这些，都表明了杜佑历史进化思想中的时代精神和政治实践要求，这跟《通典》的"将施有政"的主旨是完全相通的。

然而，杜佑的历史进化思想却同他的传统门阀观念发生了冲突，这使前者的发展受到了限制。《通典》以 100 卷的篇幅记历代沿革礼和开元礼，又以 7 卷的篇幅记乐，礼、乐合起来超过全书半数。自两汉以下，历代都重礼，这在史书编著中都有所表现。魏晋南北朝隋唐时期，礼更成了区别士庶界限、维护这种新的等级秩序的工具

---

① 杜佑：《通典》卷十三《选举一》序，北京：中华书局，1988 年，第 308 页。

② 杜佑：《通典》卷一百六十六《刑法四·杂议上》，北京：中华书局，1988 年，第 4287 页。

③ 参见杜佑：《通典》卷七十四《礼三十四·总叙》，北京：中华书局，1988 年，第 2015 页。

④ 杜佑：《通典》卷四十《职官二十二》卷末附记"省官议"语，北京：中华书局，1988 年，第 1109 页。

⑤ 杜佑：《通典》卷十二后论，北京：中华书局，1988 年，第 295 页。

⑥ 杜佑：《通典》卷一百八十五《边防一·边防序》，北京：中华书局，1988 年，第 4979 页。

而受到特别重视。所谓"礼仪繁博，与天地而为量，纪国立君，人伦攸始"①，所谓礼可以"弘宣天意，雕刻人理"、"礼亦愆家"②，礼还可"增辉风俗，广树堤防，非礼威严，亦何以尚"③，等等。礼，成了门阀时代的一个重要的象征。《通典》以礼乐作为"教化"的主要内容，正是这种象征的集中表现。杜佑在论述到盛唐时期的《贞观礼》、《显庆礼》、《开元礼》这三部礼书时兴奋地写道："百代之损益，三变而著明，酌乎文质，悬诸日月，可谓盛矣。"他表明：《通典》论礼，是为了"振端末、备顾问"④。在《通典·礼典》的《礼序》中，杜佑在自注里列举自孔颖达以下至韦绍等 60 个唐代礼学家的姓名；《通典》的论议，大多集中在《礼典》的沿革礼部分。这都反映出杜佑对于礼的非同寻常的重视，反映出他对于门阀制度的热切留恋。他在讲到"男女婚嫁年几"时说："三十、二十而娶嫁者……众庶之礼也"，"卿士、大夫之子，十五六之后，皆可嫁娶矣"；"官有贵贱之异，而婚得无尊卑之殊乎!"⑤嫁娶的年龄都有如此严格的等级界限，不难想象门阀制度下等级秩序的森严。值得注意的是，"礼"并不都是用于"教化"的，它也用于暴力。杜佑说："天生五材，人并用之，废一不可，谁能去兵。历代以来，祸乱之作，非武不定。"⑥这几句话对于揭示出"礼"的全部本质，是很重要的。

诚然，在门阀时代，礼对于稳定统治阶级内部的等级秩序，曾经起了一定的作用。但在杜佑所处的时代，门阀地主已经走下坡路了。因此，作为反映门阀地主之历史记录的姓氏之书日渐衰微，而作为反映门阀社会之现实秩序的礼书的价值也日渐缩小。贞元、元和年间，尽管还有人在编撰"新礼"，但实际上只是"具有文而意不在

① 萧子显：《南齐书》卷九《礼志》序，北京：中华书局，1972 年，第 117 页。
② 房玄龄等：《晋书》卷十九《礼志》序，北京：中华书局，1974 年，第 579 页。
③ 魏徵等：《隋书》卷六《礼仪志一》序，北京：中华书局，1973 年，第 105 页。
④ 杜佑：《通典》卷四十一《礼一·礼序》，北京：中华书局，1988 年，第 1122 页。
⑤ 杜佑：《通典》卷五十九《嘉礼四》，北京：中华书局，1988 年，第 1674～1675 页。
⑥ 杜佑：《通典》卷七十六《军礼一》，北京：中华书局，1988 年，第 2068 页。

焉，此所谓'礼乐为虚名'也哉！"①这种变化，标志着一个时代行将结束，《通典·礼典》似是为这个时代所奏出的一首高亢的挽歌。

五、《通典》史论的特色

杜佑本人在《通典》一书中所撰写的史论，在中国古代历史理论的发展上占有非常重要的位置，历来为研究者所重视。②

《通典》史论除在历史思想上反映了它的突出的进步性外，它在形式上、方法论上、史学批评上也都显示出鲜明的特色。

（一）史论的形式：序和论

《通典》的史论，有丰富的形式，包含序、论、说、议、评。对此，有的研究者已经指出过。这里要讨论的是，《通典》史论的这几种形式有什么区别？也就是说，杜佑赋予这几种史论形式各有何种含义？

据我的粗略统计，《通典》史论约为 70 首，其中序近 20 首；论、说、议、评 50 余首，而说与议占了半数以上。

什么是"序"？刘知幾《史通·序例》引孔安国的话说："序者，所叙作者之意也。"《通典》的序，有三种情况：一是叙全书之意，二是分叙各典之意，三是叙某典之中某篇之意。《通典》叙全书之意的序，仅 227 字，加上自注 57 字，也只有 284 字。但它说明了作者的治学旨趣，指出了《通典》的撰述目的和逻辑结构，是古代史书中的一篇名序。大凡研究《通典》的人，都极重视这篇序，这里不再细说。《通典》除《食货》以外，其余《选举》、《职官》、《礼》、《乐》、《兵》、《刑》、《州郡》、《边防》八典均有叙本典之意的序。这些序，反映了杜佑对上述诸典所述领域的认识，集中地表明了他的历史观点、政

---

① 欧阳修、宋祁：《新唐书》卷十一《礼乐志》序，北京：中华书局，1975 年，第 307 页。

② 参见李之勤：《杜佑的历史进化论》、陈光崇：《杜佑在史学上的贡献》，《中国史学史论集》（二），上海：上海人民出版社，1980 年，第 170～200 页。拙作《论〈通典〉在历史编纂上的创新》、《论〈通典〉的方法和旨趣》，《唐代史学论稿》，北京：北京师范大学出版社，1989 年，第 249～290 页。

治思想和社会主张。概括说来，《选举序》指出了人才的重要和"以言取士"的失误；《职官·历代官制总序》概述了自传说中的伏羲氏到唐开元二十四年(736)历代职官制度简史；《礼序》以很长的篇幅阐述了礼的性质、礼的文献和《通典》纂集礼制"将以振端末、备顾问"的目的；《乐序》讲了乐的作用及其与社会治乱的关系；《兵序》简述兵制而着重阐述历代用兵得失及《兵典》编纂原则；《刑法序》简述了刑法的产生和种类以及善用刑法的标准；《州郡序》阐述了作者的以德为尚的政治思想；《边防序》阐述了作者的民族思想和处理民族关系的政治主张。《食货典》处于全书之首，为什么反倒没有总序呢？我想，这或许是在全书的序中，作者已经强调了食货所处特殊重要位置的缘故。关于叙某典某篇之意的序，如"总序三师三公以下官属"、"将军总叙"、"东宫官叙"、"王侯总叙"、"东夷序略"、"南蛮序略"、"岭南序略"、"海外序略"、"西戎序略"、"北狄序略"，则集中在职官、边防二典之中，或叙其沿革，述其总相，或论其得失，辨其利害。其中"王侯总叙"实是一篇辨析封国制与郡县制之得失利害的大文章，做出了"欲行古道，势莫能遵"的历史结论，可与柳宗元的《封建论》相媲美。此外，如《食货一·田制》的序、《食货四·赋税》的序、《食货八·钱币》的序等，虽无序之名，而有序之实，反映了作者在这些领域的深刻见解。如《食货一·田制》的序起首就写道："谷者，人之司命也；地者，谷之所生也；人者，君之所治也。有其谷则国用备，辨其地则人食足，察其人则徭役均。"作者重视谷、地、人相互关系的思想，在经济思想史上有重要的价值。综上，《通典》这三个不同层次的序文，从结构和理论上确定了《通典》全书的内容与规模，是全书的支柱。

刘知幾《史通·论赞》说："夫论者，所以辩疑惑，释凝滞。"他总结前人的史论，有多种名称：称"曰"，称"赞"，称"论"，称"序"，称"诠"，称"评"，称"议"，称"述"，等等。按照刘知幾的看法，这些名称都没有性质上的差别，所以他总起来称为"论赞"。可是从下文中我们可以看到，杜佑对于"议"、"评"以及这里没有提到的"说"，是有他不同的理解和运用的。在这里，我们还是先说《通典》的"论"。《通典》的"论"有两种，一种是前论，一种是后论。前论一般置于某典某篇之首，后论一般则在某典某篇之末。前论，如《职官四·尚书上》之下有"尚书省并总论尚书"、《职官七·诸卿上》之下有"总论诸卿，少卿附"、《职官十四·州郡上》之下有"总论州佐"、《职官十五·州郡下》之下有"总论郡佐"及"总论县佐"等。这些"论"带有综述的性质，属于作者本人的评论并不多。后论，如《食货七·历代盛衰户口、丁中》文末的长篇后论，论述户口对于"国足"、"政康"的重要，以及历代户口的盛衰和唐朝在安史之乱后户口锐减的严重局面与应采取的对策。这篇史论，多为唐史研究者和经济史研究者所引用。又如《选举五》后论论述了选拔人才的标准，强调对于传统的"身、言、书、判"四个标准，应以"判"作为重点，"以观理识"，提出改革考试制度的具体办法。《通典》的史论，直接题为"论"、"后论"的并不多，但它们有一个非常突出的特点，就是引古论今，有强烈的时代感，反映了作者对于社会现实的关注和自觉的"以富国安人之术为己任"的责任意识。

(二)史论的形式(续前)：说、议、评

如前所述，《通典》的史论，"说"和"议"占了较多的数量，而"评"也比"论"来得多。在杜佑看来，"说"、"议"、"评"同"论"是不一样的，否则就没有必要做这些区别；不仅如此，就是"说"、"议"、"评"三者之间，也有各自的界限，否则也没有必要做这些区别。那么，"说"、"议"、"评"三者之间究竟有什么区别呢？

杜佑在《礼二·沿革二·吉礼一》的一首"说曰"的文末自注云："凡义有经典文字其理深奥者，则于其后说之以发明，皆云'说曰'。凡义有先儒各执其理，并有通据而未明者，则议之，皆云'议曰'。凡先儒各执其义，所引据理有优劣者，则评之，皆云'评曰'。他皆同此。"这一段话，对于理解《通典》史论的含义，理解杜佑的所谓"说"、"议"、"评"的真谛，具有至关重要的意义。从这段引文的本义来看，杜佑所谓"说"、"议"、"评"是属于三个层次上的史论：说，是阐说"经典"的深奥；议，是议先儒的"未明"之义；评，是评"先儒"所据之理的优劣。概括说来，这三个层次就是经典、义、理的区别，故分别用说、议、评表示出来。这里，除了反映出作者在三者之间所把握的极鲜明的分寸感之外，还有对前人思想遗产的极谨慎的态度。

关于"说"。《通典》的"说"，约有十七八首，都分布在《礼典》之中，故其所要阐说的经典的深奥所在，也都是关于礼的制度的。如《礼五·沿革五·吉礼四》在讲到祭社稷之礼时，指出："王者诸侯所以立社稷者，为万人求福报功也。人非土不立，非谷不生，不可遍敬，故立社稷而祭焉。"诸说之中，杜佑赞同郑玄注据《孝经》的说法，认为"社者土地之神，稷者能生五谷之神"。但杜佑又说："今按，本无正神，人感其功，欲美报之，因以稷名。所以稷名神者，五谷之长故也。"[1]杜佑对祭社稷之礼，做了清晰的和唯物的解说。又如《礼十六·沿革十六·嘉礼一》在讲到冠礼时，杜佑不同意"天子无冠文"的说法，他引证《大戴礼·公冠》"公冠四加，天子亦四加"的话，证明天子也行冠礼。他进而指出："自天子至于诸侯，非无冠礼，但因秦焚书，遂同荡灭。其周制《士冠礼》，颇备，王者时采行焉。"[2]其余诸"说"，亦多类此。

关于"议"。《通典》的"议"约 20 首，分布在《职官》、《礼》、《刑》、《州郡》诸典，以《礼典》为多，这比"说"的分布显然要广泛一些。从"议"先儒之义所"未明"的宗旨来看，《通典》的"议"在很多方面是提出了与前人不同的看法或是对前人见解的批评。《职官四》在讲到丞相、仆射的名实时，杜佑简略地考察了丞相、仆射职守的由来和演变，然后结合唐代开元以后，仆射不加"同中书门下平章事"及"参知机务"等，即不具有丞相之实，于是指出这不合乎仆射之职的原义："安有仆射因改丞相之名，都无丞相之实，而为百僚师长

---

① 杜佑：《通典》卷五十六《礼十六》，北京：中华书局，1988 年，第 1573 页。
② 杜佑：《通典》卷四十五《礼五》，北京：中华书局，1988 年，第 1256 页。

也?"《礼八·沿革八·吉礼七》在讲到古代祭尸礼时，杜佑批评主张演习、恢复祭尸礼的人是"是古者"，是"甚滞执者"，是守旧的表现。他指出："古之人朴质，中华与夷狄同，有祭立尸焉，有以人殉葬焉，有茹毛饮血焉，有巢居穴处焉，有不封不树焉，有手抟食焉，有同姓婚娶焉，有不讳名焉。中华地中而气正，人性和而才惠，继生圣哲，渐革鄙风。今四夷诸国，地偏气犷，则多仍旧。"[①]这段话表明：第一，中华与四夷的差别，是文明发展程度上的不同，而在古代，这种差别是很小的，甚至是不存在的；第二，造成这种差别的原因，是地理环境的影响；第三，历史是发展的、不断进步的，因此不应当再去恢复已被革除了的"鄙风"陋俗。从这里，可以看出杜佑的民族观、朴素历史进化观以及对地理环境与社会历史发展之关系的认识。《礼三十·沿革三十·嘉礼十五》在讲到唐开元二十六年(738)宣政殿大臣读时令一事时，杜佑指出："读时令，非古制也。自东汉始焉，其后因而沿袭。"他引用《周礼》中的《天官·太宰》、《春官·太史》及《礼记·玉藻》以证己说，并证明前人关于"元日受朝读令"的错误理解，等等。杜佑的"议"，对于典章制度的研究，有突出的参考价值。

关于"评"。《通典》的评，大多是对于礼制中的某一制度而发，比之于"议"，更加具体、细微。但也有特例，即从宏观方面对历代制度进行评论。在《选举六·杂议论下》卷末，杜佑总结了历代选拔人才制度上的得失，而特别指出了魏、晋、宋、齐、梁、隋等朝"风流弥扇，体非典雅，词尚绮丽，浇讹之弊"的危害；唐开元、天宝之际，"一岁贡举，凡有数千"，而"众名杂目，百户千途，入为仕者，又不可胜纪"所造成的"重设吏职，多置等级"的弊端；以及隋文帝时，选拔人才，尽归吏曹，"铨综失叙，受任多滥"的局面。杜佑最后提出："凡为国之本，资乎人甿；人之利害，系乎官政。欲求其理，在久其任；欲久其任，在少等级；欲少等级，在精选举；欲精

---

① 杜佑：《通典》卷四十八《礼八》，北京：中华书局，1988年，第1355页。

选举，在减名目。俾士寡而农工商众，始可以省吏员，始可以安黎庶矣。诚宜斟酌理乱，详览古今，推仗至公，矫正前失，或许辟召，或令荐延，举有否臧，论其诛赏，课绩以考之，升黜以励之，拯斯刊弊，其效甚速，实为大政，可不务乎!"①这篇评论，实在是一篇关于如何选拔、任用人才的大文章；而上引这段文字，尤其集中反映了杜佑在人才同国本与官政之关系上的认识，以及他关于改革吏治的逻辑思考和具体主张。

说、议、评还有交叉，有时说与议中也包含有评。

(三)方法论：不可"将后事以酌前旨"

《通典》史论的特点之一，是重视事实，反对臆说。从认识历史来看，这具有方法论的意义。杜佑的这一思想，在《职官十三·王侯总叙》中阐述主封国者与主郡县者的争论时，反映得最为鲜明和最具有理论价值。杜佑认为："夫君尊则理安，臣强则乱危。是故李斯相秦，坚执罢侯置守。其后立议者，以秦祚促，遂尔归非。向使胡亥不嗣，赵高不用，闾左不发，酷法不施，百姓未至离心，陈、项何由兴乱？自昔建侯，多旧国也。周立藩屏，唯数十焉，余皆先封，不废其爵，谅无择其利遂建诸国，惧其害不立郡县。"②这段话的意思是：秦朝的废分封、立郡县，是从"君尊"、"臣强"两种不同的政治结局的经验中得到启示而抉择的；秦的"祚促"，有许多其他具体原因，并非立郡县所致。至于古代的建侯，都以"旧国"为基础，周朝为"藩屏"而建侯，只有几十个。这些都是由当时的实际情况所决定的，并不是当时的人已经看到了"建诸国"就有利，"立郡县"就有害。在看待分封与郡县的问题上，这是从历史实际出发，实事求是的分析方法。

更发人深省的是，杜佑在上引这段话的下面，有一段自注，注文说："自五帝至于三王，相习建国之制，当时未先知封建则理，郡

---

① 杜佑：《通典》卷十八《选举六》，北京：中华书局，1988年，第456页。
② 杜佑：《通史》卷三十一《职官十三》，北京：中华书局，1988年，第850页。

县则乱。而后人睹秦汉一家天下，分置列郡，有溃叛陵篡之祸，便以为先王建万国之时，本防其萌，务固其业，冀其分乐同忧，飨利共害之虑。乃将后事以酌前旨，岂非强为之说乎？"这段注文同上引正文的基本思想是一致的，只是在措辞上有些不同。除文中所说"自五帝至于三王，相习建国之制"的说法，不适当地把封国的历史提前了以外，这段注文主要阐述了认识历史的一个重要的方法论原则：不可"将后事以酌前旨"。一般地说，理论是从对具体事物的认识中抽象出来的。杜佑分析那些主封国说者的论点和根据时，一针见血地指出，他们是看到了秦汉两朝都出现了"溃叛陵篡之祸"，便断言"先王"已经看到了分封可以治，郡县必致乱。杜佑的意思是：当秦汉两朝还没有在历史上出现的时候，当郡县制还没有被人提出来并加以施行的时候，"先王"又怎能知道有郡县制的提出及其实施所带来的"溃叛陵篡之祸"呢？杜佑对于这种看法的结论是"乃将后事以酌前旨，岂非强为之说乎？"用今天的话来说，这是以后来历史发展事态去推测前人的思想、主张，完全是强词夺理的说法。杜佑这一认识的理论价值在于：在分析、判断、评价历史事件的时候，必须从这一事件所处的历史环境出发，而不应以这一事件之后的历史环境去妄测与这一事件有关的人的思想和主张。从今天的认识来看，杜佑的这一思想成果，包含着历史主义成分。

《通典》成书于唐德宗贞元十七年（801），而稍晚于《通典》的柳宗元的《封建论》，也提出了类似的看法。柳宗元反复论证这样一个命题："封建非圣人意也，势也。"在具体的论证上，柳宗元发挥了杜佑"自五帝至于三王，相习建国之制"的看法，他的新贡献是指出了这种"相习建国之制"并不是圣人的意旨所能决定的，而是当时的历史形势所决定的，从而丰富了杜佑的认识。《封建论》的价值还在于，作者以历史事实证明：在汉代，"有叛国而无叛郡。秦制之得，亦以明矣"。在唐代，"有叛将而无叛州。州县之设，固不可革也"①。柳

---

① 柳宗元：《柳河东集》卷三《封建论》，上海：上海人民出版社，1974 年，第 43～48 页。

宗元的这些结论，可以看作是朴素的历史主义方法的具体运用而得到的。柳宗元没有说明他的《封建论》是否得益于杜佑《通典》的启示，但他们的思想无疑是相通的。

在中国古代史学上，历史主义方法论的因素不仅在历史理论中有所反映，同时在史学理论中也有所反映。在这个问题上，章学诚提出的理论是最具有代表性的。章学诚在《文史通义·文德》中写道："凡为古文辞者，必敬以恕。临文必敬，非修德之谓也。论古必恕，非宽容之谓也。敬非修德之谓者，气摄而不纵，纵必不能中节也。恕非宽容之谓者，能为古人设身而处地也。"他举出陈寿、习凿齿、司马光、朱熹等人因所处时代不同，故对"正统"的理解、处理各有不同，"诸贤易地则皆然，未必识逊今之学究也"。他又写道："是则不知古人之世，不可妄论古人文辞也。知其世矣，不知古人之身处，亦不可遽论其文也。身之所处，固有荣辱、隐显、屈伸、忧乐之不齐，而言之有所为而言者，虽有子不知夫子之所谓，况生千古以后乎！"①这是古代史家关于朴素的历史主义方法论的极精彩的论述。所谓"古人之世"和"古人之身处"，既顾及人们所处的时代，也顾及虽处同一时代而每人不同的遭际。章学诚是史学理论家，他的这些见解对于古代史学批评方法论的发展，具有重要的意义。

从朴素的历史主义方法论的发展来看，清代史家章学诚的论述比起杜佑的论述，自然要细致得多、深刻得多，然而杜佑（735—812）生活在 8—9 世纪，而章学诚（1738—1801）则生活于 18 世纪，二者相距约千年。显然，在章学诚千年之上的杜佑能够提出不可"将后事以酌前旨"的见解，是多么难能可贵。

（四）关于史学批评

《通典》是一部讲典章制度的书，它涉及许多历史文献。《通典》的史论，有时就是针对某些历史文献而发，其中不乏史学批评的段落、论点。

---

① 章学诚：《文史通义》卷三《文德》，叶瑛校注，北京：中华书局，1985 年，第 278 页。

《通典》史论的史学批评，极重视史家的见识。《刑法四》在讲到春秋时期郑国大夫子产铸刑书而遭到晋国大夫叔向作书责问这一事件时，杜佑议曰："古来述作，鲜克无累，或其识未至精，或其言未至公。观左氏之纪叔向书也，盖多其义，而美其词。孟坚从而善之，似不敢异于前志，岂其识或未精乎？"①这里，是在批评《左传》所记这一史事以及班固（孟坚）《汉书·刑法志》引用了《左传》的这一记载。他说《左传》所记是"多其义，而美其词"，这是说《左传》在此事上的"其言未至公"。而对于班固援引《左传》不敢有异，是"其识未精"。杜佑提出这一批评的根据，是"五帝以降，法教益繁"、"周氏三典，悬诸象魏"，以及《左传》记孔子评论晋国事说："晋国将守唐叔之所受法度，以经纬其民。"——这是说的"令守晋国旧法"。据此，杜佑认为"铸刑书"之前，已有公开的法度，因而叔向的指责即不能成立，《左传》所记自非至公之言，而《汉书》又据《左传》"从而善之"，则表明班固"其识未精"。当然，从今天的认识来看，杜佑提出上述批评所依据的文献以及所说"五帝以降，法教益繁"，未必都是确切的；但他在当时人们对这些文献的理解的基础上，提出的疑问和批评是有很重的分量的，表明他不迷信经典和名家的可贵的批判精神。

《通典》史论的史学批评，注重于从事物全局的逻辑关系上着眼。《刑法七》在讲到西汉张释之执法严明时，杜佑发表评论说："释之为理官，时无冤人，绵历千祀，至今归美。所云：'法者，天子所与天下公共。廷尉，天下之平。若为之轻重，是法不信于民也。'斯言是矣。又云：'方其时，帝使诛之则已'斯言非矣。"②杜佑钦佩张释之的执法，但对他所说的这两句话，则赞扬前者而批评后者。张释之的这两句话，是针对一件具体事情说的，《汉书·张冯汲郑传》记：张释之为廷尉。"顷之，上行出中渭桥，有一人从桥下走，乘舆马惊。于是使骑捕之，属廷尉。释之治问。曰：'县人来，闻跸，匿桥

① 杜佑：《通典》卷一百六十六《刑法四》，北京：中华书局，1988年，第4286页。
② 杜佑：《通典》卷一百六十九《刑法七》，北京：中华书局，1988年，第4368页。

下。久，以为行过，既出，见车骑，即走耳。'释之奏当：'此人犯跸，当罚金。'上怒曰：'此人亲惊吾马，马赖和柔，令它马，固不败伤我乎？而廷尉乃当之罚金！'释之曰：'法者天子所与天下公共也。今法如是，更重之，是法不信于民也。且方其时，上使使诛之则已。今已下廷尉，廷尉，天下之平也，壹倾，天下用法皆为之轻重，民安所错其手足？唯陛下察之。'上良久曰：'廷尉当是也。'"①杜佑的议论，就是针对此事而发。但是，杜佑所要批评的，并不是张释之说了"方其时，上使使诛之则已"的话，而是批评班固在记载此事时，应全面考虑到张释之的为人及其在处理这一案件时的基本倾向，而不必把一些枝枝节节都写入传中，以致对后人产生不良影响。他说："纵释之一时权对之词，且以解惊跸之忿，在孟坚将传不朽，固合刊之，为后王法。以孝文之宽仁，释之之公正，犹发斯言，陈于斯主；或因之淫刑滥罚，引释之之言为据，贻万姓有崩角之忧，俾天下怀思乱之志，孙皓、隋炀旋即覆亡，略举一二，宁唯害人者矣。呜呼！载笔之士，可不深戒之哉！"②杜佑的这一看法，是否与史学上的直笔传统相悖？细考杜佑此言，第一，所谓"方其时，上使使诛之则已"，似是"权对之词"，并非张释之的本意；第二，"以孝文之宽仁，释之之公正"，这样的事情也难免发生。这正是从事物全局的逻辑关系上来看待历史记载的，与直笔原则并不相悖。在此基础上，再说到历史记载可能产生的历史影响，则杜佑所论是中肯的。

《通典》作为典章制度的通史，它的史论所反映出来的史学批评涉及制度沿革者要更多一些。如《州郡二》在讲到古九州时，杜佑根据先秦文献及后人的注，证明禹治水当在尧时，分天下为九州；舜时，更为十二州。而《史记》记禹的治水在舜时，《汉书》则称尧时天下为十二州，禹治水后，更制九州。所以杜佑说："若稽其证据，乃子长、孟坚之误矣。"又如，《州郡二》在讲到周末"国之分野"的时候，

---

① 班固：《汉书》卷五十《张冯汲郑传》，北京：中华书局，1962年，第2310页。
② 杜佑：《通典》卷一百六十九《刑法七》，北京：中华书局，1988年，第4368页。

引《汉书·地理志》所述秦地、魏地、韩地、周地、赵地、燕地、卫地、宋地、齐地、鲁地、楚地、吴地、越地 13 个地理区域。而后，杜佑评论说："所列诸国分野，具于班固《汉书》及皇甫谧《帝王代纪》。下分区域，上配星躔，固合同时，不应前后。当吴之未亡，天下列国尚有数十。其时韩、赵、魏三卿又未为诸侯，晋国犹在，岂分其土地？自吴灭至分晋，凡八十六年，时既不同，若为分配？又按诸国地分，略考所在封疆，辨详隶属，甚为乖互，不审二子依据。"这里，杜佑提出了三个问题，即吴国未灭之时，还没有韩、赵、魏；韩、赵、魏之成为诸侯，上距吴灭已有 86 年：不是同时存在的地理区域，怎么好放在一起论列呢。此外，也还有封疆划分上的具体讹误。杜佑在评论的最后写道："凡为著述，诚要审详。若也但编旧文，不加考核，递相因袭，是误后学。……然已载前史，历代所传，今且依其本书，别其境土，盖备一家之学，示无阙也。其诸郡历代所属，则各具正于本篇。有览之者，当以见察。"①一方面指出其不妥之处，另一方面也考虑到"已载前史，历代所传"这一事实，即既爱护前人，又不至于贻误后学，这就是杜佑不得不提出批评的缘故。同时，这也反映了杜佑治学的严谨和做人的宽厚。

杜佑撰《通典》，参考经史百家，群士论议，而于论礼之书和论地理之书，尤为重视。《通典·礼典》占了全书半数，而《通典》史论的"说"和"议"，多在《礼典》之中，便是他重视礼和论礼的明证。从上文论九州、十二州孰先孰后以及对《汉书·地理志》和《帝王世纪》的批评，可见他对于地理书和论地理之书的重视。杜佑在《州郡序》中说："凡言地理者多矣，在辨区域，征因革，知要害，察风土，纤介毕书，树石无漏，动盈百轴，岂所谓撮机要者乎！如诞而不经，偏记杂说，何暇遍举（自注：'谓辛氏《三秦记》、常璩《华阳国志》、罗含《湘中记》、盛弘之《荆州记》之类，皆自述乡国灵怪，人贤物盛。参以他书，则多纰缪，既非通论，不暇取之矣。'）或览之者，不责其

---

① 杜佑：《通典》卷一百七十二《州郡二》，北京：中华书局，1988 年，第 4491 页。

略焉。"①从这里可以看出：杜佑对地理书的要义是极明确的，他不赞成把灵怪之事写入地理书中也是有识之见；但杜佑把《华阳国志》等书一概斥为"诞而不经"，则未免过分。与此相类似的是，杜佑对《水经》等书，也持否定态度。他在《州郡四》后议中写道："佑以《水经》僻书，代[世]人多不之睹，后有好事者于诸书中见有引处，谓其审正，此殊未之精也。……又按《禹本纪》、《山海经》，不知何代之书，详其恢怪不经，宜夫子删书以后尚奇者所作，或先有其书，如诡诞之言必后人所加也，若《古周书》、《吴越春秋》、《越绝书》诸纬书之流是矣。"②对于杜佑的这种看法，今天应做辩证的认识。一方面，《通典》作为一部十分严肃的典章制度通史，杜佑在采撰上采取严肃的、审慎的态度，无疑是必要的、正确的，一千多年来，《通典》始终受到人们的重视，这是根本的原因之一。另一方面，在杜佑所处的时代，一般地说，对于杜佑所批评的这些书，人们还难以做出正确的说明和恰当的利用。这不仅是杜佑个人在史学批评上的局限，也可以说是那个时代的局限。

（五）人物评价及其他

《通典》史论也涉及对历史人物的评价。作为一个有多年宦途的史家，杜佑对执法公正的官员十分崇敬，上文说到他对西汉张释之的评价，就是一例。他对本朝的徐有功也十分钦佩。《刑法七》详记徐有功执法之事，说徐有功处在"周唐革命"之际，"告密之辈，推核之徒，因相诬搆，共行深刻"，"朝野屏气，道路以目。于斯时也，谁敢忠正？"而徐有功"遂于群邪之侧，纵诮之傍，孑然介立，守法不动，抑扬士伍，慷慨朝端，终卒不渝，险易如一。于是酷法之吏，诬告之人，见嫉甚于仇雠矣"。于是杜佑评论说："详观徐大理之断狱也，自古无有斯人，岂张、于、陈、郭之足伦，固可略举其事。且四子之所奉，多是令主，（自注：'西汉，张释之，文帝时为廷尉；

---

① 杜佑：《通典》卷一百七十一《州郡一》，北京：中华书局，1988年，第4451页。

② 杜佑：《通典》卷一百七十四《州郡四》，北京：中华书局，1988年，第4562页。

于定国，宣帝时为廷尉；东汉陈宠、郭躬，章宗时为廷尉：皆遇仁明之主。')诚吐至公，用能竭节。若遇君求治，其道易行。武太后革命，欲令从己，作威而作周政，寄情而害唐臣。徐有功乃于斯时，而能定以枉直，执法守正，活人命者万计；将死复舍，忤龙鳞者再三。以此而言，度越前辈。"①杜佑评价历史人物，不仅仅是一般地从历史人物的品质或事功去论其高下，而是特别着重于说明历史人物所处的历史环境，从而加重了评论的分量。同时，他也注意到从历史人物的比较中做出不同的评价。

反对轻薄浮华、主张务实"从宜"，是《通典》史论所一再强调的。在《食货七·丁中》的史论中，杜佑在论到玄宗天宝末年户口锐减的问题时指出："直以选贤授任，多在艺文，才与职乖，法因事弊。隳循名责实之义，阙考言询事之道。崇秩之所至，美价之所归，不无轻薄之曹，浮华之伍。习程典，亲簿领，谓之浅俗；务根本，去枝叶，目以迂阔。风流相尚，奔竞相驱，职事委于群胥，货贿行于公府，而至此也。"这是无情地揭示了轻薄浮华之辈误国的事实。在同一篇史论中，杜佑高度评价了隋朝高颎的务实精神，说他"先敷其信，后行其令，悉庶怀惠，奸无所容。隋氏资储遍于天下，人俗康阜，颎之力也"②。

杜佑出身于门阀士族，《通典》又以百卷之巨叙述沿革礼和开元礼，从这两点来看，杜佑有重礼的一方面。但杜佑的重礼，并非陶醉于礼，更不是迷恋于礼的繁文缛节。《礼三十四·沿革三十四·宾礼一·总叙》说："自古至周，天下封建，故盛朝聘之礼，重宾主之仪，天子诸侯，卿大夫士，礼数服章，皆降杀以两。秦皇帝荡平九国，宇内一家，以田氏篡齐，六卿分晋，由是臣强君弱，终成上替下凌，所以尊君抑臣，列置郡县，易于临统，便俗适时。滞儒常情，非今是古。《礼经》章句，名数尤繁，诸家解释，注疏庞杂。方今不行之典，于时无用之仪，空事钻研，竞为封执，与夫从宜之旨，不

<hr />

① 杜佑：《通典》卷一百六十九《刑法七》，北京：中华书局，1988年，第4382～4383页。

② 杜佑：《通典》卷七《食货七》，北京：中华书局，1988年，第157页。

亦异乎！"①在这里，杜佑从历史上说明了宾礼是怎样产生的，进而说明了宾礼是天子诸侯、卿大夫士们的事情。自秦统一后，实行郡县制，这种宾礼也就变得不像原先那样重要了。他不赞成人们热衷于"方今不行之典，于时无用之仪"，认为这同"从宜之旨"是大相径庭的。可见杜佑对礼的解释，一是包含着朴素的历史主义成分，二是显示出明确的批判精神。上文所提到的他对祭尸礼的看法，在性质上也是如此。这跟他自己郑重表明的"不为章句之学"是表里一致的。由此可以证明，杜佑对于礼，也有严肃批判的一面。

第四节　通史撰述、历史笔记和其他史学成就

一、通史撰述的成就

在《史记》以后的数百年间，通史撰述甚为寥落，而断代为史的皇朝史撰述则风靡一时。南北朝时，梁武帝曾命史学家吴均等撰《通史》600 卷，北魏元晖也曾召集史学家崔鸿等撰《科录》270 卷。② 这两部书都是通史，但都没有流传下来。隋末陆从典试图"续司马迁《史记》，讫于隋"③。但他并未实现这个著述计划。盛唐史学家中，有不少人具有通变的历史思想。虞世南撰《帝王略论》5 卷，其序称："暨乎三代，则主有昏明，世有治乱，兴亡之运，可得而言。其明者可为轨范，昏者足为鉴戒。以某狂瞽，请试论之。"这是一本历史通论，是中国史学上较早的历史评论书。④ 李延寿撰《南史》、《北史》共 180 卷，

① 杜佑：《通典》卷七十四《礼三十四》，北京：中华书局，1988 年，第 2015 页。
② 姚思廉：《梁书》卷四十九《文学上·吴均传》，北京：中华书局，1973 年，第 699 页。姚思廉：《梁书》卷三《武帝纪下》，北京：中华书局，1973 年，第 96 页。李延寿：《北史》卷十五《魏诸宗室传·常山王遵传》，北京：中华书局，1974 年，第 566 页。
③ 姚思廉：《陈书》卷三十《陆琼传》，北京：中华书局，1972 年，第 398 页。
④ 《帝王略论》5 卷，已佚。今有残卷两种：一为敦煌本（伯 2636 号）；一为日本镰仓时代抄本，现藏日本东洋文库。

"以拟司马迁《史记》"①。睿宗、玄宗时人韩琬曾撰《续史记》130 卷②，惜其书已佚。萧颖士亦曾"起汉元年，讫隋义宁，编年，依《春秋》义类为传百篇"③。这两部通史，前者尊《史记》，为纪传体；后者崇《春秋》，为编年体。萧书也不曾流传下来，他是作为一个文学家被人们记载在中国文学史上的。其实，他对后世编年体通史的发展所产生的影响，是不应当被遗忘的。

中晚唐时期，中国史学上的通史撰述有了很大发展，取得不少新成就。这可以看作是中国史学发展上的又一个转折。

概括说来，这个时期通史撰述的新成就有三个特点：一是体裁多样，二是出现了有影响的著作，三是开拓了历史撰述的新领域。这不仅是唐代史学上的重要成就，也是中国史学总的发展过程中具有转变风气重大意义的成就。为简省笔墨，便于浏览，兹将这一时期的通史著作列表如下：

书　名	撰　者	卷　数	成书年代	体　裁	存佚情况
建康实录	许　嵩	20		编　年	存
统　载	韩　潭	30	贞元十三年(797)	传　记	佚
通　典	杜　佑	200	贞元十七年(801)	典　制	存
高氏小史	高　峻	60		纪　传	佚
通　历	马　总	10		编　年	佚前 3 卷存后 7 卷
大统纪	陈　鸿	30	元和六年(811)	编　年	佚
统　史	姚　康	300	大中五年(851)	编　年	佚

据上表，从许嵩至陈鸿，都是中唐时人，所撰各书，多成于德宗、宪宗两朝；唯姚康是中晚唐之际人，其所撰《统史》则成于晚唐。这些撰述，除《建康实录》是贯通三国吴、东晋、宋、齐、梁、陈六朝历史

---

① 李延寿：《北史》卷一百《序传》，北京：中华书局，1974 年，第 3345 页。
② 参见欧阳修、宋祁：《新唐书》卷五十八《艺文志二》正史类，北京：中华书局，1975 年，第 1457 页。
③ 参见欧阳修、宋祁：《新唐书》卷二百二《萧颖士传》，北京：中华书局，1975 年，第 5768 页。

的著作外，其余多是贯穿古今的通史。韩潭的《统载》，"采虞、夏以来至于周、隋，录其事迹善于始终者六百六十八人为立传"①。杜佑的《通典》，已如前述。高峻的《高氏小史》，"一以《太史公书》为准"②，钞节历代史而成，间或也有创作，下限至于德宗、顺宗时期。姚康的《统史》，"上自开辟，下尽隋朝，帝王美政、诏令、制置、铜盐钱谷损益、用兵利害，下至僧道是非，无不备载，编年为之"③。以上四书，分别是传记体、典制体、纪传体、编年体，它们的共同特点则都是通史。这样突出的成就，在中晚唐以前的史学发展上是不曾有过的。这些成就对于发扬中国史学的通史家风，具有重要的影响和作用。

二、历史笔记的勃兴

刘知幾《史通·杂述》篇说："偏记小说，自成一家。而能与正史参行，其所由来尚矣。"他说的"偏记小说"，包含 10 项，其中"小录"、"逸事"、"琐言"、"别传"、"杂记"等，近于历史笔记一类的作品。这类作品，近于《汉书·艺文志》所谓"小说家者流"，而在魏晋南北朝时期又有了新的发展，故刘知幾说是"其所由来尚矣"。至于说它们"能与正史参行"，应包含两层意思，一是从内容上看可以补充正史，二是从形式上看可以丰富史书的体裁。刘知幾的高明之处，是他已经认识到这类作品在史学发展上的价值。

可以认为，唐代历史笔记的发展跟唐代小说笔记的发展在进程上颇相近，即它们各按照自己的特点发展而达到较成熟的阶段。鲁迅认为唐代小说笔记作者"始有意为小说"，他引用胡应麟说的"作意"、"幻设"来证明这就是小说"意识之创造"④。从历史笔记来看，

---

① 王钦若等编：《册府元龟》卷五百五十六《国史部·采撰二》，周勋初等校订，南京：凤凰出版社，2006 年，第 6378 页。

② 高似孙：《史略》卷四，丛书集成初编本，北京：中华书局，1985 年，第 80 页。

③ 刘昫等：《旧唐书》卷十八下《宣宗纪》，北京：中华书局，1975 年，第 630 页。

④ 鲁迅：《中国小说史略》，北京：人民文学出版社，2005 年，第 73 页。

它们的作者也逐步形成了一种"以备史官之阙"的意识，即作史的意识，从而提高了它们在史学上的价值。有的研究者认为：

> 我们可以说唐代是笔记的成熟期，一方面使小说故事类
> 的笔记增加了文学成分，一方面使历史琐闻类的笔记增加了
> 事实成分，另一方面又使考据辨证类的笔记走上了独立发展
> 的路途。这三种笔记的类型，从此就大致稳定下来了。①

从史学的观点来看，上述概括是符合历史笔记或历史琐闻笔记的发展趋势的，而对有的作品来说，还要做具体分析。

有一点是应当注意到的，即在唐代的笔记发展中，晚唐实为重要的阶段，可以认为是笔记勃兴的时期。鲁迅在《中国小说史略》第10篇《唐之传奇集及杂俎》中列举的十余种书，基本上是晚唐人作品。刘叶秋《历代笔记概述》论唐代的笔记，所举"小说故事类"诸例和"历史琐闻类"诸例，半数以上亦出于晚唐人之手。晚唐笔记的勃兴，对于五代以至于两宋以后的笔记发展，有直接的影响。

唐及五代的历史琐闻笔记，因其作者的身份、见识、兴趣、视野的不同而具有各自的特点和价值。但这些书说人物，论事件，讲制度，旁及学术文化、生产技艺、社会风情、时尚所好，等等，都或多或少可以从一个方面反映历史的面貌。在现存的唐、五代历史琐闻笔记中，张鹭的《朝野佥载》（6卷，原系20卷）、刘𬇕的《隋唐嘉话》（3卷，亦称《国朝传记》、《国史异纂》）、刘肃的《大唐新语》（13卷，亦作《大唐世说新语》）、封演的《封氏闻见记》（10卷）、李肇的《国史补》（3卷，亦称《唐国史补》）、韦绚的《刘宾客嘉话录》（1卷）、李德裕的《次柳氏旧闻》（1卷）、郑处诲的《明皇杂录》（2卷）、赵璘的《因话录》（6卷）、李绰的《尚书故实》（1卷）、张固的《幽闲鼓吹》（1卷）、范摅的《云溪友议》（3卷，一作12卷）、郑綮的《开天传信记》（1

---

① 刘叶秋：《历代笔记概述》，北京：北京出版社，2001年，第91页。

卷）、高彦休的《唐阙史》(2卷)等，以上为唐人撰述；以及王仁裕的《开元天宝遗事》(2卷，一作4卷)、王定保的《唐摭言》(15卷)、孙光宪的《北梦琐言》(20卷)等，以上为五代人撰述。

这些历史笔记，除少数外，大多是唐人或唐末、五代人记唐事，比较真切。如《隋唐嘉话》记南北朝至开元间事；《朝野金载》主要记唐初至开元时事，而以记武则天时事最多；《国史补》记开元至长庆年间事；《因话录》记玄宗至宣宗朝事；《幽闲鼓吹》、《云溪友议》、《唐阙史》、《北梦琐言》记唐末事。如上文所说，这些书的作者不少都具有为正史拾遗补阙的意识，从而增强了记事的严肃性。李肇《国史补》序说：

> 《公羊传》曰："所见异辞，所闻异辞。"未有不因见闻而备
> 故实者。昔刘𫗧集小说，涉南北朝至开元，著为《传记》。予
> 自开元至长庆撰《国史补》，虑史氏或阙则补之意，续《传记》
> 而有不为。言报应，叙鬼神，征梦卜，近帷箔，悉去之；纪
> 事实，探物理，辨疑惑，示劝戒，采风俗，助谈笑，则
> 书之。①

这篇序文可以看作是历史琐闻笔记之走向成熟的标志。它如刘肃说的所记"事关政教，言涉文词，道可师模，志将存古"②，李德裕强调所记"以备史官之阙"，"惧其失传"③，郑綮说的"搜求遗逸，传于必信"④；以及僖宗时进士林恩撰《补国史》10卷，意在"补"国史，赵璘以《因话录》名书是说明其所"录"皆有"因"，等等，都反映出了作者的自觉史学意识。这种意识对于指导他们的撰述方向，从而确定他们的撰述成果在史学发展中所处的位置，是很重要的。

这些历史笔记所记虽不及正史系统、全面，但在揭示时代特点

---

① 李肇：《国史补》序，上海：上海古籍出版社，1979年，第3页。
② 刘肃：《大唐新语》序，北京：中华书局，1984年，第1页。
③ 李德裕：《次柳氏旧闻》序，北京：中华书局，2012年，第45页。
④ 郑綮：《开天传信记》序，北京：中华书局，2012年，第75页。

和社会风貌方面，因少有拘谨、言简意赅而具有独特的价值。《隋唐嘉话》卷上记李守素"尤精谱学，人号为'肉谱'"，虞世南又说可称他为"人物志"。卷中记薛元超说"平生有三恨"，即"始不以进士擢第，不得娶五姓女，不得修国史"；记高宗"以太原王，范阳卢，荥阳郑，清河、博陵二崔，陇西、赵郡二李等七姓，恃其族望，耻与他姓为婚，乃禁其自姻娶。于是不敢复行婚礼，密装饰其女以送夫家"。这些记载，对于反映盛唐时期的门阀风气，是很重要的材料。而晚唐时期的历史笔记有一个共同特点，它们在客观上不是在为唐皇朝唱赞歌，而是在为它的腐败、衰落唱挽歌。《国史补》中的"汴州佛流汗"、"韦太尉设教"、"王锷散财货"、"御史扰同州"等条，写出了中唐时期文武官吏的贪赃枉法、贿赂公行的丑恶行径；而"京师尚牡丹"、"叙风俗所侈"等条，则活画出德宗朝及其以后贵族生活的奢靡和腐败；此外，如关于藩镇跋扈、宦官专权、官僚队伍膨胀的记载，都从比较深刻的意义上揭露了这个时期的社会问题和历史特点。玄宗开元、天宝之际，实为唐代历史的重大转折，其中盛衰得失，引起后人的许多回味和反思。《次柳氏旧闻》、《明皇杂录》、《开天传信记》等书多触及这方面的内容。尤其是《开天传信记》虽只写了开元、天宝时期32件史事，但却把玄宗开元年间的励精图治、盛世景象，天宝年间的奢侈享乐、政事腐败，以及玄宗在安史之乱后做了"太上皇"的忧思惆怅和政治上的失落感，都反映出来了。

唐、五代的历史笔记的文献价值，后来在司马光撰《资治通鉴》时被广泛采用而得到相当的发挥。高似孙《史略》卷四梳理"通鉴参据书"，列举多种。胡三省说："盖唐中世之后，家有私史。……《考异》30卷，辩订唐事者居太半焉，亦以唐私史之多也。"[①]中唐以后，唐代官修史书的效能大减，私家撰史得到新的发展机会。这里说的"私史"，多是指的私家所撰写的历史笔记。这些笔记，有的还没有

---

① 司马光：《资治通鉴》卷二百五十，胡三省注，北京：中华书局，1956 年，第 8089 页。

完全摆脱神仙志怪的影响，但这毕竟不是它们的主要倾向。诚然，即使是小说、故事一类的笔记，也与史学有一定的关系。近人陈寅恪以韩愈主持修撰的《顺宗实录》同李复言的《续玄怪录·辛公平上仙》条"互相发明"，证明宦官"胁迫顺宗以拥立宪宗"及"宪宗又为内官所弑"的事实，从而说明："李书此条实乃关于此事变幸存之史料，岂得以其为小说家言，而忽视之耶？"①又如段成式所著《酉阳杂俎》20卷、续集10卷，虽有不少神仙志怪的记载，但它却也包含了一些社会史、科技史和中外文化交流史的内容，历来受到中外学人的重视。

三、《唐书》和《唐会要》

隋唐五代时期的史学，在民族史撰述方面，在有关中外交通和域外情况记载方面，在佛教史撰述方面等，都有引人注目的成就。而五代时期撰成的《唐书》和《唐会要》二书，对于记述唐代史事、人物、典制，反映唐代政治兴亡、文明盛衰，具有特别重要的价值和意义。

《唐书》200卷（连同子卷，合214卷），含纪20卷、志30卷、传150卷。这是五代后晋时最重要的官修史书，始撰于天福六年（941），成书于开运二年（945），上距唐朝之亡（907）仅38年。先后参与编撰的有张昭远、贾纬、赵熙、郑受益、李为光、吕琦、尹拙等；始撰时由赵莹监修，成书时刘昫为监修，由其领衔上奏，故题为"刘昫撰"。其实对此书撰成贡献突出的是赵莹、张昭远、贾纬、赵熙。赵莹的《论修唐史奏》，对《唐书》的体例、内容、史料搜求、撰述方法提出了具体建议并被采纳。贾纬曾"搜访遗文及耆旧传说"，撰为《唐朝补遗录》65卷，以补武宗以下至唐末事。他们二人在定例、补阙方面，出力尤多。②

---

① 陈寅恪：《〈顺宗实录〉与〈续玄怪录〉》，《金明馆丛稿二编》，上海：上海古籍出版社，1980年，第81、88页。

② 参见王溥：《五代会要》卷十八"前代史"，上海：上海古籍出版社，1978年，第294～298页。

《唐书》得以在短短的四年中修成，有两个重要原因。第一，因有唐朝历代史家不断撰述而积累起来的《国史》旧文和武宗以前历朝实录，作为主要文献根据，其中包含着唐代数十位以至上百位史家的辛劳。第二，唐代私家关于本朝史的各类撰述，以至文集和奏议，见于《新唐书·艺文志》著录的尚存不少，这些书赵莹等未必都能见到，但他们可以参考其中相当一部分当无疑义。还有一个原因，是五代后梁、后唐、后晋三朝都十分重视唐朝的历史，后梁、后唐在征集史料方面做了不少事情，后晋宰臣变更而唐史修撰不辍。可以说，一部《唐书》，凝聚了自令狐德棻至赵莹等许多代史家的心血。

《唐书》保存了丰富的原始材料，具有很高的文献价值。它于武宗以前史事，多用唐人所撰《国史》、实录原本，这难免有未改前讳和称谓不确之陋，但也避免了后人妄加推测、故作雕饰的种种弊端。《唐书》成书仓促，撰述不精，故传有重出，人有遗漏，经籍著录残缺，唐末帝纪单薄。其中，有的缺陷是可以避免的，有的则是难以克服的，这要做全面地看待。难能可贵的是，五代政局动荡，后晋史臣成此巨帙，使中国历史上一个盛大皇朝的历史面貌得以反映出来，他们对中国史学的贡献是应当充分肯定的。

《唐书》帝纪20卷，起高祖武德元年（隋义宁二年，618），迄于哀帝天祐五年（908）二月，实则唐已亡于上年（907）四月，首尾290年史事。然诸帝纪后论，意多平平。其难得者，在仍以武则天立为本纪。唐代史家吴兢撰《国史》，以"则天事立本纪"；其后史官沈既济曾于德宗时"奏议非之"，主张行《春秋》书法，以则天事入《皇后传》（《旧唐书·沈传师传》）。《国史》并未改动，但沈既济的见解却为"史氏称之"。这桩公案，赵莹等人必知无疑，但仍一遵吴兢体制，可谓卓识。志30卷，其中礼仪7卷，音乐4卷，历3卷，天文2卷，五行1卷，地理4卷，职官3卷，舆服1卷，经籍、食货各2卷，刑法1卷。其志目略同于《五代史志》（《隋书志》），而编次、识见均不及后者。传150卷，以多人合传为主要形式，中唐以前人物，分合有序，可窥匠心。类传有外戚、宦官、良吏、酷吏、忠义、孝友、儒学、文苑、方伎、隐逸、列女等。民族与外域，有突厥、回纥、吐蕃、南蛮、西南蛮、西戎、东夷、北狄诸目。全书以安禄山、史思明、朱泚、黄巢等人之传为殿。

《唐书》在历史思想方面，有几点是值得重视的。首先，它对于得失兴亡的认识，基本上不怎么讲到"天命"，而是从人事上着眼。它强调"治乱时也，存亡势也"①。它把安禄山、朱泚、黄巢并列，认为是唐朝历史上的"大盗三发"，固然反映了作者历史观点上的局限。但它明确指出："然盗之所起，必有其来，且无问于天时，宜决之于人事。"接着分析了玄宗、德宗、僖宗三朝政策上的一系列失误，导致了安史之乱、泾原之乱、黄巢"犯顺"，此所谓"差之毫厘，失之千里"，"后之帝王，足为殷鉴"②。比之于《隋书》，它的"天命"的痕迹更加淡化了。

其次，它对于唐代历史上影响到政治得失的一些重大问题，提出了有价值的分析。它揭露宦官集团说："自贞元之后，威权日炽，兰锜将臣，率皆子蓄，藩方戎帅，必以贿成，万机之与夺任情，九重之废立由己"；"元和之季，毒被乘舆"；"昭宗之季，所不忍闻"③。它在列举酷吏之患后写道："今夫国家行斧钺之诛，设狴牢之禁以防盗者"，"然所徇者不过数金之资耳！"但是，"彼酷吏与时上下，取重人主，无怵惕之忧，坐致尊宠，杖起卒伍，富拟封君，岂唯数金之利耶？则盗官者为幸矣。故有国者则必窒觊觎之路，杜侥倖之门，可不务乎！"④这是指出了防止"盗官"比防止"盗金"更重要。它称赞唐高祖"虽得之马上，而颇好儒臣"⑤，"文皇帝（指唐太

①　刘昫等：《旧唐书》卷六《则天皇后纪》后论，北京：中华书局，1975 年，第 133 页。

②　刘昫等：《旧唐书》卷二百下《朱泚黄巢秦宗权传》后论，北京：中华书局，1975 年，第 5400 页。

③　刘昫等：《旧唐书》卷一百八十四《宦官传》序，北京：中华书局，1975 年，第 4754～4755 页。

④　刘昫等：《旧唐书》卷一百八十六《酷吏传》序，北京：中华书局，1975 年，第 4836 页。

⑤　刘昫等：《旧唐书》卷一百八十九《儒学传》序，北京：中华书局，1975 年，第 4940 页。

宗——引者)解戎衣而开学校，饰贲帛而礼儒生"①。这些，都是很有历史眼光的见解。

最后，它对待民族关系的看法，认为应当从历史上总结出这样的经验："当修文德以来之，被声教以服之，择信臣以抚之，谨边备以防之。"②又说："但患己之不德，不患人之不来。何以验之？贞观、开元之盛，来朝者多也。"③它还提出"理乱二道，华夷一途"④的见解，这是前人不曾说过的。

《唐书》作为第一部完整的唐史著作，对于反映7—10世纪初中华文明发展的面貌来说，至今仍有不可代替的史学价值。北宋欧阳修、宋祁重修唐史，亦称《唐书》。后人乃称前者为《旧唐书》，后者为《新唐书》，以示区别。

五代时期撰成的另一部唐史著作，是王溥编撰的《唐会要》。王溥(922—982)，字齐物。生于五代后梁龙德二年，后汉乾祐年间(948—950)中进士，入仕。后周时，为中书侍郎、平章事，兼礼部尚书、监修国史，加右仆射。入宋，进位司空，任太子太师，封祁国公。史书上一般称他为北宋并州祁县(今属山西)人，《宋史》有传。

《唐会要》也是主要依据唐人的撰述，经王溥续补、编订而成。史载："溥好学，手不释卷，尝集苏冕《会要》及崔铉《续会要》，补其阙漏，为百卷，曰《唐会要》。"⑤王溥仕宋22年，但他编订《唐会要》当在五代末年。宋人晁公武《郡斋读书志》卷十四记王溥撰《唐会要》的原委说：

---

① 刘昫等：《旧唐书》卷一百九十《文苑传》序，北京：中华书局，1975年，第4982页。

② 刘昫等：《旧唐书》卷一百九十九下《北狄传》后论，北京：中华书局，1975年，第5364页。

③ 刘昫等：《旧唐书》卷一百九十七《南蛮·西南蛮传》后论，北京：中华书局，1975年，第5286页。

④ 刘昫等：《旧唐书》卷一百九十四《突厥传》后论，北京：中华书局，1975年，第5193页。

⑤ 脱脱等：《宋史》卷二百四十九《王溥传》，北京：中华书局，1977年，第8801页。

初，唐苏冕叙高祖至德宗九朝沿革损益之制。大中七年，诏崔铉等撰次德宗以来事，至宣宗大中七年，以续冕书。溥又采宣宗以后事，共成百卷，建隆二年正月奏御，文简事备，太祖览而嘉之，诏藏于史阁，赐物有差。①

建隆二年（961）为北宋建立的第二年，又是在正月"奏御"，王溥不可能在一年时间完成续补、编订之事，这是显而易见的。这项工作，当是他在后汉任秘书郎、在后周监修国史时着手做的，其成书时适值北宋代周，随即"奏御"。

关于唐人两次撰《会要》事，《旧唐书》、《唐会要》均有记载。第一次撰《会要》事，《唐会要》卷三十六《修撰》一目记："［贞元］十九年二月……杭州刺史苏弁撰《会要》四十卷。弁与兄冕，缵国朝故事为是书。弁先聚书至二万卷，皆手自刊定。今言苏氏书次于集贤芸阁焉。"②《旧唐书·儒学传下·苏弁传》附记："冕缵国朝政事，撰《会要》四十卷，行于时。"③二书所记稍异，似当以《旧唐书》为是。

第二次撰《会要》事，《旧唐书·宣宗纪》记：大中七年十月"崔铉进《续会要》四十卷，修撰官杨绍复、崔瑑、薛逢、郑言等，赐物有差"④。《唐会要》卷三十六《修撰》条所记略同，唯《新唐书·艺文志三》类书类著录《续会要》时，增题撰人裴德融、周肤敏、薛廷望、于珪、于球等，则监修与撰者共 10 人。

这两次撰述，除成书年代、撰人、卷帙外，没有提供更详细的记载。在此基础上，王溥增补、编订为《唐会要》100 卷，分 514 目。其中卷七至卷十已佚，今传本此 4 卷（连同子卷共 6 卷）为后人所补。《唐会要》记唐代沿革损益之制，词简事丰，内容详赡；有关细事，

---

① 晁公武：《郡斋读书志》卷十四，孙猛校证，上海：上海古籍出版社，1990 年，第 658 页。

② 王溥：《唐会要》卷三十六《修撰》，北京：中华书局，1955 年，第 660 页。

③ 刘昫等：《旧唐书》卷一百八十九下《儒学传下》，北京：中华书局，1975 年，第 4977 页。

④ 刘昫等：《旧唐书》卷十八下《宣宗纪》，北京：中华书局，1975 年，第 632 页。

不便立目，名为"杂录"，附于各条之后；又颇采苏冕议论，名为"苏氏曰"、"苏冕曰"、"苏氏驳议"等，足见于编次上甚有条理。

《旧唐书》以记载丰富的史事和大量的历史人物"重演"唐代历史，《唐会要》以表述分门别类的典章制度、文物、故实"再现"唐代风貌，二者互为补充，相得益彰。这是五代史学中关于唐代历史的一曲和谐的"二重奏"。

四、民族史和中外交通史撰述

民族史和中外交通史撰述，是这个时期的重要史学成就之一。隋唐时期，人们对于民族关系和民族史的认识，具有超越前人的开阔视野和新的境界。隋炀帝时，裴矩撰《西域图记》一书，认为隋代是"混一戎夏"、"无隔华夷"的时代；若对少数民族历史"不有所记，无以表威化之远也"。这当然还是在宣扬隋朝的强大，但他重视民族史撰述确是出于自觉的要求。裴矩用"寻讨书传，访采胡人，或有所疑，即详众口"的方法，记西域44国的历史、地理、社会风俗，并"依其本国服饰仪形，王及庶人，各显容止，即丹青模写"；"别造地图，究其要害。从西顷以去，北海之南，纵横所亘，将二万里"①。此书虽已不存，但从这篇序文中仍可看出作者对当时西域各族社会历史的深入了解。

唐初史家不仅承认少数民族政权历史为"正史"的内容，而且也撰写这样的"正史"，这是他们在民族史撰述上的新贡献。《晋书》载记对于石勒、慕容廆、慕容德、赫连勃勃等十六国统治人物也都有一些很好的评论。杜佑《通典·边防典》共16卷，可以看作是当时一部翔实的民族史和域外情况的撰述。杜佑提出的"古之中华，多类今之夷狄"②的见解，从文明发展进程上来看待华夷关系，是历史进化思想在民族

---

① 裴矩：《西域图记》序，《隋书》卷六十七《裴矩传》，北京：中华书局，1973年，第1579页。

② 杜佑：《通典》卷一百八十五《边防序》，北京：中华书局，1988年，第4979页。

关系上的反映。晚唐时期，民族史撰述有所增多，内容主要集中在两个方面：一是关于中原与"四夷"的关系史，二是关于少数民族地区的社会历史。李德裕的《异域归忠传》、高少逸的《四夷朝贡录》属于前一类著作；后一类著作以关于云南地区的社会历史撰述最为突出，主要有韦齐休的《云南行记》、李德裕的《西南备边录》、窦滂的《云南别录》和《云南行记》、徐云虔的《南诏录》、卢携的《云南事状》、达奚洪的《云南风俗录》、樊绰的《蛮书》（一作《云南志》）等。这些书，大多撰于武宗至僖宗年间。这些著作大都亡佚，幸存至今的只有《蛮书》10卷。

樊绰在懿宗咸通年间任安南从事，是蔡袭的幕僚，他在咸通四年（863）的一次事变中得以生还，撰成此书。《蛮书》各卷的内容是：（一）"云南界内途程"，记当时由内地进入云南的交通；（二）"山川江源"，记云南境内的主要山脉河流的名称、方位或流向及其他自然条件；（三）"六诏"，记六诏的由来及其与唐的关系；（四）"名类"，记云南境内其他各族概况；（五）"六睒"，记云南各州概况；（六）"云南城镇"，记云南主要城镇的建置、布局、兵防，以及居民、交通、自然形势；（七）"云南管内物产"，记农时、耕稼方法、手工技艺、物产及其分布；（八）"蛮夷风俗"，记云南各族的服饰、仪容、婚俗、节日、度量、房舍、丧俗、葬式、语言；（九）"蛮夷条教"，记南诏的政治制度和军事制度；（十）"南蛮疆界接连诸番夷国名"，记与南诏毗邻地区的概况。这是一部包括云南历史和现状、自然和社会的内容丰富的著作，而书中关于唐朝与南诏之关系史的叙述则占有极突出的地位，是一部珍贵的民族史著作，多为后人所引据。

这个时期，关于中外交通和域外情况的撰述，贾耽的《皇华四达记》和杜环的《经行记》是很重要的成果。《旧唐书·贾耽传》主要记述贾耽在地理学上的成就，他的治学方法同裴矩有相似之处。杜环是杜佑的族子，在唐与大食军战于怛罗斯一役中被俘，后辗转回国，乃著《经行记》。杜佑《通典·边防九》数次引用《经行记》，成为后人了解唐代中亚各国的重要文献。二书虽久佚，但唐代学者的世界眼光却永不磨灭。关于中外交通和域外情况的撰述，佛教僧人有突出的贡献。《大唐西域记》、《大唐西域求法高僧传》、《海内寄归传》、《往五天竺国行传》都是知名之作。其中玄奘的《大唐西域记》被称为"东方三大旅行记"之一，在世界文明史上享有盛誉。

第五节　历史思想的发展

一、治国论的丰富

隋唐五代时期的史学，在历史思想方面的发展，突出地反映在关于治国的理论、关于君主的理论、关于"封建"的理论和关于民族的理论等方面的认识。

关于治国论，唐代政治家、史学家有深刻的讨论和系统的论述。其中，大多是关于兴亡成败的认识和治国方略的探讨。这里，又有这样几个层面上的问题：

第一，是关于历代兴亡成败的认识。唐初政论家、史论家马周曾经向唐太宗上疏，备言历代兴亡成败之故，认为："自古明王圣主，虽因人设教，宽猛随时，而大要唯以节俭于身、恩加于人二者是务。""自古以来，国之兴亡，不由积畜多少，唯在百姓苦乐。"同时，马周还总结了这样一个规律性认识："人主每见前代之亡，则知其政教之所由丧，而皆不知其身之失。是以殷纣笑夏桀之亡，而幽、厉亦笑殷纣之灭；隋炀帝大业之初又笑齐、魏之失国。今之视炀帝，亦犹炀帝之视齐、魏也。故京房谓汉元帝云：'臣恐后之视今，亦犹今之视古'，此言不可不诫也。"①马周从"节俭于身、恩加于人"说到许多帝王"不知其身之失"的通病，看起来好像没有

---

① 刘昫等：《旧唐书》卷七十四《马周传》，北京：中华书局，1975 年，第 2616 页。

什么高深的道理，但却道出了历代君主很难越出的一层藩篱，于治国之道至为重要，不亚于贾谊的《治安策》。① 隋唐时期，也有许多讨论政治兴亡的名篇。北宋李昉等所编《文苑英华》，内中有 3 卷为"兴亡"论，所收作品都是隋唐人的撰述。它们是：隋卢思道的《北齐兴亡论》、《后周兴亡论》，李德林的《天命论》；唐朱敬则的《魏武帝论》、《晋高祖论》、《宋武帝论》、《北齐高祖论》、《北齐文襄论》、《北齐文宣论》、《梁武帝论》、《陈武帝论》、《陈后主论》、《隋高祖论》、《隋炀帝论》，权德舆的《两汉辨亡论》，罗衮的《秦论》上下二首。同书所收卢照邻的《三国论》，李德裕的《鼎国论》(亦作《三国论》)、《宋齐论》，也都是以讨论兴亡为主旨的。朱敬则在武则天时曾兼修国史，"尝采魏、晋已来君臣成败之事，著《十代兴亡论》"②。《十代兴亡论》原为 10 卷，今存 11 篇，可能是它的一部分遗文，从中仍可看出这位史论家的深刻的历史见解。唐代论兴亡的专书，还有虞世南的《帝王略论》5 卷、吴兢的《贞观政要》10 卷。

第二，是关于隋亡原因的认识。上面所举出的一些论兴亡的文字，有的是专论隋亡的。而讨论隋之灭亡原因的最有代表性的著作，自然还是《隋书》。

"隋之得失存亡，大较与秦相类。"这是《隋书》史论对于隋朝历史经验教训的最重要的概括。

唐继隋而起。隋何以亡，唐何以兴？对于这样一个问题的回答，犹如西汉初年陆贾受刘邦之命作《新语》一样③，成为《隋书》史论极为重视的中心问题。

---

① 毛泽东读《新唐书·马周传》，称马周此论是"贾生《治安策》以后第一奇文"。参见《毛泽东读文史古籍批语集》，北京：中央文献出版社，1993 年，第 235 页。

② 刘昫等：《旧唐书》卷九十《朱敬则传》，北京：中华书局，1975 年，第 2915 页。《新唐书·艺文志三》"杂家类"著录："朱敬则《十代兴亡论》10 卷。"《旧唐书·经籍志上》"杂史类"作《十世兴王论》，误。

③ 参见司马迁：《史记》卷九十七《郦生陆贾列传》，北京：中华书局，2013 年，第 3251 页。

《隋书》史论的作者注意从变化的观点来分析历史现象，认为隋朝"衰怠"、"乱亡"的原因，"所由来远矣，非一朝一夕"①；而着重分析了隋亡"成于炀帝"的种种政治原因，指出：隋炀帝"负其富强之资，思逞无厌之欲，狭殷、周之制度，尚秦、汉之规摹。恃才矜己，傲狠明德，内怀险躁，外示凝简，盛冠服以饰其奸，除谏官以掩其过。淫荒无度，法令滋章，教绝四维，刑参五虐，锄诛骨肉，屠剿忠良，受赏者莫见其功，为戮者不知其罪。骄怒之兵屡动，土木之功不息，频出朔方，三驾辽左，旌旗万里，征税百端，猾吏侵渔，人不堪命。乃急令暴条以扰之，严刑峻法以临之，甲兵威武以董之，自是海内骚然，无聊生矣"②。这一段评论，把隋炀帝统治时期骄横残暴的政治揭示得极为深刻。联系到隋炀帝严刑峻法、穷兵黩武、营造无日、巡幸不止等做法，这个评论基本上是符合历史事实的。其中有些见解，如说隋炀帝的"淫荒无度，法令滋章"，等等，就是以今天的眼光来看，也不失为正确的论断。这些议论，是触及了隋朝灭亡的某些根本问题了。

没有比较，便没有鉴别。《隋书》史论为了深入地阐明隋亡的教训，还进一步把文帝、炀帝时期的政治做了比较，指出："夫以开皇之初，比于大业之盛，度土地之广狭，料户口之众寡，算甲兵之多少，校仓廪之虚实，九鼎之譬鸿毛，未喻轻重，培塿之方嵩、岱，曾何等级！论地险则辽隧未拟于长江，语人谋则勾丽不俟于陈国。高祖扫江南以清六合，炀帝事辽东而丧天下。其故何哉？"③经过这样的对比，又提出如此尖锐的问题，既表明了《隋书》史论的撰著者对历史事件的深刻理解，同时也能更强烈地唤起人们的注意而发人深省。魏徵处在唐代第二个皇帝唐太宗时期，提出这个问题，当然是寓有深意的。《隋书》史论认为：文帝、炀帝"所为之迹同，所用之心异也"。就是说，他们的做法似乎是一样的，而他们的目的却完全不同。文帝的统一战争，"十有余载，戎车屡动，民

---

① 魏徵等：《隋书》卷二《高祖纪下》后论，北京：中华书局，1973年，第56页。
② 魏徵等：《隋书》卷四《炀帝纪下》后论，北京：中华书局，1973年，第95页。
③ 魏徵等：《隋书》卷七十后论，北京：中华书局，1973年，第1636页。

亦劳止，不为无事。然其动也，思以安之，其劳也，思以逸之。是以民致时雍，师无怨讟，诚在于爱利，故其兴也勃焉"。炀帝则不然，"嗣承平之基，守已安之业，肆其淫放，虐用其民，视亿兆如草芥，顾群臣如寇仇，劳近以事远，求名而丧实。兵缠魏阙，阽危弗图，围解雁门，慢游不息。天夺之魄，人益其灾，群盗并兴，百殃俱起，自绝民神之望，故其亡也忽焉"。这就是"高祖之所由兴，而炀帝之所以灭"①的原因。《隋书》史论的这个见解是十分难能可贵的。在这里，魏徵认为，隋文帝对人民的"动"是为了使其"安"，对人民的"劳"是为了使其"逸"，故其能以兴；隋炀帝"肆其淫放，虐用其民，视亿兆如草芥，顾群臣如寇仇"，故其必然亡。这无疑是说明人心的向背，决定着隋朝的"兴"、"亡"。魏徵的这种认识，是带有一贯性的。他曾多次引用《荀子·王制》上的话劝告唐太宗："君，舟也；民，水也。水能载舟，亦能覆舟。"②唐太宗本人也曾用这样的话诲谕太子。③《隋书》史论有不少真知灼见，上面所引，便是其中突出一例。

《隋书》史论除了以隋朝自身的历史做比较外，还进而把隋朝的历史与秦朝的历史做了比较，并得出这样的结论："其隋之得失存亡，大较与秦相类。始皇并吞六国，高祖统一九州，二世虐用威刑，炀帝肆行猜毒，皆祸起于群盗，而身殒于匹夫。原始要终，若合符契矣。"④《隋书》史论的撰者在此明确指出：隋亡和秦亡一样，都是被"群盗"所推翻。这就是全部问题的症结所在。可见，他不仅希望唐朝统治者要记取隋亡的教训，而且要记取秦亡的教训。《隋书》史论用这种历史教训来唤起唐朝统治者的警惕，它的政治目的与阶级实质也就表露得再清楚不过了。

此外，《隋书》史论还从经济上探讨了隋朝灭亡的原因，指出：

①　魏徵等：《隋书》卷七十后论，北京：中华书局，1973 年，第 1636 页。
②　吴兢：《贞观政要》卷一《政体》、卷三《君臣鉴戒》，上海：上海古籍出版社，1978 年，第 16、125 页。
③　参见吴兢：《贞观政要》卷四《教戒太子诸王》，上海：上海古籍出版社，1978 年，第 125 页。
④　魏徵等：《隋书》卷七十后论，北京：中华书局，1973 年，第 1636 页。

"取之以道，用之有节，故能养百官之政，勖战士之功，救天灾，服方外，活国安人之大经也。"这可以说是《隋书》史论的撰者的根本经济原则。其具体主张是："不夺其时，不穷其力，轻其征，薄其赋，此五帝三皇不易之教也。"相反，"若使之不以道，敛之如不及，财尽则怨，力尽则叛"。那时人民就要起来造反。质而言之，就是剥削、奴役百姓要有一个"限度"：不超过这个"限度"，就可以"活国安人"；超过这个"限度"，便"怨"、"叛"丛生。《隋书》史论着眼于隋皇朝的经济政策，并提出上述的主张，应当说是很难得的。

《隋书》史论分析了隋朝末年由于劳役、兵役过重，造成了生产力的巨大破坏，以致出现了"……比屋良家之子，多赴于边陲，分离哭泣之声，连响于州县。老弱耕稼，不足以救饥馁，妇工纺绩，不足以赡资装"的悲惨局面，加之"租赋之外，一切征敛，趣以周备，不顾元元，吏因割剥，盗其太半"，终于弄得全国各地"盗贼充斥"，故而"隋氏之亡，亦由于此"。于是《隋书》史论总结出这样的历史经验："富而教之，仁义以之兴，贫而为盗，刑罚不能止。"[①]这些议论，从历史观点来看，是比较明确地认识到社会生产的发展与破坏，对于政权的兴盛和衰亡有着直接的关系，是应当肯定的。唐初统治集团比较注重发展生产、稳定统治秩序，其思想基础，就在于此。

第三，是关于治国方略的认识。这个时期史学家在这方面的撰述，以吴兢（670—749）的《贞观政要》最为突出。

《贞观政要》不是一部普通的历史书，而是一部按照专题写成的政治史，它记述了唐太宗贞观年间的政治和历史。

吴兢著《贞观政要》的目的，在他写的《贞观政要》序和《上〈贞观政要〉表》中，说得十分清楚。吴兢在《贞观政要》序中写道：

> 太宗时，政化良足可观，振古而来，未之有也。至于垂世立教之美，典谟谏奏之词，可以弘阐大猷，增崇至道

---

① 魏徵等：《隋书》卷二十四《食货志》序，北京：中华书局，1973 年，第 673 页。

者，爱命下才，备加甄录，体制大略，咸发成规。于是缀集所闻，参详旧史，撮其指要，举其宏纲，词兼质文，义在惩劝，人伦之纪备矣，军国之政存焉。凡一帙十卷，合四十篇，名曰《贞观政要》。庶乎有国有家者克遵前轨，择善而从，则可久之业益彰矣，可大之功尤著矣，岂必祖述尧、舜，宪章文、武而已哉！①

这里，充分显示了吴兢对唐太宗时期政治的仰慕，认为那时的"政化"，"良足可观，振古而来，未之有也"。在他看来，唐太宗君臣"垂世立教"的美德、"典谟谏奏"的词理，都是可以"弘阐大猷，增崇至道"的，因而具有"焕乎国籍，作鉴来叶"的作用，既能使历史生光，又能做未来鉴戒。这些，便是吴兢撰《贞观政要》的出发点。他的根本目的，是"庶乎有国有家者克遵前轨，择善而从，则可久之业益彰矣，可大之功尤著矣"，希望唐代的统治者都能以太宗君臣为楷模，那么天下就可以长治久安了。

吴兢在《上〈贞观政要〉表》中，把他的这个目的说得更清楚。他写道：

仍以《贞观政要》为目，谨随表奉进。望纡天鉴，择善而行，引而伸之，触类而长之。……伏愿行之而有恒，思之而不倦，则贞观巍巍之化，可得而致矣。②

显然，吴兢认为他所处时期的政治，已远远比不上唐太宗时期的政治了；他已经感到了一种衰颓的趋势和潜在的危机，因此，他以耿直而诚恳的心情，向唐玄宗提出了这样的希望。如果说，吴兢在开

---

① 吴兢：《贞观政要》序，上海：上海古籍出版社，1978年，第1页。
② 吴兢：《上〈贞观政要〉表》，《全唐文》卷二百九十八，北京：中华书局，1983年，第3023页。

始编撰《贞观政要》一书的时候，主要地还是出于对"贞观之治"的向往和钦慕的话；那么，当他完成此书、作序上表的时候，主要的思想倾向已经转到现实政治方面了。他所作的序和所上的表，就充分地证明了这一点。所以，从《贞观政要》一书，我们不仅可以看到"良足可观"的"贞观之治"，而且还可以触及开元天宝之际的历史脉搏。

《贞观政要》共 10 卷 40 篇，因是"随事载录，用备劝戒"，所以每篇都有一个中心，每卷大致也有一个中心，如为君之道、求贤纳谏、历史鉴戒、教戒太子、道德规范、正身修德、学术文化、刑法贡赋、征伐安边、善始慎终，等等。它总的宗旨是："词兼质文，义在惩劝，人伦之纪备矣，军国之政存焉。"

由于《贞观政要》多系"缀集所闻，参详旧史，撮其指要，举其宏纲"而成，所以从思想上来看，并不完全是反映吴兢的政治观点和历史观点的。但是，吴兢在编撰此书的过程中，也是肯定要掺入他的认识和观点，表达他的旨趣和倾向，这是毫无疑问的。譬如，吴兢列《君道》篇为 40 篇之首，正是反映了他认为君主是维系一个王朝的关键所在的看法。他在《上〈贞观政要〉表》中借"天下苍生"的名义表达他对唐玄宗的"诚亦厚矣"的期望，也是出于类似这种"君道"的思想。

于《君道》篇中，吴兢"缀集"了唐太宗君臣关于"草创"、"守成"、"兼听"、"偏信"、"知足"、"知止"、"居安思危"等议论，中心是一个如何巩固封建统治的问题。吴兢所处的历史时期和社会环境，使他感到这个问题的特殊重要性，他希望唐皇朝永远保持兴盛、强大、富庶、安定，这是很自然的。同时，他首先抓住这样一个带有根本性的问题，作为《贞观政要》开卷的第一篇，说明他是一个很有见地的史家。

于《任贤》篇，吴兢列举了房玄龄、杜如晦、魏徵、王珪、李靖、虞世南、李勣、马周等人的事迹，一方面固然是歌颂唐太宗的知人善任、爱才重贤，另一方面也高度评价了这些人在创立和巩固唐皇朝过程中的巨大作用。这里，隐约地反映了吴兢在对待历史人物的评价上与魏徵有着某些相似的认识。魏徵曾经指出："大厦云构，非一木之枝，帝王之功，非一士之略。长短殊用，大小异宜，榱桷栋梁，莫可弃也。"①这是包含着不把一个皇朝的兴起完全归于一人一谋的见解，而是看到众人的智慧和力量。魏徵用这个观点来概括隋初的历史；从吴兢对唐初人物的评价中，我们也看到了同样的观点。

于《君臣鉴戒》篇，吴兢表达了他对于总结历史经验教训的重要性的认识。而这些历史的经验教训，又多是从封建统治的政治、经济中去加以总结的，并以此来说明封建王朝的治乱、安危，从而表明了著者并非是用"天命"的转移来证明政权的转移，而是强调了对于人事的重视。在《灾祥》篇中，吴兢引用了虞世南的"妖不胜德，修德可以销变"、魏徵的"但能修德，灾变自销"的话，也都是上述思想的反映。

在《文史》篇，吴兢列举了唐太宗的"史官执笔，何烦有隐"的观点，以及褚遂良、刘洎的"君举必书"的认识。吴兢多年担任史职，被誉为"当今董狐"。上述唐太宗等人的一些观点，自然引起了他强烈的共鸣。他提倡直书，反对曲笔，于此也可看得十分清楚。

此外，吴兢在卷八中，列《务农》篇为本卷之首，而以《刑法》、《赦令》等篇次之，是很有见地的编排，反映了他对农事的重视。在卷九中，他赞扬唐太宗慎征伐、主和亲、重安边的种种政绩，当然并不完全是出于对以往历史的一种美好的回忆，也是出于对现实的希望和寄托。再者，太子是"储君"，是皇帝的继承人，事关重大，所以吴兢在卷四中编撰了《太子诸王定分》、《教戒太子诸王》等篇，反映了他对于这个问题的重视。吴兢以《慎终》篇为全书之末，是颇有深意的，其目的当然是希望封建帝王兢兢业业，"慎始敬终"。

以上这些，都从不同的侧面，直接地或间接地反映了吴兢的历史观点和政治观点的积极因素，证明他是一个正直的史家和朝廷的诤臣。

从《贞观政要》一书中，还可以看到吴兢思想中的重视道德修养对于政治统治之重要作用的一面。例如，他于卷五中，罗列了关于

---

① 魏徵等：《隋书》卷六十六后论，北京：中华书局，1973年，第1567页。

伦理道德的一些见解；于卷六中，又列举了许多关于修身养性的议论。这固然是希望统治者能够正身修德，以此约束自己；但是也表明吴兢对有关伦理的重视和虔诚。这同他所处的历史条件的影响是分不开的。

由于《贞观政要》是一本政治历史书，所以它受到最高统治集团的重视，尤其是某些较有作为的统治者，更是把《贞观政要》作为座右铭和教科书来看待的。唐宣宗李忱是唐代后期比较突出的一个封建君主。《旧唐书》的作者刘昫等称在他统治时期，"刑政不滥，贤能效用，百揆四岳，穆若清风，十余年间，颂声载路"①。唐宣宗李忱就十分重视《贞观政要》这部书，他曾经"书《贞观政要》于屏风，每正色拱手而读之"②。辽、金、元、明、清统治者亦颇重视。可见《贞观政要》一书在统治集团政治生活中的重要地位。

《贞观政要》一书在历史编纂学上是有独特的成就的。吴兢是"缀集所闻，参详旧史"，按照专题分类，记述一朝的历史。这与所谓起居注、实录、国史均有所不同。用这种体例写历史，在吴兢之前是很少见的。《贞观政要》为唐代以后历代封建统治者所景仰和讴歌，这当然是因为"贞观盛世"在历史上占有重要地位的缘故，同时，也是和《贞观政要》一书在历史编纂学上的特点及其得以长期流传分不开的。

《贞观政要》在史料学方面也具有相当重要的价值。这是因为：第一，唐代起居注、实录、国史，多已不存，《贞观政要》是现存记载唐太宗贞观年间历史较早的一部史书；第二，吴兢长期担任史官，可以接触到实录、国史和其他重要文献，他的《贞观政要》也因此保存了较多的贞观年间的重要史实；第三，比《贞观政要》晚出的《旧唐书》、《新唐书》、《资治通鉴》等书所记贞观年间史实，有许多方面也都不如《贞观政要》详尽。鉴于上述原因，《贞观政要》就成了反映我

---

① 刘昫等：《旧唐书》卷十八下《宣宗纪》后论，北京：中华书局，1975 年，第 645 页。

② 司马光：《资治通鉴》卷二百四十八"唐宣宗大中二年"，北京：中华书局，1956年，第 8032 页。

国唐代贞观年间政治历史的一部极其重要的文献。

在治国方略上,《隋书》史论也寄寓着作者的现实理想。"所居而化,所去见思"①,这是《隋书》史论竭力提倡的一种良好吏治和统治秩序。《隋书》史论认为,要避免重蹈秦、隋之亡的覆辙,还必须对各级官吏提出"立身从政"②的严格要求,从而建立起一种比较稳定的统治秩序。

魏徵在《隋书》史论中,突出地宣扬"循吏"的作用,认为:"古之善牧人者,养之以仁,使之以义,教之以礼,随其所便而处之,因其所欲而与之,从其所好而劝之。"③这就是所谓"化人"的办法,做到这些,就能统治人民,管理政务,天下安定。他还认为"有无能之吏,无不可化之人"④,主张主要通过教化来达到统治人民的目的。他的这个思想,颇像是道家思想的延续,又如同汉初黄老学说的翻版。其实,这种思想恰是唐初历史条件的合乎规律的反映。处在隋末动乱后的唐初社会,犹如处在秦末动乱后的汉初社会一样,当务之急是要稳定统治秩序,"与民休息";故汉初有黄老政治,倡言"无为",唐初有魏徵的"教化"之说,主张"化人"。这都是历史发展的必然产物。魏徵的高明之处,在于他比其他人更加面对现实,因而也就更清晰地洞察了当时的社会。他在给唐太宗的一篇奏疏中还说过:"知臣莫若君,知子莫若父。父不能知其子,则无以睦一家;君不能知其臣,则无以齐万国。万国咸宁,一人有庆,必藉忠良作弼,俊乂在官,则庶绩其凝,无为而化矣。"⑤可见,他的这种主张教化的思想也是一贯的;而且认为实行这个主张,是要借助于"忠良"、"俊乂"即各级官吏的。因此,魏徵激烈地抨击隋炀帝的种种暴政,称赞循吏梁彦光等人"立严察之朝,属昏狂之主,执心平允,终行仁恕,

---

① 魏徵等:《隋书》卷七十三《循吏传》后论,北京:中华书局,1973 年,第 1688 页。
② 魏徵等:《隋书》卷七十三《循吏传》后论,北京:中华书局,1973 年,第 1688 页。
③ 魏徵等:《隋书》卷七十三《循吏传》序,北京:中华书局,1973 年,第 1673 页。
④ 魏徵等:《隋书》卷七十三《循吏传》序,北京:中华书局,1973 年,第 1673 页。
⑤ 吴兢:《贞观政要》卷三《择官》,上海:上海古籍出版社,1978 年,第 93 页。

余风遗爱，没而不忘，宽惠之音，足以传于来叶"①，给予他们极高的评价。他尤其赞扬梁彦光等人"内怀直道，至诚待物，故得所居而化，所去见思"②。一个官吏，做到居官实行教化，离任被人思念，恐怕是十分不容易的。魏徵的评论，不无夸大之嫌。至于他提出的"化人"的办法和标准，在封建社会里也是不可能完全付诸实行的。而其教化的目的，从根本上看，也还是为了巩固政治统治。魏徵曾说："古语云，善为水者，引之使平，善化人者，抚之使静。水平则无损于堤防，人静则不犯于宪章。"③这就是"化人"的实质。

但是问题在于：魏徵在这里借评论历史，既提出了一个理想的统治秩序和政治环境，同时也对各级封建官吏提出了"立身从政"的严格要求。这是一件事情的两个方面，没有后者，便没有前者；为了实现前者，必然要求后者。这在唐初的政治生活中，当然是很重要的课题。一个新建的皇朝，怎样才能巩固自己的统治？为了达到巩固统治的目的，应当采取什么样的统治方略？这不能不成为唐初统治集团十分关注并亟待解决的问题。正是在这个重大问题上，唐初统治集团中存在两种完全不同的认识。宋代著名史家范祖禹记载说："帝（按指唐太宗）之初即位也，尝与群臣语及教化。帝曰：'今承大乱之后，恐斯民未易化也。'魏徵对曰：'不然。久安之民骄佚，骄佚则难教；经乱之民愁苦，愁苦则易化。譬犹饥者易为食，渴者易为饮也。'帝深然之。封德彝非之曰：'三代以还，人渐浇讹，故秦任法律，汉杂霸道，盖欲化而不能，岂能之而不欲邪？魏徵书生，未识时务，若信其虚论，必败国家！'徵曰：'五帝三王不易民而化，昔黄帝征蚩尤，高阳征九黎，汤放桀，武王伐纣，皆能身致太平，岂非承大乱之后耶？若谓古人淳朴，渐致浇讹，则至于今日，当悉

---

① 魏徵等：《隋书》卷七十三《循吏传》序，北京：中华书局，1973 年，第 1674 页。
② 魏徵等：《隋书》卷七十三《循吏传》后论，北京：中华书局，1973 年，第 1688 页。
③ 魏徵等：《隋书》卷七十三《循吏传》后论，北京：中华书局，1973 年，第 1688 页。

化为鬼魅矣，人主安得而治之?!'帝卒从徵言。"①这一番争论驳难，在魏徵与封德彝之间，自然是十分激烈的；对唐太宗来说，究竟采取什么统治方略，也是极为关键的。由于唐太宗采纳了魏徵的意见，几年之内，收到了预期的效果。《旧唐书》卷三《太宗纪下》记：贞观四年(630)，"断死刑二十九人，几致刑措。东至于海，南至于岭，皆外户不闭，行旅不赍粮焉"②。故唐太宗兴奋地对长孙无忌等人说："贞观之初，上书者皆云：'宜振耀威武，征讨四夷。'唯魏徵劝朕偃武修文，中国既安，四夷自服……徵之力也。"③联系唐初的历史，对于魏徵在《隋书》史论中提倡"所居而化，所去见思"的吏治风范和统治秩序的积极作用，就看得更清楚了。当然，唐太宗等人并非完全依靠"教化"来建立稳定的统治秩序，他们一手抓"教化"，一手制定《贞观律》，这是唐初统治集团巩固统治的两个方面。《贞观律》虽对旧有刑律做了"削烦去蠹，变重为轻"④的调整与修改，但它毕竟是国家机器的主要成分之一。

魏徵在表彰循吏的同时，在《隋书》史论中还对那些庸俗、贪婪、无能的官吏给予了有力的鞭笞。譬如，他嘲笑李穆，说他先事周，后事隋，"见机而动"，既无"贞烈"、亦非"忠臣"，而其子孙"特为隆盛"，这是："得之非道、可不戒欤!"⑤他抨击刘昉、郑译"虑难求全，偷安怀禄"，事周"靡忠贞之节"，奉隋"愧竭命之诚"，而又祈望"不陷刑辟，保贵全生，难矣"⑥。他鄙薄宇文述、郭衍之辈"以水济水，如脂如韦，便辟足恭，柔颜取悦。君所谓可，亦曰可焉，君所谓不，亦曰不焉。无所是非，不能轻重，默默苟容，偷安高位，甘

---

① 范祖禹：《唐鉴》卷二，上海：上海古籍出版社，1981年，第39页。《贞观政要》卷一《政体》记于贞观七年下，似误。

② 刘昫等：《旧唐书》卷三《太宗纪下》，北京：中华书局，1975年，第41页。

③ 范祖禹：《唐鉴》卷二，上海：上海古籍出版社，1981年，第7页。

④ 刘昫等：《旧唐书》卷五十《刑法志》，北京：中华书局，1975年，第2138页。

⑤ 魏徵等：《隋书》卷三十七后论，北京：中华书局，1973年，第1129页。

⑥ 魏徵等：《隋书》卷三十八后论，北京：中华书局，1973年，第1144页。

素餐之责，受彼己之讥。此固君子所不为，亦丘明之深耻也"①。他蔑视卫玄，说他"西京居守，政以贿成，鄙哉鄙哉，夫何足数！"②在魏徵看来，这些人，既不是君主的忠良之臣，又不配充当教化百姓的"父母官"，而是一些贪生怕死、只懂得牟取私利的小人和败类！这同那些"所居而化，所去见思"的循吏们比起来，实在不可同日而语。魏徵在《酷吏传》后论中，甚至发出这样的警告："后来之士，立身从政，纵不能为子高门以待封，其可令母扫墓而望丧乎？"③他在宇文化及等传的后论中又说："枭獍凶魁，相寻菹戮，蛇豕丑类，继踵诛夷，快忠义于当年，垂炯戒于来叶。呜呼，为人臣者可不殷鉴哉！可不殷鉴哉！"④显然，魏徵之所以对这些人要奋笔怒斥，大加挞伐，有两个目的：一是提醒最高统治集团，绝不可依靠这班人来治理国家，统治人民；二是告诫各级官吏，要以这些人为鉴戒，从中汲取教训。对此，唐太宗也是与魏徵有着共同的认识的。唐太宗曾说："为政之要，惟在得人，用非其才，必难致治。今所任用，必须以德行、学识为本。"⑤他讨厌那些"阿旨顺情，唯唯苟过"⑥、"承意顺旨，甘言取容"⑦的庸俗小人；要求官员们敢于说话，大胆办事，"若惟署诏敕，行文书而已，人谁不堪？何烦简择，以相委付？"⑧不难看出，魏徵在《隋书》史论中的这些评论，正是在很大程度上反映了"贞观之治"关于用人方面的某些做法和政策。这些评论的现实意义，则是希望唐初统治集团能够选拔一批真正的人才。

---

① 魏徵等：《隋书》卷六十一后论，北京：中华书局，1973年，第1471页。
② 魏徵等：《隋书》卷六十三后论，北京：中华书局，1973年，第1505页。
③ 刘昫等：《旧唐书》卷七十四后记，北京：中华书局，1975年，第1702页。
④ 魏徵等：《隋书》卷八十五后论，北京：中华书局，1973年，第1900页。
⑤ 吴兢：《贞观政要》卷七《崇儒学》，上海：上海古籍出版社，1978年，第219页。
⑥ 吴兢：《贞观政要》卷一《政体》，上海：上海古籍出版社，1978年，第14页。
⑦ 吴兢：《贞观政要》卷六《悔过》，上海：上海古籍出版社，1978年，第206页。
⑧ 吴兢：《贞观政要》卷一《政体》，上海：上海古籍出版社，1978年，第14页。

二、君主论的发展

君主在历史上的作用，以及历代君主对后世的影响，是史学家历来都很重视的问题。虞世南所撰的《帝王略论》以问答体的通俗形式，比较系统地阐述了关于君主的认识。

《帝王略论》是一部记帝王之事略、论帝王之贤愚的著作，其价值不在于"略"而在于"论"。它在评论历代君主方面或自此而涉及对其他历史问题的评论方面，不论在见解上还是在方法上，都有理论上的意义。

第一，提出关于"人君之量"的见解。如《通历》记东晋末年桓玄所建"伪楚"及其败亡的史实后，引《帝王略论》说：

> 公子曰：桓玄聪敏有夙智，英才远略，亦一代之异人，而遂至灭亡，运祚不终，何也？
> 先生曰：夫人君之量，必器度宏远，虚己应物，覆载同于天地，信誓合于寒暄，然后万姓乐推而不厌也。彼桓玄者，盖有浮狡之小智，而无含宏之大德，值晋室衰乱，威不迫下，故能肆其爪牙，一时篡夺，安国治人无闻焉尔；以侥幸之才，逢神武之运，至于夷灭，固其宜也。[①]

这里说的"人君之量"，不只是君主的个人品德问题，它还包含着君主在政治上的远见卓识，以及以这样的远见卓识为指导而制定的种种措施和这些措施所产生的社会效果。只有具备这种器度的君主，才能使"万姓推而不厌也"。虞世南认为，像桓玄这样的"浮狡小智"、"侥幸之才"，是不能成就大事业的，而遭到毁灭则是理

---

① 马总：《通历》卷四所引，太原：山西人民出版社，1992年，第19～20页。

所当然的。

"人君之量"是一个很高的道德标准和政治标准。在虞世南看来，不独桓玄这样的人与此无涉，历史上有一些看来还说得过去的君主也不曾达到这样的标准。如他论北周武帝宇文邕，是这样说的：

> 公子曰：夫以周武之雄才武艺，身先士卒，若天假之年，尽其兵算，必能平一宇内，为一代之明主乎？
>
> 先生曰：周武骁勇果毅，有出人之才略。观其卑躬历士，法令严明，虽句践、穰苴亦无以过也。但攻取之规有称于海内，而仁惠之德无闻于天下，此猛将之奇才，非人君之度量。①

"人君之度量"不同于种种"奇才"的地方，在于前者应建立在很高的道德素养和政治素养之上，因而能产生影响于社会的"仁惠之德"。在封建社会里，君主具有至高无上的权力。虞世南提出"人君之度量"的看法，尽管带着很重的理想主义色彩，但他在主观上是希望人君能对自己提出更高的要求。这一点，还是有积极意义的。

同"人君之度量"的见解相关联，虞世南还评论了"人君之才"与"人君之德"。《帝王略论》在评论汉元帝的时候，讲到了关于"人君之才"的问题：

> 或曰：汉元帝才艺温雅，其守文之良主乎？
>
> 虞南曰：夫人君之才，在乎文德武功而已。文则经天纬地、词令典策，武则禁暴戢兵、安人和众，此南面之宏图也。至于鼓瑟吹箫、和声度曲，斯乃伶官之职，岂天子

---

① 马总：《通历》卷十所引，太原：山西人民出版社，1992 年，第 110 页。

之所务乎?①

人的才华是多种多样的,对于不同身份的人来说,亦要求具备与之相适应的才华。作为一个君主,其才能应反映在"经天纬地"、"禁暴戢兵"方面,否则将与身份不相吻合。这是提出了怎样看待"人君之才"的标准。在讲到"人君之德"时,虞世南极力称赞刘备,说:"刘公待刘璋以宾礼,委诸葛而不疑,人君之德于斯为美。"②他把尚礼和诚信看作是"人君之德"的两个重要方面,这无疑是从儒家传统观念着眼的,但这两条对于当时的李世民和后来的贞观之治,特别对于维系唐太宗统治集团的稳定,或许不无关系。

第二,分别肯定一些君主的历史作用。虞世南对历史上一些君主的评价,往往反映出他的卓越史识。他对魏孝文帝和宋高祖的评价,就是很典型的例证。下面是关于宋高祖刘裕之评价问题的问答:

> 公子曰:宋高祖诛灭桓玄,再兴晋室,方于前代,孰可比伦?
>
> 先生曰:梁代裴子野,时以为有良史之才,比宋祖于魏武、晋宣。观彼二君,恐非其类。
>
> 公子曰:魏武一代英伟,晋宣频立大功,得比二人,以为多矣。季孟之间,何为非类?
>
> 先生曰:魏武,曹腾之孙,累叶荣显,濯缨汉室三十余年,及董卓之乱,乃与山东俱起,诛灭元凶,曾非己力。晋宣历任卿相,位极台鼎,握天下之图,居既安之势,奉明诏而诛逆节,建瓴为譬,未足喻也。宋祖以匹夫挺剑,首创大业,旬月之间,重安晋鼎;居半州之地,驱一郡之

---

① 赵蕤:《长短经》卷二《君德》篇所引,长沙:岳麓书社,1999年,第134页。按:赵蕤在征引时,将"公子曰"改为"或曰","先生曰"改为"虞世南曰",因避唐太宗李世民讳,故不书"世"。下同。

② 赵蕤:《长短经》卷二《君德》篇所引,长沙:岳麓书社,1999年,第140页。

卒，斩谯纵于庸蜀，擒姚泓于崤函，克慕容超于青州，枭卢循于岭外，戎旗所指，无往不捷。观其豁达宏远，则汉高之风；制胜胸襟，则光武之匹。惜其祚短，志未可量也。①

在魏晋南北朝隋唐时期门阀风气很盛的政治氛围中，虞世南这样赞扬"匹夫"出身的宋高祖，不仅要有见识，而且也要有勇气。值得注意的是，在虞世南的时代看历史，西汉开国之君刘邦和东汉中兴之主刘秀，恐怕是最受人尊崇的两位君主了；他把刘裕跟他们相比拟，可以看出他对东晋灭亡的毫不惋惜和对刘宋建立的充分肯定。他似乎认识到，晋宋更迭是不可遏止的趋势；而他对魏孝文帝的评价是从另一方面予以强调的：

　　公子曰：魏之孝文，可方何主？
　　先生曰：夫非常之人，固有非常之功。若彼孝文，非常之人也。
　　公子曰：何谓非常之人？
　　先生曰：后魏代居朔野，声教之所不及，且其习夫土俗，遵彼要荒。孝文卓尔不群，迁都瀍涧，解辫发而袭冕旒，祛毡裘而被龙衮，衣冠号令，华夏同风。自非命代之才，岂能至此！②

这是从民族关系上，特别是从"声教"（这大概是今天人们所说的许多个"文化"概念中的一个）方面高度评价了魏孝文帝的汉化措施，并把魏孝文帝称为"非常之人"、"命代之才"。在当时的历史条件下，作者能够对民族关系有这样的见解，能够对所谓"异族"统治者做这么

---

① 马总：《通历》卷六所引，太原：山西人民出版社，1992年，第51页。
② 马总：《通历》卷八所引，太原：山西人民出版社，1992年，第87页。

高的评价，确是一种卓识。

第三，着意于成败得失的总结。《帝王略论》从多方面评论历代君主的贤愚、明昏，根本的一条，是着意于对历代政治统治成败、得失的分析和总结。虞世南论秦始皇和秦朝的历史，既注重于政策的当否，又涉及有关人的才能的高下，包揽的面是很宽的：

> 公子曰：秦始皇起秦陇之地，蚕食列国，遂灭二周而迁九鼎，并吞天下，平一宇内，其规摹功业亦已大矣。何为一身几殒，至子而亡乎？
>
> 先生曰：彼始皇者，弃仁义而用威力，此可以吞并而不可以守成，贻训子孙，贪暴而已。胡亥才不如秦政，赵高智不及李斯，以暗主而御奸臣，遵始皇贪暴之迹，三载而亡，已为晚矣！①

这里着重批评了秦始皇一味任用"威力"的政策，殊不知在"守成"时亦需要以仁义相辅；而这种政策作为贻训，又影响到秦二世的统治。联想到贞观初年，唐太宗君臣讨论"教化"问题，魏徵力主教化，而封德彝则提出"秦任法律，汉杂霸道"的先例，以致引起一场争论②；以及唐太宗君臣探讨"草创与守成孰难"的问题，引起热烈的争论③，可以看出虞世南的上述评论并不是毫无意义的。他评论的是历史，但却包含着对于未来的某种预见。

在总结历代皇朝成败得失的时候，虞世南还能够指出那些获得巨大成功的君主的失误处，绝不因其功业之大而讳言其短。他论汉高祖刘邦是这样说的：

> 公子曰：汉高拨乱反正，为一代英主，可谓尽善者乎？

---

① 虞世南：《帝王略论》，敦煌残卷（伯 2636 号）卷一。
② 参见范祖禹：《唐鉴》卷二，上海：上海古籍出版社，1981 年，第 39 页。
③ 参见吴兢：《贞观政要》卷一《君道》，上海：上海古籍出版社，1978 年，第 3 页。

先生曰：汉祖起自卑微，提三尺剑以取天下，实有英雄之度量焉！故班氏《王命论》云……加之以信诚好谋，达于礼爱，见善如不及，用人如由己，从谏如顺流，趋时如响赴，此其所以得天下也。然知吕后之耶（邪）辟而不能正，爱赵王如意而不能全，身没之后，几亡社稷。若无刘章、周勃，吕氏几代汉矣。此之为过，甚于日月之食，岂尽善之谓乎！①

作者充分肯定了刘邦在政治上的谋略和成功，但也批评了他在对待吕后的"邪辟"上的迁就和无力，以致弄到"几亡社稷"的地步，这是重大的过失，怎么能说他是尽善尽美的人呢！可见在作者看来，所谓明者可为规范、昏者可为鉴戒，二者也不是截然分开的。这里面包含着作者在评论历代帝王时的朴素辩证观点。

第四，重人事而斥天命。中国古代史学家在论述历史事件或评价历史人物时，常常摆脱不了"天命"的束缚，这种束缚的程度，自然因人而异。不过，也确有少数史学家是不大相信"天命"的，甚至对"天命"进行指斥。从总的倾向来看，《帝王略论》属于后一种情形。它关于宋文帝的评价，是涉及对于"天命"的态度的：

公子曰：宋文宽明之君，享国长久，弑逆之祸，为何所由？善而无报，岂非命也？

先生曰：夫立人之道，曰仁与义。仁有爱育之功，义有断割之用，宽猛相济，然后为善。文帝沉吟于废立之际，沦溺于嬖宠之间，当断不断，自贻其祸，孽由己作，岂命也哉！②

---

① 虞世南：《帝王略论》，敦煌残卷（伯 2636 号）卷二。
② 马总：《通历》卷六所引，太原：山西人民出版社，1992 年，第 54 页。

这一段话表明，宋文帝的"弑逆之祸"，并不是不可避免的，恰恰相反，这正是他自己的种种失误所酿造出来的。"沉吟于废立之际，沦溺于嬖宠之间"，这在历代封建君主中是带有普遍性的现象，也是许多次政治动乱甚至是引起朝代更迭的重要原因之一。作者此论，对宋文帝来说固然不错，对后世的封建君主也有警戒的意义。

在讲到南朝宋齐二代"废主"之多的问题时，作者把自己关于天命同人事的看法说得更明确了：

> 公子曰：宋、齐二代，废主有五，并骄淫狂暴，前后非一，或身被杀戮，或倾坠宗社，岂厥性顽凶，自贻非命，将天之所弃，用亡大业者哉？
>
> 先生曰：夫木之性直，匠者揉以为轮；金之性刚，工人理以成器。岂天性哉，盖人事也。唯上智与下愚，特禀异气，中庸之才，皆由训习。自宋、齐已来，东宫师傅，备员而已，贵贱礼乐，规献无由；且多以位升，罕由德进。①

这里，不仅强调了"人事"的作用，而且把人事也讲得很具体，很切实，即教育的作用。《帝王略论》着重于论，但它在这里，也从史实上概括了宋、齐二代"废主"之多的原因。这对最高的封建统治集团来说，无疑也是一条重要的历史教训。当然，作者对待"天命"，也不是彻底否定的；有时，他还相信"冥数"的存在②，这是他的局限所在。

唐太宗所撰《帝范》12篇，是专给太子阅读的政治读本，它包含了丰富的历史见解，涉及历代君主治国安邦的得失，因而也是一本根据历史事实写成的君主论。它的篇目是：《君体》、《建亲》、《求

---

① 马总：《通历》卷六所引，太原：山西人民出版社，1992年，第62页。
② 马总：《通历》卷七之末"先生曰"，太原：山西人民出版社，1992年，第79页。

贤》、《审官》、《纳谏》、《去逸》、《诫盈》、《崇俭》、《赏罚》、《务农》、《阅武》、《崇文》。唐太宗在序文中写道：

> 自轩昊已降，迄至周隋，经天纬地之君，篡业承基之主，兴亡治乱，其道焕焉。所以披镜前踪，博采史籍，聚其要言，以为近诫云尔。①

唐太宗为一代明君，他晚年所写的这部君主论，自然也包含了他本人的经验教训，从而使这部书具有不同于一般君主论的意义所在。

三、"封建"论及关于国家起源、历史进程的新认识

关于"封建"的讨论，主要是由当时的政治所引起，其核心问题是朝廷跟地方的关系，但这个问题也涉及对于历史的认识，反映出人们的历史思想。秦汉以后，怎样看待"封建"即分封制，始终是一个重大的历史问题。班固略述了西汉分封的历史，但他并没有做出明确的评论，只是向人们提出了一个问题："究其终始强弱之变，明监（鉴）戒焉。"②

隋唐五代时期关于封建论的讨论，在历史思想上是上承魏晋南北朝曹冏、陆机等人的见解而提出辩难，在政治思想上则与唐初是否实行世袭刺史制度的决策有关。唐太宗时，令群臣议封建，大致有三种意见：赞成的，反对的，还有主张"分王诸子，勿令过大"的。魏徵、李百药、于志宁、马周、长孙无忌等都持反对意见。魏徵从唐初的经济、政治状况出发，不赞成分封事。于志宁认为"古今事殊"，"宗室、群臣袭封刺史"事，"恐非久安之道"。马周从历史教训考虑，认为分封之制，易生骄逸，"则兆庶被其殃，而国家受其败"。

---

① 《唐太宗集》，吴云、冀宇编辑校注，西安：陕西人民出版社，1986年，第205页。
② 班固：《汉书》卷十三《诸侯王表》序，北京：中华书局，1962年，第396页。

长孙无忌虽在受封之列，也反对分封，上表称"缅唯三代封建，盖由力不能制，因而利之，礼乐节文，多非己出。两汉罢侯置守，蠲除昔弊，深协事宜。今因臣等，复有变更，恐紊圣朝纲纪"。李百药作长篇奏论驳世封事，指出："得失成败，各有由焉。而著述之家，多守常辙，莫不情忘今古，理蔽浇淳，欲以百王之季，行三代之法，天下五服之内，尽封诸侯，王畿千里之间，俱为采地。是则以结绳之化行虞、夏之朝，用象刑之典治刘、曹之末，纪纲弛紊，断可知焉。"他批评陆机、曹冏主张分封的说法是谬妄之言；建议唐太宗"以质代文"，不要忙于"定疆理之制，议山河之赏"。① 最后，唐太宗终于罢封建事。在这次涉及现实和历史的反复讨论中，一些史学家参与了，并且阐述了历史进化的思想，在政治决策中发挥了重要作用。中唐以后，藩镇割据，其势盛于诸侯，柳宗元撰《封建论》，以说明历史而审视现实。柳宗元反复论证，殷周时代实行分封制带有必然的趋势："圣贤生于其时，亦无以立于天下，封建者为之也。岂圣人之制使至于是乎？吾固曰：'非圣人之意也。势也。'"同样，自秦而下，废分封而设郡县，也是一种必然的趋势，"其不可变也固矣"②，不能看作是违背了"圣人"的意愿。这样，柳宗元就接近了把历史进程看作是一个自然发展过程之认识的边缘，从而达到了这个时期历史思想领域里的最高成就。《封建论》在当时的现实意义，是为唐宪宗等人对藩镇势力进行斗争提供了历史的根据和理论的根据。

柳宗元对"天人之际"问题所做的批评性总结，还表现在他在国家起源、历史进程这些重大理论问题上提出了新的认识。如果说他对"天命"的否定，是廓清了有关天神的历史的种种迷障的话，那么他对"圣人之意"的否定，则是为了矫正人们对于世俗的历史的种种曲解。在这方面，他跟他的前辈哲人王充颇有共同之处：王充"不仅把'天'从自然界驱逐出去，而且还把'天'从历史的领域内驱逐出

---

① 吴兢：《贞观政要》卷三《封建》，上海：上海古籍出版社，1978年，第99～111页。

② 柳宗元：《柳河东集》卷三《封建论》，上海：上海人民出版社，1974年，第48页。

去";柳宗元"对神学天命论的斗争、从自然观一直贯穿于历史观",从而展开了"对神学历史观的批判"①。不同的是,柳宗元在这两个方面的理论建树,都比王充更丰富、更彻底,这有柳宗元本身的条件,也有历史为他提供的社会条件。以往,我们都是从思想史上来看待柳宗元的此种成就,这诚然是对的;现在,我们从史学史上来看待他的这些成就,同样会惊叹地认识到,他是如何超出了前辈和同辈的史学家。

在柳宗元的论著中,《贞符》和《封建论》比较集中地讨论了有关国家起源和历史进程的问题,在他以前浩繁的历史文献中,这样的理论著作并不多见。《贞符》是一篇宏文,作者视此文甚重,认为:"苟一明大道,施于人代(世),死无所憾。"可见他是把生命倾注在这篇论文中的。《贞符》的主旨是要以历史事实批判传统的符命之说,阐明"生人之意"(即"生民之意")在历史发展中的作用。柳宗元在《贞符》序文中写道:

> 负罪臣宗元惶恐言:臣所贬州流人吴武陵为臣言:"董仲舒对三代受命之符,诚然非耶?"臣曰:"非也。何独仲舒尔?自司马相如、刘向、扬雄、班彪、彪子固,皆沿袭嗤嗤,推古瑞物以配受命,其言类淫巫瞽史,诳乱后代,不足以知圣人立极之本,显至德,扬大功,甚失厥趣。"②

此文始于作者在长安任尚书郎时,完成于永贞改革失败作者贬谪永州之时,故称"负罪臣"。序文一开始就把批判的锋芒指向前代名儒硕学,斥责他们关于"受命之符"的种种说教类似"淫巫瞽史"之言,起了"诳乱后代"的坏作用。这是何等巨大的理论勇气!

柳宗元不赞成所谓"古初朴蒙空侗而无争,厥流以讹,越乃奋敚

① 侯外庐主编:《中国思想史纲》上册,北京:中国青年出版社,1980年,第263页。
② 柳宗元:《柳河东集》卷一,上海:上海人民出版社,1974年,第18页。

斗怒震动，专肆为淫威"的说法，自称对此"是不知道"。他在《贞符》中也表明了他对于一些没有根据的有关远古的传说是不相信的。他认为人类最初的历史进程是：

> 惟人之初，总总而生，林林而群。雪霜风雨雷雹暴其外，于是乃知架巢空穴，挽草木，取皮革；饥渴牝牡之欲驱其内，于是乃知噬禽兽，咀果谷。合偶而居，交焉而争，睽焉而斗，力大者搏，齿利者啮，爪刚者决，群众者轧，兵良者杀，披披藉藉，草野涂血。然后强有力者出而治之，往往为曹于险阻，用号令起，而君臣什伍之法立。德绍者嗣，道怠者夺，于是有圣人焉曰黄帝，游其兵车，交贯乎其内，一统类，齐制量。然犹大公之道不克建，于是有圣人焉曰尧，置州牧四岳持而纲之，立有德有功有能者参而维之，运臂率指，屈伸把握，莫不统率。尧年老，举圣人而禅焉，大公乃克建。由是观之，厥初罔匪极乱，而后稍可为也，非德不树。

这是柳宗元勾勒出来的一幅人类从初始时期开始进入国家产生时代的历史画卷。用今天的眼光来看，这幅画卷未免过于粗糙、幼稚，有的地方距离历史真实太远。但是应当看到，在他之前能够做这样的历史描绘的人是不多见的。当然，从思想渊源上看，柳宗元无疑是继承了荀子和韩非关于国家起源的进化观点[1]，其中《王制》和《五蠹》对他的影响更大一些；同时，他也会参考前人某些在他看来是有益的思想资料。值得注意的是，柳宗元在描绘这幅历史画卷时，是从外在的自然条件（"雪霜风雨雷雹暴其外"）和人类的生理欲望（"饥渴牝牡之欲驱其内"）来说明人类社会的进化的。即人类为了吃、穿、

---

[1]　侯外庐说。参见侯外庐：《柳宗元哲学选集》序，北京：中华书局，1964 年，第 1～22 页。

住、"牝牡之欲"而逐步懂得"架巢空穴"、"噬禽兽，咀果谷"、"合偶而居"；而后由于对物质生活资料的争夺，而产生交争、搏斗，于是才有"强有力者出而治之"，才有"君臣什伍之法立"，才有"州牧四岳"，才达到"大公之道"；而"大公之道"的实现，又是"非德不树"。可见，柳宗元在阐述人类初始生活状况和国家起源问题时，是从人类自身的历史来说明的。这就完全排除了任何"天"与"神"的意志和作用。他的这些看法，包含着对于人类如何从原始社会进入阶级社会的"天才的猜想"，在古代历史理论发展上闪现出耀眼的光辉。从世界范围来说，诚如恩格斯所指出的：在19世纪60年代以前，"根本谈不到家庭史。历史科学在这一方面还是完全处在摩西五经的影响之下"；这是就家庭史说的，如果从原始社会史来说，那是在1877年摩尔根的《古代社会》一书出版后，才"在原始历史观中"引起了革命。[①] 这说明，整个人类对于本身初始阶段的历史认识，确是一个十分艰难的过程。柳宗元在9世纪初提出这些看法，是很难得的。

《贞符》的理论意义，是通过对于历史的考察，证明"唐家正德，受命于生人之意"，并进而证明历代皇朝的兴起"受命不于天，于其人；休符不于祥，于其仁"，强调人事的作用和政策的作用。作者痛斥历史上那些"妖淫嚣昏好怪之徒"制造"诡谲阔诞"，"用夸诬于无知氓"，并公开反对帝王的封禅活动。所有这些，对于揭去笼罩在历史上的神秘外衣，恢复历史的世俗面貌，启发人们正确地认识历史，都起了积极的作用。但是，柳宗元关于历史进程的理论并没有只停留在这个认识上，他在《封建论》一文中进一步探讨了历史变化、发展的原因，从而把他的史论又推向一个新的境界。

《封建论》的主旨，是作者提出"势"这个哲学范畴作为"圣人之意"的对立面来说明历史变化、发展的原因。下面是《封建论》开始的两段话，文稍长，但有必要引证：

---

① 参见恩格斯：《家庭、私有制和国家的起源》第4版序言，《马克思恩格斯选集》第4卷，北京：人民出版社，1995年，第4~5页。

天地果无初乎？吾不得而知之也。生人果有初乎？吾不得而知之也。然则孰为近？曰：有初为近。孰明之？由封建而明之也。

　　彼封建者，更古圣王尧、舜、禹、汤、文、武而莫能去之，盖非不欲去之也，势不可也。势之来，其生人之初乎？不初，无以有封建；封建，非圣人意也。彼其初与万物皆生，草木榛榛，鹿豕狉狉，人不能搏噬，而且无毛羽，莫克自奉自卫。荀卿有言：必将假物以为用者也。夫假物者必争，争而不已，必就其能断曲直者而听命焉。其智而明者，所伏必众；告之以直而不改，必痛之而后畏：由是君长刑政生焉。故近者聚而为群，群之分，其争必大，大而后有兵有德。又有大者，众群之长又就而听命焉，以安其属，于是有诸侯之列，则其争又有大者焉。德又大者，诸侯之列又就而听命焉，以安其封，于是有方伯、连帅之类，则其争又有大者焉。德又大者，方伯、连帅之类又就而听命焉，以安其人，然后天下会于一。是故有里胥而后有县大夫，有县大夫而后有诸侯，有诸侯而后有方伯、连帅，有方伯、连帅而后有天子。自天子至于里胥，其德在人者，死必求其嗣而奉之，故封建非圣人意也，势也。①

　　这里说的"生人果有初乎"的"初"，同上文所引《贞符》里说的"唯人之初"，是同一个意思，即从无"封建"到有"封建"的发展过程。柳宗元说的"封建"，是历史上沿袭下来的一个政治概念，即指所谓"封国土，建诸侯"的分封制。作者从分封制的产生和沿袭去推究分封制产生的原因，这在方法论上是由近及远、由现代去认识过去的一种方法。从今天的观点来看，柳宗元所阐述的分封制产生的历史原因显然是很肤浅的；他把分封制一直上溯到尧、舜、禹时代，也是不符

---

　　①　柳宗元：《柳河东集》卷三，上海：上海人民出版社，1974年，第43～48页。

合历史事实的。但是，我们不能以此来判断《封建论》的理论价值。《封建论》的理论价值在于，它提出了"不初，无以有封建"和"封建，非圣人意也"这两个前后相关联的命题。作者从人类处于"草木榛榛，鹿豕狉狉"的初始阶段，为了"自奉自卫"必然"假物以为用"到"假物者必争"，从"争而不已"到听命于"能断曲直者"，从"告之以直而不改"到"君长刑政生焉"，一直说到里胥、县大夫、诸侯、方伯、连帅、天子的出现。对于这样一个历史发展过程，柳宗元认为是"封建"出现的过程。如同上文所指出的，其实作者是触到了人类从野蛮步入文明亦即国家起源的一段历史。在这一点上，《封建论》同《贞符》是有共同之处的。《封建论》与《贞符》的不同之处是，前者特别强调了"势"是历史发展的原因，而后者强调的是"生人之意"的作用。

"势"作为"圣人之意"的对立面而提出来，柳宗元是以丰富的历史知识和深刻的理论洞察力来加以说明的。除了阐明"封建，非圣人意也"之外，他又历举周、秦、汉、唐四朝为例，认为："周之丧久矣，徒建空名于公侯之上耳！得非诸侯之强盛，末大不掉之咎欤？"这是"失在于制，不在于政"。秦朝废"封建"，设郡县，"此其所以为是也"；但"不数载而天下大坏"，是因为它"亟役万人，暴其威刑，竭其货贿"的缘故，此所谓"咎有人怨，非郡邑之制失也"，或者叫作"失在于政，不在于制"。汉代，"有叛国，而无叛郡"，可见"秦制之得，亦以明矣"。唐代，"有叛将，而无叛州"，证明"州县之设，固不可革也"。他反复论证：在殷周时代，实行分封制是带有必然的趋势："圣贤生于其时，亦无以立于天下，封建者为之也。岂圣人之制使至于是乎？吾固曰：'非圣人之意也，势也。'"他对分封制和郡县制得失的分析，从政治和历史的角度看，都包含了不少真知灼见。他反复强调"封建"的出现是"生人"初始阶段不可避免的一种现象；同样，自秦以下，废分封而设郡县，也是一种必然的趋势，"其不可变也固矣"，不能看作是违背了"圣人"的意愿。这些论述不仅在历史理论上有重要的价值，从中唐社会藩镇林立的局面来看，它也有重大的现实意义。我们可以认为：柳宗元的《封建论》，是为唐宪宗等人从政治上和军事上对藩镇势力进行斗争提供了历史的根据和理论的根据。

历史证明：自秦始皇废分封、立郡县，逮至柳宗元的时代，上下千余年，关于分封与郡县在政治实践中的反复和理论上得失优劣的争论，出现过多次。仅唐代而言，贞观五年(631)就出现这样的反复和争论，由于多数大臣不主"封建"，事遂未行。[①] 安史之乱后，藩镇割据势力迅速发展，逐渐形成"末大不掉"之势，成为中唐严重的政治问题。有识之士，无不关注于此。柳宗元的《封建论》不能不受到前人的启发，但由于他对历史的洞察和对政治的识见，都有过人之处，所以他的论证带有浓厚的理论色彩和鲜明的现实意义。《封建论》真正是作者的历史感和时代感闳于其中而肆于其外的杰作。宋人苏轼说："昔之论'封建'者，曹元植、陆机、刘颂，及唐太宗时魏徵、李百药、颜师古，其后有刘秩、杜佑、柳宗元。宗元之论出，而诸子之论废矣，虽圣人复起，不能易也。"[②]这是对《封建论》的很高的评价。当然，自柳宗元以下，千余年来，对《封建论》研究、评论，赞扬訾议，褒贬轩轾，代有其人，但它在历史理论发展上所起到的辉煌的作用，却是无法抹杀的。近人章士钊著《柳文指要》，对《封建论》做历史的研究和理论的分析，多所发明，他认为这是"从来无人写过之大文章"。值得注意的是，章士钊是从史论的角度评价了《封建论》的学术影响："从来史论扎定脚跟，无人动得分毫，唯见子厚(宗元)此论，罔识其他。"他赞扬叶适之政治论，"叹其洞明天下大势，为柳子厚后一人"，甚至不无浪漫地说，"吾安得挈子厚、水心(叶适)两公，同登天安门重也细论之"。他认为顾炎武的《郡县论》，"论中未提及子厚一字，文字声气之求，固千载犹旦暮云"。他指出，魏源《古微堂内集·治篇九》"有论封建者二则，其言熟于史例，足与子厚所论互为发明"。他批评袁枚之论柳宗元《封建论》的文章"全是诡辩，此殆帖括家风簸弄巧之作，不足与于史家通识也"；而龙翰臣之《续柳子厚封建论》则

————————————
① 参见范祖禹：《唐鉴》卷二，上海：上海古籍出版社，1981年，第41页。
② 苏轼：《东坡志林》卷五《论古·秦废封建》，北京：中华书局，1981年，第103页。

"词旨瞀乱，语无可采"，"瞢于史识"①，等等。千余年来，视《封建论》为史论并进行系统研究，章士钊可谓第一人矣。

《贞符》和《封建论》都讲国家起源和历史进程，这是它们的共同之处。但《贞符》提出"生人之意"以与"天命"对立，《封建论》提出"势"以与"圣人之意"对立，这是它们的不同之处。"生人之意"认为历史变化的动力是人们的意志、愿望和要求，还没有摆脱历史唯心主义的束缚；"势"是情势、趋势，接近于认为历史发展是一个自然过程的看法，属于历史唯物主义之萌芽的一种见解。《封建论》作《贞符》之后，于此可以看到柳宗元历史思想的变化和发展。末了还要指出一点：柳宗元提出的"势"这一范畴，是对前人如司马迁所讲的"形势"的继承和发展，又为后人如王夫之讲"势"与"理"的统一提供了新的思想资料，在有关"势"与"理"的理论发展上占有承前启后的重要地位。

四、民族论及朴素的历史进化思想的发展

民族论和民族关系论，也是这个时期极重大的现实问题和历史理论问题。这在史家思想和史书编著上都有明显的反映。隋唐之际，李大师已不满于"南书谓北为'索虏'，北书指南为'岛夷'"的修史情况，主张"编年以备南北"②。这是表明，在历史撰述上要恰当处理南北朝关系，其中自然包含着民族关系。唐高祖"修六代史诏"说："自有晋南徙，魏乘机运，周、隋禅代，历世相仍；梁氏称邦，跨据淮海，齐迁龟鼎，陈建宗祊。莫不自命正朔，绵历岁祀，各殊徽号，删定礼仪。至于发迹开基，受终告代，嘉谋善政，名臣奇士，立言著绩，无乏于时。"③诏书对鲜卑族建立的北魏、北周皇朝，不仅承认它们的历史地位，而且毫无贬词。唐修《晋书》，对西晋江统《徙戎论》的主张并不采取附和态度，指出："'徙戎'之论，实乃经国远图。

---

① 章士钊：《柳文指要》上卷，北京：中华书局，1971年，第83～118页。
② 李延寿：《北史》卷一百《序传》，北京：中华书局，1974年，第3343页。
③ 宋敏求编：《唐大诏令集》卷八十一，北京：中华书局，2008年，第466～467页。

然运距中衰，陵替有渐，假其言见用，恐速祸招怨，无救于将颠也。"①这实际上是不同意把西晋之亡归咎于"戎狄"的说法。《晋书·载记》记十六国事，对各族仍不免有微词，但也并非一概骂倒，有的甚至给予很高评价。《隋书·经籍志》史部以"霸史"列于正史、古史、杂史之后，居于"起居注"类之前，并对其所记政权的成就给予相当的肯定。刘知幾《史通·称谓》篇指出："戎羯称制，各有国家，实同王者。"批评晋人"党附君亲，嫉彼乱华，比诸群盗"，是"苟徇私忿，忘夫至公，自非坦怀爱憎，无以定其得失"。这些，都是反映了力图从历史事实上严肃地看待民族历史的态度和思想，具有进步的意义。在这方面，杜佑《通典·边防序》所论，具有更高一层的理论价值。

《通典》这部书，还比较深刻地反映出了杜佑朴素的历史进化观点。这个观点，在《通典》中有广泛的表现，而最突出的反映，是他对民族问题的认识。这里说的民族问题，主要是指"中华"（或称"华夏"）、"夷狄"在社会历史发展阶段上的程度与差别问题。杜佑认为：

> 覆载之内，日月所临，华夏居中土，生物受气正。其人性和而才惠，其地产厚而类繁，所以诞生圣贤，继施法教，随时拯弊，因物利用。三五以降，代有其人。君臣长幼之序立，五常十伦之教备，孝慈生焉，恩爱笃焉。主威张而下安，权不分而法一。生人大蠹，实在于斯。

这一段话，阐述了"华夏"社会历史进步的过程和原因（主要是讲地理上的原因）。杜佑不赞成前人认为社会历史的变化是"削厚为薄，散醇为醨"的倒退趋势。他认为，人们当中有一种"非今是古"的"常情"。杜佑分析道：古代"朴质事少，信固可美；而鄙风弊俗，或亦有之"，并不像人们所认为的那样"醇"、"厚"。他进而举出具体的事例，用以证明这一认识，他说："缅唯古之中华，多类今之夷狄：有

---

① 房玄龄等：《晋书》卷五十六后论，北京：中华书局，1974年，第1547页。

居处巢穴焉，有葬无封树焉，有手抟食焉，有祭立尸焉，聊陈一二，不能遍举。"所谓"居处巢穴"、"葬无封树"、"手抟食"、"祭立尸"等，是被人们认为落后习俗，只有"夷狄"才是这样的。杜佑力驳这一偏见，他利用文献的和民俗的资料，在《通典》正文的自注中指出："上古中华亦穴居野处，后代圣人易之以宫室。""上古中华之葬，衣之以薪，葬之中野，不封不树，后代圣王易之以棺椁。""殷周之时，中华人尚以手抟食，故《礼记》云'共饭不泽手'，盖弊俗渐改仍未尽耳。今五岭以南，人庶皆手抟食。""三代以前，中华人祭必立尸，自秦汉则废。按后魏文成帝拓跋睿时，高允献书云：'祭尸久废，今风俗父母亡殁，取其状貌类者以为尸而祭焉，宴好如夫妻，事之如父母，败损风化，渎乱情礼。'又《周》、《隋》蛮夷传：巴梁间风俗，每春秋祭祀，乡里有美鬓人而入，迭迎为尸以祭之。今郴、道州人，每祭祀，迎同姓丈夫、妇人伴神以享，亦为尸之遗法。"①这里所举的，就是针对"有居处巢穴焉"、"有葬无封树焉"、"有手抟食焉"、"有祭立尸焉"说的。在杜佑看来，类似的事例，还可以举出不少，这里只是"聊陈一二"而已。总之，杜佑是用事实证明"古之中华，多类今之夷狄"；也就是说，现今的中华文明是从古代的不文明发展而来的。他的朴素历史进化观点，在这里表现得十分鲜明。

"中华"为什么能够革除"鄙风弊俗"，不断从不文明走向文明呢？杜佑认为，这主要是地理环境的影响。"华夏居中土，生物受气正"，所以不断诞生出"圣贤"，"圣贤"们不断创制、实行"法教"，"随时拯弊，因物利用"，于是便逐渐变得文明起来了。与此不同的是，"夷狄"所处，"其地偏，其气梗，不生圣哲，莫革旧风"，因而至今保存着古老的陋习，显示出了同"华夏"的区别。杜佑用地理条件的不同来说明"华夏"与"夷狄"在文明进程上的差别的原因，是唯物的、进步的理论。当然，造成"华夏"、"夷狄"文明程度的差别的原因，不

---

① 杜佑：《通典》卷一百八十五《边防一·边防序》，北京：中华书局，1988年，第4979~4980页。

只是地理条件方面的，更不能看作是有没有"圣贤"、"圣哲"所致，但杜佑能够从客观上探讨这个问题，提出独立的见解，这在当时的历史条件下，是极其难得的。

如前所述，杜佑在民族问题上反映出来的朴素历史进化观，使他对于民族问题有一种朴素的民族平等认识。他强调"古之人质朴，中华与夷狄同"的观念。此外，杜佑所认为的历史的进步，隐约含有一个发展过程，这从他说的"继生圣哲，渐革鄙风"可以看出来。

第六节　史家主体意识的增强

一、关于"直书"之认识与实践的深化

魏晋南北朝时期的史学的多途发展，以及隋唐五代时期史学在发展中的新转折、新成就，从不同的方面激发了史家自觉意识的成长，从而进一步增强了史家的主体意识。这种主体意识，一方面是对古老的史官职守的继承与扬弃，另一方面也是对意识形态之主流的儒家思想价值观念做出史学的解释。这种史家主体意识的增强，在唐代史学中表现得尤为突出，如关于"直书"认识与实践的深化，关于对修史制度的反省，关于史家信念、良史标准与价值观念，关于史学批评的理论价值与社会意义等，都从不同的方面反映了史家主体意识的增强。现依次论述如下。

任何事物都是在矛盾运动中发展的，唐代史学也是如此。尽管"曲笔"在唐代史学上投下了重重阴影，但终究掩盖不住"直书"的光辉。对于唐代许多正直的史家来说，"直书"恰是他们的天职和本分，因而对他们有更大的魅力。因此，在唐代史学中，史家直书，不绝若线。而这种直书的传统和精神，因人因事而异，显示出种种特点。

——"书法无隐"、"直书其事"的撰述原则。

"直书"是唐初最高统治者提出的治史原则之一。武德五年（622），唐高祖李渊在《命萧瑀等修六代史诏》中提出的修史原则要求是："务加详核，博采旧文，义在不刊，书法无隐。"①这"书法无隐"指的就是"直书"。贞观三年（629），唐太宗对监修国史房玄龄说："其有上书论事，词理切直可裨于政理者，朕从与不从皆须备载。"②"皆须备载"的要求，也包含着"直书"的思想。贞观十七年（643），唐太宗在浏览史官所撰高祖、今上实录时，见史官所记"玄武门之变"一事，"语多微文"，似有所隐，因而又对房玄龄说："朕之所为……盖所以安社稷、利万人耳。史官执笔，何须有隐？宜即改削浮词，直书其事。"③这里说的"直书其事"，把"直书"的原则和要求提得十分明确了。对此，我们尽管可以有种种不同的评论，但是，由于唐初最高统治者倡导"书法无隐"、"直书其事"的"直书"原则，这就为其后历朝一些史官坚持直书提供了某种理论上的和政治上的保证。

——"善恶不直，非史也"的治史标准。

"直书"也是一条治史标准。唐太宗曾问谏议大夫、兼知起居事褚遂良："朕有不善，卿必记者也？"褚遂良认真地回答说："守道不如守官，臣职当载笔，君举必记。"④史官杜正伦还对唐太宗这样说过："君举必书，言存左史。臣职修起居注，不敢不尽愚直。"⑤褚遂良的"守官"与杜正伦的"愚直"，说的都是要尽到史官的职责和本分，表明了他们敢于直书的思想。这与唐初统治者提出的"书法无隐"、"直书其事"的治史原则极为吻合，相得益彰。正谏大夫、兼修国史朱敬则曾上《请择史官表》，指出："董狐、南史，岂止生

---

① 宋敏求编：《唐大诏令集》卷八十一，北京：中华书局，2008 年，第 467 页。
② 吴兢：《贞观政要》卷七《文史》，上海：上海古籍出版社，1978 年，第 222 页。
③ 吴兢：《贞观政要》卷七《文史》，上海：上海古籍出版社，1978 年，第 224 页。按《贞观政要》记此事于贞观十四年，《册府元龟》作十六年，《资治通鉴》作十七年。
④ 刘昫等：《旧唐书》卷八十《褚遂良传》，北京：中华书局，1975 年，第 2730 页。
⑤ 刘昫等：《旧唐书》卷七十《杜正伦传》，北京：中华书局，1975 年，第 2542 页。

于往代（世），而独无于此时？在乎求与不求，好与不好耳。"①反映了他渴求良史、提倡"直书"的愿望。另一史官刘允济认为："史官善恶必书，言成轨范，使骄主贼臣有所知惧，此亦权重，理合贫而乐道也。昔班生受金，陈寿求米，仆视之如浮云耳。但百僚善恶必书，足为千载不朽之美谈，岂不盛哉！"②刘允济是把一个史官能够"善恶必书"即"直书"，作为终生的重大使命来看待的。这比"守官"、"愚直"的思想，似乎又进了一步。至于语涉班、陈，传闻而已。

这种"善恶必书"的思想，在唐代后期又有所发展。唐文宗时，谏议大夫、兼起居舍人魏謩提出了"善恶不直，非史也。遗后代，何以取信"③的见解。这显然是一个治史的标准，也是衡量史书价值的标准。它已经不是停留在忠心"守官"、竭尽"愚直"的水平上了，而是为了要"取信后代"，对历史负责任，从而把"直书"的思想提到了新的高度。

——"无污青史"的严肃态度。

"直书"又是史家对待历史的严肃态度的表现。刘知幾说过，一个正派的人，应当"无污青史，为子孙累"④。这完全代表他的为人行事。武则天、唐中宗时，刘知幾担任史职，"凡所著述，尝欲行其旧议。而当时同作诸士及监修贵臣，每与其凿枘相违，龃龉难入"。他自认是"任当其职，而吾道不行；见用于时，而美志不遂。郁怏孤愤，无以寄怀"。为此，他感到愤慨，认为不屑与这些人合作，玷污青史，"故退而私撰《史通》，以见其志"⑤。这样，他就给封建史家树立了一个洁身自好、"无污青史"的榜样。

——"不取人情"的正直精神。

---

① 王溥：《唐会要》卷六十三《修史官》，北京：中华书局，1955 年，第 1101 页。
② 王溥：《唐会要》卷六十三《修史官》，北京：中华书局，1955 年，第 1100 页。
③ 刘昫等：《旧唐书》卷一百七十六《魏謩传》，北京：中华书局，1975 年，第 4569 页。
④ 王溥：《唐会要》卷六十四《史馆杂录下》，北京：中华书局，1955 年，第 1105 页。
⑤ 刘知幾：《史通》卷十《自叙》，浦起龙通释，上海：上海古籍出版社，2009 年，第 270 页。

"直书"还是史家刚直不阿的正直精神的反映。唐代史家中是不乏其人的，吴兢是其中比较突出的一个。武则天晚年，张易之、张昌宗欲作乱，遂赂使张说诬陷御史大夫、知政事魏元忠"谋反"。张说始而应允，继而反悔，终以贬谪岭表。唐玄宗时，吴兢参与修《则天实录》，直书其事。时值张说为相，屡次请求吴兢"删削数字"。吴兢始终明确地回答张说："若取人情，何名为直笔！?"由于吴兢秉笔直书，不取人情，即使在权贵面前也无所阿容，因而当时人们称赞他说："昔者董狐之良史，即今是焉。"[①]这种敢作敢当、刚直不阿的精神，是一个史家坚持直书的重要条件。

　　——叙事"切直"的质朴文风。

　　"直书"还反映了史家在文风上的特点：质朴与切直。唐代著名史家刘知幾、吴兢等都具有此种风格。其他如柳宗元作《非〈国语〉》、《段太尉逸事状》，韩愈撰《顺宗实录》，"说禁中事颇切直"[②]，也都具有直书的精神和质朴的文风。

　　综上，在唐代史学中，是始终保持着"直书"的优良传统的。这是唐代史学极其宝贵的遗产之一。为什么许多史家能够秉笔直书？这是由各种原因造成的。

　　首先，这是开明的统治者出于政治上的需要。唐太宗要求"上书论事，词理切直可裨于政理者……皆须备载"，这不独是提倡史官直书，也是鼓励人们大胆发表意见；他要求对"玄武门之变""直书其事"，目的是要让人们认识到只有这样做才能"安社稷"、"利万人"。说到底，这是政治上的需要。

　　同时，这也是史学传统影响的结果。在中国史学史上，"直书"是有长久的历史渊源的。刘勰《文心雕龙》说得好："辞宗丘明，直归南董。"[③]春秋时期齐国南氏、晋国董狐，是"直书"的开山；其后，

　　① 王溥：《唐会要》卷六十四《史馆杂录下》，北京：中华书局，1955年，第1106页。
　　② 刘昫等：《旧唐书》卷一百五十九《路随传》，北京：中华书局，1975年，第4192页。
　　③ 刘勰：《文心雕龙》第十六《史传》，周振甫注释，北京：人民文学出版社，1981年，第172页。

历代史家追随、模仿，蔚为风气，成了一种优良的史学传统。褚遂良决心"守官"；杜正伦要尽"愚直"；刘允济视物如浮云，以直书为天职；刘知幾"伤当时载笔之士，其义不纯"①而著《史通》；以及吴兢之刚直不阿，不取人情，魏暮之讲求信史，取信后人，等等，都是这种优良传统的继承和发扬。

当然，这种"直书"也是有它的局限性的。刘知幾认为："史氏有事涉君亲，必言多隐讳，虽直道不足，而名教存焉。"②在他看来，"直道"最终还是要服从于"名教"的。这正是当时史家无法越过的一道藩篱。

二、关于对修史制度的审视

盛唐时期史学家对历史的反省所取得的收获和成就，主要表现在纪传体史书的撰述上；这个时期史学家对史学、史学工作的反省所取得的收获和成就，则集中地表现在刘知幾的史学活动和他所撰述的《史通》一书之中。中国史学家对于历史的反省，由来已久，司马迁的《史记》是这方面最早的和最有代表性的著作。中国史学家对于史学的反省，如果姑且不考察它的萌芽形态的话，则刘知幾的《史通》乃是这方面最早的和最有代表性的撰述。司马迁活动于汉初，刘知幾生活在盛唐，他们都是处在封建社会虎虎有生气的时代，这使他们能够在史学上从事总结性的工作并取得杰出的成就。

刘知幾从武则天长安二年(702)起任史职，至去世时止，大部分时间致力于修史，首尾凡 20 年。主要撰述有：武则天时与朱敬则等撰《唐书》80 卷，中宗神龙时与徐坚等撰《武后实录》，景龙四年(710)撰成《史通》，玄宗开元二年(714)与谱学家柳冲等撰成《姓族系录》200 卷，继而与史学家吴兢撰成《睿宗实录》20 卷、重修《则天实录》

---

① 刘知幾：《史通》卷十《自叙》，浦起龙通释，上海：上海古籍出版社，2009 年，第 271 页。

② 刘知幾：《史通》卷七《曲笔》，浦起龙通释，上海：上海古籍出版社，2009 年，第 182～183 页。

30 卷、《中宗实录》20 卷。以撰述之功，封居巢县子。

在刘知幾 20 年的史学活动中，最有意义、最有影响，甚至可以说是中国史学史上树立了里程碑的一件事情，就是他撰写了《史通》一书。

尤其值得提出的是，刘知幾对史学和史学工作的反省，是建立在某种程度的批判精神的基础上的。这种批判精神，一方面表现为对于现实的批判，另一方面表现为对于传统的批判。他对于现实的批判，集中在对当时修史制度的混乱、史馆人员冗杂而多不称职、史官难以发抒其专长与见解等弊端的揭露上。如：由于史官泛滥，故"每欲记一事，载一言，皆阁笔相视，含毫不断。故头白可期，而汗青无日"。由于监修的长官太多，故"十羊九牧，其令难行；一国三公，适从何在？"由于缺少严格的修史章法，故"监之者既不指授，修之者又无遵奉，用使争学苟且，务相推避，坐变炎凉，徒延岁月"①。此外，还有史料难求、学风不正等许多弊端。刘知幾对于传统的批判，集中在对《尚书》所记古代史事的怀疑和对《春秋》书法混乱、体例不纯的指摘，其锋芒所向，虽经典、"圣人"亦不讳言。他批评《尚书》："《书》之所载，以言为主。至于废兴行事，万不记一，语其缺略，可胜道哉?!"认为孔子删定《六经》，其中"饰智矜愚，爱憎由己者多矣"。于是他举出 10 个例子，以"讦其疑事"，并得出结论说：远古之书，"其所录也，略举纲维，务存褒讳，寻其终始，隐没者多"，"其妄甚矣"②。他特别指出孔子所作的《春秋》，"尺有所短，寸有所长，其间切磋酬对，颇亦互闻得失"。于是他举出"未谕"者 12 例、"虚美"者 5 例，其中"非所讳而仍讳，谓当耻而无耻，求之折衷，未见其宜"者有之，"国家事无大小，苟涉嫌疑，动称耻讳，厚诬来世"者有之，"一褒一贬，时有弛张；或沿或革，曾无定体"者有之，"真伪莫分，是非相乱"者有之。而太史公、左丘明、孟子、班固等皆对《春秋》有"虚美"之词，这是"既欲

---

① 刘知幾：《史通》卷二十《忤时》，浦起龙通释，上海：上海古籍出版社，2009 年，第 556 页。

② 刘知幾：《史通》卷十三《疑古》，浦起龙通释，上海：上海古籍出版社，2009 年，第 354～367 页。

神其事，故谈过其实"①。刘知幾的批判精神，不论对现实方面，还是对传统方面，都只是停留在就事论事的水平上，还远不是理论的批判，因而带有明显的局限性。再说，他的这种批判，就其本质来说，跟儒家的经典和圣人亦无根本相悖之处。但是，这种批判精神却显示了一个严肃的史学家的本色。他明确申言，他是受了王充《论衡·问孔》篇的影响，目的在于"广彼旧疑，增其新觉"。这在当时，是需要有相当的勇气的。

刘知幾对史学和史学活动的反省，不是孤立的历史现象。他的《史通》撰成后，友人徐坚读之，表示深深的赞同，认为："居史职者，宜置此书于座右。"②除徐坚外，刘知幾在学术上的同好，还有朱敬则、刘允济、薛谦光、元行冲、吴兢、裴怀古等。这个反省对当时和后世史学的影响，都是很大的。

三、关于信念、良史及价值观念

盛唐时期，刘知幾对史学和史学工作的反省，有些问题如关于史家"三长"和"直书"的评论，已明显地反映出史学家的自觉意识的发展。这种发展到中唐时期又产生了新的变化，即史学家对于自身职责与社会之关系的认识，趋向于更加自觉、更加深刻，且或多或少带有一些理论性的成分，显示出史学家自觉意识的增强。

史学家这种自觉意识的增强，主要表现在以下几个方面：

第一，"宜守中道，不忘其直。"宪宗元和八年（813），韩愈任史馆修撰。有位刘秀才致书韩愈，希望他在历史撰述方面做出贡献，并对前代优秀史家吴兢等给予称赞。韩愈复书刘秀才，谈到他对史学工作的一些看法。其要点是："凡史氏褒贬大法，《春秋》已备之矣。后之作者，在据事迹实录，则善恶自见。然此尚非浅陋、偷惰

---

① 刘知幾：《史通》卷十四《惑经》，浦起龙通释，上海：上海古籍出版社，2009年，第369～386页。

② 刘昫等：《旧唐书》卷一百二《刘子玄传》，北京：中华书局，1975年，第3171页。

者所能就，况褒贬耶?"他举孔子、左丘明、司马迁直至本朝吴兢等为例，认为，"夫为史者，不有人祸，则有天刑，岂可不畏惧而轻为之也?"还有，"传闻不同，善恶随人所见，甚者附党，憎爱不同，巧造语言，凿空构立；善恶事迹，于今何所承受取信，而可草草作传记，令传万世乎?"①等。这是一封情绪低沉的信，其中反映了韩愈对史学与社会之关系上的一些不正确看法。次年正月，韩愈好友柳宗元就此致书韩愈，诚恳地批评了他的这些看法。这就是著名的《与韩愈论史官书》一文。

在这封信中，柳宗元从朴素的唯物观点出发，批评了"为史者，不有人祸，则有天刑"的看法，而着重阐述了"宜守中道，不忘其直"的思想。这就是说，坚守中庸的道德标准，但又不可丢掉史学家的正直精神。柳宗元认为："凡居其位，思直其道。道苟直，虽死不可回也；如回之，莫若亟去其位。"这是从一般任职来说的，它反映了柳宗元的人生态度及其对于仕宦的看法。根据这样一个基本的认识，柳宗元进而提出："退之(韩愈字退之)宜守中道，不忘其直，无以他事自恐。退之之恐，唯在不直、不得中道，刑、祸非所恐也。"意即担心的不是什么天刑、人祸，而是放弃正直的精神从而失掉中庸的原则。在柳宗元看来，中道即中庸之道，不是可以不讲原则，放弃史学家的公正的立场。否则，"信人口语，每每异辞，日以滋久，则所云磊磊轩天地者，决心沉没，且杂乱无可考，非有志者所忍恣也"②。一个有抱负的史学家，怎能容忍唐代那些有重大价值的史事被混淆、被沉没呢！通观此书，柳宗元以阐述"宜守中道，不忘其直"的原则，而涉及史学家的德行、勇气和对于社会的责任心等问题，较多地从理论上反映了史学家强烈的自觉意识。柳宗元是杰出的思想家和文学家，但他撰《非〈国语〉》、《封建论》、《天对》等文，证明他于史学尤其在史论方面，是有突出的见解的。从这一点来看，

① 韩愈：《答刘秀才论史书》，《韩昌黎文集》，马其昶校注，上海：上海古籍出版社，1986年，第666～669页。
② 柳宗元：《柳河东集》卷三十一，上海：上海人民出版社，1974年，第498～500页。

他的上述论点亦可视为史学家的一种思想倾向。

第二，"取天下公是公非以为本。"中、晚唐之际的李翱（772—841），是有名的散文家和思想家，同时也是史学家。唐宪宗元和初年，他任史馆修撰，直至元和十五年（820）授考功员外郎时仍然"并兼史职"。《旧唐书》本传说他"性刚急，论议无所避"。这两句话，活画出他为人正直的形象。李翱有《李文公集》传世，其中有两篇论议跟史学的关系尤为密切。一是《百官行状奏》，一是《答皇甫湜书》。《百官行状奏》指出："今之作行状者，非其门生，即其故吏，莫不虚加仁义礼智，妄言忠肃惠和"，以致"善恶混然不可明"；以此入史，则"荒秽简册，不可取信"。李翱认为，史氏记录，须得本末，主张行状之作"但指事说实，直载其词，则善恶功迹，皆据事足以自见矣"①。这是提出了对于行状的实事求是的要求。

《答皇甫湜书》是一篇涉及史学许多方面的论议，其中重要的一个论点是史家作史必须"取天下公是公非以为本"。他写道：

> 唐有天下，圣明继于周、汉，而史官叙事，曾不如范蔚宗、陈寿所为，况足拟望左邱明、司马迁、班固之文哉？！仆所以为耻。当兹得于时者，虽负作者之才，其道既能被物，则不肯著书矣。仆窃不自度，无位于朝，幸有余暇，而词句足以称赞明盛，纪一代功臣、贤士行迹，灼然可传于后代，自以为能不灭者，不敢为让。故欲笔削国史，成不刊之书。用仲尼褒贬之心，取天下公是公非以为本：群党之所谓为是者，仆未必以为是，群党之所谓为非者，仆未必以为非。使仆书成而传，则富贵而功德不著者，未必声名于后；贫贱而道德全者，未必不烜赫于无穷。韩退之所谓"诛奸谀于既死，发潜德之幽光"，是翱心也。②

---

① 董诰等编：《全唐文》卷六百三十四，北京：中华书局，1983年，第6400页。

② 董诰等编：《全唐文》卷六百三十五，北京：中华书局，1983年，第6410～6411页。

这些议论，极其深刻地表明了李翱之作为史学家的自觉意识，以及他对于史学工作之前景的极高追求。在官僚集团的矛盾斗争中，他提出不以"群党"的是非为是非，强调"取天下公是公非以为本"，这就把柳宗元说的"宜守中道，不忘其直"的原则具体化了，表明了史学家力图使自己对历史的看法不受少数人的是非观念所左右，从而使这种看法能够符合或者接近于多数人的是非观念的意向。这是一种较高层次的自觉意识的反映。从上面的引文可以看出，这种自觉意识不独反映在史学家的是非观念上，也反映在史学家的价值观念上，这就是："富贵而功德不著者"，不一定都写入史册，使其"声名于后"；反之，"贫贱而道德全者"，则应当写入史册，使其"炳赫于无穷"。李翱的这个思想在中唐以后史学的实践意义是很有限的，但它在当时却是一次耀眼的闪光。

第三，对"良史"的再认识。自两晋以下，关于编年、纪传两种体裁孰优孰劣的问题，史学家们争论得很激烈。而争论中所提出的问题，有的已超出了史书体裁的范围，涉及怎样评价"良史"以及史学家如何认识自己、规范自己的问题。大致跟李翱同时的一位文学家皇甫湜(约 777—835)在这个争论中撰写的《编年纪传论》，就是这样的一篇宏论。皇甫湜说：

> 予以为合圣人之经者，以心不以迹；得良史之体者，在适不在同。编年、纪传，系于时之所宜、才之所长者耳，何常之有！故是非与众人同辩，善恶得圣人之中，不虚美，不隐恶，则为纪、为传、为编年，是皆良史矣。[1]

这里说的"心"与"迹"、"适"与"同"，意为重在实质、不在形式，重在变化、不在雷同；作者不认为有固定不变的体裁。值得注意的是，作者在评判"良史"的标准时，强调了"是非与众人同辨"，这同上面

---

[1] 李昉等编：《文苑英华》卷七百四十二，北京：中华书局，1966 年，第 3876 页。

所引李翱说的"天下公是公非"几乎是同一个口气，可见此种意识的产生并不是偶然的。

皇甫湜在《编年纪传论》的末尾写道：

> 今之作者，苟能遵纪传之体裁，同《春秋》之是非，文敌迁、固，直踪南、董，亦无上矣。倘谬乎此，则虽服仲尼之服，手握绝麟之笔，等古人之章句，署王正之月日，谓之好古则可矣，顾其书何如哉！

连同上文来看，这是进一步讲了继承和创新的关系。这里提到的"体裁"、"是非"、"文"、"直"，是讲的史学继承的内容和标准，如能真正做到这些，且又充分体现"时之所宜，才之所长"，就可达到创新，就可成为良史。如果只是在表面上模仿古代史家，那只能说"好古"，与继承和创新无涉，更谈不上成为"良史"了。

上面所举的这几篇史学评论，从不同的方面显示出中唐史家之自觉意识的增强。当然，其中有的史学评论并非出于史学家之手，但作为一种倾向，它们都是当时的史学思潮的反映。这应当是没有疑问的。

四、关于史学批评的理论价值与社会意义

柳宗元关于"天人之际"的看法，关于国家起源和历史发展动力的看法，都带有鲜明的批判性。批判"天人感应"论，批判"圣人之意"说，等等，这些批判，如上面所举诸文，都是从历史事实出发所做的理论批判，且具有宏观的性质和普遍的意义。在柳宗元的著作中，还有一种批判是从具体的史学著作入手的。这种批判，从史学来说则具有直接的意义；但因其涉及的问题是多方面的，所以同样具有普遍的意义和理论的价值。这两种批判在形式上有所不同，在思想上、理论上则是互相联系、互为补充的。《非国语》就是这后一种批判的代表著作。

隋唐五代时期的史学批评的发展，是史家主体意识增强的又一个突出表现。这时期的史学批评，从史学价值来看，刘知幾的《史通》是杰出的代表；从理论价值与社会意义来看，柳宗元的《非国语》，亦堪为代表。

《非国语》67 篇[①]，一般被看作是柳宗元的哲学著作，但它更是一部史学批评著作：评史事，评人物，评史家，评史书编撰，而于其中见作者的思想和旨趣。

柳宗元撰《非国语》，既有理论上的原因，又有社会实践方面的考虑。他在《非国语》序中写道：

> 左氏《国语》，其文深闳杰异，固世之所耽嗜而不已也；而其说多诬淫，不概于圣。余惧世之学者溺其文采而沦于是非，是不得由中庸以入尧舜之道，本诸理，作《非国语》。

"本诸理"，这就是从理论上的考虑。他在《非国语》书末跋文中又写道：

> 吾乃今知文之可以行于远也，以彼庸蔽奇怪之语，而黼黻之，金石之，用震曜后世之耳目，而读者莫之或非，反谓之近经，则知文者可不慎耶？呜呼！余黜其不臧，以救世之谬，凡六十七篇。

柳宗元担心后世读者不能看出其中错误，甚至把它抬高到近于经书的地步；他为了"救世之谬"，而作《非国语》。"救世之谬"，也还是从理论上说的。他撰《非国语》的社会实践的目的，在他给友人的两封书信中讲得很真切、具体。一是《与吕道州温论〈非国语〉书》，一

---

① 参见柳宗元：《柳河东集》卷四十四、卷四十五，是为《非国语》上、下卷，上海：上海人民出版社，1974 年，第 746～789 页。下引《非国语》，不另注。

是《答吴武陵论〈非国语〉书》。柳宗元在前一封书信的一开始就说："近世之言理道者众矣，率由大中而出者咸无焉。其言本儒术，则迂回茫洋而不知其适；其或切于事，则苛峭刻核，不能从容，卒泥乎大道。甚者好怪而妄言，推天引神，以为灵奇，恍惚若化而终不可逐，故道不明于天下，而学者之至少也。"这是指出当时从事政治活动的人缺少正确的治世之道的几种表现，最严重的当是"好怪而妄言，推天引神，以为灵奇"一类的人了。接着他再次讲了他对《国语》的看法，最后表示："苟不悖于圣道，而有以启明者之虑，则用是罪余者，虽累百世滋不憾而恧焉。"只要对世人有所启迪，他不担心因《非国语》之作而被加上种种罪名。一种强烈的社会责任感，使柳宗元产生了巨大的批判的勇气。在后一封书信里，他申述了自己的"以辅时及物为道"的志向，自永贞事件后这种志向已无法实现了，"然而辅时及物之道，不可陈于今，则宜垂于后。言而无文则泥，然则文者固不可少耶？"柳宗元是要通过著书来发挥他的"辅时及物之道"的社会影响和历史影响。他比喻《国语》的危害"是犹用文锦覆陷阱也，不明而出之，则颠者众矣"；他撰《非国语》，是"为之标表，以告夫游乎中道者焉"。这两封书信，除了继续讲到作者撰《非国语》的理论上的原因外，着重讲了在社会实践方面的目的和作者的深沉的用心。《非国语》撰于柳宗元被贬永州之后，作者以"身编夷人，名列囚籍"的"罪人"的身份，仍然具有这样的思想和抱负，实在难能可贵。

《非国语》据《国语》所记史事而择其"诬怪"、"阔诞"之处，予以分析、评论。其体例大致是先转录《国语》有关记载，继而在"非曰"之下"黜其不臧"，以明作者之意，内容广泛，笔锋犀利，文字简洁。像这样系统的、有强烈批评意识的、专就一部书进行评论的史学著作，在《非国语》以前尚不多见。作为史学批评的专书，《非国语》提出的主要理论问题是天人关系问题，历史发展中的因果关系问题，历史评价的标准问题，史家书法问题等。

——关于天人关系问题。这是《非国语》中最突出的部分和最重要的成果。据粗略统计，《非国语》67篇中约有三分之一的篇幅是批评《国语》在天人之际问题上的错误观点的，如《三川震》、《料民》、《神降于莘》、《问战》、《卜》、《杀里克》、《伐宋》、《祈死》、《襄神》诸篇，则尤为突出。

《非国语》在天人关系问题上的基本思想，是明确地否定"天命"的存在，同时指斥种种占卜、预言、梦寐、童谣与人事相比附的虚妄。如《国语·周语上》记：周幽王二年(公元前780)，"西周三川(按指泾、渭、洛三水)皆震。伯阳父曰：'周将亡矣！……夫国必依山川，山崩川竭，亡之征也。川竭，山必崩。若亡国不过十年，数之纪也。夫天之所弃，不过其纪。'是岁也，三川竭，岐山崩。十一年，幽王乃灭，周乃东迁。"《国语》所记"印证"了伯阳父说的"亡国不过十年"的话。此外，伯阳父还讲到自然条件跟国家盛衰、兴亡的关系，并且从历史上来论证这一看法。从今天的观点来看，在这一点上伯阳父所说未必没有一定的道理。但是，他这段话的基调是在宣扬"天命"，是为了证明"天之所弃，不过其纪"(按十年为一纪)的"天数"难逃，以及"天地之气，不失其序；若过其序，民乱之也"的"天人感应"论。这在《国语》宣扬"天人相合"的观点中是很典型的一段文字。柳宗元在《非国语·三川震》中批判了伯阳父的这些说法，认为：

> 山川者，特天地之物也；阴与阳者，气而游乎其间者也。自动自休，自峙自流，是恶乎与我谋？自斗自竭，自崩自缺，是恶乎为我设？彼固有所逼引而认之者，不塞则惑。

这就是说，自然界的运动、变化都是出自其内在的原因，既不是为人们做打算的，也不是为人们所安排的；自然界自身就存在着互相排斥和互相吸引的现象，而把这看作是与国家兴亡有关的征兆，那是太可笑了。柳宗元进而质问说：所谓"天之所弃，不过其纪"，那岂非更加荒谬！柳宗元不仅肯定"天地"为物质的自然存在，而且在自然运动问题上提出了"自"的观点，即自然自己运动的观点。柳宗元的这种自然自己的运动观，更含有朴素辩证法因素。在自然界运动的根源问题上，他继承并发展了王充的传统，肯定无穷的阴阳二气在宇宙间不断运动，必然呈现出各种形态（如"动"与"休"、"峙"与"流"等），它们并不受任何意志力的支配，而是"自动自休，自峙自流"、"自斗自竭，自崩自缺"，这八个"自"的四对命题是超越前人的理论。① 从历史理论的发展上来评价它，这具有重要的意义：第一，"天人之际"的问题，首先要辨明"天"是什么？是神，还是物？是有意志的，还是没有意志的？第二，是"天人相合"（"天人感应"），还是"天人相分"？第三，"人事"（社会、历史）变化的原因是什么（是"天"？是"圣人之意"？是"生人之意"？是"势"）？仅仅回答了这三个问题，关于"天人之际"的问题还没有完全解决，即"天"作为自然界，其运动的根源何在？柳宗元关于自然自己运动的观点，正确地回答了这个问题。这样，他就把司马迁提出"究天人之际"以来有关这方面的认识，推进到一个新的阶段。当人们不仅在对历史的认识中驱逐了"天命"的影响，而且也在对自然的认识中驱逐了"天命"的影响时，"天命"就无处藏身而最终失去欺骗的作用。《三川震》提出的创见，可以看作是古代历史理论在"天人相分"问题上走向更加成熟的标志。在其他有关各篇，柳宗元反复阐述了"天命"是不存在的。

柳宗元从否定"天"有意志进而批判一切怪异神奇之事。柳宗元从否定"天命"而旁及梦寐、卜史、童谣等与人事的关系，表明他把朴素的唯物主义思想贯穿到社会和历史方面，确比他的前辈们更加彻底。《非国语》中所包含的这一部分思想与《天说》、《天对》互相发明，构成柳宗元的唯物主义、无神论思想的独特的体系，亦是他把"天人相分"问题推进到比较完整的理论化形式。

——关于历史发展中的因果关系问题。历史现象是复杂的，有些历史现象之间存在着一定的联系，甚至有因果的关系；而有些历史现象之间并不存在这样的联系。《国语》一书，有时把本来并没有任何联系的历史现象生拉硬扯到一块，甚至说成是因果关系，其思

---

① 参见侯外庐：《柳宗元哲学选集》序，北京：中华书局，1964 年，第 5 页。

想认识上的根源仍是"天命论"。《非国语》对此有不少评论。如《国语》记周灵王二十二年(公元前550)，谷水、洛水暴涨，因为洪水冲击，王宫受到威胁。灵王打算堵塞洪水，以保王宫。太子晋认为不能这样做，讲了一大篇理由，并断言："王将防斗川以饰宫，是饰乱而佐斗也，其无乃章祸且遇伤乎？自我先王厉、宣、幽、平而贪天祸，至于今未弭。我又章之，惧长及子孙，王室其愈卑乎？其若之何？"灵王不听，命人堵塞洪水。《国语》接着写道："及景王多宠人，乱于是始生。景王崩，王室大乱。及定王，王室遂卑。"①这一段记载，是把灵王堵塞洪水这件事，跟后来景王时期的"乱于是始生"和定王时期的"王室遂卑"联系起来，视为因果关系。针对这一记载，柳宗元在《谷洛斗》篇中评论道：

> 谷洛之说，与"三川震"同。天将毁王宫而勿壅，则王罪大矣，奚以守先王之国？壅之诚是也。彼小子之诡诡者，又足记耶？王室之乱且卑，在德，而又奚谷洛之斗而征之也？

柳宗元尖锐地指出，《国语》的这个记载，同在《三川震》篇里他所批判的错误观点是一样的，即仍是宣扬"上天示警"的"天人感应"论。他认为灵王为保护王宫堵塞洪水的行动并没有什么不对；至于说王室的"乱"且"卑"，那完全是由于政治上的原因，怎么能以谷、洛二水相激这件事作为预兆呢！柳宗元这一段话的理论意义在于，他不是停留在就事论事的水平上，而是从《三川震》和《谷洛斗》所批判的错误观点上，上升到普遍性的认识。所谓"谷洛之说，与'三川震'同"，就是从对个别事物的认识上升到对一般事物的认识；在这里，也就是从具体的批判到理论的批判。柳宗元说的"彼小子之诡诡者，又足记耶？"当是从这个意义上提出来的。

---

① 《国语》卷三《周语下》，韦昭注，上海：上海古籍出版社，1978年，第110~113页。

在《非国语》有关类似的评论中，柳宗元坚持以唯物的观点来看待历史现象，包括事情的因果、国家的兴亡、人物的祸福等，反对把毫无关系的自然现象或社会现象联系到一起并用以说明历史现象的因果关系，反对以人们的言谈举止来判定人们的命运。他把这些统统斥为类似巫史的无稽之谈。这对于人们正确地认识历史现象和分析它们之间的内在的联系，是有理论上的启发作用的。

——关于历史评价的标准问题。《非国语》对一些史事和人物的评论，往往反映出柳宗元在历史评价上的独到的见解和他的历史评价的标准。如《国语·晋语二》记：晋国大夫里克杀死奚齐、卓子以后，派屠岸夷至狄地请公子重耳返国，重耳要狐偃拿主意。狐偃认为不可返国，说："以丧得国，则必乐丧，乐丧必哀生。因乱以入，则必喜乱，喜乱必怠德。"后来秦穆公派公子絷至狄，也请重耳返回晋国，重耳还是要狐偃拿主意。狐偃认为返国"不仁不信，将何以长利？"于是重耳没有返国，其弟夷吾却返国，是为惠公。柳宗元在《狐偃》篇就此事对狐偃做了评论，认为狐偃的主张是迂阔的。后来"晋国不顺而多败，百姓之不蒙福"，是狐偃失策所造成的，在柳宗元看来，狐偃不仅犯了"国虚而不知人"的错误，而且大讲乐、德、仁、信一类的空话，"徒为多言，无足采者"。这里实际上是提出了一个评价人物的标准：对于人物的言行，应以考察其实际效果为主，不能以仁、信一类的空话为根据。在《获晋侯》篇，柳宗元认为秦穆公听信了公孙枝不杀晋惠公而以惠公太子为晋国人质、以控制晋国的主张，[①]是"弃至公之道而不知求"，一心只想着分离惠公父子并从晋国得到一部分土地，是"舍大务小，违义从利也甚矣"，过分看重了眼前的一点小利，没有从长远的霸业上考虑。秦穆公倘能"以王命黜夷吾而立重耳，咸告于诸侯曰：'吾讨恶而进仁，既得命于天矣，吾将达公道于天下。'则天下诸侯无道者畏，有道德者莫不皆知严恭欣戴而霸秦矣"。这里，柳宗元又提出了一个评价人物的标准：评价政治人

---

① 《国语》卷九《晋语三》，韦昭注，上海：上海古籍出版社，1978 年，第 305～306 页。

物，应以其是否认清全局的形势并有恰当的举措为主，不能以其是否能够获得一点眼前的利益为根据。

在《非国语》中，还可以看出柳宗元在对历史人物的评价上往往以其是否"知变"为重要标准之一。如《命官》篇批评晋文公以旧姓掌近官、诸姬之良掌中官、异姓之能掌远官的用人政策[1]，提出用人应以"材"不以"姓"，而晋文公"不知变是弊俗以登天下之士"，可见其政策的浅薄。《救饥》篇则嘲笑晋国大夫箕郑提出用"信"来解救饥荒的主张，"是道之常，非知变之权也"。道理很显然："人之困在朝夕之内，而信之行在岁月之外。"以"信"救饥，是远水不能解近渴，是政治上的空谈。这两件事都讲到有关历史人物是否知"变"的问题：前一个"变"的范围大一些，是指对一种旧的制度的变革；后一个"变"是指在具体问题上的应变能力。评价历史人物，尤其是政治方面的历史人物，不应忽视其是否能顺应历史的变化而采取相应的步骤，也不应忽视其是否能把"道之常"与"变之权"结合起来。柳宗元在《董安于》篇提出了这样一个问题，即"自洁"和"谋国"、个人和大局的关系，也是评价历史人物的一个标准。董安于是晋国大夫赵简子的家臣，在晋国一次内乱而引起的下邑之役中，他立有战功。赵简子要奖赏他，他说过去做了许多好事，主人都没有特别看重，这次我像是得了狂疾一样不顾生命危险去作战，就说要奖赏，这种奖赏不如不要。他终于拒绝了赵简子对他的奖赏。针对这样一件小事，柳宗元评论道：

> 功之受赏也，可传继之道也。君子虽不欲，亦必将受之。今乃遁逃以自洁也[2]，则受赏者必耻。受赏者耻，则立功者怠，国斯弱矣。君子之为也，动以谋国。吾固不悦董子之洁也。其言若怼焉，则滋不可。

---

[1] 《国语》卷十《晋语四》，韦昭注，上海：上海古籍出版社，1978年，第310页。

[2] 按董安于有"不如亡"之语，意谓"不如无"；宗元释"亡"为"遁逃"，误。

柳宗元认为，一个人不能为了"自洁"而有功不受赏，以致造成"受赏者耻"的舆论和风气，那样国家就要衰弱了。因此，他指出："功之受赏也，可传继之道也。"而"董子之洁"是不值得称道的，因为它可能会造成一种消极的社会效果。这里就涉及"自洁"和"谋国"、个人和大局孰轻孰重的问题了，也涉及主观愿望和客观效果的关系问题。在柳宗元看来，无疑应以"谋国"和大局为主来评价历史人物言行的功过得失，而不应拘于董安于式的"自洁"。

柳宗元在《非国语》中反映出来的历史评价的理论，具有鲜明的现实感。这些评论，或表达了他的政治抱负，或借以讽喻时政。或启迪人们对是非的辨别，使人们在对历史的评价中受到教育。

——关于史家作史态度及书法问题。《非国语》不仅在历史理论上和历史评价上有不少独到的见解，它们大多针对《国语》所记内容而发；而且在史学理论上也有广泛的涉及，它们大多针对《国语》作者而发。这后一部分评论，仍然是从批评的角度来提出问题，所论则多关于史家作史态度及书法问题。综观《非国语》在这方面的评论，大致有四个方面的内容：

第一，批评《国语》作者记事"迂诞"。如《神降于莘》篇："斯其为书也，不待片言而迂诞彰矣！"《卜》篇："左氏惑于巫而尤神怪之，乃始迁就附益，以成其说，虽勿信之可也"等。这是指出《国语》作者有神论思想的危害，以致把"迂诞"、"神怪"之事以及巫者之言用来附会人事，写入史书，这种记载是不可信的。

第二，批评《国语》作者把预言当作历史，并拼凑"证据"，宣扬宿命论。如柳宗元在《灭密》篇批评密国康公之母关于命数的谈话，而"左氏以灭密征之，无足取者"。《不藉》篇指出《国语》作者把"宣王不藉千亩"跟后来"战于千亩，王师败绩于姜氏之戎"联系起来，显然是附会之说："败于戎，而引是以合焉，夫何怪而不属也？"柳宗元甚至认为，所谓"战于千亩"当是杜撰出来的，所以他写道："又曰'战于千亩'者，吾益羞之。"《国语·晋语二》记了这样一件事：周襄王元年（公元前651），齐桓公盟诸侯于葵丘。晋献公将与会，途中遇到周王卿士宰孔。宰孔先是挑拨齐、晋关系，阻止献公赴会；然后又对自己手下的人说："晋侯（按指献公）将死矣！……今晋侯不量齐德之丰否，不度诸侯之势，释其闭修，而轻于行道，失其心矣。君子失心，鲜不夭昏。"《国语》作者在写了这一段话后接着写道："是岁也，献公卒。"柳宗元在《宰周公》篇中批评说："假令一失其道以出，而以必其死，为书者又从而征之，其可取乎？"这里说的"无足取者"、"吾益羞之"、"其可取乎"，等等，都是批评《国语》作者把毫无根据的预言当作真实的历史看待，以至从历史记载上来"证明"这些预言的不诬，这种作史态度是不可取的。

第三，批评《国语》作者把"后之好事者为之"当作当时的历史写入史书。如《葬恭世子》篇批评晋国国人歌谣和郭偃预言，说什么14年后重耳就可以回国图霸了，等等，"是好事者追而为之，未必郭偃能征之也"。柳宗元认为，人们对于"政之善恶"的议论，不是不可以写入史书的，因为这关系到一个国家的利害得失，但是他反对把后来的"好事者"的杜撰当作真实历史加以记载。《乞食于野人》篇也是批评《国语》作者的这种书法：重耳在外流亡12年，一次乞食于野人，后者以土块与之，重耳大怒。狐偃乃据此事预言12年后重耳可以得到这块土地。柳宗元指出："是非子犯（狐偃）之言也。后之好事者为之。"这两个例子说明柳宗元对于史料的鉴别是非常认真而又十分敏感的，哪些记载确是当时发生的事情，哪些记载确是"后之好事者为之"进行附会牵合的事情，他都详加分辨，予以澄清。他对《国语》的这一批评，是中国史学家求实精神之优良传统的突出表现。

第四，批评《国语》作者还存在一些书不当书之处。如《筮》篇认为：晋国司空季子"博而多言，皆不及道者，又何载焉？"这是反对以空言入史。《国语》记："叔鱼生，其母视之，曰：'是虎目而豕喙，鸢肩而牛腹，溪壑可盈，是不可餍也，必以贿死。'遂不视。杨食我生，叔向之母闻之，往，及堂，闻其号也，乃还，曰：'其声，豺狼之声，终灭羊舌氏之宗者，必是子也。'"①这一荒唐的记载，显然也是后人附会之词，带着浓厚的宿命论色彩。柳宗元在《叔鱼生》篇尖锐地批评这一记载：

> 君子之于人也，听其言而观其行，犹不足以言其祸福，以其有幸有不幸也。今取赤子之形声以命其死亡，则何耶？或者以其鬼事知之乎？则知之未必贤也，是不足书以示后世。

柳宗元主张用唯物的观点来看待历史和撰写历史，对于人的判断也是如此；像这样毫无根据的说法，是不值得写入史书给后人去读的。这些，是柳宗元对于史学工作所怀抱着的认真的精神和严肃的感情。

此外，柳宗元还指出《国语》记事有自相矛盾的地方，有"嗜诬"前人的地方，也有粉饰前人的地方，甚至还批评《春秋》记事有不真实之处。②

《非国语》一书是柳宗元的史学批评的代表著作。在这部书里，柳宗元对史家的历史观点、历史见识、历史评价的标准，以及史家对史料的鉴别和运用、书法当否，都有所论及；所论主旨，是反复强调历史撰述的真实性和严肃性。在他以前，除刘知幾外，还没有别的史家能够这样全面地、具体地来总结史学工作在这些方面的经验教训，并从历史理论上提出这么多问题。刘知幾《史通》是一部杰作，其成就主要在史学理论方面；柳宗元《非国语》也是一部杰作，其成就主要在历史理论方面。这是刘、柳在中国史学上的贡献之不同之处。然而《史通》和《非国语》的历史命运却有某些相似之处：《史通》问世后，晚唐人柳璨"以刘子玄（知幾）所撰《史通》议驳经史过当，

---

① 《国语》卷十四《晋语八》，韦昭注，上海：上海古籍出版社，1978年，第453页。韦注：叔鱼"后为赞理，受雍子女而抑邢侯，邢侯杀之"。"食我既长，党于祁盈，盈获罪，晋杀盈及食我，遂灭邢氏、羊舌氏，在鲁昭二十八年。"

② 参见《非国语》的《韩宣子忧贫》、《料民》、《长鱼矫》、《荀息》等篇。

纪子玄之失，别纂成十卷，号《柳氏释史》"①。《非国语》问世后，既有人反其道而行之作《是国语》②，更有人针锋相对地作《非〈非国语〉》。如宋人江惇礼撰《〈非国语〉论》，苏轼表示赞同说："鄙意素不然之，但未暇为书尔。"③元人虞集之弟槃"尝读柳子厚《非国语》，以为《国语》诚非，而柳子之说亦非也，著《非〈非国语〉》"④。这种情况，正表明了刘、柳的史学批判精神所产生的历史影响。

---

① 刘昫等：《旧唐书》卷一百七十九《柳璨传》，北京：中华书局，1975 年，第 4469 页。

② 《宋史·艺文志一》春秋类著录："叶真《是国语》七卷"。

③ 苏轼：《东坡续集》卷五《与江惇礼秀才》，《四部备要》第 77 册，北京：中华书局，1989 年，第 726 页。

④ 宋濂等：《元史》卷一百八十一《虞集传》附《虞槃传》，北京：中华书局，1976 年，第 4174 页。

第五章　历史意识与史学意识的深化
——宋辽金史学

宋辽金时期(916—1279)，中国史学的发展进入到一个新的阶段。这个阶段史学的主要特点，是史家的历史意识与史学意识更加趋于深化。其主要标志是忧患意识、会通意识、史学批评意识和历史认同意识都有明显的表现与发展。两宋史家的忧患意识在通史撰述、本朝史撰述、史论撰述等方面均有深刻的反映。会通意识主要反映在通史撰述方面，出现了司马光的《资治通鉴》和郑樵的《通志》两部名作。由《资治通鉴》而又孳生出纲目体和纪事本末体史书，朱熹《资治通鉴纲目》和袁枢《通鉴纪事本末》是这方面很有影响的成果。对当世社会历史问题的关注，是这个时期史学活动的突出特点之一，李焘的《续资治通鉴长编》、李心传的《建炎以来系年要录》、徐梦莘的《三朝北盟会编》是这方面的巨制。史家对前朝史的改作和撰写，有《新唐书》、《旧五代史》、《新五代史》三部"正史"。会要体史书有了突出的发展，内容上既有关于前朝的，也有关于本朝的。由于民族关系的纷繁、地方经济文化的进步和中外交通的发展，关于这方面的著作也多了起来。这时期在历史文献学方面的成就，不论在勘误、考异、辨伪各项，在目录书的成果上，还是在金石、考古领域，都有令人瞩目的著作面世。两宋学人对史学批评有浓厚的兴趣，史学家、思想家、目录学家纷纷提出了一些有价值的史学批评的理论和方法，对推动史学和史学批评的发展产生了积极的影响。

辽金史学同两宋史学有非常密切的联系，它一方面表现出自身的民族特点，另一方面又鲜明地反映出对于多民族国家历史的认同，是中国史学反映统一的多民族国家之历史进程的重要组成部分。

关于西夏的史学，目前所知甚少，只好暂付阙如。

第一节　两宋史家的忧患意识

一、史家的忧患意识传统

中国古代史家，历来有一种忧患意识。这种意识，主要表现为对于朝代、国家的兴亡盛衰的关注，以及对于社会治乱、人民生活的关注。这是同史学的本质与功能密切相关的。这是因为，史学家对于历史的认识，往往是和对于现实的认识联系起来的，故而从史学家对于历史和现实的认识来看，常常反映出他们对于社会的前途、命运的忧患意识，这在很大程度上成为他们决心致力于历史撰述的一个思想基础。孟子说："世衰道微，邪说暴行有作，臣弑其君者有之，子弑其父者有之。孔子惧，作《春秋》。"[1]这就反映了孔子作《春秋》时的一种忧患意识。司马迁父子撰述《史记》的最初动机，是出于对史职的忠诚和执着。这就是司马谈对司马迁说的一番话："今汉

---

①　《孟子》卷六《滕文公下》，杨伯峻译注，北京：中华书局，1960年，第155页。

兴，海内一统，明主贤君、忠臣死义之士，余为太史而弗论载，废天下之史文，余甚惧焉，汝其念哉！"①司马谈之所惧，是"废天下之史文"的问题；然而，当司马迁进入到具体的撰述之中的时候，他的思想已不只是集中在"史文"问题上了，他对汉武帝统治下的社会前途表现出深深的忧虑。读《史记·平准书》可以看到在司马迁的史笔之下，极盛时期的汉武帝统治面临着许多新的问题，显示出作者的忧患意识是多么的深沉。司马迁当然有秉承父亲的遗志，着重写出汉兴以来"明主贤君"的抱负，可是当他考察了汉武帝统治时期的社会历史时，他就不能只是赞扬和称颂了，他的严肃的史学家的批判之笔也不能不时时触到汉武帝本人。这同巴尔扎克所写的《人间喜剧》有一定的相似之处："当他让他所深切同情的那些贵族男女行动的时候，恰恰是这个时候，他的嘲笑空前尖刻，他的讽刺空前辛辣。"②我们读《史记·封禅书》，就会感到司马迁的嘲笑和讽刺是何等的尖刻与辛辣。这种嘲笑和讽刺正是对于"宗室有土公卿大夫以下，争于奢侈，室庐舆服僭于上，无限度"③的时尚之深深忧虑的集中反映。

司马迁处在西汉由鼎盛开始走向衰落的时期，他的深邃的历史眼光使他看到了这一变化，故而发出了"物盛而衰，固其变也"的感叹。唐代史家吴兢也有大致相仿的经历。吴兢生活在唐代武则天至唐玄宗时期，他目睹了唐代盛世即"开元盛世"，同时也敏感地觉察到唐玄宗开元后期滋生起来的政治上的颓势。于是，他写出了著名的《贞观政要》一书。吴兢从玄宗时大臣源乾曜、张嘉贞任相职时"虑四维之不张，每克己励精，缅怀故实，未尝有乏"的做法中得到启发，认为唐太宗时期的"政化"，"良足可观，振古而来，未之有也"，所以决心写一本反映唐太宗贞观年间政治统治面貌的专书。吴兢认

---

① 司马迁：《史记》卷一百三十《太史公自序》，北京：中华书局，2013 年，第 3973 页。
② 恩格斯：《致玛·哈克奈斯》，《马克思恩格斯选集》第 4 卷，北京：人民出版社，1995 年，第 684 页。
③ 司马迁：《史记》卷三十《平准书》，北京：中华书局，2013 年，第 1706 页。

为，此书"人伦之纪备矣，军国之政存焉"，其义在于"惩劝"。吴兢对于此书在政治上的作用有充分的信心。他说："庶乎有国有家者克遵前轨，择善而从，则可久之业益彰矣，可大之功尤著矣，岂必祖述尧、舜，宪章文、武而已哉！"①可见，史学家吴兢是很"现实"的：与其侈谈尧、舜、文（王）、武（王），不如就从学习本朝"贞观之治"做起。他这种现实的态度，既是对唐太宗时"政化"的仰慕，又是出于对唐玄宗开元后期李林甫、杨国忠辈当政的忧虑。此书以《君道》开篇，以《慎终》结束，也反映出这位被当时人誉为董狐式的史学家的忧患意识。他在《上〈贞观政要〉表》中，把这种忧患意识表述得更加明显了，他说："望纡天鉴，择善而行，引而申之，触类而长之。……伏愿行之而有恒，思之而不倦，则贞观巍巍之化可得而致矣！"《贞观政要》这部书在晚唐以后的历代政治生活中产生了一定的影响。唐宣宗是晚唐时期一位尚有作为的皇帝，史家对他有较好的评论。史载，唐宣宗曾经"书《贞观政要》于屏风，每正色拱手而读之"②。辽、金、元三朝统治者，都曾把《贞观政要》译成本民族文字，认真披览。

二、两宋史家的忧患意识与历史撰述

两宋史家的忧患意识，既有史家忧患意识传统的影响，又有时代情势的激发，因而显得十分突出。

北宋立国，积贫积弱，士大夫阶层的忧患意识显得格外凝重。范仲淹在《岳阳楼记》中，写出了这种忧患意识的深沉境界，他写道：

> 嗟夫！予尝求古仁人之心，或异二者之为，何哉？不
> 以物喜，不以己悲。居庙堂之高，则忧其民；处江湖之远，

---

① 吴兢：《贞观政要》序，上海：上海古籍出版社，1978年，第1页。
② 司马光：《资治通鉴》卷二百四十八"唐宣宗大中二年"，北京：中华书局，1956年，第8032页。

则忧其君；是进亦忧，退亦忧。然则何时而乐耶？其必曰：
先天下之忧而忧，后天下之乐而乐！①

这种"进亦忧，退亦忧"、"先天下之忧而忧，后天下之乐而乐"的意识与境界，在当时和后世都有很大的影响，《岳阳楼记》因此而成为千古不朽的名篇。

王安石是继范仲淹之后的又一位改革家，他在推行变法之前的一份《上皇帝万言书》中，分析了当时种种社会矛盾，披露了他的重重忧虑。《万言书》提出的社会问题是：

> 臣窃观陛下有恭俭之德，有聪明睿智之才，夙兴夜寐，无一日之懈，声色狗马，观游玩好之事，无纤介之蔽，而仁民爱物之意，孚于天下，而又公选天下之所愿以为辅相者，属之以事，而不贰于谗邪倾巧之臣，此虽二帝、三王之用心，不过如此而已，宜其家给人足，天下大治。而效不至于此，顾内则不能无以社稷为忧，外则不能无惧于夷狄，天下之财力日以困穷，而风俗日以衰坏，四方有志之士，谒谒然常恐天下之久不安。此其故何也？患在不知法度故也。②

值得注意的是，王安石在这里道出了"四方有志之士，谒谒然常恐天下之久不安"的忧患意识，这种忧患意识已超出了个人的思想与器局，而具有一定的社会意义。

北宋史家的忧患意识正是在这样的条件下生成和发展的。同政治家比较起来，史学家的忧患意识具有更加突出的历史感，司马光《历年图序》深刻地反映了这种历史感，他写道：

---

① 范仲淹：《范文正公集》卷七，四部丛刊初编本，上海：上海书店，1989 年，第 4 页。
② 王安石：《王文公文集》卷一，上海：上海人民出版社，1974 年，第 1 页。

臣光拜手稽首曰：臣闻《商书》曰："与治同道，罔不兴；与乱同事，罔不亡。终始慎厥与，惟明明后。"《周书》曰："我不可不监于有夏，亦不可不监于有商。我不敢知曰：有夏服天命，惟有历年。我不敢知曰：不其延。惟不祗厥德，乃早坠厥命。我不敢知曰：有商受天命，惟有历年。我不敢知曰：不其延。惟不祗厥德，乃早坠厥命。"盖言治乱之道，古今一贯，历年之期，惟德是视而已。臣性愚学浅，不足以知国家之大体，然窃以简策所载前世之迹占之，辄敢冒死妄陈一二。……

夫道有失得，故政有治乱；德有高下，故功有大小；才有美恶，故世有兴衰。上自生民之初，下逮天地之末，有国家者，虽变化万端，不外是矣。三王之前，见于《诗》、《书》、《春秋》，愚臣不敢复言。今采战国以来，至周之显德，凡小大之国所以治乱兴衰之迹，举其大要，集以为图。每年为一行，六十行为一重，五重为一卷；其天下离析之时，则置一国之年于上，而以朱书诸国之君及其元年系于其下；从而数诸国之年，则皆可知矣。凡一千三百六十有二年。离为五卷，命曰《历年图》，敢再拜稽首，上陈于黼扆之前；庶几观听不劳而闻见甚博，善可为法，恶可为戒，知自古以来，治世至寡，乱世至多，得之甚难，失之甚易也。……《易》曰："君子安不忘危，存不忘亡，治不忘乱。"《周书》曰："制治于未乱，保邦于未危。"今人有十金之产者，犹知爱之；况为天下富庶治安之主，以承祖宗光大完美之业，呜呼，可不戒哉！可不慎哉！①

这是司马光在撰写《资治通鉴》之前所撰写的一段文字，从中可以看

---

① 司马光：《稽古录》卷十六，王亦令点校，北京：中国友谊出版公司，1987 年，第 649、652～653 页。

出，史学家同政治家对世事的忧患是相通的。司马光同王安石政见不合，而在忧患意识方面，却并无二致。宋神宗一方面任用王安石变法，另一方面又慨然为司马光所主编的史书作序，并赐名为《资治通鉴》，正可表明其间的相通之处。

北宋史家忧患意识的深沉历史感，同样也包含着强烈的时代感。史学家范祖禹是司马光撰《资治通鉴》的助手之一，著有《唐鉴》一书。他在此书序文中讲到唐代历史的经验教训和他撰写此书的目的时指出：

> 昔隋氏穷兵暴敛，害虐生民。其民不忍，共起而亡之。唐高祖以一旅之众，取关中，不半岁而有天下，其成功如此之速者，因隋大坏故也。以治易乱，以宽易暴，天下之人归往而安息之。方其君明臣忠，外包四荒，下遂万物，此其所由兴也。其子孙忘前人之勤劳，天厌于上，人离于下，宇内圮裂，尺地不保，此其所由废也。其治未尝不由君子，其乱未尝不由小人，皆布在方策，显不可掩。然则今所宜监（鉴），莫近于唐。①

他认为唐皇朝的兴废治乱之迹，对于北宋皇朝来说，是最切近的事情，所以提出"今所宜监，莫近于唐"的认识。这跟上述吴兢认识历史的方法有相似之处。范祖禹又略述北宋开国后百余年的历史，并不无深意地说："夫唐事已如彼，祖宗之成效如此。然则今当何监，不在唐乎！今当何法，不在祖宗乎！夫惟取监于唐，取法于祖宗，则永世保民之道也。"②其忧患意识正寓于其深意之中。

南宋时期，因朝代更迭、政治形势骤变而激发了史学家的忧患意识，他们受着"伤时感事，忠愤所激"的政治、文化氛围的影响，

---

① 范祖禹：《唐鉴》序，上海：上海古籍出版社，1981年，第1～3页。
② 范祖禹：《唐鉴》卷十二，上海：上海古籍出版社，1981年，第349页。

矢志著书，以存信史，以寄忧思，以警后人。史学家李焘撰《续资治通鉴长编》980 卷（今存 520 卷），徐梦莘撰《三朝北盟会编》250 卷，李心传撰《建炎以来系年要录》200 卷，都是属于两宋之际的本朝史或"当代史"，都是"忧世"、"泣血"之作。史载李心传曾向宋理宗谏言，分析政治与天灾的关系，指出：

> 陛下愿治，七年于此，灾祥饥馑，史不绝书，其故何哉？朝令夕改，靡有常规，则政不节矣；行赏居送，略无罢日，则使民疾矣；陪都园庙，工作甚殷，则土木营矣；潜邸女冠，声焰兹炽，则女谒盛矣；珍玩之献，罕闻却绝，则包苴行矣；鲠切之言，类多厌弃，则谀夫昌矣。此六事者，一或有焉，犹足以致旱。愿亟降罪己之诏，修六事以回天心。群臣之中有献聚敛剽窃之论以求进者，必重黜之，俾不得以上诬圣德，则旱虽烈，犹可弭也。然民怨于内，敌逼于外，事穷势迫，何所不至！陛下虽谋臣如云，猛将如雨，亦不知所以为策矣。①

李心传曾先后两次因言而罢官，联系上述引文，可以想见其为人。唯其如此，"有史才，通故实"的李心传，在他的历史著作中自然蕴含着深刻的忧患意识。

这个时期的另一位史学家袁枢，把编年体的《资治通鉴》创造性地改撰成纪事本末体的《通鉴纪事本末》，也寄寓了他的"爱君忧国之心，愤世疾邪之志"。故当时的诗人杨万里说："今读子袁子此书，如生乎其时，亲见乎其事，使人喜，使人悲，使人鼓舞。未既，而继之以叹且泣也！"②反映出史书所能产生的社会影响，也折射出史学家忧患意识的感染力。

---

① 脱脱等：《宋史》卷四百三十八《儒林传八·李心传传》，北京：中华书局，1977 年，第 12985 页。

② 袁枢：《通鉴纪事本末》序，北京：中华书局，1964 年，第 1 页。

如果说历史运动是两宋史家历史撰述的客观动因的话，那么，史家的忧患意识可以看作是两宋史家历史撰述的主观动因；当然，史家的主观动因，归根结底，还是受到时代的激励和历史传统的影响。

三、关于史家之忧的思考

宋代史家还从一般的意义上对史家之忧做进一步思考，从而拓展了关于这个问题的理论空间。

苏辙曾说："父兄之学，皆以古今成败得失为议论之要。"[①]苏洵、苏轼、苏辙号称"三苏"，以文学名于世，但他们确与史学有密切关系。苏洵撰有《史论》三篇，他在上篇中写道：

> 史何为而作乎？其有忧也。何忧乎？忧小人也。何由知之？以其名知之。楚之史曰《梼杌》；梼杌，四凶之一也。君子不待褒而劝，不待贬而惩，然则史之所惩劝者独小人耳。仲尼之志大，故其忧愈大。忧愈大，故其作愈大。是以因史修经，卒之论其效者，必曰"乱臣贼子惧"。由是知史与经皆忧小人而作，其义一也。[②]

通观全篇，苏洵主要是阐述他对经与史的关系的见解，但他起首便讲到了史家之忧及忧之所在的问题。苏洵认为，史家之忧是"忧小人"，因为只有"小人"才需要惩劝，而君子则无须褒贬便能自觉懂得惩劝的。他还以"梼杌"是四凶之一及孔子作《春秋》而"乱臣贼子惧"为根据，来证明他的这个见解。

苏洵把史家作史的原因归结为"其有忧"、把忧之所在归结为"忧小

---

① 郭预衡主编：《唐宋八大家散文总集》卷十，石家庄：河北人民出版社，1995年，第6886页。

② 郭预衡主编：《唐宋八大家散文总集》卷四，石家庄：河北人民出版社，1995年，第2668页。

人"的见解，显然是过于狭隘了。他以楚国国史《梼杌》之名为证，亦甚牵强，一则与晋之《乘》、鲁之《春秋》不相符合，二则"梼杌"也是古代传说中的神名之一。① 孟子说过"孔子成《春秋》而乱臣贼子惧"②的话，但这并不意味着史书只是用来惩劝"小人"而与"君子"无关。晋国的韩宣子曾到鲁国"观书于大史氏，见《易》、《象》与《鲁春秋》"③。孔子本人也读史书，所以他说"吾犹及史之阙文也"④。至于《春秋》，绝不只是给"乱臣贼子"读的，正如司马迁所说，"为人君父"、"为人臣子"者，都"不可以不知《春秋》"、不可以"不通于《春秋》之义"⑤。从司马迁父子作史的旨趣来看，他们的境界之高、视野之广，与苏洵所论确有天壤之别。尽管如此，苏洵提出了史家之忧的问题还是有意义的；倘若考虑到他所处的时代及其所关注的时势，对他的上述见解或许就不会过于苛责了。苏洵在《远虑》一文中论君臣关系和"社稷之忧"，从另一个方面透露出了他的忧患之心。他写道：

> 近世之君抗然于上，而使宰相眇然于下，上下不接，而其志不通矣。臣视君如天之辽然而不可亲，而君亦如天之视人，泊然无爱之之心也。是以社稷之忧，彼不以为忧；社稷之喜，彼不以为喜。君忧不辱，君辱不死。一人誉之则用之，一人毁之则舍之。宰相避嫌畏讥且不暇，何暇尽心以忧社稷？数迁数易，视相府如传舍。百官泛泛于下，而天子茕茕于上。一旦有猝然之忧，吾未见其不颠沛而殒越也。⑥

① 《国语》卷一《周语上》："商之兴也，梼杌次于丕山"，韦昭注，上海：上海古籍出版社，1978 年，第 30 页。

② 《孟子》卷六《滕文公下》，杨伯峻译注，北京：中华书局，1960 年，第 155 页。

③ 《左传·昭公二年》，杨伯峻编著，北京：中华书局，1981 年，第 1330 页。

④ 《论语》第十五《卫灵公》，杨伯峻译注，北京：中华书局，1980 年，第 167 页。

⑤ 司马迁：《史记》卷一百三十《太史公自序》，北京：中华书局，2013 年，第 3975 页。

⑥ 郭预衡主编：《唐宋八大家散文总集》卷四，石家庄：河北人民出版社，1995 年，第 2633 页。

显然，这种君臣关系和用人原则，令人堪忧，而且的确是属于"社稷之忧"的范围。苏洵还强调指出，从历史上看，君主只有任用"腹心之臣"，才可应天下"不测之变"。可见苏洵所关注的"社稷之忧"已突破了他所尊崇的史家之忧了。

值得注意的是，苏洵关于君臣关系之忧等，是有与之共鸣的人的。曾巩与宋代史学关系十分密切，并担任过史馆修撰之职。曾巩之忧当是史家之忧的一种反映，而他的一些见解恰与苏洵有相同之处。曾巩在《说遇下》一文中写道：

> 近世自王公大臣之进见，皆俯首侧身，屏息以听仪相者疾呼姓名敕进，使拜舞已，则立而侍。设有宴享，则郎中以降皆坐于庑下，与工祝为等件，王者遇之，体貌颜色未尝为之变也，而曾起且下，又不名乎。其于进退疾病死丧，本尝皆备其礼也。自公卿莫能得其从容，而况于疏远之臣庶乎？上下之情间然可知矣。至有罪故，则又困辱而刑之。此所以使偷安幸进之利深，无节自薄之俗胜，百官之于上，苟若而已，能无因败而利之者邪？国家之治最甚已，可无变欤？①

如果苏洵所披露的君臣关系的淡漠还比较含蓄的话，那么曾巩所描述的这种关系就十分形象、具体了。可以想见，这种关系笼罩下的政治绝不会是强有力的政治，因此其应付各种事变的能力和效率必然受到很大的限制。曾巩的这些见解，确乎是"社稷之忧"，反映了他深刻的忧患意识。宋朝积贫积弱局面的形成，同最高统治集团的思想状态、运转机制有极大的关系。这一点，是应当重新做出估量的。曾巩在关于用人问题上，也同苏洵有类似的见解。他在《治之难》一文中指出："治世非无小人也，其信正人也，固其相参非庸者

---

① 郭预衡主编：《唐宋八大家散文总集》卷四，石家庄：河北人民出版社，1995年，第2859页。

也，虽有，正人弗病也。"反之，情况就不一样了，"可得天下国家之安乎?"他根据汉代正反两个方面的经验，认为："呜呼! 治之难也。以此视天下者，不观小人、正人、贵贱、升黜，观其用否如何耳，则治乱审矣。"从这些话来看，曾巩所论与苏洵也有不同之处，苏洵是"忧小人"，曾巩认为"小人"、"正人"总是会有的，而所当忧的是"用否如何"，这就比较切合实际了。

诚然，同曾巩比较起来，欧阳修的忧患意识也是史家之忧的突出反映。欧阳修曾撰《原弊》一文，指出：

> 昔者用常有余而今常不足，何也? 其为术相反而然也。
> 昔者知务农又知节用，今以不勤之农赡无节之用故也。非
> 徒不勤农，又为众弊以耗之；非徒不量民力以为节，又直
> 不量天力之所任也。

昔者"常有余"、今者"常不足"的差别，是不同的政策所造成的；而造成"今"与"昔"政策上变化的具体根源又在于"众弊"的存在。"何为众弊? 有诱民之弊，有兼并之弊，有力役之弊。"但是，弊端还不止于此。欧阳修进一步指出：

> 夫此三弊，是其大端。又有奇邪之民去为浮巧之工，
> 与夫兼并商贾之人为僭侈之费，又有贪吏之诛求，赋敛之
> 无名，其弊不以尽举也。既不劝之使勤，又为众弊以耗
> 之。……天下几何其不乏也![1]

众弊丛生，天下匮乏，这不能不说是十分严重的"社稷之忧"、"天下之忧"。欧阳修还进而分析了"不量民力以为节"关键是"未尝量民力

---

① 郭预衡主编：《唐宋八大家散文总集》卷二，石家庄：河北人民出版社，1995 年，第 1032 页。

而制国用"，"不量天力之所任"即"不知水旱之谓也"。他在本文末了写道："今士大夫方共修太平之基，颇推务本以兴农，故辄原其弊而列之，以俟兴利除害者采于有司也。"这反映了史家之忧的积极意向。

综上，可以做以下两点概括：第一，史家之忧，充分说明史家都是关注现实社会的前途命运的；第二，史家之忧，说到底是以社会之忧为忧，以天下之忧为忧。中国史学的这一特点，在两宋时期甚为突出。

第二节 《资治通鉴》——编年体通史巨著

一、司马光主修《资治通鉴》

唐代史家在通史撰述方面做了许多努力，也写出了一些运用各种体裁表述的通史著作，除典制体通史《通典》外，其余大多散佚。唐代史家的这种努力和成果，推动了两宋时期通史撰述的发展。

《资治通鉴》是司马光主持下，刘恕、范祖禹、刘攽分撰，最后由司马光总纂删定的通史巨著，它代表着北宋史学的最高成就。

司马光(1019—1086)，字君实，北宋陕州夏县(今属山西)涑水人，世称涑水先生。历仕仁宗、英宗、神宗、哲宗四朝，晚年官至尚书左仆射兼门下侍郎(宰相)，为废除熙、丰新法的主要政治人物。司马光开局修史，始于英宗治平三年(1066)"奉敕编集历代君臣事迹"。次年，英宗死，神宗即位，提前为其书作序，并赐书名曰"资治通鉴"。熙宁三年(1070)，因与王安石政见不合，坚辞朝官而出知永兴军(治今陕西西安)，次年至洛阳，乞就冗官，获准"以书局自随，给之禄秩，不责职业"①。至元丰七年(1084)，书成进上，首尾凡19年。

---

① 司马光：《进〈资治通鉴〉表》，《资治通鉴》卷末，北京：中华书局，1956年，第9607页。

《资治通鉴》是一部编年体通史，共294卷，上起战国时期韩、赵、魏三家分晋（公元前403），以示"周虽未灭，王制尽矣"，下迄五代周世宗显德六年（959），以衔本朝国史，记述了其间1362年的史事。另有《目录》30卷，"略举事目，年经国纬，以备检寻"；《考异》30卷，"参考群书，评其同异，俾归一途"。《目录》相当于大事编年，《考异》是说明文献取舍之故，与本书相辅而行。编年体史书，发端于先秦时期的《春秋》、《左传》，汉以后以荀悦《汉纪》、袁宏《后汉纪》最为知名，是编年体皇朝史的佳作。《新唐书·艺文志》著录"编年类"史书，凡41家、48部、947卷。实际数字，当不止于此。唐人作编年体通史的，主要有萧颖士、马总、姚康3人。姚书称为《统史》，"上自开辟，下迄隋朝"，是一部300卷的巨制。后萧、姚之书散佚，只有马总的《通历》尚存残卷。《资治通鉴》的产生，是中国编年体史书长期发展的结果，清人章学诚说："合纪传之互文，而编次总括乎荀、袁，司马光《资治通鉴》作焉。"[①]他是在讲到"史部之通"的"极盛"状况时这样说的。从章学诚的论点来看，《资治通鉴》在体裁上有三个特点：第一，它把两汉以来历代纪传体史书的内容综合起来，并使分散于纪、传之中的同一史事得以集中地反映出来。第二，它总括了《汉纪》、《后汉纪》等编年体皇朝史的成果。第三，它同纪传、典制、文征等几种体裁的通史代表作一道，把史学上的通史撰述推进到新的阶段。从这些方面来看，《资治通鉴》无愧是中国史学上编年体史书的总结性成果。

《资治通鉴》扩大了编年体史书的容量，它所记千余年史事，连贯而丰富。《资治通鉴》的内容，以政治、军事、民族关系等为主，兼及社会经济、文化和各方面的代表性历史人物。全书以历代统治的盛衰得失为叙述中心。司马光自述本书的内容及主旨是："每患迁、固以来，文字繁多，自布衣之士，读之不遍，况于人主，日有

---

① 章学诚：《文史通义》卷四《释通》，叶瑛校注，北京：中华书局，1985年，第397页。

万机,何暇周览！臣常不自揆,欲删削冗长,举撮机要,专取关国家盛衰,系生民休戚,善可为法,恶可为戒者,为编年一书,使先后有伦,精粗不杂",从而达到"鉴前世之兴衰,考当今之得失,嘉善矜恶,取是舍非,足以懋稽古之盛德,跻无前之至治"①的目的。可见,司马光是把国家的盛衰、政治的得失、统治人物的政策和行为的善恶、生民的休戚等政治大事,作为《资治通鉴》的主要内容。兵力的强弱、用兵的韬略、战事的胜败,都与国家的盛衰相关,这也是《资治通鉴》着力记载的。对各个时期错综复杂的民族关系,它也有丰富的记述。《资治通鉴》对历代典章制度、学术文化和各阶层众多的历史人物等,都没有作为重点来记述。这固然是本书作者的旨趣所决定的,同时也是本书的体裁所决定的。元初史家马端临指出:"至司马温公作《通鉴》,取千三百余年之事迹,十七史之纪述,萃为一书,然后学者开卷之余,古今咸在。然公之书,详于理(治)乱兴衰,而略于典章经制。非公之智有所不逮也,编简浩如烟埃,著述自有体要,其势不能以两得也。"②他说的"详于理乱兴衰",是中肯地指出了《资治通鉴》在内容上的特色;他说的"著述自有体要",是强调了不同的史书体裁自有其不同的主要任务。朱熹认为,"温公之言如桑麻谷粟"③,也是说明《资治通鉴》在内容上的重要。后人曾批评《资治通鉴》"不载文人",顾炎武不赞成这种批评,认为"此书本以资治,何暇录及文人"④。王夫之在阐释"资"、"治"、"通"、"鉴"的含义时,虽然还是强调《资治通鉴》重在讲"资治",但他对"治之所资"或"为治之资"的认识是十分广泛的了,其中不乏辩证认识的因素。同时他还认为,《资治通鉴》包含着"君道"、"臣谊"、"国是"、

---

① 司马光:《进〈资治通鉴〉表》,《资治通鉴》卷末,北京:中华书局,1956 年,第 9608 页。

② 马端临:《文献通考》序,北京:中华书局,1986 年,第 3 页。

③ 《朱子语类》卷一百三十四,黎靖德编,北京:中华书局,1986 年,第 3207 页。

④ 顾炎武:《日知录》卷二十六"通鉴不载文人",黄汝成集释,上海:上海古籍出版社,2006 年,第 1485 页。

"民情"、为官之本、治学之途、做人之道等多方面内容。① 这些认识，反映了在历史发展过程中，人们对《资治通鉴》内容、价值在理解上的变化和丰富。

二、《资治通鉴》在表述上的艺术性

中国史学有讲求文采的优良传统，《资治通鉴》在表述上的艺术性成就，使它成为以文采见长的史书中的上乘之作。

《资治通鉴》的这种成就，首先表现在写战争方面具有鲜明的特点，它善于把战事前的策划、战役中的防守和奇袭写得十分出色。《资治通鉴》写赤壁之战，是脍炙人口的一段文字。它的主要特点，是用近六分之五的文字写战前的决策。第一步，写鲁肃向孙权陈述联刘抗曹的重要性和紧迫性："如其克谐，天下可定也。今不速往［联刘］，恐为操所先。"第二步，写诸葛亮会见孙权，先以词相激，试探其意向所在，继而陈说刘、曹在军力上的优劣，以坚定孙权联刘抗曹的决心，并指出"成败之机，在于今日"。第三步，写曹操致书孙权进行恫吓后，孙权集团内部主和派与主战派的不同态度，而着重写出了主战派将领周瑜对孙、曹双方之政治、军事力量的分析，坚信"将军禽（擒）操，宜在今日"。最后写孙权决心已定，"拔刀斫前奏案曰：'诸将吏敢复有言当迎操者，与此案同！'"此段文字精彩之处，是在写决策过程中诸葛亮、周瑜分析各方军事形势时，已言及胜负之数。故在叙述战役本事时，反不必过多着墨，只用了本段六分之一的文字。② 《资治通鉴》记北朝西魏韦孝宽之守玉壁③，为写战役中攻守之术的佳作，是史书中很少见

---

① 参见王夫之：《读通鉴论》卷末"叙论四"，北京：中华书局，1975 年，第 2551～2555 页。

② 司马光：《资治通鉴》卷六十五"汉献帝建安十三年"，北京：中华书局，1956 年，第 2091 页。

③ 司马光：《资治通鉴》卷一百五十九"梁武帝中大同元年"，北京：中华书局，1956 年，第 4941～4943 页。

的。它记唐宪宗时李愬平蔡州之役①，写得细致入微而又奇峰突起：战前，李愬的种种谋略写得淋漓尽致；战役本事，是一次惊心动魄的奇袭，但却写出了一幅恬静的雪夜行军的画卷。它写秦晋淝水之战、刘裕伐南燕之役、韦睿救钟离之役、高欢沙苑之役、宇文泰伐北邙之役、李晟移军东渭桥之事，也都写得很出色。

《资治通鉴》写历史场面，也有不少精彩之笔。卷二二三记郭子仪单骑见回纥，其中有一段文字记述郭子仪在回纥军营中的场面和气氛。作者笔下的这个历史场面，写出了郭子仪的统帅风度和政治家的胆识，写出了唐与回纥希望和好的共同要求。郭子仪所说的三个"万岁"和酋长们转述二巫师的"预言"，不仅加重了这个场面的热烈气氛，也扩大了这个场面的社会含义。

写人物，不是《资治通鉴》的主要目的。但它所涉及的人物，有不少是写得颇具特色的。淝水之战中的谢安，蔡州之役中的李愬，作者都刻意写出了他们的沉着和谋略。作者写魏孝文帝迁都洛阳事，于统治集团内部矛盾纷呈的条件下，写出了魏孝文帝的善谋和果断，以"南伐"为名而得迁都之实。这一段文字把魏孝文帝之长于计谋刻画得入木三分，也烘托出了北魏当时新旧势力斗争的复杂。

在中国史学上，司马光能够同司马迁并称"两司马"，《资治通鉴》在表述上艺术性的成就是一个重要的原因。

三、《资治通鉴》的思想价值和史学价值

《资治通鉴》的价值，不仅反映在它对编年体史书的发展和文字表述的艺术性成就方面，还突出地反映在它的思想价值、文献价值和对当时及后世历史撰述的影响等方面。

---

① 司马光：《资治通鉴》卷二百四十"唐宪宗元和十二年"，北京：中华书局，1956年，第7740～7741页。

《资治通鉴》的思想价值主要在于，它以极其丰富的历史事实证明：政治统治的存在、巩固和发展，离不开对历史经验教训的总结。换言之，《资治通鉴》证明了史学对于政治的极其重要性。这集中表现在司马光说的"鉴前世之兴衰，考当今之得失，嘉善矜恶，取是舍非"这句话上。在中国史学史上，这种知古察今、以史为鉴的思想由来已久。《资治通鉴》在这方面之所以能产生更大的社会影响和历史影响，主要有三个原因：一个原因是，它包含了丰富的历史事实，以及周、秦、汉、魏、晋、宋、齐、梁、陈、隋、唐、后梁、后唐、后晋、后汉、后周所谓"十六代"的漫长历史过程，而涉及的皇朝的兴衰得失则更多。在这一点上，它所提供的历史经验教训，是以往任何一部史书都不能与之相比的。另一个原因是，司马光有一种强烈的以史学"资治"的撰述热情，所以在纷繁的史事中他"专取关国家盛衰，系生民休戚，善可为法，恶可为戒者"写入本书，从而鲜明地反映出本书的社会目的。宋神宗赐以"资治通鉴"为名，正是恰当地把握了它的社会目的。还有一个原因是，司马光把自己从而也把读者摆到各种各样的历史环境里去思考，去抉择，使历史和现实得以呼应起来。他说的"前世之兴衰"，这是史书上可以写得出来的；他说的"鉴"，有的可以写得出来，如"臣光曰"或援引前代史论，有的就无法写出来，而必须通过读史的人去思考、去认识才能实现的。至于"考当今之得失"、"嘉善矜恶，取是舍非"，这基本上不是历史问题而是现实问题了；确切地说，这是通过认识历史问题从而更好地认识现实问题。所谓"考"，所谓"嘉"、"矜"、"取"、"舍"，都是对作者和读者提出来的。司马光的这种撰述思想和他在表述上的艺术性成就，使《资治通鉴》具有特殊的魅力。元人胡三省认为："为人君而不知《通鉴》，则欲治而不知自治之源，恶乱而不知防乱之术；为人臣而不知《通鉴》，则上无以事君，下无以治民；为人子而不知《通鉴》，则谋身必至于辱先，作事不足以垂后；乃如用兵行师，创法立制，而不知迹古人之所以得，鉴古人之所以失，则求胜而败，图利而害，此必然者也。"①《资治通鉴》为历代君臣、士人所重视，大抵出于这种认识。王夫之的《读通鉴论·叙论》，是古代史家对《资治通鉴》思想价值最全面的总结。

从历史观点上看，《资治通鉴》认为国家的兴衰主要取决于君臣们的德才修养。司马光在"臣光曰"中反复提倡君主应当讲求仁义，克遵于礼，慎于抉择，善始慎终，反复阐明君主在用人、刑赏、纳谏上应当格外认真。这些，都是围绕着君如何才能"明"、臣如何才能"贤"而展开的。这些见解对于当时和后来历代封建统治者，是起了一定劝诫和约束作用的，但也限制了司马光对于历史进程问题的思考，从而在历史思想上不免显得苍白。但在司马光的历史观点中，有一点还是值得重视的，这就是他所说的兴衰、得失、成败、善恶、是非等，是顾及"生民"的利益的。他在"进书表"中说的"生民休戚"、"四海群生、咸蒙其福"等语，反映了他的这种认识。在"臣光曰"中，他在不少地方阐述了这个认识，认为："夫信者，人君之大宝也。国保于民，民保于信；非信无以使民，非民无以守国"，"善为国者不欺其民"②。他是在称赞秦孝公、商鞅"不废徙木之赏"时说这番话的。他也称赞"赵过之傅教民耕耘，民亦被其利"③。司马光在他的另一部历史著作《稽古录》中，还讲到"怀民以仁"④，称赞唐宣宗"尽心民事，精勤治道"，认为僖、昭之时"民心已离"⑤。《资治通鉴》中司马光的这种重民思想产生了积极的历史影响。

《资治通鉴》是一部严肃的历史著作，有很高的文献价值。它取材于历代正史，但又远远不限于此。南宋高似孙《史略》一书，列举

① 胡三省：《新注资治通鉴序》，《资治通鉴选》卷首，北京：中华书局，1956年，第28页。

② 司马光：《资治通鉴》卷二"臣光曰"，北京：中华书局，1956年，第48页。

③ 司马光：《资治通鉴》卷二十二"臣光曰"，北京：中华书局，1956年，第742页。

④ 司马光：《稽古录》卷十一"臣光曰"，王亦令点校，北京：中国友谊出版公司，1987年，第178页。

⑤ 司马光：《稽古录》卷十五"臣光曰"，王亦令点校，北京：中国友谊出版公司，1987年，第592页。

《资治通鉴》引书 226 种，而据清人统计则为 322 种之多。其所引之书，不少早已不存，赖其征引而得以保存若干佚文。《资治通鉴》在历史资料的摄取上之丰富，非一般史书可以比拟，故《四库全书总目》称它"网罗宏富，体大思精，为前古之所未有"，顾炎武誉其为"后世不可无之书"①，都是公允的评价。

《资治通鉴》的价值，还在于它对当时和后世的史学发展产生了极大的影响。补撰，改编，续作，注释，仿制，评论，诸家蜂起，蔚然大观。刘恕的《通鉴外纪》、金履祥的《通鉴前编》、朱熹的《资治通鉴纲目》、袁枢的《通鉴纪事本末》、李焘的《续资治通鉴长编》、毕沅的《续资治通鉴》、史炤的《资治通鉴释文》、胡三省的《资治通鉴音注》、清代乾隆官修的《通鉴辑览》、王夫之的《读通鉴论》等，是这些方面有影响的撰述。近代以来，关于《资治通鉴》及在其影响下产生的各种著作的研究，已成专门之学，近人张须所著《通鉴学》一书，可窥其一斑。在改编的著作中，《资治通鉴纲目》和《通鉴纪事本末》是比较重要的，它们各创造了新的史书体裁。

四、《资治通鉴纲目》和《通鉴纪事本末》

《资治通鉴纲目》59 卷，南宋思想家、教育家朱熹及其门人赵师渊编著。司马光曾欲撰一《资治通鉴》节本，谓之《通鉴举要历》，竟不就，后胡安国因司马光之遗稿撰成《通鉴举要历补遗》100 卷。《资治通鉴纲目》即据《资治通鉴》和《通鉴举要历补遗》二书改撰而成。朱熹《自序》称："表岁以首年，而因年以著统；大书以提要，而分注以备言。"这几句话，概括了"纲目"在撰述形式上的特点。书年，是尊正统；大书即所谓"纲"，是仿《春秋》，以示"书法"；分注即所谓"目"，是效《左传》，以评史事。纲为朱熹手定，目系赵师渊所作。

---

① 顾炎武：《日知录》卷十九"著书之难"，黄汝成集释，上海：上海古籍出版社，2006 年，第 1084 页。

其断限与《资治通鉴》一致，而于两汉之际不承认新莽政权，于三国尊蜀为正统。它在历史思想和历史文献方面，都没有什么可取之处。然此书以纲目为体，创造了一种新的史书体裁，在历史编纂学上有一定的价值。元陈桱著《通鉴续编》，明商辂著《通鉴纲目续编》，清吴乘权等著《纲鉴易知录》，都是由此书繁衍而成。

《通鉴纪事本末》42 卷，南宋袁枢著。袁枢（1131—1205），字机仲，建州建安人，历仕孝宗、光宗、宁宗三朝，先后任礼部试官，严州教授，太府丞兼国史院编修官，吏部员外郎，大理少卿，最后官至工部侍郎兼国子祭酒，知江陵府。袁枢为官，清正廉直，曾以大理少卿弹劾殿中侍御史冷世光"纳厚赂"之事；其修史，书法不隐，曾拒同里人所求，认为"宁负乡人，不可负天下后世公议"。袁枢撰《通鉴纪事本末》，是在他任严州教授时，约在乾道七年（1171）至淳熙元年（1174）之间。《宋史》本传记其事说："枢常喜诵司马光《资治通鉴》，苦其浩博，乃区别其事而贯通之，号《通鉴纪事本末》。参知政事龚茂良得其书，奏于上，孝宗读而嘉叹，以赐东宫及分赐江上诸帅，且令熟读，曰：'治道尽在是矣。'"①这段记载既说明了本书的体裁，又说明了它的社会影响。

袁枢据《资治通鉴》"乃区别其事而贯通之"，这就开创了一种新的史书体裁。"区别其事"，是变纪年为中心为以纪事为中心。"贯通之"，一方面指贯通所纪之事，以尽其本末；一方面也指贯通全书内容，使略具首尾。《通鉴纪事本末》把《资治通鉴》"区别"为 239 个事目，连同66 个附目，共记述了 305 件大事：上起"三家分晋"，下迄"[周]世宗征淮南"，其间皆略按朝代、时间顺序编次。这是一部纪事本末体的通史。《尚书》及《左传》以下不少编年体史书，都包含有纪事本末的因素；唐人还从理论上提出了"尽事之本末"的史学要求，但真正在历史撰述实践上确立起纪事本末为一独立的体裁，则创自袁枢。这是中国史学上除编年体、纪传体、典制体之外的又一种重要体裁。袁枢之后，多

---

① 脱脱等：《宋史》卷三百八十九《袁枢传》，北京：中华书局，1977 年，第 11934 页。

有仿作，虽晚出而蔚为大国。袁枢友人杨万里就编年体同纪事本末体做比较时指出："予每读《通鉴》之书，见事之肇于斯，则惜其事之不竟于斯。盖事以年隔，年以事析，遭其初莫绎其终，揽其终莫志其初，如山之峨，如海之茫，盖编年系日，其体然也。今读子袁子此书，如生乎其时，亲见乎其事，使人喜，使人悲，使人鼓舞。未既，而继之以叹且泣也。"袁枢的书为什么会产生这样的效果呢？杨万里说："予读之，大抵搴事之成以后于其萌，提事之微以先于其明，其情匿而泄，其故悉而约，其作宛而樵，其究遐而迩，其于治乱存亡，盖病之源、医之方也。"①这段话大抵概括了纪事本末体史书的优点，一言以蔽之，它阐述清楚了每一重大历史事件的始末原委。正是从这个意义上，章学诚说它是"文省于纪传，事豁于编年"②。中国古代史书的几种主要体裁，各有所长，也各有其所不足，它们可以互相补充，各显其所长，但却不能互相代替，取此而舍彼。

《通鉴纪事本末》因其在纪事方面的优长，又全取材于《资治通鉴》并贯穿原书"资治"的主旨，故杨万里说："此书也，其入《通鉴》之户欤！"而宋孝宗则云："治道尽在是矣。"这两句话，概括了它的社会影响和社会作用。

第三节 《通志》——纪传体通史的发展

一、郑樵撰《通志》

司马迁创纪传体通史、班固撰纪传体皇朝史，此后纪传体史书的撰述受到历代史家的重视。魏晋南北朝至唐初，断代的纪传体史书获得丰硕成果，但从唐初所修八部正史来看，除在个别问题上，

---

① 袁枢：《通鉴纪事本末》序，北京：中华书局，1964 年，第 1 页。
② 章学诚：《文史通义》卷一《书教下》，叶瑛校注，北京：中华书局，1985 年，第 51 页。

它们已很难有更大的进展。五代及北宋所修几部正史，大致也属于这种情况。纪传体史书还有没有生命力？它是否还会有新的创造？南宋史家郑樵所著《通志》一书，对此做了肯定的回答。

郑樵（1104—1162），字渔仲，兴化军莆田（今属福建）人。《宋史》本传说他"好著书，不为文章，自负不下刘向、扬雄"。郑樵撰《通志》，经历了十分艰难的过程。第一个阶段，是从徽宗宣和元年（1119）其父郑国器亡故起，15 岁的郑樵随堂兄郑厚结茅庐于莆田县西北的夹漈山（一名东山）之西岩，谢绝人事，苦心读书，至高宗绍兴十九年（1149），三十年的寒窗、残灯、风晨、雪夜，他在史学方面奠定了深厚的基础，并撰写出最早的一批书稿。其间，先是有郑厚的入仕，继而又数被荐举，他都不为所动，矢志著述。郑樵治史，有司马迁风。《宋史》本传说他"游名山大川，搜奇访古，遇藏书家，必借留，读尽乃去"。司马迁可以"绅史记石室金匮之书"，有"天下遗文古事靡不毕集太史公"[①]的条件；郑樵只能博极民间藏书，以至遍览"东南遗书……古今图谱，三代之鼎彝与四海之铭碣"[②]，这是他跟司马迁的不同之处。郑樵从研究经学大义入手，继而研究"礼乐、文字、天文、地理、虫鱼、草木、方书之学，皆有论辩"。绍兴十九年，他将所撰书稿奏呈朝廷，受到高宗重视，"诏藏秘府"。

第二阶段，从绍兴十九年（1149）至绍兴二十八年（1158），郑樵在家乡一面继续著述，一面从事讲学，"从者二百余人"，被时人称为夹漈先生。这个时期，是他撰述《通志》一书最紧张的年月。郑樵一生的史学活动主要是在绍兴年间。他早在绍兴初年便已知名，为当时宰相赵鼎、张浚所器重。后经侍讲王纶、贺允中向宋高宗推荐，郑樵在绍兴二十八年得到"召对"的机会，"因言班固以来历代为史之非"。宋高宗很赏识他，说："闻卿名久矣，敷陈古学，自成一家，何相见之晚耶？"在这次"召对"中，郑樵奏上他的《修史大例》即《通

---

① 司马迁：《史记》卷一百三十《太史公自序》，北京：中华书局，2013 年，第 3998 页。
② 郑樵：《夹漈遗稿》卷二《献皇帝书》，丛书集成初编本，北京：中华书局，1985 年，第 11 页。

志》的撰述计划，并希望能够阅读皇家藏书。但朝廷并没有重用他，授他右迪功郎、礼兵部架阁之职，这是一个从九品的小官。不久又被他人所劾，改为监潭州（今湖南长沙）南岳庙，"给札归抄所著《通志》"。郑樵阅读皇家秘阁藏书的愿望未能实现。自此以后至绍兴三十一年（1161），是第三阶段，郑樵撰成《通志》全书上奏朝廷，并升任枢密院编修官，旋兼摄检评诸房文字。此时，郑樵提出一个撰述计划，请修撰金朝完颜亮正隆年间（1156—1161）的官制，以便同南宋官制做比较，同时再次提出"入秘书省翻阅书籍"的要求，但他的这个目的最终未能达到。绍兴三十二年（1162），宋高宗"命以《通志》进"，然而命下之日，郑樵已在家乡病故。

郑樵一生与宦途无缘，亦终未借重皇家藏书，但他还是撰成了《通志》这部巨著。司马光《进〈资治通鉴〉表》称："臣之精力，尽于此书。"郑樵毕生精力，也可以说是尽于《通志》了。

二、以"会通"为主的史学思想

《通志》是一部纪传体通史，共 200 卷，含帝纪 18 卷、年谱 4 卷、略 52 卷、世家 3 卷、载记 8 卷、列传 115 卷（内有后妃传 2 卷，附于帝纪之后；宗室传 8 卷，附于同姓世家之后；四夷传 7 卷，置于载记之后，其他列传 98 卷）。全书记事，起于三皇，迄于隋末，诸略所记下及于唐。其所综合的 6 种体例，略由书、志而来，年谱系年表别称，世家继承《史记》，载记采自《晋书》。它是《史记》以后纪传体通史著作发展的新成果。

《通志》集中反映出作者以"会通"为主的史学思想。这一方面表现在本书的结构上即其表述形式上，另一方面表现在本书的《总序》中，而后者具有理论的形式。《通志·总序》开宗明义写道："百川异趋，必会于海，然后九州无浸淫之患；万国殊途，必通诸夏，然后八荒无壅滞之忧：会通之义大矣哉！自书契以来，立言者虽多，惟仲尼以天纵之圣，故总《诗》、《书》、《礼》、《乐》而会于一手，然后能同天下之文；

贯二帝、三王而通为一家，然后能极古今之变；是以其道光明百世之上，百世之下不能及。"①这里说的"同天下之文"，是从空间上也是从文献上着眼的；他说的"极古今之变"，则是从时间上亦即历史进程上着眼的。"会通之义"在学术方面的含义主要就在于此。当然，他评价孔子为"百世之下不能及"，显然是过分夸大了。

从"会通之义"来看，在孔子之后，郑樵只推重司马迁一人。认为："司马氏世司典籍，工于制作，故能上稽仲尼之意，会《诗》、《书》、《左传》、《国语》、《世本》、《战国策》、《楚汉春秋》之言，通黄帝、尧、舜至于秦汉之世，勒成一书……使百代而下，史官不能易其法，学者不能舍其书。六经之后，惟有此作。"他对司马迁的"会通"之作《史记》，评价也是很高的。不过从郑樵的观点来看，他也提出了司马迁有两个方面的"不足"：一是司马迁所处的时代，使其"得书之路未广"，"博不足也"；一是司马迁之对待前人之书，"全用旧文，间以俚语，良由采摭未备，笔削不遑"，"雅不足也"。他的这个批评，可谓得失参半：前者所得多，后者所失亦多。司马迁自称"成一家之言"，郑樵从后者出发，认为司马迁似还不能"自成一家言"，亦未见中肯。但由此倒是更可看出郑樵对于"会通"的认识和要求。他在《献皇帝书》中自谓："入山之初，结草之日，其心苦矣，其志远矣：欲读古人之书，欲通百家之学，欲讨六艺之文，而为羽翼，如此一生，则无遗恨。"这说明他的"会通"思想由来已久，并不断发展和丰富起来。

通观《通志·总序》，郑樵所谓"会通之义"、"会通之旨"、"会通之道"，其主旨在于：一是重视古今"相因之义"，意在贯通历史的联系；一是重视历代损益，意在揭示"古今之变"。在这一点上，他无愧是司马迁历史思想的继承者和发扬光大者。唯其如此，郑樵批评班固"断汉为书，是致周、秦不相因，古今成间隔"；"自班固断代为史，无复相因之义；虽有仲尼之圣，亦莫知其损益，会通之道，自

---

① 郑樵：《通志》卷首《通志总序》，北京：中华书局，1987年，第1页。

此失矣"。他感叹："司马氏之门户，自此衰矣！"

要之，郑樵"会通"思想的理论价值，反映在历史文献学方面，是提出"大著述者，必深于博雅，而尽见天下之书，然后无遗恨"。在历史观方面，是强调重古今之相因、极古今之变化。这两个方面体现在历史撰述上，为的是克服和防止"烦文"、"断绠"、"曲笔"（亦即所谓"伤风败义"）等弊病，是很有意义的。不过，有一点是应当指出来的：刘知幾推崇班固"断代为史"而贬抑通史之作的价值，是片面的见解；郑樵与之相反，推崇通史而贬抑"断代为史"的价值，也是片面的见解。他们的论点恰恰证明，会通与断代，反映了史家两种不同的历史视野，在历史撰述中都是不可缺少的。

三、《通志·略》的史学价值

从历史撰述的发展来看，唐代史家在通史著作上的多方面成就和北宋司马光《资治通鉴》的广泛影响，无疑会对《通志》的撰写有思想上的启迪和文献上的借鉴。而《通志》作为纪传体即综合体通史，成就也是多方面的。首先，《通志》的问世，是在纪传体通史撰述上恢复了司马迁的"通古今之变"的优良传统；其《总序》对"会通之义"的阐释，是论说通史撰述之必要性的一篇宏文，是古代史学理论中涉及这方面问题的杰作，对继承、发扬中国史学的会通之史有理论上的价值。其次，《资治通鉴》的问世，证明编年体通史撰述的必要性；而《通志》的问世，证明了在《史记》之后千余年、断代的纪传体史书盛行于世的情况下，纪传体通史的撰述不仅是必要的，而且是可能的。再次，在撰述方法和体例思想方面，郑樵提出："纪传者，编年纪事之实迹，自有成规，不为智而增，不为愚而减。故于纪传即其旧文，从而损益。若纪有制诏之辞，传有书疏之章，入之正书，则据实事；置之别录，则见类例。"[1]从今天的观点来看，这是针对

---

[1] 郑樵：《通志》卷首《通志总序》，北京：中华书局，1987年，第3页。

文献浩繁提出了撰述纪传体通史的方法论。郑樵的这个撰述思想，后来为章学诚所继承、阐扬。《通志》在这三个方面的成就，是应当肯定的。至于郑樵认为"古者记事之史谓之志"，故名其书为《通志》；"古者纪年别系之书谓之谱"，故"复表为谱"，倒是无可无不可的了。

　　然而，《通志》成就之最突出者，还在于它的《二十略》。郑樵在《总序》中，除阐释"会通之义"外，主要是对《二十略》做了提纲挈领的说明，他对此自评甚高。郑樵引用南朝江淹的话"修史之难，无出于志"，然后说："诚以志者，宪章之所系，非老于典故者，不能为也。"这里说的"志"，司马迁称"书"，班固称"志"，蔡邕称"意"，华峤称"典"，张勃称"录"，何法盛称"说"，郑樵均不采，而独以"略"称。他说："臣今总天下之大学术而条其纲目，名之曰'略'。凡二十略，百代之宪章，学者之能事，尽于此矣。"《二十略》名称、卷帙如下表：

名　称	氏　族	六　书	七　音	天　文	地　理	都　邑	礼	谥	器　服	乐
卷　帙	6	5	2	2	1	1	4	1	2	2

名　称	职　官	选　举	刑　法	食　货	艺　文	校　雠	图　谱	金　石	灾　祥	昆虫草木
卷　帙	7	2	1	2	8	1	1	1	1	2

　　《二十略》共 52 卷，约占《通志》全书卷数的四分之一。郑樵自谓：其中礼、职官、选举、刑法、食货五略，"汉、唐诸儒所得而闻"，它们"虽本前人之典，亦非诸史之文"；另外十五略，"汉、唐诸儒所不得而闻也"。又说："臣之《二十略》，皆臣自有所得，不用旧史之文。"①今细察《二十略》的立目与内容，以其同前史书志及典制体史书相比较，大致可以区别出三种情况。第一种情况是：立目与内容都依据前史。郑樵所说"五略"即礼、职官、选举、刑法、食货，从标目到史文，基本上出于杜佑《通典》，或直接移用，或加以隐括。郑樵说它们"本前人之典"是对的，说它们"非诸史之文"则不

---

① 郑樵：《通志》卷首《通志总序》，北京：中华书局，1987 年，第 3 页。

确。第二种情况是：立目参照前史，而在内容上有所继承和发展，这包含天文、地理、器服、乐、艺文、灾祥六略。于《地理略》，尊《禹贡》之说，其序云："今之地里（理），以水为主。水者，地之脉络也：郡县棋布，州道瓜分，皆由水以别焉。中国之水，则江河淮济为四渎，诸水所归。苟明乎此，则天下可运于掌。"①故首叙四渎、诸水，次叙历代封畛，末叙"开元十道图"。于《艺文略》，对历史文献分类不采七分法和四部分类法，而把历史文献分为经类、礼类、乐类、小学类、史类、诸子类、艺术类、医方类、类书类等。从今天的眼光来看，文化史、医学史的地位突出了。其史类之下，分为正史、编年、霸史、杂史、起居注、故事、职官、刑法、传记、地里（理）、谱系、食货、目录13个子类。"食货"之书独立于历史文献分类尚属初创。各类的子类之下，或以类相从，或以时代相别，又分为若干个小类，建立了比较完整的三级分类体系。这种情况包含了作者不少创见。第三种情况是：立目与内容多属作者自创，这包括氏族、六书、七音、都邑、谥、校雠、图谱、金石、昆虫草木九略。这涉及广泛的领域，《氏族略》《谥略》是关于中国社会的传统和特点的两门学问；《都邑略》是关于政治地理的学问，它同《氏族略》的设立，都是受到刘知幾《史通·书志》篇思想的启发；《六书略》《七音略》是关于文字、音韵的学问；《校雠略》《图谱略》《金石略》提出了历史文献学范围的几个新的领域；《昆虫草木略》是在天文、地理、灾祥之外，扩大了对自然史认识和研究的范围。这是前史诸志不曾专门论述的，是郑樵的新贡献。

总的来看，《二十略》有继承、发展前人的部分，也有作者首创的部分；在总的格局上，其创造性方面居于主导地位。它在史学上的价值可以概括为：

第一，它继《隋书》志和《通典》之后，进一步扩大了史学对于典章制度的研究和撰述范围。作者在综合、损益前人成果的基础上，

---

① 郑樵：《通志》卷四十《地理略》序，北京：中华书局，1987年，第541页。

突破了主要是记述政治方面典章制度的藩篱，开拓了有关社会、文化、自然等方面的撰述途径。这一方面开阔了人们的历史视野，一方面也为发展新的专史研究和撰述提供了思想资料与文献资料。从当时的历史条件和史学发展来看，郑樵说《二十略》是"总天下之大学术"，并非夸张之词。

第二，在天人之际问题上，贯穿了作者的无神论思想。作者撰《天文略》，是要说明"民事必本于时，时序必本于天"，他要把以往关于"天"的那些"惑人的妖妄，速人于罪累"的说法清除出这个领域。他批评董仲舒的阴阳之学是"牵合附会"，慨叹"历世史官自愚其心目，俯首以受笼罩而欺天下"①。郑樵认为："国不可以灾祥论兴衰"，"家不可以变怪论休咎"。他撰《灾祥略》，"专以纪实迹，削去五行相应之说，所以绝其妖"②。这都反映出作者的无神论战斗精神。

第三，倡言实学。《昆虫草木略》序云："学者皆操穷理尽性之说，而以虚无为宗，至于实学，则置而不问。孔子之时，已有此患。故曰：'小子何莫学夫《诗》！《诗》可以兴，可以观，可以群，可以怨，迩之事父，远之事君；多识于鸟兽草木之名。'其曰'小子'者，无所识之辞也。其曰'何莫'者，苦口之辞也。"③他把"实学"与"无识"的区别，提到了历史的高度来认识，实则是针对当时一味"穷理尽性"的学风而言。在这个问题上，郑樵已走到了重视理论同实践相结合之真理认识的边缘。他说："大抵儒生家多不识田野之物，农圃人又不识《诗》、《书》之旨，二者无由参合，遂使鸟兽草木之学不传。"为改变这种状况，郑樵自谓："少好读书，无涉世意，又好泉石，有慕弘景心。结茅夹漈山中，与田夫野老往来，与夜鹤晓猿杂处，不问飞潜动植，皆欲究其情性。"他的《昆虫草木略》就是在参考前人成果而结合实际考察的基础上写成的。他写《天文略》，也注重做实际观察。自谓曾得隋丹元子《步天歌》而诵之，"时素秋无月，清

---

① 郑樵：《通志》卷首《通志总序》，北京：中华书局，1987年，第3页。
② 郑樵：《通志》卷七十四《灾祥略》序，北京：中华书局，1987年，第853页。
③ 郑樵：《通志》卷七十五《昆虫草木略》序，北京：中华书局，1987年，第865页。

天如水，长诵一句，凝目一星。不三数夜，一天星斗尽在胸中矣"①。这写出了一幅黑夜观星的图画，也写出了作者的实学精神境界。

第四，是理论上的价值。这反映在历史理论、史学理论和历史文献学理论方面。《地理略》序写道："州县之设，有时而更。山川之形，千古不易。所以《禹贡》分州，必以山川定经界，使兖州为移，而济河之兖不能移；使梁州可迁，而华阳黑水之梁不能迁。是故《禹贡》为百世不易之书。后之史家，主于州县，州县移易，其书遂废。"这里有些论点似不可取，但他实际上是提出了自然地理和政区地理关系的理论认识。于《都邑略》序，郑樵阐述了"建邦设都"的地理条件，并征引唐末朱朴的献迁都之议以证己说，涉及地理条件和政治统治之关系的一些理论认识。这是历史理论方面的问题。在史学理论方面，《灾祥略》序批评了"务以欺人"的"妄学"和"务以欺天"的"妖学"。认为："凡说《春秋》者，皆谓孔子寓褒贬于一字之间，以阴中时人，使人不可晓解。'三传'唱之于前，诸儒从之于后，尽惟己意，而诬以圣人之意，此之谓欺天之学。"郑樵早年作《春秋传》，削去三家褒贬之说，"以杜其妄"。他的这个认识，在史学理论和史学批评上，反映出严肃的求实精神。这同他作《灾祥略》以反对"欺天之学"的朴素唯物思想是一致的。郑樵在历史文献学的理论方面，是论证了"款识"的史学价值。指出："方册者，古人之言语；款识者，古人之面貌。经数千万传，款识所勒，犹存其旧。盖金石之功，寒暑不变，以兹稽古，庶不失真。"他有感于"艺文有志，而金石无纪"，于是"采三皇、五帝之泉币，三王之鼎彝，秦人石鼓，汉魏丰碑，上自苍颉石室之文，下逮唐人之书，各列其人而名其地"②，撰为《金石略》。这个认识，开阔了史家关于文献的视野，有利于史家把历史撰述写得更加丰腴、真切。郑樵自信地写道："观晋人字画，可见晋人

---

① 郑樵：《通志》卷三十八《天文略》序，北京：中华书局，1987年，第525页。
② 郑樵：《通志》卷首《通志总序》，北京：中华书局，1987年，第3页。

之风猷；观唐人书踪，可见唐人之典则。此道后学安得而舍诸！"①
郑樵在八百多年前说的这番话，在今天显得越发重要了。他在《通
志·总序》中，还为历史文献的三级分类做了理论上的说明。总之，
《二十略》在理论上的价值是很丰富的。

明朝人龚用卿撰《刻通志二十略序》，引时人之言，称《二十略》
是郑樵"自得之学，非寻常著述之比"，可谓确论。从以上四个方面，
或可窥其"自得"之处。

《通志》是一部 500 多万字的巨制，全书成于一人之手，这在中
国史学上是不多见的。清人于敏中称赞郑樵："爰自著此书，推天地
之中，极古今之变，网罗数千载之典籍，而才与识足以贯之"，"可
谓良史才也已"。然如此巨制，可议之处，在所难免；其评论前人或
自我估量，亦非全然中肯。这是大醇小疵，不足为怪，也不难做历
史的说明。

如果说《史记》和《汉书》，使马、班成为两汉史学上的"双子星
座"的话，那么，《资治通鉴》和《通志》，就使马、郑成了两宋史学上
的"双子星座"。

第四节　正史和会要

一、《旧五代史》和《新五代史》

宋代史家在正史撰述方面的成就，主要有《五代史》、《五代史
记》和《唐书》。后人为区别这两部五代史著作，称《五代史》为《旧五
代史》，而称《五代史记》为《新五代史》；为区别五代所修《唐书》和宋
修《唐书》，称前者为《旧唐书》，而称后者为《新唐书》。这三部正史
都撰于北宋时期，成书时间也都早于《资治通鉴》。

---

① 郑樵：《通志》卷七十三《金石略》序，北京：中华书局，1987 年，第 841 页。

《旧五代史》150卷，北宋初年薛居正(912—981)奉诏监修，卢多逊(934—985)、扈蒙(915—986)、李穆(928—984)、张澹(917—974)、李昉(925—996)等同撰。因记述后梁、后唐、后晋、后汉、后周五朝史事，故当时称《五代史》或《梁唐晋汉周书》。

开宝六年(973)四月，宋太祖诏修五代史，指出："唐李以来，兴亡相继，非青编之所纪，使后世何以观？近属乱离，未遑纂集，将使垂楷模于百代，必须正褒贬于一时。宜委近臣，俾尊厥职。"[①]至次年闰十月，历时一年半，全书修成，奏上，受到宋太祖的重视。

《旧五代史》记事，始于开平元年(907)朱温称帝建立后梁，而在书首以两卷的篇幅追叙唐末黄巢起义后的政治形势及朱温的活动，迄于后周显德七年(960)赵匡胤在陈桥驿发动军变，后周灭亡。所记约八十五年史事，而以五代时期的历史为主。全书包括：

——梁书24卷，含本纪10卷、列传(包括后妃、宗室列传，下同)14卷；

——唐书50卷，含本纪24卷、列传26卷；

——晋书24卷，含本纪11卷、列传13卷；

——汉书11卷，含本纪5卷、列传6卷；

——周书22卷，含本纪11卷、列传11卷；

——世袭列传2卷、僭伪列传3卷，记与五代大致同时存在的"十国"史事；

——外国列传2卷，记契丹、吐蕃等少数民族史事；

——志12卷，含天文、历、五行、礼、乐、食货、刑法、选举、职官、郡县10志，记五代时期的典章制度和自然现象。

《旧五代史》行于两宋，元代以后逐渐不行于世，清修《四库全书》时即无原本可据。上面所列其结构、卷帙，以及现今流传的本子，是四库馆臣邵晋涵等从明《永乐大典》中辑录编次，又以《册府元龟》、《资治通鉴考异》等所引用的《旧五代史》材料做补充而成。

---

① 《宋大诏令集》卷一百五十《修五代史诏》，北京：中华书局，1962年，第555页。

在编纂上看，《旧五代史》以五代史事相次，不同于《三国志》的"三国"分述，也不同于梁、陈、齐、周、隋"五代史"各自独立成书，而且还有世袭、僭伪列传记述"五代"以外的"十国"史事。这是它的特点。它在10篇志中，立《选举志》，以明"审官取士之方"，这是受到《通典》的启发而在正史的志中属于首创。总的说来，《旧五代史》在反映五代十国这个很特殊的历史时期的历史方面，是做出了成绩的。

《旧五代史》多取材于五代实录，撰者又多是五代仕进之士，修撰时间去五代之亡不远，故资料丰富，叙致详赡。纪之详，志之备，是它在内容上的两个特点。其纪，五代共为61卷，内中《唐书·明宗纪》长达10卷、《梁书·太祖纪》有7卷、《晋书·高祖纪》和《周书·世宗纪》都是6卷。这在正史中是不多见的。其志，以食货、刑法、选举、职官、郡县等志比较重要。《食货志》写出了对赋役、田租的整顿，《刑法志》写出了刑法的紊乱和整饬，《选举志》记载了五代"审官取士之方"，《职官志》记载了五代之命官及其"厘革升降"的情况，《郡县志》反映了这个时期地理建置的变迁而以后唐最详。《旧五代史》以五代为正统，故在撰述思想上以"十国"为世家、载记、僭伪看待，这对当时的史家来说，是很自然的。但它多少记述了"十国"史事，反映了作者对这一时期历史尚有一个全局处置的观念。它对少数民族史事的记载特详于契丹，这是当时的民族关系和政治形势使然。

薛居正等人反映在《旧五代史》中的历史思想是苍白的和矛盾的。于诸本纪后论，反复称说"天命"和历史比喻的失当，是其苍白的方面。纪、传史论对历史经验的总结和对历史人物的评价，虽不无精当之笔，但大多陷于自相矛盾而难得提出深刻的历史见解。这一方面和撰者多出身于五代仕宦有关，另一方面也是成书过速，未及做深入思考所致。

北宋中期，欧阳修以一人之力撰成《五代史记》74卷，此即后人所谓《新五代史》。欧阳修（1007—1072），字永叔，号醉翁，晚年号"六一居士"，吉州庐陵（今江西吉安）人。进士出身，历仕仁宗、英宗、神宗三朝，累官至枢密副使，参知政事。欧阳修以 18 年工夫撰写此书，于仁宗皇祐五年（1053）基本完稿，而此后仍有不断修改。死后，其书乃行于世。时上距《旧五代史》成书，已近百年。

欧阳修撰《新五代史》着意于表达自己的撰述思想。他在致友人的信中谈到"五代纪传"时说："铨次去取，须有义例；论议褒贬，此岂易当？"①其书重在"义例"和"褒贬"，这也是时人的评论。陈师锡《五代史记序》批评以往的五代史著作"或文采不足以耀无穷，道学不足以继述作"；认为，"惟庐陵欧阳公慨然以自任，盖潜心累年，而后成书。其事迹实录详于旧记，而褒贬义例，仰师《春秋》，由迁、固而来，未之有也"。这里说的"褒贬义例，仰师《春秋》"，正是欧阳修的撰述主旨。《新五代史》之师法《春秋》，反映在两个方面。一个方面是以五代为乱世而比于春秋时期，故"父子骨肉之恩几何其不绝矣"，"夫妇之义几何其不乖而不至于禽兽矣"，"礼乐刑政几何其不坏矣"，"中国几何其不夷狄矣"②。另一个方面是以史法明道义，以正乱世之非，用当时人的话来说是贯彻"道学"的要求。故作者于《新五代史》卷九后论中，不惮其烦地解释"余书'封子重贵为郑王'，又书'追封皇伯敬儒为宋王'者，岂无意哉"这句话，并两次引用礼书以证其说。《新五代史》独创《家人传》，意在揭示"亲疏嫡庶乱矣"③。欧阳修论评价五代时期的历史人物说："孟子谓'春秋无义战'，予亦以为五代无全臣。无者，非无一人，盖仅有之耳，余得死节之士三人焉。其仕不及于二代者，各以其国系之，作《梁唐晋汉周臣传》。其余仕非一代，不可以国系之者，作《杂传》。夫入于'杂'，诚君子之所羞，而一代之臣未必皆可贵也，览者详其善恶焉。"④孔子修《春秋》，其属辞，有一定的例，但孔子是否一字褒贬、微言大义，历来

---

① 欧阳修：《欧阳修全集》卷六十九《答李淑内翰书》，北京：中华书局，2001 年，第 1004 页。
② 欧阳修：《新五代史》卷十二后论，北京：中华书局，1974 年，第 125 页。
③ 欧阳修：《新五代史》卷十三《梁家人传》序，北京：中华书局，1974 年，第 127 页。
④ 欧阳修：《新五代史》卷二十一《梁臣传》序，北京：中华书局，1974 年，第 207 页。

有不同的看法。而这里，欧阳修是真正要在历史撰述上寓褒贬于一字之中了。所有这些，在历史思想上和历史撰述上，都没有什么重要的意义。当然，这反映了一个时代的某种思想对于史学的影响。

《新五代史》在撰述形式上，改变了《旧五代史》以各朝君臣纪传相次的体例，而采用李延寿《南史》、《北史》的体例，通叙五代之史，按历朝之本纪（12 卷）、家人传（8 卷）、大臣传（11 卷）、类传（7 卷）、杂传（19 卷）编次；还有《司天考》（2 卷）、《职方考》（1卷），记天文与方镇军名；世家（10 卷）及年谱（1 卷），记"十国"史事；四夷附录（3 卷），记少数民族。《新五代史》晚出，故吸收了一些新见的资料，取材范围较宽；它又成于一人之手，经过多年推敲、锤炼，故体例严谨，史笔凝练。这两点是它的长处。但其伤于过简，叙事难得丰赡，从而削弱了史书应有的分量。这是它不如《旧五代史》的地方。

《新五代史》的史论，除了有师法《春秋》，重在褒贬的一面，也还有反映出作者深刻的历史见解的一面。如《唐本纪·明宗》后论引康澄上疏言时事之言："为国者有不足惧者五，深可畏者六：三辰失行不足惧，天象变见不足惧，小人讹言不足惧，山崩川竭不足惧，水旱虫蝗不足惧也；贤士藏匿深可畏，四民迁业深可畏，上下相徇深可畏，廉耻道消深可畏，毁誉乱真深可畏，直言不闻深可畏也。"欧阳修接着说："然澄之言，岂止一时之病，凡为国者，可不戒哉！"这表明他不仅对康澄之言而且对历史的深刻理解。《唐本纪·废帝》后论说："君臣之际，可谓难哉！盖明者虑于未萌而前知，暗者告以将及而不惧，故先事而言，则虽忠而不信，事至而悔，其可及乎？"这是道出了诤谏与纳谏之间的复杂关系，在封建统治集团中具有普遍性。他论"十国"的成败得失时指出："蜀险而富，汉险而贫，贫能自强，富者先亡。"[①]他论历史上的民族关系说："自古夷狄之于中

---

① 欧阳修：《新五代史》卷六十一《十国世家》序，北京：中华书局，1974 年，第 747 页。

国，有道未必服，无道未必不来，盖自因其衰盛。"①这些看法，都具有朴素的辩证因素。在《旧五代史》的苍白的史论衬托下，《新五代史》的许多史论都显得光彩夺目。

两宋时期，《旧五代史》和《新五代史》并行于世。至金章宗泰和七年(1207)则明令"新定学令内，削去薛居正《五代史》，止用欧阳修所撰"②。今天看来，二史各有长短，实未可偏废。

二、《新唐书》的特点和成就

欧阳修在《新五代史》基本完稿后，被调至朝廷任职，随后便受命主持修撰《唐书》。《新五代史》是欧阳修的私人撰述，而《唐书》则是官修。据曾公亮《进〈唐书〉表》：《唐书》修撰约始于仁宗庆历四年(1044)，至嘉祐五年(1060)成书奏呈，历时17年。除欧阳修外，参加修撰的有宋祁(996—1061)，他是主要的参撰者；还有范镇、王畴、宋敏求、吕夏卿、刘羲叟等，"并膺儒学之选"。

五代时，史家已撰有《唐书》，百年之后，北宋史家为何又要再撰《唐书》？曾公亮《进〈唐书〉表》提出了两点认识。第一，认为前史"纪次无法，详略失中，文采不明，事实零落"，需要"补缉阙亡，黜正伪缪，克备一家之史，以为万世之传"。第二，认为对于"为国长久"的唐朝历史，处于五代的"衰世之士，气力卑弱，言浅意陋，不足以起其文"，难以起到"垂劝戒，示久远"的作用。这两条，前者是针对旧史本身所说，后者是就史学的社会作用提出的，它们反映了北宋中期统治集团对唐史撰述新的要求。后人为区别两部《唐书》，称五代所修者为《旧唐书》，北宋所修者为《新唐书》。

《新唐书》225卷，包括本纪10卷、志50卷、表15卷、列传150卷，是《史记》、《汉书》以来体例比较齐备的纪传体史书。其中，

---

① 欧阳修：《新五代史》卷七十二《四夷附录》序，北京：中华书局，1974年，第885页。

② 脱脱等：《金史》卷十二《章宗纪四》，北京：中华书局，1975年，第282页。

列传为宋祁所修，是着手最早的；范镇作志，吕夏卿制表；欧阳修中途参与著述，"接续残零，刊撰纪、志六十卷"①，并负责主修全书。根据思想和文字风格判断，《新唐书》的本纪 10 卷，志、表的序，以及《选举志》、《仪卫志》等，皆出自欧阳修的手笔。

《新唐书》是官修，不同于《新五代史》是私撰，但它在撰述思想上仍然贯穿着欧阳修师法《春秋》的旨趣。《新唐书》于武则天纪、传两立，欧阳修解释为则天皇后立本纪的根据是："昔者孔子作《春秋》而乱臣贼子惧，其于弑君篡国之主，皆不黜绝之，岂以其盗而有之者，莫大之罪也，不没其实，所以著其大恶而不隐欤？自司马迁、班固皆作《高后纪》，吕氏虽非篡汉，而盗执其国政，遂不敢没其实，岂其得圣人之意欤？抑亦偶合于《春秋》之法也。唐之旧史因之，列武后于本纪，盖其所从来远矣。"②在吕后、武后问题上，把马、班之作和唐之旧史都跟"圣人之意"、"《春秋》之法"扯到一起，这是一种陈腐的见解，是欧阳修作史的败笔。从论说的口气看，欧阳修对自己所论也是没有十分的把握的，但师法《春秋》的意图和热情还是促使他做这样的解说。他又说："《春秋》之法，君弑而贼不讨，则深责其国，以为无臣子也。宪宗之弑，历三世而贼犹在。至于文宗，不能明弘志等罪恶，以正国之典刑，仅能杀之而已，是可叹也。"③宪宗之死与陈弘志有关，而其一度逍遥法外，自有历史原因，这不是所谓"《春秋》之法"就可阐明的。欧阳修并不是没有见识的史学家，但师法《春秋》的撰述思想，限制了他的历史见解的发挥。他所撰写的本纪 10 卷，过于简略，有类编年事目，原因也在于此。

《新唐书》的列传，虽为宋祁所撰，但在立目、编次上，也明显地反映出欧阳修的撰述思想。在以前的正史中，《宋书》首立《二凶传》，尔后《晋书》有《叛逆传》、《南史》有《贼臣传》，至《新唐书》则有奸臣、

---

① 欧阳修：《欧阳修全集》卷九十一《辞转礼部侍郎札子》，北京：中华书局，2001年，第 1342 页。

② 欧阳修、宋祁：《新唐书》卷四后论，北京：中华书局，1975 年，第 113 页。

③ 欧阳修、宋祁：《新唐书》卷八后论，北京：中华书局，1975 年，第 253 页。

叛臣、逆臣三传；它还仿效《后汉书·独行传》而立《卓行传》，与《新五代史·一行传》相呼应；它升《忠义传》为类传之首，也是跟《新五代史》首叙《死节传》、《死事传》一致的。这些撰述、编次上的处置，与其说是出于对唐代历史的认识，毋宁说是从五代这个"乱世"中所得到的启示，这同欧阳修之宣扬"《春秋》之法"是完全吻合的。《新唐书》修撰之时，北宋阶级矛盾十分尖锐，故作者对唐末农民起义的攻击不遗余力，而使黄巢厕身于《逆臣传》中，这是不足为怪的。

志，写得丰满；表，有所创新。这是《新唐书》最重要的特点和价值所在。它在前史书志的基础上，新创《仪卫志》和《兵志》，又仿《旧五代史》立《选举志》。《仪卫志》记皇帝居、行时仪仗护卫的声容风采之盛，以示"尊君而肃臣"。《兵志》写出了唐代兵制的"大势三变"及其与皇权的关系，即府兵、弨骑、方镇之兵，以及禁军的设置。杜佑《通典·兵典》讲战略战术而不叙兵制，《新唐书·兵志》填补了典章制度史撰述上的空白。《选举志》写出了唐代科举取士的详情和盛况。此三志，后来历代所撰正史基本上都继承下来，不断有新的撰述。《食货志》和《地理志》都写得丰富、充实，前者记述了丰腴的社会经济面貌，后者详细记载了唐代地理建置的沿革以及军府设置、物产分布、水利兴废等状况。《天文志》和《历志》以很大的篇幅记载了唐代流行的七种历法以及重要的历法理论即《大衍历》历议，这是天文学史上的宝贵资料。《新唐书·艺文志》是继《汉书·艺文志》和《隋书·经籍志》后的优秀的目录学著作，它继承了《隋书·经籍志》的传统，不仅订正了《旧唐书·经籍志》著录中的一些讹误、改进了著录体例，而且大量补充了后者著录中的阙遗。据清人沈炳震《新旧唐书合钞》统计，其增录文献：经部为 17 部，130 卷；史部为 137 部，2 188 卷；子部为 154 部，1 451 卷；集部为 15 部，129 卷。合计共增录文献 323 部，3 898 卷。《新唐书·艺文志》反映了唐代学术文化之盛，在文献学的发展史上有重要的价值。[1]

---

[1] 《新志》增录《旧志》之数，诸家统计各异，录此聊备一说。

《史记》、《汉书》以后，正史撰述中的史表久废，实为阙憾。《新唐书》上继《史》、《汉》遗风，创《宰相表》、《方镇表》、《宗室世系表》、《宰相世系表》，突出地显示出纪传体史书之综合性的优长。其中，《方镇表》谱列唐代藩镇割据的局面，《宰相世系表》显示唐代门阀政治的盛衰，都鲜明地反映出历史时代的特点。二表的序，文少意深，有马、班之风，是正史史论中不多见的。

《新唐书》的撰成，距唐之亡"盖又百有五十年，然后得发挥幽沫"，其所据唐人文献及后人所撰唐史著述都远远超过《旧唐书》，是故"其事则增于前，其文则省于旧"①。对此，清人赵翼论之甚详。然《旧唐书》较多地保存了唐代文献的原始面貌，这是《新唐书》不能代替的。可以说，这两部《唐书》在记述唐代历史方面，各有千秋，相得而益彰。

三、会要体史书的增多

会要体史书是典制体史书的一种形式，记一个朝代或一个时期的典章制度，因以"会要"名书，故以会要体称之。在中唐苏冕《会要》、晚唐杨绍复等《续会要》的基础上，五代末年王溥撰成《新编唐会要》100 卷，于北宋建立第二年即建隆二年(961)上奏朝廷。这就是后来人们所称的《唐会要》。王溥同时上奏的还有《五代会要》一书。②此后，有南宋徐天麟撰《西汉会要》和《东汉会要》；而宋朝秘书省则设会要所编类本朝历朝会要，屡有所成，卷帙浩繁。会要体史书乃得到了相当的发展，数量大增。

《五代会要》30 卷、分 279 目，记五代时期梁、唐、晋、汉、周等朝的典章制度。撰者王溥在五代时历仕汉、周两朝，谙练五代制

---

① 欧阳修、宋祁：《新唐书》卷末《进〈唐书〉表》，北京：中华书局，1975 年，第 6472 页。

② 一说《五代会要》成书于乾德元年(963)，参见《中国历史大辞典·史学史》"五代会要"条，上海：上海辞书出版社，1983 年，第 35 页。

度。他依据五代历朝实录撰成此书，所引奏章、诏令都有较高史料价值。此书为宋人撰述五代史事之最早著作，又多取材于实录，故颇为后人所重视。清四库馆臣称此书"条分件系"、"务核典章"，并据此指出欧阳修《新五代史》之遗略与谬误，认为是研读五代史者不可不读之书。

《西汉会要》70卷、《东汉会要》40卷。撰者徐天麟，字仲祥，南宋临江（今江西清江县）人，宋宁宗开禧元年（1205）进士，多任地方官职，晚年谢官归里。其事迹，附见《宋史·徐梦莘传》。《西汉会要》撰成于其任抚州教授任上，宁宗嘉定四年（1211）表进于朝。全书分帝系、礼、乐、舆服、学校、运历、祥异、职官、选举、民政、食货、兵、刑法、方域、蕃夷共15门，367目。此书仿《唐会要》之体例，据《汉书》之所记，以类相从，分述西汉典章制度，铨次精审，经纬了然。清四库馆臣称作者亦可谓"《汉书》功臣"。其所不足者，唯采撰仅限于《汉书》。

《东汉会要》系撰者官武学博士时续成，于宋理宗宝庆二年（1226）奏呈，上距前书撰成已历15年。全书亦分为15门：帝系、礼、乐、舆服、文学、历数、封建、职官、选举、民政、食货、兵、刑法、方域、蕃夷，共384目。清修《四库全书总目》时，此书36、39两卷各佚其半，37、38两卷全佚。后经清人蒋光煦予以校补，乃成今传本。本书仍依《西汉会要》体例，述东汉一代典章制度。它比之于后者，有两个特点。一是所据文献不限于一书，它以范晔《后汉书》为主，兼采司马彪《续汉书》志及刘昭注、袁宏《后汉纪》等，采撰既广，哀次清晰，有较高的文献价值。二是间或著论，以申己见，反映了撰者的历史见解，则其已不限于对文献的爬梳、分类和编次了。徐天麟《〈东汉会要〉进表》自谓："穷经不足以采微，嗜史乃几于成癖"，"集事迹而为鉴，或可参往牒之言；条章奏而请行，期有补于当今"。这表明了他对于史学的专注和认识。

宋朝统治者十分重视纂修本朝会要，于秘书省设会要所，与日历所、国史实录院并立，以省官或日历、国史官兼修会要。其先后所修有《六朝会要》、《中兴会要》等多种，计 2 200 余卷，但均未曾刊布，只有抄本流传。原书均佚，今有清人徐松自《永乐大典》中辑出的《宋会要辑稿》传世。宋朝官修本朝会要的盛况，反映了这个时期官府对当代典章制度在历史编纂上的重视，这也是宋人重视当代史撰述的一个方面。

会要体史书经两宋时期官修、私撰的发展，后世相沿承袭，屡有述作，乃卓然成为历史撰述的一种独立的形式。

第五节　本朝史撰述的发展

一、李焘和《续资治通鉴长编》

重视当代史撰述，是中国古代史家的优良传统，而两宋史家在这方面更有突出的成就。北宋时，司马光所撰《稽古录》一书，其中即包括有《国朝百官公卿表大事记》，记北宋开国至英宗治平四年（1067）间的大事，下距司马光写成的时间神宗元丰四年（1081）只有14 年。而北宋的灭亡，南宋的偏安，宋金的和战，这些重大的社会历史变化，不断激发着人们对于历史和现实的思考，一些有识之士而又有志于史学的人，则往往以其毕生精力从事本朝史撰述，从而使南宋时期在当代史撰述方面产生了许多重大成果。其中，以李焘的《续资治通鉴长编》、徐梦莘的《三朝北盟会编》和李心传的《建炎以来系年要录》最为知名。

李焘（1115—1184），字仁甫，眉州丹稜（今属四川）人。20 岁时，著《反正议》14 篇，"皆救时大务"①。以进士第为地方官，为政有方，以余暇治学，"慨然以史自任，本朝典故尤悉研核"。后至朝廷任职，

---

① 脱脱等：《宋史》卷三百八十八《李焘传》，北京：中华书局，1977 年，第 11914 页。下引本传，不另注。

并修国史。他仿《资治通鉴》体例，以 40 年心血，撰成一部北宋编年史巨著《续资治通鉴长编》，记事起自建隆，迄于靖康，全书 980 卷，另撰《举要》68 卷。这是中国史学上前所未有的、部帙浩繁的编年体皇朝史。李焘先后于孝宗隆兴元年(1163)、乾道四年(1168)、淳熙元年(1174)分别奏上部分书稿，而于淳熙九年(1182)进呈全书。李焘在进书上言中自谓："臣今所纂集义例，悉用[司马]光所创立，错综铨次，皆有依凭。顾臣此书，讵可便谓《续资治通鉴》? 姑谓《续资治通鉴长编》可也。旁采异闻，补实录、正史之阙略，参求真是，破巧说伪辨之纷纭，益以昭明祖宗之丰功盛德。"他强调此书"于实录、正史外，颇多所增益"，尤其是治平以后事，凡"大废置、大征伐，关天下之大利害者"，都取"宁失之繁，无失之略"的原则；故其"网罗收拾垂四十年"，"精力几尽此书"①。由此可以看出李焘的撰史旨趣和著述方法，也可以看出此书受《资治通鉴》的深刻影响。然李焘以一人之力，撰千卷之书，这是他超过前人的地方。《宋史》本传称他"平生生死文字间"，可谓确论。

《长编》的突出特点，是翔实。一是所叙史事详尽，"宁失之繁，无失之略"，故神宗朝每年史事多达 9 卷，哲宗朝每年更增至 15 卷。二是旁征博引，"使众说咸会于一"。李焘仿司马光《资治通鉴考异》之法，自撰注文，以存异说。如《长编》卷二十太平兴国四年(979)记杨继业事，是据路振《九国志》的叙述；但李焘在注文中又引《三朝国史·杨业传》的记载，别为一说，且云："今但从《九国志》，更须考之。"这类情况，书中甚多。还有一种情况，是顾及所记史事的不同方面。李焘自来"耻读"王安石书，但他记熙、丰变法事，对变法派和反对派的言论、行事都详细记述。南宋叶适论其书曰："凡实录、正史、官文书，无不是正就一律也；而又家录、野记，旁互参审，毫发不使遁逸，邪正心迹，随卷较然。夫孔夫子之所以正时月日，

---

① 马端临：《文献通考》卷一百九十三《经籍考二十》，北京：中华书局，1986 年，第 1637 页。

必取于《春秋》者，近而其书具也，今唯《续通鉴》（即指《长编》——引者）为然尔。故余谓《春秋》之后，才有此书，信之所聚也。"①这是对《长编》的翔实给予很高的评价。而南宋陈傅良甚至认为："一代之书，萃见于此，可谓备矣。"②

《长编》在文字表述上也反映出作者在这方面所下的功夫之深。其记太平兴国三年（978）五月"吴越归地"事，把吴越王钱俶小心谨慎、曲意奉迎而终不免纳土的过程，把北宋宰相卢多逊的建议和宋太宗的坚决，都写得从容、紧凑。而对于事件的结局，作者一方面写了宋太宗"受朝如冬、正仪"的盛典，一方面写了吴越王钱俶将吏、僚属痛哭"吾王不归矣"；这两种不同的历史场面，写出了人们截然相反的心情，从而把事件本身烘托得格外突出。像这样的史笔，在《长编》中屡屡可见。

李焘治史，态度是很严谨的。他在奏上全书时，曾列举"损益修换"即增删修改处 4 400 余事，编为目录 10 卷。尽管如此，他在上书表中还是说"抵牾何敢自保"。这表明了他对待历史撰述的求实作风。

宋孝宗观览《长编》，称李焘"无愧司马迁"。朱熹教导门人读史说："若欲看本朝事，当看《长编》。若精力不及，其次则当看《国纪》。《国纪》只有《长编》十分之二耳。"③南宋杨仲良据《长编》而撰《续资治通鉴长编纪事本末》（亦名《皇宋通鉴长编纪事本末》）150 卷，初刻于理宗宝祐元年（1253），行于世。这反映了《长编》具有重要的社会影响和史学价值。

今传《长编》，系后人据明修《永乐大典》所录抄出，时已缺熙宁至绍圣年间部分记载及徽、钦两朝史事，重新编次，厘为 520 卷，然其仍不失为宋人所撰最翔实的北宋史。

---

① 马端临：《文献通考》卷一百九十三《经籍考二十》，北京：中华书局，1986 年，第 1637 页。

② 马端临：《文献通考》卷一百九十三《经籍考二十》，北京：中华书局，1986 年，第 1638 页。

③ 《朱子语类》卷十一，黎靖德编，北京：中华书局，1986 年，第 196 页。

李焘除《长编》外，其他各种撰述累计亦在千卷以上。他是中国史学史上著作最丰的史家之一。

二、徐梦莘和《三朝北盟会编》

在李焘撰成《长编》后 12 年，即宋光宗绍熙五年（1194），徐梦莘完成了他的历史撰述的代表作《三朝北盟会编》（以下简称《会编》）。

徐梦莘（1126—1207），字商老，临江（今属江西清江）人。宋高宗绍兴二十四年（1154）进士及第，历官安南军教授、知湘阴县、知宾州，因议盐法不合上官之意，免官。他淡泊于仕进，却总不能忘怀靖康之乱，思欲究其始末，乃网罗旧闻，荟萃同异，撰成《三朝北盟会编》一书。这距他中进士恰是 40 年，可知此书实是其毕生精力所得。宁宗庆元二年（1196），奉命录进，大为国史实录院所称，徐梦莘因此被授直秘阁之职。

《会编》250 卷，是记载两宋之际历史的编年体史书。三朝，指北宋徽宗、钦宗二朝和南宋高宗朝。北盟，记事以宋、金和战为主要线索，故称。会编，此书按编年体史书体例纂述，而每记一事则并列诸说，每取一说则原文照录，自谓"其辞则因原本之旧，其事则集诸家之说。不敢私为去取，不敢妄立褒贬。参考折中，其实自见"①；故"凡曰敕、曰制、诰、诏、国书、书疏、奏议、记序、碑志，登载靡遗"②，此当是"会编"之名之所由来。作者以"三朝北盟会编"名书，实则是反映了这书的范围、主线和体例，也反映了徐梦莘"自成一家之书，以补史官之阙"的"本志"。总之，这部书是按一定的体和例纂集起来的文献汇编。它的例，同欧阳修撰《新五代史》和《新唐书》一样，也是师法《春秋》的。

《会编》全书分为上、中、下 3 帙。徽宗政和、宣和事为上帙，

---

① 徐梦莘：《三朝北盟会编》序，上海：上海古籍出版社，1987 年，第 2 页。
② 脱脱等：《宋史》卷四百三十八《徐梦莘传》，北京：中华书局，1977 年，第 12983 页。

25 卷；钦宗靖康事为中帙，75 卷；高宗建炎、绍兴事为下帙，150 卷。其中帙之末有诸录杂记 5 卷，汇集了一些难以按年月编次的资料。其记事，上起政和七年(1117)宋金协议合力攻辽的"海上之盟"，下迄绍兴三十一年(1161)宋金联盟破裂、金主完颜亮征淮身死，共 45 年间史事。全书搜罗宏富，引书多达 200 余种，是当时动荡局面下官修史书都难以达到的、关于两宋之际史事最翔实的资料书。

徐梦莘对于靖康之难是终生不忘的，故书中对官方与民间的抗金斗争均详加记述。卷一一四建炎元年(1127)十一月九日条下引赵甡《中兴遗史》，记王彦领导的"八字军"的抗金活动、威震北方的情景，颇为详细。《会编》以丰富的历史文献反映出了两宋之际复杂的社会矛盾和民族矛盾，是其他历史著作所难以代替的。它对于宋史、金史和宋金关系史的研究，有重要的史学价值。它的体例，在编年体史书中也是独具特色的。时人称这本书是："东观直笔多所资，蓬莱汉阁生光辉。"这是一点都不过分的。

《会编》所引据的书，许多都亡佚了，而它却辗转流传下来，至清光绪四年(1878)更有刊本行世，广为传布。

三、李心传和《建炎以来系年要录》

徐梦莘录进《三朝北盟会编》后，恰巧也是过了 12 年，李心传奉旨进呈《建炎以来系年要录》(当时亦称《高庙系年》、《高宗系年录》)，时在宋宁宗嘉定元年(1208)，而上距《续资治通鉴长编》全书奏进亦仅 26 年。在这不到 30 年中间，《长编》、《会编》、《要录》三书相继问世，这在中国史学上是不多见的有众多创获的年代。

李心传(1167—1244)，字微之，隆州井研(今属四川)人。早年科举失意，遂不复应举，闭户读书，发奋著述。理宗绍定四年(1231)，以著作闻于世，因前后受到当时名流 23 人的推荐，66 岁的李心传受召入京，为史馆校勘、赐进士出身，专修《中兴四朝帝纪》，未就而罢，乃通判成都府。后任著作佐郎兼四川制置司参议官，诏许免于议事，而辟官置局续修《十三朝会要》，端平三年(1236)成书，召入朝，为工部侍郎。后再任史职，参与修撰，旋罢。淳祐三年(1243)致仕，卒。

《建炎以来系年要录》是李心传盛年时期的著作。全书 200 卷，编年纪事，起建炎元年(1127)，止绍兴三十二年(1162)，记高宗朝 36 年史事。此书曾有理宗宝祐初年刻本，久佚，今传本系清代四库馆臣自《永乐大典》录出。据陈振孙云：此书本与李焘《长编》相续，"亦尝自隆兴后相继为之。会蜀乱散失，不可复得"①。陈氏谓作者以此书续《长编》，是符合李心传撰述之旨的。这一点，李心传自己确有明确的说明，认为："编年之体，不当追录前书已载之事。今以金人和战，帅府建立，皆中兴以后事迹张本，故详著之，以备其始末。"②二李之书，前后相继；而徐梦莘介于其间，述两宋之际史事。这三位史家所形成的撰史格局是令人深长思之的。

《要录》比之《长编》，叙事凝练；比之《会编》，采撰精审。其所述史事与《会编》相同处，尤其显示出这方面的特色。如其记康王赵构即皇帝位于南京(今河南商丘市南)事，用极凝练的文字写出了当时政权的瘫痪和社会的紊乱状况，也写出了宋高宗即位之初统治集团的一系列应急措施，它涉及政治、军事、经济、刑赏、用人、广开言路等许多方面。这里没有生动的描述和对于细节的交代，而是用粗线条勾勒出一幅历史的画面。

《要录》对于重要史事，也十分注重写出它的细节来。作者记绍兴十一年(1141)十二月"岳飞赐死于大理寺"事，末了写道："天下冤之。飞死，年三十九。初，狱之成也，太傅、醴泉观使韩世忠不能平，以问秦桧。桧曰：'飞子云与张宪书虽不明，其事体莫须有。'世

① 陈振孙：《直斋书录解题》卷四《编年类·建炎以来系年要录》，徐小蛮等点校，上海：上海古籍出版社，1987 年，第 120 页。
② 李心传：《建炎以来系年要录》卷一，北京：中华书局，1956 年，第 23 页。

忠怫然曰：'相公，莫须有三字，何以服天下乎！'"①这个细节，写出了"天下冤之"之所由来，文不多而分量极重。

《要录》征引赅博，所据书在 200 种左右。对所记史事，仿《资治通鉴考异》之法多有自注，或胪列众说，或考辨真伪，反映出作者在采撰和体例上的严谨。清四库馆臣评论《要录》说："其书以国史、日历为主，而参之以稗官、野史、家乘、志状、案牍、奏议、百司题名，无不胪采异同，以待后来论定。文虽繁而不病其冗，论虽岐而不病其杂。在宋人诸野史中，最足以资考证。"又说："大抵李焘学司马光而或不及光，心传学李焘而无不及焘。"他们认为这是一部"宏博而有典要"②的著作。这个评论，李心传是当之无愧的。

从中国历史编纂学的发展来看，《资治通鉴》、《续资治通鉴长编》、《建炎以来系年要录》，是继承和发展了《左传》的传统。而《三朝北盟会编》则是继承和发展了《国语》的传统，后者是分国编纂起来的文献资料汇编，并于一国之中略按时间顺序编次；前者是按专题编纂起来的文献资料汇编，并依严格的编年体进行编次。这两种撰述形式，在宋代史学上都达到了前所未有的成就。从撰述思想的发展来看，中国古代史家多继承孔子修《春秋》而述当代史的传统，私人撰述如《史记》、《通典》等通史皆迄于当代，官修史书如历代国史皆然。其中主要原因，往往是受到现实的启示、激奋而使之然，反映出了史学家的崇高的社会责任感。两宋之际的历史变动，是当时的重大事件，它像秦汉之际、两晋之际、隋唐之际、中唐变故、五代宋初的历史形势一样，启示着史学家的沉思，激发了他们的撰述热情。《长编》、《会编》、《要录》是古代史家在撰述思想上这一传统的突出反映。

---

① 李心传：《建炎以来系年要录》卷一百四十三，北京：中华书局，1956 年，第 2298 页。

② 永瑢等：《四库全书总目》卷四十七，北京：中华书局，1965 年，第 426 页。

第六节　历史文献学的多方面成就

一、考异、纠谬、刊误和考史

两宋时期，历史文献学在许多方面都有长足的进步，在有的方面还有新的开拓。这是两宋史学成就的重要组成部分。这里着重阐说它在几个方面的表现：考异、纠谬、刊误和考史，目录学的新成就，金石学的创立。

这里先说考异、纠谬和刊误。

司马光撰成《资治通鉴》的同时，还撰写了《资治通鉴考异》30卷。他在《进〈资治通鉴〉表》中写道："又参考群书，评其同异，俾归一途，为《考异》30卷。"这是讲到了作《考异》的目的。司马光等撰《资治通鉴》所参用的书在300种以上，其间，一事异说、一事多说者层出不穷，即使独家之说、仅有参据，亦未必可靠。司马光治史严谨，采撰必求其真，书事必求其实。但他又承认前人撰述的客观存在和社会影响，故不取漠然态度，从而给自己提出了"参考群书，评其同异，俾归一途"的要求。不"参考群书"，不能成鸿篇巨制；不"评其同异，俾归一途"，不能成一家之言。这样的采撰思想，刘知幾已言之甚详。魏晋南北朝隋唐时期，注史蔚然成风，名家辈出，是历史文献学发展的突出表现。《考异》的产生，是史学家对历史撰述提出了更高的要求，也是历史文献学发展的必然趋势。

考异，就是考订群书所记之异、正其所记之误，求得撰述之真，以存信史。在司马光以前，有的史家在撰述中作自注，就兼有这个目的，杜佑《通典》，是很典型的例子。但像司马光这样，写出一部30卷的《考异》，专门阐述这个问题，还是第一次。《考异》涉及的范围很广，凡时间、地点、事件之真伪、人物之行事，都在考察之中。《考异》也有一定的例，而主要在于说明对有的文献记载，何以取，何以不取，何以两存之。《考异》本自为一书，元人胡三省作《资治通鉴音注》，乃分记各条于所考之事文下，俾便于阅读。如《资治通鉴》卷一八九记唐高祖武德四年(621)秋七月以苏世长为谏议大夫事，《考异》曰："《旧·本纪》及《唐历年代记》、《唐会要》皆云五年六月，置谏议大夫。按世长自谏议历陕州长史、天策府军谘祭酒，四年十一月已预十八学士。据《旧·职官志》，四年，置谏议大夫，今从之。余按《唐六典》，秦、汉曰谏大夫，光武加议字。北齐集书省置谏议大夫七人，隋氏门下省亦置谏议大夫七人。四年以前，唐未及置，今始置之耳。"这一条考异，引用几种文献，互相参照，考订了有关年代、人物行事和典章制度。《考异》征引诸书，或取其说，或弃其说，或诸说并存，多有引用原文者；而所引之书，亡佚不少，赖《考异》而得存部分佚文。故《考异》不独使《资治通鉴》记事确当，也在不同程度上保存了一些佚书的面貌。这是它在历史文献学上的两个方面的贡献。清人钱大昕说："读十七史，不可不兼读《通鉴》。《通鉴》之取材，多有出正史之外者，又能考诸史之异同而裁正之。昔人所言，'事增于前，文省于旧'，唯《通鉴》可以当之。"①这是对《通鉴》的评价，也是对《考异》的评价。后人在考异上的成就，多受到《考异》的影响。

纠谬，是"纠摘谬误"，针对他人所撰史书而作。这方面的代表作是吴缜的《新唐书纠谬》、《五代史记纂误》。吴缜，字廷珍，北宋成都(今属四川)人，任官左朝请郎、知蜀州军州事。他在元祐四年(1089)撰《新唐书纠谬》20卷，于绍圣元年(1094)奏进。按所摘举之谬误，取其同类，略加整比，厘为20门，目为：以无为有，似实而虚，书事失实，自相违舛，年月时世差互，官爵姓名谬误，世系乡里无法，尊敬君亲不严，纪志表传不相符合，载述脱误，事状丛复，宜削而反存，当书而反阙，义例不明，先后失序，编次未当，与夺不常，事有可疑，字书非是。其所纠之谬，多以《新唐书》纪、志、

---

① 钱大昕：《潜研堂集·文集》卷二十八《跋柯维骐宋史新编》，上海：上海古籍出版社，2009年，第497页。

表、传参照、对勘而得，对《新唐书》讹误颇多订正。如卷二说"郑细作相时事皆不实"，在举出五条证据后，又列表编年陈之于后，"庶览者了然易见"。同卷说唐太宗贞观六年"放死罪囚三百九十人"事似实而非，虽未列举具体数字以为佐证，然所说之理，亦可参考。他如卷四说史学家杜佑"所终之官与《桑道茂传》不同"，认为《桑道茂传》以"杜佑终于司徒"非是，当依本传"以太保致仕而终"。卷十三"令狐德棻宜州人"条，认为："宜州虽尝暂置数年，然终于废省，则其名不当复存，当曰雍州或京兆华原人可也。"这些虽属细节，然于订正讹误亦有裨益。吴缜在本书自序中指出《新唐书》之所以致误的八条原因是：责任不专，课程不立，初无义例，终无审复，多采小说而不精择，务因旧文而不推考，刊修者不知刊修之要而各徇私好，校勘者不举校勘之职而惟务苟容。钱大昕评《新唐书纠谬》说："廷珍所纠，非无可采"，然"其所指摘，多不中要害"。他还就"吴氏所纠未当者"，疏通证明，附于各条之下。尽管如此，《纠谬》对于订正《新唐书》的讹误，还是有益的。特别是作者对《新唐书》所误之类型的划分及其致误原因的分析，虽未尽合理，但在历史文献学的发展上，也是有意义的。吴缜所撰《五代史记纂误》5卷，专取欧阳修所著《五代史记》，摘其舛误，所列共200余事。原书已佚，清代四库馆臣从《永乐大典》中录出，辑为3卷，得114事，约存原书之半，可略见其梗概。

刊误，即修订、改正。宋人之刊误前史，集中于《汉书》和《后汉书》，有张泌《汉书刊误》，余靖《汉书刊误》，刘敞、刘攽、刘奉世《三刘汉书标注》、刘攽《后汉书刊误》，吴仁杰《两汉刊误补遗》等。宋仁宗读《后汉书》，见"垦田"之"垦"皆作"恳"，于是使侍中传诏中书俾刊正之。时刘攽为学官，遂刊其误。这件事可能推动了学人的刊误工作。《后汉书刊误》4卷，刘攽于英宗治平三年(1066)奏上。其书举范晔《后汉书》所记之误，于其下作按语正之。如卷一"帝纪第一"起首引《光武帝纪》记，"出自景帝生长沙定王发"。其下即书："按：文言'出自景帝生长沙定王发'，文意不足，盖此'生'字当作

'子'字。"本书还有"题卷后"诸首，是就有关的卷而作。如卷四中就《后汉书》卷七十九的注存在许多明显讹漏，刘攽在"题卷后"中写道："章怀注书时分与诸臣，此卷不知谁值之？最之浅陋，不在前同。亦疑其将终篇，故特草草耳。后之读者将以为传写之误，聊记之云。"《宋史》本传称他："作《东汉刊误》，为人所称。预司马光修《资治通鉴》，专职汉史。"

《两汉刊误补遗》10卷，吴仁杰（字斗南，一字南英）撰，有淳熙十六年（1189）曾绛所序。此书的体例，皆摘取原书数字为题，题后为文，刊正其误。曾序称其书谓："据古引谊，旁搜曲取，凡邑里之差殊、姓族之同异、字画之乖讹、音训之舛逆、句读之分析、指意之穿凿及他书援据之谬陋，毕厘而正之，的当精确。"①《三刘汉书标注》和《后汉书刊误》皆为名作，此书在此基础上做补遗，可见作者用功之深。

考异、纠谬、刊误多关系到考史，而宋人在考史方面做出成就的，则有王应麟堪为名家。王应麟（1223—1296），字伯厚，号深宁居士，南宋庆元（今浙江宁波）人。曾任著作郎、起居舍人、兼国史编修、实录检讨等史职。一生著作20余种，600余卷，其中考史著作有《汉艺文志考证》、《汉制考》、《通鉴地理考》、《通鉴地理通释》、《困学纪闻》等。《困学纪闻》20卷，其中卷十一至卷十六专为考史：前五卷杂考历代史事，上起先秦，下迄南宋淳祐四年（1244）；而末一卷为专题性质考史，包含《汉河渠考》、《历代田制考》、《历代漕运考》、《两汉崇儒考》，显示了作者对于水利、田制、文化的关注。其《汉河渠考》序说："美哉禹功，万世永赖！云何汉世，河决为害。盖自战国，壅川壑邻，决通堤防，重以暴秦。水失其行，故渎遂改，碣石九河，皆沦于海。微禹其鱼，遗黎之思，披图案牒，用缀轶遗。"元人牟应龙称其考史特点是："考订评论，皆出己意""辞约而

---

① 曾绛：《两汉刊误》序，《两汉刊误补遗》，丛书集成初编本，北京：中华书局，1985年，第2页。

明，理融而达"①。考订、评论并重，是宋人治史的突出特点。

二、目录学的新成果

这个时期的目录学，在分类和解题方面，都取得了新的成果，而目录学之朝着解题方面发展，宋人的成就尤为突出。《新唐书·艺文志》和《通志·艺文略》在文献分类上各有特色，而前者在目录学史上的影响要更大一些。在文献解题方面，晁公武的《郡斋读书志》和陈振孙的《直斋书录解题》都是名作；高似孙的《史略》和《子略》也有一定的价值。北宋庆历元年(1041)成书的《崇文总目》和南宋淳熙五年(1178)、嘉定十三年(1220)先后成书的《中兴馆阁书目》及《续书目》，是两部大型官修目录书。前者为66卷，后者分别是70卷、30卷，反映了两宋皇家藏书的情况和整理历史文献的成绩。它们兼有分类与解题结合之长。然二书久佚，今存皆后人辑本，虽所存十不及二三②，仍可大致反映出它们在历史文献学史上的价值。

这里，着重阐述宋代目录学在解题方面的代表性作品。

《郡斋读书志》原称《昭德先生郡斋读书志》。晁公武，字子止，号昭德先生，澶州清丰(今河南清丰)人。此书在南宋时已有几种刻本流传，它们都源于所谓衢本和袁本，各种刻本的卷帙各异，以20卷本的比较完备。衢本和袁本都有晁公武的序，意同而文稍异。他以别人所赠之书合于家中旧藏，除去重复的，可得24 500余卷，"日夕躬以朱黄，雠校舛误。每终篇，辄撮其大指论之"③。全书按四部分类(经10类，史13类，子18类，集4类，共45类)，著录书1 490余种。全书有总序，各部有大序，每类亦多有小序，著录诸书

---

① 王应麟：《困学纪闻》序，上海：上海古籍出版社，2008年，第2页。

② 《崇文总目》有清人钱东垣辑释本5卷、补遗1卷，总得原叙30篇、原释980条、引证420条，间有辑释者考证性按语。《中兴馆阁书目》及《续书目》有近人赵士炜辑考5卷、续辑考1卷。

③ 晁公武：《郡斋读书志》序，孙猛校正，上海：上海古籍出版社，1990年，第15页。

皆有解题(小序即暗含于每类第一部书的解题之中,有小序 25 首)。①
解题对著录之书的作者、内容、编次、学术渊源等,视具体情况予
以介绍,间有考订与评论。今传本还附有宋人赵希弁所著《读书附
志》2 卷,这是由袁本沿袭而来,亦可补本书之不足。《郡斋读书志》
是现存历史较早、内容最为完备的解题性质的目录学著作,在目录
学史和学术史上都有很高的价值。

《直斋书录解题》的作者陈振孙,字伯玉,号直斋,安吉(今属浙江)
人。晁公武去世于宋孝宗淳熙中,陈振孙约在宋理宗景定年间去世②,
二者相距 70 余年。《直斋书录解题》56 卷,按四部著录群书,分为
53 类,类有小序,共著录书 3 000 余种、51 000 余卷,多于《郡斋读
书志》而大致近于官修《中兴馆阁书目》。其各书解题体例,与晁书略
同,所论则各有长短。此书自明代以后不传,清四库馆臣自《永乐大
典》中录出,纂为 22 卷,而各类小序多有未录出者。清人亦有试图
恢复全书 56 卷面貌的努力,但今传本仍以 22 卷本为宗。《直斋书录
解题》和《郡斋读书志》所著录、考订、评论诸书,有不少后已亡佚,
或仅存残篇、零简,其基本情况赖此二书略存一二,故显得格外珍
贵。它们对于反映南宋和南宋以前的学术文化面貌,也提供了重要
的依据。

《史略》6 卷,是高似孙的史籍汇考著作,有宋理宗宝庆元年
(1225)自序。卷一记《史记》及有关之书,卷二记《汉书》至《五代史》
各书,卷三记《东观汉记》、实录、起居注、会要、玉牒等书及修史
掌故,卷四记史典、史表、史略、史钞、史评、史赞、史草、史例、
史目、通史、《通鉴》及有关书,卷五记霸史、杂史、《七略》、东汉
以来书考、历代史官目、刘勰论史,卷六记《山海经》、《世本》、《汉
官》、《水经》、《竹书纪年》等。此书远不及晁、陈二书完备、宏富,

① 参见晁公武:《郡斋读书志》前言,孙猛校正,上海:上海古籍出版社,1990 年,
第 3 页。

② 参见陈乐素:《关于陈振孙之生平和著述》,载《大公报·文史周刊》,1946 年 11
月 20 日。

其旨在于"网罗散轶,稽辑见闻,采菁猎奇,或标一二","汇其书而品其指意"(自序),于考订中带有明显的史评性质。其特色如此,固未可以目录书苛求于它。

以上三书,在史学批评上都各有本身的价值。

三、金石学的创立

金石学的创立,开阔了人们对于历史文献认识、研究的视野,丰富了历史文献学的内容,在史书撰述和史事考订上都有重要的意义。中国古代史家之留意于金石铭文者甚早,而对其做比较系统的搜集、整理、研究而用于证史、考史,则创立于宋代。司马光撰《资治通鉴考异》,已采用碑文对所疑史事进行考辨。郑樵《通志》中的《二十略》有《金石略》专篇,强调"唯有金石所以垂不朽"而在文献上具有特殊价值,认为:"三代而上,唯勒鼎彝,秦人始大其制而用石鼓,始皇欲详其文而用丰碑。自秦迄今,惟用石刻。散佚无纪,可为太息,故作《金石略》。"①其所著录,则为上古文字、钱谱、三代款识、秦至唐历代刻石。这对于金石学的创立在理论、分类和著录几个方面,都是有开创性价值的。

宋代创立金石学的标志,还有欧阳修的《集古录》和赵明诚的《金石录》这两部专书。

《集古录》10卷,是中国古代流传下来的最早的金石学专书。欧阳修自序说,他对于汤盘、孔鼎、岐阳之鼓,岱山、邹峄、会稽之刻石,以及汉魏以来桓碑、彝器铭、诗序记等皆视为"至宝"、"可喜"之物,"故上自周穆王已来,下更秦、汉、隋、唐、五代,外至四海九州,名山大泽,穷崖绝谷,荒林破冢,神仙鬼物,诡怪所传,莫不皆有,以为《集古录》"。他的收藏广而且多,以拓本"卷帙次第,而无时世之先后";又考虑到"聚多而终必散,乃撮其大要,别为录

---

① 郑樵:《通志》卷七十三《金石略》序,北京:中华书局,1987年,第841页。

目。因并载夫可与史传正其谬阙者，以传后学，庶益于多闻"。这是他撰《集古录》的由来和目的。

所谓"撮其大要，别为录目"，记其可以订补史传之谬阙者，是他对收藏中最重要的部分所做的编次和跋尾。全书 10 卷中，卷一为周、秦、前汉、后汉，卷二、卷三后汉，卷四魏晋南北朝，卷五隋、唐，卷六至卷九唐，卷十唐、五代。其中唐最多，东汉次之，周与五代最少。全书共有跋尾 400 余首，每首之末皆注明撰写时的年月日，多撰于嘉祐至熙宁年间。卷三《后汉太尉陈球碑》跋尾记："予所集录古文，与史传多异，唯此碑所载与列传同也。"由此可以看到此书在正谬补阙上的价值。如卷四《魏贾逵碑》跋尾指出《三国志·魏书·贾逵传》所记贾逵为郭援所杀事，与碑碣称述不合，故"颇疑陈寿作传好奇而所得非实也"，同时指出裴注言贾逵享年亦与碑文相异。跋尾之文不独指出有史传所记的谬阙，有时也反映出作者的历史见解。卷二《后汉太尉刘宽碑阴题名》跋尾指出："唐世谱牒尤备，士大夫务以世家相高。至其弊也，或陷轻薄，婚姻附托，邀求货赂，君子患之。然而士子修饬，喜自树立，竞竞唯恐坠其世业，亦以有谱牒而能知其世也。今之谱学亡矣，虽名臣、巨族未尝有家谱者。"这一见解同郑樵《通志·氏族略》序相同，对于说明唐代社会的门阀性质是很重要的，而欧阳修之说更早于郑樵之说。

欧阳修自谓"性颛而嗜古"，但他在金石学思想上却显示出朴素的辩证见解，这是难能可贵的。《集古录》卷九《唐人书杨公史传记》跋尾全文如下："右杨公史传记，文字讹缺。原作者之意所以刻之金石者，欲为公不朽计也。碑无年月，不知何时。然其字画之法，乃唐人所书尔。今才几时，而磨灭若此！然则金石果能传不朽邪？杨公之所以不朽者，果待金石之传邪？凡物，有形必有终弊。自古圣贤之传也，非皆托于物，固能无穷也。乃知为善之坚，坚于金石也。"这是嘉祐八年（1063）十一月二十日所书。他嘲笑了一种想托于金石而传诸不朽的做法，认为古之圣贤所以能传不朽并非只是托于金石之物，他们的高尚精神是"坚于金石"的。这不仅反映了他对金石铭文之作为历史文献的辩证认识，也反映了他对历史上杰出人物的评价原则，以及他们之所以受到后人追念的原因。《集古录》在金石学理论和历史理论方面，是包含着一些值得重视的见解的。

《金石录》的作者赵明诚（1081—1129），字德父，北宋密州诸城（今属山东）人。就卒年来说，他晚于欧阳修 43 年，而早于郑樵 47 年。由此，也可看出宋代金石学的发展情况和继承关系。赵明诚历任知莱州、淄州、建康、湖州，卒于病，年仅 48 岁。所著《金石录》30 卷，前 10 卷为其搜求所藏 2 000 件金石铭刻的目录；后 20 卷为其所撰部分金石铭刻跋尾，凡 502 首，仅占全部收藏的四分之一。

赵明诚在《金石录》序中说："余自少小喜从当世学士大夫访问前代金石刻词，以广异闻。后得欧阳文忠公《集古录》，读而贤之，以为是正讹谬，有功于后学甚大。惜其尚有漏落，又无岁月先后之次，思欲广而成书，以传学者。"这说明了他对金石刻词的兴趣，也说明了《金石录》和《集古录》在学术上的渊源。他用了 20 年的工夫"访求藏蓄"，做了撰述上的准备。其序又说："余之致力于斯可谓勤且久矣，非特区区为玩好之具而已也。盖窃尝以谓《诗》、《书》以后，君臣行事之迹悉载于史，虽是非褒贬出于秉笔者私意，或失其实。然至于善恶大节，有不可诬而又传诸既久，理当依据。若夫岁月、地理、官爵、世次，以金石刻考之，其抵牾十常三四。盖史牒出于后人之手，不能无失，而刻词当时所立，可信不疑：则又考其异同，参以他书，为《金石录》三十卷。"①这一段话，是从理论上阐述了金石刻词在历史文献上的价值及其在考史中的作用。以其跟欧阳修《集古录》序文比较，则前者具有更加明确的史学理论的性质。这是宋代金石学向前发展的标志。

《金石录》的内容，上起夏商周，下至五代。书后有赵明诚夫人李清照于绍兴二年（1132）所撰写的跋文，文辞婉转，寓意深沉，对读者了解此书及其作者，大有裨益。其所撰跋尾之文，体例多仿《集

---

① 赵明诚：《金石录》序，北京：中华书局，1991 年，第 1～2 页。

古录》而作，文中亦颇多引用其论断，而又往往提出与之不同的见解，或对前说予以补充。卷二十三《唐温彦博辞》跋尾引《集古录》跋《颜勤礼碑》后云："按《唐书》：温大雅字彦弘，弟彦博字大临，弟大有字彦将。兄弟义当一体，而名大者字彦，名彦者字大，不应如此。盖唐世诸贤，名字可疑者多。"赵明诚乃引《颜氏家训》说，江南讳名不讳字，而河北士人"名亦呼为字"，"当时风俗相尚如此"①。卷二十八《唐杜济墓志》跋尾说："但云颜真卿撰而不云书"，欧阳修信其撰而于书者存疑，"余观此志字划奇伟，决非他人可到。欧阳公信小字《麻姑仙坛记》以为真迹，而尚疑此志，何哉？"②凡此，都可以说明《集古录》对《金石录》的影响，也可以说明《金石录》对《集古录》的发展。至于《金石录》之订正、补充史传之谬阙者，也超过了《集古录》，难以一一胪列。

从《集古录》、《金石录》到郑樵《通志·金石略》，金石刻词之学已成为历史文献学的一个重要方面，古代金石学的创立已初具规模。它在理论上提出的问题，已不限于是正讹谬的考史、补史的方面，还涉及历史撰述中的采撰方面，这是对刘知幾采撰思想的一个新发展。

第七节　宋代史学批评的繁荣

一、《册府元龟·国史部》序和《新唐书纠谬》序的理论贡献

两宋时期史学批评趋于繁荣，是这个时期史学深入发展的重要标志之一。

这个时期史学批评趋于繁荣主要表现在三个方面：一是具有自

---

① 赵明诚：《金石录》卷二十三，北京：中华书局，1991年，第543页。
② 赵明诚：《金石录》卷二十八，北京：中华书局，1991年，第652～653页。

觉的史学批评意识的史家越来越多；二是在史学批评的理论上有新的发展；三是史学批评展开的范围更广泛，讨论更深入。这几个方面的"合力"，造成了中国史学在多途发展之后又一个生动活泼的局面。

这里，首先说理论上的贡献。《册府元龟·国史部》序和《新唐书纠谬》序在这方面有突出的代表性。

北宋官书《册府元龟》的《国史部》在编纂思想上有很明确的批评意识，其公正、采撰、论议、记注、疏谬、不实、非才等门的序，以及国史部总序，在史学批评的理论上都提出了一些新问题。《论议》门序说："至于考正先民之异同，论次一时之类例，断以年纪，裁以体范，深述惩劝之本，极谈书法之事，或列于封疏，或形于奏记。"这是对前人"论议"的问题做了归纳，也反映出作者在史学理论方面所做的思考。其以《公正》、《恩奖》等门称赞史学上"执简之余芳，书法之遗懿者"与"鸿硕之志，良直之士"；而以《疏谬》、《不实》、《非才》诸门批评史家撰述上的种种弊端，在理论上是有价值的。

国史部总序在评述自上古至五代的史官制度之沿革流变后，强调指出其所记内容的宗旨是揭示史官修史中的经验教训，因而直接关系到史学批评问题。总序最后是这样讲的：

> 原夫史氏之职，肇于上世，所以记人君之言动，载邦国之美恶，著为典式，垂之来裔，申褒贬之微旨，为惩劝之大法。故其司笔削之任，慎良直之选。历代审官，莫斯为重。今之所纪者，凡推择简任之尤异，讨论撰述之始末，家世职业之嗣掌，扬榷雠对之裁议，冲识方正以无忒，恩遇宠待而隆厚，咸用标次，以彰厥善。其有疏略差戾受嗤于作者，构虚失实有紊乎书法，乃至以鄙浅之识，贻叨据之诮，亦用参纪，申儆于后。其有注录之部次，谱籍之名学，方志之辨析，世绩之敷述，皆司籍之事，资博闻之益，

咸用缀辑，以成伦要。①

所谓"以彰厥善"种种和"申儆于后"种种，是为国史部撰述思想的核心，包含了丰富的史学批评内容，反映出对史家修史活动中之主体作用更全面、更深入的认识与分析，尤其是"疏略差戾"、"构虚失实"、"鄙浅之识"等，实有碍于史学的发展，应引起后世史家的警惕。从国史部总序的宗旨来看，我们可以认为：如果说刘知幾的《史通》对以往史学的总结和评论，在表述方法上是把他自己的认识同具体实例融为一体加以阐述的话；那么《册府元龟·国史部》的表述方法则是从宏观上提出一种认识上的框架，对以往史学活动中反映出来的不同方面、不同问题做出区分与综合，以类相从，胪列实例，以表明其对于史学的思想旨趣。简言之，《史通》是一部以论说为主的史学批评著作，《册府元龟·国史部》可视为一部以史实为主的史学批评著作，二者有相辅相成的作用。

《册府元龟·国史部》在撰述思想上继承了刘知幾《史通》，是显而易见的。其《选任》即近于后者的《史官建置》，其《公正》即近于后者的《直笔》，其《采撰》一目即直接沿用后者篇名而内容当类于后者《古今正史》，其《论议》则意近于后者之《鉴识》，其《自序》更是后者《自叙》的扩大和延伸，其《谱牒》、《地理》皆出于后者《杂述》，其《疏谬》、《不实》、《非才》当源于后者的《纰缪》、《曲笔》和《叙事》。《纰缪》篇已佚，无从做具体比较。《不实》门序称：

> 《传》曰"书法不隐"，又曰"不刊之书"，盖圣人垂世立法，惩恶劝善者也。若乃因嫌而沮善，渎货以隐恶，或畏威而曲加文饰，或徇时而蔑纪勋伐，恣笔端而溢美，擅胸臆以厚诬，宜当秽史之名，岂曰传信之实。垂于后也，不

① 王钦若等编：《册府元龟》卷五百五十四《国史部·总序》，周勋初等校订，南京：凤凰出版社，2006年，第6338页。

其恶欤？①

这些话，同《史通·曲笔》不仅思想上相通，而且在用语上也极相近。值得注意的是，从历史撰述的过程来看，"曲笔"是现象，"不实"是本质；现象可能有多种多样，而本质是不会改变的。再看《非才》门序所说：

> 夫史氏之职，掌四方之志，善恶不隐，言动必书。固宜妙选良材，图任明职，广示惩劝之义，备适详略之体，成大典于一代，垂信辞于千祀。若乃司载笔之官，昧叙事之方，徒淹岁时，空索编简，或绅绎之靡就，或颁次之无文，昧进旷官，盖可惩也。②

这里主要是批评那些占据了史官位置而又昧于"叙事之方"的人；这种人既无"绅绎"之才思，又无"颁次"之能力，怎么能担任史职呢！"绅绎"是着重于见识，"颁次"是指的表述，这与刘知幾讲"叙事之美"有所不同，更加着重了"叙事之方"中的历史见识。

《册府元龟·国史部》的编纂旨趣所表达出来的史学批评思想，其理论上的意义并不只限于"国史"方面而具有普遍的价值，是《史通》之后的重要著作。

吴缜撰《新唐书纠谬》、《五代史纂误》，都是专就一部史书的"谬"、"误"进行评论。如《新唐书纠谬》按其所摘举之谬误，取其同类，加以整比，厘为20门，即以无为有，似实而虚，书事失实，自相违舛，年月时世差互，官爵姓名谬误，世系乡里无法，尊敬君亲不严，纪志表传不相符合，载述脱误，事状丛复，宜削而反存，当

---

① 王钦若等编：《册府元龟》卷五百六十二《国史部九》，周勋初等校订，南京：凤凰出版社，2006年，第6445页。

② 王钦若等编：《册府元龟》卷五百六十二《国史部九》，周勋初等校订，南京：凤凰出版社，2006年，第6449页。

书而反阙，义例不明，先后失序，编次未当，与夺不常，事有可疑，字书非是。它能列举出这么多的批评项目来，虽然未必都很中肯，但人们还是可以从中得到不少启发的。作者指出《新唐书》致误的 8 条原因，也具有这样的性质。在史学批评理论方面，吴缜提出了两个问题。第一，什么是"信史"？他给"信史"做了这样的理论概括："必也编次、事实、详略、取舍、褒贬、文采，莫不适当，稽诸前人而不谬，传之后世而无疑，粲然如日星之明，符节之合，使后学观之而莫敢轻议，然后可以号信史。反是，则篇帙愈多，而讥谯愈众，奈天下后世何！"给"信史"做这样的规范、下这样的定义，在史学上以前还没有过。第二，史学批评的标准是什么？他认为：

> 夫为史之要有三：一曰事实，二曰褒贬，三曰文采。有是事而如是书，斯谓事实。因事实而寓惩劝，斯谓褒贬。事实、褒贬既得矣，必资文采以行之，夫然后成史。至于事得其实矣，而褒贬、文采则阙焉，虽未能成书，犹不失为史之意。若乃事实未明，而徒以褒贬、文采为事，则是既不成书，而又失为史之意矣。①

这一段话，阐述了"事实"、"褒贬"、"文采"这三个方面之于史书的相互关系，而尤其强调了事实的重要。

首先，吴缜给"事实"做出了明确的定义："有是事而如是书，斯谓事实。"意思是说，客观发生的事情，被人们"如是"地即按其本身的面貌记载下来，这就是"事实"，或者说这就是历史事实。他说的事实或历史事实，不是单指客观发生的事情，也不是单指人们主观的记载，而是指的客观过程和主观记载的统一。这是很有特色的见解。

其次，吴缜认为，事实、褒贬、文采这三个方面对于史家撰写

---

① 吴缜：《新唐书纠谬》序，丛书集成初编本，北京：中华书局，1985 年，第 1 页。

史书来说，不仅有逻辑上的联系，而且也有主次的顺序。这就是："因事实而寓惩劝，斯谓褒贬。"有了事实和褒贬，即有了事实和史家对于事实的评价，"必资文采以行之，夫然后成史"。吴缜说的事实、褒贬、文采，可能得益于刘知幾说的史学、史识、史才的启示。它们的区别是：在理论范畴上，后者要比前者内涵丰富和恢廓；在概念的界定上，前者要比后者来得明确。

最后，吴缜认为，"为史之意"的根本在于"事得其实"，褒贬和文采都必须以此为基础。反之，如"事实未明"，则"失为史之意"，褒贬、文采也就毫无意义了。他认为《新唐书》的弊病正在于此。

吴缜对《新唐书》的"纠谬"究竟如何，另当别论，而他关于事实、褒贬、文采之对于史书关系的认识，并以此作为史学批评的标准，乃是中国古代史学批评史上的新发展。这个认识，极其明确地把史学批评的理论建立在尊重历史事实的基础上，是格外值得重视的。

二、曾巩和洪迈的史学批评

曾巩和洪迈都任过史职，于史学亦多有自己的思考和见解，显示出在史学批评方面各自的特点。

曾巩撰有《战国策目录序》、《南齐书目录序》、《梁书目录序》、《陈书目录序》等文，反映了他的历史见解和史学思考。其中《南齐书目录序》则集中地表现出了他在史学批评方面的一些原则性认识。他论作史的目的，认为：

> 将以是非得失兴坏理乱之故而为法戒，则必得其所托，
> 而后能传于久，此史之所以作也。然而所托不得其人，则
> 或失其意，或乱其实，或析理之不通，或设辞之不善，故
> 虽有殊功盛德非常之迹，将暗而不章，郁而不发，而梼杌
> 嵬琐奸回凶慝之形，可幸而掩也。

这一段是很重要的，认为客观历史中有价值的那些部分即"是非得失兴坏理乱之故"，欲使之成为后人"法戒"，并"能传于久"，那就必须有一种载体即所谓"必得其所托"，这就是人们作史的目的。这实质上是讲到了历史的鉴戒作用是通过历史撰述作为中介来实现，其中包含了把客观历史和历史撰述区别开来的思想。至于说到"所托"当得其人，那是特别强调了史家的重要，所谓"意"、"实"、"析理"、"设辞"则包含了史家在历史见识、历史撰述上的要求。"意"与"实"，"析理"与"设辞"，是两对相关的范畴，也可视为判断史家的尺度。

曾巩还提出了与此相关联的一个问题，即"良史"的标准，他认为："古之所谓良史者，其明必足以周万事之理，其道必足以适天下之用，其智必足以通难知之意，其文必足以发难显之情，然后其任可得而称也。"这是对史家提出了"明"、"道"、"智"、"文"四个方面的修养及其所应达到的标准即表现在"理"、"用"、"意"、"情"之上：前者是内涵，后者是实践效果。曾巩提出的这些概念，一是在理论上更加丰富了对史学的认识，二是在史学与社会的关系上更加强调"适天下之用"。这是曾巩在史学批评上的贡献。

但是，曾巩有一个突出的弱点即缺乏通变的意识，他看不到史学的发展，反而认为自两汉以来的史学是在逐渐退步。他这样写道：

> 两汉以来，为史者去之远矣。司马迁从五帝三王既没数千载之后，秦火之余，因散绝残脱之经，以及传记百家之说，区区掇拾，以集著其善恶之迹、兴废之端，又创己意，以为本纪、世家、八书、列传之文，斯亦可谓奇矣。然而蔽害天下之圣法，是非颠倒而采摭谬乱者，亦岂少哉？是岂可不谓明不足以周万事之理，道不足以适天下之用，智不足以通难知之意，文不足以发难显之情者乎！
>
> 夫自三代以后，为史者如迁之文，亦不可不谓隽伟拔出之才、非常之士也，然顾以谓明不足以周万事之理，道不足以适天下之用，智不足以通难知之意，文不足以发难

显之情者，何哉？盖圣贤之高致，迁固有不能纯达其情，而见之于后者矣，故不得而与之也。迁之得失如此，况其他邪？至于宋、齐、梁、陈、后魏、后周之书，盖无以议为也。①

尽管曾巩也肯定司马迁是"隽伟拔出之才、非常之士"，但仍然认为他明、通、智、文四个方面并未达到"良史"的标准。其实，曾巩所说的"圣贤之高致"的那种境界，在史学上是不曾有过的；他既然能够提出这样的思想，他就应当从"圣贤"的笼罩下走出来，做一个脚踏实地的史家。这是曾巩的史学批评同史学实践存在着不相协调的地方。至于他批评司马迁"蔽害天下之圣法，是非颠倒而采摭谬乱者"，只是重复了班彪、班固父子的一些说法和唐人萧颖士等的陈说而已，多不能成立。

洪迈的史学批评，见于《容斋随笔》者，上自"三传"，下至《资治通鉴》，均有论列，广泛而零散，但其见解却十分了然：一是指出前人所撰史书存在的疏误；二是以比较的方法揭示前人所撰史书的各自特点或长短得失；三是对前人所撰史书在表述上的审美判断。现依次略述如下。

关于指出疏误。洪迈根据《史记》的《殷本纪》与《周本纪》考察，认为在世次、年数上皆有不确处，他指出：

《史记》所纪帝王世次，最为不可考信，且以稷、契论之，二人皆帝喾子，同仕于唐、虞。契之后为商，自契至成汤凡十三世，历五百余年。稷之后为周，自稷至武王凡十五世，历千一百余年。王季盖与汤为兄弟，而世之相去六百年，既已可疑。则周之先十五世，须每世皆在位七八

① 以上曾巩语均引自《南齐书目录序》，《曾巩集》卷十一，北京：中华书局，1984年，第187～188页。

十年，又皆暮年所生嗣君，乃合此数，则其所享寿皆当过百年乃可。其为漫诞不稽，无足疑者。①

洪迈经过推算而提出的问题，是有其合理性的，说明他读史的细致和讲求"考信"。当然，司马迁并不是没有注意到"五帝、三代之记，尚矣"，同时推崇孔子的"疑则传疑，盖其慎也"②，但他"集世"记殷、周事，在年代上毕竟不可能做到比较准确。这是文献不足的限制，固不可苛求司马迁，而洪迈的批评也是可以理解的。与此相似的是，洪迈也批评魏收《魏书》所记世系及史事上的讹谬，他根据魏收自序其家世写道：汉初的魏无知为魏收七代祖，"而世之相去七百余年。其妄如是，则述他人世系与夫事业，可知矣"③。据《北齐书·魏收传》记，魏收撰成《魏书》后，一些门阀子弟哗然而攻之，多是有关世系及先人事功方面的纠葛；魏收也确曾奉诏进行修改。洪迈的批评是有道理的。同样，洪迈还批评了《新唐书·宰相世系表》"皆承用逐家谱牒，故多谬误"。他举沈氏为例，故上及于沈约。他经过详考古有两沈国的事实后写道：

> 沈约称一时文宗，妄谱其上世名氏官爵，固可嗤诮，又不分别两沈国。其金天氏之裔，沈、姒、蓐、黄之沈，封于汾川，晋灭之；春秋之沈，封于汝南，蔡灭之，顾合而为一，岂不读《左氏》乎？欧阳公略不笔削，为可恨也。④

沈约不知有两沈国，因而述其先世而致误，欧阳修据而不审其实，亦致误。洪迈对此考察详明，足见其功力之深。上面三例，都涉及

---

① 洪迈：《容斋随笔》卷一"史记世次"，上海：上海古籍出版社，1978年，第9页。
② 司马迁：《史记》卷十三《三代世表》序，北京：中华书局，2013年，第617页。
③ 洪迈：《容斋随笔·容斋三笔》卷二"魏收作史"，上海：上海古籍出版社，1978年，第442页。
④ 洪迈：《容斋随笔》卷六"唐书世系表"，上海：上海古籍出版社，1978年，第82页。

世系问题，亦可见洪迈的治学兴趣颇留意于谱牒领域。洪迈还批评王通、苏辙对《史记》的批评不当。他引用王通《中说》所谓"史之失自迁、固始也，记繁而志寡"的话，继而指出："（王通）《元经》续《诗》、《书》，犹有存者，不知能出迁、固之右乎？"他又引用苏辙所谓"太史公易编年之法，为本纪、世家、列传，后世莫能易之，然其人浅近而不学，疏略而轻信，故因迁之旧，别为古史"的话，继而指出："今其书固在，果能尽矫前人之失乎？指司马子长为浅近不学，贬之已甚，后之学者不敢谓然。"洪迈由这两个事例而发论，认为："大儒立言著论，要当使后人无复拟议，乃为至当。"①当然，要完全做到"使后人无复拟议"是不可能的，但由此可见洪迈在史学批评上的严谨精神。

关于比较得失。这是洪迈常用的史学批评方法。他就"秦穆公袭郑，晋纳邾捷菑，'三传'所书略相似"，而分别列举《左传》、《公羊传》、《穀梁传》的有关史文，予以比较，最后评论说："予谓秦之事，《穀梁》纡余有味，邾之事，《左氏》语简而切，欲为文记事者，当以是观之。"②显然，这是一种有意识的比较而做出的评论，可见洪迈的史学批评意识和史学批评方法都具有突出的自觉性。他还批评《新唐书·韩愈传》载韩愈之文而改动《进学解》文字、《新唐书·吴元济传》载韩愈《平淮西碑》文亦有所改动，均不妥，"殊害理"。又以《新唐书·柳宗元传》所载柳文与《资治通鉴》所载柳文相比，认为司马光的"识见取舍，非宋景文可比"③。这里所用的比较方法又有所不同，前者是以改动之文与原文相比，后者是以抉择取舍相比，足见洪迈对比较方法在运用上的变化。

---

① 洪迈：《容斋随笔·容斋四笔》卷十一"讥议迁史"，上海：上海古籍出版社，1978年，第739页。

② 洪迈：《容斋随笔》卷三"三传记事"，上海：上海古籍出版社，1978年，第40～41页。

③ 洪迈：《容斋随笔·容斋五笔》卷五"唐书载韩柳文"，上海：上海古籍出版社，1978年，第862页。

关于审美判断。洪迈论《史记》、《汉书》文字表述之美，写道："《史记》、《前汉》所书高祖诸将战功，各为一体。"他举出《周勃传》、《夏侯婴传》、《灌婴传》、《傅宽传》、《郦商传》，指出："五人之传，书法不同如此，灌婴事尤为复重，然读了不觉细琐，史笔超拔高古，范晔以下岂能窥其篱奥哉？"①洪迈的这一段文字也写得很美，可谓审美判断之佳作。他称赞《史记》、《汉书》善于叠用同一字、词，使所叙人物、史事有声有色，深沉凝重。他写道：

> 太史公《陈涉世家》："今亡亦死，举大计亦死，等死，死国可乎？"又曰："戍死者固什六七，且壮士不死即已，死即举大名耳！"叠用七"死"字，《汉书》因之。《汉·沟洫志》载贾让《治河策》云："河从河内北至黎阳为石堤，激使东抵东郡平刚；又为石堤，使西北抵黎阳、观下；又为石堤，使东北抵东郡津北；又为石堤，使西北抵魏郡昭阳；又为石堤，激使东北。百余里间，河再西三东。"凡五用"石堤"字，而不为冗复，非后人笔墨畦径所能到也。②

叠用字或用叠字是《史记》文字表述艺术的一个显著特点，这对于反映特定的历史环境、史事氛围、人物性格等，有重要的作用和效果。《汉书》在这方面是赶不上《史记》的，洪迈此处所举《汉书·沟洫志》一例，实为贾让用字，同他举出的《史记·陈涉世家》不是一回事。尽管如此，洪迈史学批评中鲜明的审美意识，突出地显示了他的史学批评的特点之一。

洪迈的史学批评，也存在一些可以商榷的地方，如他认为范晔

---

① 洪迈：《容斋随笔·容斋续笔》卷九"史汉书法"，上海：上海古籍出版社，1978年，第326～327页。

② 洪迈：《容斋随笔》卷七"汉书用字"，上海：上海古籍出版社，1978年，第91页。

的《后汉书》史论"了无可取"，甚至说"人苦不自知，可发千载一笑"①。他根据宋人笔记中所记三件史事不确，便断言"野史不可信"②。这都过于武断，但此类事例在《容斋随笔》关于史学批评方面的只是少数，无碍于其积极的主流。

三、叶适的"史法"之议和朱熹的读史之论

叶适论"史法"、朱熹论读史，都包含了史学批评的思想和方法，且亦各有特色。

叶适在他的读书札记《习学记言序目》中，有许多关于"史法"的议论，并对《春秋》、《左传》、《史记》以下，至两《唐书》、《五代史》，均有所评论。叶适反复论说，董狐书赵盾弑君事、齐太史书崔杼弑君事，是孔子作《春秋》前的"当时史法"，或称"旧史法"，但孔子也有所发展。他认为：

> 古者载事之史，皆名"春秋"；载事必有书法，有书法必有是非。以功罪为赏罚者，人主也；以善恶为是非者，史官也。二者未尝不并行，其来久矣。史有书法而未至乎道，书法有是非而不尽乎义，故孔子修而正之，所以示法戒，垂统纪，存旧章，录世变也。③

他根据这个认识，提出跟孟子不同的见解："《春秋》者，实孔子之事，非天子之事也。"叶适的这个见解趋于平实，不像儒家后学或经

① 洪迈：《容斋随笔》卷十五"范晔作史"，上海：上海古籍出版社，1978 年，第 191 页。

② 洪迈：《容斋随笔》卷四"野史不可信"，上海：上海古籍出版社，1978 年，第 52 页。

③ 叶适：《习学记言序目》卷九《春秋》，北京：中华书局，1977 年，第 117 页。参见叶适：《习学记言序目》卷十《左传一》"杜预序"、"僖公"、"宣公"，卷十一《左传二》"襄公二"、"总论"等。

学家们赋予《春秋》那么崇高而沉重的神圣性。

叶适"史法"论的另一个要点，是批评司马迁著《史记》而破坏了"古之史法"，并殃及后代史家。通观他对司马迁的批评，大致有这样几个方面：第一，司马迁述五帝、三代事"勇不自制"，"史法遂大变"。第二，司马迁"不知古人之治，未尝崇长不义之人"，故其记项羽"以畏异之意加嗟惜之辞，史法散矣"①。第三，司马迁"述高祖神怪相术，太烦而妄，岂以起闾巷为天子必当有异耶"，这是"史笔之未精"；至《隋书》述杨坚"始生时'头上角出，遍体鳞起'"，足见"史法之坏始于司马迁，甚矣！"②第四，以往《诗》、《书》之作都有叙，为的是"系事纪变，明取去也"，至司马迁著《史记》，"变古法，唯序己意"，而班固效之，"浅近复重"，"其后史官则又甚矣"，可见"非复古史法不可也"③。第五，"上世史因事以著其人"，而司马迁"变史"，"各因其人以著其事"④。像这样的批评，还可以列举一些出来。

叶适的"史法"论及其所展开的史学批评，可以说是是非得失两存之。他论《春秋》存古之史法，大抵是对的。他批评司马迁破坏古之史法，主张"非复古史法不可"，是不足取的。因限于篇幅，不一一剖析。但叶适指出史书述天子往往有异相实未可取，还是对的。

要之，叶适的"史法"论，大致涉及史学的几个主要问题。一是史家的史笔或曰书法；二是史书的内容之真伪；三是史书的体裁；四是史家褒贬的尺度；五是史家是否应有独立的见解。这些，在结合史学批评方面，有的论述较多，有的论述较少；而对于批评本身，都是要做具体分析才能判定其价值的。但这并不影响叶适在史学批评之理论上的贡献，即他对"史法"这个范畴的重视，并做了比较充

---

① 叶适：《习学记言序目》卷十九《史记一》"本纪"，北京：中华书局，1977年，第266页。

② 叶适：《习学记言序目》卷十九《史记一》"本纪"，北京：中华书局，1977年，第267页。叶适：《习学记言序目》卷三十六《隋书一》"帝纪"，北京：中华书局，1977年，第533页。

③ 叶适：《习学记言序目》卷二十三《汉书三》，北京：中华书局，1977年，第333页。

④ 叶适：《习学记言序目》卷三十八《唐书一》"帝纪"，北京：中华书局，1977年，第559页。

分的阐述。在这个问题上，叶适是在刘知幾到章学诚之间架设了理论上的桥梁。

朱熹论读书，讲到读史时，提出了这样一个见解："读史当观大伦理、大机会、大治乱得失。"①这话，反映出他的史学批评思想，可以作为史学批评的一条重要标准看待。

什么是历史上的"大伦理"？朱熹论《春秋》说："《春秋》一发首不书即位，即君臣之事也；书仲子嫡庶之分，即夫妇之事也；书及邾盟，朋友之事也；书郑庄克段，即兄弟之事也。一开首，人伦便尽在。"他根据《春秋》隐公元年的书法及所记载的几件事，认为孔子作《春秋》一开首便讲到了君臣之事、夫妇之事、朋友之事、兄弟之事，把"人伦"都讲到了。从《春秋》经文来看，这里有的说法比较勉强，有的说法也还存在着争议，姑且不去论它。这里要说明的只是：所谓"大伦理"，当是指在君臣、夫妇、兄弟、朋友这几层关系基础上的大是大非。朱熹还说："《春秋》大旨，其可见者：诛乱臣，讨贼子，内中国，外夷狄，贵王、贱伯而已。"②这或许就是他认为的"伦理"中之"大"者。他反对经学家把《春秋》"穿凿得全无义理"的做法。王夫之也认为："君臣、父子，人之大伦也。世衰道丧之日，有无君臣而犹有父子者，未有无父子得有君臣者也。"③这是历史上自春秋至明清的"大伦理"。

什么是历史上的"大机会"？朱熹没有明说。他论读史时还讲过下面这段话，似可理解为"大机会"或与"大机会"有相近的含义："人读史书，节目处需要背得，始得。如读《汉书》，高祖辞沛公处，义帝遣沛公入关处，韩信初说汉王处……皆用背得，方是。"④他又说："尝欲写出萧何、韩信初见高祖一段，邓禹初见光武一段，武侯初见先主一段，将这数段语及王朴《平边策》编为一卷。"⑤显然，在朱熹

---

① 《朱子语类》卷十一，黎靖德编，北京：中华书局，1986年，第196页。

② 《朱子语类》卷八十三，黎靖德编，北京：中华书局，1986年，第2144页。

③ 王夫之：《读通鉴论》卷二十八"五代上"，北京：中华书局，1975年，第2372～2374页。

④ 《朱子语类》卷十一，黎靖德编，北京：中华书局，1986年，第197页。

⑤ 《朱子语类》卷一百三十五，黎靖德编，北京：中华书局，1986年，第3221页。

看来，这几件事情很重要，有的是历史进程中的契机，带有转折性质的。朱熹论三国形势，可以看作是"大机会"的一个比较详细的注脚。他说：曹操认识到"据河北可以为取天下之资"，但却被袁绍抢先了一步，以致"后来崎岖万状，寻得献帝来，为挟天子令诸侯之举，此亦是第二大着"。故曹操终究不失为能够把握"大机会"的人物，"若孙权据江南，刘备据蜀，皆非取天下之势，仅足自保耳"①。孙、刘虽不及曹操，但足以"自保"，以此一度成鼎足之势，也还是可以称得上能够抓住"大机会"的政治家。

朱熹说的"大治乱得失"，比较容易理解。他说："且如读《史记》，便见得秦之所以亡，汉之所以兴；及至后来刘、项事，又知刘之所以得，项之所以失，不难判断。只是《春秋》却精细，也都不说破，教后人自将义理去折衷。"②《史记》揭示了秦汉之际的兴亡得失，而《春秋》却并不"说破"，是寓其义于史文之中。其实《春秋》文字过简，于兴亡得失之故实难昭示明白。朱熹有时也离开具体的史书而讲他自己对于治乱盛衰的认识，如说："物久自有弊坏。……秦汉而下，自是弊坏。得个光武起，整得略略地，后又不好了，又得唐太宗起来，整得略略地，后又不好了。"③这话，似更能说明他讲的"大治乱得失"的含义。

总之，可以这样说：朱熹认为，《春秋》写出了大伦理，《史记》写出了大治乱得失，它和《后汉书》、《三国志》的许多篇章写出了大机会。这是他对有关史书在这方面的成绩的肯定，同时也是在史学批评方面提出了一条重要的标准。在北宋和南宋，跟这种认识相同或相近的人并不少见；因为朱熹有更丰富的史学批评思想，所以也就更有代表性。

四、目录之书与史学批评

目录之书的发展是宋代文献学成就的一个方面。同时，目录之

---

① 《朱子语类》卷一百三十六，黎靖德编，北京：中华书局，1986 年，第 3234 页。
② 《朱子语类》卷八十三，黎靖德编，北京：中华书局，1986 年，第 2478 页。
③ 《朱子语类》卷一百三十四，黎靖德编，北京：中华书局，1986 年，第 3208 页。

书的史类部分，也包含了丰富的史学批评思想。《郡斋读书志》、《史略》、《直斋书录解题》在这方面各有成就。

晁公武的《郡斋读书志》所含史类有 13 目，第六目为"史评类"。这是史书分类上较早把"史评"独立出来的做法，足以证明人们评论意识的进一步增强。晁公武所说的"史评"，既包含了《史通》、《史通析微》、《五代史纂误》等史学评论之书，也包含了《历代史赞论》、《唐史要论》、《唐鉴》等历史评论之书。可见，晁公武并没有把二者区分开来。但是，《郡斋读书志》既是目录之书，其性质决定了它的主要评论倾向当是在史学批评方面。

晁公武的史学批评有以下三个特点。

一是对史学有一个提纲挈领、统观全局的认识。他在史类总论中写道：

> 后世述史者，具体有三：编年者，以事系月日而总之于年，盖本于左丘明；纪传者，分记君臣行事之终始，盖本于司马迁；实录者，其名起于萧梁，至唐而盛，杂取两者之法而为之，以备史官采择而已，初无制作之意，不足道也。若编年、纪传，则各有所长，殆未易以优劣论。虽然，编年所载，于一国治乱之事为详；纪传所载，于一人善恶之迹为详，用此言之，编年似优，又其来最古。而人皆以纪传便于披阅，独行于世，号为正史，不亦异乎！旧以职官、仪注等，凡史氏有取者，皆附之史，今从焉。[①]

他以编年、纪传、实录三"体"，统率史学，表达了对史学的独立见解。他认为编年、纪传"各有所长"，但仍倾向于编年。他解释职官、仪注之书何以入于史类的原因。这些，构成了他对史类之书的整体

---

① 晁公武：《郡斋读书志》卷五，孙猛校证，上海：上海古籍出版社，1990 年，第 174 页。

认识。人们可以不完全同意他的论点，但必须承认他认识问题的方法确有高屋建瓴之势。

二是他从史学发展趋势出发，认为必须给"史评"一定的地位。他写道：

> 前世史部中有史钞类而集部中有文史类，今世钞节之学不行而论说者为多，故自文史类内摘出论史者为史评，附史部，而废史钞云。①

晁公武能够根据史学发展趋势而变通目录书的分类，是很高明的。这段话很确切地表明，评论在宋代有了突出的发展。

三是他在评论史家的思想和著作时，能够深入地分析史家所处的环境和遭际，如对司马迁、陈寿的评论，最能反映他的这种思想和方法。② 他的分析或许难免有穿凿之处，但他的方法是应当受到重视的。

高似孙的《史略》是一部目录书，也是一部论史学之要略的书，有鲜明的史学之简史的特色。同时，高似孙也有突出的史学批评意识。他自谓"各汇其书而品其指意"③，并在书中有所贯彻。《史略》卷四有"史评"一目，与史典、史表、史略、史钞、史赞、史草、史例、史目等并列；但它只是因旧史之名而分别胪列，故"史评"之下仅著录"王涛三国志序"和"徐爰三国志评"，足见其在史书分类上的思考远不及晁公武。《史略》卷一有"诸儒史议"一目，列举扬雄、班固以下 20 人对《史记》的评论，则是很典型地反映出高似孙对重要史书之批评史的重视。高似孙对唐人撰《隋书》及《五代史志》颇为推崇，

---

① 晁公武：《郡斋读书志》卷七《史评类·刘氏史通》，孙猛校证，上海：上海古籍出版社，1990 年，第 296 页。

② 参见晁公武：《郡斋读书志》卷五《正史类·史记》及《三国志》，孙猛校证，上海：上海古籍出版社，1990 年，第 175～176、181 页。

③ 高似孙：《史略》序，丛书集成初编本，北京：中华书局，1985 年，第 1 页。

他评价说：

> 唐贞观中，诏诸臣分修五代史。颜师古、孔颖达撰次
> 隋事，起文帝，作三纪、五十列传，唯十志未奏。又诏于
> 志宁、李淳风、韦安化（仁）、李延寿、令狐德棻共加衰缀，
> 高宗时上之。志乃上包梁、陈、齐、周，参以隋事，析为
> 三十篇，号《五代志》，与书合八十五篇。按《隋志》极有伦
> 类，而本末兼明，准《晋志》可以无憾，迁、固以来，皆不
> 及也。正以班、马只尚虚言，多遗故实，所以三代纪纲，
> 至"八书"、"十志"，几于绝绪。《隋志》独该五代，南北两
> 朝，纷然淆乱未易贯穿之事，读其书则了然如在目。良由
> 当时区处，各当其才：颜、孔通古今，而不明天文地理之
> 学，故但修纪传，而以十志专之志宁、淳风，顾不当哉！①

这里所论，除对《史记》八书、《汉书》十志有失公允外，对《隋书》的
分工修撰与评价，是中肯的。尤其是他强调《隋志》包含五代、囊括
南北，把"纷然淆乱未易贯穿之事"写得清晰了然，于史学见解之中
也透露了他的历史见解，即南北本应贯穿为一体的思想。《史略》一
书所包含的评论，有引自前人而交代了由来的，有作者自撰的，有
借鉴前人之论稍作变通而未交代由来的②，故在史学批评之整体面
貌上显得逊色。

陈振孙《直斋书录解题》以"解题"名书，表明着意于批评。此书
仿《郡斋读书志》而作，故在形式、内容、评论方面，多受后者的影
响。然其史部之书在分目上与后者颇有异同，凡 16 目，多于后者 3

---

① 高似孙：《史略》卷二"唐修隋书"，丛书集成初编本，北京：中华书局，1985 年，
第 46 页。

② 如《史略》卷二论"颜氏所注重复"，采自洪迈：《容斋随笔·容斋续笔》卷十二"汉
书注冗"，上海：上海古籍出版社，1978 年，第 365 页。《史略》卷四"史草"论《新唐书》载
韩柳之文有不当处，采自洪迈：《容斋随笔·容斋五笔》卷五"唐书载韩柳文"，上海：上海
古籍出版社，1978 年，第 862 页。

目。在学术批评上，陈振孙往往提出独到的见解。他在评论《史记》时发表了这样的看法：

> 窃尝谓著书立言，述旧易，作古难。六艺之后，有四人焉：摭实而有文采者，左氏也；凭虚而有理致者，庄子也；屈原变《国风》、《雅》、《颂》而为《离骚》；及子长易编年而为纪传，皆前未有其比，后可以为法，非豪杰特起之士，其孰能之？①

这里，讲事实，讲伦理，讲文体之变，讲史体之易，"前未有其比，后可以为法"，确是卓见。陈振孙论赵明诚《金石录》一书时写道：

> 本朝诸家蓄古器物款式，其考订详洽，如刘原父、吕与叔、黄长睿多矣，大抵好附会古人名字，如"丁"字，即以为祖丁；"举"字，即以为伍举；"方鼎"，即以为子产；"仲吉匜"，即以为偪姞之类。邃古以来，人之生世夥矣，而仅见于简册者几何？器物之用于人亦夥矣，而仅存于今世者几何？乃以其姓字、名物之偶同而实焉，余尝窃笑之，惟其附会之过，并与其详洽者，皆不足取信矣。惟此书跋尾独不然，好古之通人也。明诚，宰相挺之之子。其妻易安居士李氏为作后序，颇可观。②

这一段文字反映出了一些很重要的历史信息，即宋人多有"蓄古器物"的风气，可见欧阳修的《集古录》、赵明诚的《金石录》的出现不是偶然的；同时，牵强附会之论亦颇流行，于是更可见《金石录》的可

---

① 陈振孙：《直斋书录解题》卷四《正史类·史记》，徐小蛮等点校，上海：上海古籍出版社，1987年，第97页。
② 陈振孙：《直斋书录解题》卷八《目录类·金石录》，徐小蛮等点校，上海：上海古籍出版社，1987年，第233页。

贵。《四库全书简明目录》史部目录类称此书云："其解题与晁氏相类。马端临作《经籍考》，以《读书志》及此编为蓝本，则其典核可知矣。"①这反映了《郡斋读书志》和《直斋书录解题》二书在后世的影响是很大的。

两宋时期，史学批评获得多方面的成就，在理论和方法上都呈现出繁荣景象，在中国史学上占有重要位置。

宋代是在魏晋南北朝史学多途发展和唐代史学出现许多新的转折之后，在史学的各个方面都取得突出成就的时期。本章所论述的是其中比较重要的几个方面，他如民族史、地方史、中外交通史撰述，学术史、佛教史撰述，野史、笔记以及历史评论方面的撰述，也都有相当的成就。它们对元、明、清史学的发展，产生了深远的影响。

第八节　辽金史学的民族特色及其对多民族国家历史文化的认同

一、辽代史学的民族特色

10 世纪初，契丹族创造了本民族的文字，建立了国家政权，积极地吸收中原先进的生产技术和思想文化，从而加快了历史发展的进程。这是辽代史学产生、发展的物质条件和文化环境。为了政治统治的需要，辽朝统治者仿照唐、宋皇朝的体制，建立起修史机构和史官制度，编写国史，探究历史经验和政治得失的关系，进一步丰富了中华史学的内容，加强了民族间在文化上和心理上的联系。

契丹立国之初就设置了史官。史载，阿保机曾命参与创制契丹文字的耶律鲁不古为监修国史（见《辽史·耶律鲁不古传》）。这标志

---

① 永瑢等：《四库全书简明目录》卷八《史部十四》，上海：上海古籍出版社，1985年，第 320 页。

着契丹族将以本民族的文字来记载自己的历史，这是具有重大意义的历史进步。辽朝正式设立修史机构比这稍晚一些，并多仿照宋朝体制。据《辽史·百官志三》所记，在南面朝官机构的翰林院之下载有：国史院、监修国史、史馆学士、史馆修撰、修国史；同卷，在门下省之下载有：起居舍人院、起居舍人、知起居注、起居郎。由此可知，国史院和起居舍人院是辽朝的主要修史机构，各设置史职多种。其中史馆学士一职似是沿袭南朝齐、梁、陈所置修史学士，余皆为唐宋史职所见。同唐宋史官一样，辽代的史官也要修撰日历，但辽朝是否同宋朝一样也设立了日历所的专门机构，《辽史·百官志》不曾明载。值得注意的是，在史职中，除汉族士人外，也有契丹族士人充任。

辽代史官撰述，后已散佚殆尽。元人修宋、辽、金三史，《宋史》有《艺文志》，而《辽史》、《金史》则无。对辽代的历史撰述，后人只能从《辽史》纪、志、传和其他记载的片言只语中探寻其踪迹，推测其亦曾有过的盛况。清代学者在这方面做了许多探微阐幽的工作。有钱大昕撰《补元史艺文志》，内中包含了辽、金时期的著作；有倪灿撰、卢文弨补《补辽金元艺文志》；有金门诏撰《补三史艺文志》，三史，即辽、金、元史；有缪荃孙撰《辽艺文志》，王仁俊撰《辽史艺文志补证》，黄任恒撰《补辽史艺文志》。以上6家，后3家是专补《辽史》艺文志的（均见《二十五史补编》第6册）。今以撰成于清光绪三十一年（1905年）的黄任恒《补辽史艺文志》为据，其所录史部书分为10类：正史，编年，起居注，载记，杂史，故事，仪注，刑法，传记，地理。其重要者如：

正史类：有萧韩家奴《五代史译》。

编年类：有萧韩家奴《通历译》，有《日历》。

起居注类：有《统和实录》20卷，萧韩家奴《兴宗起居注》，《道宗起居注》，《太祖以下七帝实录》，耶律俨《皇朝实录》70卷。

杂史类：有马得臣《唐三纪行事录》，《奇首可汗事迹》，《遥辇可汗至重熙以来事迹》20卷，王鼎《焚椒录》1卷。

故事类：萧韩家奴《贞观政要译》。

传记类：耶律孟简《辽三臣行事》，佚名《七贤传》。

地理类：《契丹地图》1卷，《华夷图》。

《辽史·百官志》自未尽数列举《辽史》所记曾经担任史职的人，即《辽史》所记亦未尽数将担任史职者载入史册；诸家补《辽史》艺文志者，自亦未可尽数反映出辽代史学的撰述情况，这是很显然的。尽管如此，它们还是大致勾画出辽代史学的面貌：机构、史官、著作的一般情况。而我们正是从它的一般情况中可以看出它的民族特色，进而看出它在中国古代史学上的价值。辽代史学的民族特色，首先，反映在它是以本民族的文字来记载自身的历史，而契丹族学者把以汉文字记载的史书或其文献译成契丹文字，则可以证明契丹族在使用本民族文字方面的广泛性。其次，表现在它力图要反映出本民族的完整的历史，故不独重视立国以来至当时历史的撰述，而且也写出了《奇首可汗事迹》和《遥辇可汗至重熙以来事迹》这些追述先祖先世的传说与史事的撰述。再次，是本民族史家的活跃和成绩的突出。除上引《辽史·百官志三》中提到的耶律敌烈、耶律玦，还有耶律庶成①、耶律良，他们都是曾经致力于历史撰述的。如耶律庶成"善辽、汉文字，于诗尤工"，"偕林牙萧韩家奴等撰《实录》及《礼书》"。辽代史家中，成就更大的，当数耶律俨和萧韩家奴。耶律俨修《皇朝实录》70卷，是一个不小的工程。耶律俨卒于辽天祚帝天庆年间(1111—1120)，去辽亡不远，他所撰《皇朝实录》，当大致上包含了辽朝的历史。又《辽史·礼志》序谓："今国史院有金陈大任《辽礼仪志》，皆其国俗之故，又有《辽朝杂礼》，汉仪为多。别得宣文阁所藏耶律俨《志》，视大任为加详。存其略，著于篇。"②这说明耶律俨还著有辽史的志，并为元修《辽史》所参据。又《辽史·营卫志中·部族上》序引"旧《志》曰"，《营卫志下·部族下》序谓"旧史有《部

---

① 参见脱脱等：《辽史》卷八十九《耶律庶成传》，北京：中华书局，1974年，第1349页。

② 脱脱等：《辽史》卷四十九《礼志》序，北京：中华书局，1974年，第834页。

族志》，历代之所无也"。这里说的"旧《志》"、"旧史"，很有可能也是上面说的耶律俨《志》。又《辽史·后妃传》序谓："耶律俨、陈大任《辽史·后妃传》，大同小异，酌取其当著于篇。"[①]如此看来，耶律俨实为对辽史撰述有大功者。不过，耶律俨并不是契丹人，他本姓李，早在其父时便被"赐国姓"[②]。

萧韩家奴（975—1046，字休坚），跟耶律俨不同，他是契丹族涅剌部人，是辽朝前期有成就的契丹族史家。他历仕辽圣宗、辽兴宗两朝，从统和十四年（996）始仕，一生中恰好 50 年仕途。他通晓辽、汉文字，善诗文，有政治见识，敏于应对；又博览经史，有很好的史学修养。他在重熙初年"擢翰林都林牙，兼修国史"。辽兴宗诏谕他说："文章之职，国之光华，非才不用。以卿文学，为时大儒，是用授卿以翰林之职。朕之起居，悉以实录。"[③]他在史学上的成就主要是：与耶律庶成录遥辇可汗至重熙以来事迹，集为 20 卷；又"博考经籍，自天子达于庶人，情文制度可行于世、不谬于古者"，与耶律庶成撰成《礼书》3 卷；又翻译汉文史籍《通历》、《贞观政要》、《五代史》。他在撰写本民族历史、沟通民族间的历史思想和历史撰述及发挥史学的政治作用方面，都做出了成绩。在中国古代史学上，像萧韩家奴这样有多方面成就的少数民族史家，这之前还不曾有过。

辽代史学以其突出的民族特色，在中国古代史学上占有重要的位置。

二、辽代史学在政治活动中的作用

辽代史家的历史撰述，除在元修《辽史》中还可见一些踪影外，

---

① 脱脱等：《辽史》卷七十一《后妃传》，北京：中华书局，1974 年，第 1198 页。
② 脱脱等：《辽史》卷九十八《耶律俨传》，北京：中华书局，1974 年，第 1415 页。
③ 脱脱等：《辽史》卷一百三《文学上·萧韩家奴传》，北京：中华书局，1974 年，第 1449 页。

流传下来的只是一鳞半爪了。私人记事之作，只有一部王鼎撰写的《焚椒录》1卷，所记之事是有关辽道宗宣懿皇后被诬陷冤死一案的始末。王仁俊《辽史艺文志补证》称"今存疑伪"，然一般认为它并非伪作。这是一件宫禁要案，但《焚椒录》毕竟是出于后人的追记。而从《辽史》纪传所反映的情况来看，辽代史学活动同政治活动的关系至为密切，史学在辽朝的政治生活中发挥了重要作用。这主要表现在三个方面。

第一，是总结前朝的历史经验，作为本朝政治统治的借鉴。辽圣宗即位后，很留心于唐朝的统治经验，并阅读《唐书》中的高祖、太宗、玄宗三本纪。辽大臣马得臣"乃录其行事可法者进之"。后来他看到辽圣宗"击鞠无度"，乃上书圣宗，从"亲亲之道"讲起，然后讲到如何"以隆文治"、致"二帝之治"，最后是谏"以球马为乐"有"三不宜"。这样的陈述，可能更便于接受，所以辽圣宗读到这篇上书后，"嘉叹良久"。辽朝君臣以唐太宗君臣为榜样，探讨致治之道，这说明唐代历史的影响之久远，也说明史学是政治生活中不可缺少的教材。

第二，是以本朝前主的历史经验教训规劝当时的统治者。辽兴宗时，史臣萧韩家奴在这方面是很突出的。史载："韩家奴每见帝猎，未尝不谏。"[1]他善于以本朝先主的事迹来规劝、谏诤当朝皇帝，以改进政治作风。另有马哥，以散职入见兴宗，兴宗问他："卿奉佛乎？"马哥回答说："臣每旦诵太祖、太宗及先臣遗训，未暇奉佛。"兴宗听了很高兴。[2] 可见辽朝君臣对于本朝历史上的经验教训，是很重视的。

第三，是以历史撰述树立政治典范，起到社会教育的作用。早在耶律德光时，就有人"取当世名流作《七贤传》"，当时很有政治声

---

① 脱脱等：《辽史》卷一百三《文学上·萧韩家奴传》，北京：中华书局，1974年，第1449页。

② 参见脱脱等：《辽史》卷八十三《耶律休哥传》附《马哥传》，北京：中华书局，1974年，第1301页。

望和道德声望的耶律吼，就是所谓"七贤"之一。① 大康年间，耶律孟简上表道宗称："本朝之兴，几二百年，宜有国史以垂后世。"他还编写了耶律昌曷鲁、耶律屋质、耶律休哥三人行事上奏。道宗命置局编修。耶律孟简对同事们说："史笔天下之大信，一言当否，百世从之。苟无明识，好恶徇情，则祸不测。故左氏、司马迁、班固、范晔俱罹殃祸，可不慎欤！"②耶律孟简重视以历史垂训后世的思想，以及关于"史笔天下之大信"的认识，都是可取的。他对左氏、司马迁、班固、范晔的误解，很可能源于韩愈的《答刘秀才书》，所以也是不足为怪的。

契丹族在 10 世纪以后发展迅速，固然有多方面原因。其中一个重要原因，是重视从各方面吸取历史经验教训。由于契丹族在长时间里保持着与唐皇朝的密切关系，所以辽朝统治者格外重视唐朝的统治经验，尤其是唐高祖、唐太宗、唐玄宗三朝的统治经验，这无疑是重视了一笔巨大的精神财富。辽代史学在政治生活中的影响，是很有启发意义的。

三、辽代史学与民族融合

辽代的史学在促进民族融合方面发挥了积极的作用。上文所述辽朝仿唐宋体制设立修史机构、建立史官制度，这当然是唐与契丹、宋与辽长期联系交往的反映，是一种历史潮流。而在史学的内容方面，如辽圣宗之重视阅读唐高祖、唐太宗、唐玄宗三本纪来看，从马得臣上书备言贞观、开元之事以谏其君来看，都是意味深长的。从历史思想的认同和社会心理的协调来看，萧韩家奴之翻译汉文史籍当具有深刻的意义。《辽史》本传说："〔兴宗〕又诏译诸书，韩家奴

---

① 参见脱脱等：《辽史》卷七十七《耶律吼传》，北京：中华书局，1974 年，第 1259 页。
② 脱脱等：《辽史》卷一百四《耶律孟简传》，北京：中华书局，1974 年，第 1456 页。

欲帝知古今成败，译《通历》、《贞观政要》、《五代史》。"①翻译汉文文献，这是当时辽朝文化事业的需要，它是民族融合在文化上的一种反映。至于萧韩家奴翻译的这 3 部书，是"欲帝知古今成败"，则反映出史家本人的良苦用心。《通历》10 卷，唐马总(？—823)撰。这是一部记"太古"、"中古"以及秦至隋历朝兴亡之书，史事编年相次，而取唐初虞世南所撰《帝王略论》中的论(以"公子曰"、"先生曰"的问答形式写出)附于所述有关帝王之后。《贞观政要》10 卷，盛唐史家吴兢(670—749)撰。这书以唐太宗君臣问对的形式，写出了唐初尤其是贞观朝政治统治成功的历史经验，所论贞观君臣之风对后来历代皇朝都有很大影响。《五代史》，按萧韩家奴活动的年代看，当指薛居正等所撰《旧五代史》。这 3 部书，在内容方面大致上相互衔接，可见萧韩家奴之"欲帝知古今成败"，在译汉文史籍时是经过精心考虑的。萧韩家奴活动于辽朝前期，他的译作，对辽朝中后期的史学和政治都会产生影响。

《辽史·列女传》记耶律氏，小字常哥，是太师耶律适鲁之妹。常哥"读《通历》，见前人得失，历能品藻"。她在道宗咸雍年间(1065—1074)作文以述时政，其要义是：

> 君以民为体，民以君为心。人主当任忠贤，人臣当去比周，则政化平，阴阳顺。欲怀远，则崇恩尚德；欲强国，则轻徭薄赋。四端五典为治教之本，六府三事寔生民之命。淫侈可以为戒，勤俭可以为师。错枉则人不敢诈，显忠则人不敢欺。勿泥空门，崇饰土木；勿事边鄙，妄费金帛。满当思溢，安必虑危。刑罚当罪，则民劝善。不宝远物，则贤者至。建万世磐石之业，制诸部强横之心。欲率下，则先正身；欲治远，则始朝廷。②

---

① 脱脱等：《辽史》卷一百三《文学上·萧韩家奴传》，北京：中华书局，1974 年，第 1450 页。
② 脱脱等：《辽史》卷一百七《列女传》，北京：中华书局，1974 年，第 1472 页。

这是一篇饱含历史经验的政论，或者说是从丰富的历史经验中总结出来的政治原则，写得凝练、明白，义广而意远，在《辽史》中亦未可多见。辽道宗读到这篇文章，连连"称善"。常哥读《通历》进而论政的例子，或可说明萧韩家奴所译汉文史籍产生的影响之大。

当然，在史学促进民族间的历史认同方面，也并非循着直线前进的。《辽史·文学下·刘辉传》记，刘辉曾上书曰："宋欧阳修编《五代史》，附我朝于四夷，妄加贬訾。且宋人赖我朝宽大，许通和好，得尽兄弟之礼。今反令臣下妄意作史，恬不经意。臣请以赵氏初起事迹，详附国史。"道宗嘉其言，迁礼部郎中。欧阳修撰《新五代史》，以《四夷附录》记契丹事，辽朝统治者为之不满，这是可以理解的。刘辉本是汉人，为辽朝所用，并从辽朝的立场来看待此事，这跟当时许多为辽朝所用的汉族士人一样，亦是情理中事。值得注意的是，刘辉强调辽宋间应尽"兄弟之礼"，虽在替辽说话，但并无辱宋之词。不独如此，就是契丹族统治者中，也常常表现出对于辽宋和好关系的珍视。辽兴宗意欲南伐，其重臣萧孝穆谏曰："昔太祖南伐，终以无功。嗣圣皇帝仆唐立晋，后以重贵叛，长驱入汴；銮驭始旋，反来侵轶。自后连兵二十余年，仅得和好，烝民乐业，南北相通。今国家比之昔日，虽曰富强，然勋臣、宿将往往物故。且宋人无罪，陛下不宜弃先帝盟约。"[1]又说："我先朝与宋和好，无罪伐之，其曲在我；况胜败未可逆料。愿陛下熟察。"[2]这种认识，可以说是当时民族关系中比较有远见的政治见解。即使从这种认识来看，对《四夷附录》也是不好接受的。刘辉的言论，恰恰从一个方面反映了契丹族统治者对于本民族在中原皇朝所认可的史书中之位置的重视，也可以说是曲折地反映了民族间历史认同的发展历程。

《辽史·世表》序说："考之宇文周之书，辽本炎帝之后，而耶律俨称辽为轩辕后。俨志晚出，盍从周书。"[3]这里说的"周书"，是唐

---

① 脱脱等：《辽史》卷八十七《萧孝穆传》，北京：中华书局，1974年，第1332页。
② 脱脱等：《辽史》卷九十三《萧惠传》，北京：中华书局，1974年，第1374页。
③ 脱脱等：《辽史》卷六十三《世表》，北京：中华书局，1974年，第949页。

初史臣所撰北周史《周书》，"俨志"当是耶律俨所撰辽史或辽史中的某个部分。对于契丹之所出，不论唐朝官修史书主炎帝说，还是辽朝官修史书主黄帝说，都是以炎黄子孙众多，"故君四方者，多出二帝子孙"为其前提。这表明，民族间的这种历史认同已有相当长的发展过程，而在辽代史学上得到了更充分的反映。

四、金代史学与科举考试

史学和历史进程的关系，是史学和历史之关系的一个重要方面。这一点，从金代的史学和金代的历史进程之关系中，看得格外分明。可以认为，这是金代史学在中国古代史学上的一个突出特点。

元好问《自题中州集后》末首诗云："平世何曾有稗官，乱来史笔亦烧残。百年遗稿天留在，抱向空山掩泪看。"[①]他感叹金代史事撰述未就而金朝已亡，他只有选编百年以来诗人们的诗作来代替史笔了，后人对其此举颇多称许。今天来看，元好问的诗未免过于悲切。不独金代的历史，有元修《金史》在；就是金代的史学，也还是可以约略画出它的轨迹而论其所得的，何况金代的史籍流传到今天的要比辽代的多些。

金代史学和金代历史进程是一种什么关系呢？这里，首先从金代史学与科举考试的关系说起。

金朝的建立，是女真族走向文明的重要标志。而女真文字的创制，则为金代史学的产生和发展提供了必要的条件。在这一点上，金代的史学同辽代的史学几乎是循着相同的道路前进的。它们的另一个相同之处，是都重视翻译汉文史籍。

金朝翻译汉文史籍，是同科举制度中设立"女直学"相关联的。《金史·选举志一》记："女直学。自大定四年，以女直大小字译经书

---

① 元好问：《中州集》附录《自题中州集后》，北京：中华书局，1959年，第571页。

颁行之。"同卷又记："策论进士，选女直人之科也。"①女直学的设立和以策论选女真人为进士的办法，促进了对汉文文献的翻译。《金史·徒单镒传》说："大定四年，诏以女直字译书籍。五年，翰林侍讲学士徒单子温进所译《贞观政要》、《白氏策林》等书。六年，复进《史记》、《西汉书》，诏颁行之。"②

世宗君臣曾就译经书的文字问题进行过讨论，最后还是把女直进士科坚持下来，把译书工作逐步推广开来，并设立了译经所来加强这项工作。大定二十三年(1183)，译经所译《易》、《书》、《论语》、《孟子》、《老子》、《扬子》、《文中子》、《刘子》及《新唐书》。大定二十八年(1188)，又译出了《春秋》。

金代翻译汉文史籍跟辽代有所不同，即更注重于名著，如《史记》、《汉书》，这也是同科举考试相关的。金代统治者十分重视唐代的历史经验，所以《新唐书》是较早被译出来的史书之一。当时列于《五经》的《诗》、《书》、《春秋》，也都是重要的先秦史籍。广泛的译史工作，对于金朝统治下的汉人来说，并不具有特殊的重要性，但它对于金朝统治者和女真族士人来说，却是跟他们的政治活动、文化教育、仕进制度密切相关的。金世宗说译《五经》是要使"女直人知仁义道德所在"，那么译史书自然要包含历史教育的目的。而与之关系尤为密切的，便是科举考试。

金代的科举考试，对各族士子在史学上都有明确的要求。正隆元年(1156)，即"命以《五经》、《三史》正文内出题，始定为三年一辟"。明昌元年(1190)，又进而规定"以《六经》、十七史、《孝经》、《论语》、《孟子》及《荀》、《扬》、《老子》内出题"，把三史扩大到十七史。③

---

① 脱脱等：《金史》卷五十一《选举志一》，北京：中华书局，1975年，第1140页。
② 脱脱等：《金史》卷九十七《徒单镒传》，北京：中华书局，1975年，第2185页。
③ 三史，魏晋南北朝时，以《史记》、《汉书》、《东观汉记》称三史；唐以后，以《史记》、《汉书》、《后汉书》称三史。十七史，唐人以《史记》、《汉书》、《后汉书》、《三国志》、《晋书》、《宋书》、《南齐书》、《梁书》、《陈书》、《魏书》、《北齐书》、《周书》、《隋书》，称十三史；宋人在此基础上，增加《南史》、《北史》、《新唐书》、《新五代史》，合称十七史。金人所称三史、十七史者，是沿袭唐、宋时人的说法。

这是大幅度地增加了史学在科举考试中的分量。如前所述，自女直进士科的设立，对女真士人也相应地提出了史学上的要求。如徒单镒经过一次次严格的考试，后来在朝中做官。泰和元年(1201)他任平章政事时，痛感"时文之弊"，乃上言："诸生不穷经史，唯事末学，以致志行浮薄。可令进士试策日，自时务策外，更以疑难经旨相参为问，使发圣贤之微旨、古今之事变。"章宗"诏为永制"①。

翻译史籍和科举重史，虽不是历史撰述工作，但对以女真族统治集团为主的金朝政权来说，这仍然是很重要的史学活动。它对于当时的政治发展、取士制度、文化交融都产生了积极的影响。金朝皇帝中，熙宗和世宗尤其重视读史，注重吸取历史经验。熙宗对臣下说："朕每阅《贞观政要》，见其君臣议论，大可规法。"他还以"幼年游侠，不知志学"为悔，颇读《尚书》、《论语》、《五代史》和《辽史》诸书。② 金世宗在位时间较长，于史书也颇有论说，认为："《资治通鉴》，编次累代废兴，甚有鉴戒，司马光用心如此，古之良史无以加也。"他读《后汉书》，称赞汉光武帝度量之大，是"人有所难能者"。他自谓"于圣经不能深解，至于史传，开卷辄有所益"③。从他们的这些言论中，可以看出翻译史籍和科举重史并不是无足轻重的事情。从当时的民族关系来看，金代的译史之举同辽代一样，在推进各民族间的历史文化认同上，起了重要作用。

五、纂修实录和编撰《辽史》

金朝仿辽、宋体制，设立了比较完备的修史机构。记注和纂修日历、起居注、实录，以及编撰《辽史》，是金代官修史书的重要方面。

金朝设国史院，有史官：监修国史，掌监修国史事；修国史，掌修国史，判院事；同修国史 2 人，女真人、汉人各 1 人，也曾置

---

① 脱脱等：《金史》卷五十一《选举志一》，北京：中华书局，1975 年，第 1138 页。
② 参见脱脱等：《金史》卷四《熙宗纪》，北京：中华书局，1975 年，第 74、77 页。
③ 脱脱等：《金史》卷八《世宗纪下》，北京：中华书局，1975 年，第 195、202 页。

契丹同修国史，后罢；编修官，女真、汉各 4 人。此外，还曾专置修《辽史》刊修官 1 人，编修官 3 人。国史院的主要任务是纂修各朝实录。史官兼以谏官兼其职，金朝后期改此制，"恐于其奏章私溢己美故也"。又设起居注，置修起居注，掌记言、动。曾以谏官或左右卫将军兼其职，金朝后期改此制。金末以左右司首领官兼带修起居注官，但应"回避其间记述之事"。此外，还在著作局内置掌修日历，由著作郎、佐著作郎编修日历（以上均见《金史·百官志》一、二）。从《金史》纪、传来看，任史职而有姓名、事迹可考者，远多于辽代。

金代官修史书以纂修历朝实录为主，终金之世，而纂修不辍。金太宗天会六年（1128），立国伊始，即"诏书求访祖宗遗事，以备国史"，命宗室完颜勖与耶律迪越掌其事。完颜勖等"采摭遗言旧事，自始祖以下十帝，综为三卷"。这是金代最早的"国史"撰述，当是许多传说、旧闻的汇集。但这部"祖宗遗事"也反映出女真立国前的部族情况及其与契丹、辽朝的关系，此书直至熙宗皇统元年（1141）才撰成，奏上之时，"上焚香立受之"。实录是被视为十分神圣的，其历朝皇帝皆如此。

此后，皇统八年（1148），完颜勖等又撰成《太祖实录》20 卷，由完颜宗弼奏上（《金史·完颜勖传》及《熙宗纪》）。世宗大定七年（1167），监修国史纥石烈良弼奏进《太宗实录》，同修国史张景仁、曹望之、刘仲渊等参与纂修（《金史·纥石烈良弼传》及《世宗纪》）。三年后，纥石烈良弼等又撰成《睿宗实录》。大定二十年（1180），监修国史完颜守道主持所修《熙宗实录》完成（《金史·完颜守道传》）。此前，当还有完颜亮统治时期的实录，即《海陵实录》的修撰。郑子聃在大定二十年前任侍讲、兼修国史，世宗"以史事专责之"，认为"修《海陵实录》，知其详无如子聃者"①。郑子聃与《海陵实录》的修撰当有密切关系。金章宗明昌四年（1193），国史院进《世宗实录》，

---

① 脱脱等：《金史》卷一百二十五《文艺上·郑子聃传》，北京：中华书局，1975 年，第 2726 页。

尚书左丞、兼修国史完颜匡领衔奏上(《金史·章宗纪二》及《完颜匡传》)。仿世宗为其父修实录的先例，章宗亦命史臣撰其父完颜允恭的实录，此即《显宗实录》，完颜匡等泰和三年(1203)奏进(《金史·章宗纪三》)①。宣宗兴定元年(1217)，高汝砺、张行信同修《章宗实录》②，兴定四年(1220)奏进。金哀宗正大五年(1228)，王若虚撰成了金朝最后一部官修实录《宣宗实录》，此离金朝之亡，只有6年。

金代的官修实录有两个特点：一是连贯性。这在历代封建王朝的官史修纂中，是比较突出的。二是史官记事常受限制。《金史·石琚传》记世宗大定十八年(1178)有关此事说："修起居注移剌杰上书言：'朝奏屏人议事，史官亦不与闻，无由纪录。'上以问宰相，〔石〕琚与右丞唐括安礼对曰：'古者史官，天子言动必书，以儆戒人君，庶几有畏也。……以此知人君言动，史官皆得记录，不可避也。'上曰：'朕观《贞观政要》，唐太宗与臣下议论，始议如何，后竟如何，此政史臣在侧记而书之耳。若恐漏泄几事，则择慎密者任之。'朝奏屏人议事，记注官不避自此始。"③这条记载表明，在大定十八年以前，史官记事是受到限制的。但所谓"朝奏屏人议事，记注官不避自此始"，亦未能成为定制。章宗明昌四年(1193)，"敕自今御史台奏事，修起居注并令回避"④。其间，"记注官不避"的制度只实行了15年。故章宗时，刑部尚书、兼右谏议大夫完颜守贞与修起居注张晖奏言："自来左司上殿，谏官、修起居注不避，或侍从官除授及议便遣，始令避之。比来一例令臣等回避，及香阁奏陈言文字，亦不令臣等侍立。则凡有圣训及所议政事，臣等无缘得知，何所记录，何所开说，似非本设官之义。若漏泄政事，自有不密罪。"⑤他们还援引唐代史官记事

---

① 《金史·章宗纪三》书为《世宗实录》，与明昌四年所记重出，据钱大昕《元史艺文志》，当改。
② 《金史·宣宗纪》书为张行简，误，此据《金史·张行信传》改。
③ 此事又见《金史·世宗纪中》，文略简。
④ 脱脱等：《金史》卷十《章宗纪二》，北京：中华书局，1975年，第228页。
⑤ 脱脱等：《金史》卷七十三《完颜守贞传》，北京：中华书局，1975年，第1687页。
本传记此事于明昌三年之前。据上引《章宗纪二》当在明昌四年之后。

制度以证己说。章宗只好"从之"。史官记事受到限制，历代都有，但像金朝这样反复明令史官回避的做法，却并不多见。

金代官修史书的另一项工程是编撰《辽史》。辽代耶律俨的辽史撰述，元代修《辽史》时还有所借鉴（这一点在关于辽代史学的论述中已经讲到），金人得见此书当无疑义。《金史·熙宗纪》皇统元年（1141）记，熙宗颇好读《五代史》、《辽史》诸书，"或以夜继焉"。这里所说的《辽史》，当是辽人所修之《辽史》。或许正是熙宗不满意于辽人所修《辽史》，故于皇统年间命"特进移剌固修《辽史》"①。可惜移剌固未及修成《辽史》即故去了，其未竟之业由他的门人萧永琪续作，终于撰成《辽史》纪 30 卷、志 5 卷、传 40 卷，共 75 卷，于皇统八年（1148）奏进（《金史·文艺上·萧永琪传》及《熙宗纪》）。萧永琪通晓契丹大小字，他在利用辽人的辽史撰述资料时，自可得心应手。这是金代所重修的第一部《辽史》。

金代重修的第二部《辽史》，发轫于大定二十九年（1189），章宗"命参知政事移剌履提控刊修《辽史》"②，上距萧永琪奏进《辽史》41年。参与刊修的有党怀英、郝俣等。此次编撰《辽史》进展迟缓。先是，明昌二年（1191），移剌履卒，编撰受到影响。至泰和元年，增修《辽史》编修官 3 人，"诏分纪、志、列传刊修官，有改除者以书自随"。此时的编撰工作似为党怀英主持，刊修官还有贾铉等。然直到党怀英年迈致仕，其书未就。章宗第三次择人，"敕翰林直学士陈大任妨本职专修《辽史》"，这已是泰和六年（1206）的事情了。次年十二月，金代第二部官修《辽史》终于撰成，上距其发轫之时已有十七八年，是金代史学上撰述时间最长的一部史书（参见《金史·章宗纪》一、四及《移剌子敬传》、《移剌履传》、《贾铉传》、《文艺上·萧永琪传》与《党怀英传》）。

金代所修历朝实录和《辽史》，不仅是金代官修史书的重大活动，

---

① 脱脱等：《金史》卷八十九《移剌子敬传》，北京：中华书局，1975 年，第 1988 页。

② 《金史·章宗纪一》及《移剌履传》，此事《章宗纪》记于十一月下，《移剌履传》书为七月，似应以纪为是。

而且在客观上为后人进一步撰述金史和辽史做了准备。这在中国史学发展上是有意义的。金人之重视纂修本朝实录，是为了弘扬祖宗和先朝功烈。他们两次编撰《辽史》，几经周折而不辍其役，也有历史上的原因，即女真与契丹、辽朝的关系；在这个问题上，辽人所修《辽史》跟金人所修《辽史》，自有其不完全相同的考虑。

金代还有一些官修或私撰的史书，亦足以反映史学各方面的情况。如世宗时蔡珪续欧阳修《集古录》编《金石遗文》60 卷、撰《金石遗文跋尾》10 卷、《古器类编》30 卷、《南北史志》60 卷（一说 30 卷）、《水经补亡》40 篇（一作《补正水经》5 篇）、《晋阳志》12 卷、《燕王墓辨》1 卷（见《中州集》卷一）等；如章宗明昌六年（1195）张暐等撰成《大金仪礼》，承安四年（1199）杨庭秀请类集太祖、太宗、世宗三朝圣训（《金史·章宗纪》二、三）；如宣宗时完颜李选进《中兴事迹》（《宣宗纪上》），哀宗时史公奕进《大定遗训》（《哀宗纪上》）；如完颜永济大安二年（1210），曾诏儒臣编《续资治通鉴》（《卫绍王纪》）等。这类书还有不少，如萧贡《公论》、李纯甫《故人外传》，都可从中窥见一代史学风貌。[①]

六、金代末年的史学成就

史学同历史进程的关系，在金代末年的史学成就中更有其突出的反映。当时人的心理是"国亡史作，己所当任"[②]。表现出对于皇朝的忠和对于史学的诚。而从史学发展来看，这正是皇朝兴亡之际的历史记录。

大安二年（1210），卫绍王完颜永济诏儒臣编《续资治通鉴》，后杨云翼撰《续通鉴》若干卷（《金史·杨云翼传》）；兴定五年（1221），赵秉文编《贞观政要申鉴》一通奏上；正大间，杨、赵二人同作《龟鉴

---

① 参见钱大昕：《补元史艺文志》，倪灿撰、卢文弨补《补辽金元艺文志》，金门诏《补三史艺文志》，俱载《二十五史补编》第 6 册，北京：中华书局，1955 年。

② 脱脱等：《金史》卷一百二十六《文艺下·元好问传》，北京：中华书局，1975 年。

万年录》，共集自古治术为《君臣政要》一编，先后奏进(《金史·赵秉文传》)；正大五年(1228)，王若虚修《宣宗实录》告成；哀宗天兴元年(1232)，元好问著《壬辰杂编》，次年，辑成《中州集》；金亡后第二年(1235)，刘祁撰成《归潜志》一书；等等。这大致可以看作是金代末年史学活动的几个重要方面。其中，元好问对王若虚的学术地位极为推崇，他说："自从之(王若虚，字从之)没，经学、史学、文章、人物，公论遂绝。不知承平百年之后，当复有斯人也不！"①然而，从史学的观点来看，元好问和刘祁，当是更能反映金代末年私人历史撰述成就的代表。

元好问在史学上的贡献，《金史·文艺下·元好问传》做了这样的概括："晚年尤以著作自任，以金源氏有天下，典章法度几及汉、唐，国亡史作，己所当任。时金国实录在顺天张万户家，乃言于张，愿为撰述，既而为乐夔所沮而止。好问曰：'不可令一代之迹泯而不传。'乃构亭于家，著述其上，因名曰'野史'。凡金源君臣遗言往行，采摭所闻，有所得辄以寸纸细字为记录，至百余万言。今所传者有《中州集》及《壬辰杂编》若干卷。……纂修《金史》，多本其所著云。"②他的成就，集中在金史撰述方面。一是《壬辰杂编》，记金末丧乱事，为亲身闻见，堪称实录。此书元时尚存，后佚亡。二是《中州集》(亦名《中州鼓吹翰苑英华》、《翰苑英华中州集》)10卷，这是一部附有作者小传的金代诗歌总集。三是上百万言的"野史"，至元修《金史》时，已历80余年，皆散佚。元修《金史》，参考了《壬辰杂编》和《中州集》，且"多本其所著"，故元好问对金史撰述的贡献，还多少借此保存下来。我们今天还能见到的，除了他的诗文集《遗山先生文集》，主要就是《中州集》了。

《中州集》汇集249人诗词2 259首，对每个作者都撰有小传，述其主要事迹，间或评论其诗。这是一部诗作、诗论、史传结合的著

---

① 元好问：《中州集》卷六，北京：中华书局，1959年，第286页。
② 脱脱等：《金史》卷一百二十六《元好问传》，北京：中华书局，1975年，第2742～2743页。

作，意在借诗以存史。作者以中州人为主，故名。元好问在自序中写道："百余年以来，诗人为多，苦心之士，积日力之久，故其诗往往可传。兵火散亡，计所存者才什一耳。不总萃之，则将遂湮灭而无闻，为可惜也。"对照上文所引他《自题〈中州集〉后五首》中的诗句，其借诗存史的深意是很显然的。尤其是元好问为 200 多个诗作者所写的小传，可以看作是一部传记体的金史撰述。这些人物小传，其传主有北宋末年入金者，有亡于金末丧乱者，贯穿有金一代。其中不少小传为元修《金史》所采用，有的甚至原文照录，有的则略作删削移用。如《中州集》卷一《马御史定国》记：马定国为唐初马周后裔，年轻时志趣不凡，北宋徽宗宣和末年，他"题诗酒家壁，有'苏董不作文章伯，童蔡翻为社稷臣'之句，用是得罪，亦用是得名"。《金史·文艺上·马定国传》完全移用《马御史定国》小传，唯将上面这句改为："题诗酒家壁，坐讥讪得罪，亦因以知名。"马定国所题诗句被删去了，这就大为逊色。又《中州集》同卷有《蔡太常珪》小传，记蔡珪"求未见书读之，其辨博天下第一。……正隆三年，铜禁行，官得三代以来鼎钟彝器无虑千数。礼部官以正甫（蔡珪，字正甫）博物，且识古奇文字，辟为编类官"。《金史·文艺上·蔡珪传》则谓："珪号为辨博，凡朝廷制度损益，珪为编类评定检讨删定官。"这样一改，显然与史实相悖，而蔡珪的"辨博"也就不知其所由来了。这说明，《中州集》不独为元修《金史》所参据，就是在今天，也仍然是一部重要的、反映金代历史的传记体史书；又因其以史传与诗作结合，故又比一般的传记体史书更能反映所记人物的思想、情趣。

《中州集》包含着丰富的诗论、文论、史论，而三者往往相关联，但也不乏以史论突出的篇章。其论赵秉文说："论者谓公至诚乐易，与人交不立崖岸，主盟吾道将三十年，未尝以大名自居。仕五朝，官六卿，自奉养如寒士，不知富贵为何物。"[1]其论金代文士说："国初文士如宇文大学、蔡丞相、吴深州之等，不可不谓之豪杰之士，

---

① 元好问：《中州集》卷三，北京：中华书局，1959 年，第 153 页。

然皆宋儒，难以国朝文派论之。故断自正甫（蔡珪）为正传之宗，党竹溪（党怀英）次之，礼部闲闲公（赵秉文）又次之。自萧户部真卿倡此论，天下迄无异议云。"①这些议论，对于认识金代的人物、学术，都是有启发的。它们也反映出元好问在史论方面的特点。《中州集》的人物小传，还包含有一些重要的掌故。如卷十《李讲议汾》小传记史馆工作情况说："旧例史院有监修，宰相为之，同修翰长至直学士兼之编修官专纂述之事。若从事，则职名为之书写，特抄书小吏耳。凡编修官得日录分受之，纂述既定，以稿授从事；从事录洁本呈翰长。平居无事，则翰长及从事或列坐饮酒、赋诗；一预史事，则有官长、掾属之别。"这段记载生动地写出了金代史馆修史程序和日常面貌。

《中州集》所汇集的诗作，有不少是反映了金代社会生活的。如"溪南诗老辛愿"有《乱后》一首，云："兵去人归日，花开雪霁天。川原荒宿草，墟落动新烟。困鼠鸣虚壁，饥乌啄废田，似闻人语乱，县吏已催钱。"②像这样一类的诗，在文学上和史学上都是值得重视的。

元好问的《壬辰杂编》一书已佚，而元修《金史》时史臣亦曾有所参据，并把它跟刘祁的《归潜志》大致做同等看待。《金史·完颜奴申传》记天兴元年、二年（1232—1233）汴京受围事及崔立之变，传末引《归潜志》的两段话以为议论，而在后论中说："刘京叔《归潜志》与元裕之《壬辰杂编》二书虽微有异同，而金末丧乱之事犹有足征者焉。"其《金史·文艺下·刘从益传》附记刘祁事，称："值金末丧乱，作《归潜志》以纪金事，修《金史》多采用焉。"这都可以说明，这两部书在内容上和文献价值上是很相近的。

刘祁（1203—1250），字京叔，自号神川遁士，浑源（今属山西）人。哀宗时为太学生，然科举廷试失意，及金末大乱，归乡里，潜

---

① 元好问：《中州集》卷一，北京：中华书局，1959年，第33页。
② 元好问：《中州集》卷十，北京：中华书局，1959年，第486页。

志读书、著述。入元，出仕，充山西东路考试官。刘祁所撰《归潜志》，今存，凡 14 卷。卷一至卷六，为金末人物小传；卷七至卷十，杂记金朝遗事，文人交游；卷十一记哀宗时金朝败亡始末，题为《录大梁事》；卷十二记崔立之变后谋立碑事，题为《录崔立碑事》，还有《辨亡》一篇，略论金朝兴亡之故，是带有总结全书性质的；卷十三、十四，是杂说、诗文，当是本书的附录。刘祁自序写道："所与交游，皆一代伟人，人虽物故，其言论谈笑，想之犹在目。且其所闻所见可以劝戒规鉴者，不可使湮没无传，因暇日记忆，随得随书，题曰《归潜志》。"他希望人们"异时作史，亦或有取焉"。他青年时期的特殊经历，以及目睹金朝之亡，"向日二十余年间所见富贵权势之人，一时烜赫如火烈烈者，迨遭丧乱，皆烟销灰灭无余"的历史震撼，促使他筑"归潜堂"以著其书。此书所记金末事多亲身闻见，可当实录看待。

《录大梁事》是《归潜志》中最重要的一篇记事。它按年月日书事，从哀宗正大八年（1231）十一月"北兵由襄汉东下"写起，至天兴二年（1233）五月二十二"会使者召三教人从以北"而止，其间，写出了哀宗用人之误以致误国的昏庸，以及他或而"聚后妃涕泣"、或而自缢、或而坠楼的无能；写出汴京被围时，统治集团毫无良策，士兵、庶民一片混乱，以至粮食奇缺，"米升直银二两"，而"士庶往往纵酒肉歌呼，无久生计"；写出了哀宗名为"东征"，实为出逃，由此"人情愈不安"，统治机构实已瘫痪；最后写出了崔立之变和北兵入城的两次掳掠。总之，它写出了金朝败亡的一幅生动画卷。《录崔立碑事》是对上文的补充。它从一个方面写出了统治集团内部的矛盾和对于时局的不同反映。元人所修《金史》，其《哀宗纪》及《完颜奴申传》、《崔立传》等，即主要依据上述二文。《归潜志》前 6 卷的人物小传，有的写宰相，有的写处士，有的写学者，有的写奇人，写出了各种人物的风貌；其中有些是可以同《中州集》所载人物小传较其长短的，亦多为元修《金史》所采用。书中还涉及金末蒙古族活动的若干情况，也是极重要的历史记载。

刘祁感叹于"此生何属，亲见国亡"①，故能注意到对于金皇朝兴亡做全面的分析。《归潜志·辨亡》前半篇提出对于金朝之亡的认识，认为金朝"分别蓄汉人，且不变家政，不得士大夫心，此其所以不能长久"，即是其"根本不立"而致。这个看法并不全面。但他分析了世宗致治，章宗达于极盛同时也包含了招致大安、贞祐走下坡路的种种根源，宣、哀懦弱无能，终于导致"家国废绝"，大致还是中肯的。《归潜志·辨亡》的后半篇是阐说国家养育人才的重要和分析士人"多品"的原因，表面上看似与前半篇无关，实则是作者从世风、士风、吏风等角度来探讨金朝败亡的一个方面。作者指出，南渡后，吏权大盛而士风甚薄，这造成了很不好的社会风气："宣宗奖用胥吏，抑士大夫，凡有敢为、敢言者，多被斥逐。故一时在位者多委靡，唯求免罪，罟苟容，迨天兴之变，士大夫无一人死节者，岂非有以致之欤？由是言之，士气不可不素养也。"②这些认识，比他对于历朝政治的分析，显然要深刻些。《归潜志》中间或也记一些怪异现象，用此来说明金末丧乱之有先兆，是不足取的。作者对于金朝以及历史上非汉族统治者建立的政权的认识，还多少存有偏见。在这一点上，他和元好问又各有不同的弱点。

元好问撰《壬辰杂编》，辑《中州集》，构"野史"亭而记金史，为的是"不可令一代之迹泯而不传"；刘祁筑"归潜"堂而述其所见所闻，以为后人"异时作史"之用。不论是元好问之痛惜于金代历史的"甲子两周今日尽"，还是刘祁之震撼于"一时烜赫如火烈烈者"的骤然熄灭，他们在"国亡史作"这一点上是相近的。从史学发展同历史发展的关系来看，金代末年的这一史学现象及其所取得的成就，正是金代末年历史的产物。有幸流传到今的《中州集》和《归潜志》，它们作为这个时期的史学成就的代表作，是有其必然性的。

---

① 刘祁：《归潜志》卷十一，北京：中华书局，1983 年，第 130 页。
② 刘祁：《归潜志》卷七，北京：中华书局，1983 年，第 73 页。

第六章　多民族史学的进一步发展
——元代史学

多民族历史的演进，反映在史学上，是史学之民族内容的丰富。元皇朝(1271—1368)是以蒙古族统治者为首所建立的盛大的统一皇朝，在历史观念上，蒙古族的历史无疑会受到重视，《蒙古秘史》自然有很高的地位。同时，元皇朝也承认汉族统治者所建立的宋皇朝、契丹族统治者所建立的辽皇朝、女真族统治者所建立的金皇朝的历史地位，因而乃有宋、辽、金三朝正史的纂修。元朝统治者也重视本朝实录的纂修。史学之民族内容的进一步丰富，是这个时期史学发展最显著的特点。这个时期，还出现了典制史巨著《文献通考》，出现了新的会要体史书《元典章》和《经世大典》，出现了"《通鉴》学"力作《新注资治通鉴》，地理书和关于中外交通的撰述，也有新的成就。

第一节 《蒙古秘史》及其他

一、《蒙古秘史》的史学价值

《蒙古秘史》是中国史学上第一部比较全面地记载蒙古族的起源、发展、社会生活、军事征服活动，也在不同程度上记载了蒙古族的经济、政治和文化面貌的历史著作。全书 12 卷，分为正集 10 卷，续集 2 卷，凡 282 节。原文是用畏兀儿体蒙古文写成，蒙文名称为《忙豁仑·纽察·脱卜察安》（或作《脱卜赤颜》、《脱必赤颜》）。明初，有汉文译本行世，至永乐时，收入《永乐大典》，书名改为《元朝秘史》，全书析为 15 卷而无正续集之分，内容与 12 卷同。此后，蒙古文原本遂佚。今有道润梯步新译简注《蒙古秘史》本（内蒙古人民出版社，1978 年 11 月第 1 版）行世。

据《蒙古秘史》书末所记："既聚大会，于子年之七月……书毕矣。"有的研究者认为，此书当撰成于窝阔台（斡歌歹）十二年（1240）；但也有人认为它成书于稍早（1228）或稍晚（1252、1264）的年代。大致说来，它撰成于 13 世纪中叶，当是可信的。作者佚名。从全书着力记述成吉思汗事迹及其成书年代来看，作者当是成吉思汗及窝阔台同时代人。

《蒙古秘史》记事起于成吉思汗第二十二代远祖，迄于窝阔台十二年，约 500 年的史事。全书在内容安排上大致是：卷一，主要记蒙古族的起源和成吉思汗家族世系及有关蒙古族的社会情况；卷二至卷十一，主要记成吉思汗的活动、功业；卷十二，记窝阔台事迹。突出记述成吉思汗的一生及其业绩，这是本书的一个鲜明特点。它在史学上的价值是：

第一，它全面反映了 13 世纪中叶以前蒙古族的历史进程以及与此相关的北方民族关系的变化。从今天的认识来看，它通过写成吉思汗家族的繁衍，写出了蒙古族的发展、强大，蒙古族社会的婚姻关系、财产关系、阶级关系，以及军事征服活动和军事、政治制度的建立。如卷一写孛端察儿兄弟 5 人掳掠统格黎克溪一带的"无大小、贵贱、首尾，皆等耳"的"百姓"，于是，"至此有马群、家资、隶民、奴婢而居焉"①。卷二、卷三写成吉思汗娶妻，颇带传奇色彩；写他被三篾乞惕围追，历尽曲折、磨难而终于脱险，处处扣人心弦；直到他被立为"罕"，其处境才转危为安。这时期，成吉思汗家族的活动都在斡难河流域一带展开。卷四以后，写成吉思汗的一系列军事征服活动，而以写征服乃蛮部最有声色。其间，还交织着写出了成吉思汗与札木合合作的形成和破裂。这是蒙古族历史在北方广袤的大地上迅速向前发展的时期。其中，卷八写到了 1206 年"斡难河源"的大会，"建九斿之白纛，奉成吉思合罕以罕号"，"整饬蒙古之百姓"，建置"蒙古国之千户官，凡九十五千户官"，并对功劳卓著者论功嘉奖。卷九、卷十写到了建立和完善有关军事、政治制度。卷十一、卷十二（即续集卷一、卷二）写成吉思汗、窝阔台的大规模军事征服活动，以及窝阔台自己的军事、政治活动的总结，即所谓"继父合罕之后，益四事焉，作四过焉"。"益四事"，是其认为有功之事；"作四过"，是其自省四大过错。这显示了窝阔台终不失政治家风度。总的来说，这是元皇朝建立以前，关于蒙古族历史进程的最翔实的历史著作。

第二，《蒙古秘史》也是一部以写战争见长的历史著作。蒙古族的发展、强盛，是跟成吉思汗的一系列军事征服活动相联系的，这是它所处的历史发展阶段所决定的。本书重视写战争，正是这一特点的反映。如卷七记成吉思汗与乃蛮部塔阳罕之战：

> 于是塔阳罕怒曰："有死之命，辛劳之身，均之一也。然则吾其战之乎！"遂自合池儿水起营而进，顺塔米儿水而下，渡斡儿洹河，经纳忽崖东麓，至察乞儿马兀惕来时，

---

① 道润梯步：《蒙古秘史》卷一，新译简注本，呼和浩特：内蒙古人民出版社，1978年，第 15 页。

成吉思合罕之哨望者见而驰报："乃蛮至矣。"成吉思合罕得
此报，乃降旨曰："多而多，少而少，其有损焉乎！"遂上马
迎去，驱其哨望者而列阵也，与共语曰："进入山桃皮丛，
摆如海子样阵，攻如凿穿而战乎！"于是成吉思合罕自为先
锋，命合撒儿将中军，命斡惕赤斤那颜将殿军矣。乃蛮自
察乞儿马兀惕退至纳忽崖前，缘山麓而阵焉。我哨望者驱
乃蛮之哨望者，直逼其纳忽崖前之大中军矣。塔阳见其如
是驱进，因札木合与乃蛮发兵共来在彼，塔阳罕乃问札木
合曰："彼如狼驱羊群，直逼其牢而来者何如人也，此何人
如是驱之来也？"札木合对曰："我帖木真安答，养有饲以人
肉、系以索链之四狗焉。驱我哨望者而来者，盖此辈也。"①

这里，写出了成吉思汗的沉着、机智、指挥若定和他自为前驱的勇
敢精神，也写出了塔阳罕的色厉内荏，以及双方士气的不同。下文
通过塔阳罕同札木合一问一答中，进一步写出了成吉思汗的部将和
军容，而塔阳罕则步步退却，不断地表现出胆怯的心理："咦！且远
避其凌辱乎！""咦！然则远避其凌辱乎！""咦！［诚］可畏也，其登山
而阵乎！""咦！然则奔山之高处乎！""然则登彼山之巅乎！"是夜，乃
蛮逃遁。成吉思汗挥军出击。"翌日遂讨平塔阳罕矣。"其写战场的景
象是：乃蛮军"自纳忽崖山上滚落壑底，堆垒狼藉，跌碎筋骨，积如
烂木，相压而死焉"。可以看出，这是一次严峻的、规模不小的战
役。又如卷十记征秃马惕之役：

> ［成吉思汗］又命孛罗兀勒那颜出征豁里秃马惕百姓矣。
> 时秃马惕百姓之官歹都忽勒莎豁儿死，其妻孛脱灰塔儿浑
> 领秃马惕百姓焉。孛罗忽勒那颜至，三人行于大军前而往，

①　道润梯步：《蒙古秘史》卷七，新译简注本，呼和浩特：内蒙古人民出版社，1978
年，第 188 页。

于不辨昼夕之深林中，依径而行也。其哨望者劫其后，阻径擒得孛罗忽勒那颜而杀焉。成吉思合罕知秃马惕已杀孛罗忽勒，大怒，欲亲往征讨，则孛斡儿出、木合黎二人劝止成吉思合罕，另委朵儿伯台之朵儿伯多黑申，降旨曰："当严以治军，祷告长生天，试降秃马惕百姓"云。朵儿伯之治军也，先于行军、哨守路径之各口，沿忽剌安不合所行之径虚张声势讫。传令军中："凡在数军人，若有心怯者，则簋之。"即令人各负梃十根，又各整备斧、锛、锯、凿等器械，依忽剌安不合行径，破断、锯断当路树木，开路而登山上，乘秃马惕百姓于筵会中，突入而掳之矣。[1]

这次征战，写出了先是恃勇、轻敌而败，后是用智、设谋而胜。从成吉思汗"当严以治军"的指示和朵儿伯的军令，可以看出这次战役也不是轻而易举的。在中国史学史上，《左传》、《史记》、《资治通鉴》等都是在记战争方面有突出成就的名著，《蒙古秘史》在这方面的成就，同样是值得重视的。

第三，《蒙古秘史》在表述上有非常突出的特点，即史事与诗歌的结合。这在中国古代历史著作中是极少见的。如卷二记成吉思汗兄弟们幼时与母诃额仑夫人相依为命、度过艰难岁月的母子深情，就是用诗歌来表达的：

> 诃额仑夫人生得贤能，
> 扶育其幼子每也，
> 紧系其固姑冠，
> 严束其衣短带，
> 奔波于斡难上下：

---

[1] 道润梯步：《蒙古秘史》卷十，新译简注本，呼和浩特：内蒙古人民出版社，1978年，第 270 页。

拾彼杜梨、稠梨，

日夜（辛劳）糊其口焉。

母夫人生得有胆量，

养育其英烈之子每也，

手持桧木之剑，

掘彼地榆、狗舌，

以供其食也焉。

母夫人养以山韭、野葱之子，

将成为人主合罕矣。

方正之母夫人，

养以山丹根之子每，

将为颖悟之执政者矣。

美貌之（母）夫人，

养以韭薤颠沛之子每，

将为超群之英豪矣。

既为英豪丈夫，

乃为敢斗之勇健矣。

相语之曰：养我母乎！

每坐幹难之岸上，

各治其钓也、钓也，

钓钩彼残缺之鱼，

曲针而为之钩也，

钩彼细鳞、鲹条；

（共）结其网也、罟也，

捞彼杂样之小鱼，

以报其母鞠养之恩焉。①

———————

① 道润梯步：《蒙古秘史》卷二，新译简注本，呼和浩特：内蒙古人民出版社，1978年，第37～38页。

这是以诗歌叙事。而更多的诗歌是用来写人的谈话或人们之间的对话。卷九记成吉思汗命忽必烈说："汝与我在强者之颈、劲者之臀焉，将我忽必来、者勒篾、者别、速别额台等四狗，遣往所思之处。"接着便是这样几句诗：

> 令到之处碎其石，
> 令犯之地破其岩，
> 碎彼明石兮，
> 断彼深水焉。①

这几句诗，道出了成吉思汗作为征服者的意志和决心，也显示出了蒙古族军队的强大威力。《蒙古秘史》几乎每一卷都在叙事之中交织着二三十首这样的诗歌。这些诗歌具有英雄史诗的特色，带着北方游牧民族古朴、豪放的气质，广泛地流传着，从而被写进了史书，成为史书的重要组成部分。这些诗歌也包含着传闻、夸张的成分，但它们没有从根本上使《蒙古秘史》的记事受到影响，反而加强了它的历史文学的感染力。

以上三个方面，大致概括了《蒙古秘史》的史学价值。因其是关于蒙古族历史的较早著作，其文献价值尤为珍贵，几乎成为所有关于蒙古史撰述的必据之书。这书也讲"天命"，开卷便说"奉天命而生之孛儿帖赤那"。卷一还说阿阑豁阿之生五子，是"每夜，明黄人，缘房之天窗、门额透光以入，抚我腹，其光即浸腹中焉。……以情察之，其兆盖天之子息乎？"②像这一类记载，不能视为历史，但却可以做出历史的说明。

关于《蒙古秘史》的价值，清四库馆臣认为：此书"究属元代旧

---

① 道润梯步：《蒙古秘史》卷九，新译简注本，呼和浩特：内蒙古人民出版社，1978年，第233页。

② 道润梯步：《蒙古秘史》卷九，新译简注本，呼和浩特：内蒙古人民出版社，1978年，第233页。

文，世所罕睹"，"与正史颇有异同，存之亦足以资参订也"①。这是着重强调了它是"元代旧文"的文献价值。清人钱大昕进而指出："元太祖，创业之主也，而史述其事迹最疏舛，唯《秘史》叙次颇得其实。"又说："论次太祖、太宗两朝事迹者，其必于此书折其衷矣。"②这是对有关元朝建立前成吉思汗、窝阔台时期史事做了深入研究、比较后，进一步肯定了它的史料价值。因此，《蒙古秘史》成了后世蒙古史研究和撰述的必据之书。

二、《圣武亲征录》和《元朝名臣事略》

这是元朝建立后，史家关于本朝史的有代表性的撰述。

《圣武亲征录》记成吉思汗、窝阔台统治时期史事，撰于元世祖忽必烈时期，作者佚名。其书久以抄本传世，既有原本之误，又有明、清抄本之误。故清四库馆臣谓"其书序述无法，词颇蹇拙，又译语讹异，往往失真，遂有不可尽解者。然以《元史》较之，所纪元初诸事实，大概本此书也"③。后经钱大昕表彰，张穆、何秋涛分别校正，此书渐为世所重，现以王国维《圣武亲征录校注》本为最佳（见《王国维遗书》）。此书记成吉思汗事，起于"烈祖神元皇帝"也速该"初征塔塔儿部"获其酋长帖木真，及成吉思汗出生和他命名的由来，止于成吉思汗灭西夏以还，死于途中，这占了全书的绝大部分。它记窝阔台事，起于他"即大位"而止于其病故，亦首尾完具，但所记甚简略。全书主要记他们二人的征服活动，文字简朴，有时也写出了征战的军容和战役的细节。如记札木合"以众三万来战"，时成吉思汗"驻军答兰版朱思之野"，乃"集诸部戒严凡十有三翼"，并具体

---

① 永瑢等：《四库全书总目》卷八十一《元朝典故编年考》提要，北京：中华书局，1965年，第710页。

② 钱大昕：《潜研堂集·文集》卷二十八《跋元秘史》，吕友仁标校，上海：上海古籍出版社，2009年，第501、503页。

③ 永瑢等：《四库全书总目》卷五十二《杂史类·存目一》，北京：中华书局，1965年，第474页。

写出了其中十"翼"的部署情况。如写窝阔台占领金人西京后，又遣哲别率兵取东京："哲别知其中坚，以众压城，即引退五百里。金人谓我军已还，不复设备，哲别戒军中一骑牵一马，一昼夜驰还，急攻，大掠之以归。"这是写出了哲别用兵的机警和蒙古骑兵如旋风般地驰骋于疆场。下面一段记成吉思汗与金军作战尤富有情趣：

> 上之将发抚州也。金人以招讨九斤、监军万奴等领大军设备于野狐岭，又以参政胡沙率军为后继。契丹军师谓九斤曰："闻彼新破抚州，以所获物分赐军中，马牧于野；出不虞之际，宜速骑以掩之。"九斤曰："此危道也，不若马、步俱进，为计万全。"上闻金兵至，进拒獾儿觜。九斤命麾下明安曰："汝尝使北方，素识太祖皇帝，其往临阵，问以举兵之由：'金国何怨于君，而有此举？'若不然，即诟之。"明安来如所教，俄策马来降。上命麾下缚之曰："俟吾战毕问之也！"遂与九斤战，大败之，其人马蹂躏死者不可胜计。因胜彼，复破胡沙于会合堡，金人精锐尽没于此。上归，诘明安曰："我与汝无隙，何对众相辱？"对曰："臣素有归志，恐其难见，故因如所教；不尔，何由瞻望天颜！"上善其言，命释之。①

这里写了好几个人物，九斤的谨慎，契丹军师的多计，明安的机智，成吉思汗的气度，都一一写到了。在写战事过程中，善于写出不同人物的个性，这是中国史书写战争的优良传统。《圣武亲征录》在这方面也有它成功的地方。

王国维根据本书记成吉思汗事只记岁名，而于窝阔台事则详及

---

① 王国维：《王国维遗书》第十三册《圣武亲征录校注》，北京：商务印书馆，1940年，第62～63页。

月日，疑前者事出"脱卜赤颜"（"国史"），后者则取《平金始末》等以益之（见《圣武亲征录校注》序），可备一说。

《元朝名臣事略》（初名《名臣事略》或《国朝名臣事略》）15 卷，苏天爵撰。这是一部有关元朝前期、中期的人物传记，卷首有元文宗天历二年(1329)欧阳玄序和至顺二年(1331)王理序，这大致可以说明它撰成的时间。此书收录元初至延祐年间(1314—1320)自太师诸王以下文武大臣共 47 人入传，依蒙古人、色目人、汉人、南人为序加以编次。其所依据多为诸家墓碑、墓志、行状、家传，间亦取其他可信杂书。凡有所取，皆注明其所出，以示信而有征。若碑传、文集所记有异同者，则更以注文录出，以备考。全书起于穆呼哩（木华黎），终于刘因，均叙致井然，体例划一，反映出撰者著史的严谨精神。此书之功，是对有关传主资料的搜集、整理、编次。出于撰者手笔的，是各篇传记前面的提要，用以交代传主的名讳、郡望、任官、卒年及享寿多寡。如《太史郭公》事略卷首提要写道："公名守敬，字若思，顺德邢台人。至元二年，由提举诸路河渠迁都水少监。八年，迁都水监。十三年，都水监并入工部，遂除工部郎中。是年，改治新历。十六年，迁同知太史院事。历成，拜太史令。二十九年，修会通河，命提调通惠河漕运事。三十一年，拜昭文馆大学士，知太史院事。累请致仕，不许。延祐三年卒，年八十六"[①]。读了这样的提要，再读"事略"，就一目了然了，也容易留下比较完整的印象。这是《元朝名臣事略》在编纂上的一个特点。

此书在反映元朝前、中期名臣面貌方面，欧阳玄的序做了如下的概括：

> 壮哉！元之有国也，无竞由人乎！若太师鲁国、淮安、河南、楚国诸王公之勋伐，中书令丞相耶律、杨、史之器业，宋、商、姚、张之谋猷，保定、藁城、东平、巩昌之

---

① 苏天爵：《元朝名臣事略》卷九，北京：中华书局，1996 年，第 185 页。

方略，二王、杨、徐之辞章，刘、李、贾、赵之政事，兴
元、顺德之有古良相风，廉恒山，康军国之有士君子操；
其他台府忠荩之臣，帷幄文武之士，内之枢机，外之藩翰，
班班可纪也；太保、少师、三太史天人之学，陵川、容城
名节之特，异代岂多见哉！……①

倘若剔去其过分颂扬的成分，此书确是反映出了这些人物神采各异、事功卓越的风貌。此书在编纂方法上，参考了朱熹的《名臣言行录》的体例而始末较详，又参考杜大珪的《名臣碑传琬琰集》而不尽录全篇、有所弃取；后人撰《元史》列传及其他著述，颇多取资，故清人评论它"不失为信史"②。

苏天爵（1294—1352），字伯修，人称滋溪先生，是一个很有见识的史家、诗人、文章家和文献整理者。他鉴于"宋氏以来，史官不得尽其职，载笔之士多乖故实，宋人详而多曲笔；又以比时辽、金简而径，事多湮昧。于是著其故，辑其阙漏，别为《辽金纪年》"③。这反映了他对多民族史事的重视。他又以一人之力，分 15 类编纂《国朝文类》（即《元文类》）70 卷，"合金人、江左，以考国初之作；述至元、大德，以观其成；定延祐以来，以彰其盛"，显示出文章家兼史家的见识，故时人称说："是则史官之职也，夫必有取于是也。"④他还有诗稿、文稿等述作多种，《元史》本传称他："其为文，长于序事，平易温厚，成一家，而诗尤得古法"，"中原前辈，凋谢殆尽，天爵独身任一代文献之寄"⑤。

元人所撰蒙古征战及元初史事，还有《长春真人西游记》、《西游

---

① 欧阳玄：《元朝名臣事略》序，《元朝名臣事略》书首，北京：中华书局，1996 年，第 2 页。

② 永瑢等：《四库全书总目》卷五十八，北京：中华书局，1965 年，第 523 页。

③ 王理：《〈元朝名臣事略〉序》，《元朝名臣事略》，北京：中华书局，1996 年，第 4 页。

④ 王理：《国朝文类》序，《元文类》，上海：上海古籍出版社，1993 年，第 4 页。

⑤ 宋濂等：《元史》卷一百八十三，北京：中华书局，1976 年，第 4227 页。

录》、《西使记》和《平宋录》等。《长春真人西游记》2卷，李志常撰。李志常（1193—1256），字浩然，号真常子，道号通玄大师。此书按日记载作者随其师丘处机西行谒成吉思汗途中见闻及当时燕京情况，反映了不少有关成吉思汗西征、蒙古族和畏兀儿族的社会生活以及西域、中亚一带交通、社会、自然情况。《西游录》1卷，耶律楚材撰。耶律楚材（1190—1244），字晋卿，道号湛然居士。作者于金哀宗正大五年（1228）撰成此书，反映了成吉思汗西征及西域交通民俗等所见所闻。《西使记》1卷，刘郁撰。刘郁，字文季，别号归愚。他在蒙哥统治时，奉命随转运使常德赴西亚波斯觐见旭烈兀大王，是编即记其往返闻见，是反映当时中亚交通的重要文献。以上三书，都是行记性质的撰述。《平宋录》（亦称《丙子平宋录》）3卷，刘敏中撰①。刘敏中，字端甫，号中庵。此书记元朝丞相巴延（伯颜）率军平南宋事。其上、中两卷，依年月日顺序记事，起于元世祖至元十一年（1274）正月"命右丞相巴延节制诸军伐宋"，九月巴延"大会兵襄樊"、"沿于汉江而下"、"旌旗数百里，水陆并进"；止于至元十三年（1276）五月，灭宋回师，获宋全太后、幼主等北至上都（故址在今内蒙古正蓝旗东约 20 公里闪电河即滦河北岸），元世祖"以平宋告天地、祖宗于近郊"，"设宴大会，大赦天下"。是年为丙子年，故此书称《丙子平宋录》。其下卷收录宋太后诏书等文，而《大丞相贺表》、《贺表》、《赐宋王诏》、《追赠郑江》诸文，为正史所不载，是有关"平宋"事的重要文献。作者在上卷中称："丞相总兵南伐，旗旄所向，战无坚阵，望风披靡，长驱径捣，如入无人之境。"②书首有大德八年（1304）邓锜、方回、周明 3 篇序言，称巴延"以仁义将兵，箪食壶浆，室家相庆"（邓序），"所降复州，不以一兵一骑入城，不掳一民，不掠一物，所至皆然"（方序），"取江淮数十州，直捣苏秀，所向风靡，兵不血刃，皆纳款降附"（周序）。这难免有夸大之处。但他们从

---

① 此书旧题平安庆撰。黄虞稷《千顷堂书目》与《四库全书总目》均认为系刘敏中所撰，今从。

② 刘敏中：《平宋录》卷上，北京：中华书局，1985 年，第 1 页。

政治上称颂元朝的"一统天下"和"天下大定"的盛况，还是符合历史事实的。

第二节 《通鉴》学的发展和《通鉴》胡注的成就

一、《通鉴》学的发展

南宋时期开始形成的《通鉴》学，在元代有了进一步发展。据钱大昕《补元史艺文志》卷二编年类所考，关于《通鉴》方面的撰述有：

郝经：《通鉴书法》；

金履祥：《通鉴前编》18卷；

何中：《通鉴纲目测海》3卷；

胡三省：《音注资治通鉴》294卷，

又《通鉴释文辨误》12卷；

尹起莘：《通鉴纲目发明》59卷；

王幼学：《通鉴纲目集览》59卷；

刘友益：《通鉴纲目书法》59卷；

徐昭文：《通鉴纲目考证》59卷；

金居敬：《通鉴纲目凡例考异》；

吴迁：《重定纲目》；

徐诜：《续通鉴要言》20卷；

曹仲楚：《通鉴日纂》24卷；

董蕃：《通鉴音释质疑》；

潘荣：《通鉴总论》1卷；

汪从善：《通鉴地理志》20卷。

以上，凡16种①。可惜这些书大多已佚，留存至今的主要有《通

---

① 参见《二十五史补编》第6册，北京：中华书局，1955年，第8406页。

鉴前编》、《音注资治通鉴》和《通鉴释文辨误》等。

《通鉴》学在元代的发展，跟统治者重视《资治通鉴》一书，自有一定的关系。元世祖时，置诸路蒙古字学，对诸路官员子弟之入学者及民间子弟愿充生徒者，"以译写《通鉴节要》颁行各路，俾肄习之"①。泰定帝泰定元年（1324），"江浙行省左丞赵简，请开经筵及择师傅，令太子及诸王、大臣子孙受学。遂命平章政事张珪、翰林学士承旨忽都鲁都儿迷失、学士吴澄、集贤直学士邓文原，以《帝范》、《资治通鉴》、《大学衍义》、《贞观政要》等书进讲，复敕右丞相也先铁木儿领之"②。这说明，不论在科举方面还是在一般教育方面，《资治通鉴》都是作为重要的内容而受到提倡。元代《通鉴》学的发展，离不开这样的政治、文化环境。

元代的《通鉴》学，也反映出了史学自身发展的内在要求。不论是注，是论，是补作、续作，它们都表明《资治通鉴》在史学上所产生的重大影响。宋、元之际的金履祥（1232—1303，字吉父）认为，北宋刘恕撰《资治通鉴外纪》记《通鉴》上限以前之事，"不本于经，而信百家之说，是非谬于圣人，不足以传信"。于是他采用邵雍《皇极经世历》和胡宏《皇王大纪》的体例，损益折中，"一以《尚书》为主，下及《诗》、《礼》、《春秋》，旁采旧史诸子，表年系事，断自唐尧以下，接于《通鉴》之前"，勒为一书，名曰《通鉴前编》。金履祥对于此书很自信，曾对门人许谦说："二帝三王之盛，其微言懿行，宜后王所当法；战国申、商之术，其苛法乱政，亦后王所当戒，则是编不可以不著也。"明代学者也称其"凡所引书，辄加训释，以裁正其义，多先儒所未发"③。此书旁征博引，对古代史事的考订用力甚多。但对"共和"以前史事记述不如刘恕以《疑年》处置稳妥，而"援经入史"

---

① 宋濂等：《元史》卷八十一《选举志一》，北京：中华书局，1976年，第2016页。
② 宋濂等：《元史》卷二十九《泰定帝纪一》，北京：中华书局，1976年，第244页。
③ 宋濂等：《元史》卷一百八十九《儒学一·金履祥传》，北京：中华书局，1976年，第4317页。

亦非史家所尚，其于"好奇"亦不减于刘恕①。论者多以金履祥为南宋人，而元修《宋史》不曾为其立传，这是把他视为本朝人；明修《元史》为其立传，表明明人是尊重了元人的看法，钱大昕亦遵此说。

史学自身发展的这种内在要求反映在元代《通鉴》学上的突出成果，就是胡三省的《音注资治通鉴》。

二、《通鉴》胡注的成就

胡三省的《音注资治通鉴》(亦作《新注资治通鉴》)，后人一般称为"《通鉴》胡注"。

胡三省注《通鉴》有两个动因，一是承袭家学，执行先人遗命；二是痛感亡国，寄寓民族气节。他父亲胡钥笃于史学，而于史注格外用力，颇有独立见解，曾经指出托名司马康的海陵《通鉴释文》本，并非出于司马康之手，希三省予以"刊正"。"三省捧手对曰：'愿学焉'"(《音注资治通鉴序》，以下未注明出处者，均见此)。这种家学影响，使他确立了"史学不敢废"的志向，并走上了治《通鉴》学的道路。他从宝祐四年(1256)着手作《通鉴》注，历尽艰难坎坷，至元世祖至元二十二年(1285)，首尾30年，乃撰成《音注资治通鉴》。其间，经历了宋元更迭，"世运推迁"。作为亡国之臣，他痛心疾首，所以在自序中以太岁纪年书为"旃蒙作噩"(乙酉年，即至元二十二年)，表示不奉元朝之正朔。这个思想，也反映在胡注之中。以上两个方面，是《通鉴》胡注产生的家庭环境和社会环境。

胡注的成就，首先在于它对《资治通鉴》在记事、地理、制度、音读等方面有疏通之功。恰如胡注自序所说："凡纪事之本末，地名之同异，州县之建置离合，制度之沿革损益，悉疏其所以然。"这种疏通工作反映在注释内容上，包括校勘、考订、辨误、训释音义等

---

① 此近人张煦侯说，参见张煦侯：《通鉴学》，合肥：安徽人民出版社，1981年，第137页。

几个方面。仅举《音注资治通鉴》卷二八六为例：

——关于校勘。《通鉴》记："契丹主以前燕京留守刘晞为西京留守。"《资治通鉴考异》曰："《实录》作禧。或云名晞。今从《陷蕃记》。"胡三省在《通鉴》正文与《考异》之间，引薛居正《旧五代史》文："刘晞者，涿州人，陷房，历官至平章事兼侍中。"这是进而证明《通鉴》和《考异》所取的正确。

——关于考订。《通鉴》正文记："三月，丙戌朔，契丹主服赭袍，坐崇元殿，百官行入阁礼。"此下，胡注引欧阳修论唐代入阁礼及《五代会要》所记入阁仪，又引《新五代史》所记梁太祖元年关于入阁的史事，最后说："视唐之正牙朝会，其仪略而野，而五代谓之行礼。《会要》又详载而为书，则其仪为一时之上仪矣。姑备录之，以志朝仪之变。"胡注关于"入阁"的考订，注文将近 800 字。

——关于辨误。《通鉴》正文记：正月，"辛卯，契丹以晋主为负义侯，置于黄龙府。黄龙府，即慕容氏和龙城也"。胡注则认为："欧《史》曰：'自幽州行十余日，过平州；出榆关，行沙碛中，七八日至锦州；又行五六日，过海北州；又行十余日，渡辽水至勃海铁州；又行七八日，过南海府，遂至黄龙府。'按契丹后改黄龙府为隆州，北至混同江一百三十里。又按慕容氏之和龙城，若据《晋书》及郦道元《水经注》，当在汉辽西郡界。今晋主陷蕃，渡辽水而后至黄龙府，又其地近混同江，疑非慕容氏之和龙城。"和龙城在今辽宁朝阳，黄龙府在今吉林农安，胡注所疑甚是。

胡注在训释音义方面，全书俯拾即是，不一一列举。

胡注的成就，其次表现在寓历史评论于注文之中，反映了注者深刻的历史见识。仍以《音注资治通鉴》卷二八六为例：

——《通鉴》正文记："契丹迁晋主及其家人于封禅寺，遣大同节度使兼侍中河内崔廷勋以兵守之。契丹主数遣使存问，晋主每闻使至，举家忧恐。时雨雪连旬，外无供亿，上下冻馁。太后使人谓寺僧曰：'吾尝于此饭僧数万，今日独无一人相念邪！'僧辞以'虏意难测，不敢献食。'"胡三省于其下注曰："噫！孰知缁黄变色，其徒所为，有甚于不敢献食者邪！有国有家者，崇奉释氏以求福田利益，可以监［鉴］矣。"这是讽刺，也是劝诫，反映出注者不信释氏的思想。

——《通鉴》正文记："契丹主改服中国衣冠，百官起居皆如旧制。"胡注曰："史言契丹主犹知用夏变夷。"又《通鉴》正文记："契丹主广受四方贡献，大纵酒作乐，每谓晋臣曰：'中国事，我皆知之，吾国事，汝曹不知也。'"胡注曰："契丹主自谓周防之密以夸晋臣。然东丹之来，已胎兀欲夺国之祸，虽甚愚者知之，而契丹主不知也。善觇国者，不观一时之强弱而观其治乱之大致。"这两段评论，反映了胡三省的民族意识和关于强弱、治乱的卓识。

这样的评论，由事而发，随文作注，在胡注中占有重要的分量，既阐发了注者的历史见解，又启发了读者从理论上去认识历史，这是胡注的一个鲜明特色。胡三省自序说，他初次为《通鉴》作注，是"依陆德明《经典释文》厘为广注九十七卷，著论十篇。自周讫五代，略叙兴亡大致"。这说明他对于史论的重视和兴趣。胡注中多有史论，恰是胡三省注史的风格。

胡注的成就，还在于它"始以《考异》及所注者散入《通鉴》各文之下"，便利了《通鉴》的阅读和流传。这也是它大有功于《通鉴》的地方。

南宋时期，注《通鉴》者纷纷然，但多有乖谬，没有多大影响。而《通鉴》胡注，一是详于典章制度的梳理，地理沿革的考察；二是于原书"能见其大"，阐发其旨趣；三是"心术之公私，学术之真伪"都经得起考验。胡注问世后，《通鉴》学仍有发展，注家迭起，述作也不少，而胡注终不能废，证明它确实经得起历史的检验。

胡三省在《音注资治通鉴序》中，还表明了他在历史文献学上所持的发展的和实事求是的学术见解。他说：

> 注班书者多矣：晋灼集服（虔）、应（劭）之义而辩其当否，臣瓒总诸家之说而驳以己见。至小颜（师古）新注，则又讥服、应之疏荒尚多，苏、晋之剖断盖鲜，訾臣瓒以差爽，诋蔡谟以抵牾，自谓穷波讨源，构会甄释，无复遗恨；

而刘氏兄弟之所以议颜者，犹颜之议前人也。人苦不自觉，
前注之失，吾知之；吾注之失，吾不能知也。①

从这一段话中，可以看到胡三省在文献学思想上的辩证观点，即学术是一代代人的传袭、积累，任何人都不应自谓本身的见识"无复遗恨"，而应认识到后人总会有超过自己的地方。然而，对于"前注之失，吾知之；吾注之失，吾不能知"这样一个简单的道理，人们要有自觉的认识，却又是多么不容易！——这一思想，是中国历史文献学史上的宝贵遗产。

胡三省是有自知之明的。他在自序中说："古人注书，文约而义见。今吾所注，博则博矣，反之于约，犹未能焉。"这虽是他的自谦之词，但也表明他是主张史注应当以"文约而义见"为目标的。他撰的《通鉴释文辨误》12卷，以雄辩的事实证明海陵本《通鉴释文》的伪谬；"而海陵本乃托之公休（司马康字公休——引者）以欺世，适所以诬玷公休，此不容不辨也"②。他丰富的历史文献学知识，在此书中也同样得到淋漓尽致的发挥。

《音注资治通鉴》和《通鉴释文辨误》二书，是胡三省关于《通鉴》学的名作，也是元代历史文献学方面的杰作。

第三节 《文献通考》——典制体通史范围的扩大

一、马端临撰《文献通考》

杜佑《通典》巨制，大为后人钦慕。宋时，已有学人续作，因其平庸而不传于世。真正继承和发展了《通典》撰述规模的，是马端临

---

① 胡三省：《新注资治通鉴序》，《资治通鉴》卷首，北京：中华书局，1956年，第28页。
② 胡三省：《通鉴释文辨误》后序，北京：北京图书馆出版社，2005年，第218页。

的《文献通考》。

马端临撰《文献通考》，大约始于元至元二十二年(1285)前后，历时 20 余年，至大德十一年(1307)成书。延祐五年(1318)十二月，饶州路儒学教授杨某向奉旨寻访"道行之士"的王寿衍推荐《文献通考》一书，希望"早为转申上司，令人缮写成帙，校勘完备，官为镂板，以广其传"。次年四月，王寿衍即将已经"誊书于楮墨"的《文献通考》随表上奏朝廷。泰定元年(1324)，《文献通考》刊印于杭州西湖书院，正式面世。①《文献通考》自始撰至刊印，历元朝世祖、成宗、武宗、仁宗、英宗、泰定帝六朝，首尾约 40 年。

马端临撰《文献通考》，有明确的史学思想作为指导。其要旨大致有三条：第一，是主张"会通因仍之道"。他认为："《诗》、《书》、《春秋》之后，惟太史公号称良史，作为纪、传、书、表。纪、传以述理乱兴衰，八书以述典章经制。后之执笔操简牍者，卒不易其体；然自班孟坚而后，断代为史，无会通因仍之道，读者病之。"②他说的"会通因仍之道"，至少包含两个方面，一是"理乱兴衰"，二是"典章经制"。从这一认识出发，他十分推崇《资治通鉴》和《通典》二书。他指出："司马温公作《通鉴》取千三百余年之事迹，十七史之纪述，萃为一书，然后学者开卷之余，古今咸在。"这是前一个方面的"会通因仍之道"。他又指出：杜佑"始作《通典》，肇自上古，以至唐之天宝，凡历代因革之故，粲然可考"。这是后一个方面的"会通因仍之道"。他进而认为，这两部书并不是尽善尽美的：司马光之书"详于理乱兴衰，而略于典章经制。非公之智有所不逮也，编简浩如烟埃，著述自有体要，其势不能以两得也"；"杜书纲领宏大，考订该洽，固无以议为也。然时有古今，述有详略，则夫节目之间，未为明备，

---

① 关于马端临家世及其撰《文献通考》一书的经过，参见脱脱等：《宋史》卷四百一十四《马廷鸾传》，北京：中华书局，1977 年，第 12437~12439 页。陈光崇：《马端临家世考略》，载《史学史资料》1980 年第 3 期。

② 马端临：《文献通考》序，北京：中华书局，1986 年，第 3~10 页。以下所引凡未注明出处者，均见此序。

而去取之际，颇欠精审，不无遗憾焉"。马端临史学思想的高明之处，是能够实事求是地看待《通鉴》和《通典》所承担的任务及所产生的历史条件，所谓"著述自有体要"，所谓"时有古今，述有详略"，称得上是真知灼见。

第二，是对历史"相因"说提出了新的认识。他认为："理乱兴衰，不相因者也。晋之得国异乎汉，隋之丧邦殊于唐，代各有史，自足以该一代之始终，无以参稽互察为也。典章经制，实相因者也，殷因夏，周因殷；继周者之损益，百世可知。"马端临关于理乱兴衰"不相因"、典章经制"实相因"的认识，显然是把二者的关系绝对化了。《通鉴》以"监前世之兴衰，考当今之得失"，说明治乱兴衰虽代各其异，但也有"相因"之处。《通典》以论述"法制"、"政经"为主旨，在考察历代"损益"、"因革"之中，也必然可见"不相因"的成分。再者，"理乱兴衰"在很大程度上也同"典章经制"相关联，未可截然分开。尽管如此，马端临看到了"会通因仍之道"表现在历史撰述上的这种区别，还是有理论价值的。

第三，是从理论上对"文献"做了界定。他认为："凡叙事，则本之经史，而参之以历代会要，以及百家传记之书，信而有证者从之，乖异传疑者不录，所谓'文'也。凡论事，则先取当时臣僚之奏疏，次及近代诸儒之评论，以至名流之燕谈，稗官之纪录，凡一话一言，可以订典故之得失，证史传之是非者，则采而录之，所谓'献'也。"他把自己所据的材料，从大的方面划分为"叙事"和"论事"两个部分，以确定"文"、"献"的内涵，这在历史撰述上和在文献学的发展上，也具有理论和方法论的价值。

《文献通考》就是在这样的指导思想之下撰成的。

二、《文献通考》扩大了典制体通史的范围

《文献通考》348卷，凡24门，记事起自上古，迄于南宋宁宗嘉定之年（1208—1224）。

马端临撰《文献通考》，意在继承和发展杜佑《通典》开创的典制体通史的事业，他不仅补充了唐玄宗天宝以后至宋宁宗嘉定以前的典章经制，而且增加了门类，从而扩大了典制体通史内容的范围。这是马端临的新贡献。

下面所列，是《通典》各门名称同《文献通考》各门名称的对照表：

《通典》各门名称	《文献通考》各门名称
食　货	田赋　钱币　户口 职役　征榷　市籴 土贡　国用
选　举	选举　学校
职　官	职　官
礼	郊社　宗庙　王礼
乐	乐
兵	兵
刑	刑
	经　籍
	帝　系
	封　建
	象　纬
	物　异
州　郡	舆　地
边　防	四　裔

从上表可以看出，马端临从杜佑《通典》中的食货、选举、礼3门中析出10门，又新增《通典》所无者5门，两项合计超出《通典》15门；而新增门类中，以《经籍考》部帙最大（共76卷），也最有价值。从上表还可以看出，马端临不仅继承了杜佑《通典》各门之间的逻辑体系，而且着意强化了《通典》以"食货为之首"的历史见识，把《食货典》析为8门。这突出反映了马端临在继承前人基础上的创新。

马端临之于《通典》各门，或析、或增，都概括地做了理论上的说明。他认为：

> 古者因田制赋，赋乃米粟之属，非可析之于田制之外也。古者任土作贡，贡乃包筐之属，非可杂之于税法之中也。乃若叙选举则秀、孝与铨选不分，叙典礼则经文与传注相汩，叙兵则尽遗赋调之规而姑及成败之迹。诸如此类，宁免小疵？

这是说明他为什么要把《通典》的《食货典》、《选举典》、《礼典》进行厘析的原因，以及把《兵典》专论"成败之迹"改成阐述兵制的根据。他又认为：

> 至于天文、五行、艺文，历代史各有志，而《通典》无述焉。

这是交代增添象纬、物异、经籍三考的缘由。他还认为：

> 马、班二史，各有诸侯王列侯表；范晔《东汉书》（当作《后汉书》——引者）以后无之，然历代封建王侯，未尝废也。王溥作唐及五代《会要》，首立"帝系"一门，以叙各帝历年之久近，传授之始末，次及后妃、皇子、公主之名氏、封爵，后之编会要者仿之，而唐以前则无其书。凡是二者，盖历代之统纪、典章系焉，而杜书亦复不及，则亦未为集著述之大成也。

这是反复申述了增立帝系、封建二考的必要性。

马端临的这些理论上的说明，有的是很有见地的，如对于《通典》的食货、选举、礼、兵诸典的看法；有的则反映了他跟杜佑在撰述旨趣上的不尽相同，如他对新增 5 考的申述。杜佑跟马端临在撰述旨趣上的区别在于：前者着意于"将施有政"，"经邦"、"致用"；后者用力于"集著述之大成"。由此可见《文献通考》扩大了典制体通史内容的范围。

三、马端临的进步的历史思想

马端临在《文献通考》中所反映出来的思想，是一种进步的历史观。这主要表现在马端临对历史的认识既包含着朴素的唯物因素和辩证因素，也包含着进化的观点。在这些方面，他继承了前辈史学家、思想家的优秀遗产，同时也在不少地方反映了自己新的思想表述形式。人们对于《文献通考》这部巨著，犹如对《通典》一样，大多把它作为文献资料使用，而很少对它的思想资料进行清理、总结，这种状况有待改变。

马端临十分重视历史上的社会经济活动，发展《通典》"食货为之首"的唯物思想。他不仅仍以食货居于《文献通考》之首，而且对于"食货"所包含的一些主要部门之相对独立和相互关系提出了更明确的认识。如上文表中所示，《通典·食货典》所述内容在《文献通考》这里已分为 8 个相互联系的独立部门，即田赋、钱币、户口、职役、征榷、市籴、土贡、国用诸考。这首先是中国封建社会经过两宋时期，社会经济的发展在国家经济制度上有了更明确、更细致的规定的反映，同时也是在考查前代史家在这个问题上分门立目的得失而提出来的。马端临以田制与赋税合为田赋，把土贡从赋税中析出而自成一考，都有别于《通典》，说明他对于"食货"这一领域思考之深。他的许多认识，是基于"生民所资，曰衣与食"的唯物观点提出来的。

马端临的唯物观点，反映在他对待异常的社会现象和自然现象的解释方面，也是很突出的。他在列举前人关于妖祥的说法后，以事实反驳说："妖祥之说，固未易言也。"譬如：通常认为"治世"则凤凰见，故有虞之时，有来仪之祥；然汉桓帝元嘉之初、汉灵帝光和之际，凤凰亦屡见，而桓、灵并非"治世"之时。通常认为"诛杀过当，其应为恒寒"，故秦始皇时有四月雨雪之异；然汉文帝四年也出现六月雨雪，而汉文帝并非"淫刑之主"。他如斩蛇、夜哭，在秦则为妖，在汉则为祥；僵树、虫文，在汉昭帝则为妖，在汉宣帝则为祥，等等。于是马端临认为：

> 前史于此不得其说，于是穿凿附会，强求证应而采有
> 所不通。窃尝以为，物之反常者，异也。……妖祥不同，
> 然皆反常而罕见者，均谓之异，可也。故今取历代史五行
> 志所书，并旁搜诸史本纪及传记中所载祥瑞，随其朋类，
> 附入各门，不曰妖，不曰祥，而总名之曰"物异"。

《文献通考·物异考》就是按这个思想编纂的。用"反常"、"罕见"谓之"异"来代替唯心主义的妖祥说，这是继承了古代史学里的唯物思想传统，并提出了具有独到见解的表述形式，从而进一步揭去了笼罩在社会历史上的神秘外衣，这是马端临唯物思想中很可贵的地方。

马端临的历史思想中，也包含着辩证的因素。他论国用与政治统治的关系时，引用了贾山《至言》中讲到周秦财之多寡与祚之延促的历史经验教训，结论是"国之废兴，非财也。财少而国延，财多而国促，其效可睹矣"。马端临进而分析说，两汉以下财赋所得，一归"国家之帑藏"，一归"人主之私蓄"，关键在于处理好这里的"公"、"私"关系："恭俭贤主，常用内帑以济军国之用，故民裕而其祚昌；淫侈僻王，至糜外府以供耳目之娱，故财匮而其民怨。此又历代制国用者龟鉴也。"马端临一方面认为贾山所论是有道理的，一方面还是主张增长财富而推崇"恭俭贤主"。"民裕而其祚昌"，其中包含着朴素的辩证思想。

关于"封建"问题，马端临也是从"公心"出发来分析的。他认为"必有公天下之心而后可以行封建"，而汉代以下，"为人上者苟慕美名，而实无唐虞三代之公心；为诸侯者既获裂土，遽欲效春秋战国

之余习，故不久而遂废"。此后，魏、晋分封，也都没有达到"藩屏之助"的目的。马端临总结了两汉、魏晋、南朝的历史经验教训，指出："封建之得失不可复议，而王绾、李斯、陆士衡、柳宗元所论之是非亦不可得而偏废。"他用"公心"来说明"封建"之可行，其见识显然远逊于柳宗元；但他认为两汉以下不可再行"封建"，并应全面考虑在"封建"问题上两种不同意见中的合理因素，这是从更深一层提出了如何处理皇权和地方关系的问题，其中也包含着辩证思想的因素。

马端临历史进化思想，从上举各例中已大致可以看出一些。此外，他针对一些主张恢复"封建"和井田的议论，尖锐地批评说：对于秦制，"所袭既久，反古实难，欲复封建，是自割裂其土宇以启纷争；欲复井田，是强夺民之田亩以召怨蘖。书生之论，所以不可行也"。他在讲到货币的质地和形式的变化时说："夫珠玉、黄金，可贵之物也；铜虽无足贵，而适用之物。以其可贵且适用者制币而通行，古人之意也。至于以楮为币，则始以无用为用矣。……然铜重而楮轻，鼓铸繁难而印造简易。今舍其重且难者，而用其轻且易者，而又下免犯铜之禁，上无搜铜之苛，亦一便也。"他认为这种变化的原因，是"古者俗朴而用简，故钱有余；后世俗侈而用糜，故钱不足。于是钱之直（值）日轻，钱之数日多"。在这种发展趋势下，乃有飞券、钞引、交子、会子的出现，乃有以楮为币。这些认识，都是从承认历史的变化中看出了历史的进化。

《文献通考·自序》及诸多按语中所反映出来的马端临的历史思想是很丰富的，上面所论只是几个比较重要的方面。这就说明，《文献通考》并非只是文献的简单排比，它是一部有明确的历史思想作指导而编纂起来的巨制。马端临在观察、阐述历史的方法论方面，给后人留下了不少值得总结的遗产。

四、《文献通考》的文献价值

马端临以"文献"名书，其着意于文献是极显然的。清乾隆《重刻文献通考序》说："会通古今，该洽载籍，荟萃源流，综统同异，莫善于《通考》之书。其考核精审，持论平正，上下数千年，贯穿二十五代。于制度张弛之迹，是非得失之林，固已灿然具备矣。"①这一段话，主要是从文献方面评论了《文献通考》的价值，肯定了它在历代制度的荟萃、综统上的会通、赅洽、考核、持论的成就。清代四库馆臣几乎对《文献通考》各考都指出了失载、阙略处，但总的来说，还是认为此书"大抵门类既多，卷繁至重，未免取彼失此。然其条分缕析，使稽古者可以按类而考。又其所载宋制最详，多《宋史》各志所未备；按语亦多能贯穿古今，折衷至当。虽稍逊《通典》之简严，而详赡实为过之"②。这里指出了两点是很重要的：第一，《文献通考》叙宋代典制最详，不少是《宋史》各志所未能包括的。以《文献通考·钱币考二》与《宋史·食货志下二》、《食货志下三》所论钱币、会子相比较，则前者援引元丰间毕仲衍所记"诸路铸钱总二十六监"的名称、地点及铸钱数，以及"铜钱一十三路行使"、"铜铁钱两路行使"、"铁钱四路行使"的名称，后者均不载；而前者所叙交子、会子、川引、淮交、湖会，亦远比后者为详。他如《学校考》因是从选举门析出，其论宋代地方学校之盛，更非《宋史·选举志》所能包容。至于《经籍考》因列举评论，卷帙浩大，自非《宋史·艺文志》仅限于著录书目所能比拟。

第二，是《文献通考》比《通典》详赡。这主要反映在 3 个方面。一是《通考》接续了自唐天宝之末至宋嘉定之末 460 多年典制发展的历史；二是补充了《通典》不曾论到的 5 个门类；三是改变了《通典》以"礼"占全书半数的格局而大大充实了所析各门类的分量，如《兵考》主要叙历代兵制，亦为《通典·兵典》所无。

以上，都表明《文献通考》在文献方面的重要价值。此外，还必须注意到《文献通考·经籍考》在文献学上的价值。《经籍考》共 76

---

① 马端临：《文献通考》序，北京：中华书局，1986 年，第 1 页。
② 永瑢等：《四库全书总目》卷八十一《史部·政书类一》，北京：中华书局，1965年，第 697 页。

卷，约占《文献通考》全书 22％，是 24 考中卷帙最多的。它著录先秦至宋"存于近世而可考"的各类文献约 5 000 种，按四部分类编次，部类有序，著录之书皆有题解；题解多援引前人所论，间或也自撰按语。《经籍考》具有相对独立性，是一部辑录性的目录书。其辑录诸家所论，多出于宋代，如《崇文总目》、郑樵、晁公武、陈振孙、洪迈等人之书，故在相当程度上，它也是一部荟萃评论文献的著作。

《经籍考》反映了马端临具有明确的文献学史的思想，其《总叙》列举前代史传之有关文献的论述和文献分类上也有自己的特点。举史部为例，它以"正史各门"包含正史、编年、起居注 3 类，以"杂史各门"包含杂史、杂传（传记）、霸史伪史、史评史钞 4 类，以"故事各门"包含故事、职官、刑法、地理、时令、谱系（谱牒）、目录 7 类。以上，史部共分为 3 门 14 类，反映了马端临独到的文献分类思想。他论杂史、杂传的性质与联系，可见其一斑。他说：

> 杂史、杂传，皆野史之流出于正史之外者。盖杂史，纪志、编年之属也，所纪者一代或一时之事；杂传者，列传之属也，所纪者一人之事。然固有名为一人之事，而实关系一代一时之事者，又有参错互见者。前史多以杂史第四，杂传第八，相去悬隔，难以参照。今以二类相附近，庶便检讨云。①

马端临对杂史、杂传内涵的界定，以及一代之事、一时之事、一人之事的区别和联系，还有对于前史分类的不愿苟同，都反映出了他丰富的历史文献学思想。

要之，后人以《通典》、《通志》、《通考》称为"三通"，固有一定的道理。但追本溯源，《通志》意在继承司马迁的事业，而《通考》则

① 马端临：《文献通考》卷一百九十五《经籍考二十二》"杂史"按语，北京：中华书局，1986 年，第 1647 页。

是《通典》业绩的光大。从总的方面看，《通志》和《通考》在历史思想上都赶不上《史记》和《通典》，但它们和《通鉴》一样，在继承、发展中国史学的"通史家风"方面，成就和影响都是很大的。

第四节　政书和实录

一、《元典章》和《元经世大典》

在《文献通考》刊刻行世前后，《元典章》和《元经世大典》这两部官修本朝制度史陆续撰成。它们反映了元朝法典、典故的历史，具有突出的政治性质，历来被史家称为政书。

《元典章》，原名《大元圣政国朝典章》，不著撰人。它包含正集60卷，分诏令、圣政、朝纲、台纲、吏部、户部、礼部、兵部、刑部、工部10门，记自元世祖即位(1260)至仁宗延祐七年(1320)元朝前、中期典章制度；新集2册，不分卷，按国典、朝纲、吏部、户部、礼部、兵部、刑部、工部8门，记英宗至治元年至至治二年(1321—1322)六月以前典制条例，故原称《大元圣政典章新集至治条例大全》。新集目录跋尾记："至治二年以后新例，候有颁降，随类编入梓行，不以刻板已成而靳于附益也。至治二年六月日谨咨。"这说明了新集编纂的准确时间，也说明它并不是一部成稿。

《元典章》的内容及其纂集目的，在书首有明确的交代，即以"建元至今圣旨条画及朝廷已行格例"，"编集成书，颁行天下"，"庶官吏有所持循，政令不至废弛"。它的体例，门下立目，目下各有若干条格，正集有目凡373，条格多至数千；新集条格亦近于千数，足见其纂集之细密。此书除"诏令"一门，收录世祖、成宗、武宗、英宗四朝诏书35篇外，其余各门皆按目汇集有关法令、规定及案例，全书没有严格的体例要求和关于元朝典制演变的阐说，颇类于档案、文牍的汇编。再者，所书文与目间有不相吻合者，又流传中已有佚亡，故其在历史撰述上实未可与《文献通考》这样体大思精的著作同日而语。但有元一代，没有留下一朝制度之详史，"遂使百年掌故无成书可考。此书于当年法令，分门胪载，采掇颇详，固宜存备一朝之故事"①。可见，此书在内容上和编次上虽不免"细碎猥杂"，然而它毕竟反映了元代经济、政治、军事、法制、教育、宗教等多方面历史状况，且未经文饰，保存着原始面貌，因而有重要的文献价值。它的不少内容为《元史》所未载，故尤为治元史者所重。近人陈援庵先生以元刻本及其他诸本，校清代沈家本刻本《元典章》，撰成《沈刻元典章校补》10 卷，含札记 6 卷，阙文 3 卷、表格 1 卷，纠正沈刻本讹误、衍脱、颠倒诸处 12 000 余条②，使此书得以大致恢复原来面貌。

《元经世大典》，原称《经世大典》，又名《皇朝经世大典》，虞集等纂修，全书 880 卷，目录 12 卷，附公牍 1 卷，纂修通议 1 卷。元文宗天历二年（1329）冬诏修，至顺二年（1331）五月成书，历时仅一年半时间。此书已佚，现今只能从《元文类》（《国朝文类》）等书中所保存它的少量佚文，以及《元史·文宗纪》与《虞集传》、《儒学传》的记载中，大致可知其纂修宗旨、内容、体例和成书经过。元文宗诏命纂修此书的目的，虞集在《经世大典序录》（以下称《序录》）中概括为："慨念祖宗之基业，旁观载籍之传闻，思辑典章之大成，以示治平之永则。"③这反映出了元朝最高统治集团的政治上的考虑，元文宗赐名"皇朝经世大典"，主要是在"经世"。文宗在文治方面的确做了一些事情，而诏修此书则是其中最重要的。《元经世大典》以文宗所建奎章阁学士院承修，赵世延、虞集等纂修，燕铁木儿如国史例监修，又命蒙古族学士："译国言所纪典章为汉

---

① 永瑢等：《四库全书总目》卷八十三《史部·政书类·存目一》，北京：中华书局，1965 年，第 714 页。

② 参见《沈刻元典章校补缘起》，《励耘书屋丛刻》上册第 1 集，北京：北京师范大学出版社，1982 年，第 2 页。

③ 苏天爵编：《元文类》卷四十，上海：上海古籍出版社，1993 年，第 490～506 页。

语。"①篆修过程中,虞集等"以累朝故事有未备者,请以翰林国史院修祖宗实录时百司所具事迹参订","又请以国书《脱卜赤颜》增修太祖以来事迹",均因"实录,法不得传于外,则事迹亦不当示人"、"《脱卜赤颜》非可令外人传者"而未果。②而其正式开局篆修,已是至顺元年(1330)四月了。奎章阁学士院以独立篆修,仅一年多的时间,成此巨制,虞集等人的筹划、组织工作,起了重要作用。

《元经世大典》的体裁,是仿唐、宋《会要》之体,又仿《唐六典》之体而折中之,"其书,悉取诸有司之掌故而修饰润色之,通国语于《尔雅》,去吏牍之繁辞。上送者无不备书,遗亡者不敢擅补"。全书凡10篇:"君事"4篇,即《帝号》、《帝训》、《帝制》、《帝系》;"臣事"6篇,即《治典》、《赋典》、《礼典》、《政典》、《宪典》、《工典》(见《序录》)。"臣事"诸典,各自立目,典有总叙,目有小叙。"君事"各篇,有叙无目。此书在体裁、体例上,都比《元典章》来得规范。其内容,从诸典总叙及各目小叙的说明中,可知其大体。如《治典·总叙》说:"《书》曰:冢宰掌邦治。天子择宰相,宰相择百执事,此为治之本也。故作《治典》。其目则有官制沿革,以见其名位、品秩、禄食之差;有补吏、入官之法,以见用人之序;附之以臣事者,则居其官、行其事,其人、其迹之可述者也。"其下立目有:官制、三公、宰相年表、各行省、入官、补吏、儒学教官、军官、钱谷官、投下、封赠、承荫、臣事等。可见总叙所述,唯举梗概而已。《赋典》分目,还要细致得多。其他各典,皆如此。苏天爵编集《国朝文类》,把《经世大典》的序录及各典总叙、各目小序尽数收入,反映出他的卓见别识,也使它们免于佚亡,为后人了解元代这一浩大工程留下了宝贵的文献。《元经世大典》的佚文,还见于《永乐大典》残本,以及《广仓学窘丛书》所收《大元马政记》、《元代画塑记》、《大元毡罽

① 宋濂等:《元史》卷三十四《文宗纪三》,北京:中华书局,1976年,第751页。
② 参见宋濂等:《元史》卷一百八十一《虞集传》,北京:中华书局,1976年,第4179页。

工物记》、《大元官制杂记》、《元高丽纪事》；《海国图志》所收《元经世大典图》。

《元典章》和《元经世大典》极鲜明地反映了元代政治与史学的密切关系。

二、历朝实录

纂修历朝实录，是元代官修史书的又一个重要方面。它同纂修政书一样，都是继承了唐、宋以来的史学传统。

据钱大昕《补元史艺文志》史部实录类考订，元代历朝实录有：《太祖实录》、《太宗实录》、《定宗实录》、《睿宗实录》、《宪宗实录》、《世祖实录》、《顺宗实录》、《成宗实录》、《武宗实录》、《仁宗实录》、《英宗实录》、《泰定实录》、《文宗实录》、《明宗实录》、《宁宗实录》共 15 部（《二十五史补编》第 6 册）。这些，多见于《元史》记载，表明元朝统治者对纂修实录的重视。其中，宪宗以上 5 部实录，是世祖至元二十三年（1286）着手补撰，至成宗大德七年（1303）十月一并成书奏进，历时 17 年。不过所谓顺宗，并未曾称帝，他是武宗的父亲答剌麻八剌。武宗做了皇帝，给他追加谥号和庙号，并且修了"实录"，这不合乎皇家和史职的制度；后来明朝统治者也有仿效这种做法的，足见其产生了不好的影响。

元代历朝实录均亡佚，它们纂修的经过已难以深考。从现在的文献记载来看，有几点是可以确知的。第一，实录多由翰林国史院承修，这在实质上是继承了唐代以来史馆的制度。第二，元代历朝实录大多还附有事目和诰制录。这一方面说明其部帙较大，事目可以起到提要的作用；另一方面，以皇帝诰制与实录相配合，更加突出了皇帝诏命同实录的关系。从历史记载与历史文献的积累来看，这固然有其合理之处；但是若从史学发展来看，尤其是从历史见识来看，则未必是一种进步。第三，元代实录，往往还有语言文字方面的繁难之处。《元史·世祖纪十一》记："翰林承旨撒里蛮言：'国史院纂修太祖累朝实录，请以畏吾字翻译，俟奏读然后纂定。'从之。"这种情况在元初尤为突出。成宗时纂修《世祖实录》，"撒里蛮进金书《世祖实录节文》一册、汉字《实录》八十册"①。便不再提到文字的繁难了。"金书"可能用的是"国言"，"节文"大约就是事目，这其实只具有象征的意义。第四，元代纂修历朝实录，又往往同时撰写这一朝的后妃、功臣传。如英宗时，"敕纂修《仁宗实录》、《后妃》、《功臣》传"②；顺帝时，"诏翰林国史院纂修累朝实录及后妃、功臣列传"③。这是一个特点。

元朝统治者对国史的重视，从元仁宗讲的一段话中可以看得十分清楚。史载：皇庆元年(1312)，"升翰林国史院秩从一品。帝谕省臣曰：'翰林、集贤儒臣，朕自选用，汝等毋辄拟进。人言御史台任重，朕谓国史院尤重；御史台是一时公论，国史院实万世公论'"④。且不论仁宗出于何种目的，他说的"一时公论"和"万世公论"的区别，可以说是从一个方面道出了史学工作的特点和重要。元代历朝实录纂修不绝，国史院地位的重要，是同这种认识紧密相连的。

第五节　修撰辽、金、宋三朝正史

一、修三史诏与《三史凡例》

元代官修史书，除政书、实录外，修撰辽、金、宋三朝正史，更是一项巨大工程，其成就也在政书和实录之上。

早在元世祖即位之初，已有修撰辽、金二史的动议。翰林学士承旨王鹗首倡此议，他向元世祖建议说：

---

① 宋濂等：《元史》卷二十一《成宗纪四》，北京：中华书局，1976 年，第 457 页。
② 宋濂等：《元史》卷二十七《英宗纪一》，北京：中华书局，1976 年，第 611 页。
③ 宋濂等：《元史》卷三十八《顺帝纪一》，北京：中华书局，1976 年，第 826 页。
④ 宋濂等：《元史》卷二十四《仁宗纪一》，北京：中华书局，1976 年，第 549 页。

自古帝王得失兴废，班班可考者，以有史在。我国家
以威武定四方，天戈所临，罔不臣属，皆太祖庙谟雄断所
致。若不乘时纪录，窃恐岁久渐至遗忘。金《实录》尚存，
善政颇多；辽史散逸，尤为未备。宁可亡人之国，不可亡
人之史。若史馆不立，后世亦不知有今日。

元世祖"甚重其言，命国史附修辽、金二史"①。王鹗对史学的认识
是很深沉的，而世祖接受他的建议，也反映出了政治家的历史意识。
故至元元年(1264)二月，有"敕选儒士编修国史，译写经书，起馆
舍，给俸以赡之"的措施；九月，有"立翰林国史院"②之举。元灭南
宋后，又不断有修撰辽、金、宋三史的措施，但皆"未见成绩"③。
究其原因，主要是"义例"，即三史之间关系难以确定。当时人们的
主张主要有两种：一是以宋为正统，仿《晋书》体例，以辽、金为载
记；一是效《南史》、《北史》之法，以北宋为宋史，南宋为南宋史，
辽、金为北史。所谓"义例"，本质上是正统问题。④ 元后期顺帝至
正三年(1343)三月，右丞相脱脱等人再次奏请修撰辽、金、宋三史，
顺帝随即下达有关修撰三史的诏书，此事才获得实质性进展，并陆
续撰成三朝正史。其间，三史凡例的确定实为关键所在。这上距修
辽、金二史之议，已近80年了。

修三史诏着重讲了纂修辽、金、宋三朝历史同元朝统治的关系，
指出：辽、金、宋三朝"为圣朝(指元朝)所取制度、典章、治乱、兴
亡之由，恐因岁久散失，合遴选文臣，分史置局，纂修成书，以见
祖宗盛德得天下辽、金、宋三国之由，垂鉴后世，做一代盛典"。这

---

① 苏天爵：《元朝名臣事略》卷十二《内翰王文康公》，北京：中华书局，1996年，
第239页。
② 宋濂等：《元史》卷五《世祖纪二》，北京：中华书局，1976年，第96、100页。
③ 宋濂等：《元史》卷一百八十一《虞集传》，北京：中华书局，1976年，第4179页。
④ 参见陶宗仪：《南村辍耕录》卷三"正统辨"，北京：中华书局，1959年，第32～
38页。赵翼：《廿二史札记》卷二十三"宋辽金三史重修"，王树民校证，北京：中华书局，
1984年，第495页。中华书局《宋史》、《辽史》、《金史》点校本出版说明。

是明确表明了元皇朝的现实同辽、金、宋三朝历史的联系。诏书还强调了要选拔"文学博雅、才德修洁"的人参与纂修，同时任命右丞相、监修国史脱脱为都总裁，并任命了总裁官和提调官，负责修史事宜和提调、购求辽、金、宋三朝实录、野史、传记、碑文、行实等散在四方者。诏书最后要求总裁官、修史官商订修史凡例。这篇诏书，显然是总结了数十年中议修三史的得失，故对修撰宗旨、史职任命、文献搜求、撰述凡例几个重要方面，都有明确的规定和要求。这是修撰三史的工作得以顺利开展的政治和组织保证，它在史学史上应当占有一定的位置。

根据修三史诏的要求，脱脱等人制定了《三史凡例》①。《三史凡例》共有 5 条，文不长，照录如下，以见其用例之义：

——帝纪：三国（指辽、金、宋三个皇朝——引者）各史书法，准《史记》、《西汉书》、《新唐书》。各国称号等事，准《南·北史》。

——志：各史所载，取其重者作志。

——表：表与志同。

——列传：后妃，宗室，外戚，群臣，杂传。人臣有大功者，虽父子各传。余以类相从，或数人共一传。三国所书事有与本朝相关涉者，当禀。金、宋死节之臣，皆合立传，不须避忌。其余该载不尽，从总裁官与修史官临文详议。

——疑事传疑，信事传信，准《春秋》。

其中，第一条是回答了几十年中所争论的"正统"问题。第二、三条是关于志、表的原则。第四条是指出了列传的范围及撰写中可能遇

---

① 修三史诏及《三史凡例》，均见脱脱等：《辽史》附录，北京：中华书局，1974 年，第 1553～1554、1556 页。

到的重大问题。最后一条提出了遵循撰写信史的传统。3部正史的编写，只用了135个字的凡例作为遵循的准则，这篇《三史凡例》称得上是一篇言简意赅的文字了。

于是，辽、金、宋三朝正史陆续问世。

二、《辽史》和《金史》的特色

《辽史》，始撰于至正三年（1343）四月，次年三月成书，首尾不足一年。它包含本纪30卷，志32卷，表8卷，列传45卷，国语解1卷，共116卷。《金史》亦始撰于至正三年四月，次年十一月成书，历时一年又七个月。它含本纪19卷，志39卷，表4卷，列传73卷，共135卷，另有目录2卷。它们都是体例完整的纪传体史书。至正五年（1345）九月，《辽史》、《金史》分别在浙江、江西开版印制100部。

参与《辽史》撰述的有廉惠山海牙、王沂、徐昺、陈绎曾四人。他们以辽朝耶律俨所撰《皇朝实录》和金朝陈大任所撰《辽史》为基础，参考《资治通鉴》、《契丹国志》及前朝正史的《契丹传》，撰成此书。其本纪记事，起于唐咸通十三年（872）耶律阿保机出生，迄于辽天祚帝保大五年（1125）辽亡，共253年史事。而《辽史·世表》所记，则上起汉代之时，"冒顿为汗以兵袭东胡，灭之。余众保鲜卑山，因号鲜卑"。下至唐末耶律阿保机"建旗鼓"，"尽有契丹国"，恰与本纪记事相衔。《世表》记事极简略，但它追叙了阿保机以前契丹之所由来的千余年历史，还是有意义的。其《太祖纪》后论，进而说"辽之先，出于炎帝"。《世表》序又说："庖牺氏降，炎帝氏、黄帝氏子孙众多，王畿之封建有限，王政之布濩无穷，故君四方者，多二帝子孙，而自服土中者，本同出也。考之宇文周之书（指唐初令狐德棻等所撰《周书》——引者），辽本炎帝之后，而耶律俨称辽为轩辕后。俨志晚出，盖从《周书》。"这就更把辽的历史溯源至炎帝了。这里不免有传说的成分，但它表明了自唐至辽和元，在民族历史文化认同上的发展趋势，是有重大而深远的意义的。

《辽史》的本纪，于《太祖纪》中对耶律阿保机评价说："太祖受可汗之禅，遂建国。东征西讨，如折枯拉朽。东自海，西至于流沙，北绝大漠，信威万里，历年二百，岂一日之故哉!"其《圣宗纪》8 卷、《道宗纪》6 卷，几乎占了本纪的半数。撰者评论了辽圣宗时辽与北宋战事方面的胜败得失，并认为"其践阼四十九年，理冤滞，举才行，察贪残，抑奢僭，录死事之子孙，振诸部之贫乏，责迎合不忠之罪，却高丽女乐之归。辽之诸帝，在位长久，令名无穷，其唯圣宗乎!"这是高度评价了辽圣宗在处理辽朝政事方面的业绩。对于道宗，撰者认为他即位之初，"求直言，访治道，劝农兴学，救灾恤患，粲然可观"；而统治后期，则信谗、黩武、奢侈，"徒勤小惠，蔑计大本。尚足与论治哉?"这些评价，写得很认真，也写出了辽朝统治者的不同特点。《辽史》列传，史文简洁，其史论也都因人因事而发，很少虚言浮词。

《辽史》中的志和表，是很有特色的。志有 10 篇，首先是营卫、兵卫，这是叙社会组织和军事组织；其次是地理、历象，叙地理建置和天文历法；再次是百官、礼、乐、仪卫；最后是食货、刑法。其中《营卫志》是《辽史》独创，它记述了辽朝以军事为主、军事与畋渔相结合的社会组织形式，以及部族的分布。这种"营卫之设"，具有"有事则以攻战为务，闲暇则以畋渔为生"的特点。《兵卫志》和《仪卫志》是仿《新唐书》志而作，但在内容上都反映出鲜明的辽代社会的民族特点和多民族融合的因素，如舆服、仪仗，即有国舆、汉舆，国服、汉服，国仗、渤海仗、汉仗等。《百官志》则记述了辽朝"官分南、北，以国制治契丹，以汉制待汉人"，"北面治宫帐、部族、属国之政，南面治汉人州县、租赋、军马之事。因俗而治，得其宜矣"的官制特色。《地理志》记述了辽朝上京、东京、中京、南京、西京五京道的建置，以及头下军州和边防城的设立。《礼志》和《乐志》写出了契丹"国俗之故"，也反映出"汉仪为多"的情况。《食货志》记述辽朝的社会经济面貌，《刑法志》写出了法制建立的过程。

《辽史》的表有 8 目，即《世表》、《皇子表》、《公主表》、《皇族表》、《外戚表》、《游幸表》、《部族表》、《属国表》，其中也有一些是独创的。辽朝外戚萧氏势力显赫，辽"以是而兴，亦以是而亡"①，又"公主多见纪、传间"，故有《外戚表》和《公主表》，这反映了耶律氏同萧氏之政治与血缘的密切关系。《部族表》和《属国表》反映出了辽代错综复杂的民族关系和当时各个割据政权之间的频繁交往，也有关于日本、高丽使臣赴辽的记载，是诸表中最有分量的。

《辽史》的志和表，有的过于简略，但大致写出了辽朝典制的特色，它保存了契丹族社会历史发展进程的轨迹，也反映了辽皇朝"号令法度，皆遵汉制"②的历史事实。

参与修撰《金史》者，总裁官有帖睦尔达世、贺唯一、张起岩、欧阳玄、李好文、王沂、杨宗瑞，史官有沙剌班、王理、伯颜、费著、赵时敏、商企翁，脱脱已不任右丞相但仍为都总裁，而当时右丞相阿鲁图、左丞相别儿怯不花为监修(阿鲁图《进金史表》)。内中，以欧阳玄出力最多。《元史·欧阳玄传》称："诏修辽、金、宋三史，召为总裁官，发凡举例，俾论撰者有所据依；史官中有悻悻露才、论议不公者，玄不以口舌争，俟其呈稿，援笔窜定之，统系自正。至于论、赞、表、奏，皆玄属笔。"欧阳玄还参与纂修《经世大典》的工作，他是元代有成就的史家之一。

《金史》的撰述继承了前人的成果，其中主要是金朝的实录、刘祁的《归潜志》、元好问的"野史"，以及元初王鹗所撰《金史》③。《金史》本纪记事，起于辽道宗咸雍四年(宋神宗熙宁元年，1068)阿骨打出生，迄于金哀宗天兴三年(宋理宗端平元年，1234)，首尾 166 年史事，包含了金朝兴亡的全过程。其本纪之前，有《世纪》1 卷，追溯女真族先世事迹，至元魏时之勿吉诸部。这是依照了魏收《魏书·序

---

① 脱脱等：《辽史》卷六十七《外戚表》序，北京：中华书局，1974 年，第 1027 页。
② 脱脱等：《辽史》卷七十《属国表》序，北京：中华书局，1974 年，第 1125 页。
③ 上文所引王鹗建议修辽、金二史，说"金实录尚在"。又王恽《玉堂嘉话》卷一记：王鹗所撰《金史》，"帝纪、列传、志书，卷帙皆有定体"。

纪》，而不同于《辽史·世表》。《金史》本纪写得详略有致，重点突出。《世宗纪》写金世宗的种种改革措施，论其成功的原因；《章宗纪》写金章宗的小康之治，论其中衰的究竟，都是叙述充实，评论得体。撰者尤其肯定了世宗"久典外郡，明祸乱之故，知吏治之得失"，重视"南北讲好，与民休息"，"孜孜为治，夜以继日，可谓得为君之道"的政治经验；称道章宗"数问群臣汉宣综核名实、唐代考课之法，盖欲跨辽、宋而比迹于汉、唐，亦可谓有志于治者"的政治抱负。这就写出了金朝政治统治的得失和汉、唐历史在金朝统治者心目中的分量，也反映出撰者对于金朝历史的认真思考。

　　《金史》有 14 篇志，即天文、历、五行、地理、河渠、礼、乐、仪卫、舆服、兵、刑、食货、选举、百官。《地理志》写出了"袭辽制，建五京，置十四总管府，是为十九路"的因袭损益情况；《礼志》有 11 卷，占志的总数四分之一强，大致反映了"参校唐、宋故典沿革"的面貌；《选举志》着力强调了"进士科目兼采唐、宋之法而增损之"，"终金之代，科目得人为盛"；《百官志》、《食货志》也都写得很丰满。《五行志》反映了撰者对于天人感应说的矛盾认识，故其序写道："至于五常五事之感应，则不必泥汉儒为例。"其所述内容，保存了不少关于自然现象的记载。总的来看，《金史》的志在特点上不如《辽史》的志鲜明，而内容的翔实则过之；《辽史》的表在内容上则比《金史》的表显得丰富。《金史·交聘表》写金与宋、西夏、高丽的关系，可谓《辽史·属国表》的姊妹篇。

　　《金史》列传比《辽史》列传也来得丰富。它写的许多人，都是和当时错综复杂的关系分不开的，因而在表述和评价上有更多的困难。在这个问题上，《金史》撰者突出强调了道德评价的原则。《金史·忠义传》序是最能反映这个思想的，它指出："公卿大夫居其位，食其禄，国家有难，在朝者死官，守郡邑者死城郭，治军旅者死行阵，市井草野之臣发愤而死，皆其所也。……圣元诏修辽、金、宋史，史臣议凡例，凡前代之忠于所事者请书之无讳，朝廷从之。乌乎，仁者圣元之为政也。"①这个思想，明载于《三史凡例》之中。其《忠义传》所记人物，多属此类。《金史》也为张邦昌、刘豫原是宋臣这样的人立了传。于《张邦昌传》，先交代他"《宋史》有传"，然后简述其在金太宗天会五年（宋高宗建炎元年，1127）被金朝立为"大楚皇帝"，最后写他被宋高宗"罪以隐事杀之"。于《刘豫传》，先写他在宋的仕进，继而则写他杀宋骁将关胜而降金，在天会八年（1130）被金立为"大齐皇帝"、献逼宋主之策，以及天会十五年（1137）"大齐皇帝"被废，降为蜀王，最后被降为曹王，直至于死。所有这些，一一照书。但在后论中，撰者则明确地评论说："君臣之位，如冠屦定分，不可顷刻易也。五季乱极，纲常斁坏。辽之太宗，慢亵神器，倒置冠屦，援立石晋，以臣易君，宇宙以来之一大变也。金人效尤，而张邦昌、刘豫之事出焉。邦昌虽非本心，以死辞之，孰曰不可。豫乘时徼利，金人欲倚以为功，岂有是理哉。"②这是从君臣名分和个人道德上对张、刘二人进行谴责，而且由此也批评了辽、金的最高统治者。处在元代后期社会矛盾日趋尖锐的历史条件下，《金史》撰者做这样的评论，尽管不免也有政治上的考虑，但他们毕竟大致写出了这类人物行事的真相，而且给予了明确的评价。

《金史》类传除《忠义传》外，依次还有《文艺传》、《孝友传》、《隐逸传》、《循吏传》、《酷吏传》、《佞幸传》、《列女传》、《宦者传》、《方伎传》、《逆臣传》、《叛臣传》、《外国传》等，而在《忠义传》之前则有《世戚传》，这大致是仿《新唐书》的类传立目。其中，有的反映出了撰者深刻的历史见解。如《文艺传》序指出：金初本无文字，后得辽人用之，及伐宋，取汴京图书，而宋士多归之，于是乃崇儒学。到了世宗、章宗之时，"儒风丕变，庠序日盛，士由科第位至宰辅者接踵"。撰者进而得到这样的认识："金用武得国，无以异于辽，而一代制作能自树立唐、宋之间，有非辽世所及，以文而不以武也。……文

① 脱脱等：《金史》卷一百二十一《忠义传》序，北京：中华书局，1975年，第2633~2634页。
② 脱脱等：《金史》卷七十七《挞懒传》，北京：中华书局，1975年，第1765页。

治有补于人之家国，岂一日之效哉。"①这是从一个极其重要的方面，揭示了金朝政治统治的经验；从更深的意义来考察，这个认识也表明了以"儒风"为核心的文化教育在不同民族间意识形态上所产生的共识和融合作用。《金史》本纪有很多生动的事实，证明撰者所论的正确。元也是用武得国，无异于辽与金，且金是为元所灭。元修《金史》能够提出这些论点，是很难得的。

《辽史》有《国语解》1卷作为全书终篇，《金史》有《金国语解》附于书末，这是它们的一个共同特点。《辽史·国语解》从史注家的训诂音释来说明它的必要性，并以帝纪、志、表、列传编次；《金国语解》以效法北魏孝文帝的做法来说明它的必要性，并按官称、人事、物象、物类、姓氏编次。它们从语言上反映了《辽史》、《金史》的民族特色。

《辽史》和《金史》分别写出了中国历史上以契丹族贵族为主和以女真族贵族为主建立的辽、金皇朝之历史的全过程，阐述了其兴亡盛衰之故及在历史上所占有的地位。《辽史》、《金史》的特点，一是具有鲜明的民族史内容；二是反映了中华文明之多民族融合的历史进程中的一个重要阶段及其面貌，在历代正史上具有特殊的意义。

三、卷帙浩繁的《宋史》

《宋史》于元顺帝至正三年(1343)四月，与辽、金二史同时始修，至正五年(1345)十月二十一日成书奏进。它包括本纪 47 卷，志 162 卷，表 32 卷，列传 255 卷②，共 496 卷，在《二十四史》中卷帙最为浩繁。

《宋史》的纂修，仍是阿鲁图、别儿怯不花为总领，脱脱为都总

---

① 脱脱等：《金史》卷一百二十五《文艺传》序，北京：中华书局，1975 年，第 2713～2714 页。

② 阿鲁图等：《进宋史表》谓"列传、世家二百五十五卷"，今《宋史》类传中有"世家"一目，记十国之降于宋者。

裁，帖睦尔达世、贺唯一、张起岩、欧阳玄、李好文、王沂、杨宗瑞为总裁，参与撰写的史官有斡玉伦徒等 23 人。[①] 卷帙如此浩大的《宋史》，在短短的两年半中修成，主要原因是依据了宋代史馆已有的国史旧稿。《元史·董文炳传》记：元灭南宋时，董文炳率军入临安，对奉元世祖之诏招宋士而至临安的翰林学士李槃说："国可灭，史不可没。宋十六主，有天下三百余年，其太史所记具在史馆，宜悉以备典礼。"于是，"乃得宋史及诸注记五千余册，归之国史院"。董文炳不仅是元朝平宋的功臣，也是保存宋史文献的功臣。[②] 元朝史臣，根据旧史文献，"编劘分局，汇粹为书"。他们修撰《宋史》的主旨是："刬先儒性命之说，资圣代表章之功，先理致而后文辞，崇道德而黜功利，书法以之而矜式，彝伦赖是而匡扶。"宋代是理学兴起的时代，元朝史臣中多有崇奉性命之说的，故于修撰《宋史》，乃着重申明这一原则。他们在撰述上的具体做法是："辞之烦简以事，而文之今古以时，旧史之传述既多，杂记之搜罗又广。于是参是非而去取，权丰约以损增。"[③]

《宋史》本纪记事上限起于后唐天成二年(927)宋太祖赵匡胤出生至宋建隆元年(960)称帝，并追溯其先世事迹自唐至于后周；下限止于南宋赵昺祥兴二年(元世祖至元十六年，1279)，包含北宋、南宋319 年盛衰兴亡的历史，以及两宋皇朝与西夏、辽、金、元诸皇朝或和或战以至中外经济、文化交流的历史。这是一个发展而又充满纷争的时代，它在《宋史》本纪中有不同程度的反映。

《宋史》本纪于两宋之际，颇致意于总结其兴亡之故。《徽宗纪》后论分析徽宗"失国之由"，认为他并非如晋惠之愚、孙皓之暴，也并非有曹操、司马氏之篡夺，而是由于"恃其私智小慧，用心一偏，

---

① 参见《进宋史表》及《宋史》卷末所附"修史官员"名录。
② 宋濂等：《元史》卷一百五十六《董文炳传》，北京：中华书局，1976 年，第 3672 页。《宋史·瀛国公纪》亦记：德祐二年(1276)二月，"大元使者入临安府，封府库，收史馆、礼寺图书及百司符印、告敕"。
③ 阿鲁图等：《进宋史表》，《宋史》附录，北京：中华书局，1977 年，第 14253 页。

疏斥正士，狎近奸谀"，以致蔡京、童贯等先后用事，"骄奢淫佚"，"佳兵勤远"，弄得"困竭民力"，"稔祸速乱"，最后"国破身辱"，他是不能用"气数"来推诿自己失国的责任的。它还指出："自古人君玩物而丧志，纵欲而败度，鲜不亡者，徽宗甚焉。"钦宗即位，虽不同于徽宗所为，但"其乱势已成，不可救药；君臣相视，又不能同心协谋，以济斯难，惴惴然讲和之不暇。卒至父子沦胥，社稷芜茀"①。同时，撰者也注意到"熙、丰、绍圣椓丧之余"对于徽、钦败亡的影响。这就从比较长远的历史视野来看待北宋末年的衰败了。《高宗纪》共9卷，几乎占了本纪总数的五分之一，详述了南宋的中兴。其后论把宋高宗同夏之少康、周之宣王、汉之光武、晋之元帝、唐之肃宗并提，认为："六君者，史皆称为中兴而有异同焉。"撰者没有总结南宋初年中兴的原因，但从夏、周、汉、晋、唐、宋的历史上评价了宋高宗，殊为难得。撰者对于两宋历史之总的认识，一方面说"赵宋虽起于用武，功成治定之后，以仁传家……然仁之敝失于弱"；一方面又说"建炎而后，土宇分裂，犹能六主百五十年而后亡，岂非礼义足以维持君子之志，恩惠足以固结黎庶之心欤？"②把北宋之弱归于"以仁传家"，把南宋的存在归于"礼义"和"恩惠"，这种完全脱离当时社会矛盾和物质生产而空言"性命之说"的看法，暴露出撰者历史见解上苍白的一面。

《宋史》本纪记南宋的灭亡，写出了悲壮的一幕：

> ［至元］十六年正月壬戌，张弘范兵至厓山。庚午，李恒兵亦来会。［张］世杰以舟师碇海中，棋结巨舰千余艘，中舻外舳，贯以大索，四周起楼棚如城堞，居［卫王赵］昺其中。大军攻之，舰坚不动。又以舟载茅，沃以膏脂，乘风纵火焚之。舰皆涂泥，缚长木以拒火舟，火不能爇"。

---

① 脱脱等：《宋史》卷二十三《钦宗纪》后论，北京：中华书局，1977年，第436页。
② 脱脱等：《宋史》卷四十七《瀛国公纪》，北京：中华书局，1977年，第938～939页。

二月……大军至中军，会暮且风雨，昏雾四塞，咫尺不相辨。世杰乃与苏刘义断维，以十余舟夺港而去，陆秀夫走卫王舟，王舟大，且诸舟环结，度不得出走，乃负昺投海中，后宫及诸臣多从死者，七日，浮尸出于海十余万人。杨太后闻昺死，抚膺大恸曰："我忍死艰关至此者，正为赵氏一块肉尔，今无望矣！"遂赴海死，世杰葬之海滨，已而世杰亦自溺死。宋遂亡。[1]

这一段文字，是《宋史》本纪中少见的史笔，可谓有司马光之风。撰者最后评论说："宋之亡征，已非一日。历数有归，真主御世，而宋之遗臣，区区奉二王为海上之谋，可谓不知天命也已。"在元的灭宋问题上，史官们终究还是打出了"历数有归"、"天命"所在的旗帜。他们还写道："我皇元之平宋也，吴赵之民，市不易肆。"[2]这同样也是粉饰之辞。

《宋史》的志共有 15 篇，比《金史》多《艺文志》，其他篇目略同。《礼志》有 28 卷之多，详载两宋制定五礼的过程及有关内容和议论。《地理志》记载了宋神宗元丰年间（1078—1085）的地理建置情况和户口多少。《河渠志》详载河决情况及历朝治河方略，兼以江、淮以南诸水"舟楫溉灌之利"。《职官志》清晰地写出了宋朝官制的细密，反映了"宋承唐制，抑又甚焉"的继承、发展关系。《食货志》根据"宋旧史志食货之法"，但"去其泰甚，而存其可为鉴者"，遵杜佑《通典》"首食货而先田制"的思想，以农田、方田、赋税、布帛、和籴、漕运、屯田、常平义仓、课役、赈恤为上篇；以会计、钱币、会子、盐、茶、酒、坑冶、矾、商税、市易、均输、互市舶法为下篇，共22 目、14 卷，大致反映了宋代的经济面貌和有关制度。《艺文志》8卷，是继《汉书·艺文志》、《隋书·经籍志》、《旧唐书·经籍志》和《新唐书·艺文志》之后，又一部历史文献学史上的重要著作，宋宁

---

① 脱脱等：《宋史》卷四十七《瀛国公纪》，北京：中华书局，第 945～946 页。
② 脱脱等：《宋史》卷四十七《瀛国公纪》，北京：中华书局，1977 年，第 939 页。

宗以前所著录文献采自宋之旧史，宁宗以后 70 余年者为元史臣所补，分经、史、子、集四类，著录文献 9 819 部，合 119 972 卷；其中虽有重复、漏载，但仍是反映唐宋以来历史文献存佚、增损变化的重要目录书。其中子部儒家类，宋人著作占了五分之四，足见宋代儒学的兴盛。《宋史》撰者在诸志中所反映出来的历史观点，亦有可以注意的地方。如《食货志》序指出宋代租税征榷制度虽"无以大异于前世"，但在政策上却"易动而轻变"，而"儒者论议多于事功"的学风也直接影响到政策的实施。《艺文志》序说："其时君汲汲于道艺，辅治之臣莫不以经术为先务，学士搢绅先生，谈道德性命之学，不绝于口，岂不彬彬乎进于周之文哉！宋之不竞，或以为文胜之弊，遂归咎焉，此以功利为言，未必知道者之论也。"①说明撰者是站在维护"道德性命之学"的立场上的。但这跟《瀛国公纪》后论里说的"仁之弊失于弱，即文之弊失于僿也"②，似不尽吻合。撰者论元之平宋，是张扬"天命""历数"之说的。但在《五行志》序中又说："德足胜妖，则妖不足虑；匪德致瑞，则物之反常者皆足为妖。妖不自作，人实兴之哉！"这显然是在强调人事的重要了。所有这些，说明《宋史》撰者在历史观点上的庞杂和矛盾。

《宋史·宰辅表》5 卷，载北宋居相位者 72 人，位执政者 238 人；载南宋居相位者 61 人，位执政者 244 人。其意在于："岁月昭于上，姓名著于下"，"政治之得失，皆可得而见矣"。《宋史》列传记 2 000多人，可谓正史中记人之盛举。其类传中新增《道学传》，置于《儒林传》之前，凡 4 卷，分记周敦颐、程颢、程颐和程氏门人，朱熹、张栻和朱氏门人。其序称："道学盛于宋，宋弗究于用，甚至有厉禁焉。后之时君世主，欲复天德王道之治，必来此取法矣。"③并认为这是"宋儒之学所以度越诸子，而上接孟氏者欤"。这反映了撰者崇尚道学的思想倾向，也写出了宋代意识形态领域的特色。

---

① 脱脱等：《宋史》卷二百二《艺文志》序，北京：中华书局，1977 年，第 5031 页。
② 脱脱等：《宋史》卷四十七《瀛国公纪》，北京：中华书局，1977 年，第 938 页。
③ 脱脱等：《宋史》卷四百二十七《道学传》序，北京：中华书局，1977 年，第 12710 页。

辽、金、宋三史，《辽史》简洁，《金史》规范，《宋史》丰满，虽不免各有瑕疵，然在历代正史中，都各具特色。它们同《蒙古秘史》、《国朝名臣事略》、元代历朝实录等撰述相映成辉，生动地反映出这一时期我国史学之民族内容的空前丰富，从而对中华文明的发展做出了新的贡献。

第六节　地理书和中外交通史撰述

元代是一个盛大的朝代，在当时的世界观念上说也是一个开放的朝代。官修地理书《元一统志》和私人行纪《岛夷志略》、《真腊风土记》、《安南行记》等，是这个时代特点在史学上的反映。

《元一统志》，原称《大一统志》或《大元大一统志》。至元二十二年（1285）七月，元世祖敕秘书监修《地理志》，要求大集万方图志而一之，以表皇元疆理无外之大。由札马剌丁、虞应龙等编纂，约经10年，至至元三十一年（1294），初步撰成，凡 700 余卷，其书编类天下地理志书，备载天下路、府、州、县古今建置沿革及山川、土产、风俗、里至、宦迹人物，赐名《大一统志》。这是第一次编纂。第二次编纂，增补云南、甘肃、辽阳三省图志，由孛兰盼、岳铉等参撰，至成宗大德七年（1303）完成，全书 600 册，增为 1 300 卷，并附有彩绘地理图，定名《大元大一统志》。两次编纂，历时 18 年，是为元代最重要的官修地理书。此书在内容上和体例上都借鉴、吸收了前代地理书的成果，同时增益了本朝的内容，所叙涉及山川形胜、地质地理、建置沿革，历史人物及有关史事，也反映出元代辽阔的疆域和统一的政治局面。它于顺帝至正六年（1346）刊刻行世，上距始修已有 60 年左右；其时，正是《宋史》刊刻之年，《辽史》、《金史》刊刻的第二年。这是顺帝君臣对史书编纂刊刻做出的重要贡献。《元一统志》原书已佚，近人金毓黻有辑本，收在《辽海丛书》；又有赵万里辑本，按《元史·地理志》之例，编次为 10 卷，于 1966 年由中华书局出版。此虽原书一鳞半爪，但据此仍可依稀想见它的丰姿。

《安南行记》（一作《天南行记》）1卷，徐明善撰，有《说郛》本传世，今存。此书记至元二十五年（1288）十一月，元世祖命礼部侍郎李思衍出使安南，徐明善为副使同行。① 当月二十六日起程，次年二月二十八日至安南；三月十五日启程返回，七月八日至京。书中载有"安南国世子陈日烜"表文与元世祖诏书等文献，以及李、徐在安南的活动和陈日烜进献方物的清单（《说郛》涵芬楼百卷本卷五一）。这是一次元朝与安南通使的实录。

《真腊风土记》，周达观撰，1卷，凡列目40则，今存，以近人夏鼐校注本（中华书局1981年出版）为佳。作者在《总叙》中说明了撰写此书的缘由：元贞元年（1295）六月，元成宗"遣使招谕"真腊国（今柬埔寨），作者为从行。次年二月二十日，自温州港口开洋，三月十五日抵占城，"中途逆风不利"，七月始达真腊。大德元年（1297）六月回舟，八月十二日"抵四明泊岸"。作者在真腊逗留整整一年，故云："其风土国事之详，虽不能尽知，然其大略亦可见矣。"故其归而著此书。《总叙》还详细说明自中国经海路去真腊的方位、里程、航道，以及真腊国之四至，说它"旧为通商来往之国"。全书40目次第是城郭、宫室、服饰、官属、三教、人物、产妇、室女、奴婢、语言、野人、文字、正朔时序、争讼、病癞、死亡、耕种、山川、出产、贸易、欲得唐货、草木、飞鸟、走兽、蔬菜、鱼龙、酝酿、盐醋酱曲、蚕桑、器用、车轿、舟楫、属郡、村落、取胆、异事、澡浴、流寓、军马、国主出入，几乎包括了它的自然状况，经济、政治、宗教、文化状况，以及社会习俗状况。这是元代中国人对真腊社会历史的生动描述，"是现存的同时人所写的吴哥文化极盛时代的唯一记载，连柬埔寨本国的文献中，也没有像这样一部详述他们中古时代文物风俗生活的书籍"②，因而显得更加珍贵。

以上二书，是元代前期的著作。

---

① 《元史·世祖纪十二》记：至元二十五年十一月，"己亥，命李思衍为礼部侍郎，充国信使，以万奴为兵部郎中副之，同使安南"。这与此书所记有异，录此备考。

② 周达观：《真腊风土记》序言，夏鼐校注，北京：中华书局，1981年，第1～2页。

《岛夷志略》（原称《岛夷志》），汪大渊撰，1卷，凡百目。此书是作者年轻时"尝附舶以浮于海"，归后记其"所过之地"，书中涉及国名、地区名220个，范围涉及东自今菲律宾、西达非洲东岸之广大亚、非地区。其《后序》自谓："皇元混一声教，无远弗届，区宇之广，旷古所未闻。海外岛夷无虑数千国，莫不执玉贡琛，以修民职；梯山航海，以通互市。中国之往复商贩于殊庭异域之中者，如东西州焉。"①这段话，反映了自汉、唐以来中国学人之世界观念的发展，以及元人的开放意识和当时海上中外贸易之盛。《后序》说的书中所记各国、各地区"山川、土俗、风景、物产之诡异，与夫可怪、可愕、可鄙、可笑之事，皆身所游览，耳目所亲见，传说之事，则不载焉"，这正是此书价值之所在。

《岛夷志略》撰成于至正九年（1349），附于吴鉴所撰《清源续志》之后。书首有吴鉴同年所作之序和张翥至正十年（1350）所作之序。据张、吴二序，可知汪大渊，字焕章，江西豫章（今江西南昌）人，"当冠年，尝两附舶东西洋"。称赞他"少负奇气，为司马子长之游，足迹几半天下矣"。此书有传本数种，近人苏继庼比勘各本，撰《岛夷志略校释》（中华书局1981年出版），使这一"难读"的奇书大放异彩。据苏继庼考察推测，汪大渊第一次浮海是在元文宗至顺元年（1330）至元惠宗元统二年（1334），第二次浮海是在元惠宗（即顺帝）至元三年（1337）至至元五年（1339）。他的数年海上漫游所得，其价值又在周达观之上。

《真腊风土记》和《岛夷志略》是元代学人关于中外交通和域外情况撰述的杰作，也是世界文明史上的重要文献。

---

① 汪大渊：《岛夷志略》，苏继庼校释，北京：中华书局，1981年，第385页。

第七章　史学走向社会深层
——明代史学

　　明代（1368—1644）的史学具有与以前的史学所不同的一些特点。自东汉以来，历代皇朝都十分重视本朝史的撰述；而自唐以后，则有起居注、实录、国史相互配合，形成了本朝史撰述的机制。明朝则只修实录，不修国史；它的浩繁的实录，仍然显示出官修史书所具有的优势。明代方志撰述的兴盛和稗史著作的空前增多，以及经济史方面著述的繁富，还有史学在通俗形式方面的发展和历史教育更广泛地展开，反映出了明代史学之走向社会深层的发展趋势和基本特点。晚明史学的崛起，是明代史学发展的又一个特点。一些成就突出的史家集中在这个时期，他们各以自己的代表作，反映出这个时期的社会历史面貌，以及史学在一些方面的进展。王世贞和谈迁，分别是晚明时期史学的先驱和殿军。

第一节 实录和其他官修史书

一、浩繁的实录

明代的官修史书，关于本朝史事的，以实录和《大明会典》最为重要；关于前朝史事，以《元史》较有价值。自唐以下，纂修实录是历代官修史书的重要方面。明代历朝君臣重视纂修前朝实录，亦为定制，与唐宋时期无异。其不同于唐宋时期者，是唐宋时期的实录出于史馆所修；而明代则史馆合于翰林院，故实录由翰林院所修。明人陆容论明代修史制度说："国初循元之旧，翰林有国史院，院有编修官，……若翰林学士待制等官，兼史事，则带兼修国史衔。其后更定官制，罢国史院，不复设编修官，而以修撰、编修、检讨专为史官，隶翰林。翰林自侍读、侍讲以下为属官，官名虽异，然皆不分职。史官皆领讲、读，讲、读官亦领史事。"①据此，可以做这样的概括："国史、翰林，唐宋以来，划然为二：国史掌注记、修史，翰林则备文学顾问，至明合而为一。"②

明代实录的纂修，自建文年间迄于崇祯年间，先后纂修实录13部，包含除崇祯朝以外的15朝史事。兹列表如下页。

明思宗（崇祯帝）是亡国之君，南明福王政权曾筹划纂修崇祯实录，但倾覆之际，未能撰成。

明代历朝实录（所谓"睿宗实录"不计外）总计为2 909卷，是关于明代历史的最完备的官修史书，史学上统称为《明实录》，今有1940年影印江苏国学图书馆藏本和1961年台湾影印北京图书馆藏本。在中国史学上，卷帙如此浩繁的皇朝实录大致完好地被保存下来，这

---

① 陆容：《菽园杂记》卷十四，北京：中华书局，1985年，第179～180页。
② 吴晗：《记〈明实录〉》，《吴晗史学论著选集》第2卷，北京：人民出版社，1986年，第302页。

是前所未有的。

明代实录的材料来源，在内取于诸司部院保存之奏章，在外则历朝特遣官分赴各省采辑先朝事迹，益以留中之奏疏、传抄之邸报。各地采辑先朝事迹的工作，有时也命地方长官领其事，虽有敷衍塞责的，但一般尚能认真对待，保证了实录所据材料有广泛的来源。明代实录的篡修，肇始于建文，终了于崇祯，首尾二百余年，且各朝实录皆独立成书，难得做到有统一的体例。《宣宗实录》卷首有篡修凡例52条，包含帝后、诸王、百官任免、选法、考课、户口增减、转输、漕运、盐粮、钞法、庆典、学校、科举、丧葬之礼、天象变化、篡修先朝实录及其他重要编撰活动、边境茶马之政、刑官平反冤狱、营建山陵、新开修治河渠等，皆一一备书。《宣宗实录》成书较早，它的凡例自然会对后来的实录篡修体例产生影响。

名　　称	卷　数	撰　人	述　　要
太祖实录	257	董伦、解缙、胡广等	凡三修。万历时附入建文朝元年至四年史事
成祖实录	130	杨士奇等	
仁宗实录	10	蹇　义等	杨士奇有《两朝实录成史馆上表》
宣宗实录	115	杨士奇等	
英宗实录	361	陈　文等	附景泰朝史事，凡87卷。录中称景泰帝为郕戾王
宪宗实录	293	刘　吉等	
孝宗实录	224	刘健、谢迁、焦芳等	芳多曲笔，王世贞《史乘考误》卷六、卷七揭其舛错
武宗实录	197	费　宏等	
睿宗实录	50	费　宏等	"睿宗"即世宗之父兴献王，人不居一朝之数，录无关一代人事
世宗实录	566	徐阶、张居正等	张居正时，二录同时开馆，其有《篡修事宜疏》，叙致颇详
穆宗实录	70	张居正等	
神宗实录	594	张维贤、温体仁等	

名　称	卷　数	撰　人	述　要
光宗实录	8	叶向高等	天启三年修成。天启末，霍维华等改修，崇祯元年进呈，二本并存
熹宗实录	84	温体仁等	天启四年之录，为冯铨窃毁，又缺七年六月事

《明实录》中，有的经过重修、改修，篡改了一些历史真相，如《太祖实录》、霍维华等改修之《光宗实录》；有的初修时即多有曲笔，如《英宗实录》、《孝宗实录》。因此，自明代以来，批评它的人很多，有的甚至认为明代"无史"①；"有明一代，国史失诬，家史失谀，野史失臆，故以二百八十年，总成一诬妄之世界"②。明朝统治者不修日历、起居注，也不修国史，仅以实录代国史，而实录又无日历、起居注、时政记等为据，这种情况促使人们加重了对《明实录》的批评。但批评近于全部否定，就不合乎事实了。

王世贞撰《史乘考误》，对本朝实录做了尖锐的批评，颇具卓识，同时他也冷静地窥见了它的历史价值。他认为："国史人恣而善蔽真，其叙典章、述文献，不可废也；野史人臆而善失真，其征是非、削讳忌，不可废也；家史人谀而善溢真，其赞宗阀、表官绩，不可废也。"③王世贞说的"国史"即指实录，并且认为它在记述典章、文献方面，具有其他史书不能代替的优势。万斯同论《明实录》说："盖实录者，直载其事与言，而无所增饰者也。因其世以考其事、核其言，而平心察之，则其人之本末，十得其八九矣。"④这是从人和事的记载方面肯定了《明实录》的价值。王、万皆为史学名家，都对明

---

① 郎瑛：《七修类稿》卷十三"三无"，上海：上海书店出版社，2001年，第136页。
② 张岱：《石匮书自序》，《琅嬛文集》卷一，长沙：岳麓书社，1985年，第18页。
③ 王世贞：《弇山堂别集》卷二十《史乘考误一》，北京：中华书局，1985年，第361页。
④ 钱大昕：《万先生斯同传》，《潜研堂集·文集》卷三十八，上海：上海古籍出版社，2009年，第682页。

朝实录有深入的考察和研究，其论断大致反映了明代实录的历史价值。

二、皇朝典制史《大明会典》

明代以前，有的封建王朝纂修了本朝的典章制度之书，《唐六典》、《元典章》是这类著作中价值较高的。《大明会典》仿《唐六典》和《元典章》而作，同后者相比较，它更具有典制史的性质。

据今存明万历刻本《大明会典》所载武宗正德四年（1509）《御制大明会典序》、神宗万历十五年（1587）《御制重修大明会典序》，此书在英宗复辟之时即开始酝酿，此后有三次纂修。第一次纂修始于孝宗弘治十年（1497），以吏部尚书徐溥等主其事，至十五年（1502）成书①，未及颁行而孝宗死。武宗即位后，命大学士杨廷和重校，武宗为之作序，于正德六年（1511）颁行。武宗序云：“英宗睿皇帝复辟之时，尝命内阁儒臣纂辑条格，以续职掌之后，未底于成。皇考孝宗敬皇帝，继志述事，命官开局，纂辑成编，厘为百八十卷。其义一以职掌为主，类以颁降群书，附以历年事例，使官领其事，事归于职，以备一代之制。”据此，《大明会典》初修为180卷，结构以职掌为中心，内容是以颁降官书以类相从续职掌之后，附以历年事例，使官与事相结合，以明一代之制度。其编次，文职衙门自宗人府以下，按吏、礼、兵、工、户、刑六部及其他衙门为序；武职衙门自五军都督府以下诸衙，分类述其职掌。南京诸曹不另立目，附于北京诸曹之后，凡有异者则另立目以明之。其职掌，以洪武二十六年（1393）为主要依据，参以当时官修训、诰、礼、律诸书如《皇明祖训》、《御制大诰》、《大明令》、《大明集礼》、《洪武礼制》、《礼仪定式》、《稽定制》、《孝慈录》、《教民榜文》、《大明律》、《军法定律》、

---

① 初修《大明会典》成书于弘治十五年十二月，当在1503年，此处按常例，仍书为1502年。

《宪纲》等，并明载纂辑诸书目录。其事例，则自洪武至弘治十五年（1502）止。

第二次纂修在世宗嘉靖八年（1529），是为第一次重修。重修的目的，一是要反映出"因革损益，代有异同"的情况；二是补充自弘治十五年至嘉靖四年（1502—1525）间事例。凡 53 卷，"载在秘府，未及颁行"。第三次纂修在神宗万历四年（1576），历时 12 年，至万历十五年（1587）颁行，凡 228 卷。《重修凡例》末条云："重修会典，稿成于万历乙酉（按即万历十三年，1585），以后复有建设者，俱不及载。"这说明了本书所记内容的下限。这次重修，以名臣张居正主其事，申时行、许国、王锡爵等上表进呈。神宗的序说明了重修的原因和要求，他写道："岁历绵远，条例益繁，好事者喜纷更，建议者昧体要。……乃命儒臣重加修辑，芟繁正讹，益以见行事例而折衷之。"三修《大明会典》增加了自初修、二修以来历朝事例，以六部为纲，分述诸司职掌，附以事例、冠服、仪礼等项，还附有插图，内容详赡。

《大明会典》从初修开始至三修颁行，经历了 90 年时间，孝宗、武宗、世宗、神宗直接过问此事。他们向内阁下达敕谕，为本书作序，反映出他们重视的程度和具体的要求，显示出本书在官修史书中具有的特殊地位，以及明代统治者对中央集权各部职能的超乎以往的关注。神宗序谓："辑累朝之法令，定一代之章程。鸿纲纤目，灿然具备。"这概括了本书在内容上和编纂上的特点。《大明会典》虽以诸司职掌为主，反映了明代皇权之下各部职能的结构和诸司职掌的基本情况和历史变化；而因其多附有相关的历朝事例，故也反映出丰富的社会历史内容。它在这方面的价值，是其他官修史书所不能代替的。

三、《元史》的修撰

《元史》210 卷，含本纪 47 卷、志 58 卷、表 8 卷、列传 97 卷，记载了从成吉思汗至元顺帝约 160 年间蒙古、元朝史事，而以记元朝史事为主，是明朝官修前代史的代表性著作。

洪武元年(1368)八月攻下元大都(今北京)，十二月朱元璋即诏修元史。洪武三年(1370)十月，全书告成。在中国史学上，一个新的皇朝建立之初，在这么短的时间里写出了前一个皇朝的历史，是不多见的。这反映了朱元璋和明初统治集团对于修撰元史之重要的现实意义，有极深刻的认识。洪武二年(1369)二月正式开局修撰元史时，朱元璋对廷臣们说："近克元都，得元《十三朝实录》，元虽亡国，事当记载，况史纪成败、示劝惩，不可废也。"他又面谕参与修史诸儒，说："自古有天下、国家者，行事见于当时，是非公于后世。故一代之兴衰，必有一代之史以载之。"他叙述了元初"君臣朴厚，政事简略，与民休息，时号小康"，而此后，"至其季世，嗣君荒淫，权臣跋扈，兵戈四起，民命颠危，虽间有贤智之臣，言不见用，用不见信，天下遂至土崩。然其间君臣行事，有善有否，贤人君子，或隐或显，其言行亦多可称者。今命尔等修纂，以备一代之史，务直述其事，毋溢美，毋隐恶，庶合公论，以垂鉴戒"①。从政治斗争来看，这是一个胜利者对失败者的历史的评论。但朱元璋的话更有另一层深意，即不仅仅是为了"记成败"，还有"示劝惩"的目的。"劝惩"的范围，包括一切"君臣行事"。"记成败"是为了说明历史，"示劝惩"为的是警戒当今。朱元璋十分懂得史学同政治、历史同现实的这种关系，故于立国之初就提出了修撰元史的事情。从史学上看，朱元璋的话反映出他的深刻的历史意识，其中包含着自身的行为，也有将"是非公于后世"的思想。他说的"直述其事"、合于"公论"，也符合中国史学的优良传统。总的说来，一个开国之君，不仅讲到了前朝历史的经验教训，而且讲到了修撰前朝史的现实意义和对于史学的一般认识，在朱元璋之前，也只有李渊、李世民等

① 《明太祖实录》卷三十九，《明实录》第 2 册，台北：台湾"中央研究院"历史语言研究所，1962 年，第 783~784 页。

少数几个人能够如此。

《元史》的修撰事宜，以中书左丞相李善长为监修，以宋濂（1310—1381）、王祎（1322—1373）二人为总裁，集众人分工撰述。第一阶段，起于洪武二年二月，止于当年八月，撰成元顺帝以前的元史纪、志、表、传 159 卷，目录 2 卷，缮写装潢成 120 册，由李善长上表奏呈。上表称，这是一部"粗完之史"。其后，朱元璋"复诏仪曹遣使行天下，其涉于史事者，令郡县上之"①，以搜集元顺帝一朝史事。儒士欧阳佑等负责搜集史事的工作。洪武三年二月重开史局，续修元史，至当年七月，增撰纪、志、表、传共 53 卷。凡前修所未备者，大致补齐。宋濂、王祎、赵埙等合前后二书，厘分而附丽之，乃成 210 卷之《元史》。

《元史》在体例上有一个明显的特点，即它的修撰者们对历代正史的体例做了全面的考察后，择善而从。《纂修元史凡例》反映出的这方面的史学思想，是值得重视的："本纪。按：两汉本纪，事实与言辞并载，兼有《书》、《春秋》之义。及唐本纪，则书法严谨，全仿乎《春秋》。今修《元史》，本纪准两汉史。""志。按：历代史志，为法间有不同。至唐志，则悉以事实组织成篇，考核之际，学者惮之。唯近代宋史所志，条分件列，览者易见。今修《元史》，志准《宋史》。""表。按：汉、唐史表所载为详，而《三国志》、《五代史》则无之。唯《辽史》、《金史》据所可考者作表，不计详略。今修《元史》，表准《辽》、《金史》。""列传。……今修《元史》，传准历代史而参酌之。""历代史书，纪、志、表、传之末，各有论赞之辞。今修《元史》，不作论赞，但据事直书，具文见意，使其善恶自见，准《春秋》及钦奉圣旨事意。"从这几则凡例看，宋濂等人对于纪传体史书的体例确有通盘的考虑，而在纪准两汉书、表准辽、金史方面，尤可看出他们的史识。

《元史》详于本纪，共 47 卷，约占全书四分之一。它从铁木真写

① 宋濂等：《元史》附《宋濂目录后记》，北京：中华书局，1976 年，第 4677 页。

起而又上溯到其十世祖以下的简要历史，下限写到至正二十八年（1368）八月"大明兵入京城，国亡"，以及后二年元顺帝死，"大明皇帝以帝知顺天命，退避而去，特加其号曰'顺帝'"而止。本纪中，世祖忽必烈占了 14 卷，顺帝妥懽帖睦尔占了 10 卷，是纪中最详尽的。

《元史》的志有 13 目 58 卷，其中天文、五行各 2 卷，河渠、舆服各 3 卷，选举、兵、刑法各 4 卷，礼乐、食货各 5 卷，历、地理、祭祀各 6 卷，百官 8 卷。《天文》、《历》二志，反映了郭守敬《授时历》的成果，记载了李谦的《历议》和郭守敬的《历经》等天文、历法史上的重要资料。《选举》、《百官》、《食货》、《兵》、《刑法》诸志，都写得内容丰赡，各具特色。《选举志》记载了科目、学校、铨法、考课的详情；《食货志》包含了经理、农桑、税粮、科差、海运、钞法、岁课、盐法、茶法、酒醋课、商税、市舶、额外课、岁赐、俸秩、常平义仓、惠民药局、市籴、赈恤 19 个方面的内容；《兵志》则据典籍可考者，主要记载了兵制、宿卫、镇戍，"而马政、屯田、站赤、弓手、急递铺兵、鹰房捕猎，非兵而兵者，亦以类附焉"①。《地理志》记载了元代辽阔的疆域和中书省、行中书省设置的情况，反映了中国古代区域建置上的重大变化，等等。《元史》"志"占全书四分之一多。

《元史》的表，继承了《史》、《汉》的传统和《辽史》、《金史》在这方面的灵活运用，立《后妃表》、《宗室世系表》、《诸王表》、《诸公主表》、《三公表》、《宰相年表》。《三公表》出于新创，《宰相年表》有较高的史料价值。《元史》的列传写了各方面的人物和外域的情况。于诸类传中首创《释老传》，增立"工艺"人物并与"方技"同传。

《元史》以比较完全的纪传体皇朝史的形式记述了元代的历史，视野宏大，内容丰富，并在一些方面显示出独具的特色，为他书所不可代替。而《元史》纂修所据文献，以元朝的《十三朝实录》、《经世大典》、《国朝名臣事略》、《后妃功臣列传》和名臣碑传资料为主，兼

---

① 宋濂等：《元史》卷九十八《兵志》序，北京：中华书局，1976 年，第 2509 页。

及尚存之档案、文书。这些文献，明以后多亡佚，赖《元史》得以存其精华，从而也更加重了《元史》的文献价值。

从历史观来看，《元史》的基本倾向是重人事的。它也有不少宣扬"天命"和神意的地方，如说铁木真十世祖的诞生，是"阿兰寡居，夜寝帐中，梦白光自天窗中入，化为金色神人，来趋卧榻。阿兰惊觉，遂有娠，产一子"①；又说顺帝"知顺天命，退避而去"②，等等。

《元史》修撰的时间，前后两次合计只有 11 个月，成书之速也给它带来了不少缺陷、讹误。一是文献搜求的不完备，尤其是蒙文文献《脱卜赤颜》（即《蒙古秘史》，又称《元朝秘史》）未能利用，故于蒙古起源不曾涉及。二是在史料处理上的粗率，史事重复记载者屡屡可见，甚至有一人两传、两人合一者。三是人名、地名的汉译多不统一，由此致误者甚多。③《纂修元史凡例》称"志准《宋史》"，但它却没有撰艺文志，妨碍了人们对元代学术文化的了解。因此，后人不断对《元史》进行补正以至于重撰；但从整体上看，《元史》仍然是记述元代历史的最可信赖的著作。

第二节 私家之本朝史撰述

一、私家所撰纪传体本朝史

有明一代，官府重实录而轻国史，以至于自始至终没有官府修撰的明朝国史问世。明代史家王世贞批评说："国史之失职，未有甚于我朝者也。"④这无疑是极大的缺憾，但这种缺憾却又激发了私家

---

① 宋濂等：《元史》卷一《太祖本纪》，北京：中华书局，1976 年，第 1 页。
② 宋濂等：《元史》卷四十七《顺帝本纪十》，北京：中华书局，1976 年，第 986 页。
③ 参见邱树森：《元史评介》，《中国史学名著评介》第 2 卷，济南：山东教育出版社，1990 年，第 233、237～239 页。
④ 王世贞：《弇山堂别集》卷二十《史乘考误一》，北京：中华书局，1985 年，第 361 页。

关于本朝史撰述的热情。这样的现象在史学上是曾经出现过的，正如唐人批评魏晋南北朝时有些史职任非其人那样："于是尸素之俦，盱衡延阁之上，立言之士，挥翰蓬茨之下。一代之记，至数十家，传说不同，闻见舛驳，理失中庸，辞乖体要。致令允恭之德，有阙于典坟，忠肃之才，不传于简策。斯所以为蔽也。"①官府修史不力，私家撰史活跃，这是修史活动中的辩证关系。唐人指出这一点是很重要的，但又接着批评私家所撰之史的种种弊端而没有肯定它们应有的价值，却又有失公允。明代私家所撰本朝史的盛况及成就，弥补了明朝仅有实录而无国史的缺憾，是明代史学的重要方面。

据《明史·艺文志二》正史类著录，列于官修实录、年表之后的私家本朝史撰述者，有 32 种；而杂史类著录约 190 种。当然，其实际数字要比这更多一些。这里，略按纪传体、编年体、典制体各举其有代表性者，简述如下。

郑晓的《吾学编》、邓元锡的《明书》、何乔远的《名山藏》、朱国桢的《明史概》等，都是明代史家私人所撰的纪传体本朝史，其中《吾学编》和《名山藏》是比较重要的著作。

史称郑晓"通经术，习国家典故，时望蔚然"；"谙悉掌故，博洽多闻，兼资文武，所在著效，亦不愧名臣"②。郑晓是一个有政治实践和深厚史学修养的史家，曾奉命撰《九边图志》，"人争传写之"，足见其为时人所重。他的著述有《吾学编》、《吾学编余》、《征吾录》、《今言》、《古言》等。《吾学编》凡 69 卷，仿历代正史体裁而略有变通，含记、传、表、述、考共 14 篇，记洪武至嘉靖约 200 年史事。其编撰次第是：大政记，建文逊国记，同姓诸王表、传，异姓诸王表、传，直文渊阁诸臣表，两京典诠尚书表，名臣记，逊国臣记，天文述，地理述，三礼述，百官述，四夷考，北虏考等。从正史所包含的体例看，此书比较完备，只是名称有所变化；从所记史事、

---

① 魏徵等：《隋书》卷三十三《经籍志二》史部大序，北京：中华书局，1973 年，第 992～993 页。

② 张廷玉等：《明史》卷一百九十九《郑晓传》，北京：中华书局，1974 年，第 5274 页。

典制、人物来看，却并不完备，但作为一部简要的明史著作，还是有它的分量的。郑晓历任南京吏部、刑部、兵部尚书，通晓政务，志在经世，此书自亦反映了他的这个旨趣。他在《同姓诸王传》序中沉重而尖锐地指出了诸王膨胀与社会矛盾：

> 邸禄岁增，民财日窘，至有共篷而居，分饼而膳，四旬而未婚，十年而不葬者矣。嗟呼！骄溢则横而干纪，窘困则滥而思乱，其为祸一也。而不早为之所，可乎？略叙先朝典制为初王表二卷、五太子七十七王五庶人传三卷，明鉴戒焉。①

郑晓的见识是深刻的，所谓"骄溢则横而干纪，窘困则滥而思乱"，是从社会的上层和下层两个方面看到了潜伏的危机。所谓"明鉴戒焉"，正是全书的宗旨。此书下限有止于正德、嘉靖、万历等不同版本，表明了作者随撰随刻及其为世所重的情况。

邓元锡所撰《明书》(亦称《皇明书》)45 卷，含帝典 10 卷、后妃内纪 1 卷、列传 34 卷，亦记洪武至嘉靖近 200 年史事。此书实际上只有纪、传两个部分，是不完备的纪传体史书。其编次以帝为典，后妃为纪，外戚、宦官居列传之首，诸臣传分臣谟、名臣，诸将传分将谟、名将等，均不合乎正史规范，反映了私家撰述的随意性。再有，他于孝行之外，另立笃行、义行二类，于道学之外，另立心学之门。邓元锡未入仕途，杜门著述，史称他"《五经》皆有成书，闳深博奥"；又说"元锡之学，渊源王守仁，不尽宗其说。时心学盛行，谓学惟无觉，一觉即无余蕴，九容、九思、四教、六艺皆桎梏也。元锡力排之，故生平博极群书，而要归于《六经》。所著《五经绎》、

---

① 郑晓：《吾学编》卷十二，《续修四库全书》第 424 册，上海：上海古籍出版社，2002 年，第 221 页。

《函史上下编》、《皇明书》，并行于世"①。可见邓元锡思想上的矛盾，《明书》在编撰体例上的随意性正是这种矛盾的表现之一。从这个意义上说，《明书》的史料价值并不高，但它对于反映当时的社会思想面貌是有意义的。

何乔远所著《名山藏》100 卷，记洪武至隆庆 200 余年史事。全书分为 37 记：典谟、坤则、开圣、继体、分藩、勋封、天因、天启、舆地、典礼、乐舞、刑法、河漕、漕运、钱法、兵制、马政、茶马、盐法、臣林、臣林外、关柝、儒林、文苑、俘贤、宦者、列女、臣林杂、宦者杂、高道、本士、本行、艺妙、货殖、方伎、方外、王享等。其中典礼、乐舞二记未刊，舆地记不全。全书多采自时人之野史、旧文，保存了一些重要的史料，有较高的史学价值。时人称其书说：

> 读《典谟》诸记可绍衣祖考，读《天因》诸记可寅畏上帝，读《礼乐》诸记可陶淑性情，读《刑法》诸记可明慎出入，读《河漕》诸记可协国而安民，读《兵》、《马》、《茶》、《盐》诸记可兴利而蠲害，读《臣林》诸记可进君子，读《杂林》诸记可退小人，读《列女》、《高士》诸记可扬幽贞而奖廉静，读《方外》、《货技》诸记可抑淫巧而服要荒。②

书中所谓的"记"，实则仍是纪、志、传的统称。私家著史不拘于体例，此亦明证。《明史》称："乔远博览，好著书。尝辑明十三朝遗事为《名山藏》，又纂《闽书》百五十卷，颇行于世，然援据多舛云。"③《名山藏》采撷野史、旧文，难免有"援据"不当处，而其涉及清兵入关前海西女真、建州女真史事，使其被清廷列入禁书之列。这是此

---

① 张廷玉等：《明史》卷二百八十三《儒林二·邓元锡传》，北京：中华书局，1974年，第 7291～7292 页。

② 李建泰：《名山藏序》，《名山藏》，北京：北京大学出版社，1993 年，第 9 页。

③ 张廷玉等：《明史》卷二百四十二《洪文衡传》附《何乔远传》，北京：中华书局，1974 年，第 6287 页。

书之所以具有较高历史价值的原因之一。

朱国桢的《皇明史概》(亦作《明史概》、《史概》)120 卷,是一部比较完备的、对纪传体有所改进的综合体明朝史。为什么称为"史概"?朱国桢自谓:"未尝奉旨,不敢进呈。题曰《史概》,以别于全,上不能绘天,次不能华国,又次不能脍口。半世精神,一生事业,可谓云尔也已矣!"①这些话,是谦词,也是忧思。本书由五个相对独立的部分组成:《皇明大政记》36 卷,编年记明朝史事,自明初至隆庆凡十三朝十二帝行事及朝政;《皇明大训记》16 卷,编次明太祖所颁发的诰命;《皇明大事记》50 卷,以专题形式记述政治、经济、典制、边务等凡 120 余事;《皇明开国臣传》13 卷,记明初人物 281 人,附见 76 人;《皇明逊国臣传》5 卷,记建文帝朝野死难诸臣 166 人事略。举例说来,《皇明大事记》按大事本末杂以人物传记和典章制度编次而成,如卷一为"淮右起义"、"江南定鼎",卷二为"韩林儿"、"平陈友谅",卷三为"平张士诚"、"平方国珍"等。作者在卷首写道:

> 大明太祖高皇帝家世履历与起兵渡江梗概,已见《御制大政记》及《滁阳王传》中,第天授虽奇,百神虽在在拥护,而中间辛苦顿挫与危迫存亡之际,上絜虞舜,下较汉祖,不啻过且倍之。此亦自来创业之主所未有者。……事既绝异,语又绝多,国史见其大凡,诸家不无小异。为再采摘,冠于大事之首,乃若延揽英雄,褒恤忠义,则太祖气魄、精神全注于此,不得以一时一事论也。②

这一段话表明,明人关于本朝史撰述数量是不少的,而且所记"不无小异",作者意在有所匡正。本书晚出,一则参照官修实录;二则借鉴郑晓等前人私家撰述,故所记史事丰赡而有据,为其他私家本朝

---

① 朱国桢:《皇明史概》自序,元明史料丛编本,台北:文海出版社,1984 年,第 36~37 页。

② 《皇明大事记》卷一,刻本。

史撰述所不及。《皇明史概》中的前三部分，均被清廷列为禁书，故《明史》本传仅略记其仕途升降，而于其著明史则只字不提。朱国桢还撰有《涌幢小品》，是极有影响的笔记之一。

二、私家所撰编年体本朝史

明代史家私人所撰编年体本朝史也有多种，其中影响较大的有：薛应旂的《宪章录》，张铨的《国史纪闻》，雷礼等撰的《皇明大政记》，谭希思所撰的《明大政纂要》，陈建所辑、沈国元所订的《皇明从信录》，陈建所撰的《皇明资治通纪》等。

薛应旂所撰《宪章录》47卷（一作46卷），记洪武至正德间史事，其采撷多出于杂书，虽记事连贯然严谨不足。薛应旂著述甚丰，据《明史·艺文志》著录，他还撰有《方山诗说》8卷、《宋元资治通鉴》157卷、《甲子会纪》5卷、《皇明人物考》7卷、《隐逸传》2卷、《高士传》4卷、《浙江通志》72卷、《考亭渊源录》24卷、《薛子庸语》12卷、《方山集》68卷，在四部书的著录中均有著述，这样的学人是不多见的。薛应旂门人陆光宅万历二年《刻宪章录跋》云：

> 吾师武进薛先生恭集我祖宗列圣宝训、实录，次第编年，凡纂辑支蔓者悉为裁约，其有事关体要、逸在诸儒臣别撰者，亦量为采入。书成，题曰《宪章录》，盖以成宪典章，万世所当遵守，且追宗夫子"宪章文武"之意，以寓从周之义也。①

这段跋文，对于了解此书的编纂特点及作者的编撰宗旨，多有裨益。

张铨所撰《国史纪闻》12卷，以纲目体记明初至正德间史事，凡朝廷举措、名臣善迹，以及政事、民生、人物、国土、人口等，皆记其梗概，便于披览。作者有感于实录外间不能亲见，私家撰述难

① 陆光宅：《刻宪章录跋》，《宪章录校注》，南京：凤凰出版社，2014年，第1页。

以取信，旨在撰一简要信史，使之广为流传，其用心可谓良苦。

《皇明大政记》25卷，是几位学人逐步撰述而成的：自洪武至正德九朝史事凡 20 卷，为雷礼所撰；嘉靖朝史事凡 4 卷，乃范守己所续；隆庆朝史事 1 卷，是谭希思所续。万历年间周时泰合刊行世，有郭正域序。此书亦近于纲目体，有正书，有分注，史料多采自实录。

谭希思所撰《明大政纂要》63卷，记洪武至隆庆十二朝政事，大事编年，有史有论，叙致简要，是一部较好的编年体明代政治史。例如，《太祖高皇帝》后论一方面论述作者本人的认识，一方面又引本朝学人论明代开国的举措说：

> 詹同之序《大明日历》有曰功高万古，曰得国之正，曰独运全智，曰敬天勤民，曰家法之严，曰兵政有统。谢铎有言，我朝度越历代者五事：一、攘克夷狄以收复诸夏；二、肇基南服而统一天下；三、威加胜国而锋刃不交；四、躬自创业而临御最久；五、申明祖训而家法最严。其善言圣治而扬休烈也哉！①

这种评说可以帮助人们对历史有一个总的认识和全局观念；至于溢美之词，当在所难免。

《皇明从信录》40卷，系陈建陆续所辑，沈国元订补，记洪武至万历间史事：《启运录》记朱元璋起兵至明的统一，继而续编《靖难记》至《武宗记》，后又补编嘉靖、隆庆两朝史事。沈国元再补万历朝史事，并将各次撰述合刊，统称今名。

陈建所撰《皇明资治通纪》(亦称《皇明通纪》)14卷②，记事上起元顺帝至正十一年（1351）刘福通等起兵反元，下至明隆庆六年（1572）神宗即位，凡 221 年史事。此书断限、记事与上述《皇明从信

---

① 谭希思：《明大政纂要》卷十，台北：文海出版社，1988 年，第 623～624 页。
② 《明史·艺文志二》正史类著录："陈建《皇明通纪》二十七卷、《续通纪》十卷。"

录》中陈建所辑部分相仿，疑前者是在后者的基础上撰写而成。作者于史事的叙述中时发议论，是此书的一个显著特点。陈建在自序中讲到，他写成《皇明启运录》后，有人建议他说："昔汉中叶有司马迁《史记》、班固《汉书》，有荀悦《汉纪》，宋中叶有李焘《长编》，皆蒐载当时累朝政治之迹，以昭示天下。我朝自太祖开基，圣子神孙重光继焰垂二百禩矣，而未有纪者，子添述是志，盍并图之，以成昭代不刊之典也。"陈建起初是推辞了，认为自己"愧乏三长"，不敢"僭逾及此"。但他后来还是改变了初衷，他继续写道：

> 然窃自念素性有癖焉，自少壮时，癖好博览多识。解组归山林，日长。每缮阅我朝制书泊迩来诸名公所撰次诸书，凡数十余种，积于胸中，久之不能自制。乃时时拈笔书之，取其有资于治、可通为鉴者，编年次之，参互考订，正其舛疑。又久之，不觉盈帙。虽乏三长，续貂荀、李，汗颜班、马，不计也。……抑尝因此阅历世变尤有感焉：祖宗时，士马精强，边烽少警，而后来胡骑往往深入无忌也；祖宗时，风俗淳美，真才辈出，而迩来则渐浇漓也；祖宗时，财用有余，而迩来则变易废弛比比也。推之天下，莫不皆然。是果世变成江河之趋而不可挽与，抑人事之得失有以致之也？愚间因次录阅事变，不能自已于怀，辄僭著评议，或采时贤确言，诚欲为当世借前箸筹之，挽回祖宗之盛，所深愿焉，而力莫之能与也。有志于世道者，尚相与商之。[①]

这一番话，深刻地反映出了作者撰述此书的社会条件及旨趣所在。

《皇明通纪》有凡例七则，其第一则云：

> 此纪仿《资治通鉴》而作，凡群书所载，必有资于治者，

---

① 陈建：《皇明通纪》序，北京：中华书局，2008年，第1~2页。

方采录之；细故烦文、无资于治者弗录。

其第四则云：

此纪叙载人物之贤否，言行之是非，一皆考据群籍，直书垂鉴，不敢虚美隐恶，以乖史笔。孔子曰："斯民也，三代之所以直道而行也，吾谁毁谁誉！"览者幸鉴。

其第五则云：

群书所载评论及诸家碑铭状传之类，或有抑扬过当，今皆参伍櫽括，归于公实，不敢苟从。

《皇明通纪》凡例，意简而明，交代本书的体裁、原则、史与论的处置，十分了然，表明作者在史书编著上的良好修养。

三、典制与政书

明代学人撰述的本朝典制史，以徐学聚的《国朝典汇》颇具规模。此书凡 200 卷，记洪武至隆庆间之典制。前 33 卷为"朝政大端"，通叙本朝典章故实；后 167 卷分述六部有关事实，凡 200 子目，分类辑录，一目了然，继承了前代典制体史书的优良传统。作者曾巡抚福建，且多有涉外事务经验，读其书，观其人，可以窥其著述宗旨。

冯应京所撰《皇明经世实用编》28 卷和陈子龙等所辑《明经世文编》（亦称《皇明经世文编》、《皇明经世编》）504 卷、《补遗》4 卷，是明代学人所编撰的两部关于本朝史事的重要政书。冯应京、陈子龙二人的经历、仕途、行事，都有非常令人可感之处。《皇明经世实用编》按乾、元、亨、利、贞五集编次：乾集 10 卷，载明太祖御制心法、皇明祖训、亲贤、天官、地官、春官、夏官、秋官、冬官；元集 2 卷，载荐举辟召论、取士议、荐辟人物；亨集 2 卷，载久任超迁论、任官议、外任；利集 4 卷，载务农讲武论、重农考、经武考、任人、导和；贞集 9 卷，载正学育才论、礼学、乐学、射学、御学、书学、数学、正学考。此外，还附有边镇图、海防图、漕黄治绩图、农书图谱等。全书以"祖训"为纲，以制度沿革为目，讲求实用，以经国利民为其宗旨。《明史》本传记冯应京本事，多有感人处："（万历）二十八年擢湖广金事，分巡武昌、汉阳、黄州三府。绳贪墨，摧奸豪，风采大著。"继而同税监陈奉进行坚决斗争，乃招致毁谤而被逮。"应京之就逮也，士民拥槛车号哭，车不得行。既去，则家为位祀之。三郡父老相率诣阙诉冤，帝不省。""应京乃于狱中著书，昕夕无倦。"史家最后评价他说："应京志操卓荦，学求有用，不事空言，为淮西士人之冠。"①从这些史实和评论来看，此书可谓是用心血写成。

《明经世文编》是一部巨著，陈子龙、徐孚远、宋征璧主编，参与选辑者 24 人，参阅者 142 人。编者搜集大量官方奏议等文书以及私人文集千余种，网罗恢宏。卷首有徐孚远序、陈子龙序及他人所撰序文数篇，有宋征璧所撰凡例。全书载文 3 100 余篇，以人为纲，以时为序，内容则涉及时政、礼仪、宗庙、职官、国史、兵饷、马政、边防、军务、海防、火器、贡市、番舶、灾荒、农事、水利、海运、漕运、财政、盐法、刑法、钱法、钞法、税课、役法、科举、宗室、弹劾、谏诤等丰富的内容，举凡社会状况、民族关系、中外交往，皆有详尽的反映。尤可贵者，所载之文，不加删削，保存原貌，这使本书具有更加可贵的文献价值与历史价值。本书亦因载有关于海西、建州女真之事而遭到清廷禁止，这也正说明了它在反映民族关系和统一国家历史方面的重要性。

本书《凡例》列举选编宗旨和原则，表明了选编者的思想，如：

——儒者幼而治学，长而博综，及致治施政，至或本

---

① 张廷玉等：《明史》卷二百三十七《冯应京传》，北京：中华书局，1974 年，第 6174、6176 页。

末眩瞀，措置乖方，此盖浮文无裨实用，拟古未能通今也。唐宋以来，如《通典》、《通考》，暨奏疏、衍义诸书，允为切要，亦既繁多。乃本朝典故，缺焉未陈；其藏之金匮石室者，闻见局促，曾未得睹记；所拜手而献，抵掌而陈者，若左右史所记，小生宿儒，又病于抄撮，不足揄扬盛美，网罗前后。此有志之士所抚膺而叹也。徐子孚远、陈子子龙，因与征璧取国朝名臣文集，撷其精英，勒成一书，如采木于山，探珠于渊，多者多取，少者少取；至本集所不载而经国所必须者，又为旁采，以助高深，共为文五百卷有奇。人数称是，志在征实，额曰《经世》云。

——异同辩难，特以彼未通，遂成河汉。就其所陈，各成一说。……得失虽殊，都有可采，不妨两存，以俟拣择。

——此书非关彰瘅、弹劾之文，不能尽录，著其大者。非名教所裨、即治乱攸关，若乃其言足存，不以人废。

——藏书之府，文集最少，多者百种，少者数家。四方良朋，惠而好我，发缄色动。及至开卷，恒苦重复。予等因遣使迭出，往复数四，或求其子姓所藏，或托于宦迹所至，搜集千种，缮写数万。至条陈冗泛，尽牍寒暄，及文移重叠，又悉加剪截，乃成斯集。虽未敢云圣朝之洪谟，亦足当经世之龟鉴矣。①

这里所举出的几条凡例，除反复申述"经世"之旨外，有两点是很重要的：一是"异同辩难"、"不妨两存"；一是"其言足存，不以人废"。这两点，反映了编者的气度之大和胸怀之广，而这又正是建立在"经世"之旨的基础上的。

还有一点是值得注意的，即本书对才、学、识之关系的思想，

---

① 陈子龙等编：《明经世文编》卷首《凡例》，北京：中华书局，1962 年，第 49、52、57 页。

对记言与记事之关系的思想，都在继承的基础上有新的阐发。本书冯明玠序起首写道：

> 有经世之才必济以经世之学，有经世之识始抒为经世之文。才与学、与识兼备而人重焉，虽无文可也；才与学、与识兼备而文行焉，虽欲无文而亦不可得也。

这是把刘知幾的史才"三长"论从论史学扩展到论经世，是对才、学、识思想的重要发展，包含着对于史才之"三长"同经世之"三长"的密切联系的认识。本书陈子龙序起首写道：

> 古者有记事之史，有记言之史，言之要者大都见于记事之文矣。导发其端，使知所由，条晰其绪，使知所究，非言莫详，甚矣。事之有藉于言也，而况宗臣硕彦敷奏之章、论难之语，所谓讦谟远猷，上以备一代之典则，下以资后世之师法。不为之裒缀，后之君子何以考焉？此予与徐子、宋子《经世编》所由辑也。①

这里讲到了记事之史同记言之史的关系，而尤强调了"言"的重要。从今天的认识来看，所谓"敷奏之章"、"论难之语"之所以重要，因为它们主要是思想遗产。从一般意义上说，撰写历史，首先要把事实写清楚；但是，任何事件、人物，如果离开了与之相关的言论，那么这样的事件、人物就必然显得苍白。至于像《明经世文编》这种内容和体裁的著作，强调记言之史的重要，自是理所当然的了。

《明经世文编》成书于明末各种社会矛盾及民族矛盾十分尖锐之际，

---

① 冯明玠序、陈子龙序均见陈子龙等编：《明经世文编》卷首，北京：中华书局，1962年，第30、38～39页。

其书名即突出地表明了编者的主旨。陈子龙是崇祯十年（1637）进士，在短暂的仕途中，他曾"事福王于南京"。福王是一个扰民而不理政事、享乐无度的人，陈子龙慨然进言："中兴之主，莫不身先士卒，故能光复旧物。今入国门再旬矣，人情泄沓，无异升平。清歌漏舟之中，痛饮焚屋之内，臣不知其所终。"这些话，福王哪里听得进去，于是陈子龙愤然"乞终养去"①。没有几年，"漏舟"沉没，"焚屋"烟飞，而《明经世文编》却永久地留下了它的编者们忧国忧民的心迹。

就以上所举诸书来看，明代史家、学人所撰本朝史，不论在内容上还是在形式上都有种种不同，显示出各自的特点和整体面貌的活跃。但是，我们还是可以从中概括出来它们的一些共同特点（包括长处和短处）。第一，它们在体裁、体例上尽管也有局部发展前人的地方，但总的倾向是随意性比较突出。刘知幾强调史书体例的重要，认为："夫史之有例，犹国之有法。国无法，则上下靡定；史无例，则是非莫准。"②一定的体例，是同一定的是非判断相联系的；一般说来，这并不是夸张。上述诸史，在这方面大多不甚讲究，是一个明显的缺点。第二，是史实的考辨功夫不够。上述诸史，或据实录，或采野史，都需要有所辨析，宋人如司马光、元人如胡三省、清人如乾嘉考史学者等，都十分重视这一点。上述诸史大多于此重视不够，也是一个明显的缺点。第三，上述诸史，作者大多强调经世致用，重视史学同社会的关系，具有深刻的忧患意识，如冯应京狱中发愤著书，陈子龙"漏舟"、"焚屋"之论，比之于历代良史，可以无憾。第四，上述诸史，大多成书于万历年间，所记多关于洪武至隆庆间史事，这一方面说明明代史家关于本朝史撰述已包含了有明一代大部分史事；另一方面说明万历朝确是明代史学崛起的时期，而这将有助于人们全面认识明代史学。

----

① 张廷玉等：《明史》卷二百七十七《陈子龙传》，北京：中华书局，1974 年，第7098 页。

② 刘知幾：《史通》卷四《序例》，浦起龙通释，上海：上海古籍出版社，2009 年，第 81 页。

这里所述明代史家的本朝史撰述，远不能表现出其全貌，一是史传部分从略，二是成书于清初者从略①，三是王世贞、李贽、焦竑、谈迁等史家的本朝史著作，本书将在下文阐述晚明史学的崛起时予以论列；尽管如此，人们还是可以从上述诸书中得到这样一个认识，即当人们走进明代史学这一领域时，或许会进一步感受到明代史学原本所具有的一种活力。

四、附论　私家之宋史撰述

如果说，明代的私家之本朝史撰述尚有不少积极成果的话，那么，明代的私家之宋史撰述则更多地反映出了明代史学的保守方面。这些私家的宋史撰述有纪传体者，如王洙《宋史质》100 卷、柯维骐《宋史新编》200 卷、王惟俭《宋史记》250 卷等；有编年体者，如陈桱《通鉴续编》24 卷、王宗沐《宋元资治通鉴》64 卷、薛应旂《宋元资治通鉴》157 卷等；有纪事本末体者，如陈邦瞻《宋史纪事本末》109 卷，似亦可谓之一种潮流。

明人撰述宋史的动因，概括说来，有三个方面。

第一个方面的动因，是不承认元代的正统地位，而以明继宋，是藉撰宋史而彰明统。如《宋史质》一书，记宋末之事时，即无中生有地追称明太祖之高祖为德祖元皇帝，以承宋统，公然无视元代的存在。班固著《汉书》，以明"汉绍尧运"，不承认秦的存在，但班固的这种保守观点并不曾影响到他对待历史事实的严肃态度；而王洙此书，以错误的正统观念做指导，又错误地模仿《春秋》和《资治通鉴纲目》的书法，陷入杜撰历史的误区，毫无可取之处。应当注意的是，在思想上不承认元代历史存在的人，并非王洙一人。

第二个方面的动因，是不承认辽、金二史可以自为正统而与宋史并列。上述《宋史质》把辽、金列于"外国"；薛应旂《宋元资治通

---

① 成书于明清之际的有关明史撰述，谢国桢《增订晚明史籍考》一书论之颇详，可参考。

鉴》对辽、金二朝历史索性削而不书。在这一点上，柯维骐《宋史新编》是最有代表性的撰述。这是一部严肃而甚见功力的宋史著作。其本纪详载诏令，其表与志以简明显示出特点，其列传推崇大义凛然之士，同时，在史实上也纠正了《宋史》所存在的一些疏漏、谬误。这些，都足资参考。但其撰述主旨，是不承认辽、金二史同宋史的并立，而将它们与西夏史均列入"外国"。《明史》记载此事说：

> 《宋史》与《辽》、《金》二史，旧分三书，维骐乃合之为一，以辽、金附之，而列二王于本纪。褒贬去取，义例严整，阅二十年而始成，名之曰《宋史新编》。①

这里，对《宋史新编》似持肯定态度，但这并不足以代表清人的看法。这从下面两个事实可以看得十分清楚。

其一，是四库馆臣对《宋史纪事本末》一书的评价。《宋史纪事本末》同《宋史新编》一样，也是一部严肃而甚见功力的宋史著作，"于一代兴废治乱之迹，梗概略具"。但是，它也不承认辽、金二史有独立存在的意义，而是把辽、金史事融于宋史之中。故四库馆臣在肯定它的同时批评说：

> 诸史之中，《宋史》最为芜秽，不似《资治通鉴》本有脉络可寻，此书部列区分，使一一就绪，其书虽亚于（袁）枢，其寻绎之功乃视枢为倍矣。唯是书中纪事既兼及辽、金两朝，当时南北分疆，未能统一，自当称"宋辽金三史纪事"，方于体例无乖，乃专用"宋史"标名，殊涉偏见。②

---

① 张廷玉等：《明史》卷二百八十七《文苑三·柯维骐传》，北京：中华书局，1974年，第7367页。
② 永瑢等：《四库全书总目》卷四十九《史部·纪事本末类》，北京：中华书局，1965年，第439页。

这个批评，从"当时南北分疆，未能统一"的历史事实出发，指出作者"殊涉偏见"，是完全合情合理的。这种"偏见"，近则有愧于元代史官，远则更逊于唐代史臣。

其二，是明代学人对这种无视辽、金二史的保守观念的批评。明人于慎行《读史漫录》有一则文字，专论此事，堪称卓见，其文曰：

> 元人修三史，各为一书，是也。《通鉴》编年之史，不相照应，即当《南》、《北史》之例，不必有所低昂可也。近世文雅之士，有为《宋史新编》者，尊宋为正统，而以辽、金为列国，则名实不相中矣。彼南、北二史，互相诋诃，南以北为索虏，北以南为岛夷，此列国相胜之风，有识者视之，已以为非体矣。乃今从百世之后，记前代之实，而犹以迂阔之见，妄加摈斥，此老生之陋识也。辽、金绳以夷狄僭号，未克混一，而中国土宇，为其所有，亦安得不以分行之体归之？而欲夷为列国，附于《宋史》之后，则不情也。①

这一段话，表明了作者对统一的多民族国家历史的认识在历史编撰上的反映，是十分重要的。其一，作者认为，《宋史》、《辽史》、《金史》"各为一书"的做法是正确的，因为这表明当时中国"未克混一"的局面。其二，其"各为一书"，在体例上应援引《南史》、《北史》之例，"不必有所低昂"。其三，所谓"文雅之士"们的《宋史新编》的做法，即尊宋为正统，辽、金为列国，不得其体，这容易重蹈南北朝时期史家修史"互相诋诃"的误区，因而是为"陋识"；且这种做法也不近于情，因为辽、金所控制的地方也是"中国土宇"，怎么能因为它们是"夷狄"所建就归于"列国"呢！

关于元修《宋史》、《辽史》、《金史》，后人多有批评、指摘，归结起来，无非是成书匆忙、舛误甚多、过于繁芜之类，应予以纠正，

---

① 于慎行：《读史漫录》卷十四，济南：齐鲁书社，1996年，第511页。

这无疑是对的。但是，元人修三史，从中国历史发展大局着眼，使"各为正统"，承认在整体的国家格局下的"未克混一"的事实，不赞成把辽、金分割出去作为"列国"而附于宋。对此，人们往往重视不够，不能不说是史识上的偏颇。从于慎行指出这是一种"陋识"，到四库馆臣批评《宋史新编》存在"偏见"，可谓正中其弊。

元人修三史，有"三史凡例"凡135字，举重若轻，气势恢宏，于慎行深得其旨，故有是论。

第三个方面的动因，是为了纠正《宋史》的繁芜。王惟俭的《宋史记》250卷系为此而作。他曾撰《史通训故》一书，说明他熟悉史学家法。他于《宋史记》颇费心力，但终不尽人意，故其书流传不广，更无法取代《宋史》。

以上事实表明，尽管元修《宋史》存在不少缺点，但它在大处根基稳固，不是轻易可以动摇的。明人的宋史著作，不能说全无成就，但对不少的撰者来说，正暴露了他们史识的苍白。

第三节　方志和稗史

一、方志的兴盛

方志编纂的发展、走向兴盛，以及习惯上称为稗史或野史的历史笔记繁多，是明代史学向社会深层发展的一个突出的标志。方志出于官修，并已为各级政权组织所重视，具有广泛的社会性；稗史出于私家，作者和著作的大量涌现，都是前所未有的。它们在明代史学发展上占有重要的位置。

中国方志起源很早，在汉代已有了方志撰述。[①] 方志经魏晋南北朝和唐宋的发展，至元明清而走向它的全盛时期。明代的方志，

---

① 参见史念海、曹尔琴：《方志刍议》，杭州：浙江人民出版社，1986年，第21页。

正处在这个不断发展的全盛时期的中间阶段。据近年出版的《中国地方志联合书目》著录，明代方志有 900 多种，而其实际撰述之数当不止于此。

明代方志撰述的成就，首先在于它获得了广泛的社会性。这种广泛的社会性的获得，离不开各地经济、文化的发展，也同修史传统尤其是修志传统的发展有关，而全国区域总志的编纂则成为它的直接推动力。自洪武至天顺间，明朝统治者对编纂全国总志抓得很紧。洪武三年(1370)，"诏儒士魏俊民等类编天下州郡地理形势、降附颠末为书"①。同年十二月成书，名《大明志书》(书佚不传)，记"天下行省十二，府一百二十，州一百八，县八百八十七，安抚司三，长官司一"②。洪武十六年(1383)，"诏天下都司上卫所、城池、地理、山川、关津、亭堠、水陆道路、仓库"；次年，令"朝觐官上土地、人民图"③。明成祖于永乐十六年(1418)诏修《天下郡县志书》，责成专人领其事，并命礼部"遣官遍诣郡县博采事迹及旧志书"④。这次撰述虽未取得最终成果，但永乐朝两次颁发修志条例，对促进修志工作产生了积极的影响。条例确定志书内容应包括建置沿革、分野疆域、城池、山川、坊郭、镇市、土产、贡赋、风俗、户口、学校、军卫、郡县廨舍、寺观、祠庙、桥梁、古迹、宦迹、人物、仙释、杂志、诗文等目。这促进了方志在内容上的规范化。此后，有代宗朝于景泰七年(1456)撰成的《寰宇通志》，凡 38 目、119 卷，由陈循等主修；有英宗朝于天顺五年(1461)撰成的《大明一统志》，凡 19 目、90 卷，由李贤等主修。以上两书，皆依两京、十三布政使司编次，分记各目有关内容，是流传至今的两部明代全国总志。全国总

---

① 张廷玉等：《明史》卷九十七《艺文志二》地理类《大明志书》注，北京：中华书局，1974 年，第 2405 页。
② 《明太祖实录》卷五十九，《明实录》第 2 册，台北：台湾"中央研究院"历史语言研究所，1962 年，第 1149 页。
③ 郑晓：《今言》卷一，北京：中华书局，1984 年，第 29 页。
④ 《明太宗实录》卷二百一，《明实录》第 8 册，台北：台湾"中央研究院"历史语言研究所，1962 年，第 2089 页。

志的频频编纂和不断向地方"征志"，推动了各府、州、县的修志工作，时人谓之曰："今天下自国史外，郡邑莫不有志。"①这话道出了方志的重要地位和广泛的社会性。不少州、县志屡有改修、增修，修志成为传统。

明代在方志撰述上的另一特点，是省志撰述的创制和定型。省志，是各布政使司的通志，当时多以"通志"为名，也有称"总志"、"志书"或其他名称。明代十三布政使司，俗称十三省，故通志实为省志的专称。《明史·艺文志》地理类著录了《山西通志》、《山东通志》、《河南通志》等10余种，而现存明代各种通志要多于这个数目。有的通志一修再修，以至于三修，可见通志的修撰已受到地方大吏的普遍重视。这在方志编纂上，反映了人们对于区域的自然状况、社会历史状况的视野扩大了，是修志工作新发展的一个标志。从政治上看，通志是全国总志和府、州、县志的中间环节，它对人们思想上和心理上的作用，有利于增强历史意识和维护国家统一。

明代在方志撰述上还有一个特点，是开创了边关志、边镇志、卫志这一方面的方志门类。这当然是军事上的需要，但它扩大了方志的内容，也充分证明了修志的现实意义。《明史·艺文志》地理类著录这类方志，有郑汝璧《延绥镇志》8卷、刘敏宽《延镇图说》2卷、刘效祖《四镇三关志》12卷、苏祐《三关纪要》3卷、詹荣《山海关志》8卷、许论《九边图论》3卷、魏焕《九边通考》10卷、霍冀《九边图说》1卷、范守己《筹边图记》3卷、刘昌《两镇边关图说》2卷、翁万达《宣大山西诸边图》1卷、杨一葵《云中边略》4卷、杨时宁《大同镇图说》3卷、张雨《全陕边政考》12卷，及《天津三卫志》、《岷州卫志》、《洮州卫志》、《甘州卫志》、《潼关卫志》、《兴隆卫志》等。其中，《四镇三关志》记蓟、昌、保、辽四镇和居庸、紫荆、山海三关，分建置、形胜、军旅、粮饷、骑乘、经略、制疏、职官、才贤、夷部十考；《山海关志》有地理、关隘、建置、官师、田赋、人物、祠祀、选举诸

---

① 张邦政：《万历满城县志》序，《乾隆满城县志》序之二，清乾隆辛未刻本，第8页。

目，并有附图；还有《明史·艺文志》未著录的郑晓《九边图志》等，都是知名的边关边镇志。①

明代的方志撰述中也包含着关于方志的一些理论上的认识，它们散见于不少方志的序文中，因而大多是零星的和片断的。如果把有关的序文选辑成编，还是多少可以看到这种理论上的进展的。

二、稗史的增多

这里说的稗史，是泛指野史和记述历史琐闻、社会风物的笔记。野史，一是相对于官史而言，一是内容、形式不拘。唐人沙仲穆著有《大和野史》，是史学上最早以"野史"名书的散文笔记。自汉魏以来已有这种体裁，到唐宋而达于极盛；明清两代的笔记，种类繁多，至今还不能说出准确的数目。②《明史·艺文志》著录明代的稗史一类的撰述，主要见于史部杂史类和子部杂家类、小说家类。如祝允明《九朝野记》、沈德符《野获编》(即《万历野获编》)、蔡士顺《傯庵野钞》、李逊之《三朝野记》、孙继芳《矶园稗史》、王世贞《明野史汇》、黄汝良《野纪矇搜》等(以上杂史类)，都是明确标为野史或稗史的，而更多的书则没有标出"野"、"稗"字样。而小说家类则多以"漫笔"、"漫录"、"杂记"、"杂谈"、"杂言"、"杂录"、"随笔"、"笔谈"、"丛话"、"丛谈"等名书，说明撰者的不拘一格。《明史·艺文志》杂史类著录 215 部、2 232 卷；杂家类著录 67 部、2 284 卷；小说家类著录 128 部、3 317 卷。这些书，并不都属于稗史，但稗史一类的书却占了不少分量。同时，也还有不少流传下来的明代稗史，是《明史·艺文志》没有著录的。这些书，一则可以补官史之不足，再则因其数量之多而扩大了同社会接触的层面。

明代稗史所涉及的内容非常广泛，皇朝掌故、社会风俗、重大

---

① 参见来新夏：《方志学概论》，福州：福建人民出版社，1983 年，第 75～76 页。
② 参见谢国桢：《明清笔记谈丛》前记，北京：中华书局，1960 年，第 1 页。

事件、历史人物是几个主要的方面。举例说来，如余继登（字世用）撰《典故纪闻》18 卷、陆容（字文量）撰《菽园杂记》15 卷，是以记明朝故实为主的著作。《典故纪闻》的特点，是在记事方面考虑到以时间先后为序：卷一至卷五记洪武朝事，卷六至卷七记永乐朝事，卷八记洪熙朝事，卷九至卷十记宣德朝事，卷十一至卷十三记正统、景泰、天顺朝事，卷十四至卷十五记成化朝事，卷十六记弘治、正德朝事，卷十七记嘉靖朝事，卷十八记隆庆朝事。这给人以历史的脉络和整体的感受。作者友人冯琦为此书作序，概括此书记事的原则是："凡关国家大政大本则书，非大事而于世为急则书，非大非急而为异闻见则书，非异而事所从起则书。"[1]作者所关注的，主要是"大政大本"、"于世为急"的"典故"。如卷二记明太祖总结汉、唐教训，建立严禁宦官干政的法度，卷五记洪武二十八年（1395）明太祖减少亲王以下各级宗藩"岁禄"的措施并明载具体数字，卷九记宣宗与臣下论政等，都是关系大政大本的。《菽园杂记》的特点，一是不仅记朝廷故实，也记地方风俗；二是不仅记事，也记人；三是不仅论今，而且说古，显示出作者独立的历史见解。本书卷五记洪武、永乐、成化三朝京营设置大略，卷九记成化以前巡抚、总督的增设、名目和职守，都有较高的文献价值。其卷一记吴中俗讳，卷三记江西民风勤俭，卷十记明代刻书之盛与滥，卷十二记严州山中用水轮灌田，卷十三记江南各郡种植情况以观民俗等，从不同的方面反映了明代社会人们的生产、生活和风习，也都有较高的参考价值。时人王鏊称："本朝纪事之书，当以陆文量为第一。"[2]这话不免夸大，却也反映了此书在当时的影响。《四库全书总目》于本书提要说："是编……于明代朝野故实，叙述颇详，多可与史相考证。"这是从史学上评价了它的价值。

又如沈德符所著《万历野获编》、谢肇淛所著《五杂俎》，以主要

---

[1] 余继登：《典故纪闻》卷首，北京：中华书局，1981 年，第 1 页。

[2] 永瑢等：《四库全书总目》卷一百四十一《菽园杂记》提要，北京：中华书局，1965 年，第 1204 页。

记明代社会风俗而著称。《万历野获编》20 卷、《续编》12 卷，取"谋野则获"的古意用以名书，首编成于万历三十四年(1606)，《续编》成于万历四十七年(1619)。清人钱枋"苦其事多猥杂，难以查考，因割裂排缵，都为三十卷，分四十八门"①，每门之下更立细目，便于查阅。今传本尚有沈德符后人沈振据康熙时写本作《补遗》4 卷，亦依钱氏分门之例，附于书后。此书内容丰富，对典章制度、治乱得失、山川风物、文人学士之琐事逸闻都有记载。《五杂俎》16 卷，分天、地、人、物、事五部记事，作者撰述谨慎，且有识见，为《万历野获编》所不及。又如朱国祯著的《涌幢小品》32 卷，内容十分丰富，于制度、风俗外，还记了明代中叶的一些人物。李乐著的《见闻杂记》11 卷，也写了一些人物的行事。又如叶子奇所著的《草木子》记载了元末明初红巾军起义的事迹；吴应箕所著的《东林本末》和蒋平阶所著的《东林始末》，是分别用纪事本末体和编年体写出了明末"东林党"的事迹。这都是关于重大事件的记载。清代有留云居士所辑《明季稗史》16 种，包含了关于明代历史的不少重要史料。

明代稗史种类繁多，内容广泛，这里所举只是几个比较重要的方面，大致亦可看出它在明代史学发展上的地位。

第四节　经济史著作

一、治河、漕运与水利之史

经济史著作在明代史学发展上处于引人注目的地位。王圻撰《续文献通考》254 卷，关于社会经济史方面的内容占 42 卷，计有田赋、钱币、户口、职役、征榷、市籴、土贡、国用诸考，而以田赋、征榷、国用三考最详。《明史·艺文志》史部故事类著录诸书，有关经

---

① 钱枋：《野获编分类凡例》，《万历野获编》卷首，北京：中华书局，1959 年，第 7 页。

济史方面的著作占半数以上，名目有会计、田赋、均役、厂库、漕政、盐政、屯田、荒政等；地理类著录的有治河、水利诸书，亦与经济史有密切关系。这里仅就治河、漕运、水利之史和农政、盐政、荒政之史两个方面，略述其梗概。

《明史·艺文志》地理类著录治河之中，有刘隅、吴山各撰《治河通考》10 卷，潘季驯《河防一览》14 卷等多种；著录水利之史，有伍余福《三吴水利论》1 卷，归有光《三吴水利录》4 卷，许应逵《修举三吴水利考》4 卷，王道行《三吴水利考》2 卷，王圻《东吴水利考》10 卷，沈启《吴江水利考》4 卷等关于东南水利之史者多种。同书故事类著录邵宝以下诸人所撰漕政、漕运之史者多种。《四库全书总目》较《明史》晚出，它所著录有关的著作，比《明史·艺文志》要多一些。此外，明人笔记也多有涉及治河、漕运、水利方面的内容。

《河防一览》是明代关于治河之史的代表性著作。作者潘季驯（字明良，1521—1595）自嘉靖末年至万历年间，四奉治河之命，总理河道，首尾 27 年，成绩显著。万历七年（1579），在一次治河工成时，汇集前后章奏及诸人赠言，辑成《宸断大工录》10 卷。后在此书的基础上进行增删，撰成《河防一览》。它包括敕谕图说、河议辨惑、河防险要、修守事宜、河源河决考各 1 卷，前人关于治河的议论和经验共 9 卷。该书大致是两部分内容，一是潘季驯治河的主张和经验；一是前人的治河主张和经验，而后者即关于历史部分占了全书卷数的三分之二。《河防一览》在详尽列举前人治河历史经验的基础上，结合作者本人的治河实践，提出了在当时看来是比较周全的治河主张，"大旨在筑堤障河，束水归漕；筑堰障淮，逼淮注黄。以清刷浊，沙随水去。合则流急，急则荡涤而河深；分则流缓，缓则停滞而沙积。上流既急，则海口自辟而无待于开。其治堤之法，有缕堤以束其流，有遥堤以宽其势，有滚水坝以泄其怒。法甚详，言甚辨"①。后人指出，潘季驯治理黄河的方法"综理纤悉"，是综合治理

---

① 张廷玉等：《明史》卷八十四《河渠志二》，北京：中华书局，1974 年，第 2056 页。

的方法：通漕于河，即治河即以治漕；会河于淮，即治淮即以治河；合河、淮而合入于海，即治河、淮即以治海。故生平规划，总以"束水攻沙"为基本治河方针。① 而潘季驯以水攻沙之法，也得自于前人治河经验的启发。《河防一览》总结了历代河决的情况和治河的经验，也反映了明代治河的新成就。又如黄克缵撰《古今疏治黄河全书》4卷，全书分黄河考略、治河左祖、三吴水利等目，上起商代祖乙之圮耿，下迄万历三十二年（1604）苏庄之决，最后陈述当时治河之方略。此书在阐述治河之史方面，有更明确的宗旨。

在明代，漕运占有十分重要的地位。曾在穆宗朝任总督漕运的张瀚指出："漕运乃国家重计，国初自永乐移都北京，军国之需尽仰给于东南。"而漕运又是跟治河密切相关的，张瀚写道："若夫输运帆樯，必由河道。每岁舟千艘、粮万石，渡江淮以溯黄河，从此浮济入汶，逾沧瀛而达通惠，皆藉渟溜疏通。其中设堤岸以束奔腾，建闸坝以时启闭。虽浚凿排瀹，运用赖于人谋；而转徙变迁，缓急难调水性。"② 这正是明代学人重视漕政和漕运史撰述的社会经济原因。漕政方面的著作，往往出于与此有关的官员之手。如《漕政举要录》18卷，是武宗时总督漕运的邵宝所撰。此书卷一至卷六为河渠之政，卷七为舟楫之政，卷八为仓厫之政，卷九为卒伍之政，卷十至卷十一为转输之政，卷十二为统领之政，卷十三至卷十五为纪载之政，卷十六为稽古之政，卷十七为准今之政，卷十八为杂录。这书主要讲漕政，但也有一些卷涉及漕运之史。漕运史方面的著作，有在世宗时负责总运江北的杨宏所撰《漕运通志》10卷。杨宏曾撰《漕运志》4卷，后扩展为"通志"10卷，考古今沿革。全书有六表三略：六表是漕渠（分为2卷）、漕职、漕卒、漕船、漕仓、漕数，三略是漕例、漕议、漕文。其序称：表立则经见，略辑则纬彰。表、略关系是经、纬关系。黄承元撰《河漕通考》2卷，是兼论治河与漕运的书，其上卷

---

① 参见张廷玉等：《明史》本传，北京：中华书局，1974年，第5870页。永瑢等：《四库全书总目》卷六十九《河防一览》提要，北京：中华书局，1965年，第612页。
② 张瀚：《松窗梦语》卷八《漕运纪》，北京：中华书局，1985年，第158、160页。

论河防，下卷论漕运，都是上溯历代而下迄万历中期，文颇简洁，是纲要式的通论。

不仅治河与漕运相关，治河也跟三吴水利相照应：治河是北方水利的大问题，三吴水利则是东南水利的关键。上述有的论治河之史的书也论及三吴水利，并不是偶然的。值得重视的是，归有光（1507—1571）所撰《三吴水利录》4卷，是专论三吴水利之史中有特点的著作。归有光在本书小引中写道："司马迁作《河渠书》，班固志《沟洫》，于东南之水略矣。自唐而后，漕挽仰给天下，经费所出，宜有经营疏凿利害之论，前史轶之。宋元以来，始有言水事者。然多命官遣吏，苟且集事，奏复之文，揽引途说，非较然之见。今取其颛学二三家，著于篇。"[①]这是讲到了自唐以后，漕运与三吴水利在社会经济生活中的重要作用，而专学之论，不被重视，此书编纂即为弥补这一不足。因此，这书前三卷是采辑前人论水利之尤善者七篇编次而成，其中郏亶书二篇，郏乔书、苏轼奏议、单锷书、周文英书各一篇，附金藻论一篇。作者自撰《水利论》二篇，编于卷四，并以三江图附于其后。其《水利论》是对前人所论"未尽之理"予以发明，提出了自己的见解。本书主旨在于：治吴中之水，宜专力于松江；松江既治，则太湖之水东下，而他水不劳余力。清人认为："言苏松水利者，是书固未尝不可备考核也。"[②]同此书相比较，王圻的《东吴水利考》10卷则是以图为主的水利史著作。王著前9卷为图考，图各有说，于苏、松、常、镇四郡尤详；末卷为历代名臣奏议。此书颇多疏略，清四库馆臣甚讥之。然作者意图在于以图说与论议相结合，以考东吴水利之史，还是可取的。

自宋元以降，论治河、漕运、水利之史的著作逐渐增多，而至明代尤为明显地呈发展趋势。这一方面反映了人与自然的关系的进一步密切，以及人们对这种关系之认识的进一步提高；另一方面也

---

① 归有光：《三吴水利录》卷一，上海：商务印书馆，1936年，第1页。

② 永瑢等：《四库全书总目》卷六十九《东吴水利录》提要，北京：中华书局，1965年，第612页。

反映出人们加强了对社会经济史的关注。

二、农政、盐政与荒政之史

《明史·艺文志三》农家类著录徐光启《农政全书》60卷、《农遗杂疏》5卷，张国维《农政全书》8卷等。同书《艺文志二》故事类著录关于各地盐政志多种，以及林希元《荒政丛言》1卷、贺灿然《备荒议》1卷、俞汝为《荒政要览》10卷等。这些书同所谓马政、船政等著作一样，虽然是以"政"名书，但它们有不少是讲"史"的。《四库全书总目》的编者们于史部中立"政书"类，是很有道理的。明人在农政、盐政、荒政等方面著作的增多，是从不同于上面所论述的另外一个领域，反映出他们对经济史撰述的重视。

徐光启所著《农政全书》，是综合性的农学名作，也是关于农政之史的名作。从农政史方面来看，其农本与荒政首尾二目，尤为重要。《农政全书》的指导思想是"富国必以本业"，所以作者把"农本"置于书首。其中"经史典故"引经据典阐明农业是立国之本；"诸家杂论"是引诸子百家的言论证明农业的重要，同时收录冯应京的《国朝重农考》，以明朝历代皇帝的农业政策和措施，告诫当时的皇帝和各级官吏重视农业生产和农业生产者。①

《农政全书·农本》这一部分，可以看作是作者对中国农业思想史和历代农业政策史的概括论述。"经史典故"从有关神农氏、后稷的传说，及《尚书·洪范·八政》、《周官礼·王制》和《孝经·庶人》的经济思想，说到管仲相齐的经济政策和李悝为魏文侯作尽地力之教，以至汉唐诸家的论述和措施。"诸家杂论"分别引证了《管子》、《商君书》、《吕氏春秋》、《亢仓子》(一作《亢桑子》)、《齐民要术》、王祯《农桑通诀》阎闾序、王磐《农桑辑要》序、邝廷瑞《便民图纂》于

---

① 参见徐光启：《农政全书校注》出版说明，石声汉校注，上海：上海古籍出版社，1979年，第2页。

永清序、王祯《农桑通诀》中的有关论点，以及《皇明经世实用编·国朝重农考》中所阐述的思想。作者凭借这些文献，勾画了从春秋、战国至元、明时期农业思想的历程。历代以农业为本的政策，在这里得到了有说服力的、历史的说明。《农政全书·荒政》这一部分共 18卷，几乎占了全书卷数的三分之一。《荒政》篇起首 3 卷即"备荒总论"和"备荒考"，实则是一篇内容丰富的荒政史。

在明代，盐政和农政是关系"国用"状况的两个重要方面。《明史·徐光启传》记："帝忧国用不足，敕廷臣献屯、盐善策。光启言屯政在乎垦荒，盐政在严禁私贩。帝褒纳之。"这当然不只是崇祯朝的情况，而是在崇祯朝显得更加突出罢了。明人所撰盐政史以地方性的为主，如史启哲《两淮盐法志》、王圻《两浙盐志》、冷宗元《长芦鹾志》、李开先《山东盐法志》、谢肇淛《八闽鹾政志》、李沄《粤东盐政考》等。[①] 关于盐政方面的总志，有朱廷立所撰《盐政志》10 卷。朱廷立是嘉靖二年（1523）进士，官至礼部右侍郎。嘉靖八年（1529），他以河南道监察御史奉使清理两淮盐政，于是乃博考古今盐制，撰成此书。《盐政志》分为 7 门：出产、建立、制度、制诏、疏议、盐官、禁令。每门各分子目，共 394 目。制诏、疏议部分，每篇各立一目，故其目甚繁。另有《盐法考》10 卷，不著撰人，清四库馆臣疑为明末人所撰。此书自总论以下，按两淮、两浙、长芦、山东、福建、河东、陕西、广东编次，所论之事，至崇祯初年而止。[②] 盐政之史，除上述专书外，还有王圻《续文献通考》中的《征榷考·盐法》三篇。上篇记宋、辽、金、元，记事起于宋孝宗淳熙四年（1177）；中篇和下篇记明代，记事迄于万历二十九年（1601）。它们记载了这期间 424 年盐法的历史，于各朝盐法利弊、各地产盐之数、转输情况、盐课数额、商人牟利违法的恒情等记载尤详。它们依年记事，

① 参见张廷玉等：《明史》卷九十七《艺文志二》故事类，北京：中华书局，1974 年，第 2392～2393 页。

② 参见永瑢等：《四库全书总目》卷八十四《史部·政书类·存目二》，北京：中华书局，1965 年，第 725 页。

清晰地反映了宋、辽、金、元、明的盐政之史。

荒政，是中国古代经济思想的重要内容之一，也是历代封建王朝经济政策的一个重要方面。

明人所撰的关于荒政的专书，有的是关于救荒的议论，如周孔教的《救荒事宜》；有的是阐述救荒的具体办法，如张陛的《救荒事宜》；有的是考核植物可佐饥馑者，如朱橚撰、陆东增补的《救荒本草》；有的是关于赈济纪实的，如钟化民的《赈豫纪略》。

治河、漕运、水利、农政、盐政、荒政，这都是关系到国计民生的大事。撰写这些方面的历史，有的兴于唐代，有的萌于宋、元，而在明代都有了更大的发展。这个发展，一方面是有总结性著作的出现，如《河防一览》、《农政全书》；另一方面是关心、撰写这方面历史的人越来越多了。一个需要明确的问题是，对于这些方面的历史撰述，人们以往很少把它们作为当时的经济史撰述看待。这个观念是应当改变的。尽管"经济史"这个概念还不曾出现，但人们事实上是从社会经济方面来考察上述各个领域的历史，这是史学走向社会深层的又一个重要标志。

第五节　史学的通俗形式和历史教育

一、史学的通俗形式

在明代，史学走向社会深层，还有一个突出的表现，即史学获得了更加丰富的通俗形式，从而使这时期的历史教育也具有新的特色。

大致说来，明代学人在使史学取得通俗形式方面所做的工作，是对前人历史撰著的节选、摘录、重编，由此而产生出来的节本、选本、摘抄本、类编本、重撰本等，名目繁多。

关于节选旧史，有通史、皇朝史和史论。马维铭撰《史书纂略》

220卷，取"二十一史"本纪、列传，各撮取大略，依通史体例，汇成一书。姚允明撰《史书》10卷，自三皇迄于元代，采集史文，节缩成书。这是通史性质的；关于皇朝史方面的，如茅国缙撰《晋史删》40卷，钱士升撰《南宋书》60卷，王思义撰《宋史纂要》20卷，张九韶撰《元史节要》14卷等，都是根据原史节选、缩写而成。这些书，或删之过简，或不明史例，质量都不高，也谈不上有什么创造性。关于史论，有项笃寿的《全史论赞》80卷，有彭以明的《二十一史论赞辑要》和沈国元的《二十一史论赞》，各36卷，都是节选历代正史史论会辑成书。其中沈国元还加以圈点、评议，他的评议如同批选时文，未见有多少史识。这一类书，未可作为著作看待，它们的产生，都是因旧史分量繁重欲求其简。从这一点看，它们还是反映了社会的需要。

关于摘抄旧史。明人的史钞，既多且杂，摘抄的内容大多因人而异，有的甚至是随意杂抄，没有多少价值。也有一些史钞，是反映了摘抄者的兴趣和目的。如茅坤的《史记钞》65卷，是删削《史记》之文并略施评点，反映出摘抄者对于古文的兴趣。赵维寰的《读史快编》44卷，是于诸史中摘录其新异之事，始于《史记》，迄于《新唐书》，反映了摘录者猎奇的主旨。杨以任的《读史集》4卷，是摘录、编辑诸史中事迹之可快、可恨、有胆、有识者，分为4集，每条之下略缀评语。有龚一柱序，称："古今记载皆史也，要在出于喜怒哀乐之自然者也。夫是，则率性是史，又何俟读？读史者，古人先我而明其性，我后古人而鉴其情也。"[1]这大致写出了编录者的目的。这一类书中，还有不少是着眼于史书的字句、辞藻的，如凌迪知的《〈左〉〈国〉腴词》、《太史华句》、《两汉隽言》即是。它们对传播完整的史事起不了什么作用，但毕竟还是扩大了史书的社会影响。

---

① 龚一柱：《读史集》序，《读史集》，《四库全书存目丛书》第148册，济南：齐鲁书社，1996年，第265页。

明代学人也有不少改编旧史之作，它们的情况也显得复杂一些，虽然总的面貌并不突出，但也往往有创造性的因素。其中，按编年体写成的，如丘浚所撰《世史正纲》32卷，起秦始皇二十六年，迄明洪武元年，以著世变事始之所由，并随事附论，全书用意在于专明正统。顾应祥撰《人代纪要》30卷、薛应旂撰《甲子会纪》5卷，编年纪事，上自黄帝，下至嘉靖朝；其上限所记年代，则纯属臆断。还有大致按纪传体改编的，如范理撰的《读史备忘》8卷，所记起自西汉迄于唐代，先列诸帝于前，而以诸臣事迹摘叙于后，史文均据正史和《资治通鉴纲目》。又如谢陛撰的《季汉书》56卷，尊蜀汉为正统，自献帝至刘后主为本纪3卷，附以诸臣为内传；吴、魏之君为世家，而以其臣为外传；另有载记、杂传，以及兵戎始末、人物生殁2表；卷首有正论5条，答问22条，凡例44条。这书的正统观念并不可取，所订义例亦未必允当，但作者力图运用多种体例来反映比较复杂纷繁的历史过程的用意，似还有可取之处。再有一种是按类书形式改编的，如唐顺之撰《史纂左编》124卷，以历代正史所载君臣事迹类辑成编，全书分君、相、名臣、谋臣、后、公主、戚、储、宗、宦、幸、奸、篡、乱、莽、镇、夷、儒、隐逸、独行、烈妇、方技、释、道共24门，而意在取千古治乱兴衰之大者，着重著其所以然。这书所介绍的只是一些片断的历史知识；不过它立意还是可取的，历史教育也需要这样的书。

　　明代史学的通俗形式，还有一些是属于蒙学、乡塾读本。顾锡畴撰《纲鉴正史约》和梁梦龙编《史要编》二书，是这类书中较有特色的。《纲鉴正史约》36卷，编年纪事，大致反映出历代历史梗概。"纲鉴"，是分别取《资治通鉴纲目》和《资治通鉴》二书各一字为书名。后来清人吴乘权等撰《纲鉴易知录》，或许是受了这书的影响。《史要编》10卷，作者杂采诸史之文，为正史3卷、编年3卷、杂史3卷、史评1卷。其自序称：学者罕睹全史，是编上下数千载，盛衰得失之迹，大凡具在。这书的编者，有两个意图，一是传播简要的历史知识，二是希望读者粗知史学的表现形式。编者的这一用意，在今天看来仍是可取的。明代还有一本蒙学读物，是在当时和后来直至近世都产生了很大影响的，这就是程登吉编的《幼学琼林》。这是关于中国历史文化知识的极通俗的读本，它用对偶句子写成，大致也能押韵，读来朗朗上口，饶有兴味；既能识字，又能增长知识。《幼学琼林》经后人不断增补，现今所传最好的本子，是清代邹圣脉增补本，凡4卷：卷一是关于天、地、朝廷；卷二是讲祖孙父子、伦理关系；卷三讲人事、器用；卷四讲科第、学识。这种蒙学读本的形式，在今天仍可借鉴。

总的来看，在史学的通俗化方面，明代学人是做出了努力的。这些用比较通俗的形式写出来的史书、读本，对史学自身的发展很少有直接的意义，但对史学跟社会的结合确有一定的积极作用。关于这一点，还有必要做进一步的清理和总结。

二、历史教育的特点

明代的历史教育，在科举考试这一重要环节上，远不如前朝重视。据《明史·选举志一》载，明代的学生，主要诵读"四书"、"五经"、《通鉴》，以及《御制大诰》、《皇明祖训》及本朝律令。除《资治通鉴》外，史书难得受到应有的重视，以致顾炎武有"史学废绝"的感叹。从《明史·选举志》所反映出来的情况，史学在明代科举中的位置，是连辽、金二朝也不如的。

明代历史教育的另一个特点，是最高统治者对功臣、勋贵的历史教育极为重视。从明太祖到明宣宗，诏命臣下编集了不少这方面的读物，通常称为有关的"录"或"鉴"。《明史·艺文志二》故事类著录：太祖《御制永鉴录》1卷(训亲藩)、《纪非录》1卷(训周、齐、潭、鲁诸王)。《祖训录》1卷(洪武中编集，太祖制序，颁赐诸王)。《宗藩昭鉴录》5卷(洪武中陶凯等编集)。《历代公主录》1卷(洪武中编集)。《世臣总录》2卷，《为政要录》1卷，《醒贪简要录》2卷，《武士训戒录》

1卷,《臣戒录》1卷（俱洪武中颁行）。《存心录》18卷（吴沉等编集）。《省躬录》10卷（刘三吾等编集）。《精诚录》3卷（吴沉等编集）。宣宗《御制历代臣鉴》37卷、《外戚事鉴》5卷。以下著录的还有：李贤《鉴古录》1卷、夏寅《政鉴》30卷、顾赞《稽古政要》10卷、张居正《帝鉴图说》6卷、张铨《鉴古录》6卷等。这些书，基本上都是按照一定的主题、根据前人的历史撰述编录而成，少有创新。它们有一个大致相同的编录思想，即"善恶以为鉴戒"。它们还有一个共同的地方，就是文字通俗。以上三条，是这一类书的共同特点。举例说来，如《永鉴录》一书，凡分六目：笃亲亲之义，失亲亲之义，善可为法，恶可为戒，立功国家，被奸陷害。前二目训朝廷，后四目训诸王。每条各举古事，而以俗语阐说，以便于通晓。[①] 可见，这一类书，也是明代史学之通俗形式的一个方面。从这些书的编集和颁行来看，明朝最高统治者对于大臣、贵戚们的历史教育的重视，可以认为是超过前朝的。而张居正所编的《书经直解》和《通鉴直解》，同他的《帝鉴图说》性质一样，又都是为了对皇帝讲述历史经验教训而编纂的通俗读物。

明代历史教育的第三个特点，是它比前代具有更广泛的社会性。同严肃的史学在科举考试中受到轻视的情形相反，通俗的史学在市井民众、乡塾、蒙学那里却开辟了广阔的道路。上文所论史学的通俗形式中的那些历史读物，据清代四库馆臣著录，大多采自地方，说明它们在民间流布之广。这些书的编者、撰者，有的是具有明确的历史教育意识的；有的没有这种意识，但在客观上也起着历史教育的作用。可以认为，明代是史学向社会更加广泛传播的时代。从史学跟社会的关系来看，它是在向前发展的。由于明代的通俗历史读物既多且滥，其中有不少知识上、内容上的错误，也有属于那个时代难以完全避免的思想上的错误。

---

① 参见永瑢等：《四库全书总目》卷一百三十一《杂家类·存目八》，北京：中华书局，1965年，第1118页。

第六节　晚明史学的崛起

一、王世贞的本朝史著述成就

明代的史学在晚明时期取得了突出的成就。它的主要标志是：明代比较著名的史学家如王世贞、李贽、王圻、焦竑、谈迁等，都是这个时期的人；他们的历史著作从不同的方面反映了这个时期的时代特点，在史学发展上占有一定的位置。这大致是指嘉靖、万历之际及其以后的明朝八九十年间的历史。这个时期的史学现象可称之为晚明史学的崛起。

王世贞（1526—1590），字元美，号凤洲，又号弇州山人，太仓（今属江苏）人，嘉靖二十六年（1547）进士，累官至南京刑部尚书。王世贞以文才与史才名于世。《明史》本传记：“世贞好为古诗文，官京师……名日益广。”又说：“世贞始与李攀龙狎主文盟，攀龙殁，独操柄二十年。才最高，地望最显，声华意气笼盖海内。一时士大夫及山人、词客、衲子、羽流，莫不奔走门下。片言褒赏，声价骤起。”①可谓一代文坛领袖。而关于他的史才，《明史》本传无一语道之。彰其文才而讳其史才，这正暴露了《明史》撰者对王世贞的国史著述，确有难言之隐。

其实，明代学人对王世贞的史才是有明确的评价的。陈文烛为《弇山堂别集》作序，称引时人之论，认为王世贞有“良史才，当修国朝史书”。沈德符著《万历野获编》，多处提到王世贞及其历史论著，也称引了时人的评价，如引徐阶语说：“此君他日必操史权。”②这都可以说明王世贞确以史才名于当时，而《明史》本传不及于此，甚至

---

① 张廷玉等：《明史》卷二百八十七《王世贞传》，北京：中华书局，1974 年，第7381 页。

② 沈德符：《万历野获编》卷八“严相处王弇州”，北京：中华书局，1959 年，第 209 页。

连他的著述目录也一一隐去，是很没有道理的。

王世贞的史学成就，主要在于明史撰述方面。他为撰写本朝的历史，几乎用了毕生的精力。他在晚年回顾了自己治史的过程，写道："王子（按：其自称）弱冠登朝，即好访问朝家故典与阀阅琐琐之详，盖三十年一日矣。晚而以故相徐公（按即徐阶），所得尽窥金匮石室之藏，窃亦欲藉薜萝之日，一从事于龙门、兰台遗响，庶几昭代之盛，不至忞忞尔。"①他用 30 年的时间搜集本朝史资料，后又阅读了皇家藏书，为的是继承马、班之志，以使明朝的历史不至成为蒙蒙然的一笔糊涂账。他的这个看法，并不是过分的。如前所述，明朝统治者只修实录，不修国史；而史官制度的不健全，使纂修实录的材料来源受到了很大的限制。同时，实录定稿后，草稿即行焚毁，而定稿又不准流布，于是稗史蜂起，家乘竞出，各奋其说，是非难定。这几乎成了明代史学上的一大痼疾，为有识之士所不满。王世贞可谓其中最具才志者。

一生宦途，一生著述。为了写出一部翔实的明史，王世贞做了浩繁的资料搜集、整理、考订工作，在编和著方面都有丰富的成果。据《明史·艺文志二》著录有：《国朝纪要》10 卷、《天言汇录》10 卷（正史类）。《弇山堂别集》100 卷、《识小录》20 卷、《少阳丛谈》20 卷、《明野史汇》100 卷。原注："万历中，董复表汇纂诸集为《弇州史料》，凡一百卷。"（杂史类）《公卿表》24 卷（职官类）。《嘉靖以来首辅传》8 卷、《名卿纪迹》6 卷（传记类）。《艺文志三》著录有：《札记》2 卷、《宛委余编》19 卷（杂家类），《画苑》10 卷、《补遗》2 卷（艺术类），《类苑详注》36 卷（类书类）。《艺文志四》著录有：《弇州四部稿》174 卷，《续稿》218 卷（别集类），《增集尺牍清裁》28 卷（总集类）等。其中有几种不属于史部书。其中比较重要的是：《弇州四部稿》、《明野史汇》、《弇山堂别集》、《弇州史料》等。

《弇州四部稿》（亦称《弇州山人四部稿》）174 卷，含赋部（包括风

---

① 王世贞：《弇山堂别集·小序》，北京：中华书局，1985 年，第 4 页。

雅)3 卷、诗部 51 卷、文部 84 卷、说部 36 卷。《明史·艺文志》说：四部，"以拟域中之四部州"。其中说部包含 7 种撰述：《札记内篇》、《札记外篇》、《左逸》、《短长》、《艺苑卮言》、《卮言附录》、《宛委余编》。这是王世贞的一部诗文集，但说部中有些文章是反映出王世贞的史学思想的。此集大约编辑、刊刻于万历五年(1577)王世贞任郧阳巡抚时，当是他独领文坛之际。他编的《明野史汇》，不知刊刻于何时，按理亦当在这前后。这是他评论明代野史得失的主要依据。

《弇山堂别集》100 卷，这是王世贞手订的自撰明史资料书，也是他历史撰述的代表作。其卷一至卷十九，是关于明朝历史的笔记，包括《皇明盛事述》、《皇明异典述》、《皇明奇事述》3 个部分，涉及朝章典故、君臣事迹、人物轶事、民族关系、中外关系，也有一些诙谐谈谑之语。卷二十至卷三十，是《史乘考误》，前 8 卷考国史(即实录)、野史之误，后 3 卷考家乘之误。这是王世贞关于史料辨析的笔记。卷三十一至卷三十六，详记帝系及宗藩。卷三十七至卷六十四，是各类史志，凡 67 目，包括功臣公侯伯、三师、内阁、南北两京六部首长等，一一记载姓名、籍里、出身、任职时间。卷六十五至卷一百，是各种史考，包括亲征、巡幸、亲王禄赐、宗室公主即位之赏、之国之赏、来朝之赏、有功之赏、命将、谥法、赏赉、赏功、科试、诏令、兵制、市马、中官 16 目。所谓"考"，实质是按专题记述的皇朝大事；其中中官为明代致祸尤深，故特详记之，占了 11 卷篇幅。有一些"考"，作者写了简短的序，以明撰述之旨。如《亲征考》："天子御甲胄统六师者，自高、文、宣、英、武凡五庙，而出塞者七，平内乱者三。今悉纪之。"①《命将考》："自高庙至今，亲征之外，凡大举平敌出塞者，悉纪之。"②《赏功考》："我朝功赏规制，

---

① 王世贞：《弇山堂别集》卷六十五《亲征考》，北京：中华书局，1985 年，第 1211 页。
② 王世贞：《弇山堂别集》卷六十八《命将考上》，北京：中华书局，1985 年，第 1273 页。

视古最为不浮，今略志之。"①这四个部分，都是关于明史的重要资料，有突出的文献价值。此书刊刻于万历十八年（1590），而王世贞恰于此年去世。

《弇州史料》100卷，王世贞撰，董复表辑。王世贞去世后，董复表汇纂王氏诸集而成。它的前集30卷，包括表、序、志、考、世家、传记；后集70卷，包括各类杂著及《觚不觚录》、《皇明三述》、《二史考》等。全书多关明朝君臣事迹、朝政大事、社会经济、典章制度、史料考订，而以前集价值为高。此书有万历四十二年（1614）刻本，时王世贞去世已24年。清四库馆臣评论说，此书"非集非史"，"世贞本不为史，强尊为史，实复表之意"②。董复表编辑此书，颇有与《弇山堂别集》相重复者，说明去取之间，实难反映王世贞本意；然董以"史料"名书，还是大致反映了本书的性质。

此外，王世贞在致仕后、去世前，还曾自集其晚年之作，编成《弇州山人四部续稿》207卷（一说218卷），以授其少子士骏，至崇祯年间其孙始为刊行。此书仅有赋、诗、文三部而无说部，但其包含史传10卷，也有一定的文献价值。

王世贞是一个勤奋、渊博的学者。清人称赞他说："考自古文集之富，未有过于世贞者。"③他在史学上的成就，也是很突出的。第一，他是真正的明史撰述的开创者。在王世贞以前，明代学人关心国史撰述者不少，但见解之深刻、撰述之勤奋、成果之丰富，则无人可与其相比。时人称他为"良史才"，后人从他的撰述得到借鉴，说明他的史学成就的时代价值和历史价值。如清初所修《明史》，在列传、志、表部分，都程度不同地采用了王世贞的成果。④ 而在史

---

① 王世贞：《弇山堂别集》卷七十八《赏功考上》，北京：中华书局，1985年，第1493页。

② 永瑢等：《四库全书总目》卷六十二，北京：中华书局，1965年，第562页。

③ 永瑢等：《四库全书总目》卷一百七十二《弇州山人四部稿》提要，北京：中华书局，1965年，第1508页。

④ 参见顾诚：《王世贞的史学》，《明史研究论丛》第2辑，南京：江苏人民出版社，1983年，第340页。

表部分，前者还远不如后者来得丰富。

第二，他是勤奋的史料搜集、整理者和严肃的史料辨析者。对史事的求真精神和对史料的批判态度，是王世贞治史的主要特点。如《弇山堂别集·亲征考》有一条记载："永乐八年成祖文皇帝北征军令，实录不尽载，故记之。"①下文则全部录出"军令"凡 54 款。其《诏令杂考》说："自高帝以后，书檄之类，不登诏令，及不可以入史传者，录以备考。"②其《市马考》云："高帝时，南征北讨，兵力有余，唯以马为急，故分遣使臣以财货于四夷市马。而降虏土目来朝，及正元万寿之节，内外藩屏将帅，皆以马为币，自是马渐充实矣。其互市之详，《会典》与志皆不载，故记之。"③这都可以反映出王世贞在史事上的求实精神。他对实录、野史、家乘的"考误"，则鲜明地表现了他对史料的批判态度，其《史乘考误》历来备受推崇，绝非偶然。但是，他对于国史、野史、家史的积极作用和文献价值也是充分肯定的。

第三，他是一个有强烈时代感的史学家。他执着于国史的撰述，固然有史学传统方面的影响，同时也是受到时代的多方面启示。他在《赏赉考·即位之赐》中指出：天子即位之赐，"高皇帝时无之"，后来有了，且范围与数量不断增加，"自是，后代稍裁省，然府藏之积，往往不胜其费矣"④。这是在批评最高统治者不断走向奢靡。宦官对政治的危害和对世风的毒化，明代尤盛于前代。王世贞洞察于此，故于宦官问题颇致力探讨，这就是为什么《中官考》占了《弇山堂别集》十分之一多的篇幅。他的《中官考》序，深深地反映出他对政治的忧虑。王世贞在史学上从"是古非今"而转向"博古通今"，也反映了他"随事改正，勿误后人"，追随时代前进的自省精神。

---

① 王世贞：《弇山堂别集》卷六十五《亲征考》，北京：中华书局，1985 年，第 1216 页。
② 王世贞：《弇山堂别集》卷八十五《诏令杂考一》，北京：中华书局，1985 年，第 1615 页。
③ 王世贞：《弇山堂别集》卷八十九《市马考》，北京：中华书局，1985 年，第 1707 页。
④ 王世贞：《弇山堂别集》卷七十六《赏赉考上》，北京：中华书局，1985 年，第 1455 页。

王世贞由于种种原因，终于未能写出一部完整的和系统的明史，这是时人和他自己都深感遗憾的。陈文烛的《弇山堂别集》序和王世贞本人的《小序》，都反映出这种心情。但王世贞的史学成就并未因此而受到损害，尤其是他在史料辨析方面表现出来的批判精神，实为医治明代史学上空疏学风的一剂良药。他的这种批判精神，和跟他大致同时的李贽在历史评论上的批判精神，一齐奏出了晚明史学崛起的高亢乐章。

二、王世贞的史学批评理论

在中国古代史学上，关于国史、野史、家史的评论，有种种不同的看法，尤其是关于它们在史学价值上的是是非非，存在着不少争论。这些看法和争论，从一个方面反映出古代史学批评中的方法论问题。

王世贞针对本朝的史学，就国史、野史、家史的是非阐述了精辟的见解。他说：

> 国史人恣而善蔽真，其叙章典、述文献，不可废也；野史人臆而善失真，其征是非、削讳忌，不可废也；家史人腴而善溢真，其赞宗阀、表官绩，不可废也。①

这一段话，概括地指出了国史、野史、家史各自所存在的缺陷方面及其终于"不可废"的方面，言简意赅，可谓史学批评上的确论。其中，包含着在史学批评方法论上的辩证认识，反映了王世贞的卓见。他所总结的"人恣而善蔽真"、"人臆而善失真"、"人谀而善溢真"的三种情况及其有关的概念，尤其具有理论的意义。

---

① 王世贞：《弇山堂别集》卷二十《史乘考误一》，北京：中华书局，1985年，第361页。

在古代史学批评史上，这是经过漫长的道路和反复的认识才达到的。

"国史人恣而善蔽真"，这种情况当然不限于明代史学。《史通·古今正史》关于唐初以前国史撰述的批评，颇涉及一些"人恣"而"蔽真"的现象。如它借用班彪的话，批评扬雄、刘歆"褒美伪新，误后惑众，不当垂之后代者也"。批评曹魏王沉《魏书》"多为时讳，殊非实录"。指出十六国前赵刘聪时，领左国史公师彧撰刘渊时史事及功臣传，"甚得良史之体"，但遭到他人诬陷，被刘聪"怒而诛之"。后赵石勒时，史臣徐光、宗历、傅畅、郑愔等撰《上党国记》、《起居注》、《赵书》，其后还有其他史臣"相次撰述"；而至石虎时，"并令刊削，使勒功业不传"。后燕董统撰国史"后书"30卷，"但褒述过美，有惭董、史之直"。前秦史官赵渊、车敬、梁熙、韦谭相继撰述国史，苻坚见书苟太后幸李威事，"怒而焚灭其本"。北魏史官崔浩"叙述国事，无所隐恶，而刊石写之，以示行路"，由此而致"夷三族，同作死者百二十八人"。唐高宗、武则天时，史臣许敬宗所作国史纪传，"或曲希时旨，或猥饰私憾，凡有毁誉，多非实录"。从刘知幾的这些批评来看，可见王世贞所说的"人恣"这个"恣"字，真是入木三分。国史一般出于官修，因有权势作为后盾，故而有一些人得以对撰史工作采取恣意放纵的做法。上述诸例，概而言之，有两种恣意放纵的做法。一是出于史官本人，如许敬宗撰史，"曲希时旨"、"猥饰私憾"，结果是"凡有毁誉，多非实录"；二是出于最高统治者，如刘聪之诛公师彧、石虎之刊削国史、苻坚之焚灭国史，以及拓跋焘之诛崔浩、夷三族、杀同作、废史官。其结果，都使历史真相被掩蔽起来。这两种情况，殊途同归，对历史撰述起了"蔽真"的作用。

唐初以后，这种"人恣"而"蔽真"的情况，也还不断有所发生，而在历朝实录撰写中表现得尤为明显。如晚唐时期，对于韩愈主持撰写的《顺宗实录》，"内官恶之，往往于上前言其不实，累朝有诏改修"[1]。

---

① 刘昫等：《旧唐书》卷一百五十九《路随传》，北京：中华书局，1975年，第4192页。

穆宗、敬宗、文宗三朝，宦官攻击《顺宗实录》，鼓噪之声不绝，终于导致了文宗朝对《顺宗实录》的修改，刊削了其中所书德宗、顺宗朝有关"禁中事"，掩盖了宦官的恶迹。其后，唐武宗会昌年间，又发生了对文宗大和年间撰成的《宪宗实录》进行"重修"①的事情。这跟当时的宦官集团同官僚集团的矛盾、斗争有一定的联系，而症结则是涉及实录所记"禁中之语"②。又如《明实录》，问题更多。揭其主要者有：第一，《太祖实录》撰于建文之时，而永乐年间竟然两次改修，以证朱棣确系受命之主。第二，《英宗实录》中记景泰朝史事多达 87 卷，但实录中不承认有景泰帝，而称其为郕戾王。第三，焦芳等所修《孝宗实录》、霍维华等改修之《光宗实录》，皆迎合权贵，颇多曲笔。第四，明世宗时，竟然命史臣为他的没有当过皇帝的父亲兴献王，也撰写了所谓《睿宗实录》，成为笑谈。王世贞在揭示明朝"国史之失职"的几种情况时说："而其甚者，当笔之士或有私好恶焉，则有所考无所避而不欲书，即书，故无当也。"③

可见，在中国史学上，"人恣而善蔽真"的弊病的存在，是无可讳言的。问题在于史学批评家们如何估量这一弊病，进而如何估量历代国史撰述。即以明代史学而论，有人针对上述《明实录》中存在的问题，便认为明代"无史"④。还有人说："有明一代，国史失诬，家史失谀，野史失臆，故以二百八十年，总在一诬妄之世界。"⑤这样的批评，无疑是全部否定明代史学的成就，而首先是否定《明实录》的史学价值，显然是片面的。史学批评中的这种片面认识，也反映在一些史学家和史学批评家对有的"正史"的认识上。如李百药批评魏收"既缘史笔，多憾于人"，并渲染魏收时人攻击《魏书》为"秽

① 刘昫等：《旧唐书》卷十八上《武宗纪》，北京：中华书局，1975 年，第 598 页。
② 王钦若等编：《册府元龟》卷五百五十九《国史部·论议二》，周勋初等校订，南京：凤凰出版社，2006 年，第 6409 页。
③ 王世贞：《弇山堂别集》卷二十《史乘考误一》，北京：中华书局，1985 年，第 361 页。
④ 郎瑛：《七修类稿》卷十三"三无"，上海：上海书店出版社，2001 年，第 136 页。
⑤ 张岱：《石匮书自序》，《琅嬛文集》卷一，长沙：岳麓书社，1985 年，第 17 页。

史"的说法，对《魏书》采取否定的态度。^① 萧颖士批评《史记》说："仲尼作《春秋》，为百王不易法，而司马迁作本纪、书、表、世家、列传，叙事依违，失褒贬体，不足以训。"^②叶适未曾深考纪传体史书的优点，也对《史记》"史法遂大变，不复古人之旧"^③，颇多微词。像这样的一些批评，在方法论上都是有悖于辩证认识所致。

刘知幾著《史通》，被人称为"心细而眼明，舌长而笔辣，虽马、班亦有不能自解免者，何况其余"^④。然而刘知幾之批评历代国史撰述，从总体上看，他在方法论上并未陷于片面性，反映出他的辩证的认识。而在具体论断上，他称赞王铨《晋书》"编次有序"、干宝《晋纪》"直而能婉"；称赞柳虬所撰北周国史，"直辞正色，事有可称"；称赞唐初史官李仁实所撰本朝人传记，"载言记事，见推直笔"等；他还肯定朱敬则、徐坚、吴兢等对国史的整理和撰述。从上文所引来看，他对前赵、后赵、前秦、北魏的一些史官的撰述，评价也是很高的。《古今正史》篇最后说："大抵自古史臣撰录，其梗概如此。盖属词比事，以月系年，为史氏之根本，作生人之耳目者，略尽于斯矣。"这是刘知幾对古今正史（包括国史撰述）做了总的考察之后得到的结论。

王世贞对明代史学的批评是很激烈的，他认为："国史之失职，未有甚于我朝者也。"^⑤明朝最高统治集团不仅没有组织编撰纪传体的国史，就连起居注也付诸阙如。王世贞的这个批评并不过分。但他在指出"国史人恣而善蔽真"的时候，还是肯定了国史即历朝实录在"叙章典、述文献"方面的"不可废"。在这一点上，他跟刘知幾的史学批评方法论是相通的。

---

① 参见李百药：《北齐书》卷三十七《魏收传》，北京：中华书局，1972年，第488～489页。
② 欧阳修、宋祁：《新唐书》卷二百二《文艺传中·萧颖士传》，北京：中华书局，1975年，第5768页。
③ 叶适：《习学记言序目》卷十九《史记一》，北京：中华书局，1977年，第264页。
④ 黄叔琳：《史通训故补》序，上海：上海古籍出版社，2006年，第430页。
⑤ 王世贞：《弇山堂别集》卷二十《史乘考误一》，北京：中华书局，1985年，第361页。

"野史人臆而善失真"，王世贞这里说的"野史"，是同"国史"相对而言的。在中国史学上，历来还有以"野史"同"正史"相对而言的。南朝梁人阮孝绪著有《正史削繁》，其后《隋书·经籍志》史部有"正史篇"居群史之首，而刘知幾《史通》则有《古今正史》篇，于是"正史"说法相沿成习，其含义多据《隋志》，即指纪传体通史和皇朝史。至清代，则专指《二十四史》。唐人陆龟蒙有诗云"自爱垂名野史中"①，这说明此前已有"野史"之说。陆龟蒙同时代人沙仲穆撰有《大和野史》，"起自大和，终于龙纪"②。两宋以后，"野史"之说流行，至明代而大盛。

野史有几个比较显著的特点，一是作者多非史官；二是体裁不拘；三是所记一般限于闻见，且多委巷之说；四是记事较少忌讳。宋人洪迈《容斋随笔》卷四有"野史不可信"条，作者根据魏泰《东轩笔录》所记宋真宗朝事一条年代有误，沈括《梦溪笔谈》记真宗朝事一条年代不符、一条以玉带为"比玉"与事实不合，而做如下结论："野史杂说，多有得之传闻及好事者缘饰，故类多失实，虽前辈不能免，而士大夫颇信之。姑摭真宗朝三事于左。"洪迈的论断大致是正确的，但他据此认为"野史不可信"，便在方法论上从正确走向了偏颇。

野史杂说的产生，是有它的历史根源和社会根源的。尽管历代具体情况有所不同，而其基本原因则是相通的。《隋书·经籍志二》"杂史"小序说：

> 灵、献之世，天下大乱，史官失其常守。博达之士，愍其废绝，各记闻见，以备遗亡。是后群才景慕，作者甚众。又自后汉已来，学者多钞撮旧史，自为一书，或起自人皇，或断之近代，亦各其志，而体制不经。又有委巷之

---

① 曹寅等编：《全唐诗》卷六百三十《奉酬袭美苦雨见寄》，北京：中华书局，1960年，第7228页。

② 王溥：《唐会要》卷六十三《史馆上·修国史》，北京：中华书局，1955年，第1098页。

说，迂怪妄诞，真虚莫测。然其大抵皆帝王之事，通人君
子，必博采广览，以酌其要，故备而存之。

这些看法，虽是就"杂史"提出来的，然其论"史官失其常守"而博达
之士"各记闻见，以备遗亡"这一社会历史原因，其论"通人君子，必
博采广览，以酌其要"这一评论的方法论要求，是可以用来看待"野
史"的。刘知幾在《史通·杂述》篇的末了写道："苟如是，则书有非
圣，言多不经，学者博闻，盖在择之而已。"这也是在相近的方法论
要求指导下，对待种种"杂述"的态度。人们同样可以用这种态度来
看待"野史"。

　　王世贞评论明代野史，是在批评"国史之失职，未有甚于我朝
者"的情况下展开的。他说："史失求诸野乎？然而野史之弊三：一
曰挟郄而多诬。……二曰轻听而多舛。……三曰好怪而多诞。"[①]他
对于每一弊端，都举出了实例，很有说服力。他把"挟郄"、"轻听"、
"好怪"概括为一个"臆"字，即出于臆想而非全凭事实，因而易于"失
真"。但他还是肯定了野史的"征是非、削讳忌"，故"不可废也"。明
末喻应益为谈迁《国榷》作序，而写道：西汉以后，"皆以异代之史而
掌前世之故，或借一国之才而参他国之志，然亦必稽当时稗官说家
之言以为张本。孙盛以枋头受吓，崔浩以谤国罹祸，则亦秦之余猛
矣，又安冀国有信史哉！史失则求诸野，则野史之不可已也久矣"。
他又认为：野史之作，"见闻或失之疏，体裁或失之偏，纪载或失之
略，如橡阙焉"[②]。他的这些话是要说明：西汉以后，国无信史；野
史虽有"疏""偏""略"的缺憾，但并非根本性的弊端。这就把野史的
地位提到国史之上。

　　要之，在关于杂史、野史的看法上，从《隋书·经籍志》、《史
通》到王世贞，贯穿着一个基本思想，即反映在批评的方法论上的辩

---

① 王世贞：《弇山堂别集》卷二十《史乘考误一》，北京：中华书局，1985 年，第 361 页。
② 谈迁：《国榷》喻序，北京：中华书局，1958 年，第 4 页。

证认识。"野史不可信"和西汉以后国无信史的说法，都不免失于片面。

所谓"家史人谀而善溢真"，王世贞是说"家乘铭状"不过是"谀枯骨谒金言"罢了，这就必然流于"溢真"。但他还是肯定了家史在"赞宗阀、表官绩"方面的作用，认为这也是"不可废"的。王世贞把家乘铭状完全视为"谀枯骨谒金言"的虚妄之词，虽然也有点过分，但并不是毫无根据的。

什么是"家史"？刘知幾说："高门华胄，奕世载德，才子承家，思显父母。由是纪其先烈，贻厥后来，若扬雄《家牒》、殷敬《世传》、《孙氏谱记》、《陆宗系历》。此之谓家史者也。"①根据刘知幾的看法，谱系是家史的一种形式。《隋书·经籍志二》有"谱系"篇，其序着重指出了它们在反映社会面貌方面的作用，如说："后魏迁洛，有八氏十姓，咸出帝族。又有三十六族，则诸国之从魏者；九十二姓，世为部落大人者，并为河南洛阳人。其中国士人，则第其门阀，有四海大姓、郡姓、州姓、县姓。"这是从一个方面反映出了当时社会门阀化的重要情况。刘知幾认为，家史所记有两大局限，一是在内容上"事惟三族，言止一门"；二是在时间上倘若"薪构已亡，则斯文亦丧者矣"②，所以他对家史的价值评价不高。

家史本有这样的局限，加之作者"纪其先烈"，往往自夸，故虽处门阀时代，亦不能免于人们的批评。如刘知幾本人曾撰《刘氏家史》和《谱考》二书，所论、所考"皆按据明白，正前代所误，虽为流俗所讥，学者服其该博"③。严肃的家史著作尚且如此，更何况浅薄之作。家史如此，铭状尤然。中晚唐之际，史臣李翱有"论行状不实奏"。他指出：

---

① 刘知幾：《史通》卷十《杂述》，浦起龙通释，上海：上海古籍出版社，2009年，第254页。

② 刘知幾：《史通》卷十《杂述》，浦起龙通释，上海：上海古籍出版社，2009年，第256页。

③ 刘昫等：《旧唐书》卷一百二《刘子玄传》，北京：中华书局，1975年，第3171页。

> 凡人之事迹，非大善大恶，则众人无由知之。旧例皆
> 访问于人，又取行状、谥议，以为依据。今之作行状者，
> 非门生即其故吏，莫不虚加仁义礼智，妄言忠肃惠和。如
> 此不唯处心不实，苟欲虚美于所受恩而已也。……由是事
> 失其本，文害于理，而行状不足以取信。①

他进而建议："臣今请作行状者，但指事说实，直载其词，善恶功迹，皆据事足以自见矣。"王世贞说的家史铭状"人谀而善溢真"，"谀"、"溢"二字，简直就是对李翱所论的绝妙的概括。当然，并非所有的铭状都是如此，但"人谀"而"溢真"，确是不少铭状的通病。

中国古代史学批评在方法论方面的遗产，有不少需要发掘、清理和总结的地方。这里以国史、野史、家史的是非为例，扼要地阐述了史学批评方法上的辩证认识与片面认识的有关论点。从近代以来的史学批评来看，这两种认识都有很大影响。总结古代史学批评在这方面的遗产，对于科学地认识中国史学的发展，丰富当今史学批评的思想和方法，都是有益的。

三、李贽历史评论的批判精神

李贽的主要撰述有《藏书》、《续藏书》，《焚书》、《续焚书》，前者是历史评论著作，后者是诗文集而重于思想评论，它们在史学史和思想史上各有重要的地位。他还编有《初潭集》，合《世说新语》与《焦氏类林》成编，其批点、评论，也反映出他的哲学思想和社会思想。

《藏书》68卷、《续藏书》27卷，是李贽关于历史人物评述的两部著作。《藏书》取材于历代正史，记战国至元末约800个历史人物。《续藏书》取材于明代人物传记及有关文集，记明代万历以前约400

---

① 王溥：《唐会要》卷六十四《史馆杂录下》，北京：中华书局，1955年，第1110页。

个历史人物。从历史思想来看，《藏书》所包含的历史评论的批判精神，具有突出的史学价值。李贽的历史评论的批判精神，表现在以下几个方面：

首先，是表现在对历史评价的理论认识上。李贽认为："人之是非，初无定质；人之是非人也，亦无定论。无定质，则此是彼非并育而不相害；无定论，则是此非彼亦并行而不相悖矣。"①这是肯定了人们认识事物的"是"与"非"是可以同时存在的，不仅可以"并行"，而且可以"并育"，即促进认识的发展。李贽进而指出：汉、唐、宋三代，"中间千百余年而独无是非者，岂其人无是非哉？咸以孔子之是非为是非，故未尝有是非耳"。这是明确地提出，在历史评价上，应当改变"咸以孔子之是非为是非"的传统价值观念。在他看来，千百年中只遵循孔子的是非为是非，就等同于没有是非可言，更谈不上"是"与"非"的"并行"、"并育"。李贽还认为："夫是非之争也，如岁时然，昼夜更迭，不相一也。昨日是而今日非矣，今日非而后日又是矣"，怎么能以孔子的是非为定论呢。李贽提出的这些论点，在历史评论的理论发展上，是一个重大的进步。唐代刘知幾曾大胆地提出"疑古"、"惑经"，表现出了他在历史评论和史学批评上的批判精神。不过，他所"疑"之"古"、所"惑"之"经"，只是就一些具体的史文和记载说的；而李贽则是从历史评论的基本原则即历史评价的标准上提出了异议。在魏晋南北朝隋唐时期，史学上曾有一派主张，即历史撰述在形式上和思想上都应效法《春秋》。针对这一类主张，唐人皇甫湜提出："是非与圣人同辨，善恶得天下之中，不虚美，不隐恶，则为纪、为传、为编年，是皆良史矣。"②这是表明，作为"良史"，在历史撰述上不必尽效法《春秋》。而李翱的《答皇甫湜书》也提

① 李贽：《藏书》卷首《世纪列传总目前论》，北京：中华书局，1974年，第1页。下同引《藏书》卷首《世纪列传总目前论》，不另注。
② 董诰等编：《全唐文》卷六百八十六《编年纪传论》，北京：中华书局，1983年，第7030页。

出了"用仲尼褒贬之心，取天下公是公非以为本"①，作为历史评价的原则。他们提出的"是非与圣人同辨"、"取天下公是公非以为本"的思想，反映了史家在历史评论上自觉意识的增强。但是，所谓"善恶得天下之中"、"用仲尼褒贬之心"的不同价值原则，则又表明他们还没有完全摆脱《春秋》思想的羁绊。李贽在前人的基础上又前进了一大步，他主张在历史评价的是非上，史学家应当有自己的是非标准，而要做到这一点，必须突破"咸以孔子之是非为是非"的传统观念。尽管李贽在历史评价的是非上带有一定的相对主义的色彩，但这并不是他要宣扬的主要之点；要求突破传统思想束缚的批判精神，毕竟是居于主导地位的。

其次，是表现在对于历史进程的认识上。李贽对历史进程有自己的独立见解，即把历史进程看作是种种不同历史人物活动的轨迹；不论这些历史人物活动的性质及其后果如何，都应当在这个轨迹上反映出来。《藏书·世纪》部分，就是按照这个认识编撰的。他在《藏书》卷二《世纪·混一诸侯》一目之下，列举了秦始皇帝，在《匹夫首倡》下写了陈王胜，在《英雄草创》下写了西楚霸王项羽，在《乘时复业》下写了齐王田横，最后在《神圣开基》下写了汉高祖皇帝。按照同样的道理，王莽、公孙述、曹魏、孙吴、刘蜀、南朝、北朝，以及李密、窦建德等，都一一列于"世纪"之中。他对历史进程的这种看法，有两个鲜明的特点：一是摆脱了"天命"论的窠臼；二是基本上跳出了"正统"论的圈子。同时具备这两个方面批判精神，在他以前的史学家中是少见的。李贽以混一诸侯、混一南北、华夷一统分别评价秦、隋、元三朝的历史，以东晋为南朝开端、刘渊为北朝起始等见解，也都不与前人雷同。李贽还认为：历史上的"治"与"乱"是相互依存、相互转化的，"乱之终而治之始也"，"治之极而乱之兆也"。他是用人们物质生活的"文"与"质"的相互转化来说明这种现象的。可见，他对于历史上治乱的认识是具有朴素的唯物思想和辩证

① 董诰等编：《全唐文》卷六百三十五，北京：中华书局，1983年，第6410页。

思想的。但他没有指出在"一文一质，一治一乱"中历史的进步，反而认为"一治一乱若循环"，暴露出他在历史观上的局限性。

最后，是表现在他对众多历史人物之与众不同的评价上。由于以上两个原因，李贽在评价历史人物方面，往往能是前人所未能是，亦往往敢非前人所未敢非。他称秦始皇"自是千古一帝"，称陈胜是"古所未有"，称项羽"自是千古英雄"，说西汉元、成、哀、平四帝"不足称帝"等，都表明他敢是敢非的独立见解。这种独立见解，突出地反映在他对历史人物的分类上。李贽把帝王以外的历史人物分为8大类：大臣、名臣、儒臣、武臣、贼臣、亲臣、近臣、外臣。每类又分若干门，如大臣分为5门：因时、忍辱、结主、容人、忠诚。名臣分为8门：经世、强主、富国、讽谏、循良、才力、智谋、直节。儒臣分为2门：德行（含德业、行业）、文学（含词学、史学、数学、经学、艺学），等等。这说明李贽对于历史人物有一个自成体系的全面认识，而他对每一个、每一门以至每一类历史人物的划分，实际上已包含着对他们的评价，反映出他不同于以往评价历史人物的一些见解。其中，他对"儒臣"的批评尤为激烈。他说："儒臣虽名为学而实不知学，往往学步失故，践迹而不能造其域，卒为名臣所嗤笑。然其实不可以治天下国家，亦无怪其嗤笑也。"①他对于儒臣的这种否定，不免失于偏激，但他批评宋人"直以濂洛关闽接孟氏之传"自诩，是一种否认历史连续性的错误认识，认为千数百年中"若谓人尽不得道，则人道灭矣，何以能长世也！"②他批评隋末王通"学未离门户，教不出垣墙"，"彼其区区，欲以周公之礼乐，治当时之天下；以井田、封建、肉刑为后世之必当复。一步一趋，舍孔子无足法者。然则使通而在，犹不能致治平也，况其徒乎！"③这反映出李贽的历史进化思想，跟上文所引他关于治乱循环的说法，并不一致，说明他思想的矛盾。像这样的一些批评，都是很有见地的，而

---

① 李贽：《藏书》卷首《世纪列传总目后论》，北京：中华书局，1959年，第61页。
② 李贽：《藏书》卷三十二《德业儒臣前论》，北京：中华书局，1959年，第517页。
③ 李贽：《藏书》卷三十二《德业儒臣·王通》，北京：中华书局，1959年，第527页。

显示出他的批判的锋芒。

自《史记》以下，历代正史中都有一些类传；魏晋南北朝以后，各种专题性质的传记如雨后春笋，而正史中类传的名目也时有变化，这无疑启发了李贽对于历史人物的分类和评论。但是，像《藏书》这样对历史人物提出了整体性的认识，并按他们的身份、事功、专长、性格等做详细的分类和评论，大胆倡言作者的批判性见解，以前还不曾有过。这是李贽对中国古代史学的贡献，而尤其是对历史评论发展的贡献。

这里，附带说一说《史纲评要》这部书。据康熙《麻城县志》记，李贽所著书中有《史纲》一部。又据康熙时人吴从先所作《史纲评要序》称："若其凌轹无状，信非卓吾不为，非卓吾不能矣"；"予所疑，疑所藏者，必不疑卓吾"。因此，今人一说，以《史纲评要》为李贽所撰。[①] 现姑依此说，略述其书，存而备考。

《史纲评要》凡 36 卷，编年体，起"三皇五帝纪"讫"元纪"。史文甚简；评论尤简，少的只有一个字，多的也只有几十个字。书名称为"史纲评要"，颇得体。其性质，是一部历史评论之书。而它在历史评论方面有两个特点：一是突破传统的藩篱，多有新见；二是嬉笑怒骂皆寓褒贬。例如，它评论秦的统一，指出："始皇出世，李斯相之，天崩地坼，掀翻一个世界。是圣是魔，未可轻议。"[②]所谓"掀翻一个世界"，乃发前人之所未发。他评论汉武帝下诏罪己，认为：

> 汉武惟此一诏可谢高帝、文帝。天下大坏而得以无恙，佛门之忏，圣门之政，过天地之风雷，可不勇哉![③]

这是充分肯定了汉武帝下诏罪己的大智大勇及其历史作用。

又如它评论唐高祖传位唐太宗的诏书说：

---

① 参见李贽：《史纲评要》吴从先序，北京：中华书局，1974 年，第 3 页。
② 李贽：《史纲评要》卷四《后秦纪》，北京：中华书局，1974 年，第 91 页。
③ 李贽：《史纲评要》卷七《汉纪》，北京：中华书局，1974 年，第 185 页。

> 太祖此诏，最为得之。于是知向之立建成者为非是矣。
> 盖此天下乃太宗上献之太祖，非太祖下传之太宗者也。岂
> 与世及之常例乎！

这是对一个久有争议的问题所发表的极奇特的见解。

再如，武德八年之下记：

> 以张镇周为舒州都督。镇周以舒州本其乡里，到州，
> 召亲戚酣宴凡十日，赠以金帛，泣与之别曰："今日张镇周
> 犹得与故人欢饮；明日之后，则舒州都督治百姓耳，官民
> 礼隔，不复得为交游矣。"自是亲戚故人犯法，一无所纵，
> 境内肃然。

其评论之语是"妙人"，"老顽皮"①。

《史纲评要》一书，在历史评论的见解上，多有启发人的地方，然就史笔而言，可以借鉴的地方不多。

四、王圻和《续文献通考》

李贽去世的第二年，即万历三十一年（1603），王圻所撰《续文献通考》刊行于世。这部典制体历史巨著的诞生，是晚明史学的又一个重大成就。

王圻，字元翰，上海人，嘉靖四十四年（1565）进士，历官陕西布政参议。后罢绝仕途，"筑室淞江之滨，种梅万树，目曰'梅花源'。以著书为事，年逾耄耋，犹篝灯帐中，丙夜不辍。所撰《续文献通考》诸书行世"②。王圻所撰诸书，见于《明史·艺文志》著录的

---

① 李贽：《史纲评要》卷十七《唐纪》，北京：中华书局，1974年，第477页。
② 张廷玉等：《明史》卷二百八十六《文苑传二》，北京：中华书局，1974年，第7358页。

有以下几种:《续定周礼全经集注》14卷(经部礼类),《续文献通考》254卷、《两浙盐志》24卷(史部故事类),《东吴水利考》10卷(史部地理类),《三才图说》106卷(子部类书类),《鸿洲类稿》10卷(集部别集类);其未著录著者,还有《稗史汇编》175卷。以上,除《鸿洲类稿》(亦作《洪洲类稿》)是他的诗文集外,都是历史著作或与历史有关的著作。清人评论王圻说:"圻所著述,如《续文献通考》、《三才图会》(按即《三才图说》)、《稗史类编》诸书,皆篇帙浩繁,动至一二百卷。虽庞杂割裂,利钝互陈,其采辑编排,用力亦云勤笃。计其平日,殆无时不考古研今。"①在著述的繁富上,王圻是可以同王世贞并驾齐驱的。

《续文献通考》是王圻的代表著作。这部包含254卷的典制史巨著,共分为30门:田赋、钱币、户口、职役、征榷、市籴、土贡、国用、选举、学校、节义、职官、郊社、宗庙、王礼、谥法、乐、兵、刑、经籍、六书、帝系、封建、道统、氏族、象纬、物异、舆地、四裔、方外。书首载有王圻于万历十四年(1586)所书凡例16条,以及他所撰的《续文献通考引》;还载有温纯序文(万历三十一年)、周家栋序文(万历三十年)、许维新书后(万历三十一年)。王圻在本书引言中简略地说到了他撰写此书的目的:"文与献皆历朝典章所寄,可缺一也与哉?贵与氏(按指马端临)之作《通考》,穷搜典籍,以言乎文则备矣,而上下数千年忠臣、孝子、节义之流及理学名儒类皆不载,则详于文而献则略。后之说礼者能无杞、宋之悲哉!"②质言之,在马端临《文献通考》的基础上,充实"献"的部分,即"忠臣、孝子、节义之流及理学名儒"的言论,使"文"与"献"都得以广泛流传,"俾往昔贤哲举得因事以见姓名,而援古据今之士不至滨滨无稽"。在书的内容所包含的时限上以及门类的划分上,他是"辑辽、金、元暨国朝典故以续其后,而又增节义、书院、氏族、六书、谥

---

① 永瑢等:《四库全书总目》卷一百七十八《洪洲类稿》提要,北京:中华书局,1965年,第1603页。

② 王圻:《续文献通考引》,北京:现代出版社,1991年,第1页。

法、道统、方外诸考，以补其遗"。至于这书的撰述经过，作者并未论及。据温纯序说，王圻同他同举进士，又同应召，乃"日相与聚谈今昔典故"，知王圻有致力文献之志，"肆力搜罗，且四十年，遂成此考"。从万历三十年上推，"且四十年"恰当嘉靖之末，王圻"搜罗"资料的工作当开始于此时。他在万历十四年手书凡例 16 条，或许是他正式撰述的开始。前一阶段大约二十一二年，后一阶段大约十七八年。

在典制史撰述上，《续文献通考》有三个方面是很突出的。首先，是门类的增多，唐代杜佑撰《通典》，全书分为 9 门。元初马端临认为："杜书纲领宏大，考订该洽，固无以议为也。然时有古今，述有详略，则夫节目之间，未为明备，而去取之际，颇欠精审，不无遗憾焉。"[1] 根据这一认识，马端临所撰的典制史《文献通考》，全书分为 24 门。王圻撰《续文献通考》，在这 24 门的基础上，又增加了节义、谥法、六书、道统、氏族、方外诸考。这六考中，谥法、六书、氏族等目，已见于郑樵《通志》的《二十略》；节义、道统、方外等目，是王圻所创立的。典制史之门类这种逐步增多的趋势，确如马端临所说，是"时有古今，述有详略"的客观需要。这里，包含着史学发展与历史发展之相互关系的认识。王圻所增节义一门，反映了明代社会统治者在思想领域的特点；所增道统一门，一方面是反映了"世教"的需要，另一方面也反映了明代学人对思想的历史萌生了全面考察的要求；所增方外一门，反映了佛、道在社会生活中还有相当大的影响。王圻于各门之下，有的也增设了细目，往往反映出当时国计民生的迫切问题，这在下文还会论到。

其次，是十分重视辽、金典制。《续文献通考凡例》第一条指出：马端临《文献通考》绝笔于宋，然自宋宁宗嘉定（1208—1224）以后事，"什不得一"，而元代典故自亦未备，本书"悉依贵与目录，编次成帙"。这是本书所"续"之由来，即交代了它记事的上限。凡例第二条

---

[1]　马端临：《文献通考》序，北京：中华书局，1986 年，第 3 页。

很重要，它指出："宋真[宗]以后，辽、金事迹十居六七。旧考削而不入，岂贵与乃宋相廷鸾子，故不乐叙其事；抑宋末播迁之际，二国文献不足，故偶缺耶？然舆图之沿革，祥异之昭垂，及政事美恶之可为戒法者，恶可尽弃弗录。余故撮其大节，补入各目下，事则取之史乘，序则附之宋末。"①《续文献通考》上接南宋嘉定，囊括元代，下迄于明代当世，自无疑义。难得的是，王圻能够如此重视辽、金事迹，可谓史家卓识。尽管元、明大一统的历史会改变人们的民族关系观念，对历史提出更深刻的认识，但歧视"夷狄"的传统观念，毕竟不是可以一下子就消失的。在这一点上，王圻的历史思想是反映了历史的进步的。他没有去指摘马端临，而是提出两种人们都不难理解的可能性，反映出他对前朝史家的敦厚和宽容。

再有一点，是反映了当时国计民生的一些迫切问题。其一，关于水利。凡例第四条说："水利乃国家大政，而水利之最巨者，在北莫如黄河，在南莫如震泽，前考皆未备。今别述黄河、太湖二考，附水利田之后，俾在事者得以按迹而图揆。"把水利提到"国家大政"上来认识，这是明代许多有识之士的共同特点。上文说到有关经济史撰述，已论及这方面问题。水利问题，治黄和开发三吴水利又是其中最重要者。在这个问题上，王圻与时贤也有共识。他除了在《续文献通考·田赋考》中写了黄河上中下 3 篇、太湖三江 1 篇外，还撰有专书《东吴水利考》10 卷，足见他对于水利的重视。其二，关于河渠。凡例第五条云："前述水利田，不过略载兴革事迹，其海渎江湖流经各郡县境，或资灌溉，或通漕挽，或作地险，不可漫无纪录，因作《河渠考》，以附《黄河·太湖考》之后。"这是强调了对于河渠之利情况的记载，而尤着眼于它的经济效益，作者在《田赋考》中增写河渠上中下 3 篇。其三，关于海运。凡例第十一条指出："旧考止载漕运，而海运一事纪述未详。今查历代沿革始末，汇成一帙，附《漕运考》之后，俾司国计者稽焉，庶足以备不虞。"作者在《国用考》中有漕运上中下 3 篇，海运 1 篇，把它

① 王圻：《续文献通考凡例》，北京：现代出版社，1991 年，第 1 页。

们置于"国用"之下，为的是"俾司国计者稽焉"。这是作者的深意，也反映出它与国计民生的关系。这些增写的子目，都说明了《续文献通考》一书具有鲜明的时代感，说明了作者具有自觉的经世致用的史学思想，这正是对杜佑、郑樵、马端临史学思想的继承和发展。此外，本书《征榷考》中有盐法上中下3篇，而作者还有专书《两浙盐志》24卷，也可以进一步说明作者之经世致用的旨趣。这对后来的经世致用学风的发展，也有积极的影响。明末陈子龙等选辑的《明经世文编》(504卷)这一巨帙的产生，便是突出的一例。

《续文献通考》记载了自宋宁宗嘉定以后至明神宗万历三十年(1602)以前，大约400年间，包括南宋、辽、金、元、明五朝的典章制度①，是《通典》、《通志》、《文献通考》诸多续作中的佳作，代表了明代史家在典制史撰述上的成就。

王圻的另外两部资料性著作，也颇具特色。一是《稗史类编》(一作《稗史汇编》)175卷。此书搜采野史笔记，分类编次，为28纲、320目，所载引用书目达808种之多。它同王世贞的《明野史汇》一样，反映了明代稗史之盛和学人对它们的重视。二是《三才图说》(一作《三才图会》)106卷，汇辑诸书图谱以类成编，包括天文、地理、人物、时令、宫室、器用、身体、衣服、人事、仪制、珍宝、文史、鸟兽、草木等类。其例，先图后文。这书采摭浩博，是关于天、地诸物和人的形象的历史文化类书，有较高的文化史价值。

王圻是一个知识渊博、兴趣广泛又有明确治史目的的史学家；他对历史文献的善于利用，是他在史学上取得成就的重要原因。这两点，也正是王圻史学的特色。

五、焦竑和谈迁

晚明还有两个史家，是在关于本朝史撰述上做出了成绩的。这

---

① 《续文献通考》记事，上限大致起于宋宁宗嘉定初年，也有一些记事上溯到这以前的历史；下限，据卷八《田赋考·黄河中》所记，至万历二十九年(1601)九月。

就是焦竑和谈迁。

焦竑（1541—1620），字弱侯，号澹园，江宁（今江苏南京）人。万历十七年（1589），以殿试第一名而授官翰林修撰。后任东宫讲官，万历二十五年（1597）贬为福宁州同知，一年后去职。晚年起为南京国子监司业，年迈辞官，专心著述。

焦竑一生，著作很多，《明史·艺文志》经、史、子、集四类著录了他的书有十几种。他关于本朝史的撰述，主要有《国史经籍志》、《国朝献征录》、《玉堂丛语》。《国史经籍志》（一称《经籍志》）5 卷，附录 1 卷，撰于官翰林修撰时。万历二十二年（1594），大学士陈于陛建议修国史，意以竑专领其事。焦竑辞让，乃先撰《经籍志》，其他皆无所撰，史馆亦罢。他的《经籍志》却有幸流传下来。本书体例多遵《隋书·经籍志》，各类皆有小序，以明分类之旨。而其分类方法，又参考了《通志·略》，全书含经部 11 类、史部 15 类、子部 17 类、集部 5 类。附录 1 卷名为《纠谬》，详析《汉书·艺文志》以下至《文献通考·经籍考》等公私所撰文献分类目录之误。因有这些特点，它受到后人的推崇。《明史》作者批评它说："明万历中，修撰焦竑修国史，辑《经籍志》，号称详博。然延阁广内之藏，竑亦无从遍览，则前代陈编，何凭记录，区区掇拾遗闻，冀以上承《隋志》，而赝书错列，徒滋伪舛。"[①]《四库全书总目》甚至讥为"古来目录，唯是书最不足凭"。这些批评显然是过分了。

《国朝献征录》（一称《献征录》）120 卷，人物传记汇编。国史馆罢后，焦竑仍有志于国史撰述。这书是他搜集自洪武至嘉靖间朝野人物传记资料，编撰汇集而成。所记人物，按 68 门分类，征引皆注明出处，保存了丰富的明中期以前人物传记资料。从王世贞的《弇山堂别集》和焦竑的这两部书，大致可以看出明代史家在撰述本朝史过程中所做的一些基础性工作。这对后人治史是有启发的。

---

① 张廷玉等：《明史》卷九十六《艺文志》总序，北京：中华书局，1974 年，第 2344 页。

《玉堂丛语》8 卷，是一部笔记体史料集，仿《世说新语》体例，记万历以前翰林人物言行。全书分行谊、文学、言语、政事、铨选、筹策等 54 门，书首有焦竑万历四十六年（1618）所撰小序《书玉堂丛语》，以及顾起元序和郭一鹗序。顾序概括了这书的性质、内容和特点，其文曰："《玉堂丛语》若干卷……仿临川《世说》而记之者也。其官则自阁部元僚，而下逮于待诏应奉之冗徒。其人则自鼎甲馆选，而旁及于征辟荐举之遗贤。其事则自德行、政事、言语，而征摭于谐谑、排抵之卮言。其书则自金匮石室、典册高文，而博采于稗官野史之余论。义例精而权量审，闻见博而取舍严。词林一代得失之林，煌煌乎可考镜矣。"郭序称它"宛然成馆阁诸君子一小史然"。《玉堂丛语》是明代笔记中的上乘之作，保存了不少有意义的真实史料。①

谈迁（1594—1657），字孺木，号观若，浙江海宁人。原名以训，字仲木，号谢父。他比焦竑晚出生 50 多年，是明末清初人。明亡之年，他 50 岁。作为"江左遗民"，他深怀"亡国"之痛。作为史学家，他有更强烈的历史反省意识。谈迁以诸生身份，终生未仕。性喜博综，谙于典要，勤于撰述。著有《国榷》、《枣林杂俎》、《枣林外索》、《枣林集》、《枣林诗集》、《北游录》、《海昌外志》、《史论》等书。《国榷》是其代表作。

《国榷》104 卷，又卷首 4 卷，是编年体明史。它上起元文宗天历元年（1328），下迄明亡后一年（1645），即此书所说的弘光元年，所记其间约 320 年史事。此书初撰，成于明天启六年（1626）；再撰，成于清顺治十三年（1656），即著者去世前一年。书首有谈迁天启六年自序、喻应益崇祯三年（1630）序，以及谈迁补撰崇祯、弘光两朝史事后所写的跋语和再撰成书时所写的义例。谈迁撰此书的动因，是痛感明史撰述之无成，所见诸家编年史，"讹陋肤冗"，故"屡欲振笔"。其《义例》之末简记著述经过说："天启辛酉（元年，1621），值内艰，读陈建《通纪》，陋之。私自笔录，渐采渐广，且六易稿汇至

---

① 参见《玉堂丛语》点校说明，北京：中华书局，1981 年，第 1～2 页。

百卷①。丁亥（清顺治四年，1647）八月，盗胠其篋。拊膺流涕曰'噫，吾力殚矣！'居恒借人书缀辑，又二十余年。虽然尽失，未敢废也。遂走百里之外，遍考群籍，归本于实录。……冰毫汗玺，又若干岁，始竟前志。"30 多年的撰述经历，其间数易其稿。两度撰述，在这里他写得极其简略，以致初撰中遍阅崇祯朝邸报补撰有关的史事，再撰中曾北游故都调查访问、核定史实达两年有余，都没有提及。他为自己历尽艰辛而"始竟前志"感到庆幸。谈迁所撰《北游录》中，有不少地方记载了他北上调查访问的细节。

《国榷》所依据的史料，主要是明代历朝实录和崇祯朝邸报，同时"遍考群籍"，以求史事之真。喻序称谈迁集诸家之书"凡百余种"，吴晗考订《国榷》卷一至卷三十二引书多达 120 余家，以证喻说之确。②

谈迁历史撰述的态度是非常严肃的。《国榷·义例》开宗明义就说："横木水上曰'榷'。汉武帝榷商税，今以榷史，义无所短长也。事辞道法，句榷而字衡之。"这种求实的思想是他撰述《国榷》的指导思想。他说的"归本于实录"，是针对那些"讹陋肤冗"的编年史说的，并非是盲从于实录；他说的"遍考群籍"，往往又是为了订正实录的阙遗和讹误，并非是尽信稗官、野史之说。《国榷》全书约 430 万字，写出了明代历史的全过程，它成于清初，但却是晚明史学上的一个壮举。《国榷》详于万历以后史事，因而保存了比较丰富的明皇朝跟建州女真之关系的历史记载。这是《国榷》在晚明历史撰述上的一大贡献。《明实录》是记述明代历史的主要文献，但它有不少隐晦和曲笔，《国榷》做了大量的补充和订正，这是它在晚明史学上又一贡献。

然而，谈迁既以"江左遗民"的身份"榷史"，也就不可能完全做

---

① 此处说的"汇至百卷"，当指天启六年（1626）时的书稿。明亡之后，作者增补崇祯、弘光时史事，卷数当有所增加。今本卷帙，系整理者近人张宗祥据几种传抄本斟酌厘定的。

② 吴晗：《谈迁和〈国榷〉》，《吴晗史学论著选集》第 3 卷，北京：人民出版社，1988 年，第 133 页。

到"事辞道法，句权而字衡之"。一个最突出的表现是，他对明末农民起义是仇视的，以至渲染农民起义军的残忍和恐怖，这在他记李自成进北京和张献忠进成都时尤为突出。其次，谈迁的史论，有不少地方反映出他对明皇朝统治的批评和对历史的反省。但他对明皇朝的深致眷恋之情，也妨碍着他对历史有更深刻的认识，他写崇祯皇帝之死，实际上要写出一个"圣明"之君"虽圣明无如之何，岂非天哉"①的悲壮场面，从而使他的历史观又罩上了天命论的神秘色彩。

谈迁在清代只生活了十几年，《国榷》初撰稿是在明亡前完成的，再撰稿因不曾刊刻而得免于清朝官方的干预以至于遭毁的厄运，使这部明朝人撰写的明朝史巨著得以流传于后世。从这几个方面来看，把谈迁视为晚明史学崛起过程中的一个殿军，或许是恰当的。

---

① 谈迁：《国榷》卷一百，思宗崇祯十七年，北京：中华书局，1958年，第6044页。

第八章　史学的总结与嬗变
——清代前期史学

　　清代前期(1644—1840)的史学，是古老而辉煌的中国古代史学发展的最后一个阶段。明后期腐败的政治，尤其是明皇朝的灭亡，以及清前期统治者一度实行的文化高压政策，都深刻地影响着这个时期史学的面貌。这是一方面。另一方面，中国古代史学经历了两千多年的发展，思想和文献的积累，丰富而厚重；在历史进程中，它们不仅为人们所传承和弘扬，也不断为人们所审视和估量。明清时期，中国封建社会呈现出衰老的景象，新的社会因素开始滋生和微弱地发展，从而使这种审视和估量在一定程度上也呈现出新的趋向。这两个方面的原因，使清代前期的史学发展，具有总结与嬗变的特点。总结，既反映在历史思想和史学理论方面，也反映在历史文献学方面；嬗变，主要反映在历史思想领域。在中国古代史学上，这个时期是名家辈出的时代。清初的黄宗羲、王夫之、顾炎武等，乾嘉时期的章学诚、王鸣盛、赵翼、钱大昕、崔述等，以及稍晚的阮元、龚自珍，都各有名作，反映了这个阶段史学发展的特点。

这个阶段的史学，在官修和私撰两个方面，呈现出明显的界限。大致说来，官修史书的成就，一是关于本朝史事的记载和典章制度的整理，二是关于历史文献的汇集和编纂；私人撰述的成就，则更多地反映出史学发展的趋势，代表着这个阶段史学发展的水平。

第一节　官修史书的主要成就

一、修撰《明史》

清代官修史书，关于本朝史方面的，主要有实录、方略、会典和清"三通"等项；关于前朝史方面的，主要有《明史》和续"三通"。

清修《明史》，历时近百年，在《二十四史》的修撰中是罕见的。清朝统治者于入关的第二年即顺治二年(1645)，以胜利者的姿态设立明史馆，着手修撰《明史》。但此次设馆，只是议定修撰体例，并无实质上的撰述工作。这在当时，与其说是具有史学上的意义，毋宁说是一种政治上的需要。34年后，即康熙十八年(1679)，在全国形势相对稳定的条件下，明史馆开始了修史工作。大学士徐元文任总裁。徐元文是顾炎武的外甥，他力荐精于明史的万斯同参与修史。万斯同是黄宗羲的学生，他出于对故朝史事的眷念，应聘入京，但不任职、不署衔，以布衣参史事，所有纂修官史稿均由其核定。其后，张玉书、王鸿绪相继任总裁，仍以万斯同主其事。万斯同在康熙四十一年(1702)去世之前，纂成《明史稿》500卷。而后，王鸿绪据此更加增损，编次为310卷，题为自撰，分别于康熙五十三年(1714)、雍正元年(1723)进呈。雍正二年，诏以张廷玉为总裁，对王鸿绪《明史稿》再加订正，至雍正十三年(1735)定稿，是为《明史》。乾隆四年(1739)刊行，题为张廷玉等撰。

《明史》332 卷，包括本纪 24 卷、志 75 卷、表 13 卷、列传 220卷，记述了有明一代近 300 年史事。张廷玉在《上明史表》中追叙了康熙、雍正两朝对于《明史》修撰的重视，也肯定了"旧臣王鸿绪之《史稿》，经名人三十载之用心"，"首尾略具，事实颇详"。追本溯源，万斯同当居首功。万斯同治史，尤重于事实的考核。他的方法是："凡《实录》之难详者，吾以他书证之。他书之诬且滥者，吾以所得于《实录》者裁之，虽不敢具谓可信，是非之枉于人者鲜矣。昔人于《宋史》已病其繁芜，而吾所述将倍焉，非不知简之为贵也，吾恐后之人务博而不知所裁，故先为之极，使知吾所取者有可损，而所不取者必非其事与言之真而不可益也。"①其所书者"有可损"，其所未书者"不可益"，这就是张廷玉说的"首尾略具，事实颇详"。《明史》虽几经增删而成，但它毕竟有一个很好的基础，故"在《二十四史》中——除马、班、范、陈四书外，最为精善"②。

《明史》的纪，写得详略得体，无烦冗之词，也避免了求之过简、犹如大事编年的弊病。《明史》的志、表、传，都有不同程度的新意，从中可以窥见明代历史的一些特点。如《历志》详载明末徐光启等采用西历改革历法的过程，以及崇祯"已深知西法之密"，并诏颁新历，"通行天下"，旋因明亡，竟未实行。《兵志》不独载明代兵制，还记述了火器、车船的建造和功用。这些，是从一个方面反映了明代科学技术的情况。《艺文志》序记载了明成祖的指示："士庶家稍有余资，尚欲积书，况朝廷乎?"反映出明朝统治者对于经籍的重视。《艺文志》只著录明代"二百七十年各家著述"，不载"前代陈编"，这是实践了刘知幾《史通·书志》篇提出的编撰思想。如《宰辅年表》记载了洪武十三年(1380)"革中书省左、右丞相，左、右丞，参政等官"之后内阁辅臣任免情况。《七卿年表》是《明史》独创，记历朝吏、户、礼、兵、刑、工六部尚书及左右都御史的任免，它反映了"明太祖十三年罢丞相，政归六部，部

---

① 方苞：《方苞集》卷十二《万季野墓表》，上海：上海古籍出版社，1983 年，第 333 页。
② 梁启超：《中国近三百年学术史》第八讲《清初史学之建设》，北京：人民出版社，2008 年，第 101 页。

权重也"这一重大变革，是《宰辅年表》的姊妹篇。《阉党传》记宦官党羽毒害政治、祸国殃民，从一个方面揭露了明朝统治的腐败。以《流贼传》记明末农民起义，明朝遗臣、清朝新贵在这一点上是一致的。《明史》讳言清兵入关前明廷与建州三卫的关系，以及清兵入关后南明的史事，在这一点上，它远不如元人所修《宋史》。

二、续"三通"和清"三通"

关于续"三通"。唐杜佑《通典》、宋郑樵《通志》、元马端临《文献通考》，后人称为"三通"。北宋宋白等已有《续通典》之作，至明则有王圻《续文献通考》行于世。清乾隆时，先后敕修"三通"续作。乾隆十二年（1747）敕修《续文献通考》，以张廷玉等为总裁、齐召南等为纂修，后经纪昀等校订，于乾隆三十二年（1767）成书，凡 250 卷。其体例大致与《文献通考》相同，只是从郊社、宗庙两门中析出群祀、群庙，合计 26 门。所记宋、辽、金、元、明五朝典制及有关议论，上限接《文献通考》起于宋宁宗嘉定年间，下限迄于明末。这书对王圻《续文献通考》颇多采用，予以改编；而征引丰富，对《文献通考》所未详者亦有所补正。乾隆三十二年，又敕修《续通典》、《续通志》。二书均由嵇璜、刘墉等纂修，纪昀等校订。《续通典》于乾隆四十八年（1783）成书，凡 150 卷。这书上限起于唐肃宗至德元年，以接《通典》断于天宝之末，下限迄于明末，记中唐、宋、辽、金、元、明六朝典制沿革。其体例略仿《通典》，分为 9 门，而于子目则多改变。《续通志》于乾隆五十年（1785）成书，凡 640 卷，一如《通志》体例。其纪、传部分，起于唐而终于元，下接清修《明史》，多抄撮旧史而成。略，100 卷，所记起于五代而迄于明末，在分目、著录方面有详于《通志·略》的地方，而与《续文献通考》、《续通典》颇多重复。

关于清"三通"。清"三通"实为续"三通"的续作。乾隆三十二年，《续文献通考》修成，乃命撰本朝典制，独立成编。这是清"三通"纂修之始。乾隆五十二年（1787），三书皆成。其记事，都起于清之开国，止于乾隆五十年(1785)，反映了清代前期的史事、典制。《清通典》(原名《皇朝通典》)100卷，体例略同于《续通典》，亦分为食货等9门。所记内容，反映了清代典制的特点，如其中《兵制》专记八旗军制，《州郡典》则不叙历代沿革，只转录《大清一统志》的内容等。其所据资料，还有《清会典》、《清通礼》、《清律例》等。《清通志》(原名《皇朝通志》)126卷，因史臣另有实录、国史的修纂，故这书只有诸略，名目与《通志》、《续通志》相同。所记内容亦可反映清代特点，如艺文、校雠、图谱等略，皆本《四库全书》。而地理及昆虫草木二略，所作考校则详于前志。《清文献通考》(原名《皇朝文献通考》)300卷，体例同《续通考》。凡26门，其子目如清制所无则删去，而所记均能反映清代典制，如八旗田制、银色银值、回都普儿、崇奉圣客之礼、蒙古王公等。所记多据实录、国史、起居注、官修诸书、文书档案，兼及省修诸志与私人文集，有较高的参考价值，《清通典》、《清通志》许多记载皆由此转录。这跟续"三通"在内容上颇多重复是很相似的。

总的来看，续"三通"中的《续文献通考》价值较高，清"三通"中以《清文献通考》价值较高。以上六书，与《通典》、《通志》、《文献通考》合称"九通"。"九通"，从一个方面反映了中国古代史学的成就。其后，刘锦藻于光绪末年撰成《清朝续文献通考》(原名《皇朝续文献通考》)，仿《清文献通考》体例，所记内容起于乾隆五十一年(1786)，迄于光绪三十年(1904)。民国初年，著者补记光绪三十一年以后至宣统三年(1911)内容，成书400卷，较前考增置外交、邮传、实业、宪政四考，共30考。全书增设子目136项，多反映晚清政治和近代社会内容，如厘金、洋药、银行、海运、资选、书院、图书、学堂、归政、训政、亲政、典学、陆军、海军、长江水师、船政，等等。其《经籍考》为《四库全书总目》之后的重要目录书，在历史文献学上有一定的价值。1935年商务印书馆以刘著与"九通"合刊，称为"十通"①。

---

① 《清朝续文献通考》成书于道光以后，考虑到对有关撰述叙述上的完整，故赘于此。下文仍有此例，兹一并说明。

三、关于《清实录》

《清实录》是清代历朝实录的总称。它主要包含清太祖至清德宗十一朝实录，其中仁宗以上历朝实录修纂于道光以前，宣宗以下则修纂于道光以后。它还包含清廷入关以前所修《满洲实录》（即《太祖实录战迹图》），以及清亡以后清室自修之《宣统政纪》。合计4 433卷。[①] 现简要分述如下：

《满洲实录》（原名《太祖实录战迹图》）8卷，记事起于明万历十一年（1583），止于天命十一年（1626），记述满洲发祥及清太祖努尔哈赤战绩，有图87帧。第一部绘写本成书于天聪九年（1635），每页三栏，分别用满、汉、蒙三种文字书写。第四部绘写本成书于乾隆四十六年（1781），并改题现名。

《太祖实录》10卷，初修于崇德元年（1636），顺治、康熙两朝均有重修，雍正朝诏令校订，乾隆四年（1739）成书。记事起止年代与《满洲实录》同。

《太宗实录》65卷，初修于顺治六年（1649），顺治九年（1652）、康熙十二年（1673）两次重修，康熙二十一年成书。雍正、乾隆两朝先后校订，乾隆四年（1739）成书。记事起于天命十一年（1626），止于崇德八年（1643）。

《世祖实录》144卷，初修于康熙六年（1667），十一年（1672）成书，雍、乾两朝也有过校订。记事起于崇德八年（1643），止于顺治十八年（1661）。

以上4部实录，屡经重修和校订，其中一个重要原因，是它们所记都涉及清廷入关前的一些历史，这在清前期统治者中是深讳大忌的。同时对于入关之初的一些历史，有的也取回避态度。这同反映在修撰《明史》上的忌讳，性质是一样的。

---

① 20世纪80年代，中华书局会同有关部门，遍采善本，影印出版，分装为60册。

《圣祖实录》300卷，雍正元年(1723)起修，九年(1731)成书。记事起于顺治十八年(1661)，止于康熙六十一年(1722)。

《世宗实录》159卷，雍正十三年(1735)起修，乾隆六年(1741)成书。记事起于康熙六十一年，止于雍正十三年。

《高宗实录》1 500卷，这是清代历朝实录中卷帙最浩繁的。嘉庆四年(1799)起修，十一年(1806)成书。记事起于雍正十三年(1735)，止于嘉庆四年。

《仁宗实录》374卷，嘉庆二十五年(1820)起修，道光四年(1824)成书。记事起于嘉庆元年(1796)，止于嘉庆二十五年。

以上为道光以前所修实录，以下是道光以后所修实录，一并赘述于此：

《宣宗实录》476卷，咸丰五年(1855)起修，记事起于嘉庆二十五年，止于道光三十年(1850)。

《文宗实录》356卷，同治元年(1862)起修，记事起于道光三十年，止于咸丰十一年(1861)。

《穆宗实录》374卷，光绪五年(1879)起修，记事起于咸丰十一年，止于同治十三年(1874)。

《德宗实录》597卷，清亡后，民国初年清室自修，记事起于同治十三年，止于光绪三十四年(1908)。

《宣统政纪》70卷，清亡后，民国年间清室自修，为47卷；伪满洲国时重修为70卷。记事起于光绪三十四年，止于宣统三年(1911)清朝之亡。

《清实录》是清代官修史书最重要的成就。这部编年体的系列史书，详尽地记载了有清一代的重大史事和朝章国故，其所据资料包括上谕、朱批奏折、起居注和其他原始档案等重要文献。其纂修必以重臣主持实录馆，按照规定的体例进行选编，次其年月，有很高的史料价值。这部浩繁的实录，反映了清代的政治、经济、军事、民族、文化、外交等方面的面貌，也记录了清皇朝由兴而亡的历史过程，从中亦可窥见中国封建社会末世的种种景象和道光以后社会矛盾的新变化，具有其他文献所不能代替的重要价值。

自唐代起，纂修历朝实录成为定制，宋、辽、金、元、明、清历代继承了这个制度。这同每一个封建王朝都十分重视修撰前朝正史一样，是中国古代官修史书的优良传统。诚然，自唐代起，修改、删削实录的事件，历朝都出现过，但这并不是历代纂修实录的主流；即便对于修改、删削实录的事件，也应从当时的历史条件对其做具体的分析，以辨其是非，论其得失。明代以前的实录，已成凤毛麟角，明、清两代的实录也就越发显得珍贵了。

四、国史·方略·会典

关于国史。清代实录馆是临时性的修史机构，而国史馆则是常设机构。关于清代国史的情况及其撰述，尚有待于详考。近人孟森曾著《国史与国史馆》一文①，根据《清会典》的记载，认为清代国史有纪、表、志、传的体例。所引《会典事例》记：从雍正元年（1723）"敕纂功臣传"、乾隆元年（1736）"国史馆总裁大学士鄂尔泰等恭进《太祖高皇帝本纪》"，到光绪三年（1877）"敕修《穆宗本纪》"、十年（1884）"奏准功臣馆纂办《昭忠列传》"等皆甚详。这说明清代除纂修实录外，修撰国史亦累朝不绝。据称，清国史馆所修历朝本纪"自天命至光绪朝，分满、汉文两种"，完好无缺，现藏台北"故宫博物院"。② 清国史馆所修传记，重要的有《大臣列传》（稿本）、《满汉名臣传》（刊刻于乾嘉之际）、《国朝耆献类征初编》720 卷（刊于光绪十六年，1890）及《续编》550 卷（未刊布）。其中，《大臣列传》（稿本）已散佚大半，《满汉名臣传》所收为乾、嘉以前人物，数不及千，《耆献类征初编》及《续编》成书于清末，所收人物，超过前二书。这些传记，

---

① 孟森：《明清史论著集刊续编》，北京：中华书局，1986 年，第 496～503 页。
② 参见《清史列传》点校序言所引台湾《故宫季刊》第 6 卷第 4 期，王钟翰点校，北京：中华书局，1987 年，第 2 页。

为后人撰写清史列传提供了原始资料。20世纪20年代，有中华书局编辑出版的《清史列传》80卷、东方文化学会印行的《国史列传》80卷，都是根据上述传记编次而成。《国史列传》收录500余人，皆乾、嘉年间人物，当出于《满汉名臣传》。唯《清史列传》，少部分出于《大臣列传》(稿本)和《满汉名臣传》，大部分出于《耆献类征》，大致反映了清国史馆所修清代人物传记的面貌，有今人王钟翰点校本行世(中华书局1987年出版)。此书分为宗室王公、大臣(包含大臣正编、次编、续编、后编、新办大臣、已纂未进大臣)、忠义、儒林、文苑、循吏、贰臣、逆臣8类，正传收录2 000余人，附传收900余人，合计约3 000人，有较高的参考价值。

关于方略。这是清代官修史书的一种特殊形式，内容多记重大军事行动的始末，体裁一般是纪事本末体。为修撰方略，清廷专设方略馆，以重臣为总裁，书成而馆罢，不像国史馆那样是稳定的修史机构。方略，亦称纪略。其中，《开国方略》32卷，是较重要的撰述。它以编年体撰成，"不重于继明定中原，而重于自俄朵里以至赫图阿拉，因十三甲筚路蓝缕，得盛京而定王业"①，记述了满洲兴起的过程。乾隆三十八年(1773)敕撰，五十一年(1786)成书。据《清史稿·艺文志二》纪事本末类著录，道光以前敕撰的方略、纪略有10余种，如《平定三逆方略》60卷、《亲征平定朔漠方略》48卷、《平定金川方略》32卷、《平定准噶尔方略前编》54卷、《正编》85卷、《续编》33卷、《临清纪略》16卷、《平定两金川方略》152卷、《兰州纪略》20卷、《石峰堡纪略》20卷、《台湾纪略》70卷、《安南纪略》32卷、《廓尔喀纪略》54卷、《巴布勒纪略》26卷等，是反映康、乾时期重大军事活动的记录。有一些方略，反映了清朝统治者对人民起义的镇压活动。从历史编纂学来看，方略是纪事本末体史书发展的新形式。它以一件重大史事为中心，把各方面的有关材料组织起来，以详其本末。

---

① 《皇清开国方略》御序，《文渊阁四库全书》第341册，史部99册，台北：商务印书馆，1986年，第2页。

关于会典。清代官修史书还继承明制，纂修本朝会典，详载朝廷各机构的编制、职掌、事例。这是断代的典制体史书，在体例上近于会要的形式。清代的会典撰述，统称《清会典》(原名《钦定大清会典》或《大清会典》)，一般是指光绪二十五年(1899)纂修而成的《光绪会典》。然清会典的创修，则起于康熙三十二年(1693)，此后有《雍正会典》、《乾隆会典》、《嘉庆会典》、《光绪会典》都是对于前朝会典的增纂，历经200余年。《清会典》100卷，以机构、编制、职掌为记载的中心，系以有关事例，取资于实录、国史及内廷有关档案编次。分述光绪二十二年(1896)以前典制，包括宗人府、内阁、军机处、六部、理藩院、都察院、诸寺监、八旗都统、内务府、神机营、总理各国事务衙门，以及垂帘听政、亲政礼制等。它还附有礼、乐、冠服、舆卫、武备、天文、舆地诸图，以为文字记载的补充。这可以看作是一部简要的清代政治制度史。

有清一代，在官修史书方面取得了很突出的成就，应当有专门的论著加以总结。上面所说的，只是其中比较重要的几种。还有一些官书，如康熙年间修成的大型类书《古今图书集成》10 000卷，乾隆年间辑成的大型丛书《四库全书》，收书约3 500种、79 000余卷，在历史文献的整理、汇辑方面，都是创举。《四库全书总目》200卷，在古代历史文献学的发展上，是一部总结性的著作；其中关于史部书的《提要》，在古代史学批评史上是具有总结性的著作。

第二节　历史批判精神和经世致用史学思想的发展

一、黄宗羲的历史批判精神

明中叶开始发生的封建社会内部经济关系和阶级关系微弱的变化，明后期的腐败统治和明末激烈的阶级斗争，以及明、清皇朝的嬗代，这些重大的社会变动，促使史学家、思想家重新看待历史，进一步考察史学同社会的关系，从而激发了他们的历史批判精神，也推动了经世致用史学思想的发展。黄宗羲、王夫之、顾炎武、顾祖禹等人的著作和思想，突出地反映了史学发展的这个新的趋势。

在清初的史学家中，黄宗羲的历史批判精神具有鲜明的代表性。他的《明夷待访录》，是这方面的突出著作。这部书以批判封建专制主义体制为核心，阐述了作者对于历史的批判性见解和进步的历史观。它包含原君、原臣、原法、置相、学校、取士（上、下）、建都、方镇、田制（3 篇）、兵制（3 篇）、财计（3 篇）、胥吏、奄宦（上、下）共 13 目 21 篇，涉及政治、经济、军事、财政、教育等方面。黄宗羲从历史发展上阐述了封建社会君主"以我之大私为天下之公"的变化过程，认为："古者以天下为主，君为客；凡君之所毕世而经营者，为天下也。今也以君为主，天下为客；凡天下之无地而得安宁者，为君也。是以其未得之也，屠毒天下之肝脑，离散天下之子女，以博我一人之产业，曾不惨然！曰：'我固为子孙创业也。'其既得之也，敲剥天下之骨髓，离散天下之子女，以奉我一人之淫乐，视为当然，曰：'此我产业之花息也。'然则为天下之大害者，君而已矣！"[①]这是从"公"、"私"观念上揭示君主的"逐利之情"，从而为"天下之大害者"。

黄宗羲对历史上封建专制政治的批判，集中表现在为臣之道、法的本质和君主世袭制等方面。他认为："缘夫天下之大，非一人之所能治，而分治之以群工。故我之出而仕也，为天下，非为君也；为万民，非为一姓也。吾以天下万民起见，非其道，即君以形声强我，未之敢从也，况于无形无声乎！非其道，即立身于其朝，未之敢许也，况于杀其身乎！"黄宗羲明确地指出了"为万民"与"为一姓"是为臣之道的根本区别，认为凡"出而仕"者，当以"为万民"为立身之道，非其道则不当"立身于其朝"。他进而指出："出而仕于君也，

① 黄宗羲：《明夷待访录·原君》，《黄宗羲全集》，杭州：浙江古籍出版社，1985年，第 2～3 页。

不以天下为事，则君之仆妾也；以天下为事，则君之师友也！"①君臣父子关系，是儒家历来所宣扬和实践的三纲五常的核心，是以等级秩序为基础的名教观念的集中表现。因此，他抨击历史上以君臣关系比附父子关系的观念和做法，触及了传统的历史观念和社会伦理观念的本质。

黄宗羲从"一家之法"和"天下之法"的区别，阐述了他对历史上法制本质的认识，指出："三代以上之法也，因未尝为一己而立也。后之人主，既得天下，唯恐其祚命之不长也，子孙之不能保有也，思患于未然以为之法。然则其所谓法者，一家之法，而非天下之法也。"②他还指出，三代之法是"无法之法"，后世之法是"非法之法"。这种对法的历史批判，同上文说的："为天下之大害者，君而已矣"以及"为天下"与"为一姓"的区别的思想，是互为表里的。黄宗羲针对明太祖废除宰相之制，指出君主传子之制的危害，认为："古者不传子而传贤，其视天子之位，去留犹夫宰相也。其后天子传子，宰相不传子；天子之子不皆贤，尚赖宰相传贤足相补救，则天子亦不失传贤之意。宰相既罢，天子之子一不贤，更无与为贤者矣，不亦并传子之意而失者乎！"这样做的结果，必然是"百官之设，所以事我。能事我者，我贤之；不能事我者，我否之。设官之意既讹，尚能得作君之意乎！"③他从传贤与传子的利弊，阐述了废除宰相制度的危害，进而揭示了君主世袭制的不合理性。黄宗羲对历史上政治制度的这几个方面的批判，都归结到对君主专制的批判，因而都带有根本的性质。从今天的认识来看，他的历史批判的方法论，一般还只限于以三代同后世相比较而论其是非，因而不能从君主专制政

---

① 黄宗羲：《明夷待访录·原臣》，《黄宗羲全集》，杭州：浙江古籍出版社，1985年，第4～5页。

② 黄宗羲：《明夷待访录·原法》，《黄宗羲全集》，杭州：浙江古籍出版社，1985年，第6页。

③ 黄宗羲：《明夷待访录·置相》，《黄宗羲全集》，杭州：浙江古籍出版社，1985年，第8～9页。

治产生、发展、衰亡的必然性上来揭示它在历史上的作用，这是他受到历史条件的限制所致。尽管如此，黄宗羲的历史批判精神所表现出来的激烈程度和理性成分，毕竟反映出时代的要求，是前人所没有达到过的。

《明夷待访录》还批判了封建社会中种种不良的习俗，作者指出："何谓习俗？吉凶之礼既亡，则以其相沿者为礼：婚之筐筐也、装资也、宴会也，丧之含殓也、设祭也、佛事也、宴会也、刍灵也。富者以之相高，贫者以之相勉矣。"作者认为：佛与巫，是社会的两大"蛊惑"。"今夫通都之市肆，十室而九，有为佛而货者，有为巫而货者，有为倡优而货者，有为奇技淫巧而货者，皆不切于民用，一概痛绝之，亦庶乎救弊之一端也。此古圣王崇本抑末之道，世儒不察，以工商为末，妄议抑之。夫工固圣王之所欲来，商又使其愿出于途者，盖皆本也。"①作者以深刻的历史眼光指出："民间之习俗未去，蛊惑不除，奢侈不革，则民仍不可致富也"；治天下者当以此为"末"而抑之，以至于"痛绝之"，而工商皆"本"，是应当受到鼓励的。从这里同样可以看出，黄宗羲对于历史的沉积和历史发展的要求，都各有明确的认识，反映了他批判的和进取的历史思想。

《明夷待访录》是一部具有鲜明的民主思想的史论、政论著作。顾炎武说，他对此书，"读之再三，于是知天下之未尝无人"②，反映了当时进步史学家对它的高度评价。此书作为中国早期启蒙思想的代表性著作，对中国近代启蒙思想的发展有很大的影响。

黄宗羲（1610—1695），字太冲，号南雷，学者称他梨洲先生。他是浙江余姚人，为清代浙东学派的开创者，对清初史学的发展有重要的影响。他著的《明儒学案》以及由他始撰的《宋元学案》二书，是中国古代学术史著作的最高成就，同时奠定了学案体史书体制，

---

① 黄宗羲：《明夷待访录·财计三》，《黄宗羲全集》，杭州：浙江古籍出版社，1985年，第40～41页。

② 黄宗羲：《明夷待访录》书首，《黄宗羲全集》，杭州：浙江古籍出版社，1985年，第3页。

在史学发展上有重要的价值。

二、《明儒学案》和《宋元学案》的史学价值

《明儒学案》是一部记述明代学术思想及其流派的学案体学术史著作，成书于康熙十五年（1676），是黄宗羲的力作之一。全书 62卷，卷首有《师说》一篇，胪列方孝孺、陈献章、王守仁等人，以为总纲。以下略按时间先后及学术流派编次崇仁、白沙、河东、三原、姚江、浙中、江右王门、南中王门、楚中王门、北方王门、粤闽王门、止修、泰州、甘泉、诸儒（上、中、下）、东林、蕺山学案，凡17 目、19 篇。其中，属明前期的，崇仁学案 4 卷，列吴与弼等 10人；白沙学案 2 卷，列陈献章等 12 人；河东学案 2 卷，列薛瑄等 15人；三原学案 1 卷，列王恕等 6 人。属明中期的，姚江学案 1 卷，独列王守仁 1 人，附录 2 人；浙中学案 5 卷，列徐爱等 18 人；江右学案 9 卷，列邹守益等 27 人，附录 6 人；南中学案 3 卷，列黄有曾等 11 人；楚中学案 1 卷，列蒋信、冀元亨 2 人；北方学案 1 卷，列穆孔晖等 7 人；粤闽学案 1 卷，列薛侃、周坦 2 人；以上为王学各派。同时别立止修学案 1 卷，列李材 1 人；泰州学案 5 卷，列王艮等 18 人；甘泉学案 6 卷，列湛若水等 11 人；诸儒学案 3 篇共 16 卷，列方孝孺、罗钦顺、李中等 43 人，以叙诸派以外学人。属明晚期的，东林学案 4 卷，列顾宪成等 17 人；蕺山学案 1 卷，独举刘宗周1 人。以上，总叙明代学者 200 余人。作者于每一学案，首先撰一小序，略述其学术渊源及论学要旨；其次则为每一学人撰一小传，略述其生平、著作、师承，而于小传之后摘录其主要学术见解及与之相关的评论，间或撰有按语。全书脉络清晰，结构严谨，是一部具有独特形式的学术史专书。

黄宗羲撰《明儒学案》，意在阐明有明一代学术思想史上各派的"宗旨"。关于这一点，他在此书的凡例中反复加以阐说，指出："大凡学有宗旨，是其人之得力处，亦是学者之入门处。天下之义理无

穷，苟非定以一二字，如何约之，使其在我。故讲学而无宗旨，即有嘉言，是无头绪之乱丝也。学者而不能得其人之宗旨，即读其书，亦犹张骞初至大夏，不能得月氏要领也。"讲学贵有宗旨，读书也贵在能得其宗旨，黄宗羲正是以这样的认识来看待明代学人的学术思想，也是以这样的认识来撰述此书的。因此，他对于每一学案、每一学者的学术，都努力揭示其宗旨。为了达到这个目标，他力戒旧弊，在撰述上给自己提出了严格的要求。他说："每见钞先儒语录者，荟撮数条，不知去取之意谓何。其人一生之精神未尝透露，如何见其学术？是编皆从全集纂要钩玄，未尝袭前人之旧本也。"这就是说，必须从"其人一生之精神"中，才可"见其学术"，才可"纂要钩玄"，揭其宗旨。没有这种严谨的精神，则所谓"宗旨"云云，就会成为空论。《明儒学案》之成为古代学术史著述的杰作，其真谛即在于此。在编纂思想上，黄宗羲还重视各家的自得之学。他在凡例中指出："学问之道，以各人自用得着为真。凡倚门傍户，依样葫芦者，非流俗之士，则经生之业也。此编所列，有一偏之见，有相反之论，学者于其不同处，正宜着眼理会，所谓一本而万殊也。"①正因为他有这种开阔的认识，才能超乎于一派一家之上而综论有明一代的学术。黄宗羲的这一编纂思想，在乾隆四年（1739）郑性为此书所撰的序文中得到了进一步发挥。概括说来，黄宗羲研究明代学术史的方法论是："分源别派，使其宗旨历然，由是而之焉。"②

《明儒学案》中，黄宗羲以崇仁、白沙两学案阐述明代学术的由来和去向。《崇仁学案》小序谓："康斋（吴与弼——引者注，下同）倡道小陂，一禀宋人成说。言心，则以知觉而与理为二，言工夫，则静时存养、动时省察。故必敬义夹持，明诚两进，而后为学问之全功。其相传一派，虽一斋（娄谅）、庄渠（魏校）稍为转手，终不敢离此矩矱也。白沙（陈献章）出其门，然自叙所得，不关聘君（指吴与

①　黄宗羲：《明儒学案》发凡，北京：中华书局，2008 年，第 14～15 页。
②　黄宗羲：《明儒学案》原序，北京：中华书局，2008 年。

弼），当为别派。于戏！椎轮为大辂之始，增冰为积水所成，微康斋，焉得有后时之盛哉！"①这是指出了吴与弼一派学人上承宋人学术之余绪，下开明代学术之先河的作用，而其转机则是吴门弟子陈献章。故《白沙学案》小序称："有明之学，至白沙始入精微。其吃紧工夫，全在涵养。喜怒未发而非空，万感交集而不动。至阳明（王守仁）而后大。两先生之学最为相近"②，所谓"至阳明而后大"，这是指出了明代学术由此而形成了主潮。《姚江学案》小序进一步强调说："有明学术，白沙开其端，至姚江（指王守仁）而始大明"，"无姚江，则古来之学脉绝矣"③。于是阳明学术盛行，"说元说妙"，诸派林立，是主潮之中，也醇疵互见。黄宗羲以《蕺山学案》专叙其业师刘宗周，其小序说："今日知学者，大概以高（攀龙）、刘（宗周）二先生，并称为大儒，可以无疑矣。"接着指出了在批判佛学上，高是"大醇而小疵"而刘则是"醇乎其醇"的区别。④《蕺山学案》辑录了刘宗周的许多学术见解，在全书中占有突出的位置。所有这些，反映了黄宗羲对于业师的崇敬。而他把东林学派的领袖人物之一高攀龙与刘宗周并称两大儒，同样也包含着他对于东林人物景仰之情。《东林学案》小序意在批判"以为亡国由于东林"的种种谬说，黄宗羲的激愤之情，流于笔端，写道："数十年来，勇者燔妻子，弱者埋土室，忠义之盛，度越前代，犹是东林之流风余韵也。一堂师友，冷风热血，洗涤乾坤，无智之徒，窃窃然从而议之，可悲也夫！"⑤黄宗羲的父亲黄尊素于天启年间官御史之职，亦为东林名士，因弹劾魏忠贤而被阉党所害。黄宗羲对东林士人的浩然正气和历史影响有深刻认识，绝非偶然。

《明儒学案》当黄宗羲在世时，已有刻本流传，为世人所重。此书不载李贽，亦可谓大醇小疵。

---

① 黄宗羲：《明儒学案》卷一《崇仁学案》，北京：中华书局，2008 年，第 14 页。
② 黄宗羲：《明儒学案》卷五《白沙学案上》，北京：中华书局，2008 年，第 79 页。
③ 黄宗羲：《明儒学案》卷十《姚江学案》，北京：中华书局，2008 年，第 178 页。
④ 黄宗羲：《明儒学案》卷六十二《蕺山学案》，北京：中华书局，2008 年，第 1509 页。
⑤ 黄宗羲：《明儒学案》卷五十八《东林学案》，北京：中华书局，2008 年，第 1375 页。

黄宗羲在撰述《明儒学案》后，于晚年着手著《宋儒学案》、《元儒学案》，"以志七百年来儒苑门户"①，未及成编而卒。临终前，命其子黄百家继续纂辑。黄百家在其父已撰成 17 卷的基础上，增撰了十几个学案，未能续成父业而卒。此后，此书的纂辑由全祖望继承下来。

全祖望(1705—1755)是浙江鄞县人，字绍衣，号谢山，自署鲒埼亭长、双韭山民，学者称他谢山先生。全祖望年轻时以才识见称，宦途受挫后即以讲学、著述为业。他推重黄宗羲的学术，自称是黄门私淑弟子，决心完成黄氏父子未竟之业。全祖望自乾隆十年(1745)起，续撰《宋元学案》，经历 10 年工夫，包括对黄氏父子旧稿的订补和他的续作，共得 86 卷，完成了全书的绝大部分。这距全祖望手订《序录》所包含的百卷之数，尚缺 14 卷，他也未能终编而辞世。道光十八年(1838)，王梓材、冯云濠以黄氏后人所编次的 86 卷及全祖望旧稿，据《序录》的宗旨、规模，整理补充，乃成百卷之数。《宋元学案》从黄宗羲创始，经过几代人的纂辑，历时近一个半世纪，终于撰成，这在中国史学史上是一件值得称道和纪念的事情。

《宋元学案》的体例大致与《明儒学案》相仿，但也有所发展。第一，《宋元学案》于每一学案增设一表，这是因为宋代学派林立，师弟子传承相继而起，头绪纷繁，列表便于观览。学案表为黄、全所创，大部分出于王、冯所补。第二，《宋元学案》有《序录》一篇，出于全祖望之手，这是仿《史记·太史公自序》的体例，唯不记作者本人家世。《序录》确立了全书百卷的规模，也指示出每卷的内容和主旨，具有发凡起例的性质。第三，《宋元学案》于每一学案之后，多载时人或后人评论，以明其主旨与得失。从学案体史书的发展来看，它在体例上比《明儒学案》更加完备了。

《宋元学案》以安定、泰山两学案开篇至卷九五以萧同诸儒学案

---

① 全祖望：《梨洲先生神道碑文》，《鲒埼亭文集选注》，济南：齐鲁书社，1982 年，第 108 页。

为殿，共叙86个学案。其《安定学案》卷首按语称："宋世学术之盛，安定、泰山为之先河，程、朱二先生皆以为然。安定沉潜，泰山高明；安定笃实，泰山刚健：各得其性禀之所近，要其力肩斯道之传，则一也。"①《泰山学案》卷首按语又说："泰山（胡瑗）之与安定（孙复），同学十年，而所造各有不同。安定，冬日之日也；泰山，夏日之日也。故如徐仲车（徐积），宛有安定风格；而泰山高弟为石守道（石介），以振顽懦，则岩岩气象，倍有力焉。抑又可以见二家渊源之不紊也。"这两段话，交代了宋代学术的两大渊源及其特点。此书对以司马光为首的《涑水学案》、以邵雍为首的《百源学案》、以周敦颐为首的《濂溪学案》、以程颢为首的《明道学案》、以程颐为首的《伊川学案》、以张载为首的《横渠学案》、以朱熹为首的《晦翁学案》、以叶适为首的《水心学案》等，皆用两卷篇幅详述，显示出他们学术地位的重要。它又以《草庐学案》、《师山学案》，反映"和会朱陆之学"的趋势。此书还以《鲁斋学案》、《静修学案》、《萧同学案》反映元代学术之突出者。诸学案之卷首按语谓："河北之学，传自江汉先生（赵复），曰姚枢、曰窦默、曰郝经，而鲁斋（许衡）其大宗也，元时实赖之"；"静修先生（刘因）亦出江汉之传，又别为一派。蕺山先生尝曰，静修颇近乎康节"；"有元立国，无可称者，惟学术尚未替，上虽贱之，下自趋之。是则洛闽之沾溉者宏也，如萧勤斋（萧㪍）、同榘庵（同恕）辈，其亦许（衡）、刘（因）之徒乎"。此书对元代学术的这个评价，是值得重视的。

《宋元学案》的最后5卷是：《元祐党案》和《庆元党案》，撰者谓"此两宋治乱存亡之所关"者；《荆公新学略》、《苏氏蜀学略》、《屏山鸣道集说略》。作者认为王安石、苏洵父子"杂于禅"，李纯甫则"雄文而溺于异端"，故不以学案为名，置之书末，以示区别，这是作者

---

① 黄宗羲原著，全祖望补修：《宋元学案》卷一《安定学案》，北京：中华书局，1982年，第23页。

治学案而"不可不穷其本末"之意。

以上两部学案体史书各有长短：在突出宗旨和取材精审方面，《明儒学案》优于《宋元学案》；在立论公允、体例完备、内容丰富方面，则《宋元学案》优于《明儒学案》。它们有一个共同的特点，即都显示了作者在总结学术史的同时，也表现出对于政治的关切。《明儒学案》中的东林学案和《宋元学案》中的元祐、庆元两党案，可以证明这一点。尤其是《东林学案》同黄宗羲在《明夷待访录》中所洋溢的历史批判精神，是完全一致的。

三、王夫之史论的历史价值

《明儒学案》和《宋元学案》是关于学术史的总结性成果，与之相媲美的，是王夫之所著《读通鉴论》、《宋论》，它们是关于历史评论的总结性成果。

王夫之(1619—1692)，字而农，号姜斋，湖南衡阳人。他晚年曾隐居于衡阳的石船山下，故又自号船山老农、船山遗老，后世学者称他为船山先生。《读通鉴论》是他借着阅读《资治通鉴》而撰写的一部历史评论，全书30卷，包括秦史评论1卷，两汉史评论8卷，三国史评论1卷，两晋史评论4卷，南北朝史评论4卷，隋史评论1卷，唐史评论8卷，五代史评论3卷。从思想上看，它是涉及上自三代、下至明朝的许多重大历史问题。发展进化的历史观、精于辨析的兴亡论、重视以史学经世致用的史学思想，是它的历史价值的几个主要方面。

发展进化的历史观。王夫之的历史观，贵在对历史进程有一个通观全局的认识，其核心是"理"与"势"的统一。秦废封建而立郡县，始终是封建社会中争论不休的问题，这是因为人们习惯于把兴衰治乱同它联系起来的缘故。综论中国历史的进程，势必离不开这个问题。因此，《读通鉴论》开篇就提出："两端争胜，而徒为无益之论者，辨封建者是也。郡县之制，垂二千年而弗能改矣，合古今上下皆安之，势之所趋，岂非理而能然哉！"①所谓"辨封建者"，早已为李百药、柳宗元所驳斥。王夫之晚于柳宗元800余年，他有更多的历史根据来批评"辨封建者"的论调。他认为，郡县制"垂二千年而弗能改"，"合古今上下皆安之"，这是一个基本的趋势。接着他从理论上提出："势之所趋，岂非理而能然哉。"这就是说，这种"势"的发展，是受着"理"的支配。关于封建、郡县的讨论，柳宗元已从"势"的方面做了精辟的论述。王夫之在此基础上又提出了"理"，是对柳宗元《封建论》的发展。那么，什么是"理"呢？王夫之借用传统的术语而赋予其新意解释说："天者，理也。其命，理之流行者也。""天之命，有理而无心者也。"②天是物质，有"理"而无"心"即没有意志。所谓"天者，理也"，是指物质自身运动的法则即是"理"。所谓"其命，理之流行者也"，说的是这种法则所表现出来的不同形式、状态。因此，"生有生之理，死有死之理，治有治之理，乱有乱之理，存有存之理，亡有亡之理"③；而郡县制之不可废，也是"理而能然"，自有其理所致。这是一方面。另一方面，王夫之又从守令、刺史"虽有元德显功，而无所庇其不令之子孙"的特权这一历史事实指出："势相激而理随以易。"④这是指出了"理"也不能脱离"势"的变化而一成不变，此即所谓"势因乎时，理因乎势"⑤。时总在变化，势与理也就随之变化。这两个方面结合起来，构成了王夫之的发展变化的历史观。他认为，评论历史、看待现实，只有"参古今之理势"⑥，才能得到正确的认识。

辨析精辟的兴亡论。一部《资治通鉴》，其旨在于"论次历代君臣事迹"，以为"鉴前世之兴衰，考当今之得失"的根据。《通鉴》有胡三

---

① 王夫之：《读通鉴论》卷一"秦始皇"，北京：中华书局，1975年，第1页。
② 王夫之：《读通鉴论》卷二十四"唐德宗"，北京：中华书局，1975年，第1972页。
③ 王夫之：《读通鉴论》卷二十四"唐德宗"，北京：中华书局，1975年，第1972～1973页。
④ 王夫之：《读通鉴论》卷一"秦始皇"，北京：中华书局，1975年，第3页。
⑤ 王夫之：《读通鉴论》卷十二"晋愍帝"，北京：中华书局，1975年，第874页。
⑥ 王夫之：《读通鉴论》卷二"汉文帝"，北京：中华书局，1975年，第91页。

省注，主要是注其内容；《通鉴》有王夫之论，主要是论其思想。《通鉴》有此二书相辅，司马光可以无憾。王夫之的论，范围虽广，但基本上是围绕着治乱兴亡而展开的。如他自己所说："引而伸之，是以有论；浚而求之，是以有论；博而证之，是以有论；协而一之，是以有论；心得而可以资人之通，是以有论。"①可见，王夫之的论，已远远超出了《通鉴》本身所提供的思想资料，而具有独创的性质。《读通鉴论》之论历代兴亡治乱，有这样几个重要方面。第一，是托国于谀臣则亡，国无谀臣则存。他指出："秦始皇之宜短祚也不一，而莫甚于不知人。非其不察也，惟其好谀也。托国于赵高之手，虽中主不足以存，况胡亥哉！汉高之知周勃也，宋太祖之任赵普也，未能已乱而足以不亡。建文立而无托孤之旧臣，则兵连祸结而尤为人伦之大变。徐达、刘基有一存焉，奚至此哉？虽然，国祚之所以不倾者，无谀臣也。"②这是从秦、汉论到宋、明，阐述有无谀臣、君主是否"好谀"对于国之存亡的关系。他进而指出："好谀者，大恶在躬而犹以为善，大辱加身而犹以为荣，大祸临前而犹以为福；君子以之丧德，小人以之速亡，可不戒哉！"③这是把是否有谀臣与国之存亡的关系，做更广泛的认识，认为："天下之足以丧德亡身者，耽酒嗜色不与焉，而好谀为最。"④第二，是指出了不重"积聚"、"无总于货宝"与政治统治的关系。他举了一个人们很熟悉的事例："汉王（刘邦）之入秦宫而有艳心……樊哙曰：'将欲为富家翁邪？'英达之君而见不及哙者多矣。范增曰：'此其志不在小。'岂徒一时取天下之雄略乎！以垂训后嗣，而文、景之治，至于尽免天下田租而国不忧贫，数百年君民交裕之略，定于此矣。"⑤樊哙以幽默的口吻批评了刘邦，刘邦大度地接受了批评，此事涉及汉初的治国方略，文景之

① 王夫之：《读通鉴论》卷末"叙论四"，北京：中华书局，1975年，第2554页。
② 王夫之：《读通鉴论》卷一"秦始皇"，北京：中华书局，1975年，第7页。
③ 王夫之：《读通鉴论》卷十二"晋愍帝"，北京：中华书局，1975年，第880页。
④ 王夫之：《读通鉴论》卷十二"晋愍帝"，北京：中华书局，1975年，第881页。
⑤ 王夫之：《读通鉴论》卷二"汉高帝"，北京：中华书局，1975年，第20页。

治、武帝之盛都与此有关，实未可小看。王夫之由此通观历史，指出："天子而斤斤然以积聚贻子孙，则贫必在国；士大夫斤斤然以积聚贻子孙，则败必在家；庶人斤斤然以积聚贻子孙，则后世必饥寒以死。……后之王者，闻樊哙富翁之诮，尚知惩乎！"①他着重指出的，还是"积聚"与政治得失的关系：如西晋末年，刘聪攻占洛阳，执晋怀帝，百官无一死者。而当初有人提出暂避洛阳的建议，公卿们不同意，并以"效死以守社稷"为借口。王夫之辨析说，这一方面是公卿们担心失去"尊荣"；另一方面则是因为他们"久宦于洛，而治室庐、置田园、具器服、联姻戚，将欲往而徘徊四顾，弗能捐割"。他接着引用《尚书·盘庚》篇中话并发表感慨说："故《盘庚》曰：'无总于货宝，生生自庸。'总其心于田庐器服之中，仰不知有君，俯不知有躯命，故曰若此之流，恶可责以杖节死义乎？"王夫之在鞭笞这类公卿的同时，也称赞了唐玄宗于危难之中"度越寻常"的见识。安史之乱起，玄宗将奔蜀，杨国忠建议焚毁府库。玄宗说："留此以与贼，勿使掠夺百姓。"王夫之认为："其轻视货贝之情，度越寻常远矣。是以唐终不亡也。"他对北宋时"汴京士庶拥李纲以欢呼者"，提出不同于一般看法的见解，认为其中不能排除"不忍捐其鸡豚瓮缶"之情，以至于"肝脑涂地，妻子为俘"②。在他看来，樊哙的富翁之诮对于政治的得失，实在是一个至关重要的问题，故反复予以阐说。

第三，是指出了"风教之兴废"与皇朝兴亡的关系。王夫之认为："风教之兴废，天下有道，则上司之；天下无道，则下存之；下亟去之而不存，而后风教永亡于天下。"③这里说的"风教"，主要指人们在政治品质上的修养和原则。他结合东晋、南朝的历史论道："大臣者，风教之去留所托也。晋、宋以降，为大臣者，怙其世族之荣，以瓦全为善术，而视天位之去来，如浮云之过目。故晋之王谧，宋之褚渊，齐之王晏、徐孝嗣，皆世臣而托国者也，乃取人之天下以

---

① 王夫之：《读通鉴论》卷二"汉高帝"，北京：中华书局，1975 年，第 20～21 页。

② 王夫之：《读通鉴论》卷十二"晋怀帝"，北京：中华书局，1975 年，第 861 页。

③ 王夫之：《读通鉴论》卷十七"梁武帝"，北京：中华书局，1975 年，第 1252 页。

与人，恬不知耻，而希佐命之功。风教所移，递相师效，以为固然，而矜其通识。"①这些话，很深刻地反映出东晋、南朝门阀地主的特点，即他们把家族的存亡置于皇朝的存亡之上，而他们当中有一些人是所谓"世臣而托国者"，这实在是当时政治的悲剧。与此相联系的，王夫之还指出自汉迄于隋，有"伪德"、"伪人"造成政治乱败的现象，也是一个重要的历史教训。什么是"伪德"？他说："持德而以之化民，则以化民故而饰德，其德伪矣。"这种"伪德"的表现形式及其危害是："挟一言一行之循乎道，而取偿于民，顽者侮之，黠者亦饰伪以应之，下上相率以伪，君子之所甚贱，乱败之及，一发而不可收也。"什么是"伪人"？王夫之认为："夫为政者，廉以洁己，慈以爱民，尽其在己者而已。"如果不能这样做，又"持此为券以取民之偿"者，便是"伪人"。他列举事实，自西汉便出现这种"伪人"，而至东汉之末，则"矫饰之士不绝于策"，至隋文帝更是"奖天下以伪"，以至于"上下相蒙以伪，奸险戕夺，若火伏油中，得水而焰不可扑，隋之亡也，非一旦一夕之致也。其所云德化者，一廉耻荡然之为也"②。他反复揭示了"伪德"、"伪人"对于政治的危害。他认为，德之于政，确乎是重要的，关键在于一个"诚"字。他说："夫德者，自得也；政者，自正也。尚政者，不足于德；尚德者，不废其政；行乎其不容已，而民之化也，俟其诚之至而动也。"③王夫之从"风教"论到"德化"的诚与伪，都是指出了意识形态对于政治的重要。《读通鉴论》对于历代治乱兴衰之故的辨析十分广泛，其中有些是对具体问题说的，有些则是具有普遍性的认识。他说此书"于大美大恶昭然耳目、前有定论者，皆略而不赘"④。这反映了他在历史评论方面对自己提出了很高的要求。上述几个方面都有一定的普遍性，在认识上多有超出前人的地方。

---

① 王夫之：《读通鉴论》卷十七"梁武帝"，北京：中华书局，1975年，第1252页。
② 王夫之：《读通鉴论》卷十九"隋文帝"，北京：中华书局，1975年，第1449页。
③ 王夫之：《读通鉴论》卷十九"隋文帝"，北京：中华书局，1975年，第1448页。
④ 王夫之：《读通鉴论》卷末"叙论二"，北京：中华书局，1975年，第2543～2544页。

重视史学经世致用的思想。清初的史学家们都十分重视史学的经世致用，而以王夫之在这方面的理论阐述最为突出。他认为："所贵乎史者，述往以为来者师也。为史者，记载徒繁，而经世之大略不著，后人欲得其得失之枢机以效法之无由也，则恶用史为？"①史书的作用，就是"述往以为来者师"，这就要求撰述史书的人明确而又能够把握"经世之大略"，使后人足以认识到历史上的"得失之枢机"，以为现实的借鉴，否则人们又何必需要史学呢。这是极明确地指出了史学经世致用的作用，把史学上的经世致用的思想和实践概括得更鲜明了。他还说："史者，垂于来今以作则者也。"②因此，史学是极庄严的事业。"垂于来今以作则"，是从正面强调了史学的经世作用。他撰《读通鉴论》，就是在实践这种史学经世致用的思想，即所谓"刻志兢兢，求安于心，求顺于理，求适于用"③。王夫之重视史学经世致用的思想，首先是他不赞成把史学仅仅作为一种知识来看待，指出："曰'资治'者，非知治知乱而已也，所以为力行求治之资也。"④他尖锐地批评说："览往代之治而快然，览往代之乱而愀然，知其有以致治而治，则称说其美；知其有以召乱而乱，则诉厉其恶；言已终，卷已掩，好恶之情已竭，颓然若忘，临事而仍用其故心"；这样的人，"闻见虽多，辨证虽详"，不过是"玩物丧志"罢了，与史学经世无涉。其次，他认为史学的经世作用，必须在人们的思想上有足够的重视，才能发挥出来。他从认识与实践的关系分析道："治之所资者，一心而已矣。以心驭政，则凡政皆可以宜民，莫匪治之资；而善取资者，变通以成乎可久。"这是说明不懂得历史借鉴和懂得历史借鉴在政治实践中的不同。那么人们怎样"取资"于历史呢？他说："设身于古之时势，为己之所躬逢；研虑于古之谋为，为己之所身任。取古人宗社之安危，代为之忧患，而己之去危

---

① 王夫之：《读通鉴论》卷六"汉光武"，北京：中华书局，1975年，第 350 页。
② 王夫之：《读通鉴论》卷二十"唐太宗"，北京：中华书局，1975年，第 1619 页。
③ 王夫之：《读通鉴论》卷末"叙论三"，北京：中华书局，1975年，第 2547 页。
④ 王夫之：《读通鉴论》卷末"叙论四"，北京：中华书局，1975年，第 2551～2552 页。

以即安者在矣；取古民情之利病，代为之斟酌，而今之兴利以除害者在矣。"从今天的认识来看，这是把问题提到一定的历史条件去考察，从而取得正确的认识，用以指导当前的政治实践。王夫之进而强调说："得可资，失亦可资也；同可资，异亦可资也。故治之所资，惟在一心，而史特其鉴也。"只要具有上述的思想和认识，那么历史就可以起到借鉴的作用。再次，王夫之从认识论上阐述了历史这面"镜子"与通常人们所用的镜子的不同之处。他指出："故论鉴者，于其得也，而必推其所以得；于其失也，而必推其所以失……乃可为治之资，而不仅如鉴之徒悬于室、无与照者也。"①第这是进一步说明史之为鉴，只有通过认识历史之主体的认识活动才能实现。所谓"唯在一心"，就是这个道理。在中国历史上，史可为鉴的思想在西周时期就产生了，后来历代史学家和政治家不断有所论述，但像王夫之从理论上阐述得这样透彻的，在他以前还不曾有过。

王夫之的另一部历史评论著作《宋论》，凡15卷，详论宋代历史的得失，对其错综复杂的矛盾都有精到的分析，是《读通鉴论》的姊妹篇。这两部历史评论代表了中国古代历史评论的最高成就，是这方面的总结性成果。这不仅是它们在内容上的系统和完整，还在于它们都达到了当时历史思想发展的高度；书中许多分析和论断，可以看作是史学家对历史的哲学思考，也可以看作是思想家对历史的历史考察。如果说，王夫之在历史评论中表现出来的历史批判精神，同黄宗羲有很多相通之处的话，那么他的经世致用的史学思想则同顾炎武有很多相通之处。

四、顾炎武的经世致用的史学思想

顾炎武（1613—1682），本名绛，后更名炎武，字宁人，自号亭林山人，江苏昆山人，后人尊称他亭林先生。他同黄宗羲、王夫之

---

① 王夫之：《读通鉴论》卷末"叙论四"，北京：中华书局，1975年，第2551～2554页。

一样，都有一段抗清复明的政治经历。在学术思想上，他们都具有早期启蒙意识和民主主义特点。顾炎武治学，重视读书和实地考察相结合，而力倡"致用"之学。他一生的著作很多，《日知录》是史学上的名作；《天下郡国利病书》是他纂辑的一部地理书，集中地反映了他的经世致用的史学思想；他的单篇论著，经后人编辑为《亭林文集》，反映了他对专制主义的批判精神和治学主张；他汇记历代都城史实而成的《历代宅京记》，是中国古代第一部辑录都城历史资料的专书；他纂辑的地理书《肇域志》，是《天下郡国利病书》的姊妹篇，在久经湮没后，近年已被发现。这些撰述，除《肇域志》鲜为人见外，它们在史学上都各有自身的价值和影响。

顾炎武力倡经世致用之学，言论甚多，可谓不遗余力。他的总的指导思想是"文须有益于天下"。他指出："文之不可绝于天地间者，曰明道也、纪政事也、察民隐也、乐道人之善也，若此者，有益于天下，有益于将来，多一篇，多一篇之益矣。若夫怪力乱神之事、无稽之言、剿袭之说、谀佞之文，若此者，有损于己，无益于人，多一篇，多一篇之损矣。"①他自谓："凡文之不关于《六经》之指、当世之务者，一切不为。"②又指出："君子之为学，以明道也，以救世也。徒以诗文而已，所谓'雕虫篆刻'，亦何益哉！"他说他的《日知录》一书，"上篇经术，中篇治道，下篇博闻"③，其中"治道"占有重要位置。钱大昕论顾炎武学术说："亭林先生博学通儒，所撰述行世者，皆有关于世道风俗，非仅以该洽见长。"可谓深得顾炎武治学宗旨。

顾炎武对于史学的经世致用极为重视。《日知录》卷十六"史学"引唐人殷侑批评"史学废绝"、建议在科举考试中加强"史科"的言论，

---

① 顾炎武：《日知录》卷十九"文须有益于天下"，黄汝成集释，上海：上海古籍出版社，2006年，第1079页。

② 顾炎武：《亭林文集》卷四"与人书三"，《顾亭林诗文集》，北京：中华书局，1983年，第91页。

③ 顾炎武：《亭林文集》卷四"与人书二十五"，《顾亭林诗文集》，北京：中华书局，1983年，第98页。

并且指出："今史学废绝，又甚唐时。若能依此法举之，十年之间，可得通达政体之士，未必无益于国家也。"殷侑的建议中，指出科举考史，"但问政理成败所因，及其人物损益关于当代者，其余一切不问"。顾炎武很赞成他的看法。他强调说："引古筹今，亦吾儒经世之用。"[①]又说："目击世趋，方知治乱之关必在人心风俗，而所以转移人心，整顿风俗，则教化纪纲为不可阙矣。百年必世养之而不足，一朝一夕败之而有余。"[②]他的这些言论和主张，都在于把史学跟"明道"、"救世"、"经世之用"结合起来。

顾炎武的史学活动，鲜明地体现出他的"经世致用"主张。他撰《营平二州史事》一书，是从一个方面揭示明亡的原因，"岂非后代之龟鉴哉"[③]。徐元文（顾氏之甥）题《历代宅京记》说："先生勖语：'必有体国经野之心，而后可以登山临水，必有济世安民之识，而后可以考古论今。'"这是道出了此书的宗旨。而《天下郡国利病书》是最能反映顾炎武"经世之用"史学思想的代表性撰述。他在这书的序中说："崇祯己卯，秋闱被摈，退而读书。感四国之多虞，耻经生之寡术，于是历览二十一史，以及天下郡县志书、一代名公文集，间及章奏文册之类，有得即录，共成四十余帙。一为舆地之记，一为利病之书。""感四国之多虞，耻经生之寡术"，深切地反映了顾炎武的历史使命感和经世济国的抱负，这也正是纂辑此书的目的。他说的"舆地之记"，即《肇域志》，重在详历代建置，地理沿革；而"利病之书"，即《天下郡国利病书》，重在详各地山川形胜、物产资源、风俗民情以及农田水利、工矿交通、户口赋役等"利病"之所在。他在《肇域志》序中说明纂辑这一部书的方法是："此书自崇祯己卯起，先取《一统志》，后取各省、府、州、县志，后取二十一史参互书之。凡阅志

---

① 顾炎武：《亭林文集》卷四"与人书八"，《顾亭林诗文集》，北京：中华书局，1983年，第93页。

② 顾炎武：《亭林文集》卷四"与人书九"，《顾亭林诗文集》，北京：中华书局，1983年，第93页。

③ 顾炎武：《亭林文集》卷二"营平二州史事序"，《顾亭林诗文集》，北京：中华书局，1983年，第28页。

书一千余部，本行不尽，则注之旁；旁又不尽，则别为一集曰《备录》。"①《天下郡国利病书》的纂辑当与此大致相同。这书虽是纂辑前人论述，但在反映经世致用之旨方面却十分突出，尤其对于明代的经济、政治得失，更是作者所特别关注的。

《天下郡国利病书》是一部未完成稿，作者前后纂辑 20 余年，分订 34 册。原稿未定次第，后人编次为：北直隶上，北直隶中，北直隶下，苏上，苏下，苏松，常镇，江宁庐安，凤宁徽，淮安，淮徐，扬州，河南，山东上，山东下，山西，陕西上，陕西下，四川，浙江上，浙江下，江西，湖广上，湖广下，福建，广东上，广东中，广东下，广西，云贵，云贵交趾，交趾西南夷，九边四夷。其后又有分订为 50 册者，以均厚薄。原书不分卷，后有分为 100 卷或 120 卷者，只可作为参考。卷首有一篇总论，编集前人论述，分地脉、形胜、风土、百川考 4 个部分，略述全国山脉分布、地形特征、气候土壤、水系源流。此书由地理而论"利病"，不仅关注于江浙、内地，也关注于边疆地区，兼及中国与有关国家的地理关系和贸易关系。它记各地的自然环境，政区划分状况和戍守形势等，而以记各地经济状况为主，这使它在地理书中独具特色。它记述经济状况的方面很宽广，包含漕渠、仓廪、粮额、马政、草场、盐政、屯田、水利、赋税、徭役、户口、方物等，其中又以记述土地、赋役、水利最多。关于土地，它涉及土地的分配、占有和使用情况，土地兼并的发展，以及因自然条件的变化而引起土地变化和农田建设等。全书除对各地屯田兴废有较多的论述外，还记述了不同地区在区田、丈地清田方面的种种情况，记述江南地区沙田、洲田的情况以及荒田、勋田、僧田等情况。关于赋役，作者一方面注意于全国各地的赋役情况，另一方面则尤瞩目于江南的赋役之重。顾炎武重视《大学衍义补》的说法："韩愈谓赋出天下，而江南居十九。以今观之，浙

---

① 顾炎武：《亭林文集》卷六《肇域志》序，《顾亭林诗文集》，北京：中华书局，1983年，第 131 页。

东、西又居江南十九；而苏、松、常、嘉、湖五郡，又居两浙十九也。"①又引证王象恒《东南赋役独重疏》之说："人止知江南钱粮之多欠，而不知江南止完及七八分，已与宇内之重者相等矣；江南止及六、五分，已与他处之轻者相等矣。"②顾炎武在《日知录》里提出"苏松二府田赋之重"③的论点，当是他研究了明代全国赋役情况后得到的结论。此外，作者引证各方面的材料披露出：明代一条鞭法在有的地区"屡行屡止，致使忠实良民鬻田大半，户口尚高，经年累岁，独当各样重差，无息肩之日，苦累不可胜言"④；在另一些地区，已经到了"祖宗画一之规，易简之政，果终不可复哉，果终不可复哉"⑤的地步了。关于水利，作者汇集大量历史文献及前人的有关言论，对全国各地水利事业均有记载，有的着重胪列历代水利，有的着重分析一方水利现状，还有关于这方面的奏议、调查、记事、论著。值得注意的是，跟作者重视江南的赋役状况一样，他也十分重视江南的水利状况，故于江南水利论述尤多。这反映了明代江南在地理条件上的特点和社会经济上的地位。

《天下郡国利病书》在篇幅上以江南、北直隶、山东、陕西为最多，浙江、广东、四川、湖广次之，福建、云南、山西、河南、江西又次之，广西、贵州最少。这固然有作者在材料纂辑上的原因，但也大致反映了明代各地区在全国经济、政治中的地位的不同。这跟唐中叶以前人们讲地理、论食货必首推关中的情况相比，已不可同年而语。这书虽以辑录前人论述成编，但于选材、标目、编次之

①　顾炎武：《天下郡国利病书》第 4 册"苏上"，四部丛刊三编本，上海：上海书店，1985 年，第 43 页。
②　顾炎武：《天下郡国利病书》第 6 册"苏松"，四部丛刊三编本，上海：上海书店，1985 年，第 417 页。
③　参见顾炎武：《日知录》卷十，黄汝成集释，上海：上海古籍出版社，2006 年，第 593 页。
④　顾炎武：《天下郡国利病书》第 16 册"山东下"，四部丛刊三编本，上海：上海书店，1985 年，第 175 页。
⑤　顾炎武：《天下郡国利病书》第 13 册"河南"，四部丛刊三编本，上海：上海书店，1985 年，第 96 页。

中，亦足以反映出作者开阔的视野、深刻的见解和经世致用的纂述目的；它虽是一部地理书，却蕴含着纂辑者的丰富的经济、政治思想和深刻的历史见识。

顾炎武对于封建专制主义的批判，同黄宗羲、王夫之一样，都具有早期启蒙思想的理性色彩和朴素的民主主义精神。这集中反映在收录于《亭林文集》中的《郡县论》9 篇、《钱粮论》2 篇、《生员论》3篇、《军制论》、《形势论》、《田功论》、《钱法论》等论文。《郡县论一》对封建、郡县的废兴提出了新的认识，顾炎武指出："封建之废，非一日之故也，虽圣人起，亦将变而为郡县。方今郡县之敝已极，而无圣人出焉，尚一一仍其故事，如民生之所以日贫，中国之所以日弱而益趋于乱也。何则？封建之失，其专在下；郡县之失，其专在上。"这末了两句话，是揭出了封建、郡县弊端的本质，而"其专在上"则是针对封建专制主义提出来的。顾炎武对于郡县制必然要变以及如何变均持肯定而明确的看法，认为："知封建之所以变而为郡县，则知郡县之敝而将复变。然则将复变而封建乎？曰：不能。有圣人起，寓封建之意于郡县之中，而天下治矣。"虽然他对于"寓封建之意于郡县之中"的解释不免模糊，但他提出必须克服"其专在下"与"其专在上"的弊病而使封建郡县两种制度达到某种程度的调和，确是具有理性主义的天才设想。顾炎武在《钱粮论》中对于农民有谷无银而出现"人市"和"火耗"造成的"生民之困"①，深寄同情之心，并揭露了封建吏治的腐败，从一个方面反映出他的民主主义思想。

五、《潜书》和《读史方舆纪要》

在历史批判和经世致用方面，比黄宗羲、王夫之、顾炎武稍晚的唐甄、顾祖禹，也各有突出成就，这就是《潜书》和《读史方舆纪

---

① 顾炎武：《亭林文集》卷一《钱粮论下》，《顾亭林诗文集》，北京：中华书局，1983年，第 19 页。

要》。唐甄(1630—1704)，原名大陶，字铸万，后更名甄，四川达县人。所著《潜书》上下篇，共 97 目。上篇论学术思想，下篇论政治历史。时人论其治学是："考古证今，求其成败得失之故，洞然心胸。晚而学道，奋以圣贤为归，默证潜修，多所自得。"称其书"为汉、唐以来所未有"，"为周、秦而后仅见之作"，"其文高处，闳肆如庄周，峭劲如韩非，条达如贾谊"[1]。唐甄尖锐地指出："自秦以来，凡为帝王者皆贼也。"大将、偏将、卒伍、官吏杀人，"天子实杀之"；"杀人者众手，实天子为之大手"[2]。这是把批判的矛头直指皇权。他又指出："治天下者惟君，乱天下者惟君。治乱非他人所能为也，君也。小人乱天下，用小人者谁也？女子、寺人乱天下，宠女子、寺人者谁也？奸雄、盗贼乱天下，致奸雄、盗贼之乱者谁也？反是于有道，则天下治，反是于有道者谁也？"[3]这一连串的诘问，也是直指皇权。唐甄把天下治乱归于帝王一人，这并不是正确的认识；但皇权是专制集权的集中代表，他把批判专制集权的矛头指向皇权本身，在当时的历史条件下是有积极意义的。

顾祖禹(1631—1692)，字景范，江苏无锡人，人称宛溪先生。他以 20 年工夫，十易其稿，撰成《读史方舆纪要》这部地理书巨制。全书 130 卷，附《舆图要览》4 卷，文字浩繁，结构严谨。它的正文主要包括三个部分：一是"历代州域形势"。这是有关自上古至元、明的行政区划及其沿革，是历史地理部分。二是分叙全国各地方舆。这是以明代行政建置为次第，论述两京及十三布政使司所辖范围的地理形势：含序论，概述，分论各府、州、县、长官司的山川形势和城、镇、营、寨、堡、关、隘、桥、驿等军事设施。这是政治、军事地理部分。三是总叙全国山川分布。这是辑录前人著作中有关文献编纂而成，是自然地理部分。附录《舆图要览》有地图数十幅，图前有序，图后有表；其中"九边图"和《黄河图说》、《海运图说》、

---

① 唐甄：《潜书》张廷枢序与潘耒序，北京：中华书局，1963 年，第 6 页。
② 唐甄：《潜书》下篇下《室语》，北京：中华书局，1963 年，第 196 页。
③ 唐甄：《潜书》上篇下《鲜君》，北京：中华书局，1963 年，第 66 页。

《漕运图说》等，也反映出作者对军事的重视。

《读史方舆纪要》是一部以地理为基础、以阐明军事上的成败为主要内容、以总结政治兴亡为目的的巨著。作者为各地方舆所撰的序论，最能反映出他在这方面的造诣和旨趣。顾祖禹论江南方舆说："以东南之形势而能与天下相权衡者，南直而已。"①论河南方舆说："河南，古所称四战之地也。当取天下之日，河南在所必争；及天下既定，而守在河南，则岌岌焉有必亡之势矣。"②论浙江方舆说："浙江之形势尽在江、淮，江、淮不立，浙江未可一日保也。"③这是分别用几句话就概括了不同地区的地理形势的轻重、得失，从中可以看到作者的功力和见解之深。顾祖禹在论述各地方舆时，注意结合社会历史的多种因素来评价它们的地位，这尤其显示出作者杰出的政治见解和军事思想。如他从漕运与京师的关系指出山东地理位置的重要；他以四川为例，强调险不足恃和人的主观作用，慨叹于"恃其险而坐守之，以至于亡，又岂唯蜀为然哉"；他一方面指出关中地理形势的重要，一方面又指出这种地理形势要发挥作用是跟一定的时机，人的行为和才能有密切的关系；他还从局部和全局的关系、按照不同的层次来看待某个地区之地理位置的特点（以上分别见山东、四川、陕西、湖广方舆纪要序）。这些见解，显示了作者的渊博和卓识。因此，《读史方舆纪要》历来受到人们很高的评价，称赞它"详建设则志邑里之新旧，辨星土则列山川之源流。至于明形势以示控制之机宜，纪盛衰以表政事之得失，其词简，其事核，其文著，其旨长，藏之约而用之博，鉴远洞微，忧深虑广，诚古今之龟鉴，

---

① 顾祖禹：《读史方舆纪要》卷十九《南直方舆纪要》序，北京：中华书局，2005 年，第 867 页。

② 顾祖禹：《读史方舆纪要》卷四十六《河南方舆纪要》序，北京：中华书局，2005 年，第 2083 页。

③ 顾祖禹：《读史方舆纪要》卷八十九《浙江方舆纪要》序，北京：中华书局，2005 年，第 4093 页。

治平之药石也。有志于用世者，皆不可以无此篇"①。说它"不征奇，不探异，网罗放失，于古今成败利钝之际，三致意焉"②；称赞它"其志之超迈，用力之专勤，而成书之浩博，亦既无复加矣"③；强调它的特点在于评论"山川险易，古今用兵战守攻取之宜，兴亡成败得失之迹"④。这些评论，都是很中肯的。

《潜书》和《读史方舆纪要》在历史批判与地理书的经世致用方面，也是带有总结性的重要著作，在清代前期史学发展上占有显著的位置。

第三节　历史考证的辉煌成果

一、王鸣盛的《十七史商榷》

清代前期的史学在历史考证方面取得了极辉煌的成果，王鸣盛的《十七史商榷》、赵翼的《廿二史札记》、钱大昕的《廿二史考异》和崔述的《考信录》，是这方面的代表性著作。王鸣盛(1722—1797)，字凤喈，号礼堂，又号西庄，晚年改号西沚居士，清江苏嘉定(今属上海市)人。赵翼(1727—1814)，字云崧，亦作耘松，号瓯北，清江苏阳湖(今江苏武进)人。钱大昕(1728—1804)，字晓徵，号辛楣，又号竹汀居士，清江苏嘉定(今属上海市)人。崔述(1740—1816)，字武承，号东壁，清直隶大名(今属河北)人。他们的卒年，比名震欧洲史坛的德国"兰克学派"创始人兰克(1795—1886)约早 70 至 90 年。他们多活跃于乾嘉时期，是"乾嘉学派"历史考证的代表人物。

---

① 吴兴祚：《读史方舆纪要》序，《读史方舆纪要》，北京：中华书局，2005 年，第 10 页。
② 熊开元：《读史方舆纪要》序，《读史方舆纪要》，北京：中华书局，2005 年，第 7 页。
③ 彭士望：《读史方舆纪要》序，《读史方舆纪要》，北京：中华书局，2005 年，第 4 页。
④ 魏禧：《读史方舆纪要》序，《读史方舆纪要》，北京：中华书局，2005 年，第 1 页。

他们治史的宗旨，可以用钱大昕的一段话作为概括，即"史非一家之书，实千载之书，祛其疑，乃能坚其信；指其瑕，益以见其美"，"惟有实事求是，护惜古人之苦心，可与海内共白"①。简要地说，"实事求是"是他们共同的旗帜。

《十七史商榷》100卷。作者对书名做了这样的解释："十七史者，上起《史记》，下讫《五代史》，宋时尝汇而刻之者也。商榷者，商度而扬榷之也。海虞毛晋汲古阁所刻行世已久，而从未有全校之一周者。予为改讹文，补脱文，去衍文，又取其中典制，事迹，诠解蒙滞，审核蹉驳，以成是书，故名曰'商榷'也。"②这是作者关于此书书名和内容的说明。王鸣盛又论其对前人所著史书的看法及其考史原则说："大抵史家所记典制有得有失，读史者不必横生意见，驰骋议论，以明法戒也。但当考其典制之实，俾数千百年建置沿革了如指掌，而或宜法，或宜戒，待人之自择焉可矣。其事迹有美有恶，读史者亦不必强立文法，擅加予夺，以为褒贬也。但当考其事迹之实，俾年经事纬、部居州次，纪载之异同，见闻之离合，一一条析无疑；而若者可褒，若者可贬，听诸天下之公论焉可矣。书生胸臆每患迂愚，即使考之已详，而议论褒贬犹恐未当，况其考之未确者哉！盖学问之道，求于虚不如求于实，议论褒贬皆虚文耳。作史者之所记录，读史者之所考核，总期于能得其实焉而已矣，外此又何多求邪？"总的来看，考证史家所记典制、事迹之"实"，是其主要宗旨，而法戒、褒贬、议论则非其所重。他的这些看法，有精辟之处，即追求史事之真实。这正如比他晚得多的德国史家兰克在《拉丁和条顿民族史》的序言中说的那样："历史指定给本书的任务是：评判过去，教导现在，以利于将来。可是本书并不敢期望完成这样崇高的任务。它的目标只不过是说明事情的真实情况而已。"③他们的不同

---

① 钱大昕：《廿二史考异》序，上海：上海古籍出版社，2004年，第1页。
② 王鸣盛：《十七史商榷》序，上海：上海书店出版社，2005年，第1页。
③ 转引自乔治·皮博迪·古奇：《十九世纪历史学与历史学家》上册，耿淡如译，北京：商务印书馆，1989年，第178页。

之处是，前者主要是考证，后者主要是描述。

《十七史商榷》在考证上的成就，一是关于史书文字的考订，一是关于历史事实的考订。十七史在传抄、刊刻中不免有文字上的舛误，王鸣盛说的讹文、脱文、衍文，皆属此类。他在这方面所做的改、补、去的考订工作，有不少成绩。同时，史书在传抄、刊刻过程中，还会出现编次的舛误和史文的颠倒、遗漏；前人在注史、校史、补史方面，也会出现误注、误校、误补的地方。王鸣盛在这些方面的考订，也有不少成绩。此书在历史事实的考证上，以典制和事迹为重点，其中以典制为主，而尤其重于地理和职官的考证。如卷十八至卷二十一，以4卷的篇幅集中讨论《汉书》所记地理问题，谓之"地理杂辨证"。卷八十一专论唐代官制，而卷七十八至卷八十则兼论唐代地理与官制。此书考证历史事实，有时也涉及重大问题，如其通过曹参、申屠嘉、邓通等人行事，指出"汉初人才已盛"[①]；以《魏书·司马睿传》与《晋书·孔愉之传》、《殷仲堪传》相互参考，证明东晋时期"君弱臣强"[②]之势等。王鸣盛在自序中表明，他是并不着意于议论这一类"虚文"的。但事实上他对史事和史学都有不少评论，而于史学方面的评论更能反映他的学术见解。他在不少地方推崇马、班、陈、范四史；他对魏收《魏书》被"号为'秽史'"持不同看法，认为"魏收手笔虽不高，亦未见必出诸史之下"[③]；他认为《新唐书》帝纪"太简"[④]，而吴缜《新唐书纠谬》"其指摘却亦有精当处"[⑤]。这些，都是很有见地的看法。但其所论诸史，亦往往有不妥之处，

---

① 王鸣盛：《十七史商榷》卷二十四"汉初人杞盛"，上海：上海书店出版社，2005年，第170页。

② 王鸣盛：《十七史商榷》卷五十"君弱臣强"，上海：上海书店出版社，2005年，第373页。

③ 王鸣盛：《十七史商榷》卷六十五"魏收魏书"，上海：上海书店出版社，2005年，第541页。

④ 王鸣盛：《十七史商榷》卷七十"新纪太简"，上海：上海书店出版社，2005年，第598页。

⑤ 王鸣盛：《十七史商榷》卷六十九"新唐书纠谬"，上海：上海书店出版社，2005年，第597页。

如他对杜佑《通典》多有误解和失实的批评，甚至认为"此书之成亦可云易"①；他完全否认李延寿《南史》、《北史》的史学价值，完全否认前人对《南史》、《北史》评论的任何合理因素，批评李延寿"学识浅陋"、"信手涂抹"、"昏谬如此，此亦妄人也已矣"②。像这样的批评，都不是很冷静、很妥帖的。在这方面，王鸣盛的书比起赵翼的《廿二史札记》，不免显得逊色。

二、赵翼的《廿二史札记》

《廿二史札记》全书 36 卷，补遗 1 卷，所考及论，上起《史记》，下至《明史》，包含全部《二十四史》；因《旧唐书》和《旧五代史》当时未正式列入"正史"，故名"二十二史"。此书是作者中年宦途受挫后，"闲居无事，翻书度日"③所著。它撰成于乾隆六十年（1795），并有刻本。嘉庆五年（1800）收入作者全集时，有钱大昕、李保泰分别所写的序文。赵翼在这书的"小引"中阐明他的考证方法是："此编多就正史纪、传、表、志中参互勘校，其有抵牾处，自见辄摘出。"同时，又表明了他对于历史评论的兴趣："至古今风会之递变，政事之屡更，有关于治乱兴衰之故者，亦随所见附著之。"《廿二史札记》于考订诸史中特重视发挥对于历史的见解，关注于"治乱兴衰之故"，这是不同于《十七史商榷》的主要之处。清人李慈铭论《廿二史札记》说："此书贯串全史，参互考订，不特阙文、误义多所辨明，而各朝之史，皆综其要义，铨其异闻，使首尾井然，一览为悉。"又说"其书以议论为主"，"盖不以考核见长"④。近人陈援庵先生论《廿二史札记》

---

① 王鸣盛：《十七史商榷》卷九十"杜佑作通典"，上海：上海书店出版社，2005 年，第 817 页。

② 王鸣盛：《十七史商榷》卷六十六"弑崩书法"、卷六十八"宣武误为孝武"，上海：上海书店出版社，2005 年，第 551、569 页。

③ 赵翼：《廿二史札记》小引，王树民校证，北京：中华书局，1984 年，第 1 页。

④ 越缦堂批注：《廿二史札记》手稿，《廿二史札记》附录之三，王树民校证，北京：中华书局，1984 年，第 887～888 页。

的撰述次第是："每史先考史法，次论史事。"①这两段话，大致把握了《廿二史札记》的撰述方法和基本特点。

举例说来，其卷一至卷三，标目为"《史记》《汉书》"，从卷一起始"司马迁作史年岁"至卷二的"《汉书·武帝纪·赞》不言武功"，主要是论"史法"；自卷二的"汉帝多自立庙"至卷三结末"王莽引经义以文其奸"，主要是论"史事"。卷四、卷五为"《后汉书》"，卷六至卷八为"《三国志》《晋书》"，卷九至卷十二为"宋齐梁陈书并《南史》"，卷十三至卷十五为"魏齐周隋书并《北史》"，卷十六至卷二十为"新旧《唐书》"，卷二十一、卷二十二为"《五代史》"，卷二十三至卷二十八为"宋辽金史"，卷二十九、卷三十为"《元史》"，卷三十一至卷三十六为"《明史》"，大致都循此例。

赵翼考史的基本方法是"参互勘校"，这包括以每一史之纪、传、志、表的比勘、考校，也包括以相关史书的对比、考订。如其论"宋齐梁陈书并《南史》"即有如下条目：《南史》仿陈寿《三国志》体例、《南、北史》子孙附传之例、《南史》删《宋书》最多、《南史》过求简净之失、《南史》误处、《南史》增《齐书》处、《南史》与《齐书》互异处、《南史》增删《梁书》处、《南史》删《梁书》处、《南史》增《梁书》有关系处、《南史》增《梁书》琐言琐事、梁南二史歧互处、《南史》于《陈书》无甚增删、《南史》与《陈书》歧互处等（卷十至卷十一）。从这里可以看出，赵翼对于史书的考订，重点不在于文字的校勘，而在于史书所记内容的异同和得失，反映出他"贯串全史"的见识。

《廿二史札记》"以议论为主"，表现在两个方面，一是评论史事，一是评论史学。在评论史事方面，他提出了许多重要见解，如：汉初布衣将相之局、武帝三大将皆由女宠（卷二），汉使立功绝域、武帝时刑罚之滥、两汉外戚之祸（卷三），宦官之害民（卷五），六朝清谈之习、南朝多有寒人掌机要（卷八），宋齐多荒主（卷十一），江左世族无功臣（卷十二），魏孝文帝文学（卷十四），贞观中直谏者不止

---

① 陈智超编：《陈垣史源学杂文》前言引陈垣语，北京：人民出版社，1980年，第3页。

魏徵、武后纳谏知人、唐代宦官之祸、中官出使及监军之弊、方镇骄兵、间架除陌宫市五坊小使之病民（卷十九、卷二十），等等。这些，不仅是历史上的重大问题，为后人研究历史多有启发，而且包含了作者继承顾炎武所谓"身虽不仕，而其言有可用者"①的经世致用思想。这就是赵翼说的"古今风会之递变，政事之屡更，有关于治乱兴衰之故者，亦随所见附著之"。此书精华，即在于此。在这一点上，它很接近于《读通鉴论》，似也可以看作是一部"读廿二史论"或"读正史论"。

《廿二史札记》在史学评论方面，因作者善于运用比较方法，故能持论平实，类似"《史》《汉》互有得失"（卷一）这样的议论，全书颇多发挥。又所论"宋、齐书带叙法"、"《齐书》类叙法最善"、"《南史》仿陈寿《三国志》体例"、"《南、北史》子孙附传之例"（卷九、卷十）、《新五代史》"书法谨严"（卷二十一），"《宋史》事最详"（卷二十三），"《辽史》立表最善"（卷二十七），"《明史》立传多存大体"（卷三十一）等，都是比较重要的史学见解。

钱大昕评论赵翼学术说："先生上下数千年，安危治忽之几，烛照数计，而持论斟酌时势，不蹈袭前人，亦不有心立异，于诸史审订曲直，不掩其失，而亦乐道其长"，其"心地"有过人之处。这是从历史评论和史学评论两个方面评论了赵翼的学术。他又评论《廿二史札记》的特点说："读之窃叹其记诵之博，义例之精，论议之和平，识见之宏远，洵儒者有体有用之学，可坐而言，可起而行者也。"②"论议之和平，识见之宏远"，确是赵翼史论的风格。所谓"可坐而言，可起而行者"，以及李保泰在此书序中说的"援古证今，指陈贯串"、"斟酌时宜，折衷往昔，其所裨于斯世者不少"，都是讲的赵翼史学的经世之旨。历来有一种说法，认为乾嘉时期的考史学派，只擅长微观的、具体的考据，既没有理论，又脱离社会。这种说法，

---

① 赵翼：《廿二史札记》小引，王树民校证，北京：中华书局，1984 年，第 1 页。
② 赵翼：《廿二史札记》钱大昕序，王树民校证，北京：中华书局，1984 年，第 886 页。

至少是片面的，有重新认识的必要。钱大昕比赵翼晚出生二年，他的《廿二史考异》比起《廿二史札记》来，又另有一种特色。

三、钱大昕的《廿二史考异》

《廿二史考异》100卷，所考诸史，包括：《史记》5卷，《汉书》4卷，《后汉书》3卷，《续汉书》2卷，《三国志》3卷，《晋书》5卷，《宋书》2卷，《南齐书》、《梁书》、《陈书》各1卷，《魏书》3卷，《北齐书》、《周书》各1卷，《隋书》2卷，《南史》、《北史》各3卷，《唐书》16卷，《旧唐书》4卷，《五代史》6卷，《宋史》16卷，《辽史》1卷，《金史》2卷，《元史》15卷。于《二十四史》中，不包括《旧五代史》，而将《续汉书志》从《后汉书》中析出单独成卷，故标目上为23部史书，实则仍为22部史书，与书名相符。而其中又对《唐书》（即《新唐书》）、《宋史》、《元史》用力最多。

钱大昕的考史原则，已如前述。他从青年时代起，开始撰写此书，自谓"反复校勘，虽寒暑疾疢，未尝少辍，偶有所得，写于别纸"。乾隆三十二年（1767），着手编次，且"岁有增益"。至乾隆四十三年（1778），又"复加讨论"，做最后的审订。而他的自序，撰于乾隆四十五年（1780），可以看作是全书定稿的时间。自序说："廿二家之书，文字烦多，义例纷纠，舆地则今昔异名，侨置殊所；职官则沿革迭代，冗要逐时。欲其条理贯串，了如指掌，良非易事，以予仔劣，敢云有得？但涉猎既久，启悟遂多。"①从这里，可以看出，《考异》重在文字、义例、舆地、职官等方面。但实际上《考异》所涉及的范围还要广泛得多。阮元论钱大昕学术有"九难"；第四至第八是："先生于正史、杂史，无不讨寻，订千年未正之讹，此人所难能四也；先生精通天算，三统上下，无不推而明之，此人所难能五也；先生校正地志，于天下古今沿革分合，无不考而明之，此人之所难

---

① 钱大昕：《廿二史考异》序，上海：上海古籍出版社，2014年，第1页。

能六也；先生于六书音韵，观其会通，得古人声音、文字之本，此人之所难能七也；先生于金石无不编录，于官制史事，考核尤精，此人所难能八也。"①以上几条，实则都贯串于《考异》之中。

《廿二史考异》的撰述形式，是首先开列所考史书的篇名，其次抄出所考之事与文，再次是写出订正文字，或旁征博引以证己说，从而达到"祛其疑，乃能坚其信；指其瑕，益以见其美"的考史目的。其文少者，每条仅数字。如卷三《史记·律书》："闻声效胜负。"《考异》云："效，见也。"卷二《史记·十二诸侯年表》："人事浃。"《考异》云："浃与匝同。"卷十九《晋书·地理志上》："代郡富城县。"《考异》云："富城当作当城。"其文多者，可达数百字至千余字。如卷四十二《唐书·僖宗纪》："乾符四年四月，江西贼（?）柳彦璋陷江州，执其刺史陶祥，高安制置使钟传陷抚州。"《考异》以一千一二百字的篇幅胪列证据，以证《新唐书》"刊修诸公，夸其采访之富，欲求胜于旧史"，故独于僖宗纪、昭宗纪"繁冗重复，与它卷迥别"。其所考者，亦有并非出于某史某篇者，如卷九有"侯国考"；卷十五考"裴松之表'上搜旧闻，旁摭遗逸'"，列举人名书名，以证"松之注所引书"，"凡百四十余种，其与史家无涉者，不在数内"。像这样有数百字的考证，实则已具有专论的性质。

《廿二史考异》除大量的文字考订外，还重视史例的考订。如卷二十《晋书·舆服志》："史臣曰：昔者乘云效驾。"《考异》云："按：《天文》、《地理》、《律历》、《礼乐》、《职官》、《食货》、《五行》、《刑法》诸序首，或引书、传，或自立论，未有冠以'史臣'者；独《舆服》一篇有'史臣曰'三字，此义例之未衷于一也。"又如卷二十六《梁书·敬帝纪》："史臣侍中郑国公魏徵曰。"《考异》于此文之下，对"陈吏部尚书姚察曰"、"史臣曰"、"史臣陈吏部尚书姚察曰"、"史臣侍中郑国公魏徵曰"、"郑文贞公魏徵总而论之"等后论的种种称谓，均一一

---

① 阮元：《十驾斋养新录》序，《十驾斋养新录》卷首，上海：上海书店出版社，2011年，第1页。

从义例上做了说明，指出其是非所在，并称魏徵"以大臣领史事，而不攘人之善以为己作，郑文贞洵不可及矣"[①]。

《廿二史考异》最突出的成就，在于它一一考订了诸史志表。全书 100 卷中，有三十四五卷是关于志表的考证，占全书的三分之一以上。其中，《新唐书》占 8 卷。《宋史》占 7 卷，《元史》占 5 卷；关于《魏书》的考订共 3 卷，有 2 卷是考订它的诸志。南朝江淹说："修史之难，无出于志。"这话先后为刘知幾、郑樵、马端临所引用。志的撰写困难，考订更难。《廿二史考异》对各志一一考订，反映了作者渊博的学识和知难而进的治史精神。在对众史各志的考订中，作者于天文、律历、地理、职官、艺文等志的考订，用力最多，价值也最高，是《十七史商榷》、《廿二史札记》所不及的。此外，此书卷四十一以整卷的篇幅考订《新唐书》的目录，实则是以两《唐书》目录、编次、体例"参互校勘"，明其增删、变更、得失，同时也阐述了作者对于史书"义例"的见解。如本卷于"列传第一"之下，作者写道："武后，旧书有纪而无传。新史于编年之外，别采事实为传，而不去本纪之目，较之沈既济之说为优。"[②]这里说的"旧书"指《旧唐书》，"新史"指《新唐书》。沈既济是唐朝史官，曾著文提出不当为武则天立纪，应降为后妃传。《新唐书》有纪、有传，以国家大事编年为本纪，以个人事实连缀为传。钱大昕很欣赏这种安排。作者关于二十二部正史的考订，包含了丰富的"义例"思想，此即突出一例。

钱大昕推崇顾炎武的撰述"有关于世道风俗，非仅以该洽见长"，称道赵翼《廿二史札记》是"有体有用之学，可坐而言，可起而行"，说明他并不是只重考据而无经世思想的史家。而他的"史非一家之书，实千载之书，袪其疑，乃能坚其信"的史学思想，由崔述进一步发展了。

---

① 钱大昕：《廿二史考异》卷二十六《梁书》，上海：上海古籍出版社，2014 年，第 439 页。

② 钱大昕：《廿二史考异》卷四十一《唐书》，上海：上海古籍出版社，2014 年，第 653 页。

四、崔述的《考信录》

崔述是对先秦古史做系统考证的第一人，这是他不同于王鸣盛、赵翼、钱大昕的地方。《考信录》一书倾注了崔述毕生的心血。他撰写此书，萌念于青年时期，创始于中年，而在 66 岁时即嘉庆十年（1805）成书。《考信录》的含义，取《史记·伯夷列传》"学者载籍极博，犹考信于《六艺》"之意。全书 36 卷，包括前录 2 种 4 卷，即《考信录提要》2 卷、《补上古考信录》2 卷；正录 5 种 20 卷，即《唐虞考信录》4 卷、《夏考信录》2 卷、《商考信录》2 卷、《丰镐考信录》8 卷、《洙泗考信录》4 卷；后录 5 种 12 卷，即《丰镐考信别录》3 卷、《洙泗考信余录》3 卷、《孟子事实录》2 卷、《考古续说》2 卷、《考信附录》2 卷；另有翼录 4 种 10 卷，即《王政三大典考》3 卷、《读风偶识》4 卷、《古文尚书辨伪》2 卷、《论语余说》1 卷。

崔述的历史考证方法，是宗经而疑传注、诸子、杂说等对于历史的解释和杜撰。崔述受家学的熏陶与启迪，把经文与传注分别看待，又以经文为准而看出了历代传注、诸子、杂说中有许多可疑的地方，于是产生出对经文以外诸书关于古史说法的怀疑；由怀疑而辨伪，由辨伪而考信。他在《考信录提要》卷下中自述其考辨古书的经历说："余少年读书，见古帝王圣贤之事往往有可疑者，初未尝分别观之也。壮岁以后，抄录其事，记其所本，则向所疑者皆出于传记，而经文皆可信，然后知《六经》之精粹也。唯《尚书》中多有可疑者，而《论语》后五篇亦间有之。私怪其故，复加检阅，则《尚书》中可疑者皆在二十五篇之内，而三十三篇皆无之，始知齐、梁'古文'之伪；而《论语》终莫解其由。最后考《论语》源流，始知今所传者乃汉张禹汇合更定之本，而非汉初诸儒所传之旧本也。至于《礼记》，原非圣人之经，乃唐孔颖达强以经目之，前人固多言之，余幼即饫闻之，更无足异者矣。由是言之，古人之书高下真伪本不难辨，但人先有成见者多耳。"①王、赵、钱三家的历史考证，或十七史、或二十二史，不存在真伪问题，只有是非、正误的考证。崔述的历史考证，范围在于先秦《六经》所述古史踪迹，故于晚出的《六经》之外的一些关于古史的说法和描述，便有考证其真伪的必要。崔述提出的这个理论问题，在史书辨伪上和在历史认识上，都有宝贵的价值。

崔述历史考证方法，是由辨伪书进而辨伪史。关于这一点，他在《补上古考信录·提要》中阐述得十分清楚。他指出《周官》所谓"外史掌三皇、五帝之书"说法的不可靠，认为这是战国以后人的附会；他批评孔安国《伪尚书序》对"三坟"、"五典"的解释和孔子"讨论坟典，断自唐、虞以下"的臆说；他以《论语》和"孟子溯道统"为证，证明"尧、舜以前之无书也明矣"；他天才地指出"必无甫有文字即有史官之理"，"以情度之，亦当至唐、虞以降然后有史书也"；他认为《易传》、《左传》虽也说到包羲、神农、黄帝时事，"盖皆得之传闻，或后人所追记。然但因事及之，未尝盛有所铺张也"，《史记》始于黄帝，"然犹颇删其不雅驯者，亦未敢上溯于羲、农也"，这是比较谨慎的。他指出："《国语》、《大戴记》，遂以铺张上古为事，因缘附会，舛驳不可胜纪。加以杨、墨之徒欲绌唐、虞、三代之治，藉其荒远无征，乃妄造名号，伪撰事迹，以申其邪说；而阴阳神仙之徒亦因以托之。……逮谯周《古史考》、皇甫谧《帝王世纪》，所采益杂，又推而上之，及于燧人、包羲。至《河图》、《三五历》、《外纪》、《皇王大纪》以降，且有始于天皇氏、盘古氏者矣。于是邪说诐词杂陈混列，世代族系紊乱庞杂，不可复问，而唐、虞、三代之事亦遂为其所淆。"②崔述的这些辨伪和分析，是从许多方面考证出来战国以后尤其是西汉以后一些"铺张上古为事"的文字，是不足为据的，它们

---

① 崔述：《考信录提要》卷下，《崔东壁遗书》，上海：上海古籍出版社，1983年，第 16 页。

② 崔述：《考信录提要》卷下，《崔东壁遗书》，上海：上海古籍出版社，1983年，第 25 页。

紊乱了人们对于古史的认识，"岂容默而不言"！为恢复上古信史面貌，崔述提出了原则性的看法："窃谓谈上古者，唯《易》、《春秋传》为近古，而其事理亦为近正；以此证百家之谬，或亦有不可废者。故余杂取《易》、《春秋传》文，以补上古之事。司马氏曰：'学者载籍极博，犹考信于《六艺》。'是余之志也夫！"①这个思想，正是《考信录》的根本宗旨。《考信录》各篇围绕这一个重大历史问题而展开，其辨伪、考信，有所向披靡之势，在中国史学史上是前所未有的。②

《考信录》在史学理论和方法论上有重大的贡献。崔述指出："《尚书》但始于唐、虞，及司马迁作《史记》乃起于黄帝，谯周、皇甫谧又推之至于伏羲氏，而徐整（著有《三五历记》——引者）以后诸家遂上溯于开辟之初，岂非以其识愈下则其称引愈远，其世愈后则其传闻愈繁乎！且《左氏春秋传》最好称引上古事，然黄、炎以前事皆不载，其时在焚书之前，不应后人所知乃反详于古人如是也。"③在近代考古学兴起之前，他的这个认识是正确的。这个认识，在中国古代史学上是有长久的渊源的。《文心雕龙·史传》曾予以总结说："追述远代，代远多伪"，"文疑则阙，贵信史也"。崔述的贡献，是以严谨的辨伪、考证，发展了这个理论。

崔述的历史考证也有他的局限性。他坚守"考信于《六艺》"的原则，使他取得了辉煌的成就；但他终于不能大胆正视经文本身存在的矛盾，以致往往陷于为其解脱的境地。而"他根本的误处，是信古史系统能从古书中建立起来，而不知古书中的材料只够打破古史系统而不够建立古史系统"④。当然，从世界范围来看，在19世纪60年代以前，还根本谈不到严格意义上的原始社会史研究，"历史科学

① 崔述：《补上古考信录》序，《崔东壁遗书》，上海：上海古籍出版社，1983年，第25页。
② 参见赵光贤：《崔述在古史辨伪上的贡献和局限》，载《史学史研究》1991年第2期。
③ 崔述：《补上古考信录》卷上"开辟之初"，北京：中华书局，1985年，第28页。
④ 顾颉刚：《崔东壁遗书序》，《崔东壁遗书》，上海：上海古籍出版社，1983年，第64页。

在这一方面还是完全处在摩西五经的影响之下"①；而中国的史前考古学，则在崔述卒后一百一二十年才开始兴起。如此看来，对崔述历史考证的局限性，是不好苛求的。

当王、赵、钱、崔在历史考证方面取得总结性成果之时，中国古代史学在史学理论方面也取得了总结性成果。

第四节　章学诚和中国古代史学理论的终结

一、以圆神、方智定史学之两大宗门

清代的乾嘉时期，史学发展不仅在历史考证方面取得了辉煌的成就，而且在史学理论方面也取得了辉煌的成就。过去有一种习惯的说法，即每讲到"乾嘉史学"便以"考据"二字来概括，这是很不全面的。如上所述，乾嘉时期的考史学派，也并非止于考据见长。更重要的是，这个时期还有章学诚对史学理论的总结和发展，写出了《文史通义》和《校雠通义》这两部名作，把中国古代史学理论推进到它的最高阶段。

章学诚（1738—1801），字实斋，清浙江会稽（今绍兴）人。所著《文史通义》内篇 6 卷、外篇 3 卷②，是评论文史的著作，而以评论史学为主，这是他的代表性著作。《文史通义》对清初以前的史学从理论上进行了比较全面的总结，提出了许多理论性认识。其中，以圆神、方智定史学之两大宗门，论"史德"，论"史意"，是涉及全局性的几个史学理论问题。

章学诚把古往今来的史书划分成两大系列，一是撰述，一是记注，而圆神、方智分别是撰述、记注的特点。这就是章学诚说的"以

---

① 《马克思恩格斯选集》第 4 卷，北京：人民出版社，1995 年，第 5 页。
② 《文史通义》有不同的版本流传，卷数、篇目殊异，本书所用为中华书局之叶瑛校注本。

圆神、方智定史学之两大宗门"。他对于史学的这个认识，在《书教》篇中有集中的阐述，且自视为比较成熟的作品。他说："近撰《书教》之篇，所见较前似有进境。"①他在《书教下》中写道："《易》曰：'筮之德圆而神；卦之德方以智。'间尝窃取其义，以概古今之载籍，撰述欲其圆而神，记注欲其方以智也。夫智以藏往，神以知来，记注欲往事之不忘，撰述欲来者之兴起，故记注藏往似智，而撰述知来拟神也。"这里，章学诚表明他是借用《易·系辞上》中的两句话并"取其义"来概括古今史籍的两大特点，同时把这两大特点分别跟撰述、记注结合起来，进而分史学为两大宗门，以明其所承担的不同的任务。接着，他又阐说这两大宗门在表现形式上的不同要求："藏往欲其赅备无遗，故体有一定而其德为方；知来欲其决择去取，故例不拘常，而其德为圆。"这是从任务的不同而说到形式的不同：方，是指体例的严整有序，使之能够储存、容纳尽可能完备的历史知识，即所谓"赅备无遗"；圆，是指体例上的灵活变化，使之能够充分反映史家的历史认识，即所谓"决择去取"。

章学诚的这个认识，在史学理论上的价值主要有两点。第一，他运用这个认识考察了中国史学的发展，摸索到其中若干运动、变化的法则。对此，他首先概括地指出："《尚书》、《春秋》，皆圣人之典也。《尚书》无定法而，《春秋》有成例"，"史氏继《春秋》而有作，莫如马、班，马则近于圆而神，班则近于方以智也"。接着他考察了从《尚书》到《汉书》的变化过程，写道："《尚书》一变而为左氏之《春秋》，《尚书》无成法而左氏有定例，以纬经也，左氏一变而为史迁之纪传，左氏依年月，而迁书分类例，以搜逸也，迁书一变而为班氏之断代，迁书通变化，而班氏守绳墨，以示包括也。"他说的纬经、类例、包括，是指出史学变化中的几个特征。他的结论是："迁书体圆用神，多得《尚书》之遗；班氏体方用智，多得《官礼》之意也。"他

---

① 章学诚：《章氏遗书》卷九《与邵二云论修宋史书》，《章学诚遗书》，北京：文物出版社，1985 年，第 81 页。

说的《官礼》即《周官》，认为它是无所不备的。这样，他就把从《尚书》、《春秋》到《史记》、《汉书》的发展变化，纳入到圆神、方智这两大宗门的系列之中了。

第二，章学诚以圆神、方智这一认识考察中国史学发展时，包含了朴素的辩证思想。他指出："神奇化臭腐，臭腐复化为神奇"，"事屡变而复初，文饰穷而反质，天下自然之理也"。他结合史学的变化说："《尚书》圆而神，其于史也，可谓天之至矣。非其人不行，故折入左氏，而又合流于马、班"；"司马《通鉴》病纪传之分，而合之以编年；袁枢《纪事本末》又病《通鉴》之合，而分之以事类。按本末之为体也，因事命篇，不为常格；非深知古今大体，天下经纶，不能网罗隐括，无遗无滥。文省于纪传，事豁于编年，决断去取，体圆用神，斯真《尚书》之遗也"①。这是从《尚书》的"因事命篇"讲到《通鉴纪事本末》的"因事命篇"的变化过程，在他看来，这就是"事屡变而复初"的"天下自然之理"的表现。他又认为：在袁枢本人并无此深意，其书"亦不尽合于所称"，"但即其成法，沉思冥索，加以神明变化，则古史之原，隐然可见。书有作者甚浅而观者甚深，此类是也。故曰神奇化臭腐，而臭腐复化为神奇，本一理耳"。

章学诚的这两点认识，提出了他的独到的总结中国史学发展的方法论，是他在史学理论上的创新之见。

二、论"史德"与"心术"

章学诚论"史德"，是对刘知幾关于才、学、识"史家三长"论的新发展。《文史通义》中的《文德》、《质性》、《史德》、《妇学》、《与邵二云论修宋史书》等篇，都论到过才、学、识问题，足见他对"史家三长"论的重视。他重复刘知幾的论点说："夫史有三长，才、学、

---

① 章学诚：《文史通义》，叶瑛校注，北京：中华书局，1985年，第51～52页。

识也。"①他不像刘知幾用比喻的方法来说明才、学、识之间的关系，而是采用思辨的方法来阐述它们相互间的关系，指出："夫才须学也，学贵识也。才而不学，是为小慧。小慧无识，是为不才。不才小慧之人，无所不至。"②学是基础，识是水平，真正的才是学与识的表现形式。他举例说：司马迁《史记》"所创纪传之法，本自圆神，后世袭用纪传成法，不知变通，而史才、史识、史学，转为史例所拘牵，愈袭愈舛，以致圆不可神，方不可智"③。史例的运用，其实也是史才的一种反映；史家为史例所拘牵，从根本上说还是史识的不足。章学诚的这些见解，不是简单重复刘知幾的论点，而是把二者之间关系阐述得更全面、更透彻了。

但是，章学诚对"史家三长"论的发展，更突出地表现在他明确地提出了"史德"这一理论范畴，以及与此相关的"心术"论。他写道："非识无以断其义，非才无以善其文，非学无以练其事，三者固各有所近也，其中固有似之而非者也。记诵以为学也，辞采以为才也，击断以为识也，非良史之才、学、识也。虽刘氏之所谓才、学、识，犹未足以尽其理也。夫刘氏以谓有学无识，如愚估（贾）操金，不解贸化。推此说以证刘氏之指，不过欲于记诵之间，知所决择，以成文理耳。"④这里，章学诚指出刘知幾之论才学识未尽其理，有两点是不确切的，多年来不曾得到辨证。第一，刘知幾关于才学识的思想，并不限于辞采、记诵、击断，这从《史通》一书中可以得到明证。第二，刘知幾并没有说过"有学无识，如愚估操金"的话。查《旧唐书·刘子玄传》原文是："夫有学而无才，亦犹有良田百顷，黄金满籝，而使愚者营生，终不能致于货殖者矣。"《新唐书·刘子玄传》简化为："夫有学无才，犹愚贾操金，不能殖货。"但二书所记都是"有学无才"

---

① 章学诚：《文史通义》卷三《文德》，叶瑛校注，北京：中华书局，1985年，第279页。

② 章学诚：《文史通义》卷五《妇学》，叶瑛校注，北京：中华书局，1985年，第536页。

③ 章学诚：《章氏遗书》卷九《与邵二云论修宋史书》，《章学诚遗书》，北京：文物出版社，1985年，第81页。

④ 章学诚：《文史通义》卷三《史德》，叶瑛校注，北京：中华书局，1985年，第219页。

而非"有学无识"，章学诚显然是据《新唐书》转录而又误录一字，以致失之毫厘而差之千里。因为从上引章学诚的话来看，他所谓未尽其理者，正是针对"史识"而发，这当然就冤枉了刘知幾。以上两点，是应当为刘知幾辩护的。不过，有趣的是，章学诚从并非完全正确的引证中，却阐说了正确的理论，这是他的幸运。而他明确地提出以"史德"来丰富"史识"的内涵，并进而以"史德"来补充刘知幾的"史家三长"论，毕竟显示了他的卓识。章学诚认为："能具史识者，必知史德。德者何？谓著书者之心术也。"由"史德"而论及"心术"，这是章学诚在史学理论上的重要贡献。

史家慎于心术，才谈得上史德。这是章学诚"史德"论的核心。他说："所患夫心术者，谓其有君子之心，而所养未底于粹也。夫有君子之心，而所养未粹，大贤以下所不能免也。此而犹患于心术，自非夫子之《春秋》，不足以当也。以此责人，不亦难乎？是亦不然也。盖欲为良史者，当慎辨于天人之际，尽其天而不益以人也。尽其天而不益以人，虽未能至，苟允知之，亦足以称著书者之心术矣。"这一段话，在史学理论上是比较深入地讲到历史撰述中主体与客体的关系了。章学诚首先肯定地认为，心术之所以特别值得重视，是因为即使有"君子之心"而其自身修养却很难达到至纯至粹的境界，这是"大贤以下所不能免"的。既然如此，用重视心术来要求史家不是太困难了吗？章学诚很客观地回答了这个问题，这就是大凡作为"良史"，"当慎辨于天人之际，尽其天而不益以人"。他讲的"天"，用今天的话来说，就是历史的客观性；他讲的"人"，就是史家的主观性。所谓"尽其天而不益以人"，就是说要充分尊重客观历史，而不要以史家的主观好恶去影响这种历史客观性的反映。章学诚的高明之处，是他并不认为在历史撰述中可以完全排除史家主体意识的作用，即所谓"尽其天而不益以人，虽未能至"，但只要史家有这种自觉的认识并努力去做，那就也称得上具有良好的"著书者之心术"了。

章学诚认为，史家在"心术"方面的修养有两个标准，即"气平"、"情正"。他分析道："史之文不能不藉人力以成之"，而"文非气不立，而气贵乎平"，"文非情不得，而情贵于正"。因此，史家应当尽量避免"因事生感"以至于"气失则宕，气失则激，气失则骄"或"情失则流，情失则溺，情失则偏"，不至于"发为文辞，至于害义而违道，其人犹不自知"。这是从另一个方面阐述了史家撰写历史，要尽量排除客观环境对主观意识的影响，以保持"气平"、"情正"。他的结论是："心术不可不慎也。"①

刘知幾曾说过："犹须好是正直，善恶必书，使骄主贼臣所以知惧，此则为虎傅翼，善无可加，所向无敌者矣。"②他在《史通》的《直书》、《曲笔》等篇的一些阐述，实则都包含有"史德"的思想。钱大昕等考史学者强调"实事求是"，也包含了史家在"心术"上的要求。章学诚的贡献，是把"史德"、"心术"作为理论问题提出来，并对它们做了思辨性的分析，使之具有理论的形式。

三、论"史意"与"别识心裁"

章学诚论"史意"与"别识心裁"，是《文史通义》对《史通》之继承和发展的又一个重要方面。

《史通》和《文史通义》都是通论史学的专书，大抵说来，前者着重史书内容和形式的评论，后者着重于史家撰述思想的评论。章学诚的书，顾名思义，其意在于"义"。对于这一点，他是十分强调的，指出："吾于史学，盖有天授，自信发凡起例，多为后世开山，而人乃拟吾于刘知幾。不知刘言史法，吾言史意；刘议馆局纂修，吾议一家著述：截然两途，不相入也。"③寥寥数语，道出了他同刘知幾在史学评论上的异趣。所谓"截然两途，不相入也"，未免言之过分，说得太绝对了，因为他同刘知幾之间毕竟还存在不可分割的联系。

---

① 章学诚：《文史通义》卷三《史德》，叶瑛校注，北京：中华书局，1985年，第220页。
② 刘昫等：《旧唐书》卷一百二《刘子玄传》，北京：中华书局，1975年，第3173页。
③ 章学诚：《章氏遗书》卷九《家书二》，《章学诚遗书》，北京：文物出版社，1985年，第91页。

尽管如此，他提出"史法"和"史意"这两个史学理论范畴的区别，还是反映出了唐宋迄于清代前期史学评论之发展上的主要特点。对此，章学诚曾做过这样的概括，他说："郑樵有史识而未有史学，曾巩具史学而不具史法，刘知幾得史法而不得史意，此予《文史通义》所为作也。"可见，他对这一发展看得很清楚。

章学诚重视史意的思想，贯串于《文史通义》全书之中，但也有论述得比较集中的地方。他在《言公》上篇中写道："夫子因鲁史而作《春秋》。孟子曰：'其事齐桓、晋文，其文则史，孔子自谓窃取其义焉耳。'载笔之士，有志《春秋》之业，固将惟义之求，其事与文，所以藉为存义之资也。……作史贵知其意，非同于掌故，仅求事、文之末也。"①他在《申郑》篇中进而指出："夫事，即后世考据家之所尚也；文，即后世词章家之所重也，然夫子所取，不在彼而在此，则史家著述之道，岂可不求义意所归乎！"②由此可以看出，章学诚所说的"史意"，本上承于孔子所说的"义"。在上引两段文字中，章学诚强调"事"与"文"都是用来表现"义"，即认为史事与文采是反映一定的历史思想的途径和形式。因此，"史家著述之道"，当以"义意所归"即以一定的历史认识和思想境界为追求的目标。联系上文所述，在章学诚看来，"史识"是史家的具体论断，"史意"则代表着史家的思想体系。这从他下面的一段论述中也可以得到证明，他说："史之大原，本乎《春秋》。《春秋》之义，昭乎笔削。笔削之义，不仅事具始末，文成规矩已也。以夫子'义则窃取'之旨观之，固将纲纪天人，推明大道。所以通古今之变，而成一家之言者，必有详人之所略，异人之所同，重人之所轻，而忽人之所谨，绳墨之所不可得而拘，类例之所不可得而泥，而后微茫杪忽之际有以独断于一心。及其书之成也，自然可以参天地而质鬼神，契前修而俟后圣，此家学之所

<hr>

① 章学诚：《文史通义》卷二《言公上》，叶瑛校注，北京：中华书局，1985年，第171页。

② 章学诚：《文史通义》卷二《申郑》，叶瑛校注，北京：中华书局，1985年，第464页。

以可贵也。"①他说的"家学"，是他所阐述的自《春秋》以来的、能成"一家著述"的史学家法的传统。他在这里对于"义"的发挥，实际上已包含着对司马迁、杜佑、司马光、郑樵、袁枢等人之撰述思想的总结，这在《释通》、《申郑》篇中有精辟论述。据此，可以把章学诚所强调的史学之"义意所归"的思想，概括为如下几个要点：一是明大道，二是主通变，三是贵独创，四是重家学。其中贯串着尊重传统而又不拘泥于传统的创新精神，而"别识心裁"、"独断于一心"正是这个思想的核心。章学诚论"史意"，其要旨大致如此。

"史意"的积极精神在于创新，故章学诚于"别识心裁"屡屡有所论及。他认为自马、班、陈、范以后，纪传之史"行之千有余年，学者相承，殆如夏葛冬裘，渴饮饥食，无更易矣。然无别识心裁，可以传世行远之具"，则近乎于"科举之程式"②。这是批评"正史"在发展中缺少"别识心裁"的史家。他称赞郑樵继承《史记》的事业，"独取三千年来遗文故册，运以别识心裁，盖承通史家风，而自为经纬，成一家言者也"③。他比较郑樵和马端临说："郑樵无考索之功，而《通志》足以明独断之学，君子于斯有取焉。马贵与无独断之学，而《通考》不足以成比次之功。"④所谓"独断之学"也就是"别识心裁"。他自谓撰《湖北通志》，"遂用别识心裁，勒为三家之学"⑤。由此看来，所谓作史"义意所归"，其生命力即在于史家的"别识心裁"。

章学诚的《文史通义》提出的史学理论问题不限于以上三个方面，他如"六经皆史"说（《易教》），关于通史的理论（《释通》），关于"知人论世"的史学批评方法论（《文德》），关于历史文学的理论（《文理》、

---

① 章学诚：《文史通义》卷五《答客问上》，叶瑛校注，北京：中华书局，1985年，第470～471页。

② 章学诚：《文史通义》卷一《书教下》，叶瑛校注，北京：中华书局，1985年，第50页。

③ 章学诚：《文史通义》卷五《申郑》，叶瑛校注，北京：中华书局，1985年，第463页。

④ 章学诚：《文史通义》卷五《答客问中》，叶瑛校注，北京：中华书局，1985年，第478页。

⑤ 章学诚：《文史通义》卷三《传记》，叶瑛校注，北京：中华书局，1985年，第250页。

《古文十弊》)等，也都是重要的理论问题。《文史通义》中的《原道》三篇，是阐述历史思想的名篇。他的《校雠通义》是一部系统的历史文献学的理论著作，其中《原道》篇结合社会发展总结了历史文献发展的规律，《宗刘》以下各篇从理论和历史两个方面总结了古代历史文献学的成就。章学诚是全面总结中国史学理论的最后一个杰出的古代史家，他的《文史通义》和《校雠通义》标志着中国古代史学理论在基本体系之发展上的终结。

章学诚同乾嘉时期的考史学者一样，都没有摆脱"六经"的藩篱。他也力主史学的经世致用，但他在历史批判精神方面较之于黄宗羲、王夫之等人，却又黯然失色。

第五节　阮元和龚自珍

一、阮元在历史文献学上的成就

阮元在历史文献整理方面的成就和龚自珍历史思想的时代特色，反映出清代前期史学发展的最后一幕。阮元(1764—1849)，字伯元，号芸台，江苏仪征人。死后赐谥文达，后人多称他文达先生。龚自珍(1792—1841)，字璱人，号定庵，另有别名、别字、别号多种称呼，清浙江仁和(今杭州)人。他们的卒年，中国已进入了近代时期。从这个意义上说，他们是中国古代史学上最后两位有影响的史家。

阮元的学术文化事业上的成就，主要在嘉、道年间。他"扮演了总结18世纪汉学思潮的角色"，"是一个在最后倡导汉学学风的人"，并在"汇刻编纂上结束汉学的成绩"①。阮元一生著述很多，他的《揅经室集》刻画出他的著述的轨迹。他主编《经籍纂诂》、《畴人传》、《诂经精舍文集》、《学海堂集》等，反映出他在学术组织工作和培养

①　侯外庐：《中国思想通史》第5卷，北京：人民出版社，1956年，第577页。

人才方面的才能。道光十三年(1833)，阮元在云贵总督任上度过了他的 70 岁生日。这年，他的诗作中有一首《和香山知非篇》，其中有"回思数十载，浙粤到黔滇。筹海及镇夷，万绪如云烟。役志在书史，刻书卷三千"①。其自注说："计刻《十三经注疏》、《皇清经解》、江浙诗选及师友各书约三千卷。"《十三经注疏》460 卷，刻于嘉庆二十一年(1816)江西任上。《皇清经解》1 412 卷，始刻于两广总督任上，完成于道光九年(1829)，时阮元已在云贵总督任上了。浙江诗选指《两浙輶轩录》40 卷及《补遗》10 卷，系督学浙江时于嘉庆三年(1798)所辑，搜集两浙诗人达 3 000 余家，巡抚浙江时于嘉庆六年(1801)刊刻。江苏诗选指《江苏诗征》183 卷，系阮元资助王柳邨所辑，录江苏诗人遗诗 5 430 余家，辑成于嘉庆二十一年(1816)；阮元入粤后，委江藩、许珩、凌曙三人删订，刊刻于道光元年(1821)。注中所云"师友各书"，多由阮元辑刊在《文选楼丛书》中。如若再把他主持重刻的《太平御览》，重修的《浙江通志》、《广东通志》等计算在内，则阮元刻书又岂止 3 000 卷！《清史稿·阮元传》称他"身历乾、嘉文物鼎盛之时，主持风会数十年，海内学者奉为山斗焉"。总的来看，这个评价是不算过分的。

从史学来看，阮元"是一个史料辨析者"，他采用由训诂字义以明义理的治学方法，"广泛地引申于历史材料的判别"②，在历史文献学上取得了突出的贡献。举凡目录、版本、校勘、辑佚、金石文字，以及在整理、编辑文献的方法和对于有些文献的阐发上，都取得了那个时代足以引起人们关注的成就。

阮元在校勘学上的成就，使他在当时的学术界享有很高的声望。这突出地表现在他撰写的《十三经注疏校勘记》243 卷这一著作上。他撰此书，仿唐人陆德明《经典释文》的体例和要求，参考唐石经及宋、元各种版本，详加校勘，首尾历 20 年之久乃成。阮元认为，此书做

① 阮元：《揅经室续集》卷十，北京：中华书局，1993 年，第 286 页。
② 侯外庐：《中国思想通史》第 5 卷，北京：人民出版社，1956 年，第 578～579 页。

到了"异同毕录，得失兼明"，堪称"我大清朝之《经典释文》也"①。
他为《校勘记》所撰的 13 篇序，对各经注疏源流、得失，版本优劣、
真伪，校勘的根据和方法，均有所说明，在历史文献学上的价值尤
为突出。

阮元极重视文献的版本，他在这方面的主要成绩是主持刊刻了
宋本《十三经注疏》和《太平御览》这两部大书。他与友人合作，整理、
刊刻《太平御览》的原则是"全依宋书不改一字"，认为：存《御览》一
书，"即存秦汉以来佚书千余种"，实为"宇宙间不可少之古籍"②。
阮元详考《十三经注疏》版本源流，指出"十行本为诸本最古之册"③，
乃以家藏"十行本"为主，参照他人善本，在卢宣旬、黄中杰等协助
下，历时 19 个月，刻成宋本《十三经注疏》，并将所撰《十三经注疏
校勘记》分别附于各经之后。这被誉为是一件"盛事"，是阮元"嘉惠
士林之至意"④。阮元在主持校刻这两部大书的过程中，非常强调后
人不应"凭臆擅改"古书，"俾后之学者不疑于古籍之不可据"⑤。这
足以看出他治学的严谨和对后人负责的精神。

阮元在金石文字的搜集、整理、研究方面，成就亦多，自称做了
10 件事，如编订《山左金石志》、《两浙金石志》，撰《积古斋钟鼎款识》
等(《金石十事记》，见《揅经室三集》卷三)。他认为，金石文字"所可以
资经、史、篆、隶证据者甚多"⑥。阮元是从历史的观点来看待金石

---

① 阮元：《揅经室二集》卷八《恭进十三经注疏校勘记折子》，北京：中华书局，1993
年，第 590 页。

② 阮元：《揅经室三集》卷五《重刻宋本太平御览叙》，北京：中华书局，1993 年，
第 693～694 页。

③ 阮元：《揅经室三集》卷二《江西校刻宋本十三经注疏后》，北京：中华书局，1993
年，第 620 页。

④ 胡稷：《重刻宋本十三经注疏后记》，《十三经注疏》卷首，北京：中华书局，1980
年，第 3 页。

⑤ 阮元：《重刊宋本太平御览叙》、《江西校刻宋本十三经注疏后》，《揅经室三集》卷
五、卷二，北京：中华书局，1993 年，第 694、620 页。

⑥ 阮元：《揅经室三集》卷三《山左金石志序》，北京：中华书局，1993 年，第 639 页。

文字的。龚自珍评论说：“公谓吉金可以证经，乐石可以勖史。”①

在辑佚方面，除《两浙𬨎轩录》、《江苏诗征》外，重要的还有《四库未收书提要》5 卷，包含唐、宋、元人著作 170 多种。这项工作的成果，至今仍有参考价值（见《揅经室外集》）。阮元也重视目录之学，他曾至宁波天一阁观书，并命范氏后人编订《天一阁书目》10 卷，又命人校刻，自撰《宁波范氏天一阁书目序》，阐扬天一阁的历史、褒奖范氏的优良学风。② 他设立灵隐寺书藏和焦山书藏，亲订“条例”，对藏书、编目、管理都有明确规定。他自己编次的《揅经室集》，略按经、史、子、集分类。这些都反映了他对目录之学的广泛应用。阮元在汇刻清代学者之汉学研究的历史文献方面，有不可磨灭的历史功绩。《皇清经解》一书，是囊括自顾炎武至阮元本人许多著作在内的一部“言汉学者之总汇”③，是他在编纂汇刻上结束乾嘉汉学的主要标志。此外《文选楼丛书》、《诂经精舍文集》、《学海堂集》等，在荟萃、保存历史文献方面，也都有积极的作用。

阮元在历史文献学上的成就，在中华文明史上占有重要的一页。他虽然扮演了总结 18 世纪汉学思潮的角色，但他在学术思想上又具有“汇汉、宋之全”④和“持汉学、宋学之平”⑤的特点。他在经学方面较多地总结了清人的成果，而在历史文献学方面较多地继承了宋人的传统。

二、龚自珍历史思想的时代特点

龚自珍是思想家、文章家、诗人，也是历史评论家。他的历史

---

① 龚自珍：《龚自珍全集》第三辑《阮尚书年谱第一序》，上海：上海人民出版社，1975 年，第 226 页。

② 参见阮元：《揅经室二集》卷七，北京：中华书局，1993 年，第 639 页。

③ 徐世昌：《清儒学案》卷一百二十一《仪征学案上》，北京：中华书局，2008 年，第 4798 页。

④ 龚自珍：《龚自珍全集》第三辑《阮尚书年谱第一序》，上海：上海人民出版社，1975 年，第 227 页。

⑤ 阮福：《拟国史儒林传序》跋语，《揅经室集》卷二，北京：中华书局，1993 年，第 38 页。

评论，具有鲜明的时代特点。他在这方面的代表性作品，见于《龚自珍全集》(中华书局 1959 年 12 月出版)者，主要有《乙丙之际箸议》、《古史钩沉论》、《明良论》、《平均篇》、《尊隐》、《送钦差大臣侯官林公序》、《上大学士书》等。从他的这些论著中，可以明显地看出，传统的历史观念继续嬗变的趋势，一是历史批判和现实批判的进一步结合，二是深切地触到了历史必变的脉搏，三是国家、民族的危机意识。在《明良论》中，龚自珍从历史论到近世，指出"今士大夫"，大多"未尝道政事、谈文艺"，"未尝各陈设施、谈利弊"①，他们只是关心追逐财富。他进而尖锐地指出："士皆知有耻，则国家永无耻矣；士不知耻，为国家之大耻。历览近代之士，自其敷奏之日，始进之年，而耻已存者寡矣！官益久，则气愈媮；望愈崇，则诌愈固；地益近，则媚亦益工。至身为三公，为六卿，非不崇高也，而其于古者大臣巍然岸然师傅自处之风，匪但目未睹、耳未闻，梦寐亦未之及。臣节之盛，扫地尽矣。"②这是揭出了政治腐败的一些方面。

龚自珍从政治腐败、贫富不齐之中已看到了社会的危机。他指出："大略计之，浮不足之数相去愈远，则亡愈速；去稍近，治亦稍速。千万载治乱兴亡之数，直以是券矣。"社会的种种危机，"其始，不过贫富不相齐之为之尔。小不相齐，渐至大不相齐；大不相齐，即至丧天下"③。龚自珍借用《春秋公羊传》的论点来阐明自己的历史观点，他说："吾闻深于《春秋》者，其论史也，曰：书契以降，世有三等。三等之世，皆观其才。才之差，治世为一等，乱世为一等，衰世别为一等。"他在剖析衰世的种种弊端和世风之后指出："是故智者受三千年史氏之书，则能以良史之忧忧天下，忧不才而庸，如其忧才而悖；忧不才而众怜，如其忧才而众畏。履霜之屦，寒于坚冰；未雨之鸟，

---

① 龚自珍：《龚自珍全集》第一辑《明良论一》，上海：上海人民出版社，1975 年，第 29～30 页。

② 龚自珍：《龚自珍全集》第一辑《明良论二》，上海：上海人民出版社，1975 年，第 31 页。

③ 龚自珍：《龚自珍全集》第一辑《平均篇》，上海：上海人民出版社，1975 年，第 78 页。

戚于飘摇；痹痪之疾，殆于痈疽；将萎之华，惨于槁木。"①联系龚自珍的全部论著来看，他所论说的"衰世"，不只是对于历史上反复出现过的社会现象的概括，也是对于他所处的时代特点的揭示。

社会必变，历史必变，这是龚自珍历史思想中最富有理性意义的积极因素。他说："自珍少读历代史书及国朝掌故，自古及今，法无不改，势无不积，事例无不变迁，风气无不移易，所恃者，人材必不绝于世而已。夫有人必有胸肝，有胸肝则必有耳目，有耳目则必有上下百年之见闻，有见闻则必有考订同异之事，有考订同异之事，则或胸以为是，胸以为非。有是非，则必有感慨激奋。感慨激奋而居上位，有其力，则所是者依，所非者去；感慨激奋而居下位，无其力，则探吾之是非，而昌昌大言之。如此，法改胡所弊？势积胡所重？风气移易胡所惩？事例变迁胡所惧？"②这一段话，是从历史发展的趋势阐明了法制、事例、风气存在不断变化的规律，也阐明了人在历史变化中的主观能动作用。他反复强调了改革是正常的，是不足惧的，认为"探世变也"，是"圣之至也"③，龚自珍的这些认识，是以统观以往历史进程为根据的。他说："一祖之法无不敝，千夫之议无不靡，与其赠来者以劲改革，孰若自改革？抑思我祖所以兴，岂非革前代之败耶？前代所以兴，又非革前代之败耶？"④这就是说，历代之兴败，都是在不断改革中演进的。

龚自珍的历史思想具有鲜明的时代特点，还表现在他对于当时中外事务的关注。他在给钦差大臣林则徐的一篇论文中，阐述了鸦片输入、白银外流所造成的危机，建议林则徐采取坚决、果断的措

① 龚自珍：《龚自珍全集》第一辑《乙丙之际箸议第九》，上海：上海人民出版社，1975 年，第 7 页。

② 龚自珍：《龚自珍全集》第五辑《上大学士书》，上海：上海人民出版社，1975 年，第 319 页。

③ 龚自珍：《龚自珍全集》第一辑《乙丙之际箸议第九》，上海：上海人民出版社，1975 年，第 7 页。

④ 龚自珍：《龚自珍全集》第一辑《乙丙之际箸议第七》，上海：上海人民出版社，1975 年，第 6 页。

施以绝鸦片之源，指出"无武力何以胜也"，并且要"以重兵自随"，建议"火器宜讲求"，重视"修整军器"；又对战略战术、社会心态做了分析，诚恳地希望林则徐的南下之"此行此心"不要为"黠猾游说，而貌为老成迂拙者"所动，认为这是"千载之一时，事机一跌，不敢言之矣！不敢言之矣！"①这篇论文写于道光十八年（1838），从大禹、箕子讲到明初，讲到道光朝的中外事务，讲到对于国家历史前途的忧虑，也讲到了他的种种务实的见解。龚自珍有句名言："出乎史，入乎道，欲知道者，必先为史。"②这可以看作是对他的史论和政论、思想和行事之最准确的概括。

　　龚自珍是中国历史从古代通向近代之门槛上一位首开风气的杰出的历史评论家。鸦片战争后，其友人张维屏论其历史影响说："近数十年来，士大夫诵史鉴，考掌故，慷慨论天下事，其风气实定公（自珍号定庵，故称定公——引者）开之。"③魏源称他晚年"犹好西方之书"④，说明他又是中国古代史学上一位面向近代世界的历史评论家。

---

　　① 龚自珍：《龚自珍全集》第二辑《送钦差大臣侯官林公序》，上海：上海人民出版社，1975年，第170页。
　　② 龚自珍：《龚自珍全集》第一辑《尊史》，上海：上海人民出版社，1975年，第81页。
　　③ 龚自珍：《龚自珍全集》前言，上海：上海人民出版社，1975年，第2页。
　　④ 魏源：《定庵文录叙》，《魏源集》上册，北京：中华书局，1976年，第239页。

第九章 史学在社会大变动中的分化
——清代后期史学

史学的发展、变化，从根本上看，总是踩着历史的足迹前进的。自明末至清朝前期，中国史学已出现了嬗变的端倪。当"道德的原则"同"发财的原则"终于发生激烈的冲突，从而把古老的中国卷进空前危机的境地时，这种嬗变的端倪便发展成明显的分化趋势。这种分化的趋势，一方面表现为古代史学以其深厚的根基，还在延续着自己的生命；另一方面表现为在民族危机震撼下，人们对历史与现实重新思考而萌生了新的历史观念和历史研究。这两个方面，一是以古老的传统，一是以时代的脉搏，反映着当时中国的历史。从后一个方面来看，关于鸦片战争史的撰述，关于边疆史地考察和研究的撰述，关于外国史地研究和撰述，关于近代意识与世界意识之观念在历史著作中的反映，关于在近代进化论指导下对"新史学"的提倡等，成为突出的史学现象。这是清代后期（1840—1911），即 19 世纪 40 年代至 20 世纪初年，中国史学发展的主要特征。

第一节　史学的分化

一、传统史学的延续

这里说的"传统史学"，是指包括清代前期史学在内的整个古代史学，换言之，即指近代以前的中国史学。但是，传统史学的发展也并不是在清代前期和清代后期之间可以断然划出一个界限的；它在清代前期经历了一个总结性的发展之后，在清代后期还有一个发展上的余波，并在 20 世纪初结束了自己的历史。所谓传统史学的延续，就是从这个意义上说的。这里说的史学的"分化"，主要是指近代进化论的思想在史学中有逐步明显的反映，在具体表现上是对传统的历史观念和历史撰述内容的批判；同时也指在历史撰述倾向和史家之历史视野的变化。这些变化是逐步发生的，它同传统史学的延续虽不可截然分开，但它们之间的区别是显而易见的。

传统史学的延续，在很大程度上说，就是清代前期史学的延续。这种延续，确已是传统史学发展的强弩之末了。清代前期的史家，除已论述到的各家之外，还有：马骕，编撰《绎史》160 篇，记"太古"至亡秦史事，在综合编年、纪传二体方面有创造性的发展。顾栋高，编撰《春秋大事表》50 卷，舆图 1 卷，附录 1 卷，分类列表，记春秋各国史事，订讹、议论，多有新见，是关于春秋史的重要著作，并对表的运用有所发展。谢启昆，撰《西魏书》24 卷，补西魏未有专史之阙。吴任臣，撰《十国春秋》140 卷，专记五代时期十国之事。邵远平，编撰《元史类编》42 卷，多有补于《元史》所未详者。汪辉祖，撰《元史本证》50 卷、补 1 卷，钱大昕序此书是"自撼心得，实事求是，有大醇而无小疵"。钱大昕在元史撰述、考订上，有《补元史氏族表》

3卷、《补元史艺文志》4卷、《元史考异》15卷、《辽金元史拾遗》5卷。毕沅，主持编撰《续资治通鉴》220卷，是记宋、辽、金、元时期史事的编年体史书，邵晋涵对此书撰写出力较多。高士奇，编撰《左传纪事本末》53卷。谷应泰，撰《明史纪事本末》80卷；此书撰成于《明史》之前，可与《明史》相考证，是纪事本末体史书中较好的著作。浦起龙，在前人注释的基础上，撰《史通通释》，注《史通》之用典，释《史通》之论旨，在史学理论方面有参考价值。总的来看，这些史家的撰述，不少属于重修、补撰之作，开创性的撰述不多。清代后期传统史学的延续，大致属于这类性质，且呈江河日下之势。今撮其要，略述如下：

关于前朝史撰述。清代前期，史家在元史、蒙古史方面的撰述较多，取得了可观的成绩。清代后期，这方面的成绩也很突出，主要有：魏源撰《元史新编》95卷。这书参订旧史，博采元人撰述，吸收邵远平、钱大昕等人的研究成果而成书，文字流畅可读。洪钧撰《元史译文补证》30卷（内缺10卷）。作者以出使俄、德、奥、荷的条件，借助于波斯人拉施特哀丁所著《史集》的俄译本和多桑《蒙古史》的英译本等外国学人著作，撰成此书，考证、补充《元史》的误阙，于先元时期的蒙古史尤有裨益。这是中国学者利用外国文献研究中国历史较早的尝试。屠寄撰《蒙兀儿史记》160卷，作者利用旧史，吸收魏、洪成果，兼以对西北、东北实地考察所得，撰成此书，内容丰富，考证精赅。其《凡例》说明本书对材料的处理次第是："《秘史》无者，乃取之《元史》及《亲征录》。史、录无者，旁采之元、明人著述。必华书一切俱无，始不得已而择取近代译述之史文。每一名物，全书前后一贯，以省读者心目之力。"这是清代学人200多年中研究、撰述元史、蒙古史的集大成者。后来，柯绍忞又在洪、屠研究的基础上，撰成《新元史》257卷，那是民国八年(1919)的事了。以上都是纪传体史书。采用编年体撰述前朝史的，主要有夏燮的《明通鉴》100卷。此书包括"明前纪"，记元末事；"明纪"，记明朝事；"附编"，记南明事，而用清朝年号。全书材料丰富，作者撰有考异，以明材料的去取异同。作者之意，是以此书接《续资治通鉴》。以纪事本末体撰述前朝史者，主要有李铭汉所撰《续资治通鉴纪事本末》110 卷。此书吸收陈邦瞻、毕沅等人的撰述成果，融汇、改作而成。其中元代部分 21 卷，为作者次子李于锴续成。全书记宋、辽、金、元事，上接袁枢《通鉴纪事本末》。还有李有棠所撰《辽史纪事本末》40 卷、《金史纪事本末》52 卷。这二书，是为补《通鉴纪事本末》以下历朝纪事本末之阙而作。二书正文，各据《辽史》、《金史》等正史；其考异则分别参考《契丹国志》、《三朝北盟会编》、《建炎以来系年要录》和其他各种撰述数百种，以及《大金国志》、《金节要》、《金志》等各种文献数百种，文字分量多于正文。它们因事命篇，便于反映辽、金的历史面貌，且于正史有考订之功。

关于人物传记汇编。这主要有钱仪吉所辑《碑传集》和缪荃孙的《续碑传集》。《碑传集》(初名《百家征献录》、《五百家银管集》)160 卷，又卷首 2 卷、卷末 2 卷。作者搜集 500 多种碑版状记、方志别传、诸家文集辑成此书。全书分为宗室、功臣、宰辅、部院大臣、内阁九卿、翰詹、科道、曹司、督抚、河臣、监司、守令、校官、佐贰杂职、武臣、忠节、逸民、理学、经学、文学、孝友、义行、方术、蕃臣、列女等 25 类，收录自天命至嘉庆六朝 200 余年中 2 200 余人传记，并一一注明材料来源。《续碑传集》86 卷，是作者博采清人著述及若干方志凡 300 余种辑为此书。其体例略仿《碑传集》，于分类上删去宗室、功臣、逸民，合并理学、经学为儒学，新增客将收录华尔、戈登等，共 22 类。全书收录自道光至光绪四朝约 90 年间 1 100 余人传记，其中辑者自撰 10 余篇。对所收录传记之有错误者，乃为夹注，予以考证。这两部清代人物传记汇编共收入人物 3 300 余人，内容丰富，颇多参考价值。其扬善隐恶之弊，为历来碑传、行状之难免，唐代史家已极言之；故在采用上，仍需做具体分析。近人闵尔昌辑成《碑传集补》60 卷、附录 1 卷，以补二书之不足，所补以清末人物居多，也有参考价值。此外，清代前期，阮元于嘉庆四年(1799)撰《畴人传》46 卷。而后，道光二十年(1840)有罗士琳撰《续畴人传》6 卷，光绪十二年（1886）有诸可宝撰《畴人传三编》7 卷，二十四年（1898）有黄钟骏撰《畴人传四编》11 卷、附卷 1 卷。它们在科学史上有一定的价值。

关于史注和史书辑佚。清代后期的史注，成就突出的是王先谦的《汉书补注》。自南朝至隋唐之际，治《汉书》成为专门之学，称为"《汉书》学"。唐初颜师古承家学影响，作《汉书注》，从文献学上总结了唐初以前人们研究《汉书》的成果，是史注中的佳品。自宋迄清，研究《汉书》的成果代有所出，但总的来看，尚未有取代颜注者。王先谦博采宋、元、明、清诸家之说，尤重清人考辨成果，在颜注的基础上作成此书。王注搜罗繁富，于制度、地理的考订尤见功力，可与颜注相媲美，并行而参用。王先谦是著名的历史文献学家，他还有《后汉书集解》、《合校水经注》、《日本源流考》等述作，又曾编印《十一朝东华录》、《皇清经解续编》等书。这时期的史注比较重要的还有李文田的《元朝秘史注》15 卷，这是关于《蒙古秘史》的注本。作者参据正史，搜罗宋、金、元三朝有关史乘笔记，吸收本朝学人撰述成果，凡六七十种，注成此书。在考订史实、疏通史文方面，对原书多有功绩，对清人的蒙古史、元史研究多有裨益。还有沈曾植的《元秘史补注》15 卷，李注详于地理，而此书则详于史事和音读，以及人名、地名的考证。这两部史注，是清代学者关于蒙古史、元史研究和著述的一部分，它们从一个方面反映了清人对于这个领域的重视。这时期的史书辑佚，以汤球用力颇多，所得甚丰。魏晋南北朝时期，关于东汉史、三国史、晋史的著作各有多种，故《隋书·经籍志》有"一代之史，至数十家"之叹。裴松之《三国志注》保存了丰富的三国史撰述成果；唐、宋以后，诸家东汉史、晋史，除范晔《后汉书》、司马彪《续汉书志》和唐修《晋书》外，都已散佚。清代前期，汪文台辑成《七家后汉书》，约略可见当时撰述的风貌。汤球的史书辑佚，乃集中于诸家晋史的佚文零简。辑有王隐、虞预、朱凤、何法盛、谢灵运、臧荣绪、萧子云、萧子显、沈约九家《晋书》，以及陆机、干宝、曹嘉之等九家编年体史，还辑有习凿齿《晋阳秋》、杜建业《晋阳秋》、萧方等《三十国春秋》、崔鸿《十六国春秋》等，这对于后人认识两晋、十六国时期的历史面貌和两晋至南北朝时期的史学面貌，有很大帮助。此外，他还辑有刘珍等《东观汉记》、皇甫谧《帝王世纪》、谯周《古史考》等书。《清史稿·汤球传》说他"少耽经史，从（俞）正燮、（汪）文台游，传其考据之学"。他的史书辑佚工作，在中国史学上应占有重要的位置。

清代后期，传统史学的延续并不限于这几个方面，其他如方志的纂修、历史笔记的撰述，都有一定的成绩。这里所说的，是比较重要的几个方面。此外，官修史书也还在延续，为着叙述上的方便，已在阐述清代前期史学时约略论及，不再赘述。

二、近代史学的萌生

中国近代史学的萌生，是在中国历史经历着前所未有的大变动中出现的。这个大变动开始的标志，就是 1840 年爆发的鸦片战争。马克思以洞察世界历史进程的深邃的眼光，评论了英国的对华鸦片贸易（他认为这种贸易是以走私的形式进行的）和鸦片战争，以及由此而引起的反抗。他曾经这样指出："历史好像是首先要麻醉这个国家的人民，然后才能把他们从世代相传的愚昧状态中唤醒似的。"[①]又说："在这场决斗中，陈腐世界的代表是激于道义，而最现代的社会的代表却是为了获得贱买贵卖的特权——这真是任何诗人想也不敢想的一种奇异的对联式悲歌。"[②]马克思的这些话，揭示了这个大变动的错综复杂的矛盾和深刻的历史内涵。中国近代史学，就是在这种历史条件下萌生和发展起来的，从而使它带有十分鲜明的时代特色。

[①] 马克思：《中国革命和欧洲革命》，《马克思恩格斯选集》第 1 卷，北京：人民出版社，1995 年，第 691 页。

[②] 马克思：《鸦片贸易史》，《马克思恩格斯选集》第 1 卷，北京：人民出版社，1995年，第 716 页。

第一个特点，是传统的经世致用的史学思想注入了救亡图强的民族危机意识。中国古代史学历来有经世致用的传统，如孔子著《春秋》而尊周礼，司马迁讲成败兴坏之理，陈寿、袁宏、刘知幾重"名教"，杜佑强调探究典制政经，司马光意在明前世之是非、考当今之得失，顾炎武等人则着重国计民生，而"彰善瘅恶"、"彰往察来"更是历代史家所主张的。这无疑是一个优良的传统。正是因为有这样的优良传统，所以当外国侵略者用大炮轰开国门的时候，史学家们的经世致用思想乃日益注入了民族危机的意识，从而在自己的著作中反映出救亡图强的要求。龚自珍在鸦片战争前的许多言论表明，他是当时具有这种时代敏感和危机意识的第一位史论家。鸦片战争之后，魏源、夏燮、张穆、何秋涛、姚莹等，都写出了具有这种强烈时代感的历史著作。中国古代史家的经世致用思想，多以中国历史上的治乱盛衰、是非得失为参照系；而这时的史家则不能完全满足于这个原有的参照系，于是提出"师夷长技"的主张，并逐步确立起以世界历史为又一个参照系的经世致用思想。史学风气的这种变化，逐步改变了传统史学的格局。

第二个特点，是传统的历史变化观点注入了近代改良主义的社会思想，成了近代改良活动的历史理论上的根据。中国古代史家，从史墨开始就有了关于社会历史变化的认识，后来司马迁提出了"通古今之变"的撰述任务，这个命题也就成了许多优秀史家不断探索的历史主题之一。那么历史向何处变呢？古代史学上有不同的认识。有以三代为极盛之世的历史倒退论，有以五德终始说为根据的历史循环论，而历史进化观点在古代史学上是占主导地位的。司马迁、杜佑、王夫之等这些最有影响的史学家，都具有历史进化思想。在漫长的中国封建社会中，以至于上溯到封建制刚刚产生的那些历史年代，这种历史变化的观点，主要是历史进化的思想，是进步的史学家、思想家、政治家观察历史、说明现实的理论根据，在社会生活中产生了巨大的积极作用。鸦片战争以后，一些史学家、思想家，一方面震撼于民族危机，认识到只有变革社会才能挽救局面；一方面因走出国门，面向世界，接受了外国的近代社会改良以至于社会革命的思想，从而把中国史学上原有的朴素的历史变化思想推进到一个新的阶段。王韬、黄遵宪、康有为、梁启超、谭嗣同等人的著作，都以倡言变法、改良为主旨，而君主立宪则是他们所憧憬的社会理想。而邹容、陈天华、章太炎、孙中山等在戊戌变法失败后，更进而宣扬社会革命的历史理论，认为以革命的手段推翻清朝的统治已是历史发展的必然趋势。从世界历史来看，这种社会改良、社会革命的历史观点，都具有近代的性质，而同传统史学中的历史变化思想有所不同。戊戌变法的领袖人物康有为，是穿着古人的服装、借用古人的语言来宣扬社会改良思想的，这也可以说明中国史学上历史变化思想的联系和发展。

第三个特点，是传统史学中的朴素的历史进化观点注入了近代进化论思想，使中国史学在历史理论方面开始具有近代意义上的内涵和形式。中国古代史家论"势"和"理"，包含了深刻的历史进化观点；他们在论说国家起源、郡县制优于分封制、"古之中华，多类今之夷狄"等一些重大历史问题时，也反映出这种朴素的历史进化观点。但这种朴素历史进化观点，在理论形式上还没有比较系统的阐述，而大多是一些理论的片断；在具体运用上，就多数史家来说，还缺乏比较明确的自觉意识而往往表现为就事论事。19 世纪产生于欧洲的进化论，是关于事物按照量的积累从简单到复杂、从低级到高级逐渐向前发展的理论，它包括宇宙无机物的进化、生物的进化和社会的进化等自然历史过程。鸦片战争以后，西方一些来华的传教士和洋务企业的译书机构，对进化论有一些片断的介绍。康有为、谭嗣同是较早受到这种进化论影响的人物。康有为把古老的"公羊三世说"和《礼记·礼运》篇的大同、小康思想，同进化论结合起来，阐说他的具有资产阶级意识形态性质的历史进化理论，为其通过变法建立君主立宪制的主张张目。他在《论语注》中写道："人道进化皆有定位，自族制而部落，而成国家，由国家而成大统。由独人而渐立酋长，由酋长而渐正君臣，由君主而渐至立宪，由立宪而渐为共和"；"盖自据乱进为升平，升平进为太平，进化有渐，因革有由；验之万国，莫不同风"。他一方面说是"验之万国"，一方面还是要循之圣人，认为"孔子之为《春秋》，张为三世"，就是"推进化之理而为之"①。他在《大同书》里又说："神明圣王孔子早虑之忧之，故立三统三世之法，据乱之后，易以升平、太平，小康之后，进以大同。"②可见，他是以尊圣、附会的方法来宣扬历史进化论的，其中自然包含了许多弱点。同时，康有为只主张渐变，不主张激变，所以他的历史进化理论带有庸俗进化论的性质，反映在社会思想上是只主张改良而反对革命。

从历史理论的观点来看，严复对西方进化论的介绍和阐述，有更重要的价值和意义。光绪二十一年（1895），他在天津《直报》上发表《论世变之亟》、《原强》、《救亡决论》、《辟韩》，宣传达尔文主义进化论和斯宾塞进化哲学的基本观点，倡言变法、救亡、自强的主张。光绪二十四年（1898），他译述的《天演论》正式出版。《天演论》一书本是赫胥黎宣传达尔文的通俗读物，严复译述此书的主旨是"于自强保种之事，反复三致意焉"③。严复在《天演论》译述的按语里，推崇斯宾塞的《综合哲学体系》，宣传它的普遍进化理论。严复所介绍和阐述的进化论思想，在 19 世纪末至 20 世纪初的中国思想界产生了巨大的影响。梁启超在讲到康有为、严复所宣扬、阐说的进化论时，认为对"以史学言进化之理"有重要的意义。但是，严复所倡言的进化论，也只是停留在"循序而进"的阶段，同康有为一样，都带有庸俗进化论的性质。其后，资产阶级革命派和激进的民主主义者才突破了这个局限性。在严复的著作中，还介绍了西方资产阶级的"天赋人权"的思想，把自黄宗羲、唐甄以来对君权的批判提高到更具有理性主义的水平。他在《辟韩》等文中激烈批驳君权神授的腐

---

① 康有为：《论语注》卷二《为政》，北京：中华书局，1984 年，第 28 页。
② 康有为：《大同书》甲部《入世界观众苦》，北京：中国人民大学出版社，2010 年，第 7 页。
③ 严复：《译〈天演论〉自序》，《天演论》，北京：商务印书馆，1981 年，第 10 页。

见而倡言民权思想，认为民是天下"真主"。这些见解，在历史理论和史学批判上引发了对"君史"、"民史"的划分，批判"君史"和倡导"民史"，是近代史学萌生的重要标志之一。

20世纪初年，梁启超揭起"新史学"的旗帜，以及他对史学之社会功用的许多阐述，都同这几个特点有直接的或间接的联系。而夏曾佑所著《最新中学中国历史教科书》(1904—1906，商务印书馆分3册出版，1933年再版时更名《中国古代史》)，虽是一部未完成稿，但它在历史理论上是按历史进化论为指导，在表现形式上是按章节体写成，反映出关于中国历史之撰述的新面貌。此书以上古、中古、近古为三个历史阶段，上古以西周以前为传疑时代、春秋战国为化成时代，中古以秦汉为极盛时代、魏晋南北朝为中衰时代，隋以下未及卒述。中国古代思想家如韩非、史学家如刘知幾都有关于历史之划分阶段的说法，其中虽也包含有历史进化的朴素认识，但与近代的历史进化论不可同日而语，而他们也不曾按照自己的认识写出相关的历史著作。夏曾佑的《最新中学中国历史教科书》还继承了司马迁"述往事，思来者"和中国古代史学上"彰往察来"的优良思想传统，他在此书的序言中写道："智莫大于知来。来何以能知？据以为推而已矣。"这也表明，近代史学的萌生，还是同古代史学的优良传统有内在的联系。

总的说来，清代后期的史学，一方面是传统史学的延续，一方面是近代史学的萌生。至19世纪末和20世纪初，则传统史学日衰，近代史学日盛。这是当时中国史学发展的趋势。

第二节　边疆史地研究的兴起

一、张穆的《蒙古游牧记》

清代前期的史家，在历史地理之学的撰述方面有很大的成就，

《天下郡国利病书》、《肇域志》、《读史方舆纪要》等是最有代表性的几部。它们反映了当时史学之经世致用的学风。鸦片战争前后，史学的经世致用之风再次炽热起来，而且带有民族危机的时代紧迫感。清代后期的边疆史地研究的兴起，是一个突出的反映。早在鸦片战争爆发之前，龚自珍已着手对西北史地的研究，并把这种研究同时务密切联系起来。他以两年的时间，撰成《西域置行省议》一文（见《定庵文集》），率先提出在新疆设置行省的必要性，筹划、建议极为详尽、具体。他最后写道：他的各项建议，"现在所费极厚，所建极繁，所更张极大，所收之效在二十年以后，利且万倍。夫二十年，非朝廷必不肯待之事，又非四海臣民望治者不及待之事，然则一损一益之道，一出一入之政，国运盛益盛，国基固益固，民生风俗厚益厚，官事办益办，必由是也，无其次也"。这些话，反映了他对于边疆事务的重视和远见。鸦片战争之后，研究边疆史地者多了起来，其中以张穆、何秋涛、姚莹最为知名。

张穆（1805—1849），初名瀛暹，字诵风，一字石洲、硕洲，晚号靖阳亭长，山西平定人。道光十九年（1839），他应顺天乡试时，因冒犯监考被斥，从此遂绝举业，潜心著述，度过短暂的一生。他的文稿，后人编为《月斋文集》。

《蒙古游牧记》是张穆的代表性著作。他撰写此书的动因，是考虑到清朝建立以来，"内地各行省府厅州县皆有志乘，所以辨方纪事，考古镜今"，而蒙古地区则无志乘专书；官修《大清一统志》、《清会典》虽有所涉及，"而卷帙重大，流传匪易，学古之士尚多懵其方隅，疲于考索。此穆《蒙古游牧记》所为作也"①。为了"辨方纪事，考古镜今"，他决意填补这一清代志乘撰述上的空白。张穆撰《蒙古游牧记》还有一个直接的诱因，即他应祁寯藻的邀请，校核其父祁韵士遗著《藩部要略》一书。《藩部要略》是记载蒙古王公贵族世系、事

---

① 《蒙古游牧记》自序，《月斋文集》卷三，清刻本。

迹的编年体史书。张穆认为："其书详于事实，而略于方域。"[1]他曾对祁寯藻明确表示："今《要略》编年书也，穆请为地志以错综而发明之。"张穆的计划，得到了祁寯藻的支持，卒能"俾就其事"[2]。张穆的初衷，是使这两部书"相辅而行"，但他的成就却超出了他的预想。

张穆从道光十七年（1837）前后开始撰写此书，至道光二十六年（1846），他"致力十年，稿草屡易"，写出了《蒙古游牧记》16 卷。其中前 12 卷已经定稿，"末四卷尚未排比"，而他在 3 年后不幸病逝。后经何秋涛以 10 年之功，补辑了后 4 卷，校阅了全书，于咸丰九年（1859）由祁寯藻资助刊刻行世。

《蒙古游牧记》以方域为骨骼，以史事为血肉，记述了内外蒙古自古代迄于清代道光年间的地理沿革和重大史事。作者自序主要内容和编次说："今之所述，因其部落而分纪之。首叙封爵、功勋，尊宠命也；继陈山川、城堡，志形胜也；终言会盟、贡道，贵朝宗也。详于四至、八到以及前代建置，所以缀古通今，稽史籍，明边防，成一家之言也。"所谓"因其部落而分纪之"，是记蒙古各部所属之盟的游牧所在；所谓"封爵、功勋"，是简述各部的历史，而尤着意其与清廷的关系；所谓"山川、城堡"，是讲地理特点和军事形势；"会盟"是讲蒙古地区的政治活动，"贡道"是讲蒙古各部与清廷联系的通途；所谓"详于四至、八到以及前代建置"，是说明对各部方域及地理沿革的考察是本书的重要内容；"稽史籍，明边防，成一家之言"，反映了作者的撰述要求和经世目的。据此，《蒙古游牧记》卷一至卷六记内蒙古哲里木盟、卓索图盟、昭乌达盟、锡林郭勒盟、乌兰察布盟、伊克昭盟；卷七至卷十记外蒙古汗阿林盟、齐齐尔里克盟、喀鲁伦巴尔和屯盟、札克必拉（赖）色钦毕都哩雅诺尔盟；卷十一至卷十六记阿拉善额（厄）鲁特蒙古、青海额（厄）鲁特蒙古、杜尔伯特蒙古、旧土尔扈特蒙古和新土尔扈特蒙古。标目都赘以"游牧所在"

---

[1] 《蒙古游牧记》自序，《月斋文集》卷三，清刻本。
[2] 祁寯藻：《蒙古游牧记序》，《蒙古游牧记》，北京：商务印书馆，1938 年，第 1 页。

字样，以明其详于"方域"之旨。卷七之首有《外蒙古喀尔喀四部总叙》，卷十一之首有《额（厄）鲁特蒙古总叙》，卷十四有《额（厄）鲁特蒙古新旧土尔扈特部总叙》，反映了全书在结构上的严谨。

《蒙古游牧记》是以清朝时期蒙古各部及其所属之盟、旗为基础，写出了蒙古从古代至当世的历史演变、地域沿革，写出了它与历代统一皇朝的密切关系，而尤详于它与清皇朝的密切关系。它在表述方法上是由今溯古、由地理而兼及相关史事，反映出作者在撰述思想上具有时代感和历史感相结合的特点。作者撰此书，意在填补清朝统一国家的地方史乘；由于蒙古分布地域的辽阔和它与清皇朝的兴起、发展有特别重要的历史联系，故在史乘中具有特殊的位置。这在书中都有强烈的反映。如卷一首叙科尔沁部，科尔沁部又先叙右翼中旗，这是突出了科尔沁部在清朝初年历史上的非同寻常的作用。其文载：右翼中旗，"本靺鞨地，辽为黄龙府北境，金属上京路，元废。札萨克和硕土谢图亲王游牧"。又载土谢图（一译为图什业图）亲王之由来说："奎蒙克塔斯哈喇曾孙翁果岱，翁果岱子奥巴，世为察哈尔诺颜。天命十一年，以奥巴先诸蒙古来降，妻以庄亲王舒尔哈齐女孙，授和硕额驸，封土谢图汗。子巴达礼，崇德元年叙功，封札萨克和硕土谢图亲王，去汗号，诏世袭罔替（按原注："巴达礼长子巴雅斯呼朗，顺治二年尚固伦崇康公主"），掌右翼五旗事。"这一段记载，说明了清廷入关前后同科尔沁部的特殊关系，其中包括互通婚姻的关系。至于奎蒙克塔斯哈喇，前文交待说，他是"元太祖弟哈布图哈萨尔十四世孙"。张穆于注文中屡引康熙、乾隆的诗作及御赐墓志、碑文等，以证这种历史的联系。如引乾隆入科尔沁境诗，首二句便是："塞牧虽称远，姻盟向最亲。"又引乾隆赐科尔沁左翼中旗达尔汉亲王后人色布腾班珠尔诗，也有"世笃姻盟拟晋秦"、"此日真堪呼半子"等句。由此，也可以看出作者撰述的深意。又如卷十四，详载土尔扈特部之一部分因准噶尔部"恃其强，侮诸卫拉特"的缘故，在和鄂尔勒克带领下"走俄罗斯，屯牧额济勒河"，"厥后稍就弱，俄罗斯因称为己属"，但因"土尔扈特习蒙古俗，务畜牧，逐水草徙，与俄罗斯城郭处异；衣冠用缯罽，复与诸卫拉特绝异"，于顺治十二至十四年(1655—1657)，和鄂尔勒克后人"相继遣使奉表贡"，"康熙中，表贡不绝"。至乾隆三十六年(1771)在渥巴锡时，终于"挈全部三万余户内附"。于是作者写道："自国初绥服蒙古以来，至是乃尽族而臣之。"作者在注文中征引了乾隆御制《土尔扈特全部归顺记》，以丰其记，其中有几句话是："始逆命而终徕服，谓之归降；弗加征而自臣属，谓之归顺。若今之土尔扈特，携全部，舍异域，投诚向化，跋涉万里而来，是归顺，非归降也。"作者详记此事，自然是对土尔扈特部的爱国之举的肯定，同时也反映出作者本人的爱国情怀。但是，百余年中，土尔扈特部走而复归，这件事却具有更深远的历史意义。此书在鸦片战争之后咸丰九年(1859)刊行，对时人有重要的启示。祁寯藻在此书序中论蒙古所处地理位置的重要和本书的价值时写道："如科尔沁、土默特之拱卫边门；翁牛特、乌珠穆沁之密迩禁地；四子部落，环绕云中；鄂尔多斯，奄有河套。至于喀尔喀、杜尔伯特、土尔扈特诸部，或跨大漠，杭海诸山，或据金山南北，或外接俄罗斯、哈萨克诸国，所居皆天下精兵处，与我西北科布多塔尔、巴哈台诸镇重兵相为首尾，是皆讲经制者所当尽心也。承学之士，得此书而研究之，其于中枢典属之政务，思过半矣。"《蒙古游牧记》所叙"方域"，包括现今中国境内的内蒙古、新疆、宁夏等少数民族自治区和青海、东北三省蒙古族活动区域，以及今蒙古国。从历史的观点来看，祁寯藻的这些话，写在咸丰九年，尤能反映出这书的时代意义和历史价值。

《蒙古游牧记》吸取了《清会典》和《大清一统志》中关于蒙古的资料，而其征引则上自历代正史中关于北方和东北少数民族的史传、地记，下至道光年间的诏敕、文书，搜罗广博，而尤注意吸收前人和时贤在蒙古史、元史撰述上的成果。作为地理书来看，作者借鉴了《洛阳伽蓝记》的写法；作为记事之书来看，作者借鉴了《通典》自注和《资治通鉴考异》的方法。全书的注文要多出正文的分量，显示了作者丰富的学识和考证的精良。祁寯藻称赞此书说："海内博学异才之士尝不乏矣，然其著述卓然不朽者厥有二端：陈古义之书，则贵乎实事求是；论今事之书，则贵乎经世致用。二者不可得兼，而张子石州《蒙古游牧记》独能兼之。"又说："然则是书之成，读史者得实事求是之资；临政者收经世致用之益，岂非不朽之盛业哉！"①这里，除"二者不可得兼"的说法未必妥帖，而对《蒙古游牧记》的评论应当说是中肯的。

何秋涛为此书末 4 卷所做的补辑工作，竭尽心力而又不掩原作之美，凡补辑之文皆标出"补"字，凡补之注皆标明"补注"，以与原文、原注相区别。其治学的严谨之风、诚实之心，可见一斑。

二、何秋涛的《朔方备乘》

何秋涛（1824—1862），字愿船，福建光泽人。道光二十四年（1844）进士，授刑部主事。同张穆比起来，他是一个仕途顺利的青年学人。他只活到 38 岁，比张穆还少活几年，在这一点上他们的命运又很相近。但是他们更相近的地方，却在于学术上的旨趣和民族危机感的共识。何秋涛除补辑、校订《蒙古游牧记》外，也写出了自己的边疆史地研究巨著《朔方备乘》。张、何齐名，确有许多共同之处。

何秋涛的边疆史地研究，着眼于中俄边界问题。他在咸丰初年，"益究经世之务，尝谓俄罗斯地居北徼，与我朝边卡相近，而诸家论述，未有专书，乃采官私载籍，为《北徼汇编》六书"②。这种"经世之务"的责任，确是当时民族危机时代感的反映。何秋涛以"北徼"为研究的对象，显示出这位青年学子的远见卓识。咸丰八年（1858），他在《北徼汇编》的基础上，扩大撰述范围，增益为 80 卷，并奉旨

---

① 祁寯藻：《蒙古游牧记序》，《蒙古游牧记》，北京：商务印书馆，1938 年，第 1～2 页。

② 黄彭年：《刑部员外郎何君墓表》，《续碑传集》卷二十，近代中国史料丛刊，第 99 辑，台北：文海出版社，1973 年，第 18～19 页。

"缮写清本，再行进呈"。次年，诏命何秋涛"校对完竣后即全书赍送军机处，由军机处大臣代为呈递"。咸丰十年（1860），咸丰上谕称："刑部主事何秋涛呈进所纂书籍八十卷，着赐名《朔方备乘》。此书于制度沿革、山川形势，考据详明，具见学有根柢。"①从此书呈进前后的这些情况来看，它确已引起朝廷的重视，何秋涛也因此升补为刑部员外郎。《朔方备乘》呈进后，旋即散亡。吏部侍郎黄宗汉"取副本拟更缮进，复毁于火"。后何秋涛之子芳耘以残稿呈李鸿章，经黄彭年等人"补缀排类"，复其原貌。它同《蒙古游牧记》一样，历尽艰难。

《朔方备乘》是一部采用多种体裁纂辑而成的综合体史地著作。它包括卷首 12 卷，正文 68 卷，另凡例、目录 1 卷。卷首是抄录"圣训"和"钦定书"中的相关内容，所录之书有《平定罗刹方略》、《大清一统志》、《皇朝通典》、《皇朝文献通考》、《大清会典》。正文有述略 6 卷、考 24 卷、传 6 卷、纪事始末 2 卷、记 2 卷、考订诸书 15 卷、辨正诸书 5 卷、表 7 卷、图说 1 卷。述略，略用编年体；考，偏重地理方面；传，包括历代"北徼诸国"和"用兵将帅"；考订、辨正诸书，是对前人及近人有关撰述的考订；表，包括事迹、沿革、世次等；图说，包括自西汉以下北徼地图和论说，以及俄罗斯自初起之时至道光末年不同时期的地图和论说。其《凡例》指出本书之取材与性质说："是书取材之处有四：一曰本钦定之书，以正传讹；二曰据历代正史，以证古迹；三曰汇中外舆图，以订山川；四曰搜稗官外纪，以资考核。"又说：是书"旁搜博采，务求详备，兼方志外纪之体，揽地利戎机之要，庶言北徼掌故者有所征信云"。对于几类材料的来源及其取资的目的，对于本书体裁上的特点，这里都做了明确的说明。至于"揽地利戎机之要"，是谈到了本书的要旨。

《朔方备乘》的《凡例》30 则，实采《史记·太史公自序》后半部分的体例，具有序的作用。它对作者的撰述宗旨、重点所在、各部分

---

① 何秋涛：《朔方备乘》书首，咸丰十年刻本，1860 年，第 4 页。

的要点及相互配合的关系，以及本书在"经世之务"上的具体要求，都提纲挈领、条分缕析地做了说明，有全书论纲的作用。本书主旨是考察清朝东北、北方、西方疆界的历史和现状，《凡例》第五条提出："皇朝武功，迥超前代。凡今日北方之镇戍，咸当年睿略所经营：如东海诸部，今属吉林省；索伦诸部，今属黑龙江省；喀部，今为漠北雄藩；准部，今为新疆全境，以及乌梁海之附于游牧哈萨克之关系边防，皆接壤俄国之要地也。"所谓"北徼"的问题，主要是关于中俄界界问题，故《凡例》第一条开宗明义指出："我皇清圣圣相承，声教远讫北徼，俄罗斯国詟神武以定界，慕圣文而来宾，实为千古未有之盛。"又指出："我朝边境接壤俄罗斯，几及万里。康熙年间设界碑于额尔古纳河、格尔必齐河诸地，此北徼界碑之始；钦命大臣至尼布楚会议，定约七条，此北徼条例之始"；雍正年间，设喀伦于呼伦贝尔及楚库河诸地，此北徼喀伦之始；皆宜详考，以备掌故。"①因此，不论是《凡例》中的说明，还是全书正文中的论述与考察，这一部分内容均占有突出的位置。作者认为："是书备用之处有八：一曰宣圣德以服远人，二曰述武功以著韬略，三曰明曲直以示威信，四曰志险要以昭边禁，五曰列中国镇戍以固封圉，六曰详遐荒地理以备出奇，七曰征前事以具法戒，八曰集夷务以烛情伪。"②这八条"备用之处"，有政治和军事的考虑，有关于历史记载之是非的考察和关于现实应变之抉择的判断，反映了作者的思想和时代的脉搏的一致。

《朔方备乘》的重要价值，是它着重考察了东北、北方、西北的边疆沿革、攻守形势和中俄关系的历史。作者在"圣武述略"各卷，阐述了东海诸部、索伦诸部、喀尔喀、准噶尔、乌梁海、哈萨克"内属"的历史。在此基础上，作者撰述了《北徼界碑考》、《北徼条例考》、《北徼喀伦考》、《俄罗斯馆考》、《俄罗斯学考》、《雅克萨城

---

① 何秋涛：《朔方备乘》凡例第七条，咸丰十年刻本，1860年，第2页。
② 何秋涛：《朔方备乘》凡例第二条，咸丰十年刻本，1860年，第1～2页。

考》、《尼布楚城考》、《艮维窝集考》、《库页附近诸岛考》、《北徼山脉考》、《艮维诸水考》、《乌孙部落考》、《俄罗斯互市始末》、《俄罗斯进呈书籍记》等篇，以丰富的史实、详明的考据，阐述了中俄边界关系的历史和现状。作者对于自己的这些撰述，有一个明确的认识，就是："边防之事，有备无患"；"哈萨克之外，惟俄罗斯为强国，然则边防所重，盖可以知矣夫"；"西北塞防，乃国家根本"①。作者在《北徼界碑考》中，指出了俄罗斯"侵犯雅克萨、尼布潮（楚）诸地，戕我居民，边境骚然"、"在在侵犯，肆行扰害"的事实，详考"设立界碑之始末"，补证志乘失载之阙。作者在《北徼喀伦考》中引《盛京通志》载：黑龙江另设之十五喀伦（卡伦），所以防御俄罗斯来路，盖已增于十二喀伦之数。认为"其他添置之处，皆关系北徼防维，不可或略"；喀伦之设，"加派侍卫，分驻巡查，所以固封圉而昭慎重也"。作者撰《雅克萨城考》，是为了"裒辑北徼事迹，详加研究，爰知雅克萨城一区，中国隶籍在前，罗刹兵争在后，所宜详征博考，订前人之讹误，以示传信"②。他详细论证："尼布楚城本中国蒙古属地，初非罗刹所有，亦非瓯脱之区也"，而俄罗斯在崇德四年（1639，即明崇祯十二年）以后"始据尼布楚城，由是而东侵雅克萨、南侵额尔古纳，扰害索伦诸部垂四十年，皆恃尼布楚为巢穴"③。上举各篇，大致意皆如此，表明了作者对于中俄边界之历史与现状的强烈关注之意，字里行间郁结着忧虑、爱国之情。

《朔方备乘》因着重于考察中俄边界的历史和现状，故进而考察了俄国的历史、地理以及中俄交通等有关的问题，从而开阔了边疆史地研究的视野。作者撰有《波罗的等路疆域考》、《锡伯利等路疆域考》、《俄罗斯亚美里加属地考》、《俄罗斯丛记》、《考订使俄行程录》、《考订俄罗斯佐领考》、《考订俄罗斯事辑》、《考订俄罗斯事补辑》、《考订俄罗斯盟聘记》等，其中有的是作者自撰的，有的是对他人撰述的考订，

---

① 何秋涛：《朔方备乘》卷十一《北徼形势考》，咸丰十年刻本，1860年，第11页。
② 何秋涛：《朔方备乘》卷十四《雅克萨城考》叙，咸丰十年刻本，1860年，第2页。
③ 何秋涛：《朔方备乘》卷十五《尼布楚城考》，咸丰十年刻本，1860年，第8页。

不少内容涉及中俄关系和中西交通问题。这对于了解外域情况，也是有重要价值的。李鸿章叙《朔方备乘》说：“《大学》之言治平，知己之学也；《周官》之言周知，知己而兼知彼之学也。自来谈域外者，外国之书务为夸诞，傅会实多；游历所纪，半属传闻，淆讹叠出；又或辗转口译，名称互歧，竞尚琐闻，无关体要，以云征信，盖亦难之。”“窃见故员外郎衔刑部主事何秋涛究心时务，博极群书，以为俄罗斯东环中土、西接泰西诸邦，自我圣祖仁皇帝整旅北徼，耆威定界，著录之家，虽事纂辑，未有专书。秋涛始为汇编，继加详订”，“是书所纪，虽止北徼一隅，然学者由是而推之”，则具有广泛的价值。[①] 由此可以看出，此书在当时所产生的影响。

《朔方备乘》卷三十八记《土尔扈特归附始末》，作者不仅详述其始末，而且对此事的重大意义深致其意，与《蒙古游牧记》有关记载相得益彰。此书还对历代北徼用兵得失，尤其是清朝的“圣武”有较多的论述，目的在于为现实的北徼边防提供历史的经验。此书的撰成、进呈、刊刻前后，有一系列不平等条约的签订，其中包括中俄《瑷珲条约》（咸丰八年，1858）、《中俄天津条约》（同上）、《中俄北京条约》（咸丰十年，1860）、《中俄陆路通商章程》（同治元年，1862）、《中俄勘分西北界约记》（同治三年，1864）等，沉痛的历史，越发衬托出作者的远见卓识和爱国思想。

三、姚莹的《康輶纪行》

姚莹（1785—1852），字石甫，一字明叔，号展如，安徽桐城人。嘉庆进士，曾两度奉调至台湾任职，先署海防、噶玛兰同知，后为台湾兵备道。鸦片战争爆发，英军侵犯鸡笼海口、大安港，姚莹与总兵达洪阿率兵屡败英军。道光二十四年（1844），以同知直隶州知州发往四川效用，旋又两度奉使入藏“抚谕”，先后到达乍雅（乍丫），

---

① 参见何秋涛：《朔方备乘》书首，咸丰十年刻本，1860年，第4页。

察木多(今昌都)。《康輶纪行》一书，即其于道光二十四年至二十六年入川、入藏期间所作札记汇编而成。作者在自叙中解释此书书名说："乾隆中考定，察木多又名喀木，其地曰康，非《新唐书》南依葱岭、九姓分王之康国也。使车止此，故名吾书，纪其实焉。"

《康輶纪行》16卷，作者在本书自叙中说到它的内容与编次是："大约所纪六端：一，乍雅使事始末；二，剌麻及诸异教源流；三，外夷山川形势风土；四，入藏诸路道里远近；五，泛论古今学术、事实；六，沿途感触杂撰诗文。或得之佛寺雕楼，或得之雪桥冰岭。晚岁健忘，不能无纪也。然皆逐日杂记，本非著书，故卷帙粗分，更不区其门类；既以日久，所积遂多，有一事前后互见者，有一类前后纪载不同者，殊不便检寻，乃列其条目于卷首，复于本条各注其目，俾易考焉。"①

本书对西藏的历史、地理、宗教、政治、戍守多有记载，如卷三《西藏疆理》，卷五《西藏大蕃僧》、《西藏僧俗官名》、《西藏戍兵》等篇，以及卷七、卷八所记，都是比较集中地记述西藏各方面情况。这样的记载，散见于全书各卷。这是它跟《蒙古游牧记》、《朔方备乘》在研究边疆史地上侧重点的不同之处。同时，由于姚莹曾经亲自率军抗击英军的入侵，对边疆事务的重要性有深切的感受，故《康輶纪行》一书，对外国侵略者觊觎中国领土，尤其是对英国侵略者对中国西藏地区的窥伺，有极大的敏感和深切的忧虑。故其于外国的史地、政治亦多有研究，如《俄罗斯方域》(卷十)、《英吉利》、《佛兰西》、《英吉利幅员不过中国一省》(卷十二)等篇，都反映出作者的这种意识。作者在《外夷留心中国文字》篇(卷十二)中，强调了了解外国、认识世界的极端重要性。他列举英、法、普、俄以至日本、安南、缅甸、暹罗等国，无不关注外国"情事"；批评许多士大夫"骄傲自足，轻慢各种蛮夷，不加考究"，"坐井观天，视四裔如魑魅，暗昧无知，怀柔乏术，坐致其侵陵"，"拘迂之见，误天下国家"，"勤

①　姚莹：《康輶纪行自叙》，合肥：黄山书社，1990年，第1～2页。

于小而忘其大，不亦舛哉！"他清醒地认识到："是彼外夷者方孜孜勤求世务，而中华反茫昧自安，无怪为彼所讪笑轻玩，致启戎心也！"他钦佩林则徐重视对于外国"情事"的研究说，"唯林总督行事全与相反，署中尝有善译之人"，又能妥善地从洋商、通事、引水等人那里了解外国情况，购置有关外文书籍，称赞林则徐"知会英吉利国王第二封信"显示出对世界事务的了解。姚莹在这篇札记的末了表示："余于外夷之事，不敢惮烦。今老矣，愿有志君子为中国一雪此言也！"①在道光二十四年（1844）前后，他的这番话，反映了时代的要求。

姚莹还指出，中国人了解世界，要兼顾到研究中国历史文献和"外夷"之书。他在此书卷九《华人著外夷地理书》篇批评说："自来言地理者，皆详中国而略外夷。《史记》、《前后汉书》凡诸正史，外夷列传多置不观，况外夷书乎？"他胪列自法显《佛国记》以下至魏源《海国图志》等数十种书，都是不可不读的。他进而指出，了解、研究外域，"非如文人词客徒资博雅、助新奇也。故留心世务者，皆于此矻矻焉"②。本书卷十六载图说 13 种，如《中外四海地图说》、《新疆南北两路图说》、《新疆西边外各国图说》、《西藏外各国图说》、《西人海外诸新图》等，显示了边疆史地研究者在学风上的特点。

第三节　关于外国史地研究的新局面

一、魏源与《海国图志》

在中国近代史学萌生过程中，中国史家关于边疆史地的研究和关于外国史地的研究，可以说是同步展开而又互有交叉的。鸦片战

---

① 姚莹：《康𫐈纪行》卷十二，合肥：黄山书社，1990 年，第 357～358 页。
② 姚莹：《康𫐈纪行》卷九，合肥：黄山书社，1990 年，第 274 页。

争前夕，出于民族危机的预感，龚自珍已着手于边疆史地的研究，而林则徐则倡导对外国史地的认识与研究，对边疆史地的研究，固已涉及对外国的历史与现状的考察；而关于外国史地的研究，则往往联系着对当时中国前途的抉择和命运的估量。这两股史学潮流的奔腾、激荡，都同时代的脉搏发生着共振。

林则徐在广州禁烟时，有一种了解世界、认识世界的迫切感，乃命人翻译英人慕瑞所著《世界地理大全》，亲自润色，编订刊刻，定名为《四洲志》。这是一本简略介绍世界各洲 30 多个国家地理、历史的书。此书虽只 2 卷，但开风气之先，对后来中国学人研究、撰述外国史地之风，有倡导的作用。这也表明林则徐作为"开眼看世界的第一人"对近代史学萌生所起的作用。继林则徐之后，魏源写出了《海国图志》，王韬写出了《普法战纪》、《法国志略》等书，黄遵宪则有《日本国志》的撰述。这些关于外国史地的著作，在当时的中国，以至在日本，都产生了重大的影响。今人钟叔河主编的《走向世界丛书》(岳麓书社出版)汇辑了鸦片战争后至辛亥革命前国人亲历欧美、日本的一批记述，从中可以看出那个时代的人们的思想、视野，确与清代前期大为迥异；也可以看出在近代史学萌生中，关于外国史地研究、撰述新局面之形成的必然趋势。

魏源(1794—1857)，原名远达，字默深，湖南邵阳人。他 28 岁中举人，50 岁才中进士，仕途不算通达。但他在三四十岁时，政治经历丰富，著作繁多。鸦片战争时，为两江总督裕谦幕僚，参与浙东抗英之役，与龚自珍、林则徐、姚莹等关系密切，思想相投。他痛感英军入侵，撰《圣武记》一书，以激励时人，并希望朝廷重温历史，振作武功，以坚御侮之志。此书共 14 卷，前 10 卷历述清朝武功及用兵成败之道，兼及有关军事制度；后 4 卷为作者论议，阐述了他关于练兵、整军、筹饷、驭夷的见解和主张。从当时的历史环境和社会思潮来看，这书在史学上的价值，其论议部分远在记事部分之上。魏源在《圣武记叙》中写道："先王不患财用而惟亟人材，不忧不逞志于四夷，而忧不逞志于四境。官无不材，则国桢富；境无废令，则国柄强。柄富柄强，则以之诘奸，奸不处；以之治财，财不蠹；以之搜器，器不窳；以之练士，士无虚伍。如是，何患于四夷，何忧乎御侮！"①可见作者认为，肃清政治是御侮的基础，而人才又是其中的关键。这实际上是指出了当时的政治腐败，造成了侵略者有可乘之机。他在叙中特意说明此书"告成于海夷就款江宁之月"，即《南京条约》签订之时，又引用《礼记·哀公问》篇中"物耻足以振之，国耻足以兴之"的话，都是寓有深意的。

魏源在《南京条约》签订之后，又撰写了《道光洋艘征抚记》上下篇。这一长文，详细记载了鸦片战争的经过和《南京条约》签订前后的清朝政治和中外关系，记事起于道光十八年(1838)四月黄爵滋奏言鸦片输入之害，迄于咸丰元年(1851)"特诏奖雪林则徐及姚莹、达阿洪之尽心竭力于边，斥耆英畏葸骄敌之罪，中外翕然钦颂"。它阐述了当时有识之士于英人鸦片贸易对中国危害的认识，伸张了禁烟之举的正义性，揭露了鸦片战争中道光皇帝的昏聩和琦善、耆英的无能、误国，肯定了林则徐、邓廷桢等主战派的主张和措施并为其所蒙之冤辩诬；它歌颂了三元里人民的抗英斗争，阐述了作者对这一重大历史事件的认识，是关于鸦片战争的一篇信史。作者在本文末了论道，"转外国之长技为中国之长技"，乃是"富国强兵"的关键之举。又指出："时乎时乎，惟太上能先时，惟智者能不失时；又其次者，过时而悔，悔而能改，亦可补过于来时。"②这是他希望朝廷能从这次事变中吸取历史经验教训。此文流传甚广，名称亦多，它同稍后夏燮所撰《中西纪事》一书，在当时都有广泛的社会影响。

从《圣武记》的撰述到《道光洋艘征抚记》的撰述，尽管时间上相距很近，但作者的确有了比较明显的变化，即后者把"转外国之长技为中国之长技"作为"富国强兵"的重要问题提了出来。作者的这个思想，在其所撰《海国图志》一书中，可谓发挥得淋漓尽致。

---

① 魏源：《圣武记叙》，北京：中华书局，1984 年，第 1 页。
② 魏源：《道光洋艘征抚记》，《魏源全集》第 3 册，长沙：岳麓书社，2011 年，第486 页。

在近代史学萌生过程中，《海国图志》是第一部系统地研究外国史地的巨著。对于魏源来说，这不仅跟他早年辑《皇朝经世文编》及经学研究有很大的不同，而且跟他的上述两种著作在内容上也有很大的不同。这部书，是确立了魏源在中国近代史学上之突出地位的代表作。此书原刻为 50 卷，后增为 60 卷，复又增为 100 卷。据咸丰二年（1852）古微堂重刊定本所载，有魏源写于道光二十二年（1842）的 60 卷本《原叙》和写于咸丰二年（1852）的 100 卷本《后叙》[①]。《海国图志》是在林则徐主持编译的《四洲志》的基础上并受到林则徐的鼓励而撰述的。魏源《原叙》一开始就写道："《海国图志》六十卷，何所据？一据前两广总督林尚书所译西夷之《四洲志》，再据历代史志及明以来岛志及近日夷图、夷语。钩稽贯串，创榛辟莽，前驱先路。"以《四洲志》为基础，博采中外文献，尤其是最新一些西人论著、图说，编撰一部系统的世界史地及现状的著作，的确是开创性的前驱工作。魏源又明确指出此书同以往的"海图之书"的区别是："彼皆以中土人谭西洋，此则以西洋人谭西洋也。"这是中国历史撰述上的一大变化，是近代史学萌生的特点之一。

魏源在《原叙》中郑重指出了撰述《海国图志》的目的，他说："是书何以作？曰：为以夷攻夷而作，为以夷款夷而作，为师夷长技以制夷而作。"[②]有很高政治声望的林则徐任两广总督时，"日日使人刺探西事，翻译西书，又购其新闻纸"等做法，影响了一大批注重世务的士人。鸦片战争的经过及其结局，使魏源进一步认识到，要富国强兵、有效御侮，不仅要内修政理，还要学习外国长技。从历史观点来看，这是中国史家从沉痛的历史教训中获得的新认识。这个事实进一步证明，中国历代的优秀史家，总是能够站在历史潮流的前头，回答历史和现实所提出的迫切问题。

《海国图志》60 卷本包含 18 个方面的内容，魏源《原叙》对每一方

---

① 关于《海国图志》两次增补的时间，诸说歧异，且与此二叙所署时间不相吻合，故存而不论。

② 魏源：《海国图志》卷首《原叙》，长沙：岳麓书社，1998 年，第 1 页。

面的内容均有概括性说明；后增为 100 卷，亦大致未超出这些方面。它们是：《筹海篇》（卷一至卷二），《各国沿革图》（卷三至卷四，咸丰二年本总目作《海国沿革各图》），《东南洋海岸各国》（卷六至卷十，总目作《东南洋海岸之国》），《东南洋各地》（卷十一至卷十八，总目作《东南洋海岛各国》），《西南洋五印度》（卷十九至卷三十二，总目作《西南洋诸国》），《小西洋利未亚》（卷三十三至卷三十六），《大西洋欧罗巴各国》（卷三十七至卷五十三，总目作《大西洋》），《北洋俄罗斯国》（卷五十四至卷五十八，总目作《北洋》），《外大洋弥利坚》（卷五十九至卷七十，总目作《外大西洋》），《西洋各国教门表》（卷七十一，总目作《南、西洋各国教门表》），《中国西洋纪年表》（卷七十三，总目作《中西纪年通表》），《中国西历异同表》（卷七十二，总目作《中西历法同异表》，编于《纪年表》之前），《国地总论》（卷七十四至卷七十六），《筹夷章条》（卷七十七至卷八十，总目作《筹海总论》），《夷情备采》（卷八十一至卷八十三），《战舰条议》、《火器火攻条议》、《器艺货币》（卷八十四至卷一百，这三个方面，总目无分类标目，卷目上亦无"货币"字样，但在卷九十四《西洋技艺杂述》中引《澳门杂录》有关外国货币及其与中国白银比值关系的文字）。以《原叙》中所概括的这 18 个方面，同咸丰二年刊本总目相比较，一是可以看出 100 卷本大致保持了 60 卷本的结构，二是可以看出作者增补、修订的情况。

在中国史学发展上，《海国图志》有三个方面的特点。第一，作为一部系统反映世界地理、历史和现状的著作，是前所未有的。作者从亚洲、澳洲、非洲、欧洲、美洲依次展开叙述，反映了东方学者的世界眼光，这跟欧洲人之以欧洲为世界中心大为迥异。第二，当中国史家真正从具有近代意义"开眼看世界"时，便首先面临着"御侮"的问题，这在中国历史学的撰述主旨上，是一个重大转折。因此，《海国图志》开卷就是"筹海"之议：议守，议战，议款。作者在《筹海篇》起首写道："自夷变以来，帷幄所擘画，疆场所经营，非战即款，非款即战，未有专主守者，未有善言守者。不能守，何以战？

不能守，何以款？以守为战，而后外夷服我调度，是谓以夷攻夷；以守为款，而后外夷范我驰驱，是谓以夷款夷。自守之策二：一曰守外洋不如守海口，守海口不如守内河；二曰调客兵不如练土兵，调水师不如练水勇。攻夷之策二：曰调夷之仇国以攻夷，师夷之长技以制夷。款夷之策二：曰听互市各国以款夷，持鸦片初约以通市。"①这里讲的"自守"、"攻夷"、"款夷"，跟古代史学上经常讲到的皇朝与皇朝的更迭、皇朝自身的盛衰得失有所不同，它讲的是中国和世界的关系，即中国是世界的一部分，世界是中国生存的环境，所谓议守、议战、议款，都以此为出发点。本书卷七十七至卷八十为《筹海总论》，系作者所辑有关撰述、章奏，可与卷首《筹海篇》3卷比读、参照，益见作者撰述本书之主旨。第三，《海国图志》中，讲科学技术的卷帙，占了将近五分之一的篇幅，这在以往的历史撰述中也是罕见的。本书从卷八十四至卷一百，其卷目依次是：《仿造战船议》、《火轮船图记》、《铸炮铁模图记》、《仿铸洋炮议》（含《炸弹飞炮说》、《炮车炮图说》）、《西洋用炮测量论》（上下篇）、《西洋炮台记》、《西洋自来火铳法》、《攻船水雷图记》、《西洋技艺杂述》、《西洋远镜作法》、《地球天文合论》（5篇）。这些，虽多属于攻守之器，但都与近代科学技术相关，是作者之"师夷长技以制夷"的重要方面。

　　但是，作者所谓"师夷长技以制夷"的撰述思想在本书中的反映，不论其自觉认识程度如何，当不限于科学技术方面，这在卷八十一至卷八十三作者所辑《夷情备采》中，表现得尤为突出。所辑内容，涉及西方国家的政治、经济、法律、宗教、科学技术在生产中的应用等，其中多有中西比较的言论。如卷八十三所辑《贸易通志》，其中有这样的话："中国以农立国，西洋以商立国，故心计之工，如贾三倍。"同卷所辑袁德辉翻译的《法律本性正理所载第三十九条》中有这样的规定："英吉利王无有巴厘满衙门会议，亦不能动用钱粮、不能兴兵，要巴厘满同心协议始可。"在作者看来，"夷情备采"的范围，

―――――――――

① 魏源：《海国图志》卷一《筹海篇一·议守上》，长沙：岳麓书社，1998年，第1页。

原是很广泛的。道光二十八年(1848)，徐继畬撰有《瀛环志略》10卷，也是讲世界历史、地理、现状的著作，但其在"御侮"、"自强"意识上，不如《海国图志》鲜明。

《海国图志》在道光三十年(1850)传入日本，对明治维新前的日本社会思潮产生了积极的影响，促进了明治维新运动的发展，从而在中国东邻的历史上扮演了喜剧的角色。它在自己的故乡，虽也产生了广泛的思想影响，但毕竟未能成为历史喜剧的角色，这说明史学之反作用于社会，仍然要受到社会条件所容纳的或所提供的限度的制约。

二、王韬的多种撰述

王韬(1828—1897)，原名畹，字利宾，号兰卿，后改名韬，字子潜(紫诠)，号仲弢，晚年自号天南遁叟，江苏长洲(今苏州)人。道光二十五年(1845)成了秀才，次年应闱试，不中，遂绝科举之事。道光二十九年(1849)，他在上海受英人麦都思之邀，至其所办墨海书馆参与编校工作，历时13年。同治元年(1862)因上书太平军而为官军所察，以"通贼"论，乃更名而逃亡香港，开始了漫游生涯，逐步接受西方资产阶级社会思想。同治十三年(1874)，他在香港创办《循环日报》，发表政论、史论，宣传变法自强的主张，成为中国早期的改良主义者之一。他先后游历了英、法、俄、日等国。

王韬晚年回忆起他的"逍遥海外作鹏游，足遍东西历数洲"的情怀说："于是登宗悫引风之筏，乘张骞贯月之槎。将东泛乎扶桑，西极乎阿兰。""经历数十国，往来七万里，波涛助其壮志，风雨破其奇怀，亦足豪矣。而尤足以快意肆志者，余之至泰西也，不啻为先路之导，捷足之登。"①他在当时，确是罕有的"曾经沧海，遍览西学"的中国学人。这使他有可能写出《法国志略》、《普法战纪》、《扶桑游

---

① 王韬：《漫游随录》自序，《漫游随录·扶桑游记》，长沙：湖南人民出版社，1982年，第30～31页。

记》、《漫游随录》等书，从而在中国近代史学上成为研究外国史地的先驱之一。

在王韬的这些撰述中，《法国志略》是最重要的。此书初撰于同治十年(1871)，是他漫游欧洲回到香港时所作，凡 14 卷。光绪十六年(1890)重订刊刻时增补为 24 卷。据光绪庚寅仲春淞隐庐刊本《重订法国志略》卷首《法国志略·原叙》(下称《原叙》)所说，初撰 14 卷的内容和编次是：法兰西总志 3 卷；法京巴黎斯志 1 卷；法兰西郡邑志 2 卷；广述 8 卷，包括法英婚盟和战纪 2 卷、拿破仑第三用兵记 2 卷、普法战纪 3 卷、琐载 1 卷。其书原有凡例 10 条，第 4 条中有"今上自美罗万氏，下至首领麦马韩，上下一千五六百年，历代治乱兴废之迹，尽括之于十数卷中，挂漏之讥，知所不免，见者幸无讥焉"。这是指初撰 14 卷本说的。凡例第 10 条又说："此书甫经属稿，即授手民，未经删削，故字里行间，时多疵颣，知不免为识者所诃。容俟异日译事稍暇，尚当重为更定，俾法国自古迄今之事，采撷靡遗，而成一代信史，庶几大快于厥心。"由此看来，作者于初撰成稿时，便有"重为更定"的打算。《重订法国志略》不仅在内容上增补了约三分之二，在体例和编次上也有不少变化。卷一至卷十，是纪事本末体和编年体相结合的事目编年，首叙"开国纪原"，从"纪元前二千年，始移于高庐"讲起，依次叙述法国历史变化、王朝更迭与复辟、普法之战，直至 19 世纪 70 年代中期法国议会的各种活动和政策，纲举目张，详近略远。卷十一至卷十四，是纪事本末体，依次叙述了"法英婚盟和战纪"(上下)、"法英助土攻俄记"、"法奥战和始末"等。卷十五是"撷遗"，记难为专篇的一些军政大事。卷十六至卷十七是"广志"上下篇，略如纪传体中的志，志目有名号、统系、职官、国用(附国债)、税务、国债、银肆(附国债)、商务、国会、民数、礼俗、学校、学术、教会、兵籍、车路、邮政、刑律、水利等。卷十八是"广述"，所记略同于"撷遗"而兼及社会风俗。卷十九至卷二十四，略同于地理志，依次记述了"法兰西疆域总志"(上下)、"法京巴黎斯志"、"法兰西郡邑志"(上下)、"法国藩属附志"。以初撰和重订《法国志略》两两比较，前者详于地理，约占 14 卷的三分之一；后者详于史事和制度，地理部分只占 24 卷的六分之一左右，在内容上和体例上都比前者丰富、完备，其记事尤详于 19 世纪 70 年代，有的还涉及法国议会和政府关于 80 年代的预算。又因作者另外著有《普法战纪》一书，故《重订法国志略》中简化了这方面的记载，卷目亦不再予以反映。此外，从初撰到重订，近 20 年，可见作者在这期间对法国历史和现状的关注，表明了作者撰述思想和旨趣所在。

《法国志略》初撰本，作者取资于日本冈千仞的《法兰西志》、冈本监辅的《万国史记》，参考《西国近事汇编》，"不足，则复取近时之日报，并采辑泰西述撰有关于法事者"。作者对于冈千仞所译法国人所著的 3 本法国史《法国史要》(1866)、《近古史略》(1869)、《法国史》(1870)，亦曾披阅，认为其"尚属简略，摭拾他书以补之"(详凡例第 1 条、第 3 条)，可见作者在法国史的研究上视野的开阔和采辑的丰富。作者撰述《法国志略》的目的，在《原叙》、《凡例》和《重订法国志略·序言》中都反复予以说明。在《原叙》中，他说："两经法都，览其宫室之雄丽，廛市之殷阗，人民之富庶，兵甲之盛强，未尝不叹其外观之赫耀也；及徐而察其风俗之侈靡，习尚之夸诈，官吏之骄惰，上下之猜忌，亦未尝不虑其国不可以为国，而初不料一蹶不振如是之速也！""吾愿欧洲诸国以法为鉴焉可也，特余志法之意。"可见他的撰述目的，是具有世界历史的眼光。他又指出："更有进于此者，法通中国已三百余年，于泰西诸国为独先，名流硕彦接踵东来，无非借天算格致以阴行其主教，其势几至上动帝王，下交卿相，有明之季，靡然成风，实足为人心学术之隐忧，流弊至今，亦缓通商而急传教，中外龃龉，率由此起。"这些话，对于当时中国、法国的情况，都是切合实际的。20 年后，作者在重订本《序言》中，除进一步从国际关系方面指出了法国历史的变迁外，还突出批判了路易十四的"据无上之尊，肆无限之权"，以致"国人愤郁，渐至放恣。此所谓川决而堤溃，其势使之然也"。这反映了作者对君主专制政治的批判态度。此外，作者尤其强调了这样的见解："方今泰西诸国，智术日开，穷理尽性，务以富强其国；而我民人固陋自安，曾不知天壤间有瑰伟绝特之事，则人何以自奋，国何以自立哉！"又说："欧罗巴列邦于明万历年间已来中国，立埠通商，聚居濠镜。逮《明史》作传，犹不能明法兰西之所在，几视与东南洋诸岛国等，是其于艾儒略所著之《职方外纪》尚未寓目，况其他哉？宜其为远人所致诮也。"作者从欧洲各国的历史和现状，提出了中国人了解世界、认识世界的紧迫性，"固陋自安"则人无以自奋、国无以自立。他联想到清修《明史》时，人们还说不清楚法兰西位于何处，不禁感慨万千。这是王韬撰写《法国志略》的更深层的原因。

《法国志略》突出地反映出作者对君主专制制度的批判态度。作者在卷五《波旁氏纪》文末以"逸史氏王韬"名义发表议论，指出法国国王之所以祸国、亡身者，"顾迹其祸之由来，不能和众而得民心，自恃居民之上，而好恶不与民同，怨之所及，足以亡身。故厉王监谤，卒流于彘。法之失政，履霜坚冰，非一朝夕矣，路易至是，遂受其殃。法人弑王，而叛党旋覆；英人弑王，而高门士亦随灭。不独天道好还，而亦可以观世变矣。然则为人君者，其可逞欲而妄为哉！"这些见解并不都是正确的，但他对君主专制是持否定态度。这从作者在本卷中对路易十四的专横、路易十五的奢淫的记载中看得很清楚。作者对"路易十六新政"表示赞赏，说他"大矫旧政之弊"；而对路易十六之"从容就死"，深致同情。这又表明作者是称道君主立宪而不赞成法国大革命的暴力行动。作者向往君主立宪制度，还表现在他对拿破仑第一和拿破仑第三的评价上。他引用日人野口之布的话说："古今英雄规模宏远者，往往不留心于细务，独仑帝攻略之暇，用心吏治，定五法、创诸学，精到周详，各国奉为模范。仑帝洵高出他英雄上哉。千百世下，犹令人闻风兴起焉。"[①]作者以极大的兴致记述了拿破仑第三之被"公举为总统"和"终升帝位"，记述了他的种种作为，对他在"普法交兵"中遭致失败颇致惋惜之情，并

---

① 王韬：《法国志略》卷六后论，淞隐庐重订铅印本，清光绪十六年，1890 年。

历数他的许多"政绩"，说是"其所措施，裨益于人世者，不暇枚举"（均见卷七）。作者在《凡例》第9条中指出："法兰西素以文明称，制度文物之备，宫室衣食之美，诸国莫能及焉。拿破仑出，更定法律，其精审为欧洲冠。"可以说，向往、宣扬君主立宪的资产阶级政治制度，是《法国志略》的主要历史观点。

本书卷十六至卷十七《广志》上下篇，比较全面地反映了近代法国的政治制度和社会面貌，反映资本主义制度下科学技术和生产力的进步以及人类文明的发展。作者赞美法国的国会制度说："国会之设，惟其有公而无私，故民无不服也。欧洲诸国，类无不如是。即有雄才大略之主崛起于其间，亦不能少有所更易新制、变乱旧章也。"他还称道上下两院议员的"公举"之法，认为"其进身之始，非出乎公正则不能得"①。作者在《志车路（附电线）》中，叙述了欧洲各国铁路交通和电报通信的情况，惊叹于科学技术的发展促进了社会的迅速变化，他写道："车路之建不过五十年，电线之行亦不过三四十年，而甚已如此，飚发风驰，遍于各国，抑何速也！"他认为这两项技术的发展，"必相辅而行，互为表里"，"而藉以觇国势之盛强焉"（卷十七）。作者还记述了1878年5月法国巴黎博览会的盛况（卷十），记述了1253年路易第九派人"始通中国"的情形（卷十八）等。《法国志略》以不少篇幅叙述了法国的外交、贸易、通商、殖民等活动。

《法国志略》不同于《海国图志》，它详细记述了一个西方国家的历史、地理、现状，反映了资本主义世界在当时取得的进步，也反映了作者进步的历史观点和社会理想。

王韬在完成《法国志略》初撰本的同年，还编撰了《普法战纪》一书。1870年至1871年的普法战争刚刚结束，王韬随即"撷拾其前后战事，汇为一书，凡十有四卷"②，刊行于世。他如此关注这次战争的记载，无疑是他有志于法国史研究的继续。他指出："观夫普法战

---

① 王韬：《法国志略》卷十六《国会志》后论，淞隐庐重订铅印本，清光绪十六年，1890年。

② 王韬：《普法战纪》前序，弢园王氏刻本，清光绪十二年，1886年，第1页。

争之际，而求其盛衰升降之故，成败胜负之端。"①自鸦片战争以后，中国在对外关系上，已陷于多事之秋，民族危机日甚一日。所谓"盛衰升降之故，成败胜负之端"，他想到的自然不只是"欧洲列帮"，还有"中原天地"②。这跟他在《法国志略》中反复强调"君民共主"，以国宪定君民之分，是同一个道理。光绪十二年（1886），王韬根据继续搜集到的有关文献，重订《普法战纪》，增为 20 卷。《普法战纪》初撰本在 19 世纪 70 年代传入日本，受到日本学人的重视，这是他后来应邀东游扶桑的一个原因。③

《扶桑游记》和《漫游随录》二书，是游记性质的著作。前者是关于日本的游记；后者所记不限于外国，但主要是记作者游历欧洲的见闻。这两部书，在反映外国历史和现状方面，也有一定的价值。

《扶桑游记》3 卷，作者记其光绪五年（1879）的日本之游，日记体，起三月初七，迄七月十五，有七月初八撰于日本的自序。当年（即明治十二年），日本报知社印行上卷，翌年出版中卷、下卷。书首有重野安绎序和中村正直序，书末有龟谷行跋、平安西尾跋和冈千仞跋，语多论及王韬《普法战纪》在日本的流传和影响。作者《自序》说，此行是应日本友人"以为千日之醉，百牢之享"之邀，"敢不惟命是听"。故在日期间，"壶觞文会，文字之饮，殆无虚日"，"日所游历，悉纪于篇，并汇录所作诗文附焉"。与王韬所交游者，多是拥护明治维新的一派人物。他们所讨论的，除诗文、撰述外，就是时势、西法。四月初二记冈鹿门（千仞）的话说："方今宇内形势，以俄为急。时人比俄于战国之虎狼秦，而实为今日亚细亚洲之大患。"

---

① 王韬：《普法战纪》代序，《弢园文录外编》卷八，上海：上海书店出版社，2000年，第 197 页。

② 王韬《漫游随录》卷二《伦敦小憩》记："伦敦画馆请余以日影绘像，既成，悬之阁中，而以十二幅赠予。余题二律于后云……"所题二诗，有"尚戴头胪思报国，犹馀肝胆肯输人？""异国山川同日月，中原天地正风尘"之句。

③ 参见王韬：《扶桑游记》之中村正直序，龟谷行、平安西尾、冈千仞跋，《漫游随录·扶桑游记》，长沙：湖南人民出版社，1982 年，第 176、311~314 页。

四月十九记与西尾鹿峰论及中西诸法，王韬认为："法苟择其善者而去其所不可者，则合之道矣。"五月初二记其评论冈本监辅所著《万国史略》，认为"有志于泰西掌故者，不可不观。"又不无所指地发表议论说："余谓仿效西法，至今日可谓极盛；然究其实，尚属皮毛。并有不必学而学之者，亦有断不可学而学之者。"时值中国洋务派活跃时期，此言当有所指。这从四月初二记与重野、鹿门笔谈看得十分清楚："重野谓予曰：'或序先生之文，谓为今时之魏默深。'""余曰：'当默深先生之时，与洋人交际未深，未能洞见其肺腑；然"师长"一说，实倡先声。惜昔日言之而不为，今日为之而犹徒袭皮毛也。'鹿门曰：'魏默深血性人耳，得先生继起，而后此说为不孤矣。'"所谓"壶觞之会，文字之饮"，实关乎兴衰、改良之旨。在日本友人中，冈千仞可称得上是王韬的知心之交，他跋《扶桑游记》说："盖先生慨欧人眈眈虎视，亲航欧洲，熟彼情形，将出其所得以施之当世，而未有所遇。""以有为之才，处多故之世，一朝风云，去泥土，冲云霄，霈然膏雨，使万生仰苏息之恩，先生盖其人也。"这话，道出了王韬的漫游与撰述之旨。

《漫游随录》3卷，凡记51事，每事以4字为目。诠次、编订于光绪十三年（1887），原有图80幅。所记，由故里而他乡，由中国而欧洲，约起于道光二十四年（1844），止于同治九年十二月（1871年1月），自苏格兰回至香港，首尾20余年。其中，三分之二是游历英、法两国的见闻。此书所记，虽有不少琐闻细事，然于英、法两国文物制度、科学技术、社会风貌多有实录，并往往联系到中西比较，发其感慨。卷二《制造精奇》记："英国以天文、地理、电学、火学、气学、光学、化学、重学为实学，弗尚诗赋词章。其用可由小而至大。如由天文知日月五星距地之远近、行动之迟速，日月合璧，日月交食，彗星、行星何时伏见，以及风云雷雨何所由来。由地理知万物之所由生，山水起伏，邦国大小。由电学知天地间何物生电，何物可以防电。由火学知金木之类何以生火，何以无火，何以防火。由气学知各气之轻重，因而制气球，造气钟，上可凌空，下可入海，以之察物、救人、观山、探海。由光学知日月五星本有光耀，及他杂光之力，因而创灯戏，变光彩，辨何物之光最明。由化学、重学辨五金之气，识珍宝之苗，分析各物体质。又知水火之力，因而创火机，制轮船火车，以省人力，日行千里，工比万人。穿山、航海、掘地、浚河、陶冶、制造以及耕织，无往而非火机，诚利器也。"作者仅以数百字，几将西方近代科学技术及其功效概括无遗，其观察思考之深，可以想见。当然，这些都是"诗赋词章"所不能达到的。卷三《游博物院》记英国所铸大炮性能之佳后，作者写道："倘我国仿此铸造，以固边防而御外侮，岂不甚美？惜不遣人来英学习新法也。"又同卷《苏京琐记》记参观一印书馆，"浇字、铸板、印刷、装订，无不纯以机器行事"，"苟中国能仿而为之，则书籍之富可甲天下"。王韬在英国曾多次发表讲演，"宣讲孔孟之道"，吟诵唐人诗文，听众为之倾倒，使其颇有"吾道其西"之慨(《英土归帆》)，反映出中西文化交会、互补的意识。

《扶桑游记》多论及形势、时政，《漫游随录》多谈到科学技术，它们是对《法国志略》和《普法战纪》之撰述宗旨的饶有兴味的补充。这四部书，集中反映了王韬在 19 世纪七八十年代考察和研究外国历史、地理、现状及科学技术之应用的成果。在当时，能够取得这些成果的人，在近代史学上确乎是凤毛麟角。

王韬东游日本时，曾会见了当时正在日本的黄遵宪，多次"剧谈"，志为同道。恰在王韬《漫游随录》诠次成书之年，黄遵宪写出了《日本国志》一书。

三、黄遵宪的《日本国志》

黄遵宪(1848—1905)，字公度，别号人境庐主人，广东嘉应州(今广东梅州市)人。黄遵宪在光绪二年(1876)乡试中举，此后的 20 年中，他的政治生涯可以说是同光绪朝的历史同起同落。光绪三年(1877)，黄遵宪作为中国驻日本使馆参赞东渡日本，居留近 5 年。

头两年中，所见所闻，寄以诗篇，名《日本杂事诗》。这两年中，他"稍稍习其文，读其书，与其士大夫交游"，开始了解了日本的历史、文化，尤为明治维新以来日本近十几年的巨大变化所吸引，约光绪五年(1879)，乃发凡起例，着手撰写《日本国志》一书。经3年，书稿未就，于光绪八年(1882)调任驻美国旧金山总领事。他携稿赴任，但"无暇卒业"。光绪十一年(1885)由美回国，谢辞他任，闭门编纂，于光绪十三年(1887)卒成此书，首尾费时8年。

《日本国志》"为类十二，为卷四十"，"以其体近于史志"，故名。作者之所谓"类"，是以事类区分，采用纪传体史书中志的体例。12类是：《国统志》3卷、《邻交志》5卷、《天文志》1卷、《地理志》3卷、《职官志》2卷、《食货志》6卷、《兵志》6卷、《刑法志》5卷、《学术志》2卷、《礼俗志》4卷、《物产志》2卷、《工艺志》1卷，凡40卷。又卷首另作《中东年表》，系中日纪年对照表，"以便观者"。作者在本书《凡例》中说："日本古无志书，近世源光国作《大日本史》，仅成兵、刑二志；蒲生秀实欲作氏族、食货诸志，有志而未就(原注：仅有职官一志，已刊行)；新井君美集中有田制、货币考诸叙，亦有目而无书。此皆汉文之史而残阙不完，则考古难。"但自维新以来"礼仪典章颇彬彬矣"[1]，故作者较易采辑。据薛福成《日本国志》序称，作者所采之书多至200余种。

黄遵宪在《日本国志》自叙中说到了他撰写此书的初衷，他写道："昔契丹主有言：'我于宋国之事，纤悉皆知；而宋人视我国事，如隔十重云雾。'以余观：日本士夫类能读中国之书，考中国之事；而中国士夫好谈古义，足已自封，于外事不屑措意，无论泰西，即日本与我仅隔一衣带水，击柝相闻，朝发可以夕至，亦视之若海外三神山，可望而不可即！"他援引《周官礼》所载"外史"之职，乃撰此书，并自比"外史氏"而发论议，只是为了说明："今之士夫亦思古人学

---

① 黄遵宪：《日本国志》凡例，上海：上海古籍出版社，2001年，第4页。

问，考古即所以通今，两不偏废。"①其良苦用心，可见一斑。从这些话中，反映出作者对于研究"外事"的强烈的自觉意识，对于中国当时的士大夫"好谈古义，足已自封"的狭隘眼光何等不满，何等忧虑！3年之后，即光绪十六年（1890），黄遵宪在改订《日本杂事诗》自序中，叙述了他对于明治维新以来日本形势的认识过程。当其"拟草"《日本国志》一书时，意在"网罗旧闻，参考新政"；而后，"及阅历日深，闻见日拓，颇悉穷变通久之理，乃信其政从西法，革故取新，卓然能自树立"②。作者这个认识，表明他是站在历史发展潮流前头来观察日本的历史和现状的，同时也是以此为镜来观察中国的历史和现状的。所谓"信其政从西法，革故取新，卓然能自树立"，则概括了《日本国志》的主旨。它表现在以下几个方面：

肯定君主立宪的政治体制。《国统志》系志名而纪体，记载了自古代至明治十一年（1878）八月的历史。于明治时期，则逐年逐月详其维新改良措施。元年（1868），记明治"以二条城为太政官代裁决庶政"，并"亲临会公卿诸侯，设五誓：曰万机决于公论，曰上下一心，曰朝幕一途，曰洗旧习、从公道，曰求智识于寰宇"③。其后，种种"革故取新"之举，均由此开始。八年（1875），记明治废左右院，置元老院、大审院的诏敕说："中兴日浅，未臻上理"，在"五事"之誓的基础上，"乃扩充誓文之意，更设元老院以定立法之源，置大审院以巩司法之权；又召集地方官，以通民情、图公益，渐建立宪政体"。又记次年明治命栖川亲王"斟酌海外各国成法"，起草立宪"条例"。作者论道："立宪政体，盖谓仿泰西制，设立国法，使官民上下分权、立限，同受治于法律中也。"④作者在《国统志》卷末发表长篇评论，分析了当时各个阶层、各种政治势力围绕着政体所展开的激烈的争论，"喧哗嚣竞，哓哓未已"，但朝廷下诏"已以渐建立宪政

---

① 黄遵宪：《日本国志》叙，上海：上海古籍出版社，2001年，第2页。
② 黄遵宪：《日本杂事诗》自序，长沙：岳麓书社，1985年，第571页。
③ 黄遵宪：《日本国志》卷三《国统志三》，上海：上海古籍出版社，2001年，第44页。
④ 黄遵宪：《日本国志》卷三《国统志三》，上海：上海古籍出版社，2001年，第46页。

体，许之民论"。当作者在驻英使馆改订《日本杂事诗》时，他在《自序》中写道："今年日本已开议院矣，进步之速，为古今万国所未有。""政从西法"，这是作者之撰写《日本国志》最关注的问题，故有此论。作者在《职官志》序中，考察了中国历史上围绕官制而展开对《周礼》的争论，认为这是很可悲的。他说："古人有言：礼失而求诸野。则曷不举泰西之政体而一证其得失也？日本设官，初仿《唐六典》；维新之后，多仿泰西。今特详志之，以质论者。"作者首叙官制的一般原则，如等级、俸禄、勋位、章服、黜陟，而于黜陟一项尤详维新以来的重大变化；次叙设官分职，作者自注说："维新以来，设官分置，废置纷纭"，"今专就明治十四年冬现有之官，分条胪举，其仿照西法、为旧制所无者，特加详焉"，故于元老院、大审院、文部省、府县等地方政权叙致尤详，反映了官制方面的变化。

注重富国强兵、科技实学。《食货志》序称："日本维新以来，尤注意于求富。然闻其国用则岁出入不相抵，通商则输出入不相抵，而当路者竭蹶经营，力谋补救，其用心良苦，而法亦颇善。观于此者，可以知其得失之所在矣。"[1]在作者看来，求富之路，并非可以一蹴而就，维新带来的阵痛是难以避免的。《兵志》序又称："今日之列国，弱肉强食，眈眈虎视者乎。欧洲各国数十年来，竞强角力，迭争雄霸，虽使车四出，樽敦雍容，而今日玉帛，明日兵戎，包藏祸心，均不可测。各国深识之士，虑长治久安之局不可终恃，皆谓非练兵无以弭兵，非备战无以止战。"结合自鸦片战争以来中国历史来看，作者对当时世界形势的估量可谓明澈而清醒。作者认为："日本维新以来，颇汲汲于武事，而其兵制多取法于德，陆军则取法于佛（法），海军则取法于英。故详著之，观此亦可知欧洲用兵之大凡。"虽言日本，而意亦含欧洲。作者进而指出："今天下万国，鹰瞵鹗视，率其兵甲，皆可横行。有国家者不于此时讲求兵制，筹一长

---

① 黄遵宪：《日本国志》卷十五《食货志》，上海：上海古籍出版社，2001年，第180页。

久之策，其可乎哉！"①他在讲到英国海军之强以及日本欲效英国之法时，又强调指出了上述见解。② 黄遵宪认为，富国强兵之道，固与"政从西法"密切相关，但绝离不开工艺实学的发展。他在《工艺志》序中论道：中国古代原有重视工艺实学的传统，可惜"后世士大夫喜言空理，视一切工艺为卑卑无足道"，以致"实学荒矣"。他慨然指出："今欧美诸国，崇尚工艺，专门之学，布于寰区。余尝考求其术，如望气察色、结筋搦髓、破腹取病，极精至能，则其艺资于民生；穷察物性、考究土宜，滋荣敷华，收获十倍，则其艺资于物产；千钧之炮、连环之枪，以守则固，以战则克，则其艺资于兵事；火轮之舟、飞电之线，虽千万里顷刻即达，则其艺资于国用；伸缩长短，大小方圆，制器以机，穷极便利，则其艺资于日用。举一切光学、气学、化学、力学，咸以资工艺之用，富国也以此，强兵也以此：其重之也，夫实有其可重者在也。"③这一段议论，同前文所引王韬《漫游随录·制造精奇》中所描述的科学技术的广泛应用，可谓同曲同工，识见相谐。所不同的是，黄遵宪对"今万国工艺以互相师法，日新月异，变而愈上"的趋势，更有紧迫之感，而对中国士大夫"喜言空理，不求实事之过"，尤有切肤之痛。他后来成为改良主义的推行者，绝不是偶然的。

主张汉学、西学兼而用之。黄遵宪在《学术志》中提出了汉学、西学兼而用之的主张，这是从观念形态上提出了更深层的认识。黄遵宪首先叙述了汉学在日本传播和发展的历史，认为它在日本有久远的渊源和深厚的基础，人们"耳濡目染，得知大义"。他举例说："尊王攘夷之论起，天下之士一倡百和，卒以成明治中兴之功，则已明明收汉学之效矣。"他希望"日本之治汉学者，益骛其远大者以待时

① 黄遵宪：《日本国志》卷二十一《兵志》前论，上海：上海古籍出版社，2001 年，第 233 页。

② 黄遵宪：《日本国志》卷二十六《兵志》后论，上海：上海古籍出版社，2001 年，第 277～278 页。

③ 黄遵宪：《日本国志》卷四十《工艺志》，上海：上海古籍出版社，2001 年，第 424 页。

用可也！"①同时他又指出，明治维新之前，西学也在日本传播，"今之当路诸公，大率从外国学校归来者也"，他们成了推行维新政治的得力人才。而"维新以后，壹意外外，既遣大使巡览欧洲诸大国，目睹其事物之美、学术之精，益以崇尚西学为意"。明治四年（1871），设文部省，"寻颁学制于各大学区"，全面推行西方教育制度和教学内容，一方面"争延西人为教师"，一方面有大批公费、私费学生"留学外国"，同时兴建其他各种文化设施，等等。"由是西学有蒸蒸日上之势"，虽然也存着"异论蜂起，倡一和百"的情况，但"国家政体，多采西法"，已成大势所趋。作者进而著论批评在中国存在着对于西学的保守、狭隘看法，"恶其异类而并弃之，反以通其艺为辱，效其法为耻，何其隘也！"他进而分析说："彼西人以器用之巧，艺术之精，资以务财训农，资以通商惠工，资以练兵，遂得纵横倔强于四海之中，天下势所不敌者，往往理反为之屈。我不能与之争雄，彼挟其所长，日以欺侮我、凌逼我，我终不能有簪笔雍容坐而论道之日，则思所以捍卫吾道者。正不得不藉资于彼法，以为之辅。以中土之才智，迟之数年，即当远驾其上，内则追三代之隆，外则居万国之上：吾一为之，而收效无穷矣。"这些话，显然是针对当时中国士大夫说的，颇有循循善诱之意，故在论西学之长时，口气多有缓和，不似他处激昂，足见作者良苦用心。当然，黄遵宪并不主张"尽弃所学而学他人"，但他毕竟是了解世界、面对现实的，他提醒人们要关注这样的道理和事实："器用之物，原不必自为而后用之。泰西诸国，以互相师法而臻于日盛，固无论矣。日本，蕞尔国耳，年来发愤自强，观其学校，分门别类，亦骎骎乎有富强之势。"②他以此反复说明，不可盲目排斥西学，以免陷于"不达事变"之境。

总的来看，黄遵宪以日本明治维新的历史证明汉学、西学兼用

---

① 黄遵宪：《日本国志》卷三十二《学术志》，上海：上海古籍出版社，2001年，第332页。

② 黄遵宪：《日本国志》卷三十二《学术志》后论，上海：上海古籍出版社，2001年，第342页。

的必要性，这也是言为日本而意在中国。而他所说的"西学"，非仅指器用而言，而是同他说的"政从西体"的主张相表里的。他虽然还没有完全跳出中国士大夫传统的窠臼，但他毕竟已经清醒地认识到效法西学实为历史发展的趋势。尤为可贵的是，他在推重西学的同时，已朦胧地觉察到西方国家所潜伏的弊病："尚同而不能强同，兼爱而无所用爱，必推而至于极分裂、极残暴而后已。执尚同、兼爱以责人，必有欲行均贫富、均贵贱、均劳逸之说者。吾观欧罗巴诸国，不百年必大乱。"[①]19 世纪末至 20 世纪的欧洲史和世界史证明，黄遵宪的预见并不是毫无根据的。

自魏源、王韬到黄遵宪的外国史地研究，从一个重要方面反映出 19 世纪后半叶中国史家爱国图强的时代精神，以及他们开阔视野、研究外国历史的自觉意识。《海国图志》作为当时的世界史著作，《法国志略》和《日本国志》作为当时的国别史著作，都达到了较高的水平，是近代史学萌生过程中的代表性著作。它们在体裁、体例和详近略远的撰述思想上，继承了中国古代史学的优良传统，对今天的世界史研究和撰述，仍有借鉴的意义。

第四节　近代意识和世界意识

一、鸦片战争后史学发展的新趋势

从上面已经论述到的有关内容来看，鸦片战争及其结局，以及由此产生的一系列事变，极大地震动了中国社会。中国史学的发展，由于历史的剧变而出现了新的趋势。鲜明的时代特色和强烈的民族意识，是这一新趋势的主要内涵，而救亡图强的爱国精神则是其核

---

① 黄遵宪：《日本国志》卷三十二《学术志》，上海：上海古籍出版社，2001 年，第332 页。

心。从史学思想和历史撰述来看，中国史学发展新趋势的主要标志是：

第一，重视鸦片战争史的撰述。对于鸦片战争及其结局，史学家们痛定思痛，乃纷纷记述其经过、评论其因果，为的是有助于人们总结经验教训，增强忧患意识，"防患于未然"，"补过于来时"。这方面的代表作有魏源撰写的《道光洋艘征抚记》、梁廷枏撰写的《夷氛闻记》、夏燮撰写的《中西纪事》。《道光洋艘征抚记》重在用历史事实说明，欲求自强御侮之道，必须"购洋艘洋炮"，"练水战火战"，"转外国之长技为中国之长技"，并指出尽快做出抉择的紧迫性。[①]同《道光洋艘征抚记》从政治和军事着眼不同，《夷氛闻记》一书着眼于从经济上揭示出英国殖民主义者发动鸦片战争的深层原因，并根据英国殖民主义者攻占印度海口作为鸦片贸易基地的历史事实，论证其侵略中国的方针不会改变，驳斥主和派、投降派的种种谬说，歌颂了主战派和人民群众的抗英斗争。《中西纪事》以纪事本末体记述了两次鸦片战争的史实，这是它在内容上、形式上不同于《道光洋艘征抚记》和《夷氛闻记》之处；在撰述思想的侧重点上，它是要达到反映出"中西争竞之关键"、以备"异日史家之采择"的双重目的。[②]

第二，重视边疆史地的考察与撰述。鸦片战争的结局与《南京条约》的签订，使国人无比震惊；国土意识、中华民族之整体的民族意识，都是在付出了巨大的代价之后而有了新的觉醒。史学家们在19世纪四五十年代孜孜于边疆史地的考察与撰述，正是这种觉醒的有力表现之一。张穆的《蒙古游牧记》、何秋涛的《朔方备乘》、姚莹的《康輶纪行》是这方面的几部杰作。《蒙古游牧记》一书的主旨是"稽史籍，明边防，成一家之言"[③]。《朔方备乘》一书的撰述宗旨是"旁搜博采，务求详备，兼方志外纪之体，揽地利戎机之要"。《康輶纪行》

[①] 魏源：《道光洋艘征抚记》，《魏源全集》第三册，长沙：岳麓书社，2011年，第486页。

[②] 参见夏燮：《中西纪事》原叙、次叙，长沙：岳麓书社，1988年，第1~2页。

[③] 《蒙古游牧记》自序，《月斋文集》卷三。

是一部关于西藏历史、地理、政治、宗教、戍守的札记体著作，对于外国史地、政治以及外国侵略者觊觎中国领土表示关注和忧虑；因作者有抵抗英国侵略军的实际经历，故于"留心世务"反复致意。这三部书所关注的边疆史地诸问题，均可谓远见卓识。

第三，重视外国史地的研究与撰述。鸦片战争使国人感到震惊的另一个方面，是中国以外的世界，竟有能够制造坚船利炮的国家，中国的士大夫们确有坐井观天、夜郎自大之悲了。于是先进的中国人产生了了解世界的要求，而林则徐则是较早睁眼看世界的代表人物，他主持编写的《四洲志》是中国人关于外国史地撰述的先驱。此后，魏源的《海国图志》、梁廷枏的《海国四说》、徐继畬的《瀛环志略》、王韬的《法国志略》、黄遵宪的《日本国志》等先后问世，蔚然大观，影响所及，超出中国，成为中国近代史学走向世界的开端。

以上这几个方面所汇聚起来的中国史学发展的新趋势，反映了当时中国历史的时代特点和志士仁人救国图强的愿望，在中国史学上具有划时代的意义。

二、民族·疆域·国家

鸦片战争后，中国史家之近代意义上民族观念、疆域观念、国家观念的产生和发展，成为清代后期史学上近代意识的集中反映。

中国史学上关于民族方面的记载很丰富，但大多是有关统一国家范围之内的各民族状况及各民族关系，汉代的"大一统"观念和唐代的"天下一家"观念，是人们认识民族和民族关系的主要的指导思想。所谓"华夷之辨"，大体上都是在这个范围内展开的讨论。政治家如唐太宗所说的"中华"、"夷狄"，史学家如杜佑所说的"中华"、"夷狄"，都属于这种性质。鸦片战争以后，历史上的所谓"华夷之辨"已不是人们反复讨论的问题，中国同"外夷"的关系则成为人们普遍关注的焦点。清代后期的史家之思想与撰述，深刻地反映出了这一重大变化。

在这方面，姚莹是一位认识较早的先行者。姚莹较早地意识到殖民主义者侵略中国的野心和危害。他自述道："莹自嘉庆中每闻外夷桀骜，窃深忧愤，颇留心兹事，尝考其大略，著论于《识小录》矣。"[1]嘉庆十四年（1809），姚莹入粤，目睹英军屡屡在广东海面武装挑衅；姚莹为协助粤督防备英军挑衅，乃购求外国书报，了解"夷情"，其《识小录》便是这时所撰，而内容则多涉及边防与外事。后来他到台湾任职，并于道光九年（1829）撰成《东槎纪略》一书，反映了他对台湾地区事务的关注。鸦片战争期间，他又直接参与率军抵抗英军的入侵。这些亲身经历，使姚莹对外国侵略者觊觎中国领土，始终抱有极大的敏感和深切的忧虑，最为关注的是英国殖民主义者对西藏的窥伺。可以认为，他的《康輶纪行》一书，主要即为此而作。诚如他在《〈西藏外各国地形图〉说》中指出：英吉利在"东印度全境已据其七八"；"先是哲孟雄与披楞隔界有大山，甚险阻，无路，有一线道可容羊行。近为英人所据，屯兵其上，凿宽山道，可以长驱抵藏矣"；"近年英、俄二夷，在西北二印度之间构兵，盖俄罗斯之垂涎印度，亦犹英吉利之垂涎前、后藏也。今为此图，俾吾中国略知其形势云"[2]。从19世纪40年代起，这始终是姚莹最关注的问题，并贯穿于其论著之中。

姚莹出于对外国侵略者的深刻认识，故而十分重视边疆事务，重视对边疆史地的考察与撰述。他在鸦片战争前撰写的《东槎纪略》，详述台湾的防务、关隘、里道、开发及治台方略，显示出对国家东南之海上屏障的重视和远见。书中《筹建鹿耳门炮台》一文，系转录道光四年（1824）观喜等人《上议建炮台于鹿耳门》文。其文开宗明义写道："台湾孤悬海外，屏障四省。郡城根本重地，设险预防，尤为紧要。"[3]有力地表明了台湾在国家防务上的重要地位。十余年后，

---

① 姚莹：《康輶纪行自叙》，合肥：黄山书社，1990年，第1页。
② 姚莹：《康輶纪行》卷十六，合肥：黄山书社，1990年，第519页。
③ 姚莹：《东槎纪略》卷一，《中复堂全集》，近代中国史料丛刊续集第七十四辑，台北：文海出版社，1987年，第30页。

鸦片战争爆发，姚莹在台湾率军抗击入侵英军，功劳显著，其《东槎纪略》一书的远见卓识和经世价值，受到了严峻而有效的检验。在经历了鸦片战争之后，姚莹的边疆意识和关于边疆史地考察之重要性的认识更鲜明、更加深刻了。他以极大的热忱和深切的忧患撰写了《康輶纪行》。姚莹在此书中对西藏史地、事务的研究，在认识上确有深入于《东槎纪略》的地方，如他在《诸路进藏道里》一文末了写道："中国舆地，历代文人学士多详考之，本朝一统无外，殊方异域，皆我版图，况今夷务纷纭，岂可不于此加之意乎！"①"况今夷务纷纭"这六个字，足以反映这位史家深刻的忧患意识。正因为如此，他认为，边疆史地的研究首先是为着时务的需要，不应仅仅视为书斋里的学问。他真诚地说："疆域要隘，通诸外藩形势，尤为讲边务者所当留意，不仅供学人文士之披寻也。"②这些话，不仅反映了他本人的经世之学的宗旨，也反映了那个时代的边疆史地研究潮流的宗旨。

从姚莹的经历和论述来看，他说的"外夷桀骜"、"俾吾中国"、"中国舆地"、"皆我版图"、"疆域要隘"等表明："外夷"是确指外国侵略者或泛指外国；"中国"是确指包括台湾、西藏等少数民族地区在内的中国。这是中国史家在民族观念上的一大变化。至于"舆地"、"版图"、"疆域"等，则是同上述关于民族的新认识紧密地联系在一起的疆域观念。建立在这样的民族观念、疆域观念基础上之"中国"的国家观，虽同"大清朝"相联系，但已包含了新的因素。因此，这一时期的史家称"夷狄"，论疆域，大多也具有这样的性质。如《蒙古游牧记》意在"明边防"，祁寯藻在此书序中说其所叙"方域"之面对"皆天下精兵外"，都寓有深意。《朔方备乘》强调"边防之事，有备无患"，此乃"国家根本"。这里，是把"方域"（疆域）、边防、国家视为不可分割的整体来看待的。

---

① 姚莹：《康輶纪行》卷三，合肥：黄山书社，1990 年，第 89 页。
② 姚莹：《康輶纪行》卷九，合肥：黄山书社，1990 年，第 262 页。

三、中国以外的世界和世界范围内的中国

中国史学上也有丰富的关于域外情况的记载，这些记载对于认识中外关系史是非常重要的，有些记载甚至成为现今有关国家研究其本国史的珍贵的文献，这是中国史学对世界史学的贡献之一。

鸦片战争以后，中国史家为救亡图强的忧患意识、爱国热情所激发，开始自觉地以新的视角观察中国以外的世界，同时又从世界范围和中外关系来观察中国，从而逐步培育起一种新的近代意义上的世界意识和世界观念。

在这方面，林则徐是前驱，是"睁眼看世界"的第一人。他的爱国精神和世界意识影响了那个时代的一批人。林则徐曾有"青史凭谁定是非"的诘问，这一诘问已由他的后继者们魏源、姚莹、黄遵宪等人的事业和清代后期一系列不平等条约的签订，从正反两个方面做出了回答。从《四洲志》到《海国图志》是一个飞跃，这是中国史家第一次全面而系统地撰写成世界历史地理著作。中国人借助这部著作的影响，在困惑中开始走向世界。从《海国图志》到《法国志略》、《日本国志》又是一个飞跃，这是中国史家第一次完整地分别撰写出东、西方两个资本主义国家的历史和现状，并由此通过比较而初步认识到中国落后了。王韬对"中原大地"的关注，黄遵宪的中国士大夫不了解外国事务的感叹和忧虑，正表明中国一些史家对世界已有了较深刻的认识。这是中国史学前所未有的进步。

近代意义上的世界意识的特点，不仅仅是要了解外国、认识世界，而且要从世界范围来认识中国，确定中国在世界上的位置，尤其是要从中外关系上来分析重大的历史事件。在这方面，夏燮的《中西纪事》为这时期的史学贡献出了丰富的思想资料。可以这样说，夏燮史学近代意识的突出之点即是近代的世界意识。

同样是记载鸦片战争的历史，夏燮为自己的著作所取的名称叫

作《中西纪事》，其特点极为突出，显示出恢廓的视野。具体说来，夏燮是从中西关系这一大背景下来认识和撰述鸦片战争这段历史的。可以说，在鸦片战争史的撰述上，夏燮是独具特色的。

其一，把鸦片战争放到中西关系中来考察。夏燮认为："猾夏起于通番，漏卮原于互市，边衅之生由枘于此。"[①]故《中西纪事》开篇即记"通番之始"。此篇详叙欧罗巴洲及其主要国家之东来的始末，文中屡屡提到《海国图志》、《瀛环志略》，说明夏燮是深受它们的影响的，但夏燮却是运用它们的某些材料来揭示鸦片战争的世界历史背景。

其二，从西方国家在中国的传教和对中国的通商，揭示了英国发动侵略中国的鸦片战争的必然性。夏燮以丰富的史实揭露西方传教士在中国"妄行传教"的活动，以至于传教士"皆与大吏分庭抗礼"[②]。而在通商活动中，西方国家亦往往提出非分之要求，以至于动辄"连兵"入侵，以武力相威胁，以达到它们的通商中所不能达到的目的。尽管夏燮还不可能认识到这正是近代资本主义野蛮掠夺的强盗行径，但他客观上已从世界范围内揭露出这种野蛮掠夺的事实。从这一基本认识出发，夏燮驳斥了所谓"中西之衅，自烧烟启之"的论调，指出："今载考前后，乃知衅端之原于互市，而非起于鸦片也。夫互市者，实中西交争之利，而关胥牙侩必欲专之，外洋因利而得害，乃思以害贻中国，而阴收其利。"从"互市"即通商来揭示"中西之衅"即鸦片战争的深层原因，确是夏燮的卓见。"外洋"为了逐利而采用非法手段也是势在必然。正如他在另一处所说："即使鸦片不入中国，亦未能保外洋之终于安靖而隐忍也。且鸦片之来，亦为货物之亏折起见耳。货物不得其利，乃思取违禁之物以补偿之。"[③]夏燮一方面看到"外洋"之来中国通商，绝不会安分的，目的是为了"利"，这是完全正确的；但他认为"外洋"以走私鸦片求得"补偿"似

<hr />

① 夏燮：《中西纪事》目录后序，长沙：岳麓书社，1988年，第2页。
② 夏燮：《中西纪事》卷二《猾夏之渐》，长沙：岳麓书社，1988年，第31页。
③ 夏燮：《中西纪事》卷三《互市档案》，长沙：岳麓书社，1988年，第53～54页。

是不得已而为之，这就不对了。英国鸦片贸易史的本质，是不择手段地对印度、中国等亚洲国家进行掠夺；"补偿"一说，不免失于幼稚。这里所要肯定的，是夏燮从中西通商、"夷人唯利是趋"的世界眼光来阐明鸦片战争爆发的必然性，显示出他对"外洋"的深刻认识。

其三，注意到从复杂的国际关系来分析列强对中国侵略的一致性。夏燮在《四国合纵》篇中，先是一一阐述了"英法和战之始末"、"英弥（美）和战之始末"、"英俄交恶及中西构衅之始末"，继而阐述英、法、弥（美）、俄"四国联盟而合纵称兵"一齐侵略中国，以武力攫取种种特权，直至咸丰十年（1860）英军"入寇京师"而"上狩滦阳"。篇中夏燮对英、法、美、俄四国的侵略野心颇有揭露和抨击，尤其对俄国强迫清廷割让大片领土表示极大愤慨，显示了一个爱国史家的明确立场。他还引用《西人月报》的评论，指出："中西相持，俄人又将从中窥衅，以收渔人田父之利。此不可不虑者也。"①不幸的是恰被他言中了。

如果说第一次鸦片战争中的国际关系还比较简单的话，那么第二次鸦片战争中的国际关系就变得更加复杂、多变和险恶了。这是《中西纪事》给予后人的一个非常重要的启示。夏燮正是以一种在当时是至为难得的世界意识，把两次鸦片战争置于中西关系的总的历史背景下进行考察和叙述，指出鸦片战争是不可避免的，从深层次上揭示了"外洋"之"唯利是趋"的侵略本质。夏燮史学之世界意识的价值即在于此。

夏燮同姚莹比起来，他没有直接参与抗击列强入侵的斗争，也缺少同主战派人物的交往，故对林则徐销烟抗敌的气概，对魏源师夷制夷的战略，于书中缺乏足够的评论，甚至还有误解之处。当然，此是枝节，不必苛求。

从19世纪40年代到90年代，从姚莹到黄遵宪，中国史家所孜孜以求的，不论是在民族、疆域、国家方面提出的新认识，还是在

---

① 夏燮：《中西纪事》卷十六《天津新议续议》，长沙：岳麓书社，1988年，第214页。

中国与世界之关系方面提出的新认识，都是中国史学上的重大进步。这些进步表明，在历史观念上，中国史学因有近代意识和世界意识的滋生而在发生深刻的变化。同时，这些进步还表明，这时期的史学家们大多意在留心世务、关注国运，是一些勇敢地站在历史潮流前头的人。他们批评那些"坐井观天"、"暗昧无知"，"好谈古义，足以自封"的士大夫，在"夷务纷纭"的年代"茫昧自安"，必将"误天下国家"，显示出了"良史之忧"的深刻见解。

从中国史家的近代意识和世界意识中可以看出，中国史学的近代化趋势愈来愈强劲了。

第五节　梁启超和章太炎的史学

一、梁启超的"新史学"理论的提出

19 世纪 90 年代中叶至 20 世纪初年的十几年中，也就是在清皇朝统治的最后十几年中，中国历史发生了重大变化，中国的国际关系也发生了重大变化，历史发展的节奏加快了，历史学的近代化历程也加快了步伐。史学上有一件轶事，对于说明这两个方面的变化是有启发的。这件轶事是——

当黄遵宪在驻英使馆任职时，薛福成在驻法使馆任职行将期满归国，这时黄遵宪把《日本国志》寄到巴黎，请薛作序，并致意云："方今研史例而又谙于外国形势者，无逾先生，愿得一言以自壮。"薛乃为之序，时在光绪二十年（1894）三月。序文称赞《日本国志》是一部"奇作"，"数百年来鲜有为之者"。序文论到日本明治维新以来的形势和中日关系的现状及前景时说："百务并修，气象一新，慕效西法，罔遗余力"；"富强之机，转移颇捷，循是不辍，当有可与西国争衡之势。其创制立法，亦颇炳焉可观，且与中国缔交遣使，睦谊渐敦，旧嫌尽释矣。自今以后，或因同壤而世为仇雠，有吴越相倾

之势；或因同盟而互为唇齿，有吴蜀相援之形。时变递嬗，迁流靡定，惟势所适，未敢悬揣。然使稽其制而阙焉弗详，觇其政而瞀然罔省，此究心时务、阅览勤学之士所深耻也！"这是强调了了解中国近邻日本历史与现状的重要。序文最后说："速竣剞劂，以飨同志，不亦盛乎！他日者，家置一编，验日本之兴衰，以卜公度之言之当否可也。"①作为史家和外事活动家，这些话是意味深长的。果然，薛序墨迹未干，爆发了甲午中日战争；次年，《马关条约》签订，舆论哗然，国人震惊。随着洋务破产，西学沛然而兴，改良呼声日高。然而，"百日维新"失败，东西列强串通，改良自强之梦终于破灭，于是乃有资产阶级革命党人的兴起。这一段历史风云反映在史学发展上，是资产阶级史学家之史学理论和历史思想的提出，梁启超和章太炎是这方面的代表人物。在中国近代史学萌生过程中，他们比魏源、王韬、黄遵宪更向前迈进了一步。

梁启超（1873—1929），字卓如，号任公，又号饮冰子、饮冰室主人，广东新会人。早年就学于广州学海堂，1889 年（光绪十五年），广东乡试中举人第八名。次年，结识康有为，执业为弟子，研究新学，宣传变法。戊戌政变后，政治思想日趋保守。他对于西学有广泛的涉猎，宣传阐释，不遗余力，是 20 世纪初资产阶级学术思想上最有影响的代表人物之一。史学是其所长，影响亦最大。

光绪二十七年（1901），29 岁的梁启超在《清议报》上发表《中国史叙论》一文；次年，他又在《新民丛报》上发表长文《新史学》。这两篇论文，是中国资产阶级史学家批判传统史学、试图建立新的史学理论体系的重要标志。②《中国史叙论》，是作者计划撰写一部中国通史的理论构想，多着眼于"中国史"范围提出理论问题，并加以阐释。凡八节，其次第是：史之界说，中国史之范围，中国史之命名，地势，人种，纪年，有史以前之时代，时代之区分。《新史学》，是作

---

① 薛福成：《日本国志》序，《日本国志》，上海：上海古籍出版社，2001 年，第 1 页。
② 这两篇论文，后来都收入《饮冰室合集》。以下所引，均据此二文，为避累赘，不一一作注。

者在《中国史叙论》的基础上，就普遍的史学理论问题做进一步阐发，所论诸项，仍以中国史学居多，但在理论上具有更广泛的意义，故作者以"新史氏"自称，呼吁"史界革命"，倡导"新史学"。全文六节，其次第是：中国之旧史，史学之界说，历史与人种之关系，论正统，论书法，论纪年。二文节目多有异同，然基本思想前后贯通，内容上有互相补充作用。梁启超在这两篇论文中，运用西方学者的历史哲学（主要是近代的历史进化论思想）和史学方法论，结合中国史学的历史，提出并且阐述了这样一些史学理论问题。

关于历史撰述的性质和范围。作者在两篇论文中都论到史学的"界说"，而关于历史撰述的性质和范围，则是"界说"中居于首要地位的问题。他写道："欲创新史学，不可不先明史学之界说。欲知史学之界说，不可不先明历史之范围。"他首先论述到的问题是："历史者，叙述进化之现象也。"他这里说的"历史"，按其意当是人们书写出来的历史，即历史撰述。历史撰述是"叙述进化之现象"，这实际上是指出了"新史学"的历史撰述的性质，进而也指出了"新史学"的性质。他解释说："进化者，往而不返者也，进而无极者也。凡学问之属于此类者，谓之历史学。"换言之，历史学应以进化论为指导思想，考察和叙述种种进化的现象，这就是"新史学"的本质。作者由史学又讲到"历史真相"，认为："就历史界以观察宇宙，则见其生长而不已，进步而不知所终，故其体为不完全，且其进步又非为一直线，或尺进而寸退，或大涨而小落，其象如一螺线。明此理者，可以知历史之真相矣。"这里说的"历史"，是指客观历史的运动。作者肯定历史是进化的，又认为其进化的轨迹"如一螺线"，这就把中国传统史学中的朴素进化观提高到一个新的水准上来。作者进而论述历史撰述的范围，他写道："历史者，叙述人群进化之现象也。"这里说的"历史"，仍当按历史撰述理解。作者认为："凡百事物，有生长、有发达、有进步者，则属于历史之范围"，说明客观历史所包括的范围是极广阔的，那么何以历史撰述单止"叙述人群进化之现象"呢？梁启超是看到了这个区别的，他阐释说："进化之义即定矣，虽然，进化之大理，不独人类为然，即动植物乃至无机世界，亦常有进化者存，而通行历史［撰述］①所纪述常限于人类者，则何以故？此不徒吾人之自私其类而已。人也者，进化之极则也，其变化千形万状而不穷者也。"这里明确指出了人类进化在事物进化中是最复杂的。因此，他进而认为，历史研究有"广义"和"狭义"之分；"言历史之广义，则非包万有而并载之不能完成；至语其狭义，则惟以人类为之界"。通常的历史撰述，"常限于人类者"，正着眼于狭义的历史。诚然，这种划分在理论上是有意义的。作者的论述并未就此结束，他继续写道："虽然，历史［撰述］之范围可限于人类，而人类之事实不能尽纳诸历史［撰述］。"在作者看来，并非人类中的任何事物都可以反映进化法则的，"故欲求进化之迹，必于人群"，"盖人类进化云者，一群之进也，非一人之进也"。具体说来，后人之所以能够胜过前人，都是"食群之福，享群之利，藉群力之相接、相较、相争、相师、相摩、相荡、相维、相系、相传、相嬗，而智慧进焉，而才力进焉，而道德进焉。进也者，人格之群，非寻常之个人也"。通观梁启超所论，一是强调人类群体在历史进化中的作用，二是这种作用在横向上表现为相较、相争、相荡、相维，在纵向上表现为相系、相传、相嬗等许多方面；概而言之，即人群的横向联系和纵向联系集中反映了"进化之迹"，它分别表现在智慧、才力、道德等方面。他的结论是："历史［撰述］所最当注意者，惟人群之事，苟其事不关系人群者，虽奇言异行，而必不足入历史［撰述］之范围也。"从历史观的发展来看，从尊天命到重人事，是一大进步；从重视个人的作用到重视人群的作用，又是一大进步。但梁启超讲"人群进化之现象"，几乎没有触及"人群"的物质生产活动同"进化"的关系，这是他的局限性。

关于历史哲学和史学的社会作用。作者指出："历史［撰述］者，叙述人群进化之现象而求得其公理公例者也。"这里说的"公理公例"，

---

① 方括号中"撰述"二字，系引者所加，下同。

就是他说的历史哲学。作者认为：史学（即关于历史的研究和撰述）是由"客体"和"主体"结合而成的。所谓客体，"则过去、现在之事实是也"；所谓主体，"则作史、读史者心识中所怀之哲理是也"。他进而阐述道：历史研究和撰述，"有客观而无主观，则其史有魄无魂，谓之非史焉可也（偏于主观而略于客观者，则虽有佳书亦不过为一家言，不得谓之为史）。是故善为史者，必研究人群进化之现象，而求其公理公例之所在，于是有所谓历史哲学者出焉。历史[撰述]与历史哲学虽殊科，要之，苟无哲学之理想者，必不能为良史，有断然矣"。梁启超从历史研究、历史撰述中之客体与主体的关系，提出历史哲学的重要，这在史学理论的发展和建设上是有重要意义的。他认为，不探求"公理公例"即忽视以至于无知于历史哲学，必有二蔽，一是"知有一局部之史，而不知自有人类以来全体之史也"，二是"徒知有史学，而不知史学与他学之关系也"。这就是说，只有公理公例即历史哲学，才能指导人们由局部而认识全局，由史学而联系他学。他的表述虽未尽准确，但历史哲学的综合概括作用之对于历史研究和历史撰述的特殊重要性，在中国史学上作为一个理论问题提出来，是前所未有的开创性贡献。梁启超又指出："所以必求其公理公例者，非欲以为理论之美观而已，将以施诸实用焉，将以贻诸来者焉。历史[撰述]者，以过去之进化，导未来之进化者也。吾辈食今日文明之福，是为对于古人已得之权利，而继续此文明，增长此文明，挈殖此文明，又对于后人而不可不尽之义务也。而史家所以尽此义务之道，即求得前此进化之公理公例，而使后人循其理、率其例以增幸福于无疆也。史乎！史乎！其责任至重，而其成就至难！"这里，作者是从进化的观点和文明的连续发展来阐述史学的社会作用；而这种作用并不仅仅是对于一人一事之经验教训的借鉴，而主要是从公理公例中得到的启示，即"循其理、率其例"而促进进化、增长文明。这就是公理公例即历史哲学的作用。中国传统史学上关于史学的社会作用的思想资料、文献资料非常丰富，梁启超却能不落窠臼，从理论上阐述史学的社会作用的重要，这是他的"新史学"理论体系的又一个显著特点。

关于"史学与他学之关系"。这方面的论述，是梁启超"新史学"理论体系的一个组成部分。如上文所说，他在阐述探求公理公例的重要性时，认为："徒知有史学，而不知史学与他学之关系"，是以往史学家的一大缺陷。于是他认为："夫地理学也，地质学也，人种学也，人类学也，言语学也，群学也，政治学也，宗教学也，法律学也，平准学也（即日本所谓经济学），皆与史学有直接之关系。其他如哲学范围所属之伦理学、心理学、论理学、文章学，及天然科学范围所属之天文学、物质学、化学、生理学，其理论亦常与史学有间接之关系，何一而非主观所当凭藉者。取诸学之公理公例，而参伍钩距之，虽未尽适用，而所得又必多矣。"作者指出近代以来史学以外诸学科之公理公例跟史学有不同程度的关系，无疑是正确的，也是重要的。他在《中国史叙论》的第四至第七节，分别论述了地势、人种、纪年、有史以前之时代等问题，已涉及地理学、人种学、年代学、考古学与史学的关系；他在《新史学》中，有"历史与人种之关系"、"论纪年"的专题，再次讨论了人种学、年代学和历史研究、历史撰述的关系。举例说来，梁启超指出："地理与历史，最有密切之关系，是读史者所最当留意也。高原适于牧业，平原适于农业，海滨、河渠适于商业。寒带之民，擅长战争；温带之民，能生文明。凡此皆地理历史之公例也。"他还举出古代希腊、近代英国之历史与地理的关系证明："地理与人民二者常相待，然后文明以起，历史以成。若二者相离，则无文明、无历史，其相关之要，恰如肉体与灵魂相待以成人也。"他的这些认识，多来源于孟德斯鸠和黑格尔。梁启超论"历史与人种之关系"，多据康德等人的学说而加以阐发，认为："历史［撰述］者何，叙人种之发达与其竞争而已。舍人种则无历史。何以故？历史生于人群，而人之所以能群，必其于内焉有所结，于外焉有所排，是即种界之所由起也。""叙述数千年来各种族盛衰兴亡之迹者，是历史［撰述］之性质也。叙述数千年来各种族所以盛衰兴亡之故者，是历史［撰述］之精神也。"梁启超关于地理学、人种学与历史学关系的认识，多来源于西方资产阶级学者的一些说法，即使从当时来看，有的也是不正确的；但从他倡导的"新史学"的方法论来说，在当时还是有积极意义的。

关于对中国传统史学的批判。《新史学》第一节首论"中国之旧史"，是梁启超为创"新史学"而对中国"旧史学"展开批判的论纲，而这种批判又贯穿在《中国史叙论》、《新史学》二文的始终。梁启超肯定中国传统史学是发达的，甚至认为："于今日泰西通行诸学科中，为中国所固有者，惟史学。"但是，他对这种"发达"是持否定态度的。他说："兹学之发达，二千年于兹矣。然而陈陈相因，一丘之貉，未闻有能为史界辟一新天地，而令兹学之功德普及于国民者，何也？吾推其病源，有四端焉。"他说的"病源"四端是："一曰知有朝廷而不知有国家"，"二曰知有个人而不知有群体"，"三曰知有陈迹而不知有今务"，"四曰知有事实而不知有理想"。又说："以上四者，实数千年史家学识之程度也。缘此四蔽，复生二病。"他说的"二病"，一是"能铺叙而不能别裁"，二是"能因袭而不能创作"。又进而认为："合此六弊，其所贻读者之恶果，厥有三端"，即"一曰难读"，"二曰难别择"，"三曰无感触"。这就是梁启超对"中国之旧史"的总的批判纲领。文中议论排击，气势颇盛，而多以近代西人、西史为据。尽管梁启超慷慨地肯定了司马迁、杜佑、郑樵、司马光、袁枢、黄宗羲为中国史学上的"六君子"，是属于"能创作"的史家，然此外"则所谓公等碌碌，因人成事"，无所可取。他认为："《二十四史》非史也，二十四姓之家谱而已"，"若《二十四史》真可谓地球上空前绝后之一大相斫书也"。他认为："中国之史，则本纪、列传，一篇一篇，如海岸之石，乱堆错落。质而言之，则合无数之墓志铭而成耳。"他认为：中国史学没有"经世之用"之书；以致今日想研究清朝"以来之事实，竟无一书可凭藉"。又说："语曰：知古而不知今，谓之陆沉。夫陆沉我国民之罪，史家实尸之矣。"他认为：中国"汗牛充栋之史书，皆如腊人院之偶像，毫无生气。读之徒费脑力，是中国之史，非益民之具，而耗民智之具也"，等等，总的来看，梁启超对"中国之旧史"的批判，立论极鲜明，而其所下断语慨然有不容分析之势，这在当时大力提倡西学、批判中国传统之学的历史条件下，在思想上和观念上，对中国史学的发展有一定的积极作用。从今天的认识来看，他的立论，可谓得失参半；而他的许多断语，可以说误解强于精审，谬误多于正确。究其原因，主要有两条，一是这种批判不是建立在科学分析的基础上，故其论断带有明显的武断的感情色彩；二是误认为在"新史学"和"旧史学"之间决然存在着一条鸿沟，既无任何联系，却有完全对立之势。梁启超在《中国史叙论》一文开宗明义地写道："史也者，记述人间过去之事实者也。虽然，自世界学术日进，故近世史家之本分，与前者史家有异：前者史家，不过记载事实；近世史家，必说明其事实之关系与其原因、结果。前者史家，不过记述人间一二有权力者兴亡隆替之事，虽名为史，实不过一人一家之谱谍；近世史家，必探察人间全体之运动进步，即国民全部之经历及其相互之关系。以此论之，虽谓中国前者未尝有史，殆非为过。"这一段话，概括地说明"近世"史家与"前者"史家之"本分"即其撰述特点的区别，在理论上是有价值的；它的不足之处，是只看到了二者的区别，没有看到二者之间也存在一些联系，并不是截然分开的。至于由此得出结论，说"中国前者未尝有史"，则未免孟浪。又如梁启超论"前者史家"缺陷之一，是"徒知有史学，而不知史学与他学之关系"。他强调近代史学与"他学"之间联系是对的，但他这样评论"前者史家"，也未免失察。中国古代史书多有天文、地理、礼制、食货、刑法等专篇，似不能断然认为古代史家完全不知史学与天文、地理、伦理、平准（或曰经济）、法律的关系；中国古代史家包括史注家对史与文的关系，以及语言、音韵、训诂有丰富的论述和实践，似也不能断然认为他们完全不知史学与文章学、言语学的关系。至于"经世之用"或谓"经世致用"、知古知今，则是中国传统史学的优良传统。凡此种种，都带有时代的特征，固不可与近代等量齐观，但毕竟是史学上曾经有过的事物，不应做简单的否定。要之，梁启超对"中国之旧史"的批判，可谓得失两存，即有积极的影响，也有消极的影响。指出这一点，是必要的。他后来撰《中国历史研究法》(1921)，讲授并编订《中国历史研究法补编》(1926—1927)，对"中国之旧史"的看法有不少变化，反映了他认识上的发展过程。

关于撰述中国通史的构想。梁启超曾经打算撰写一部中国通史，以区别于旧有的中国历史撰述。他的这一计划终于未能实现，只留下《中国史叙论》这一撰述中国通史的构想，成为他的"新史学"理论体系的一个具体表现形式。本文除扼要提出"史之界说"作为总论外，依次概述了中国史的范围、命名、地势、人种（即民族）、纪年、史前史、时代划分七个方面的问题。其中，除纪年一节，论证以孔子生年为中国史纪年，没有什么理论价值（在突破皇朝纪年这一点上是有意义的）以外，其余各节各有程度不同的理论价值。他在《新史学》中写了"论正统"、"论书法"，也可以看作是他关于中国史构想中的两个理论问题。

梁启超的"新史学"理论体系，尽管带有明显的片面性，尽管多源于西人、西史之说，但它通过中国史学家的论述并结合改造"中国之旧史"的明确目的而提出来，在中国史学发展，尤其在中国史学的近代化过程中，仍具有里程碑的意义。它标志着传统史学在清代后期之延续的历史的结束，标志着中国资产阶级史学在理论上的初步确立。梁启超在《新史学·中国之旧史》结末处写道："呜呼，史界革命不起，则吾国遂不可救。悠悠万事，惟此为大。《新史学》之著，吾岂好异哉，吾不得已也。"在戊戌政变后不久，梁启超提出"史界革命"，倡言"新史学"，并把它同救国联系起来，反映了史学发展终归不能脱离当时的历史条件。

梁启超在历史撰述上的成就多产生于 20 世纪 20 年代，除了《中国历史研究法》及《补编》，还有《清代学术概论》(1920)、《先秦政治思想史》(1923)、《中国近三百年学术史》(1924)等多种，均收入《饮冰室合集》。

二、章太炎历史思想的时代特点

章太炎（1869—1936），名炳麟，字枚叔，后更名绛，号太炎，多以号行，浙江余杭人。早年师从俞樾就读于杭州诂经精舍。甲午中日战争后，忧于国事，赞成维新变法，为《时务报》撰述，发表政论，宣传改良。戊戌政变后，流亡台湾，后至日本。光绪二十五年（1899）返至上海。次年，八国联军入侵，民族危机深重，乃立志革命，渐与康、梁保皇立宪主张分途。光绪二十八年（1902），再度流亡日本，始与孙中山定交，旋回国。次年，以《苏报》案与邹容同时入狱。光绪三十二年（1906）出狱，同盟会派员迎至日本，任《民报》主编，大力阐发推翻清朝、"建立民国"的革命主张，同立宪党人展开激烈论战，其文慷慨犀利，"所向披靡，令人神旺"①，成为资产阶级革命派的杰出理论家。

从19世纪末至20世纪最初10年，是章太炎思想最活跃的时期，他从维新转向革命，不仅是政治观上的转变，也是历史观上的转变。他的历史思想和史学活动，深刻地反映了这个时期中国历史的时代特点。他的代表作《訄书》，他关于撰写《中国通史》的计划，他的《驳康有为论革命书》等，显示了资产阶级革命派在史学上的活力，在中国史学近代化过程中占有突出的位置。章太炎后来被尊为"国粹"派大师之一，但他并不是只重"中学"、"旧学"的学者；他在甲午中日战争以后所撰写的著作，反映了他对"西学"、"新学"有广泛的涉猎和吸收，在历史观、社会观、自然观方面都有所表现。在这一点上，他同梁启超有不少共同之处。但他同梁启超也有不同之处，除革命与改良的区分外，在学术上章太炎对于"中学"的素养显然高出梁启超，故在中西之学的结合上，其论点更近于平实。他的

---

① 鲁迅：《关于太炎先生二三事》，《鲁迅全集》第6卷，北京：人民文学出版社，2005年，第566页。

历史思想，同样表明了他跟梁启超的这种区别。

关于《訄书》。《訄书》是章太炎的政论、史论的结集。訄，以言相迫之意。"訄书"，即时势紧迫之论。《訄书》初刻本，刊于光绪二十五年十二月（1900 年 1 月），汇辑作者戊戌以来论文 50 篇（另有一种传本，书末有补佚 2 篇）。光绪二十八年至二十九年（1902—1903），作者重订《訄书》，增加了庚子（1900）事变以来所撰之文，自我批判先前的尊清思想，明确表明由赞成变法维新转向倡导反清革命，共辑入论文 63 篇，"前录"2 篇（一说另有"附录"4 篇），于 1904年在日本铅印出版，1906 年重印。初刻本由梁启超题写书名，重订本则由邹容题写书名，反映了作者思想倾向的变化。①重订本《訄书》内容广泛，涉及中国历史、文化、现状和中西政治、文化的比较，以及对中国历史前途的关注与构想。《訄书》关于历史和史学之论述的一个突出特点，是广泛吸收西人、西史（兼采日本、印度学者）之说结合中国历史与史学，阐述了作者许多新的见解。作者认为："六艺，史也。上古以史为天官，其记录有近于神话，学说则驳。"他考察一些国家学者的撰述或古文献所记，在自注中指出："古史多出神官，中外一也。人言'六经皆史'，未知古史皆经也。"②他在论述希腊文化发展"秩序"之后写道："征之吾党，秩序亦同。夫三科五家，文质各异，然商、周誓诰，语多碟格；帝典荡荡，乃反易知。由彼直录其语，而此乃裁成有韵之史者也。盖古者文字未兴，口耳之传，渐则忘失，缀以韵文，斯便吟咏，而易记忆。意者苍、沮以前，亦直有史诗而已。下及勋、华，简编已具，故帝典虽言皆有韵，而文句参差，恣其修短，与诗殊流矣。其体废于史官，其业

---

① 辛亥革命以后，作者再次修改此书，重新编次，更名《检论》，收入作者手订《章氏丛书》，反映了他思想上的又一次变化，但这不是本书重点讨论所在，故注而不论。《訄书》版本甚多，今据上海人民出版社 1984 年出版的《章太炎全集》第 3 卷（朱维铮校点）。

② 章太炎：《訄书》第十二《清儒》，《章太炎全集》第 3 卷，上海：上海人民出版社，1984 年，第 154 页。

存于朦昽。由是二《雅》踵起，藉歌陈政，同波异澜，斯各为派别焉。"①这里，作者关于史诗的产生及早期史官记事在文体上的特点的见解，对于说明《诗》、《书》的史学特征，是很重要的。作者认为，人种和民族的发展有一个漫长而复杂的历史过程。他指出："凡地球以上，人种五，其色黄、白、黑、赤、流黄。画地州处，风教语言勿能相通。其小别六十有三（原注：西人巴尔科所分）。"这是说的现状。他接着指出：

> 然自大古生民，近者二十万岁（原注：近世人类学者以石层、髐骨推定生民之始，最近当距今二十万年，其远者距今五十万年。如《旧约》所述，不逾万年，其义非是），亟有杂淆，则民种羯羠不均。古者民知渔猎，其次畜牧，逐水草而无封畛；重以部族战争，更相俘虏，羼处互效，各失其本。燥湿沧热之异而理色变，牝牡接构之异而颅骨变，社会阶级之异而风教变，号令契约之异而语言变。故今世种同者，古或异；种异者，古或同。要以有史为限断，则谓之历史民族，非其本始然也。②

作者以世界历史的广阔视野，从地理、血缘、社会、法律法规等多方面因素，来看待民族的发展，无疑具有理论的意义。尤其是作者提出了"社会阶级"、"历史民族"的概念，更为可贵。作者在本篇中对中国之"历史民族"的概述，亦可成一家之言。凡此，《訄书》提出了一些独到的见解，从史学发展来看，均有深入研究的必要。《訄书》的《商鞅》、《明农》、《别录甲》、《别录乙》等篇，在历史人物评价上，也有不少独到之见。作者在《消极》篇中说："吾言变革、布新

① 章太炎：《訄书》第二十五《订文》附《正名杂义》，《章太炎全集》第3卷，上海：上海人民出版社，1984年，第226页。

② 章太炎：《訄书》第十七《序种姓上》，《章太炎全集》第3卷，上海：上海人民出版社，1984年，第170页。

法，皆为后王立制。"他在《定版籍》、《相宅》篇中，也表明了这种认识。这说明《訄书》之讨论历史与现实问题，意在为着未来。《訄书》在史学上的这些特点，都是值得重视的。

关于撰述《中国通史》的思想。章太炎同梁启超一样，也曾经计划撰写一部《中国通史》。梁启超的《中国史叙论》发表后，他曾致书梁启超表明了这种意向，认为："所贵乎通史者，固有二方面：一方以发明社会政治进化衰微之原理为主，则于典志见之；一方以鼓舞民气、启导方来为主，则亦必于纪传见之。"①他在致吴君遂书中，也再三说到关于通史撰述的问题。章太炎关于编纂《中国通史》的思想和计划，见于《訄书·哀清史》篇的附录，即《中国通史略例》和《中国通史目录》。章太炎对历代正史不取完全否定的态度，这是他不同于梁启超的地方。他认为："自黄帝以逮明氏，为史二十有二矣（原注：除去复重《旧唐书》、《旧五代史》二种）。自是以后，史其将斩乎！何者？唐氏以上，史官得职，若吴兢、徐坚之属，奋笔而无桡辞。宋、明虽衰，朝野私载，犹不胜编牒，故后史得因之以见得失。作者虽有优绌，其实录十犹四五也。"②他认为自明以上，历代史书尚有可取之处。这跟梁启超把《二十四史》看成是"地球上空前绝后之一大相斫书"，显然是不同的。章太炎说的"史其将斩乎"，是指"清史"而言，故有《哀清史》之作。他认为：清史之作，"大凡纪传，财成于史馆，直载其事，顾不详其因缘。私传碑状，虽具道委曲，大抵谀诬也。且贞信以婴戮，则国史不列；便辟以遇主，则草野不讥；朱紫玉石，贸然淆矣"。他在上一篇《哀焚书》中尖锐地指出："焚史隐恶，至今而弥甚。""长国家者不务子孙万世之计，而肆忿恉于一晌。方是时，则诚满志矣。数世而衰，而斧柯之伐，其则不远。"他对庚子之变后，清皇朝诏焚《中西纪事》、《海国图志》等书，尤感悲

---

① 参见汤志钧编：《章太炎年谱长编》上册卷二，光绪二十八年（1902），北京：中华书局，1979 年，第 139 页。

② 章太炎：《訄书》第五十九《哀清史》，《章太炎全集》第 3 卷，上海：上海人民出版社，1984 年，第 325～333 页。

哀。他的这些话，固然包含着反清革命的激情，但确是揭露了清皇朝对撰写本朝史的控制之严，并举出不少实例予以说明。章太炎对于完全更改传统史学"义法"的主张持慎重态度，他写道："或曰：西方晰人之史，种别为书。若《汉》之十志与《儒林》、《货殖》诸传，达其委悉，皆可令各为一通，与往者二十二家异其义法。今作史者，方欲变更，虽斩焉无忧也。抑吾未闻事迹不具，而徒变更义法者。夫近事闻其省，不闻其敕，故骋而上襄，以造《中国通史》。"可见，他认为仿效"西方晰人之史"，必以阐述"事迹"为基础；若"事迹不具"，仅仅"变更义法"，是不可取的。梁启超批评"中国之旧史"有四弊、二病，但如何在"新史学"的撰述上加以纠正、落到实处，还需费一番气力。章太炎关于撰述《中国通史》的理论和结构可概括如下：第一，强调贯串"社会政法盛衰蕃变之所原"的哲理阐述。章太炎肯定《通典》、《文献通考》二书近于"分析法"和杜佑的"评论"，肯定王夫之的《读通鉴论》、《宋论》近于"演绎"之法，认为他们的缺陷是："若至社会政法盛衰蕃变之所原，斯人暗焉不昭矣。"他认为清代考史学者王鸣盛、钱大昕等治史，又有"昧其本干，攻其条末"之弊。而他所撰《中国通史》的主要宗旨是"镕冶哲理，以祛逐末之陋"。以今言之，即注重理论，把握历史变化"之所原"这一基本主线。第二，主张"分时"与"分类"的相结合。他指出："西方作史，多分时代；中唯书志为贵，分析事类，不以时代封画；二者亦互为经纬也。"即以事类为经、时代为纬，互相补充。他认为划分时代的作用，"斯在扬榷，大端令知古今进化之轨"；条其事类即"各为科目"的作用，在于"使一事之文野，一物之进退，皆可以比较得之"。他还从教学与研究两个方面指出了分时和分类的优长："分时者适于学校教科"，"分类者为成学讨论作也"。他提出的这个认识，在中国通史撰述的历史和理论上，均属首创，至今仍有现实的意义。第三，认为对于史书体裁的变革要"能破"、"能立"，做到"以古经说为客体，新思想为主观"。章太炎认为，"史体变迁，亦各殊状"，其中应以反映思想进化为主。他指出："所谓史学进化者，非谓其廓清尘翳而已，已既能破，亦将能立。"他认为，破与立主要不在外在形式，而在研究中贯彻自己的新见解，这就是他说的"以古经说为客体，以新思想为主观"。章太炎是赞成"新史学"的，但他的见解显然比梁启超《新史学》所提出的一些看法要深刻得多，包含着批判继承史学遗产的自觉意识。章太炎正是在这种理论指导下，提出了他的《中国通史》的结构：一是《典》，记制度；二是《记》，记重大事件始末；三是《考纪》；四是《别录》，记与政法、学术、种族、风教有关的人物；五是《表》，《帝王表》和《师相表》以省《考纪》、《别录》之文，《文儒表》以明儒林文苑之"次第"和"统系"，《方舆表》和《职官表》以救地理、百官"繁文难理"之弊。这是由 5 种体例结合而成的一部综合体《中国通史》的框架。清初马骕撰《绎史》，已有此意，但他还局限于传统史学的藩篱之内；而章太炎的《中国通史》结构，却注入了"新思想为主观"的历史哲学，反映了史学近代化过程中在中国通史撰述构想上的新进展。

第四，提倡中外比较和"旨在独裁"的史学方法与治史风格。章太炎认为："今日治史，不专赖域中典籍。"举凡"皇古异闻，种界实迹，见于洪积石层，足以补旧史所不逮者"，都应予以吸收；而"心理、社会、宗教各论，发明天则，凡人所同，于作史尤为要领"。他主张充分利用神话学、人类学、民族学、考古学的新材料，参考心理学、社会学、宗教学的理论，以扩大史料的范围、丰富历史研究的理论。章太炎尤其强调中外历史比较研究的史学方法，认为："亦有草昧初启，东西同状，文化既进，黄白殊形，必将比较同异，然后优劣自明，原委始见，是虽希腊、罗马、印度、西膜诸史，不得谓无与域中矣。"这些认识和方法，都反映了以"新思想为主观"的原则。章太炎强调指出："今修《通史》，旨在独裁，则详略自异。欲知其所未详，旧史具在，未妨参考。"他说的"旨在独裁"，是认为治史应提倡提出独立的创见。司马迁首倡"成一家之言"，刘知幾主张"独断"之学，章学诚赞扬"别识心裁"，都力主创新开辟，自成一家。章太炎"旨在独裁"，正是这种治史风格的继承和发扬。他认为："苟谓新录既成，旧文可废，斯则拘虚笃时之见也已。"这说明他的"旨在独裁"

的创新精神又是同实事求是科学态度结合在一起的。章太炎关于撰述《中国通史》的理论和方法，有的已超出它本身的范围而具有普遍的意义。

关于《驳康有为论革命书》。光绪二十九年（1903）四月，章太炎为驳斥康有为的《与同学诸子梁启超等论印度亡国由于各省自立书》、《答南北美洲诸华商论中国只可立宪不可革命书》所鼓吹的力倡保皇、反对革命的谬说，写了此文。它鲜明地反映了章太炎的资产阶级民主派的革命主张，是他一生中最光耀夺目的鸿文之一。这是辛亥革命前极有分量的政论；论中阐述了革命在历史上作用和暴力对于历史进步是不可避免的，以及时势造就人才等问题，所以它也是一篇精彩的史论。章太炎针对康有为所谓"革命之惨，流血成河，死人如麻，而其事卒不可就"的论调，批驳说："然则立宪可不以兵刃得之耶？既知英、奥、德、意诸国，数经民变，始得自由议政之权。民变者，其徒以口舌变乎？抑将以长戟劲弩飞丸发瘲变也？近观日本，立宪之始，虽徒以口舌成之，而攘夷覆幕之师在其前矣。使前日无此血战，则后之立宪亦不能成。故知'流血成河，死人如麻'，为立宪所无可幸免者。"章太炎根据历史事实，驳斥了立宪可以避免"流血"和"死人"谬说，认为即便是立宪也要通过暴力才能实现。既然革命与立宪都必须凭借暴力，那么为什么在中国非走革命一途不可呢？章太炎认为：立宪是"自上言之，则不独专恃一人之才略，而兼恃万姓之合意"；革命是"自下言之，则不独专恃万姓之合意，而兼恃一人之才略"。二者比较，革命"所依赖者为多"。因此，立宪难得有出路，而革命则可望成功。章太炎的这些分析，联系上文所引他讲到的"社会阶级"的观念，可以认为他在理论上已接近阶级论的边缘了。章太炎又针对康有为所谓"今日中国之人心，公理未明，旧俗俱在，革命以后，必将日寻干戈，偷生不暇，何能变法救民，整顿内治"的谬说，驳斥道："岂有立宪之世，一人独圣于上而天下皆生番野蛮者哉？"这是触及历史创造者的问题了。梁启超《新史学》批评"中国之旧史""知有个人而不知有群体"为其一弊，但他们的政治主张并没有跳出"旧史"的窠臼。在这一点上，他也是远不及章太炎的。章太炎继续写道："人心之智慧，自竞争而后发生，今日之民智，不必恃他事以开之，而但恃革命以开之。"他举历史上李自成起义为例说："李自成者，迫于饥寒，揭竿而起，固无革命观念，尚非今日广西会党之俦也。然自声势稍增，而革命之念起；革命之念起，而剿兵救民、赈饥济困之事兴。岂李自成生而有是志哉？竞争既久，知此事之不可已也。"同样，以今日而论，"民主之兴，实由时势迫之，而亦由竞争以生此智慧者也"。这一段精彩、犀利的驳论，仍然建立在竞争学说即进化论的基础上，但所说"时势"与"智慧"的关系，实已包含着若干真理的成分。章太炎进而一字千钧地写道："然则'公理之未明'，即以革命明之；'旧俗之俱在'，即以革命去之。革命非天雄、大黄之猛剂，而实补泻兼备之良药矣！"①革命，能够明公理，去旧俗，改造社会，这就是他对于革命的历史作用之认识的结论。

章太炎在辛亥革命以前的论著，与史学相关联的并不限于以上三个方面。这里所论列的，是最能反映他在这个时期的历史思想和史学思想所具有的时代特点的。

在清代后期，中国近代史学萌生和发展过程中，"新史学"是资产阶级"史界革命"的纲领和追求的目标。从世界范围来看，它是当时史学发展的一个大趋势的反映；从中国范围来看，它是中国资产阶级改良派和革命派登上历史舞台之短暂的活动在史学上的反映，对推动中国史学的近代化，有重大的进步作用。但是"新史学"的倡导者、赞成者，因其政治倾向的殊异和史学修养的差别，以及对中西史学之理解与如何结合上处置的不同，因而呈现出错综复杂的局面。资产阶级改良派之堕入保皇主义的泥潭，无疑局限了他们的史学家继续有所作为。而资产阶级革命派，曾借"史界革命"之风起而有所述作，用以宣扬社会革命，如邹容的《革命军》，陈天华的《中国

---

① 以上所引《驳康有为论革命书》，均据《章太炎全集》第 4 卷《太炎文录初编·文录》卷二，上海：上海人民出版社，1985 年，第 173～184 页。

革命史论》、《猛回头》、《警世钟》、《狮子吼》等，在当时产生了很大的影响。它们同章太炎的《驳康有为论革命书》等撰述，都为辛亥革命做了舆论上的准备，具有重要的历史意义。但是严格说来，这个时期的资产阶级史学家并没有真正建立起完整的"新史学"的理论体系，没有写出反映"新史学"这一目标的权威性著作。因此，他们没有能够从根本上完成扬弃传统史学的历史任务。而在辛亥革命之后10 年左右，随着马克思主义辩证唯物论和历史唯物论的传入，以及20 世纪 20 年代中国马克思主义史学的诞生，资产阶级史学家倡导的"新史学"，在总的发展趋势上，也就日益失去它原有的光辉。

第十章　史学的深刻变革——近百年来中国史学发展主要趋势

近百年来的中国历史学在中国史学史上占有非常重要的地位。一则从史学本身来看，这一百多年的史学在性质上的变化和成就上的辉煌都应当大书特书；二则从史学同社会的关系来看，这一百多年的历史发展对于史学发展的推动作用，以及史学发展对于历史发展的反作用，极大地提高了人们对于历史学的认识，进而极大地提高了人们对于中华文明发展历程及其丰富内涵与现代价值的认识。这种变化和进步是空前的，尽管历史学近百年来的发展道路是曲折和坎坷的，但这并不能改变其根本性质与整体面貌。

第一节　怎样认识近百年来的中国史学

一、理论和方法

怎样认识近百年来的中国史学？首先会碰到

一个问题，即理论和方法问题。理论，是指用什么样的思想做指导来观察近百年来的中国史学。方法，是指用什么样的形式来反映这种观察所得。当然，理论和方法又不是可以截然分开的。

认识近百年来的中国史学，一个基本的指导思想，即不能脱离对近百年来的中国历史的正确认识。这是我们通常所遵循的一个原则："在分析任何一个社会问题时，马克思主义理论的绝对要求，就是要把问题提到一定的历史范围之内。"①概括说来，就是坚持历史主义原则。清代史家章学诚认为："不知古人之世，不可妄论古人文辞也；知其世矣，不知古人之身处，亦不可以遽论其文也。"②他讲的是文学批评的原则，对于我们观察近百年来的中国史学和史学家，是可以作为参考的。

认识近百年来的中国史学，要努力总揽其发展趋势，尽力揭示其基本规律，力求做到把握总相和实质，以避免可能产生这样那样的局限或偏颇。

认识近百年来的中国史学，要认真对待那些在史学发展起过重要作用或产生过重要影响的思潮。一定的史学思潮不仅是史学发展中极明显的外在表象，而且是史学发展中一个内在的活跃因素。史学发展中既有积极的思潮，也有消极的思潮；而对于思潮的划分和剖析，是史学史研究中最繁难的问题之一。

认识近百年来的中国史学，要在全面考察中尽可能地突出重点，而不是面面俱到地一般罗列。所谓重点，首先是指在近百年来史学发展方向和主要成就上，占有突出的位置；其次是指对中国史学未来发展有重要借鉴意义的思想遗产、经验教训。

认识近百年来的中国史学，自然要研究、评价这百余年中有突出成就、有重大影响的史学家。史学家是史学活动的主体，离开了

<hr>

① 列宁：《论民族自决权》，《列宁选集》第 2 卷，北京：人民出版社，1995 年，第375 页。

② 章学诚：《文史通义》卷三《文德》，叶瑛校注，北京：中华书局，1985 年，第 278～279 页。

主体的活动则无以讨论史学。唐人刘知幾对评论史家多有精辟见解，可以发人深思。刘知幾认为"史之为务，厥途有三焉。何则？彰善贬恶，不避强御，若晋之董狐、齐之南史，此其上也。编次勒成，郁为不朽，若鲁之丘明、汉之子长，此其次也。高才博学，名重一时，若周之史佚、楚之倚相，此其下也"①。宋人吴缜评论史家作史，提出事实、褒贬、文采三个原则；刘知幾、章学诚、梁启超以"史才三长"、"史家四长"论史家得失，等等。这都表明，研究和评论史家，实为认识史学发展之重要环节。近三十年来，有史学家评传合集的出版，也有史学家评传丛书或专书的出版，都反映出人们对史学发展的一种认识方法或认识途径。

以上这几个方面，彼此联系，相辅相成，庶几对近百年来的中国史学有一个全面和辩证的认识。这是努力的目标，说起来容易，做起来实难，但这个努力的目标是应当明确的。

二、近百年来的中国历史和中国史学

我们认识近百年来的中国史学，首先要认识近近年来的中国历史，这是因为，后者不仅是前者发展的基本条件，而且也决定了前者发展的面貌。认识近百年来的中国历史，又要追溯到 19 世纪中期中国社会历史的巨大变动："自从一八四〇年的鸦片战争以后，中国一步一步地变成了一个半殖民地半封建的社会。自从一九三一年九一八事变日本帝国主义武装侵略中国以后，中国又变成了一个殖民地、半殖民地和半封建的社会。"这是一方面。另一方面："帝国主义和中国封建主义相结合，把中国变为半殖民地和殖民地的过程，也就是中国人民反抗帝国主义及其走狗的过程。"②这个反抗过程，从

① 刘知幾：《史通》卷十《辨职》，浦起龙通释，上海：上海古籍出版社，2009 年，第 261 页。
② 毛泽东：《中国革命和中国共产党》，《毛泽东选集》第 2 卷，北京：人民出版社，1991 年，第 626、632 页。

鸦片战争到新中国成立，经历 109 年；近百年来的前半期，就包含在这 109 年之中。我们认识近百年来前半期的中国史学，自然不应脱离近百年来前半期的中国历史。这是一个基本的出发点，也是一个基本的研究方法。中华人民共和国的成立从根本上改变了中国历史的面貌，中国成为一个独立的、自主的社会主义国家。但是，共和国的发展道路并不是平坦的，有许多成功，也有一些失误。近百年来后半期的中国历史经历着胜利、挫折、崛起这样一条曲折的道路。① 近三十年来的历史表明，中国在改革开放的道路上，正在走向伟大的振兴。近百年来后半期的中国历史，距离我们现在更近一些，许多人的感受也会更深一些。可以这样说，凡重大的事变或转折，都有亿万人民的惊心动魄与之相伴，都深深影响着这个时代的思想和学术文化的发展及其面貌。我们认识近百年来后半期的中国史学，自然也不应脱离近百年来后半期的中国历史。这也是一个基本的出发点和基本的研究方法。

基于上述认识，从历史同史学的关系来看，是否可以做以下概括：

——19 世纪末，民族危机加深，变法维新思潮日盛，思想文化领域发生重大变化，于是在 20 世纪初年有梁启超"新史学"的提出，并产生了强烈回应和长久影响。

——19 世纪末和 20 世纪初，孙中山领导同盟会进行反清斗争，至辛亥革命的爆发，其间乃有邹容、陈天华、章太炎等人的政论和史论的出现。

——内涵丰富的新文化运动和声势浩大的五四运动，推动了科学与民主的倡导和西方历史哲学与史学方法的传入；俄国十月革命的爆发与马克思主义的传入，于是有新历史考证学的兴起和马克思主义史学的产生。

——中国共产党领导的几次国内革命战争和中华民族的抗日战

---

① 邓小平：《吸取历史经验，防止错误倾向》，《邓小平文选》第 3 卷，北京：人民出版社，1993 年，第 227～228 页。

争，一方面极大地促进了史学家们历史观的进步，一方面也加强了史学对于社会、国家、民族前途和命运的关注，新历史考证学和马克思主义史学在 20 世纪 20 至 40 年代，都取得了重大成就，而后者更在发展方向上显示出自己的科学性和生命力。

——新中国的成立，使马克思主义唯物史观在中国大地上得以广泛传播，从而在根本上推动了中国史学在科学化道路上的发展，这是中国史学史上前所未有的一次伟大变革。但是，自 20 世纪 50 年代中期逐步发展起来的"左"的思潮，以及对马克思主义的教条主义的理解和运用，也给史学的发展造成了许多困难和损失。1949 年至 1966 年的 17 年，中国史学取得巨大成就，也出现了重大失误。

——1966 年至 1976 年的"文化大革命"，是一场政治悲剧，也大"革"了文化的"命"，马克思主义史学和一切正直的史学家遭到无情的打击，这是近百年来中国史学所遭受到的最黑暗的年代。

——1978 年以来，在解放思想、实事求是思想路线的指引下，在改革开放，以经济建设为中心推进社会主义现代化的伟大事业中，中国史学经过艰苦的拨乱反正，努力克服教条主义的影响，积极引进、借鉴外国史学的有益成果，认真总结和继承、发扬中国史学的优秀遗产与优良传统，中国史学走上了健康发展的大道。

从唯物史观来看，上面所说的这些都是常识问题。然而，正是属于常识性的东西，反倒容易被人们所遗忘，以致在考察问题时犯常识性的错误。应当强调的是，这里有一个关键问题，即究竟怎样认识近百年来的中国历史？这个问题认识上的歧异，会直接导致对近百年来的中国史学之认识上的歧异，这是毋庸置疑的。认识上的歧异，这在学术研究领域是正常的。我们所努力追求的目标，是尽力使关于史学的认识符合于产生它的客观历史条件，并合理地阐述它们之间的关系。

此外，我们还应当注意到：

——近百年来的中外学术文化交流的历史，对史学发展产生了重大影响。其中，以"五四"前后、20 世纪的二三十年代、五六十年代、八九十年代较为突出。

——近百年来中国相关学科的发展，对史学的发展也有重要影响，如哲学、考古学、经济学、政治学、地理学、社会学等学科对史学的影响都甚为明显，在观念、材料、方法上给予史学发展以积极的推动作用。

——近百年来的中国史学的发展，还有自身的传统和积累。譬如：18世纪，以钱大昕、赵翼、王鸣盛等为代表的历史考证学派，以及以章学诚、邵晋涵等为代表的史学理论思潮，都对近百年来的史学发展产生了直接或间接的影响。19世纪，中国史学开始经历着一次前所未有的重大转折，即由古代史学发展到近代史学；近百年来的前期中国近代史学的发展正是这一转折的延续和提升，而救亡图强的爱国主义思想和社会变化与进步的历史思想，则贯穿于这一过程之中。20世纪80年代后期以来，越来越多的史学工作者自觉地认识到，总结和继承中国史学的优秀遗产和优良传统，对于现今中国史学的发展具有十分重要的意义。这一认识已经产生了积极的结果，并将继续扩大其影响和作用。

近百年来的中国历史为近百年来的中国史学的发展提供了种种条件，近百年来的中国史学又反转过来对近百年来的中国历史的发展产生一定影响。这是历史发展与史学发展之辩证关系最近、最新的反映。

第二节　发展趋势和基本规律

一、主要发展趋势

关于近百年来的中国史学发展的主要趋势和基本规律的认识，目前尚处在探讨阶段，对于它们的认识也将是一个不断深化的过程。这里提出来的一些看法，无疑是带有探索的性质。

趋势，是指事物发展的大势和动向。近百年来的中国史学发展的主要趋势，大致可以从三个方面加以概括：一是走向近代和科学化逐步深入的趋势；二是社会化和大众化逐步扩大的趋势；三是逐步自觉面向世界的趋势。

中国史学自19世纪中期以后，开始了由古代史学走向近代史学的重大转折过程。这个过程在19世纪后半期的主要标志是：史学家们面对西方列强的侵略，加强了对边疆史地的研究和对外国史地的研究，救亡图强和"睁眼看世界"成为当时站在历史潮流前头的史学家们的治史宗旨。在社会历史观念上开始发生了深刻的变化，如国家意识、民族意识、疆域意识都逐步从传统的皇朝观念、"华夷"观念等蜕变出来，而显示出比较鲜明的近代意识与世界意识。中国史学之经世致用的优良传统，固然还未能脱离对于汉唐盛世和康乾盛世的追怀，但史学家们思考更多的已是西方技术与制度和日本社会改革所取得的进步。在历史观上，传统的朴素历史进化观点，开始同西方近代进化论相结合，逐渐形成新的历史进化观。张穆、姚莹、何秋涛、魏源、梁廷枏、徐继畬、黄遵宪、王韬、夏燮等人的著作，从不同方面反映出上述特点。

近百年来的中国史学走向近代的趋势正是在这样的基础上逐步深化的。其深化的特点主要表现在：梁启超提出"新史学"的理论体系，使中国史学走向近代的进程大大加快。这个理论体系是以西方近代进化论为核心，而在研究方法上则注重对于史料的整理、鉴别和对于专史的研究，关于近代学科分类的观念日渐清晰。历史学作为一门独立学科，进一步摆脱了传统经学的影响，开始建立起自身的学科体系。"新史学"所力倡的这些理论和方法，一方面区别于以前的中国史学，一方面对近百年来的中国史学产生了重大影响。其中，有的为新历史考证学派所推崇和吸收，有的也为马克思主义史学所肯定和发展。它们之间有明显的区别，甚至本质上的区别，但它们之间又不是完全没有任何联系的。

以王国维为开山的20世纪新历史考证学派，不仅在历史考证和文献考证方面取得了重大成就，而且在运用传世的文献资料和最新出土的考古资料相互印证方面，开拓了古史研究的新领域和新方法。如果说，"新史学"主要是从历史观念上突破古代史学窠臼的话，那么新历史考证学则主要在科学方法上创造了自身的辉煌。"新史学"的倡导涌现出了冲锋陷阵的勇士，而新历史考证学派则造就一批严谨求真的名家。他们活跃于20世纪前期的中国史坛，推动并深化了中国史学走向近代的程度。

"五四"前后，马克思主义传入中国。马克思主义唯物史观为一些中国学人所理解、接受。20世纪20年代中期，以李守常（大钊）《史学要论》的出版为标志，中国史学出现了最早的以唯物史观为指导的史学理论著作。20世纪20年代末，郭沫若以唯物史观为指导，写成了《中国古代社会研究》一书，并在1930年正式出版，震动了中国历史学界。从此以后，一批马克思主义史家活跃于20世纪三四十年代。他们的著作，代表着一个新的史学发展方向，即在马克思主义唯物史观指导下去认识人类社会历史发展的进程，并据此来认识中国社会历史的进程和当时的中国社会性质，等等。中国马克思主义史学的产生和发展，从根本上即从历史观和方法论上，推动了中国史学走向科学化的道路。在这一点上，李大钊有非常明确的阐述。他撰写的《我的马克思主义观》、《史观》、《唯物史观在现代史学上的价值》、《今与古》、《史学要论》等论著，用全新的观点即马克思主义唯物史观对历史和史学做了精辟阐述。这些阐述，一方面赋予中国史学遗产中所包含的关于历史之朴素的进化观点和辩证观点以合理的说明；一方面又把近代进化论推进到辩证的发展观，从而对人类社会历史发展的动力及其运动规律做出了科学的论断。可以肯定地认为，正是因为有了唯物史观，才真正开辟了人们科学地认识社会历史的道路；换言之，历史学也得以真正走上科学化的道路。当然，历史学的科学化道路并不是平坦和笔直的。在这条道路上，需要有一批史学家付出艰辛劳动，直至生命终结；在这条道路上，史学家也走过一些弯路，经历过异常严峻的考验，既获得了巨大的成功，也出现过不少失误。尽管如此，正确的方向已经确立，科学的道路已经开辟，在认真总结经验教训的基础上继续前进，中国历史学的前景定是广阔和充满生机的，这已为近三十年来中国史学的发展所证明。

近百年来的中国史学，反映出了更加明显的社会化和大众化趋势。这一趋势是同近百年来中国近代教育、新闻、出版等事业的发展密切相关的，特别是同新中国成立后文化、教育、学术事业的发展密切相关。高等学校中历史学系的设立，中小学历史课程的设置，有关历史学的学术刊物的创办和报纸上有关历史与史学栏目的开辟等，为史学的社会化趋势创造了很好的条件。近百年来，有一些有远见的历史学家，一方面关注历史研究的深入和创新，一方面也关注历史知识的普及，并为此做出不懈努力。在这方面，吴晗是一位备受人们推崇的有成就的史学家。他主编的《中国历史小丛书》和《外国历史小丛书》，在20世纪五六十年代产生了广泛的社会影响。近三十年来，中国史学在社会化和大众化方面迈出了更大的步伐，人们对历史知识、历史经验、历史智慧的重视，具有空前的广泛性，适应社会各种层次之要求的历史读物的大量出版，以及各种内容的博物馆、纪念馆的建立等，说明历史学已成为人们工作、学习、生活中不可缺少的内容。这种局面，是20世纪以前所无法比拟的。当然，在史学更加社会化和大众化的过程中，也出现了庸俗化的倾向，即猎奇和媚俗的倾向，致使历史知识过分娱乐化、商业化而失去它本身的尊严，淡化了人们对历史应有的敬意，这是不可取的，是应当加以抵制的。

近百年来的中国史学发展还有一个明显趋势，就是走向世界。较之于前两个趋势，这一趋势显得迟滞得多，其势头也显得微弱。我们必须承认这样一个事实：在近百年来的中外史学交流中，外国史学输入中国，有过几次浪潮，对此，近年已有专文讨论①。值得注意的是，这些"交流"，主要是"引入"、"引进"，中国史学走向世

---

① 于沛：《外国史学理论的引入和回响》，载《历史研究》1996年第3期。张广智：《超越时空的对话：我国新时期引进西方学术文化的若干思考》，载《天津社会科学》1996年第3期。

界是很不够的。从历史条件来看，这种情况的出现并非偶然。第一，在近代科学技术、学术文化的发展水平上，西方已走在世界前列。自 19 世纪中叶中国人"睁眼看世界"以来，引进西学的潮流不断发展，史学亦是如此，这是符合历史运动规律的。第二，这种潮流的合理与强大，势必掩盖了事物发展中的另一种必要性和合理性，即不曾认真总结中华民族优秀文化遗产并加以发扬光大，积极地把它们传播到世界其他国家。尽管毛泽东在 20 世纪 30 年代末 40 年代初一再强调总结历史遗产的极端重要性[①]，尽管一些有远见的学者在 20 世纪五六十年代做了不少积极的努力[②]，但从史学遗产来看，真正受到人们的重视，还只是近一二十年的事情。在这种情况下，中国史学走向世界的趋势自然受到很大局限。这是一方面。另一方面，在历史学界，那种把中国史学推向世界的自觉意识确实还有待于进一步提高。近三十年来，在改革开放的历史条件下，此种局面已有了明显改变。中国史学家代表团已多次出席国际史学会代表大会，中国史学家出国考察、访问、研究、讲学也越来越广泛，中国史学家的论著通过各种渠道向世界各国传播等，表明中国史学走向世界的势头正在日益加强。这里要特别提到的是白寿彝主编的《中国通史纲要》。这本不到 30 万字的"普通历史读物"，本意是为外国读者撰写的。自 1980 年以来，它已出版了英、日、德、法等七八种外文本；而其中文本则已印刷了 30 多次，累计印数超过一百万册。但像这样"走向世界"的历史著作，毕竟不多见。时下，出版界都有"精品"意识，是否可以考虑让一些真正的历史著作精品有更多的渠道走向世界，其中包括前人的优秀遗产和今人的杰出论著。这是需要中国史学界和出版界共同努力、携手合作才能实现的。

---

① 毛泽东：《中国共产党在民族战争中的地位》，《毛泽东选集》第 2 卷，北京：人民出版社，1991 年，第 533～534 页。毛泽东：《新民主主义论》，《毛泽东选集》第 2 卷，北京：人民出版社，1991 年，第 707～708 页。

② 白寿彝：《谈史学遗产》，《白寿彝史学论集》（上），北京：北京师范大学出版社，1994 年，第 462～486 页。

二、几个基本规律

从近百年来的中国史学发展的主要趋势和整体面貌来看，我们还可以尝试着探索其中存在的一些规律。

第一，近百年来的中国史学具有突出的时代精神和现实借鉴意义。这是中国史学的一个基本特点或规律，而在近百年来的史学发展中显得尤为突出和鲜明。在这方面，不论是"新史学"的倡导者，还是新历史考证学派的名家，以及马克思主义史学的先驱及其继承者们，都有许多共同之处。从梁启超在《新史学》中说的"史界革命不起，则吾国遂不可救。悠悠万事，惟此为大"，到顾颉刚创办《禹贡》半月刊、《边疆》周刊，撰写《中华民族是一个》的宏文，以及李大钊在《史学要论》中阐述"现代史学的研究及于人生态度的影响"等，可以证明，不论属于何种史学思潮，其主要倾向都是明确地宣称史学应当关注社会[①]。要之，近百年来的中国史学，既是近百年来中国历史发展的产物，又反转过来作用于近百年来的中国历史发展。这是一个基本规律。

近百年来的中国史学发展的另一个规律，是民族特色的突出表现。这种民族特色的表现首先反映在历史研究的内容上。中国是"史学大国"，史学悠久，史籍丰富，需要研究的问题非常之多：关于先秦历史、文化、思想的研究，有几代史学家为之做出贡献；关于中国封建社会诸问题的研究，吸引了众多的史学工作者为之倾注心血；关于近代中国的研究，是近三十年来备受史学工作者关注的领域；民族史与民族关系史、地方史志、中外关系史研究等，使近百年来的中国史学在研究中华文明的发展方面，取得了长足的进展，显示出鲜明的民族特色。民族特色还反映在历史意识和史学观念方面。中华民族有重视

---

① 梁启超：《新史学》，夏晓虹、陆胤校，北京：商务印书馆，2014年，第91页。顾潮等：《顾颉刚评传》，南昌：百花洲文艺出版社，1995年，第131～132页。李大钊：《李大钊史学论集》，石家庄：河北人民出版社，1984年，第244～247页。

治史的优良传统，这在近百年来的中国史学发展上得到进一步的发扬：运用新观点、新材料、新方法撰写通史、断代史（或朝代史）、专史等著作，层出不穷；对传世文献的整理和研究，成果斐然；关于清史、中华民国史、中华人民共和国史的研究和撰写，也都取得了重要进展。其他方面，不胜枚举。在史学观念方面，求真精神、信史原则、史家修养以及重视文字表述之美等方面的优良传统，都得到了理论上的阐述和实践上的发扬。民族特色的另一个重要表现，反映在史书的表现形式方面。中国古代史书体裁丰富，形式多样，可以容纳不同的历史内容和不同层次与风格的历史知识，这种历史知识、历史经验、历史智慧的多种传播形式，不仅活跃了史书的外部形态，而且扩大了史学同社会的联系。近百年来，历史著作大多采用章节体形式，这是古代史学转向近代史学的标志之一，有其合理性与积极性。但是，中国古代史学在表现形态上的多样性，仍具有存在的意义与生长的生命力。在近百年来的中国史学上，编年体史书和各种年表的撰写与制作，从未间断过，并有不少新的创造。近三十年来，在纪事本末体史书、学案体史书、典制体史书的撰写方面，也各有新作。罗尔纲所著《太平天国史》和白寿彝总主编的《中国通史》在创造性运用传统的综合体即纪传体史书体裁方面，取得了突出成就，充分显示了中国史书在表现形态上的民族风格及其优长之处，为同行与公众所称许。在这方面，中国史学的发展具有广阔的前景。

近百年来中国史学的发展还有一个重要的规律，是中国马克思主义史学在发展中经受了曲折和考验，证明它具有顽强的生命力。中国马克思主义史学已有八十多年的历史，它的发展道路是极不平坦的。马克思主义唯物史观传入中国，并不是所有的人都能接受、都表示欢迎的，因此它在中国史学领域经历了艰难的生长、发展过程。同时，接受马克思主义唯物史观的人，也不是立即就能正确地理解和运用它，因此它在中国史学领域真正成为人们能够正确运用的科学的历史观，也经历了长期发展的过程。尤其是在马克思主义史学成了中国史学发展主流时，它的得失就牵动着中国史学的全局和命运。回首既往，有

20世纪五六十年代的"左"的思潮的影响，有"文化大革命"十年的严重挫折和考验，有70年代末80年代初的拨乱反正，还有对三四十年代的科学的总结。应当承认，中国马克思主义史学在发展过程中是既有成绩又有教训的。但是，唯物史观作为科学的历史观，在八十多年中同中国史学相结合，并且成为中国史学发展的主流，这个事实本身已充分表明它具有顽强的生命力。尤其值得注意的是，近三十年来，在经过拨乱反正之后，中国史学家们在运用唯物史观指导研究历史方面，变得更有信心、更加成熟。近年出版的一些鸿篇巨制，如胡绳的《从鸦片战争到五四运动》，谭其骧主编的《中国历史地图集》，刘大年的《刘大年史学论文选集》，胡绳主编的《中国共产党的七十年》，许涤新、吴承明主编的《中国资本主义发展史》，范文澜、蔡美彪等的《中国通史》，吴于廑、齐世荣主编的《世界史》，王钟翰主编的《中国民族史》，白寿彝总主编的《中国通史》，金冲及的《二十世纪中国史纲》等，显示出中国马克思主义史学的勃勃生机。①

在大致认识了近百年来的中国史学发展的趋势和规律之后，我们再来探讨对于其他一些问题的认识。

第三节　史学思潮及其影响

一、"新史学"思潮

史学思潮是史学发展过程中在思想领域最活跃的表现，它最能

---

① 胡绳：《从鸦片战争到五四运动》，北京：人民出版社，1981年。谭其骧主编：《中国历史地图集》八卷本，北京：中国地图出版社，1987年。刘大年：《刘大年史学论文选集》，北京：人民出版社，1987年。胡绳主编：《中国共产党的七十年》，北京：中共党史出版社，1991年。许涤新、吴承明主编：《中国资本主义发展史》三卷本，北京：人民出版社，1993年。范文澜、蔡美彪等：《中国通史》十卷本，北京：人民出版社，1994年。吴于廑、齐世荣主编：《世界史》六卷本，北京：高等教育出版社，1994年。王钟翰主编：《中国民族史》，北京：中国社会科学出版社，1994年。白寿彝总主编：《中国通史》十二卷本，上海：上海人民出版社，1999年。金冲及：《二十世纪中国史纲》四卷本，北京：社会科学文献出版社，2009年。

反映史学发展的方向和趋势。

近百年来的中国史学，前四五十年思潮迭起，或接踵而兴，或齐流并进，推动着史学的发展；后五六十年则思潮时隐时现，似无却有，影响着史学的发展。[1]

概括说来，前四五十年的中国史学有三大思潮："新史学"思潮、新历史考证学思潮、马克思主义史学思潮。

"新史学"思潮发端于20世纪初，在20世纪初的前三四十年产生了重大的影响。金毓黻在40年代就指出："倡言新史学之建设，始于梁启超，而何炳松尤屡言之而不厌。"[2]这确是指出了"新史学"思潮的主要趋势。1901年和1902年，梁启超先后在《清议报》、《新民丛报》上发表《中国史叙论》、《新史学》二文，倡言"史界革命"，是为"新史学"思潮的滥觞。梁启超"新史学"的主要论点是：提出"史学之界说"，认为"历史者，叙述人群进化之现象也"；强调历史哲学的重要，认为"历史者，叙述人群进化之现象而求得其公理公例者也"，"于是有所谓历史哲学出焉"；重视史学的社会作用，认为史学家的责任是"求得前此进化之公理公例，而使后人循其理、率其例以增幸福于无疆也"。此外，则关注"史学与他学之关系"，论述了作为近代学科的史学同诸多学科的关联。总的来看，这是以西方进化论为指导，对史学的范围、对象、作用做的新解释。与此相关的，是对"旧史"的批判，认为"中国之旧史"有"四蔽"、"二病"，故史学必须变革[3]。梁启超的"新史学"主张，在"新"的见解上提出了一些有价值的认识，在对"旧史"的批判上一则有振聋发聩的积极作用，一则又有过多否定的消极影响；他对于"新史之编纂"提出了一些设想，对当时的人们来说是有不少启迪的。梁启超的《中国史叙论》发表后，

---

① 关于近百年来中国史学思潮的研究论著，有多种专书面世，如王学典：《二十世纪后半期中国史学主潮》，济南：山东大学出版社，1996年；张书学：《中国现代史学思潮研究》，长沙：湖南教育出版社，1998年；侯云灏：《20世纪中国史学思潮与变革》，北京：北京师范大学出版社，2007年。其中侯著论述比较系统。

② 金毓黻：《中国史学史》，北京：商务印书馆，1999年，第386页。

③ 梁启超：《新史学》，夏晓虹、陆胤校，北京：商务印书馆，2014年，第85～91页。

章太炎曾致书梁氏，探讨撰写新的中国通史的问题，认为：“所贵乎通史者，固有二方面：一方以发明社会政治进化衰微之原理为主，则于典志见之；一方以鼓舞民气、启导方来为主，则亦必于纪传见之。”①他在《訄书》重订本中的《哀清史》一文之后，附有《中国通史略例》和《中国通史目录》②，表明他有意于中国通史的撰述。夏曾佑于1904—1906年出版《最新中学中国历史教科书》，此书以进化论为指导，以章节体为形式，与“旧史”迥异。又有陈黻宸于1902年在《新世界学报》第2期上发表的《独史》一文，再三慨叹“中国之无史”，而盛赞“东西邻之史，于民事独详”，强调“史家有公理”的重要③。他自1903年后任京师大学堂教习，以史学及诸子哲学的讲授而著称④。他在《京师大学堂中国史讲义》的第一篇《读史总论》中指出：“史者天下之公史，而非一人一家之私史也。史学者，凡事凡理之所从出也。”⑤他还在1913年著成《中国通史》20卷，自春秋迄清亡，虽以朝代标目，但新见颇多⑥。以上章、夏、陈等人的史学思想和历史撰述，都直接或间接地受到梁启超《新史学》的影响，是“新史学”思潮的反映。

以梁启超《新史学》为发端的“新史学”思潮，是在西方史学影响下，结合反思和变革中国史学的意向而形成的。到了20世纪二三十年代，又有以直接介绍西方“新史学”为主而汇入“新史学”思潮的，从而扩大了这一思潮的声势和影响。1922年，何炳松在《史地丛刊》第2卷第1期上发表《新史学导言》，介绍美国学者鲁宾逊所著《新史学》一书。何文写道：“《新史学》这部书，为博士最近名著之一，自

① 汤志钧编：《章太炎年谱长编》卷二，光绪二十八年（1902），北京：中华书局，1979年，第139页。

② 章太炎：《章太炎全集》第3卷，上海：上海人民出版社，1984年，第328～333页。

③ 陈黻宸：《陈黻宸集》（上），北京：中华书局，1995年，第560～575页。

④ 陈黻宸：《陈黻宸集》（下），北京：中华书局，1995年，第1190、1214页。

⑤ 陈黻宸：《陈黻宸集》（下），北京：中华书局，1995年，第675页。

⑥ 陈黻宸：《陈黻宸集》（下），北京：中华书局，1995年，第714～1012、1214～1215页。

从一九一五年（按：当为 1911 年——引者）出版以来，风行一世。"①
他以很长的篇幅介绍了《新史学》各章的主要内容。鲁宾逊的《新史学》中译本在 1922 年出版后，在中国史学界风行一时，为许多学人所引用，对二三十年代中国史学面貌产生了不小的影响。待至 20 世纪 40 年代，又有把"新史学"的建设同史学作为"纯粹科学"结合起来的讨论。1944 年，周谷城发表《中国史学之进化》一文，指出："今日正在创造中的新史学，果将如何始可成为纯粹科学？"其答案是："一曰确认史学的对象"，"二曰稳定史学的地位"，"三曰改进史学的方法。"②文中提出了与梁启超不尽相同的一些认识，认为史学同其他学科以致同自然科学一样，可以成为真正意义上的科学。

由上可以看出：一则是"新史学"思潮的影响甚大，引起了许多人的关注，反映了中国史学家求"新"的精神；二则是关于"新史学"的理解或解读，几十年中难得有比较明确的共识，人们往往从自己的认识去说明它。尽管如此，"新史学"思潮对于突破中国古代史学的格局，是有重大贡献的。

二、新历史考证学思潮

这里说的新历史考证学，是相对于中国古代的历史考证学而言的。中国古代的历史考证学在清朝的乾嘉时期取得了辉煌的成就，世所共知。近百年来的中国历史考证学在继承、发扬乾嘉考证史学派之"实事求是"原则的基础上，有了新的发展，故谓之新历史考证学。新历史考证学的出现，有两个关键：一是新材料的发现，二是"二重证据法"的采用。王国维正是新历史考证学的开山。1925 年，他在《古史新证》总论中写道关于中国古史，传说与史实"混而不分"，自孔、孟、司马迁以下已注意此事，但都难得到"充分之处理"。"吾

---

① 何炳松：《何炳松论文集》，北京：商务印书馆，1990 年，第 51～64 页。
② 周谷城：《周谷城学术精华录》，北京：北京师范学院出版社，1988 年，第 299～302 页。

辈生于今日，幸于纸上之材料外，更得地下之新材料。由此种材料，我辈固得据以补正纸上之材料，亦得证明古书之某部分全为实录，即百家不雅训之言，亦不无表示一面之事实。此二重证据法，惟在今日始得为之。虽古书之未得证明者，不能加以否定，而其已得证明者，不能不加以肯定，可断言也。"①他讲"古史新证"时，所举"地下之新材料"指甲骨文字和金文，而他的《观堂集林》则还涉及汉、唐历史和简牍与写本的利用。可见，新历史考证学不仅发展了传统的历史考证学，而且也显示出跟"新史学"思潮的不同特点。

1934年，陈寅恪在《王静安先生遗书序》中总结了王国维治学的思想和方法：一是取地下之实物与纸上之遗文互相释证；二是取少数民族之故书与中原王朝之旧籍互相补正；三是取外来之观念与固有之材料互相参证。陈寅恪认为："此三类之著作，其学术性质固有异同，所用方法亦不尽符会，要皆足以转移一时之风气，而示来者以轨则。吾国他日文史考据之学，范围纵广，途径纵多，恐亦无以远出三类之外。此先生之书所以为吾国近代学术界最重要之产物也。"②这个评价，不仅扩大了"二重证据法"的内涵，而且把它视为具有开"风气"和示"轨则"的普遍意义。陈氏本人也是新历史考证学的代表人物之一，他的这些话，对于推动这种"风气"、实践这一"轨则"，起了重大作用。更重要的是，他本人治史，其方法亦大较同此。其不同于王国维者，是他更注重于史事、制度的渊源流变。如他的《隋唐制度渊源略论稿》一书，即是"综合旧籍所载及新出遗文之有关隋唐两朝制度者，分析其因子，推论其源流，成此一书"，以补"吾国史学之缺憾"③。他以诗文证史，如所著《元白诗笺证稿》一书，也是这方面的开创性杰作。

作为新历史考证学的另一位代表人物胡适，同王国维、陈寅恪比较起来，他更多的是关于考证学的方法论的论述。他撰《清代学者

---

① 王国维：《古史新证》，北京：清华大学出版社，1994年，第1~3页。
② 陈寅恪：《金明馆丛稿二编》，上海：上海古籍出版社，1980年，第219页。
③ 陈寅恪：《隋唐制度渊源略论稿》，北京：中华书局，1963年，第1页。

的治学方法》一文，认为"中国旧有的学术，只有清代的'朴学'确有'科学'的精神"。他又说：清代学者的治学方法，"总括起来，只有两点。一，大胆的假设，二，小心的求证。假设不大胆，不能有新发明。证据不充分，不能使人信仰"①。他撰写《古史讨论的读后感》一文，就顾颉刚、刘藜等人的古史辩难发表见解，认为："只有证据的充分与不充分是他们论战胜败的标准，也是我们信仰与怀疑的标准。"②他还撰写了《治学的方法与材料》一文，认为："同样的材料，方法不同，成绩也就不同。但同样的方法，用在不同的材料上，成绩也就有绝大的不同。"③胡适所讲的这些见解，中心是考证。他在这方面的言论很多，其特点是反复申说"科学方法"④，故对新历史考证学思潮的发展影响甚大。

顾颉刚和陈垣也是新历史考证学的代表人物，他们的论点、方法、著述，是新历史考证学思潮的强有力的表现。顾颉刚最有代表性的论点和方法，是"层累地造成的中国古史"观，以及他对古史传说的演变的探索、对古代的民族和地域的探索、对古书的著作时代的考订。由此而引发的 20 世纪二三十年代史学界关于古史的讨论，成为新历史考证学思潮发展中的一个高峰。胡适称这个讨论"在中国史学史上的重要一定不亚于……科学与人生观的讨论在中国思想史上的重要"⑤。这在当时来说是有一定道理的。陈垣以其广泛的研究领域、严谨的考证和缜密的类例方法，把传统的历史文献学推进到了新的阶段。他在校勘学、目录学、年代学、避讳学、史源学以及宗教史等方面的丰硕成果，拓宽了新历史考证学的研究领域，也使新历史考证学的基础更加坚实。例如，他的《元典章校补释例》，被胡适誉为"中国校勘学的一部最重要的方法论"⑥。从思潮的发展来

---

① 胡适：《胡适文存》一集，合肥：黄山书社，1996 年，第 280 页。
② 胡适：《胡适文存》二集，合肥：黄山书社，1996 年，第 70 页。
③ 胡适：《胡适文存》三集，合肥：黄山书社，1996 年，第 93 页。
④ 胡适：《胡适文存》一集，合肥：黄山书社，1996 年，第 280 页。
⑤ 胡适：《胡适文存》二集，合肥：黄山书社，1996 年，第 70 页。
⑥ 胡适：《胡适文存》四集，合肥：黄山书社，1996 年，第 96 页。

看，陈垣在两个方面的见解是值得重视的。第一，陈垣早在20世纪20年代就提出了"中国史料的整理"的系统的主张，从八个方面论述了"史籍的整理"和"档案的整理"①。第二，陈垣认为，对传统的考据学是不能完全否定的，他指出："旧考据有不科学的，但也有科学的，不能一笔抹煞"；"前人的考据有不科学的，也只能说某人某文或某书的考据方法不是科学方法，不能说旧考据不是科学方法"②。他在20世纪50年代提出的这个看法，反映了他在学术上的勇气。

以上这些反映新历史考证学思潮的代表人物，都是重材料、重考证、重方法的，并各有其独特的成就。值得注意的是，新历史考证学虽然在20世纪五六十年代没有明显的发展，而在八九十年代却突飞猛进，取得了辉煌的成就，如甲骨学、敦煌学、吐鲁番文书学、简帛学等，以及近年实施的"夏商周断代工程"等。王国维当年概括的"二重证据法"，已经得到了广泛的运用和很大的发展。1988年，赵光贤出版了《中国历史研究法》一书，书中讨论了"坚持用历史唯物主义理论研究历史"、"论史料"、"论考证"等问题。作者指出："前辈史家虽然做过很多考证工作，也写了不少书，但对考证方法却没有很好地总结过。……因此，有必要对考证方法作一番科学的归纳和总结。"③作者结合古今实例，从八个方面对考证方法做了分析。以上这些事实给人们一个启示，对近百年来历史考证学思潮及其成就，确有深入研究的必要。近年，有陈其泰主编的《20世纪中国历史考证学研究》一书（北京师范大学出版社，2005年），反映了这方面的新的研究成果。

三、马克思主义史学思潮

中国马克思主义史学思潮滥觞于20世纪20年代中期，以李守常（大钊）所著《史学要论》一书的出版为标志。此书讨论了什么是历

---

① 陈垣：《陈垣史学论著选》，上海：上海人民出版社，1981年，第252页。
② 陈垣：《陈垣学术论文集》第二集，北京：中华书局，1982年，第471～472页。
③ 赵光贤：《中国历史研究法》，北京：中国青年出版社，1988年，第134页。

史、什么是历史学、历史学的系统、史学在科学中的位置、史学与其相关学问的关系、现代史学的研究及对人生态度的影响等关于史学的重大问题。此前，由于李大钊在新文化运动和五四运动中的重要影响，以及他所发表的《我的马克思主义观》、《史观》、《唯物史观在现代史学上的价值》、《研究历史的任务》等文章的广泛影响，《史学要论》的这一历史性地位就显得十分突出了。到了 20 世纪三四十年代，马克思主义史学思潮迅速发展。首先是郭沫若《中国古代社会研究》的出版，在中国开辟了人们以唯物史观认识中国历史的道路。其次是中国社会史论战的展开，推动了马克思主义史学思潮的发展。再次是以唯物史观为指导，在通史、社会史、思想史等领域，产生了一批马克思主义史学著作。尽管它们还有一些可待商榷的地方，但这一思潮的方向和气势无疑显示出了中国史学的新活力。最后是1938 年翦伯赞出版《历史哲学教程》一书，对"历史发展的合法则性"、"历史的关联性"、"历史的实践性"、"历史的适应性"、"关于中国社会形势发展史问题"等问题一一予以阐述。作者在全书最后写道："人类创造历史，但不能完全依据主观的意识自由地创造出来，而必须要以其主观的意识顺应着历史的必然，即客观的情势，才能创造出来。所以当着今日这样一个伟大的历史变革时代，我们为了改变历史，创造历史，争取有利的客观环境，加强主观的创造作用是必要的；因而对于作为指导现实斗争的最高原理的历史哲学，也就有其重要性。"[1]从《史学要论》到《历史哲学教程》，这是马克思主义史学思潮在理论形态上的重要发展。侯外庐在 1946 年指出："中国学人已经超出了仅仅于仿效西欧的语言之阶段了，他们自己会活用自己的语言而讲解自己的历史与思潮了。"[2]这一段话，大致概括了马克思主义史学思潮的发展。

1949 年新中国成立以后，马克思主义史学思潮成为中国史学思

---

① 翦伯赞：《历史哲学教程》，北京：北京大学出版社，1990 年，第 175～176 页。
② 侯外庐：《中国古代思想学说史》再版序言，上海：文风书局，1946 年，第 1 页。

潮的主流。在新的历史条件下，其发展变化出现了新的态势。一方面是唯物史观的广泛传播，从根本上改变了中国人对历史发展认识的理论和方法；另一方面是史学界通过对一些重大历史问题的辩难，唯物史观同中国历史结合的程度更加紧密了。由于这两个方面的原因，马克思主义史学的自主性意识进一步提高。我们应当注意到这样一个事实：各种史学思潮都有其自身的特点，但相互间也并不是没有任何联系的。郭沫若在 1929 年写道："大抵在目前欲论中国的古学，欲清算中国的古代社会，我们是不能不以罗（振玉）、王（国维）二家之业绩为其出发点了。"①可见马克思主义史学同新历史考证学之间是有联系的。周谷城在 1944 年讲到"创造中的新史学"时，一方面指出："整理史料，乃创造新史学所不可忽视的基本工夫。直至最近，又有疑古辨伪之风，此殆可视为乾嘉以来考证风气的继续。"一方面又指出："在疑古辨伪与考古求真的过程中，纯粹史学或史学方法论，亦有作者，如梁任公先生的《中国历史研究法》，及《中国历史研究法补编》等是也。"②这是把疑古辨伪、考古求真同"新史学"联系在了一起。但是，各种史学之间，毕竟又有很大的不同，以致有根本性质的区别。因此，当对许多重大历史问题逐步深入探讨时，这种不同和区别就更加凸显出来，马克思主义史学的自主性意识也就随之而增强。1956 年，胡绳在《历史研究》上发表长篇论文《社会历史的研究怎样成为科学——论现代中国资产阶级唯心主义历史学在这个问题上的混乱观念》，对几种有代表性的观点做了分析。作者在此文的最后写道："马克思主义之所以能够使历史研究真正成为科学，就因为它是彻底消除在历史研究中的主观性和片面性的理论。但是马克思主义并不是保障人们无病无灾的灵符，而是引导人们克服各种困难而正确地前进的指针"；"如果我们'掉以轻心'，也同样

---

① 郭沫若：《中国古代社会研究》自序，《郭沫若全集·历史编》第 1 卷，北京：人民出版社，1982 年，第 8 页。

② 周谷城：《周谷城学术精华录》，北京：北京师范学院出版社，1988 年，第 297 页。

会失足落到主观性和片面性的陷阱中去"①。我们不能不佩服作者的见识和睿智，他所担心的人们"掉以轻心"的事，果然被他言中了。

20 世纪 50 年代中后期至 60 年代中期，在马克思主义史学居于主流位置的条件下，逐步滋生起来对马克思主义做教条主义、形式主义理解和运用的错误倾向，同当时政治上的"左"的倾向相结合，形成史学发展中的一种违背历史主义原则的史学思潮。这一思潮的影响几乎涉及历史研究的各个领域，造成了严重的负面作用：一是马克思主义唯物史观的基本原则被片面地加以解释；二是历史研究的实事求是原则受到严重挑战；三是马克思主义史学的科学性、权威性被严重损害。1962 年，翦伯赞发表《目前史学研究中存在的几个问题》一文，强调"历史主义是重要的"，"必须把阶级观点与历史主义结合起来"②，并对此做了精辟的分析。可惜的是，在当时的历史条件下，此文没有发挥出它应有的作用。

十年"文化大革命"，无史学可言。"文化大革命"结束以后，特别是中国共产党十一届三中全会以后的三十多年来，中国历史步入新的时期，中国史学也得以走上健康发展的大道。历史发展的生机给史学发展带来了活力，中国史学在思想领域呈现出空前活跃的局面。从史学的演变来看，这主要反映在以下几个方面：

——新历史考证学。它在 20 世纪五六十年代经历过一段萎缩之后，此时更加丰富了自身的内涵并在许多研究领域取得了辉煌的成就，此点已如前述。

——"当代新史学。"从 80 年代初开始，西方史学论著被大量介绍到中国来，而关于史学理论和史学方法的论著在中国历史学界产生了很大影响，尤其对青年史学工作者有较大的吸引力。1989 年，上海译文出版社出版了姚蒙编译的《新史学》一书，此书收入了法国年鉴学派第三代核心人物雅克·勒高夫等人发表于 20 世纪 70 年代

① 胡绳：《胡绳全书》第 2 卷，北京：人民出版社，1998 年，第 307 页。
② 翦伯赞：《翦伯赞史学论文选集》第 3 辑，北京：人民出版社，1980 年，第 94 页。

的一些代表性论著。它在很大程度上反映了20世纪八九十年代以来在中国史学界中一种研究取向。此书书名为《新史学》，书中所收入的最重要的一篇论文是勒高夫的《新史学》，我们姑且把这一研究取向称为"当代新史学"，以区别于20世纪初年兴起的"新史学"思潮。勒高夫等人的《新史学》有这些特点：一是不赞成传统的"政治史"的研究，而主张研究经济史、社会史、文明史；二是提倡"长时段"研究以及"心态史学"、"计量史学"等①。这些特点在当代新史学思潮中都有不同程度的反映。在这一思潮影响下的研究前景，尚有待于成果的积累和理论的阐说。

——马克思主义史学。经过拨乱反正，纠正教条主义、形式主义的错误和重新学习马克思列宁主义、毛泽东思想，中国史学走上健康发展的大道，马克思主义史学仍然居于主流地位。从史学演变的深层来看，20世纪八九十年代的中国马克思主义史学反思的任务和进取的任务都是十分艰巨的。黎澍在评论1979年的中国历史学时指出："一九七九年历史学界在思想解放运动中一个最重要的收获，就是摆脱了现代迷信、教条主义和实用主义的精神枷锁，逐步回到了马克思主义的轨道。"他又指出："一九七九年，历史学界还有一个重要收获，就是开始抛弃过去那种简单化、绝对化的形而上学的方法，使实事求是的学风逐渐得到发扬。"②其间，关于历史发展动力问题、历史创造者问题、史学理论研究对象问题、其他一些历史理论问题的讨论，既是这一史学主流演进的标志，又推动着这一史学主流的发展。同年，白寿彝发表《关于史学工作的几个问题》一文，强调在马克思主义理论指导下进行新的创造，他指出："用马克思主义指导我们的工作，得出新的结论，就是发展。要求理论上发展，是符合马克思主义的。不要求发展，停滞不前，让理论僵化，那不

---

① J. 勒高夫主编：《新史学》，姚蒙编译，上海：上海译文出版社，1989年，第9～35页。

② 黎澍：《再思集》，北京：中国社会科学出版社，1985年，第123、125页。

是马克思主义。"①1979 年以来的中国马克思主义史学正是以这一主旨来指导历史研究的。唯其如此，进入 20 世纪 90 年代以来，马克思主义史学不断有鸿篇巨制问世，展现出中国史学的光辉前景。

第四节　史家风采和时代精神

一、旨趣各异的史家风采

近百年来中国史学界名家辈出，尽管他们旨趣各异，路径迥然，但都各显其风采，交织成近百年来中国史学这幅绚丽的画卷。

所谓史家风采，大致包括以下几个方面的含义：第一，在近百年来的中国史学以至在整个中国史学之整体发展上，其思想或论著具有开创性的和划时代的意义；第二，撰写出了具有广泛影响、可以传世的著作；第三，在治学宗旨和史学风格上独具特色。或三者具备，或兼有其二，或只占其一，均可视为卓然自立的"独断"之学。这里所谓的"风采"，是包含了全面评价的价值取向。如果没有这样一个全面的价值取向，不仅难以做到公允评价，而且容易生出很多是是非非，甚至可能脱离历史事实本身，失去了史学批评的意义。应当指出的是，这三个方面，从史学发展来看，其作用力的程度是不同的；从史家个人来看，一般说来，不宜据此论其高低，而应做历史的看待，即从历史条件去加以说明史学家和史学现象。这是一件十分繁难的事情，又是不可不做的事情。

比如，梁启超、王国维、李大钊、郭沫若，他们在倡导"新史学"，提出"二重证据法"，以马克思主义唯物史观指导历史研究方面，各有开创之功，对于推进中国史学走向近代的历程和科学化道路方面，做出了历史性的贡献。现在人们读他们的论著，想到了他们，首先是应

---

① 白寿彝：《关于史学工作的几个问题》，载《社会科学战线》1979 年第 3 期。

关注给他们以一定的历史地位和恰如其分的评价；同时，自然也会受到梁启超的激情与勇气，王国维的严谨与睿智，李大钊、郭沫若的革命精神与理性精神相结合的史家风貌的打动和震撼。史学之所以生生不息，不断开辟前进的道路，离不开这些前驱的努力。

又如，范文澜、吕振羽、翦伯赞、侯外庐、陈垣、陈寅恪、顾颉刚等，他们各在自身的研究领域多有论著，皆卓然名家。他们的著作，或论述，或考证，或于论述之中不乏考证，或于考证之中间有论述，都成一家之言，为学人所重，为社会所关注。现在人们来读他们的论著，那种为了现在和未来而潜心研究过去的神圣的历史责任感，以及在学术上坚韧攀登、志在创新的精神，仍具有新鲜的活力，给人们以多方面的感染和启迪。

再如，胡适、傅斯年等史家，或强调方法的重要，或看重史料的地位，其论或未尽全面，而其所重者却也不是没有道理，故不仅自成一家，且影响当世，为史学史上不可不论之内容。

我们以学术史的眼光来看待近百年来中国史家的学术风采，就会有一个强烈的印象：经历了许多重大历史变动的近百年来的中国历史，造就了一批又一批风采各异的史家，写下了这丰富多彩的百年史学长卷。他们或研究专史、断代史，或编撰通史；或以考证见长，或以理论著称；或以博洽名于世，或以专精宏其道；还有专治考古学、主攻外国史、致力于普及历史知识等方面的名家。勾勒他们的风采，以增进对他们的史学成就的理解，是很有必要的。这需要有专门的著作加以阐述。

二、时代精神的彰显

这里，我们就近百年来中国史家风采的时代精神讲几点认识，或许对于我们深入认识近百年来的中国史学有更进一步的帮助。这种时代精神集中表现在：

——爱国主义。近百年来的中国史家，继承 19 世纪中期以来中国史学之救亡图强的优良传统，把爱国主义精神贯彻于史学之中。梁启超在 1902 年说"史学者，学问之最博大而最切要者，国民之明镜也，爱国心之源泉也"①。他当时说的这番话，有理有情。在抗日战争处于艰苦年代的 1940 年，翦伯赞写道："中国的抗日战争之爆发是中国史乃至世界史发展之必然的结果，亦即帝国主义与殖民地半殖民地国家间矛盾对立发展到不能和解之必然的归结。帝国主义之没落与中国民族革命的因素之成熟，是历史的辩证，中国的抗日战争就正是这一历史原理之体现。"②这反映出了一个史学家对抗日战争的深刻的见解和必胜的信心。有些史家忧患于"强邻肆虐，国亡无日"，乃注重研究边疆史地。有的史家强调历史文化的研究，一方面应吸收输入外来之学说，另一方面应不忘本民族之地位，等等，都从不同方面反映出近百年来中国史学之爱国主义的时代精神。

——追求真理，关注现实。中国古代史学有求真的传统，也有致用的传统，二者是统一的。近百年来的中国史学继承了这两方面的传统，并把它们提升到更加自觉、更加理性的高度。梁启超关于史学同"人群进化"与"公理公例"及其作用的论述，就是这种提升之较早的反映。郭沫若一方面认为"欲论中国的古学，欲清算中国的古代社会"当以罗振玉、王国维二人的业绩为"出发点"；另一方面又强调"对于未来社会的待望逼迫着我们不能不生出清算过往社会的要求。古人说，'前事不忘，后事之师'。认清楚过往的来程也正好决定我们未来的去向"③。可见他们的追求真理，一是史学上的真理，二是以史学上的真理为指导去追求现实历史运动中的真理，即光明的历史前途。在这个问题上，马克思主义史学最终代表了近百年来中国史学发展的方向。这是由于它的科学性所决定的，举例说来，

---

① 梁启超：《新史学》，夏晓虹、陆胤校，北京：商务印书馆，2014 年，第 85 页。
② 翦伯赞：《翦伯赞史学论文选集》第 1 辑，北京：人民出版社，1980 年，第 382 页。
③ 郭沫若：《中国古代社会研究》自序，《郭沫若全集·历史编》第 1 卷，北京：人民出版社，1982 年，第 8、6 页。

如 20 世纪 20 年代，李大钊阐述"唯物史观在现代史学上的价值"①；30 年代，翦伯赞论述"历史科学的任务"、"历史科学之史的发展"等问题②；50 年代，胡绳著文讨论"社会历史的研究怎样成为科学"；60 年代，吕振羽运用马克思主义的观点和方法，回答"怎样学习历史"的问题③；80 年代，侯外庐自序在半个世纪中研究中国社会史、思想史的原则和方法，反映出了一个马克思主义史家的信念和追求④；90 年代，胡绳阐说"马克思主义是发展的理论"⑤，等等，充分地反映了中国马克思主义史家对追求真理的坚定信念和学术风采。

——普及历史知识，重视历史教育。史学不只是史学家、史学工作者的事业，史学是全民族的事业，这是它的特点和光荣。梁启超主张史家应有"文章修养"，撰述当讲求文采，努力做到"简洁"和"飞动"，为的是让更多的人愿意读⑥。这里包含着普及历史知识、重视历史教育的思想。20 世纪 30 年代以来，顾颉刚、翦伯赞、范文澜、吕振羽、郭沫若、吴晗、白寿彝等史家，对此多有贡献。翦伯赞在 1948 年撰文指出，科学的历史知识"取得通俗的形式"的重要意义⑦；他在 60 年代初所撰《内蒙访古》一文⑧，成为脍炙人口的名篇。吴晗在 50 年代末、60 年代初主编《中国历史小丛书》、《外国历史小丛书》，成为当时史学界的一件盛事。白寿彝评价说："把历史知识交给更多的人，这在吴晗同志思想上是明确的。用大家容易接受的形式去传播历史知识，这在吴晗同志的思想上也是明确的。""我们从

① 李大钊：《李大钊史学论集》，石家庄：河北人民出版社，1984 年，第 144～150 页。
② 翦伯赞：《历史哲学教程》，北京：北京大学出版社，1990 年，第 1～18 页。
③ 吕振羽：《吕振羽史论选集》，上海：上海人民出版社，1981 年，第 603～615 页。
④ 侯外庐：《侯外庐史学论文选集》自序，北京：人民出版社，1987 年，第 5～21 页。
⑤ 胡绳：《胡绳全书》第 3 卷(上)，北京：人民出版社，1998 年，第 244～255 页。
⑥ 梁启超：《中国历史研究法补编》，长沙：岳麓书社，2010 年，第 151～152 页。
⑦ 翦伯赞：《翦伯赞史学论文选集》第 2 辑，北京：人民出版社，1980 年，第 165～169 页。
⑧ 翦伯赞：《翦伯赞史学论文选集》第 3 辑，北京：人民出版社，1980 年，第 384～399 页。

这个工作上，肯定吴晗同志的成就，是不是也就是肯定了他在中国近代史学史上的地位了。"①毫无疑问，这是近百年来的中国史学史上的重要一页。白寿彝是20世纪八九十年代力倡普及历史知识、历史教育的最有影响的史家之一：1982年河南人民出版社出版了他的论集《历史教育和史学遗产》；1994年北京师范大学出版社出版的《白寿彝史学论集》（上、下册），其中论历史教育的文章多达20篇，是中国马克思主义史家历史教育思想的最集中的表述。

可以认为，在史学史上，能够反映时代精神的史家风采，必定具有更大的学术魅力和社会影响。

第五节　近百年来中国史学发展的启示

认识近百年来的中国史学，重在把握大势和提出问题。把握大势，以明了其脉络；提出问题，以权衡其得失。这里，就几个比较重要的问题做扼要的阐述，这也可以看作是本章的几点结论。

第一个问题：近百年来中国史学最显著的进步是什么？从中国史学发展总的进程来看，从史学的性质来看，可以认为，历史观的进步是近百年来中国史学最显著的进步。明乎此，乃是把握近百年来中国史学的关键。

近百年来中国史学在历史观上的进步有两个发展阶段：从古代历史思想的积极成果，即朴素的唯物观点和朴素的进化观点到近代进化论，从近代进化论到马克思主义唯物史观。前者完成于20世纪初；后者完成于20世纪三四十年代，并在50年代广泛传播，八九十年代进一步深化。近百年来中国史学上出现的历史观，林林总总，各骋其说，然其大势，不出于此。那么，为什么说近百年来中国史学最显著的进步是历史观的进步呢？这是因为：首先，在悠久的中国史学发展史上，尽管历史观也在不断进步，但如同近百年来这样，

① 白寿彝：《把历史知识交给更多的人》，《白寿彝史学论集》（上），北京：北京师范大学出版社，1994年，第404、407～408页。

百年左右历史观出现两次根本性变革，是前所未有的。其次，近百年来的中国史家论史学的进步，十分强调历史观的重要。如前所述，"新史学"的倡导者梁启超是重视"历史哲学"的。他认为："苟无哲学之理想者，必不能为良史。"①李大钊在1919—1920年先后发表了《我的马克思主义观》、《史观》、《唯物史观在现代史学上的价值》等论文，突出地表明了他对唯物史观的重视。郭沫若、翦伯赞等对此也多有论述。而新历史考证学的代表人物之一顾颉刚，在1945年论到"民国成立以来"中国史学的进步时写道"过去人认为历史是退步的，愈古的愈好，愈到后世愈不行；到了新史观输入以后，人们才知道历史是进化的，后世的文明远过于古代，这整个改变了国人对于历史的观念"②。这是他对"西洋的新史观的输入"的评价。可见，这些不同的史学思潮和历史观念的史家，都强调历史观的重要。最后，历史观的进步和变革，反映了史学发展中性质的变化。诚如李大钊所说："实在的事实是一成不变的，而历史事实的知识则是随时变动的；纪录里的历史是印板的，解喻中的历史是生动的。历史观是史实的知识，是史实的解喻。所以历史观是随时变化的，是生动无已的，是含有进步性的。"③这些论述，一则说明历史观是不断发展的；二则说明历史观决定着史学的"实质"。综上，故谓历史观的进步是近百年来中国史学最显著的进步。这是一个最基本的认识。

第二个问题：近百年来中国史学最突出的成就是什么？一言以蔽之，近百年来中国史学最突出的成就是关于中国通史的研究、认识和编撰。从1901年梁启超发表《中国史叙论》一文，提出撰写中国通史的设想，到1999年白寿彝总主编的《中国通史》（12卷22册，约1200万字）全部出版，百年当中，中国史学家为此付出了巨大的努力。其间，章太炎、夏曾佑、陈黻宸、王桐龄、吕思勉、邓之诚、缪凤林、钱穆、周谷城、范文澜、吕振羽、翦伯赞、郭沫若、尚钺、

①　梁启超：《新史学》，夏晓虹、陆胤校，北京：商务印书馆，2014年，第95页。
②　顾颉刚：《当代中国史学》，上海：上海古籍出版社，2006年，第3页。
③　李大钊：《李大钊史学论集》，石家庄：河北人民出版社，1984年，第70~71页。

张舜徽、蔡美彪等以及其他许多史学家，都为此做出了自己的贡献。他们的著作，在历史观、方法论和表现形式上，不尽相同，甚至多有歧异，因此在学术价值和社会价值上亦自有差别。但是，这些著作在探索中国历史的发展脉络、揭示中华文明的世界意义方面，的确反映了近百年来中国史家所走过的艰难而光荣的历程。梁启超认为："专门史多数成立，则普遍史较易致力，斯固然矣。虽然，普遍史并非由专门史丛集而成。作普遍史者须别具一种通识，超出各专门事项之外而贯穴乎其间。"①范文澜更是深感撰写通史的艰难，他指出："局部性的研究愈益深入，综合性的通史也就愈有完好的可能。以局部性的深入来帮助综合性的提高，以综合性的提高来催促局部性的再深入，如此反复多次，庶几写出好的中国通史来。"②这些话，既说明了专史、断代史同通史的关系，也说明了通史所具有的特殊重要性。1999 年 4 月 25 日，江泽民同志致信白寿彝，祝贺多卷本《中国通史》出版。他在信中指出："中华民族的历史，是全民族的共同财富。全党全社会都应该重视对中国历史的学习，特别是要在青少年中普及中国历史的基本知识，以使他们学习掌握中华民族的优秀传统，牢固树立爱国主义精神和正确的人生观、价值观，激励他们为中华民族的伟大复兴而奉献力量。我一直强调，党和国家的各级领导干部要注重学习中国历史，高级干部尤其要带头这样做。领导干部应该读一读中国通史。这对于大家弄清楚我国历史的基本脉络和中华民族的发展历程，增强民族自尊心、自信心和奋发图强的精神，增强唯物史观，丰富治国经验，都是很有好处的。"③这是从马克思主义的观点和当前中国历史发展的背景，阐说了中国通史的重要性。要之，从总的估量来看，近百年来中国史学在其分支学

---

① 梁启超：《中国历史研究法》，长沙：岳麓书社，2010 年，第 34～35 页。
② 范文澜：《范文澜历史论文选集》，北京：中国社会科学出版社，1979 年，第 77 页。
③ 江泽民：《中共中央总书记江泽民给白寿彝同志的贺信》，载《史学史研究》1999 年第 3 期。

科的许多领域都取得了可喜的成绩，其中有些都有很高的学术价值和社会价值。然而，我们还是应该看到，中国通史的研究和撰述，更能全面地阐明中国历史的进程、特点和规律，更能揭示中华文明的丰富内涵及世界意义，更能增强中国各族人民的民族自豪感、民族凝聚力和对创造美好的历史前途的信心。因此，对于这一成就，我们应做充分的估计。

第三个问题：近百年来中国史学发展中最重要的经验是什么？对此，可能会有一些不同的见解，这是自然的。这里我们所要强调的一个基本事实是不应被忽略的，即史学是文明时代的产物，而关注社会历史的发展自亦是其本质属性之一。近百年来的中国史学，不论何种思潮，在关注社会历史发展方面，多有相通之处。新中国成立前，反侵略、反压迫、爱国自强，是中国史学时代精神的突出反映。新中国成立后，研究和撰写统一多民族国家的历史，维护国家统一，增强民族团结，继承优秀历史文化遗产，推动中华民族伟大复兴，是史学家们的共同目标。这是一个基本事实，也是一条宝贵经验。一位美国历史学家说过："和社会生活毫无关系的学问，简直和任何其他形式的自我享乐一样，无权要求得到社会的支持。"[1]史学应关注社会生活、社会公众、历史前途，只是在不同的时代、不同的国家有不同的表现形式。对此，我们似不应有什么误解和迟疑，而是增强自信，使史学事业成为关注社会的事业，同时，也使它成为社会关注的事业。

第四个问题：近百年来中国史学在发展中最深刻的教训是什么？史学是一种事业，一种崇高而神圣的事业。当然，同任何事业一样，它也会经受挫折，会有教训。近百年来中国史学所走过的道路，经验固然很多，教训也不少。回首百年，最需要我们记取的教训是：史学的最高品格是实事求是，忠于历史事实。维护史学的这个品格，

---

[1] 《美国历史协会主席演说集》(1949—1960)，何新等译，北京：商务印书馆，1963年，第9页。

就是维护史学的生命和尊严。为此，一是不迎合、不随风、不超然、不媚俗，恪守求真的宗旨和信史的原则。实用主义、形式主义、简单化、绝对化，等等，曾经给近百年来中国史学带来不少损失和危害，是应该引以为戒的。二是要善于识别打着"历史科学"的旗帜，借用"史学"的术语而篡改历史真相、践踏史学尊严的政治骗术，如"文化大革命"期间泛滥横流的"儒法斗争史"。这种以"史学"名义登场的政治，不仅对史学工作者有严重的欺骗性，而且极大地败坏了史学的名声和威信，使社会公众对史学失去了敬意和信心。这是近百年来中国史学上最为严重的历史性沉重教训。"前事不忘，后事之师"，中国史学工作者应当永远记住这个教训，并彻底清除它在社会公众中所造成的关于史学的误解和阴影，恢复史学应有的尊严。

认清过往，是为了开辟未来；总结遗产，才能更好地创造新业绩。对于近百年来中国史学的深入研究和全面认识，必将有利于 21 世纪中国史学的进步，有利于中国史学带着自身的特点、作风和气派走向世界。

参考文献

马克思恩格斯选集．北京：人民出版社，1995

毛泽东选集．北京：人民出版社，1991

邓小平文选．第3卷．北京：人民出版社，1993

二十四史．北京：中华书局点校本

二十五史补编．北京：中华书局，1955

司马光．资治通鉴．北京：中华书局，1956

永瑢等．四库全书总目．北京：中华书局，1965

十三经注疏．北京：中华书局，1980

新编诸子集成．北京：中华书局

尚书．王世舜译注本．成都：四川人民出版社，1982

左传．杨伯峻编著本．北京：中华书局，1981

论语．杨伯峻译注本．北京：中华书局，1980

孟子．杨伯峻译注本．北京：中华书局，1960

国语．韦昭注本．上海：上海古籍出版社，1978

战国策．上海：上海古籍出版社，1985

战国纵横家书．马王堆汉墓帛书整理小组整理．北京：文物出版社，1976

韩诗外传．屈守元笺疏．成都：巴蜀书社，1996

世本．宋衷等辑世本八种本．上海：商务印书馆，1957

贾谊．贾谊集．上海：上海人民出版社，1976

董仲舒．春秋繁露．苏舆义证本．北京：中华书局，1992

东观汉记．吴树平校注本．郑州：中州古籍出版社，1987

两汉纪．北京：中华书局，2002

应邵．风俗通义．王利器校注本．北京：中华书局，1981

刘邵．人物志．北京：红旗出版社，1996

常璩．华阳国志．刘琳校注本．成都：巴蜀书社，1984

僧佑辑．弘明集．上海：上海古籍出版社，1991

刘勰．文心雕龙．周振甫注释本．北京：人民文学出版社，1981

萧统编．文选．北京：中华书局，1977

七家后汉书．周天游校本．石家庄：河北人民出版社，1987

八家后汉书辑注．周天游辑注．上海：上海古籍出版社，1986

众家编年体晋史．天津：天津古籍出版社，1989

严可均．全上古三代秦汉三国六朝文．北京：中华书局，1958

虞世南．帝王略论．敦煌残卷（伯2636号）及日本镰仓时代抄本

唐太宗集．吴云等校注本．西安：陕西人民出版社，1986

刘知幾．史通．浦起龙通释本．上海：上海古籍出版社，2009

吴兢．贞观政要．上海：上海古籍出版社，1978

赵蕤．长短经．长沙：岳麓书社，1999

李林甫等编．唐六典．北京：中华书局，1992

刘餗．隋唐嘉话．北京：中华书局，1979

道宣．广弘明集．上海：上海古籍出版社，1991

杜佑．通典．北京：中华书局，1988

李吉甫．元和郡县图志．北京，中华书局，1983

马总．通历．太原：山西人民出版社，1992

韩愈．韩昌黎文集．上海：上海古籍出版社，1986

白居易．白居易集．北京：中华书局，1979

柳宗元．柳河东集．上海：上海人民出版社，1974

刘肃．大唐新语．北京：中华书局，1984

刘禹锡．刘禹锡集．上海：上海人民出版社，1975

杜牧．樊川文集．上海：上海古籍出版社，1978

姚铉．唐文粹．明嘉靖年间刻本

宋敏求编．唐大诏令集．北京：中华书局，2008

曹寅等编．全唐诗．北京：中华书局，1960

董诰等编．全唐文．北京：中华书局，1983

王溥编．唐会要．北京：中华书局，1955

王溥编．五代会要．上海：上海古籍出版社，1978

李昉等编．文苑英华．北京：中华书局，1966

李昉等编．太平御览．北京：中华书局，1963

王钦若等编．册府元龟．南京：凤凰出版社，2006

范仲淹．范文正公集．四部丛刊初编本．上海：上海书店，1989

孙甫．唐史论断．丛书集成初编本．北京：中华书局，1985

欧阳修．集古录跋尾十卷．欧阳修全集．北京：中华书局，2001

吴缜．新唐书纠谬．丛书集成初编本．北京：中华书局，1985

司马光．稽古录．王亦令点校本．北京：中国友谊出版公司，1987

曾巩．曾巩集．北京：中华书局，1984

王安石．王文公文集．上海：上海人民出版社，1974

苏轼．东坡志林．北京：中华书局，1981

王令．十七史蒙求．长沙：岳麓书社，1986

范祖禹．唐鉴．上海：上海古籍出版社，1981

赵明诚．金石录．北京：中华书局，1991

郑樵．通志．北京：中华书局，1987

郑樵．通志二十略．北京：中华书局，1995

郑樵．夹漈遗稿．丛书集成初编本．北京：中华书局，1985

晁公武．郡斋读书志．孙猛校证本．上海：上海古籍出版社，1990

洪迈．容斋随笔．上海：上海古籍出版社，1978

李焘．续资治通鉴长编．上海：上海古籍出版社，1986

孟元老．东京梦华录．邓之诚注本．北京：中华书局，1982

徐梦莘．三朝北盟会编．上海：上海古籍出版社，1987

黎靖德编．朱子语类．北京：中华书局，1986

袁枢．通鉴纪事本末．北京：中华书局，1955

叶适．习学记言序目．北京：中华书局，1977

徐天麟．西汉会要．北京：中华书局，1955

徐天麟．东汉会要．北京：中华书局，1955

高似孙．史略．丛书集成初编本．北京：中华书局，1985

李心传．建炎以来系年要录．北京：中华书局，1956

元好问．中州集．北京：中华书局，1959

刘祁．归潜志．北京：中华书局，1983

陈振孙．直斋书录解题．徐小蛮等点校本．上海：上海古籍出版社，1987

王应麟．玉海．上海：上海古籍出版社，1992

王应麟．困学纪闻．上海：上海古籍出版社，2008

王应麟．三字经．长沙：岳麓书社，1986

吴自牧．梦粱录．丛书集成初编本．北京：中华书局，1985

道润梯步．蒙古秘史．新译简注本．呼和浩特：内蒙古人民出版社，1979

圣武亲征录．王国维校注本．王国维遗书．上海：上海古籍出版社，1983

元一统志．北京：中华书局，1966

陶宗仪．南村辍耕录．北京：中华书局，1959

周达观．真腊风土记．夏鼐校注本．北京：中华书局，1981

汪大渊．岛夷志略．苏继庼校释本．北京：中华书局，1981

马端临．文献通考．北京：中华书局，1986

元典章．重校元典章刻本．清光绪三十四年，1908

苏天爵．元朝名臣事略．北京：中华书局，1996

明实录．台北：台湾"中央研究院"历史语言研究所，1962

明会典．万历朝重修本．北京：中华书局，1989

陆容．菽园杂记．北京：中华书局，1985

郎瑛．七修类稿．上海：上海书店，2001

陈建．皇明通纪．明董其昌补订．明崇祯十一年刻本，1638

郑晓．吾学编．金陵郑心材刻本．明万历二十七年，1599

郑晓．今言．北京：中华书局，1984

薛应旂．宪章录．展龙等校注．南京：凤凰出版社，2014

归有光．三吴水利录．丛书集成初编本．北京：中华书局，1985

张瀚．松窗梦语．北京：中华书局，1985

李贽．藏书．北京：中华书局，1974

李贽．焚书续焚书．北京：中华书局，1975

李贽．史纲评要．北京：中华书局，1974

王世贞．弇山堂别集．北京：中华书局，1985

王圻．续文献通考．十通影印本．杭州：浙江古籍出版社，1988

于慎行．读史漫录．济南：齐鲁书社，1996

黄叔琳．史通训故补．上海：上海古籍出版社，2006

程登吉．幼学琼林．邹圣脉新注本．北京：北京师范大学出版，1992

陈邦瞻．宋史纪事本末．北京：中华书局，1977

陈邦瞻．元史纪事本末．北京：中华书局，1979

朱国祯．皇明史概．明崇祯年间刻本

徐光启．农政全书．上海：上海古籍出版社，1979

沈德符．万历野获编．北京：中华书局，1959

何乔远．名山藏．北京：北京大学出版社，1993

谈迁．国榷．北京：中华书局，1958

陈子龙等编．明经世文编．北京：中华书局，1962

黄宗羲．明夷待访录．黄宗羲全集本．杭州：浙江古籍出版社，1985

黄宗羲．明儒学案．北京：中华书局，1985

黄宗羲等．宋元学案．北京：中华书局，1986

顾炎武．天下郡国利病书．四部丛刊三编本．上海：上海书店，1985

顾炎武．日知录．黄汝成集释本．上海：上海古籍出版社，2006

顾炎武．顾亭林诗文集．北京：中华书局，1983

王夫之．读通鉴论．北京：中华书局，1975

王夫之．张子正蒙注．北京：中华书局，1975

谷应泰．明史纪事本末．北京：中华书局，1977

唐甄．潜书．北京：中华书局，1963

顾祖禹．读史方舆纪要．国学基本丛书．北京：中华书局，1955

方苞．方苞集．上海：上海古籍出版社，1983

黄叔琳．史通训故补．养素堂刻本．清乾隆十二年，1747

袁枚．随园诗话．北京：人民文学出版社，1982

续通典．十通影印本．杭州：浙江古籍出版社，1988

续通志．十通影印本．杭州：浙江古籍出版社，1988

清通典．十通影印本．杭州：浙江古籍出版社，1988

清文献通考．十通影印本．杭州：浙江古籍出版社，1988

清通志．十通影印本．杭州：浙江古籍出版社，1988

王鸣盛．十七史商榷．上海：上海书店出版社，2005

赵翼．廿二史札记．王树民校证．北京：中华书局，1984

钱大昕．廿二史考异．上海：上海古籍出版社，2004

钱大昕．潜研堂集．上海：上海古籍出版社，2009

钱大昕．十驾斋养新录．上海：上海书店出版社，2011

章学诚．文史通义．叶瑛校注本．北京：中华书局，1985

章学诚．章学诚遗书．北京：文物出版社，1985

崔述．崔东壁遗书．上海：上海古籍出版社，1983

阮元．揅经室集．北京：中华书局，1993

龚自珍．龚自珍全集．上海：上海人民出版社，1975

龚自珍．龚定庵全集类编．夏田蓝编．北京：中国书店出版社，1991

姚莹．康輏纪行．合肥：黄山书社，1990

姚莹．中复堂全集．近代中国史料丛刊续集第六辑．台北：文海出版社，1974

魏源．魏源集．北京：中华书局，1976

魏源．圣武记．北京：中华书局，1984

魏源．海国图志．陈华等点校注释本．长沙：岳麓书社，1998

夏燮．中西纪事．长沙：岳麓书社，1988

夏燮．清通鉴．北京：中华书局，1980

何秋涛．朔方备乘．咸丰十年刻本，1860

王韬．漫游随录・扶桑游记．长沙：湖南人民出版社，1982

王韬．法国志略．淞隐庐重订铅印本．清光绪十六年，1890

王韬．普法战纪．弢园王氏刻本．清光绪十二年，1886

李慈铭．越缦堂日记．扬州：广陵书社．2004

黄遵宪．日本杂事诗．长沙：岳麓书社，1985

黄遵宪．日本国志．上海：上海古籍出版社，2001

严复．天演论．北京：商务印书馆，1981

徐世昌．清儒学案．北京：中华书局，2008

刘锦藻编．清朝文献通考．十通影印本．杭州：浙江古籍出版社，1988

叶德辉．世说新语注引用书目．世说新语思贤讲舍光绪十七年刻本，1891

孟森．明清史论著集刊．北京：中华书局，1984

罗振玉．殷虚书契前编．民国癸酉年刻本，1913

章太炎．章太炎全集．上海：上海人民出版社，1982—1986

王国维．观堂集林．北京：中华书局，1959

王国维．古史新证．北京：清华大学出版社，1994

梁启超．饮冰室合集．北京：中华书局，1989

章士钊．柳文指要．北京：中华书局，1971

余嘉锡．四库提要辨证．北京：中华书局，1980

余嘉锡．余嘉锡论学杂著．北京：中华书局，1963

碑传集．近代中国史料丛刊．第 93 辑．台北：文海出版社，1973

续碑传集．近代中国史料丛刊．第 99 辑．台北：文海出版社，1973

赵尔巽等．清史稿．北京：中华书局，1977

清史列传．王钟翰点校本．北京：中华书局，1987

陈垣．陈垣史源学杂文．北京：人民出版社，1980

陈垣．励耘书屋丛刻．北京：北京师范大学出版社，1982

鲁迅．鲁迅全集．北京：人民文学出版社，2005

金毓黻．中国史学史．北京：商务印书馆，1999

陈寅恪．隋唐制度渊源略论稿．北京：中华书局，1963

陈寅恪．金明馆丛稿二编．上海：上海古籍出版社，1980

李大钊．李大钊史学论集．石家庄：河北人民出版社，1984

范文澜．范文澜历史论文选集．北京：中国社会科学出版社，1979

郭沫若．郭沫若全集·历史编．北京：人民出版社，1982

顾颉刚．当代中国史学．上海：上海古籍出版社，2006

翦伯赞．翦伯赞历史论文选集．北京：人民出版社，1980

翦伯赞．历史哲学教程．北京：北京大学出版社，1990

张煦侯．通鉴学．合肥：安徽人民出版社，1981

周谷城．周谷城学术精华录．北京：北京师范学院出版社，1988

吕振羽．吕振羽史论选集．上海：上海人民出版社，1981

茅盾．神话研究．天津：百花文艺出版社，1981

谢国桢．增订晚明史籍考．上海：上海古籍出版社，1981

谢国桢．明清笔记谈丛．上海：上海古籍出版社，1981

刘节．中国史学史稿．郑州：中州书画社，1982

王重民等．敦煌变文集．北京：人民文学出版社，1957

侯外庐．中国思想通史．第5卷．北京：人民出版社，1956

侯外庐主编．中国思想史纲．北京：中国青年出版社，1980

侯外庐．柳宗元哲学选集．香港：中华书局香港分局，1976

侯外庐．侯外庐史学论文选集．北京：人民出版社，1987

白寿彝主编．史学概论．银川：宁夏人民出版社，1983

白寿彝．中国史学史．第1册．上海：上海人民出版社，1986

白寿彝主编．中国通史．第1卷．上海：上海人民出版社，2013

白寿彝．白寿彝史学论集．北京：北京师范大学出版社，1994

吴晗．吴晗史学论著选集．北京：人民出版社，1988

宋大诏令集．北京：中华书局，1962

史念海等．方志刍议．杭州：浙江人民出版社，1986

傅隶朴．春秋三传比义．北京：中国友谊出版公司，1984

杨向奎．大一统与儒家思想．北京：中国友谊出版公司，1989

王仲荦．魏晋南北朝史．上海：上海人民出版社，1979—1980

吴泽主编．中国史学史论集．上海：上海人民出版社，1980

杨翼骧主编．乔治忠等增订．中国史学史资料编年．北京：商务印书馆，2013

胡绳．胡绳全书．北京：人民出版社，1998

刘叶秋．历代笔记概述．北京：中华书局，1980

汤志钧编．康有为政论集．北京：中华书局，1981

仓修良．史家·史籍·史学．济南：山东教育出版社，2000

新 版 跋

　　本书新版的面世,得到北京师范大学出版社的热情关注,责编李雪洁女士为此付出许多辛劳,我衷心表示感谢!

　　博士研究生申慧青、毛春伟,硕士研究生杨俊光、张林,协助我校阅书稿清样;毛春伟同学为核对引文出处、编制主要参考文献,做了大量工作;博士研究生阎静同学帮助我在电脑上修改本书第十章,我对他们表示谢意。

　　借此机会,我还要感谢近十年来以各种方式对拙著给予热心关注的师友、同行和许多不相识的读者。同时,我仍然真诚地期待着来自各方面的有益的批评意见。

瞿林东　谨记于北京师范大学
2009 年 11 月 20 日

出版说明

《中国史学史纲》，北京出版社 1999 年 9 月出版，2000 年 6 月第 2 次印刷，2005 年 10 月第 2 版。2002 年 9 月台湾五南图书出版股份有限公司出版繁体字本。北京师范大学出版社 2010 年 1 月新版，列入"新世纪高等学校教材·历史学专业课系列教材"。

图书在版编目(CIP)数据

中国史学史纲 / 瞿林东著 . —北京：北京师范大学出版社，2017.9
（瞿林东文集；第四卷）
ISBN 978-7-303-21536-2

Ⅰ.①中… Ⅱ.①瞿… Ⅲ.①史学史-中国-文集 Ⅳ.①K092-53

中国版本图书馆 CIP 数据核字(2016)第 270552 号

营 销 中 心 电 话　010-58805072　58807651
北师大出版社高等教育与学术著作分社　http://xueda.bnup.com

QULINDONG WENJI
出版发行：北京师范大学出版社 www.bnup.com
　　　　　北京市海淀区新街口外大街 19 号
　　　　　邮政编码：100875
印　　刷：北京盛通印刷股份有限公司
经　　销：全国新华书店
开　　本：787 mm×1092 mm　1/16
印　　张：48
字　　数：668 千字
版　　次：2017 年 9 月第 1 版
印　　次：2017 年 9 月第 1 次印刷
定　　价：256.00 元

策划编辑：宋旭景　　　　　责任编辑：齐　琳　蒋智慧
美术编辑：王齐云　　　　　装帧设计：王齐云
责任校对：陈　民　　　　　责任印制：马　洁